威科法律译丛

简明欧洲信息技术法

第二版

〔德〕阿尔弗雷德·比勒斯巴赫
〔荷〕塞尔日·吉拉夫　　　　　编
〔荷〕科里恩·普林斯
〔比〕伊夫·普莱

吴峻　译

2019年·北京

Edited by Alfred Büllesbach

Serge Gijrarth

Yves Poullet

Corien Prins

Concise European IT Law

Second Edition

This is a translation Concise European IT Law, 2nd edition, edited by Alfred Büllesbach, Serge Gijrath, Yves Poullet, Corien Prins, published and sold by The Commercial Press, by permission of Wolters Kluwer Law & Business in New York, the owner of all rights to publish and sell same.

本书根据 Kluwer 法律国际 2010 年版译出

© 2010 Kluwer Law International

出 版 说 明

我馆历来重视迻译出版世界各国法律著作。早在 1907 年就出版了第一套系统介绍外国法律法规的《新译日本法规大全》81 册，还出版了《汉译日本法律经济辞典》。1909 年出版了中国近代启蒙思想家严复翻译的法国著名思想家孟德斯鸠的《法意》。这些作品开近代中国法治风气之先。其后，我馆翻译出版了诸多政治、法律方面的作品，对于民国时期的政治家和学人产生了重要影响。新中国成立后，我馆以译介外国哲学社会科学著作为重，特别是从 1981 年开始分辑出版"汉译世界学术名著丛书"，西方政治法律思想名著构成其中重要部分，在我国法学和法治建设中发挥了积极作用。

2010 年开始，我馆与荷兰威科集团建立战略合作伙伴关系，联手开展法学著作中外文双向合作出版。威科集团创立于 1836 年，是全球最大的法律专业信息服务和出版机构之一。"威科法律译丛"是我们从威科集团出版的法律图书中挑选的精品，其中涉及当前中国学术界尚处在空白状态、亟需研究的领域，希望能够对中国的法学和法治建设有所助益。除了引进国外法律图书外，我们同时也通过威科集团将中国的法律思想和制度译介给西方社会，俾使中国学人的思想成果走向世界，中华文明的有益经验惠及异域。

商务印书馆编辑部
2011 年 8 月

译 者 序

作为威科公司的法律评论出版物系列中重要的一本欧洲知识产权法律精要，本书囊括了与信息技术相关的14件重要欧盟指令或条例，并对欧盟运行条约的相关条文进行了专门介绍。在各领域专家对欧盟指令、条例及条约相关条文进行逐条分析的基础上，本书不但勾勒了欧洲信息技术法的架构，而且也借助欧洲法院、成员国高等法院等判例，从历史和实践两个方面给读者提供了颇具深度的学术观点概览，使得整本著述体系宏大又颇具深度。

一、概述

首先，何谓信息技术法，本书并没有试图做出清楚的界定，但是在引言部分，使用了看起来比较狭窄的概念：信息社会服务。这个概念是欧盟《电子商务指令》的核心。在其前言第17项，《电子商务指令》就所谓"信息社会服务"总结如下："通常为取得报偿而应服务接受方的个别请求、远程通过电子设备处理（包括数据压缩）并存储数据所提供的任何服务。"据此，本书探讨的问题实际上类似于我国某种意义上的互联网法。但此处的互联网法并不涉及互联网内容服务，也不包括网络安全的相关法律制度。一方面，由于欧盟补充原则，所有的内容服务涉及欧盟成员国所保留的主权范围，欧盟对此并无职权。因此，欧盟互联网法不可能对互联网内容服务予以规制。对于互联网法的基础——电信法律，由于其已经在欧盟成为一个单独的研究领域，所以本书并没有将之纳入，而是将其中的《隐私与电子通讯指令》作为数据保护的一项措施加以论述。另一方面，对互联网的监控或监管是一个非常复杂的问题，在德国和法国这两个主要的欧盟成员国都遇到宪法上的问题,且西方舆论一直将互联网视为言论自由的一个通道,将网络安全简化为网络攻击问题,对网络安全的社会意义,其法律制度着墨不多。但是,斯诺登事件表明:在实践中,网络已经成为各主权国家基于各自利益予以监控或监管的对象,这与一直以来互联网"共享"、"自由"及"跨国界"的乌托邦设想格格不入。实际上,法国法院在"雅虎案"中通过对美国雅虎网站行使司法管辖权,就已经宣告了互联网乌托邦的终结。而继欧盟委员会于2013年发布《欧盟网络安全战略》之后,2016年7月6日,欧盟通过(EU)2016/1148号《网络与信息系统安全指令》(Directive on Security of Network and Information Systems,简称NIS指令),该指令的宗旨是为了在欧盟范围内确保网络与信息系统实现高水准的安全。这样,虽然本书目前并不涵盖互联网内容和互联网安全议题,但互联网或信息社会服务的发展决定了其将属于本书在未来需要涵盖的范围。

其次,对于以信息社会服务为核心的"信息技术法",本书实际上围绕着信息技术的两个方面加以展开。"一方面是要建立适应电子交易发展需要的法律架构,另一个则是对该发展趋势所弱化的个人自由权利予以保护。"后者主要是指以《数据保护指令》为核心的个人权利保护制度,而前者主要是指以《电子交易指令》为核心的交易制度。当然,这种架构并非绝对。首先,作为权利保护架构支柱的《数据保护指令》本身就具有双重目标:一方面,保护个人数据权利,另一方面,确保个人数据的自由流动。"这种双重目标就说明了《数据保护指令》需要处理的矛盾关系。这两方面都有其正当性,并不相互排斥。在《数据保护指令》制定者决定应该优先对待个人的隐私权时,就为其规定的数据自由流动划定了边界。"其次,在作为交易制度的支柱《电子交易指令》中,就十分强调对消费者权益的保护。虽然《消费者权利指令》并非本书的评述对象,但在评述中还是强调了《消费者权利指令》对电子交易环境下消费者权益保护的意义;最后,在欧盟信息社会服务制度中,一项十分重要的指令就是《数字签名指令》,该指令的核心实际上就是通过确保数字签名的安全来保障电子交易的安全有效。综上所述,本书主要是从权利保护和促进交易两个方面来对相关指令予以评述的。

最后，欧盟指令并不是成员国法律，其内容不可避免要受到国际条约的影响，且尚需各成员国通过国内立法或修法方式进行转换。例如，在《个人数据保护指令》通过之前，欧盟成员国也都签署或加入了《经合组织隐私权指引》(The OECD Privacy Guidelines)、《欧洲个人数据自动处理公约》及《联合国指引》(the UN Guidelines)。但《经合组织隐私权指引》及《联合国指引》并不具法律约束力。即使签署和批准《欧洲个人数据自动处理公约》，相关国家的立法机关也不得不就个人数据保护问题各自制定法律。《欧洲个人数据自动处理公约》仅仅被理解为对有关国家的立法建议。而《个人数据保护指令》也是在既有成员国数据保护制度下寻求协同，并不具有直接的效力，尚需成员国通过国内法将其予以转化。这种方式固然有利于欧盟范围内有关法律制度的快速协同化，但无法使得欧盟实现高水平的法律制度协同或统一，不利于电子交易方面统一欧洲市场的建立。基于此，欧盟在数据保护领域开始了更高层次的法律协同。2016年4月27日，欧洲议会及欧盟理事会通过了(EU)2016/679号《关于个人数据处理及自由流动的个人权利保护条例》(Regulation (EU) 2016/679 of the European Parliament and of the Council of 27 April 2016 on the protection of natural persons with regard to the processing of personal data and on the free movement of such data, and repealing Directive 95/46/EC, 简称 General Data Protection Regulation, 即《数据保护通用条例》)。《数据保护通用条例》共有99个条款，前言部分就达173项，明显在条文上就对《数据保护指令》进行了大量增补，对后者为确保隐私权所建立的制度予以了升级和现代化。《数据保护通用条例》加强了对个人权利的保护，强化了欧盟内部市场制度，确保对规则进行更有效的实施，促进了跨境数据流动，并为全球数据保护设定了标准。

二、个人数据保护

本书的第一部分围绕《数据保护指令》及其相关指令加以展开。个人信息或数据保护在欧洲有着深远的传统。德国是一个对个人数据保护比较充分的国家。而德国个人数据保护法的诞生要追溯到1970年。那一年，黑森州通过了世界上第一部《个人数据保护法》。当时，美国正在就隐私权（right of privacy）进行讨论，德国宪法法院就已于1969年7月16日通过Mikrozensus判决，确认了公民在德国政府数据调查中匿名提供数据的权利。1977年1月27日，德国通过了《个人数据保护法》（Bundesdatenschutzgesetz，BDSG），自1978年1月1日生效。根据《个人数据保护法》，德国所有州均在1981年之前就通过了类似法律，并在联邦和州的层次建立了数据保护专员及类似的监管机构。法国在1978年1月6日就通过了第78—17号法律，涉及自由权及个人数据处理，以保护隐私权及公众在个人数据方面的自由权。在电信领域，第78—17号法律确立了一个包括互联网在内的电信网络收集处理个人数据的法律架构，特别强调了公众对个人数据被收集和处理的知情权及公众对该等数据的个人知悉权。在《数据保护指令》于1995年10月通过之时，只有两个欧盟成员国没有制定数据保护方面的法律。在这个意义上，《数据保护指令》具有坚实的实践基础。但是，这也决定了《数据保护指令》是各成员国法律制度的协同化产物，不可能就欧盟数据保护问题产生新的突破，其最重要的组成部分就受到源于成员国的欧洲标准及范例的影响。《欧洲个人数据自动处理公约》《法国电子数据处理、数据文件及自由权利法案》及《德国联邦数据保护法》对此都产生了不可忽视的作用。

尽管《数据保护通用条例》取代了《数据保护指令》，《数据保护通用条例》还是维持了《数据保护指令》的基本思路，将加强数码时代的个人权利保护并基于统一数码市场的商业发展这种二元目标作为其宗旨。本书所分析的权利保护与交易促进的二元结构并未被改变。同时,虽然《数据保护通用条例》也引入了诸如遗忘权等新制度,但从欧洲法院的实践而言,《数据保护指令》所确立的整体制度仍然有效,这些制度支撑了欧洲法院的司法实践发展,并为《数据保护通用条例》提供了坚实的实践基础。例如:《数据保护通用条例》第 17 条规定的"删除权"或"被遗忘权",其实早在 2014 年就被欧洲法院通过西班牙谷歌案(C-131/12)依据《数据保护指令》第 14 条 a 项所确立。在这个意义上,《数据保护通用条例》是在承继《数据保护指令》相关制度基础上的一种发展,而本书对《数据保护指令》的评述,始终离不开欧洲法院或成员国最高法院判决的支持。这样,尽管欧盟法律制度一直在不断地发展变化,但支撑其存在的司法实践及其他原则还是具有强烈的延续性,这正是本书所要论述的重点,也是本书在目前得以翻译出版的现实意义。

第一,《数据保护指令》将个人数据保护作为个人基本权利和自由的一部分加以保护,同时并排除成员国对个人数据流动施加的限制。对前者而言,有《欧洲人权公约》第 8 条做基础;对于后者,主要是为了建立欧洲统一数据市场的需要。这两点,都被《数据保护通用条例》所继承。由于《里斯本条约》通过后,《欧盟基本权利宪章》成为欧盟法的一部分,其第八条对个人数据的规定就成为《数据保护通用条例》的基础。

第二,《数据保护指令》保护对象是自然人的数据,其涵盖范围不仅仅限于《欧盟运行条约》所规定的四大自由。这种界定不但规定于指令之中,也为欧洲法院判例(例如 Österreichischer Rundfunk and Others)所确认。但是,《数据保护指令》第 3 条第 2 款也规定了除外事项:包括在外交政策、安全、国防、警察及司法领域的第三支柱事项个人数据处理,个人或家庭相关事务的数据处理。《里斯本条约》对各个支柱的立法程序予以协同化,因此,本书评述者认为各个支柱数据处理规则会趋于融合。的确,新近通过的《数据保护通用条例》在其适用范围内纳入了外交事务、打击及预防犯罪事务之外的第三支柱事项数据处理,并保留了个人或家庭相关事务数据处理的例外规定。值得注意的是,《数据保护指令》为确立其适用范围使用的"自动化体系"及"存档体系"概念为《数据保护通用条例》照单全收,体现了相当程度的继承性。

第三,"数据质量相关原则"构成个人数据保护的比例原则。《数据保护指令》第6条规定了所谓"数据质量相关原则",要求成员国确保数据处理须符合一定的原则,而数据控制主体须对之予以遵循。这些数据处理原则包括:公平合理予以处理;相符原则;所收集或处理数据须具有关联性且不能过度收集及处理;数据存储时限合理;数据准确且并不过时;身份确定不能超出收集及处理之合法目的。对此,《数据保护通用条例》在第5条予以全部接受,并补充了"完整性及保密性原则",且规定数据控制主题对于违反该等原则的情形承担责任。《数据保护通用条例》在《数据保护条例》的基础上,建立了更为体系化的处理原则,且直接规定了数据控制主体的责任,更加体现了对数据主体的保护。

基于此,《数据保护指令》第7条对数据处理合法化进行了进一步规定,涉及合理处理数据及相符原则,将数据主体的同意、合同的要求、数据控制主体的法律义务、数据主体的重大利益、公共利益及控制主体或第三方的优先利益作为数据处理合法化的依据,而第8条对特殊数据的处理进行了规定。对此,《数据保护通用条例》在第6条也予以继承,并对其进行了更细致的处理。

"公平处理"原则系指利益平衡的必要,也是数据保护的核心规则:须不断在数据保护权利与获取信息的利益之间取得平衡。一般认为,公平处理原则的主要组成部分就是向数据主体持续告知足够信息的义务(第10、第11条),即至少应该告知处理的目的及控制主体的身份。需要注意的是,《数据保护指令》第9条也指出,数据保护权利须与言论自由相平衡。但在同时,《数据保护指令》也在第13条规定了数据质量相关原则的例外,以体现对数据保护基本权利的变通情形。

"准确性"意味着控制主体须保证其所处理信息的正确。无论数据主体是否要求修改或删除数据,控制主体都必须承担这些义务(请见第12条)。换言之,为了确保其处理数据的准确性,控制主体必须做出必要的修改或删减甚至是屏蔽。第12条还赋予了数据主体对其数据的查看权,将查看权与准确性原则结合起来,删除权似乎就是自然而然的结论。况且,《欧盟基本权利宪章》第八条规定:"每个人都有权查看与之有关的被采集数据,并有权要求对它进行更正。"在这个意义上,所谓被遗忘权也不是令人讶异的概念。

第四,作为数据主体能够控制其数据适用的首要方式,直接赋予数据主体权利尤为重要。在第12条规定诸如查看或更正个人数据的基本数据保护权利之外,《数据保护指令》在第14条规定了数据主体的新权利,包括可以拒绝对其个人数据进行处理的一般权利及防止出于直接销售的目的而处理其数据的权利。而在第15条,《数据保护指令》规定:每个人都有权拒绝基于自动方式对其作出决定。该权利来源于法国于1987年通过的原《法国数据保护法》。该条文体现在所有成员国的法律中,但很少得到适用。而在《数据保护通用条例》中,单独设立了名为"数据主体权利"的第三章,总结了《数据保护指令》及其案例法,并新增了诸如数据可携带性等权利,体现了在新技术条件下法律的回应。

第五,《数据保护指令》对数据处理过程的保密性及安全性作了最低限度的要求。在大多数情况下,数据控制主体会把数据处理业务交由其雇员或者分包予其他方进行。此时,数据处理主体与控制主体不一致,但对数据主体承担的义务都是等同的。第16条就对数据控制主体与处理主体的法律关系进行了确认:数据控制主体的授权和法律的规定是处理数据的依据。而第17条则专门强调了数据处理的安全:控制主体有义务采取必要技术和组织措施保证其所处理数据的安全,其中就隐含着设计保障隐私原则;选择合适的数据处理主体时要确定其能够提供必要的安全保障能力;通过数据处理合同,保障数据处理主体遵循数据控制主体的指令。这些内容都被《数据保护通用条例》第四章的内容所涵盖,并针对控制主体、联合控制主体及处理主体做了详尽的规定。

第六,《数据保护指令》规定了数据处理申报制度。数据控制主体在实施任何个人数据处理之前,都须向监管机构进行申报。其目的就是确保披露任何处理操作的目的及主要特征,旨在验证该操作与指令规定相符。实际上,验证可以通过两种方式达成:一方面,可以由公众通过查验登记体系的申报内容来实现;另一方面,也可以由监管机构对申报内容予以评估来实现。在欧盟,主要是通过后一种方式予以验证。这就意味着,监管机构根据所申报内容对数据处理的风险进行事先审核。《数据保护通用条例》也对此予以继承,并进行了进一步的细化。

第七,《数据保护指令》规定任何人因违法处理操作或违法行为而遭受的损失有权获得数据控制主体的补偿,也规定成员国须对该等行为规定处罚措施。就前者所述及的补偿权,并未得到广泛行使;而就后者规定的处罚措施,也因成员国的不同规定而显得多种多样。但是,就数据违法行为而言,《数据保护指令》没有规定申报制度,而这在《隐私和电子通讯指令》中已经得到确认。对此,《数据保护通用指令》已经在第34条予以规定,从而最终确立了数据保护领域的违法通报制度。

第八,《数据保护指令》规定了向第三国移转数据的制度。该制度一方面是为了确保数据转移不会削弱指令所提供的保护水平;另一方面也是为了促进向第三国转移数据的发展。其中,欧盟委员会扮演着重要的角色。它不但要评估第三方是否能提供足够水平的数据保护,也会根据实际情况与第三国进行谈判,以促使其采取适当的保障措施,保障所转移数据所享受的保护水平。《数据保护通用条例》对之予以承继,并完善了数据向第三国转移时的保护水平及保障体系。

第九,《数据保护指令》重视行业自律。其第27条要求有关机构在制定或修改行为准则时,提交监管机构以听取其意见。这样就使通过行为准则对数据保护规定进行了细化,有利于数据保护制度的实施;同时,监管机构在行为守则通过或修改之前就可以对之予以审核和确认,大大降低了监管负担;并且,行为准则作为法律行为的依据,增强了法律的确定性。《数据保护通用条例》在规定了行为准则的同时,还引入了认证制度,进一步加强了数据保护法律的实施力度。

第十,《数据保护指令》对数据监管机构的独立性及职权范围都进行了规定。要求建立独立和专业的数据监管机构,不单单是指令的要求,更是包括《〈欧洲个人数据自动处理公约〉附加议定书》、《欧盟基本权利宪章》等文件的要求。该等机构应当中立及独立,且又有专业素养、充分权力及充足资源,以处理权利主体提出的权力主张,进行调查,予以有效介入。而监管机构的制度建设,也成为《数据保护通用条例》的一个重要章节。

另外,《数据保护指令》还确立了第29条工作方机制,作为欧盟委员会的咨询机构对数据保护制度的落实起到了至关重要的作用。在《数据保护通用条例》中,第29条工作方机制为欧盟数据保护理事会(European Data Protection Board)所代替。

于欧盟电信法律体系而言,个人数据保护是其中很重要的一个方面。第2002/58/EC号《隐私与电子通讯指令》是欧盟电信法律一揽子规则中的重要组成部分,也是数据保护的重要方面。虽然2016年的《数据保护通用条例》取代了《数据保护指令》,但维持了《隐私与电子通讯指令》,仅要求其之后修正与《数据保护通用条例》不符之处。目前,欧盟委员会刚刚提出对电信法律一揽子规则进行修改的建议。因此,第2002/58/EC号指令现时仍然有效,其在电信领域的个人数据保护起着重要的作用。《隐私与电子通讯指令》可看作欧盟个人数据保护总体法律制度在电子通讯领域的适用。本书在对该指令进行评述时,对涉及电信的个人数据保护制度及非请而至通讯着墨甚多,对欧洲电信领域个人数据的保护制度提供了详细的描述,对我国电信领域的个人数据保护问题具有很强的参考作用。

在此之外,欧盟还通过了第2002/58/EC号《数据留存指令》,该指令被第2006/24/EC号指令所修改。在本书所确立的二元化架构中,该指令的地位和作用尤显特殊。一方面,网络监控一直是欧盟成员国中一个相当敏感的问题,作为其中的一个议题,数据留存也被认为是对个人隐私的一种侵犯;另一方面,还是有一些成员国出于打击犯罪或其他目的,规定了数据留存法律。如果数据留存义务在各国不尽相同,则对于信息社会服务提供商提供泛欧业务构成了实质性障碍。在这个意义上,如果在不违反宪法规定的前提下,对各国的数据留存法律进行协同化,将有利于欧洲统一信息市场的发展。恰恰在"9·11"事件爆发后,政治风向陡转,打击恐怖主义成为一项共识,而《数据留存指令》也应运而生。在这个意义上,《数据留存指令》是在目前欧洲各国宪法体系所能容忍的范围之内而达成的法律协调成果。实际上,《数据保护指令》本身也为《数据留存指令》提供了依据:根据《数据保护指令》第 7 条的规定,在处理可确定个人身份的数据时,要么须取得数据主体的同意,要么须满足法律的要求。在欧盟层面通过《数据留存指令》,就是设定了一项法律要求,需要电信运营商在未经数据主体同意的前提下对数据予以处理。正因为数据留存没有经过数据主体的同意,所以适用范围有限:仅限于运营商自身生成及查看的通讯和位置数据。同时,对于留存数据的安全及查看,进行了严格的规定,并须遵循《欧洲人权公约》的要求。实际上,对于欧洲的宪法传统而言,《数据留存指令》所提供的数据留存一般授权似乎并不符合比例原则。虽然欧盟各成员国纷纷将《数据留存指令》转换为国内法,但是在 2014 年 4 月 8 日作出的一项判决(C-293/12)中,欧洲法院认为《数据留存指令》所确立的数据留存制度并不符合比例原则,侵犯了《欧洲人权宪章》规定的个人隐私权和个人数据权,因而无效。这不但使得《数据留存指令》归于无效,也使得欧盟成员国据以出台的数据留存法律地位存疑。另一方面,在宣布《数据留存指令》无效的判决中,欧洲法院也承认留存数据具有正当的理由和合法的宗旨,这就为欧盟就具体领域通过确立数据留存制度及成员国修改其数据留存法律留下了空间。例如,虽然德国数据留存法律于 2010 年 3 月被德国联邦宪法法院宣布违宪,但德国于 2015 年 10 月通过了修改后的数据留存条款。同时,欧盟于 2016 年 4 月 27 日通过了(EU)第 2016/686 号指令,就恐怖主义及其他严重罪行予以调查或起诉所需旅客名单信息予以规定。这都表明,无论在欧盟层面还是在其成员国层面,数据留存制度的需要真实存在,如何才能满足对个人隐私权及个人数据权的要求,成为欧盟及其成员国在今后所要面对的课题。

三、电子商务制度

电子商务制度是本书另外一个重要的部分。其中最核心的就是第2000/31/EC号《电子商务指令》及第1999/93/EC号《电子签名指令》。而其中最具特色的,就是第2000/31/EC号《电子商务指令》。

《电子商务指令》提出的"信息社会服务"概念最令人瞩目。如前所述,这也是本书所评述信息技术法的核心概念,并具有广泛的内容。此时,不能从字面上理解"电子商务",否则就过于狭隘。从信息社会服务的概念来说,它涵盖的不仅仅是我国所说的电商服务,甚至还包括数据库服务、电子邮件服务、微博服务、搜索服务等一切为了取得报偿的数据交换服务。需要提醒的是,在这里,取得报偿并不意味着一定要直接从用户那里取得经济收益。所谓互联网经济,在很多时候,是所谓的分享经济。很多时候,运营商并非直接从用户那里取得收益,而是免费向用户提供服务,通过展示广告来取得收益。此时,这种互联网活动实际上也是一种以营利为目的的经济活动,也属于《电子商务指令》所调整的范围。在这个意义上,与其说《电子商务指令》确定的是欧盟电子商务法律架构,不如说其确立的是互联网产业法律架构。

与《电子商务指令》并列的,是《远程合同指令》与《电子签名指令》。《远程合同指令》(后被第2011/83/EU号《消费者保护指令》所替代)是为了保护互联网产业中的消费者,而电子签名指令是为了确保电子交易的可靠性。需要指出的是,三个指令并不试图重新构建整个电子商务产业架构,而仅仅是对互联网产业中需要特殊处理的部分进行了法律界定。在这方面,除了"信息社会服务"概念的界定之外,三个指令对下列议题的处理也充分说明了这种立法思路。

第一,《电子商务指令》对"消费者"予以清楚界定。根据其第2条e项规定,消费者即"基于其业务、商业或执业范围之外的目的而行事的任何自然人"。该概念具有坚实的实践基础。在评述中,本书借用案例及其发展,清楚地说明了这一概念的实践走向及其意义。基于此,《远程合同指令》对电子商务中的消费者提供了系统的保护。对于我国来讲,欧盟对于消费者的界定及司法实践,十分具有参考意义。基于种种原因,"职业打假人"一直在我国消费者维权实践中扮演着十分独特的角色。对其是否属于消费者,无论是我国司法机关还是行政监管部门,均无共识。但是,无论如何,"职业打假人"并不符合我国《消费者权益保护法》对消费者的界定。这个问题在互联网产业变得尤其突出。在有效保障消费者利益的同时,司法机关及行政监管部门如何确立其法律适用模式,这值得研究和关注。

第二,无论是《电子商务指令》还是《远程合同指令》,都十分看重消费者的知情权和在此基础上的决定自由权。其中比较典型的,就是对商业信息的透明度要求。根据《电子商务指令》第2条f项,从事商业、产业或手工业活动或从事受监管职业的公司、组织或个人,旨在直接或间接推销货物、服务或形象而进行的任何形式的通讯都是商业通讯。在判定何为商业通讯时,营业活动是非常重要的一项标准。此时,就需要确保消费者明白这些商业通讯的性质,以便消费者在利用该等信息时可以做出知晓情形的判断,促进消费者利益,保护公平竞争。《电子商务指令》第二部分的规定主要界定了商业通讯的透明度要求,并规定了对特殊商业通讯的监管原则。这里需要着重指出的是,依据本书的评述,欧盟对于判定商业通讯时,须采取媒体法的原则予以判定,即编辑内容与商业通讯有所分别。这里编辑内容及编辑权就成为判定商业通讯的一个标准。对此,我国法学界尚无研究涉及。近年来关于搜索引擎竞价排名的讨论,各方莫衷一是,司法机关也无法对之给予明确的界定,迫于压力将之归于广告的举动,并没有在理论上解决这样一个问题。实际上,编辑权的意义并不仅仅在于认定商业通讯,还在于互联网平台的规则制度。在这个意义上,本书关于商业通讯认定中编辑内容及编辑权的论述,对于我国互联网法律及相关民法制度的研究,具有很大的现实意义。另外需要留意的是,商业通讯需要表明其性质,一方面是便于过滤软件帮助消费者行使其决定自由权,另一方面却需要司法机关根据具体的情形加以考虑。这种制度设计及其司法实践，也值得我们在互联网监管及法律适用中有所参考。

第三，《电子商务指令》在其中第 4 部分对通讯中间服务商的责任作了规定。其核心是第 12 条规定的"仅系通道"原则。所谓"仅系通道"原则，是指在满足一定条件下，提供网络传输及接入的信息社会服务提供商并不对其所传输的信息承担法律责任。本书在对该条规定进行评述时，从国际层面介绍了这一"避风港"原则对于互联网产业发展的必要性，并对电信服务与信息社会服务的服务形态及其法律意义进行了一定的说明。在这里，本书的评述者提出了通讯中间服务商的概念，但是，由于缺乏必要的案例支撑，并没有对之加以详述。其中，评论者再次使用了媒体法甚至是宪法中的"出版商"或"发行商"概念，并在论述中对内容与通道的关系予以简要说明。当然，该条规定并没有给予通讯中间服务商绝对的免责待遇，而是对其施加了一定的义务。值得注意的是，在该条规定中，仅仅承认了法院和有关行政机关依法要求服务提供商终止或防止侵权。这种规定与通知后删除的法律体系并不一致，充分表明了欧盟对后者的怀疑态度，同时又在第 21 条"重新审查"条款中保留了随着技术的发展对"通知后删除"加以审查的可能。根据《电子商务指令》第 13 条、第 14 条的规定，基于"仅系通道"而确立的"避风港"原则也适用于"高速缓存"及"虚拟主机"等服务构成部分。而在第 15 条，《电子商务指令》又否决了对信息社会服务提供商施加监控的一般义务，从而杜绝了各国政府通过对信息社会服务提供商施加监控义务而规避"仅系通道"原则的行为。在欧洲法院于 2010 年 3 月 23 日就路易威登等诉谷歌案(C-236/08 to 238/08)做出的裁决中，认为关键词付费搜索适用"仅系通道"原则。

但是，对于"仅系通道"原则，不能片面地依据《电子商务指令》的规定予以理解。在信息社会服务提供商中间，电子通讯服务商是典型的通道服务提供商，其提供通讯及互联网接入服务，为信息的流动提供了通道。但是，就垃圾邮件而言，《隐私与电子通讯指令》前言第 68 项及第 13 条第 6 款强调了电子通讯服务商的利益与责任：一方面，鉴于电子通讯服务商投资可观,对于打击垃圾邮件而言具有商业利益;另一方面,对于确定及发现垃圾邮件而言,相比终端用户,电子通讯服务商拥有更强的地位。虽然本书的评述者认为这并非向电子通讯服务商施加阻止垃圾邮件的义务,但这并没有排除电子通讯服务商采用增强性隐私保护的方式对用户提供一定程度的保障。这说明,在贯彻"仅系通道"原则的同时,欧盟并没有放弃通过服务提供商为用户提供一定程度保障的选择。在网络服务产业迅猛发展的背景下,这为欧盟对信息服务提供商责任进行进一步的调整保留了一定程度的可能。

第四,《电子商务指令》需要满足欧盟内部市场的要求。这也意味着,须消除欧盟内部信息社会服务的法律障碍,使之成为一个统一的信息社会服务市场。为此,《电子商务指令》第3条就确定了来源国原则,确保信息社会服务提供商原则上仅须遵守一个成员国的法律规定,从而大大便利了其在欧洲内部市场提供服务。至于这是一条国际私法规则还是公法上的要求,学界尚存在争议,《罗马Ⅰ条例》也并未解决这个问题。另一方面,《电子商务指令》在第3条也规定了不歧视原则,进一步促进了欧盟信息社会服务统一市场的形成。

第五,《电子商务指令》中的规制重点之一就是非请而至的商业通讯。对于垃圾邮件这个各国电子商务立法中都比较重视的议题,《电子商务指令》采取的方式就是透明化,并没有统一要求成员国采用"不选则有"或"不选则无"的方式,而是在公开信息的前提下,保障消费者的自主选择权。其中,《电子商务指令》第7条第2款所规定的不选择有登记簿充分表明了这一思路。同时,欧盟也发展出了要求商业通讯进行自我标注的要求,这一做法便于消费者使用广告过滤软件,拒绝或允许商业通讯的涌入。

第六,《电子商务指令》也鼓励有关协会或组织制定行为守则。在欧盟内存在的共识是:仅靠立法无法对信息社会服务提供商的活动进行足够的控制,不能为消费者提供充足的保护。故此,自律机制就成为立法措施的必要补充,并为相关立法或制度予以细化,有利于电子商务法律制度的稳定性。同时需要注意的是,《电子商务指令》重视庭外解决争议方式的使用,以方便消费者维护自己的权益。

最后,在电子商务部分,本书也对保障电子商务交易安全的《电子签名指令》进行了评述,并对其他涉及电子商务交易安全的指令进行了评述,从而对欧盟相关电子商务法律架构进行了比较全面的评述。

四、其他信息技术法律的相关指令或条例评述

围绕着权利保护和促进互联网贸易发展两大主线,本书在对以上主要指令或条令加以介绍的基础上,又对与之相关的其他指令或条例进行了介绍。

首先,本书评述了第 2003/98/EC 号《公共领域信息再次使用之指令》。该指令确立了公共领域信息进行二次利用的欧盟法律架构。公共领域取得个人信息数量巨大,具有巨大的经济潜力。要进行二次利用,不但需要在其中保护数据主体的个人权利,还需要在二次利用时处理好持有信息的公共机关与信息使用人的关系;信息使用人是否能够具有平等使用该等信息的机会。其中涉及的不但是个人数据权利保护问题,更与竞争法中的非歧视原则息息相关。本书对该指令的论述,对于我国尚在讨论的个人信息保护制度,对于如何处理个人权利保护与数据利用的关系,具有相当的参考意义。

其次,由于电子商务不可避免地涉及跨境商品及服务的提供,由此产生的国际私法问题就是欧盟信息技术法十分关注的问题。而单独为电子商务制定一部国际私法文件,显然并不符合整个法律体系的要求。因此,本书花了相当大的篇幅介绍了《罗马Ⅰ条例》和《罗马Ⅱ条例》可以适用于信息社会服务的条款。其中前者适用于合同义务,而后者适用于非合同义务。但对于能否将信息社会服务提供商主要服务器所在地视为主要营业地,无论是《罗马Ⅰ条例》还是《罗马Ⅱ条例》,对此均保持沉默。

再次,对于电子商务带来的电子货币问题,第2009/119/EC号指令对电子货币机构的监管确立了基本的架构。本书的评述涵盖对电子货币的监管,对电子货币经营机构业务的监管。其中,对于纯粹电子货币的监管,该指令还是采取了比较宽松的监管方式——前提就是:该机构并不是一般的存贷机构。这种清楚的分野是整个指令的基础,体现在该指令第6条及第12条的规定当中。

最后,电子商务不可避免地涉及条件存取与标准化。本书最后部分就对这两个领域中的欧盟指令进行了分析评论,在此不再赘述。需要注意的是,第98/48/EC号指令(后被第2015/1535/EU号指令所替代)第1条,就对信息社会服务的三大要件进行了论述:远距离,通过电子方式,应服务接受方的个别请求而提供。这三大要件将信息社会服务与媒体服务区分开来,便于进行相关的法律制度建构。

在上述若干指令或条例中间,为了必要的背景知识补充,本书还对《里斯本条约》的相关条款及《欧盟运行条约》的相关条款进行了相关评述,使得整本书体系更加完善。

从上述介绍可以看出,欧盟信息技术法是一个综合多个领域法律而成的法律集合,不可能通过一部指令或条例涵盖所有问题,唯有基于体系化的眼光,对所有相关的法律文件或条约条文进行研究,才能对之有真切的深入了解,在进行比较研究或予以相关借鉴时才不致以偏概全。这也许就是本书翻译出版的目的所在。

五、我国互联网法制建设中借鉴欧盟相关立法的意义

我国互联网立法正在进行当中。已经通过的《网络安全法》和正在审议的《电子商务法》将会对我国互联网法律体系产生重要的影响。

2016年11月7日,全国人大常委会通过《网络安全法》,其中确立了网

络空间安全的概念,并在第四章以"网络信息安全"为题首次以立法的形式确定了我国的个人网络数据保护制度,这体现了我国目前互联网立法的大安全观,是全国人大常委会2000年及2012年两项有关互联网安全及互联网信息安全决定的延续和强化。在某种意义上,《网络安全法》在强调保护关键信息基础设施安全的同时,对互联网内容有所涉及,又规定了个人信息保护制度,有对整个互联网法律体系定调的味道,扮演了和欧盟《电子商务指令》很类似的角色。

尽管《网络安全法》在第12条提出"保障网络信息依法有序自由流动",但在具体规定中并无体现。与欧盟互联网法中的权利保护与流动促进双重目标相比,促进的一环有所缺失。目前《电子商务法(草案)》经过全国人大常委会一审,正在征集意见中。其中,对于"电子商务数据信息",草案从权利保护的角度对电子商务所涉个人信息保护进行了规定。但是,对于如何促进个人信息的流动与政务活动中所生成个人信息的利用,《网络安全法》和《电子商务法(草案)》均未予以明确。如果能在《电子商务法》的审议过程中,对类似欧盟的数据保护二元化目标予以借鉴,并在法律条文中予以细化,势必会推动我国互联网法制在安全基础上的进一步发展。

值得一提的是,在《电子商务法(草案)》中,尽管起草者欲明确电子商务平台的责任,却仅仅将"通知—删除"制度确定于知识产权侵权事件中,无异于压缩了《侵权责任法》第36条的适用空间,产生了严重的法律冲突。在其建构的电子商务平台审查义务规则体系中,《电子商务法(草案)》并没有明确深层次的法律依据,可能会在实施中难以确立具体的可行标准,降低该等规则的可操作性。并且,《电子商务法(草案)》并未对垃圾邮件、推广信息等商业化通讯在法律的层面予以明确,造成了其体系的重大缺失,难以回应目前互联网产业及电子商务的发展对整个法律体系的挑战。此时,《电子商务指令》中所体现与包括媒体法在内的其他法律的衔接度就尤为重要。如果在《电子商务法(草案)》中在行业内对商业通讯确立相关法律制度并基于媒体法的相关原则确立判定标准,将对我国互联网法律的建设与媒体法的发展,产生重要的影响。

诚然，中国法律是要解决中国问题。但在很多时候，中国问题需要完备的法律机制予以解决，而不仅仅是应急式的立法处理。中国互联网的立法架构，中国电子商务法律的完善，需要的不仅仅是对中国问题的透彻了解，更需要我们能够选择恰当的工具予以应对。这方面，欧盟相关指令和条例，都会给我们启示和借鉴，为我们解决中国问题提供更为多样的思路和选择。

六、关于本书的翻译

本书覆盖面广，所涉议题复杂而丰富，宛如一部体系宏大的交响曲。本人在翻译过程中，不敢懈怠，查阅相关资料，并就有关翻译表达咨询相关专业人士，力求能够完整准确地向读者呈现原著者及欧盟相关法律文件的意涵。在此，本人十分感谢商务印书馆王兰萍老师的信任，使得本人能有机会完成本书的翻译。

另外，需要说明的是，这本书的法律文件涵盖了欧盟发展过程中的不同阶段，而相关欧盟机构的名称可能会有所变化。例如：在《里斯本条约》通过之后，虽然 European Commission 的英文名称并未发生变化，但其地位欧共体委员会变为欧盟委员会，而"欧洲委员会"一词又专指 Council of Europe，因此，本书在评述正文中将 European Commission 翻译为"欧盟委员会"。诸如此类，请读者在阅读本书时注意分辨。

本书涵盖议题广泛，技术性颇强，本人在翻译过程中，难免会有疏漏之处，请各位读者批评指正。

译者

2016 年 12 月 6 日，北京

目　　录

引言 1

第一部分　数据保护指令

欧洲议会及欧盟理事会第 95/46/EC 号指令
(《个人数据保护指令》) 13

    介绍性说明 13

    指令条文 22

        第一章　一般条款 34

        第二章　个人数据处理合法性之一般规则 54

        第三章　司法救济、法律责任及处罚措施 115

        第四章　将个人数据转移予第三国 119

        第五章　行为准则 133

        第六章　个人数据处理所涉个人权利保护
                  监管机构及工作方机构 137

        第七章　共同体实施措施 155

    最终条款 157

欧洲议会及欧盟理事会第 2002/58/EC 号指令
(《隐私与电子通讯指令》) 165

    适用范围及宗旨 182

定义……184
有关服务……190
数据处理之安全……192
通讯的保密……200
通讯数据……206
出具明细账单……213
显示及限制来电及线路接通号码……213
通讯数据之外的位置数据……219
例外情形……222
自动呼叫转接……224
用户号码簿……224
非请而至的通讯……228
技术特征及标准化……235
小组委员会程序……237
适用第95/46/EC号指令相关规定……240
实施及执行……245
过渡安排……247
转换……248
审议……249
废止……249
生效……249
适用对象……249

第2006/24/EC号指令(《数据留存指令》)……250

主题事项及范围……250
定义……253
数据留存义务……255
查看数据……257

留存数据的类型……257
留存期间……261
数据保护数据安全……261
留存数据的存储要求……264
监督机构……265
数据……266
对第2002/58/EC号指令的修改……267
将来的措施……268
救济、责任及罚则……269
评估……270
转换……271
生效及适用对象……273

《欧洲联盟运行条约》……274

数据保护……274

第二部分 电子商务指令

欧洲议会及欧盟理事会第2000/31/EC号指令（《电子商务指令》）……289

第一章 一般条款……301
第二章 原则……317
第三章 实施……342
第四章 最后条款……348

欧洲议会及欧盟理事会第97/7/EC号指令（《远程合同指令》）……351

宗旨……355

定义 ·· 356
例外 ·· 358
事先通知 ··· 361
信息的书面确认 ······································ 366
撤销权 ··· 368
履行 ·· 376
银行卡支付 ·· 378
被动销售 ·· 379
使用特定远程通讯方式的限制 ····················· 380
司法或行政救济 ····································· 382
约束性 ··· 384
共同体法律 ·· 385
最低限度条款 ······································· 386
实施 ·· 388
消费者信息告知 ····································· 389
投诉体系 ·· 389
生效 ·· 390
适用方 ··· 390
冷静期之协同 ······································· 390
涉及金融服务远程合同的消费者保护 ·············· 390

欧洲议会及欧盟理事会第 2002/65/EC 号指令(《远程销售金融服务指令》) ·············· 392

宗旨与适用范围 ···································· 397
定义 ·· 399
订立远程合同之前向消费者提供的信息 ·········· 402
其他信息要求 ······································· 413
就合同条款及条件和信息事先告知予以通告 ····· 416

撤销权 ··· 419

在撤销之前对提供服务的付款 ························· 426

被动销售 ··· 429

非请而至的通讯 ······································· 430

罚则 ·· 432

本指令条款的强制性质 ································ 433

司法及行政救济措施 ·································· 434

庭外救济方式 ··· 436

举证责任 ··· 437

过渡措施 ··· 438

第 90/619/EC 号指令 ································· 438

第 97/7/EC 号指令 ··································· 439

第 98/27/EC 号指令 ··································· 439

审查 ·· 440

转换为国内法 ··· 441

生效 ·· 442

适用对象 ··· 442

欧洲议会及欧盟理事会第 1999/93/EC 号指令(《电子签名指令》) ································ 443

适用范围 ··· 447

定义 ·· 450

市场准入 ··· 454

内部市场原则 ··· 457

电子签名的法律效力 ·································· 458

法律责任 ··· 462

国际层面 ··· 476

数据保护 ··· 478

小组委员会 ·· 482

　　小组委员会的职责 ··· 485

　　通知 ··· 485

　　审查 ··· 486

　　附件1　合格证书的要求 ··· 487

　　附件2　对签发合格证书的证书服务提供商的要求 ············ 488

　　附件3　对安全签名生成装置的要求 ···································· 489

欧盟委员会 2003 年 7 月 14 日决定 ·· 492

欧盟委员会第 2000/709/EC 号决定
（《欧盟委员会关于报送机构最低标准的决定》）········· 495

第三部分　公共领域信息指令

欧洲议会及欧盟理事会第 2003/98/EC 号指令
（《公共领域信息再次使用之指令》）·································· 503

　　第一章　一般条款 ··· 509

　　第二章　再次使用请求 ··· 519

　　第三章　再次使用的条件 ··· 522

　　第四章　非歧视及公平贸易 ··· 528

　　第五章　最后条款 ··· 531

第四部分　其他相关指令

欧洲议会及欧盟理事会第 593/2008 号（EC）条例
（《罗马Ⅰ条例》）·· 537

　　引言 ··· 537

　　条例条文 ··· 541

  第一章 适用范围 ··· 549
  第二章 统一规则 ··· 552
  第三章 其他条款 ··· 568
  第四章 最后条款 ··· 573

欧洲议会及欧盟理事会第 864/2007 号(EC)条例(《罗马 II 条例》) ·············· 574

 引言 ·· 574
 条例条文 ·· 578
  第一章 适用范围 ··· 584
  第二章 侵权/违法行为 ·· 588
  第三章 不当得利,无因管理及缔约过失 ···························· 597
  第四章 意思自治 ··· 601
  第五章 共同规范 ··· 602
  第六章 其他条款 ··· 608
  第七章 最后条款 ··· 612

信息技术领域的竞争法《欧盟运行条约》第 101、102 及 106 条(之前《欧盟条约》第 81、82 及 86 条) ··· 615

 引言 ·· 615
 禁止限制竞争的协议、协同行动及协会决定 ························· 617
 禁止滥用市场支配地位 ·· 630
 特殊或独占权利 ·· 638

欧洲议会及欧盟理事会第 2009/110/EC 号指令 ······· 641

  第一章 适用范围及定义 ··· 649
  第二章 从事、经营电子货币机构业务及其审慎监管的要件 ······· 654

第三章　电子货币之发行及可赎回性 …………………………… 668
第四章　最后条款及实施措施 …………………………………… 673

欧洲议会及欧盟理事会第 98/84/EC 号指令（《条件存取指令》） …………………………………………… 680

适用范围 …………………………………………………………… 683
定义 ………………………………………………………………… 686
内部市场原则 ……………………………………………………… 689
侵权活动 …………………………………………………………… 691
处罚及救济 ………………………………………………………… 693
实施 ………………………………………………………………… 694
报告 ………………………………………………………………… 695
生效 ………………………………………………………………… 697
适用对象 …………………………………………………………… 697

欧洲议会及欧盟理事会第 98/48/EC 号指令（《技术标准及规范领域信息提供指令》） ………………… 699

定义 ………………………………………………………………… 704
新标准化提议之透明性 …………………………………………… 720
国家标准草案之通告 ……………………………………………… 723
国家标准化组织的义务 …………………………………………… 723
常务小组委员会 …………………………………………………… 724
尊重欧洲标准化进程 ……………………………………………… 728
技术规范草案之通告 ……………………………………………… 729
中止期间 …………………………………………………………… 735
豁免情形 …………………………………………………………… 738
就指令适用情形予以报告 ………………………………………… 741
对指令的援引 ……………………………………………………… 741

最终条文 ································· 742

第五部分　附录

指令清单 ····································· 747

外文缩写对照表 ····························· 750

参考文献 ···································· 753

　　1. 欧盟法律 ································ 753
　　　　条例 ····································· 753
　　　　指令 ····································· 754
　　　　建议 ····································· 765
　　　　裁决及决定 ·························· 766
　　　　推荐意见 ····························· 771
　　　　通告 ····································· 772
　　　　数据保护工作方文件 ··············· 773
　　　　其他欧盟文件 ······················· 780
　　　　其他国际及国家文件 ··············· 786
　　2. 欧洲法院案例法 ······················· 787
　　3. 国家法律 ······························· 788
　　4. 国家案例法 ···························· 794
　　5. 欧洲人权法院案例法 ················· 794
　　6. 国际条约及公约 ······················· 794

相关网址 ···································· 796

　　1. 国际组织 ································ 796
　　2. 欧洲数据保护机关 ···················· 797

索引 ··· 803

引　　言

1. 总体评价。就信息社会服务的发展而言,欧洲在两个关键法律问题上涉及监管问题,一方面是要建立适应电子交易发展需要的法律架构,另一个则是对该发展趋势所弱化的个人自由权利予以保护。正是基于对这两者的区分,本书的基本架构得以确立。本书的第一部分将分析有关数据保护的法律条文,主要是针对在该领域已经出台的两部指令。第二部分将针对电子交易和运营商的诸多监管法律条文,这涉及电子支付交易、电子货币发行人,且自然也涉及与消费者所缔结该类合同的特色。当然,其中也会讨论其他关联问题。因此,所谓"第三支柱"范围内的特定事项对信息社会的发展也产生了影响。其中精确地论述了因防止计算机犯罪及因对未成年人保护或非法及有害内容而对言论自由进行的一定限制。但是这些边缘议题并不符合本书宗旨。就所选定的两个议题而言,对其主体就无可避免地要适用欧洲法。诸如电子签名、电子支付安全及消费者保护要求等议题就明显适用欧洲法,以建立一个统一欧洲市场。通过《欧洲阿姆斯特丹条约》后,如果欧洲对有关自由权利保护的涉入是正当的,则欧洲在之前也许仅仅是间接地基于正当性予以涉入;如果维持各成员国不同的数据保护监管体系,就会有阻碍欧洲内部数据流动的风险。所有欧盟的提议都基于授权欧盟机构对各成员国的法律进行协同,以促进货物和服务的自由流动(第45、47(2)及55条)和内部市场的建立(第95条)。在涉及无边界电子商务问题上,尽管补充原则(subsidiarity)及比例原则这两条欧洲法原则构成了对欧盟介入权的主要限制,欧盟委员会还是轻而易举地说明了其涉入的必要性。如果说欧盟在相关议题上介入的范围和数量是很重要的,那么,在共同决定程序机制中所采取的程序能否迅速通过一项指令? 这是一个问题:人们担心这能否对飞速的技术演进予以足够迅速的反应。这也就解释了为什么欧盟委员会多次诉诸和条例相比更为柔和的替代方式,例如推荐(如1997年7月

9日通过的《关于电子支付手段的通告及推荐》)、通告(如2003年12月2日通过的《关于内部市场支付新法律架构的通告》),甚至是诸如《欧盟关于移动支付蓝图》的欧盟委员会工作文件。有一点也许值得注意,指令中的大部分条款尚需经过日后的评估、修改和(两三年内的)快速修订程序。毫无疑问,于2009年12月1日生效的《里斯本条约》相关条款将对欧洲层面的介入程序及相关当事方的地位都会产生影响。最后,在本书这一版中,两部影响电子商务的条例也包括在内:关于合同义务适用法律的《罗马Ⅰ条例》及关于非合同义务适用法律的《罗马Ⅱ条例》。在电子商务越来越国际化的背景下,这些条例无疑将持续发挥重要作用。

第一部分 数据保护指令

2. 国际法律渊源。在国际法中,《数据保护指令》具有一个非常重要的监管依据:1981年通过的《欧洲个人数据自动处理公约》。以《欧洲人权公约》为依据,欧洲委员会希望能对自动化特有的处理技术对个人带来的风险予以防范。为了以国际监管的手段来处理可能的贸易障碍,经济合作与发展组织(以下简称"经合组织")大会于1990年12月4日通过《经合组织隐私权指引》。与欧洲委员会不同,经合组织并没有出台任何具有约束力的国际法文件,而是仅仅向其成员国提供建议,指出在处理个人数据及数据跨境交换时应遵守的原则。在1985年4月11日通过的《跨境数据流动宣言》中,经合组织部长委员会重申了这些原则,并强调经合组织很关注无障碍的信息交换。而1990年通过的《联合国守则》提供了一些推荐性意见,其不仅仅针对各个成员国,而且也涵盖国际组织背景下个人数据处理的监管规定。

3. 数据保护被认可为一项基本权利。在就数据保护进行的讨论中,对数据保护与基本权利和自由之间的联系进行了多次确认和重申。一个重要的例证就是在《尼斯条约》框架下于2000年通过的《欧洲基本权利宪章》。这一基本文件并不载有具有直接强制力的规定,但也许可以被视为对欧洲公民宪法权利予以界定的首次尝试。《欧盟权利宪章》包括两个隐私权条款。第7条或多或少地照搬了《欧洲个人数据自动化处理公约》中的第8条。该条款是要保护家庭生活及居所,确立个人通讯的私密性,并以这种方式将传统隐私概念转化为对个人隐私生活的保护。有意思的是,第8条确立了一个独立的人权:数据保护的权利,这必定被视为《尼斯条约》之外、与隐私不同而又互补的一项基本人权。第8条再次宣告了适用于所有信息保护法律的四项主要原则。原则一,不仅是敏感数据,所有的个人数据都被该项人权所涵盖。原则二,数据主体被赋予主体性权利,使之有权了解并修改错误的数据。原则三,对数据控制者须施加一定的限制,例如对数据采集的合理性和质量提出要求。原则四,为了在数据控制者的利益及自由与数据主体的自由权利之间取得平衡,须明确信息保护主管机关的特殊角色。相关的新条款已经写入《里斯本条约》,后者已于2009年12月1日生效。该条约赋予了包括第三国的任何人一项数据保护的新权利,该权利并可通过法院得以执行。它使得欧盟理事会和欧洲议会有义务建立一个数据保护的综合性架构。《里斯本条约》认为,数据保护权利是享有其他基本权利及自由的前提,也是确保信息社会实现结构性增长的前提。《欧洲基本权利宪章》赋予每个个人数据保护的权利。

4.《数据保护指令》的宗旨。一方面,《数据保护指令》是为了保护将个人数据提交处理的个人,另一方面,要允许个人数据的自由流动。其目的就是为了促成内部市场的建立和运行,并在同时保护个人隐私及相关基本权利。这种利益间的差别在一开始就存在,并反映在《数据保护指令》的章节中。虽然欧洲议会早在1975年3月就表示支持对个人数据处理建立统一的监管架构,但直到1990年,欧盟委员会才在重重压力下提交了相关的指令草案。这些压力既来自于越来越多成员国通过数据保护法令这一事实,也来自于一个逐渐形成的理念:要保护个人行为能力与参与能力及其基本权利,就有必要对个人数据处理设置法律要件。

5. 重要的元素。正是因为各国已经出台的数据保护法令,《数据保护指令》更是代表着现成概念的集合,而不是创新性地呈现新解决方案。这当中存在的风险就是:要对各种元素进行解释,就必须借助其所渊源的成员国国内法律。基本权利的重要内容包括:仅仅进行不可避免的数据处理,规定向个人提供信息的义务及相关登记要求,以在最大程度上实现透明化,个人和机构对数据处理的控制权及数据跨境传输的要求。第 29 条数据保护工作方机制由每个成员国国内监管机构派出的一名代表、欧洲数据保护总监及欧盟委员会的一名代表组成,是一个超国家机构,其决定虽无法律约束力,但也在促成对《数据保护指令》予以解释及统一适用方面起着重要的作用。

6. 转换为成员国国内法。所有的欧盟成员国均已将《数据保护指令》转换为国内法。由于成员国在实施《数据保护指令》方面有很大的裁量权,具体细节就存在极大的差异。《里斯本条约》的生效又引发了一场关于数据保护总体架构的讨论,以求消除目前存在的分歧和差异,对个人权利予以更为一致的有效保护。

7. 进一步的措施。欧盟委员会除了于 1990 年向欧洲议会及欧盟理事会提交了关于在个人数据处理中保护个人权利的指令建议外,还采取了一揽子措施,以防止个人权利在数据处理过程中遭到侵犯。其中,欧盟委员会提交了《欧洲议会及欧盟理事会关于在公众数据电信网络,尤其是综合业务数字网(ISDN)及公众移动数据网个人数据及隐私保护的指令》建议。欧盟委员会将这份指令打包并入其一揽子措施当中,表明了自己的观点:一致性的数据保护也需要通过具体领域的监管措施将数据处理的一般要求不断予以具体化。《电信数据保护指令》于 1997 年 12 月 15 日得以通过,后被 2002 年通过的《关于隐私及数据通讯的指令》所替代,后者对前者的条文作了很大的修正,以完全体现互联网时代的情形;在对电信一揽子法案审查的背景下,又被 2009 年 10 月 26 日通过的所谓《电子隐私指令》(e-Privacy Directive)所代替。虽然在很多时候,新指令都被宣称仅仅是将一般意义上的《数据保护指令》具体化并将之加以完善,但也许需要指出的是,新指令极大地延展了之前数据保护法律规定的适用范围,将法人也纳入保护对象,对于保存和使用位置及交通数据的相关概念,新指令进行了充分的挖掘、细化,并提供了对垃圾邮件和"网络饼干"(cookies)问题的对策。另外,新指令向互联网接入提供商及包括使用射频识别(RFID)技术的公共网络服务提供商施加了新的义务,特别是从 2009 年开始,其对于违反安全规定的情形施加了特别的义务。最后,新指令提供了向终端设备制作商推行标准的可能性,以确保符合隐私保护的要求。

第二部分　电子商务指令

8. 电子商务。在过去的十年间,针对电子商务交易及通过互联网达成的合同,欧盟的监管机构发起了几项进行法律协同化的行动。其总体目标就是为了建立一个电子商务活动的共同法律架构,以保证给予消费者足够的保护,并促进跨境电子商务交易的发展。这些行动促成了三项划时代的指令:《远距离销售指令》、《电子商务指令》及《电子签名指令》。另外,在诸如互联网征税、司法管辖权、".eu"顶级域名及隐私权等领域,也开始了与电子商务有关的改革。同时,欧盟还在电子金融服务领域采取了相关监管措施,并极力推动建立备选(电子)争议解决机制。因此,2002 年 9 月 23 日出台了《关于消费金融服务的远距离营销指令》,该指令同《远距离销售指令》都增强了服务提供商的透明度,对于服务提供商的交货条件及其要约中的条件创设了新的义务,给予消费者一定时间以考虑和撤销,并最终设立了有效且充足的争议解决机制。最后,欧盟委员会公开鼓励电子商务业推行诸如行为守则及信用标记等自律措施,以对监管架构进行补充。尽管采取了这样那样的措施,成员国相关法律间仍存在着相当程度的差异。欧盟委员会认为这是一个问题。有很多原因可以佐证欧盟委员会的这一担心,其中,这种差异很可能对内部市场的消费者保护水平有负面影响。为了提出救济措施应对这种挑战,欧盟委员会提出了《消费者权利指令》的建议草案,目前正在讨论当中[①],其他一些特

[①]　目前已获通过了。——译注

定的文本已经获得通过。因此,欧盟于2005年5月通过第2005/29/EC号《关于不当商业做法的指令》,并于2006年10月27日通过第2006/2004/EC号《关于负责消费者保护的成员国执行机构之间进行合作的条例》。电子货币是电子商务发展中另一个核心组成部分。于2009年9月16日通过的第2009/110/EC号《对电子货币机构业务之从事、经营及审慎监管的指令》修改了之前于2006年通过的条例,对市场准入及成员国机构的某些监控措施在欧盟层面作了统一的规定。在该领域最近又有指令得以通过。切断恐怖主义资金来源及反洗钱的政策就促成了第2006/60/EC号指令,该指令禁止为该等目的而利用金融系统。

9. 电子商务的国际架构。电子商务本质上是全球性的。因此,以电子形式进行的交易有其特别之处,这对有关国际贸易的许多国际公约、规则及贸易惯例都有影响。联合国国际贸易法委员会(UNCITRAL)提出的示范法建议对于使用电子通讯手段和电子签名尤其重要。电子商务及电子签名领域内的示范法旨在促成并推进在商务交易中使用电子通讯手段,此外,还要确保平等对待纸质通讯方式和电子通讯方式的使用者。例如,在这个意义上,《电子签名示范法》就为电子签名技术上的可靠性提供了可以衡量的实用标准。通过提供一套示范性的监管架构,示范法为那些试图发展电子商务架构的国家提供了某种指引。2005年夏,联合国国际贸易法委员会通过了一项关于在国际合同中使用电子通讯方式的公约草案。联合国国际贸易法委员会负责电子商务的工作组自从2002年春就一直在着手准备这项文件。在全球的层面,还必须提及经合组织的相关提议。经合组织于1998年在渥太华召开部长会议,强调各成员国应该考虑在国际层面对其国内法律架构进行协同化的可能性,并以此为基础,进一步推动建立一个真正跨国界的电子环境。其中,呼吁成员国优先考虑联合国国际贸易法委员会通过的《电子商务标准法》,并对国外的认证给予非歧视的待遇。经合组织并于1999年12月发布《消费者保护准则》,以在电子商务领域确定一个消费者保护的最低限度的国际标准典范。另外,欧盟及其他国家(包括美国)的政府也着手对海牙国际私法会议的法律架构进行协同化,使之能具体反映电子通讯及商务的发展。在美国的推动下,海牙国际私法会议作为一个拥有 62 个成员国的条约起草机构,开始着手制定新的《民商事管辖权及外国判决的承认与执行公约》。虽然各成员国已经就新的管辖权公约准备了十年之久,一些复杂的议题依然没有得到解决。之所以没有达成一致,其关键原因似乎就是电子商务的发展。目前来看,和早期起草阶段所审议的问题相比,美国已经成功说服海牙国际私法会议着手处理更为集中的议题。此外,本书在这一版本中也会简要讨论《欧盟运行条约》相关竞争法条款。

第三部分 公共领域信息指令

10. 公共领域信息。在信息技术监管领域,欧盟采取的诸多措施之一就是《关于公共领域信息再次使用的指令》。之所以要建立这种法律制度,无疑就是主要因为成员国国内各种公共领域机构持有已采集信息和数据具有可观经济价值。根据欧盟委员会于 2006 年进行的一项调查,欧盟公共领域信息市场总量经估算可达 270 亿欧元。因此,毫不奇怪,欧盟委员会坚定地认为,如果将公共领域信息作为原始数据,则可以在欧洲范围建立一个价值极高的信息产品及服务市场,这就会鼓励对该等数据进行跨境"增值使用"。在构建这一市场的过程中,私人企业应该被允许充分利用公共领域所拥有已采集信息的巨大经济潜力。另外,也不能因为公共领域机构在市场上销售其自己持有信息这种不正当竞争行为而打击私人企业的积极性。在这个意义上,之所以努力对公共领域信息进行监管,其关键理由就是为了消除在欧洲信息市场上对公平竞争的扭曲。2009 年 5 月 7 日,欧盟委员会发布了《指令审查报告》(COM(2009)212final)。对于指令所具有的潜力,欧盟委员会在结论中认为:在整个欧盟,已经确立了促进对公共领域信息再次利用的基本条件。

第四部分　其他相关指令

11. 透明。要建立内部市场，就涉及一个前提条件：将信息服务自由流动的所有障碍逐渐清除。这些障碍看来是由相关法律或监管措施造成，或者来自于各国采用的不同技术标准。在越来越多所谓法律协同化式立法之外，欧洲也正在引入新机制，以在成员国采用新标准及新监管措施时，避免各成员国法律体系间出现差异。在这方面，《透明化的指令》就值得注意。由于相关规则可能并不成熟，带有很大的风险，所以，规则的协同化在欧盟不会成为一种首要的选择。基于此，该指令在欧盟层次上引入了对成员国任何相关措施进行控制和协同的体系。这种体系防止了内部市场的割裂，并使得欧盟委员会可以对其建议予以澄清，并在必要时阻止相关提案的实施。

12. 对基于条件存取或由其构成的服务予以法律保护。越来越多的电视和互联网服务以加密处理的形式予以提供。其原因多种多样，主要是因为其财务可行性的需要。为了打击规避加密技术并制止使得服务提供商遭受损失的盗取行为，或者有成员国对这种盗取行为予以立法的情形下，为了对相关条文规定予以特定的协同，以构建一个解密服务提供商和解密服务的共同市场，通过了一项专门性的指令。本指令并不适用于不以确保服务费得以支付为目的的加密服务。如果设置加密系统是为了阻止对版权内容的复制或者确保私人通讯的保密性，适用的是其他法律条款。该指令界定了两个主要概念："条件存取"（conditional access）和"非法装置"（illicit devices）。该指令规定，成员国有义务不对条件存取产品和服务的自由流动施加限制，其并有义务通过有效、具有威慑力及符合比例原则的处罚手段禁止非法装置的生产、进口、销售和保有。必须注意的是，欧盟委员会于2003年4月24日通过关于该指令的首次实施报告中，承认该指令所提供的保护对于互联网盗取行为并非有效。欧盟委员会现在并没有提出要对该指令进行修改，而是建议所有利益相关方及执法部门积极努力，对盗取行为展开联合行动予以打击。同时，欧盟委员会推荐服务提供商在使用现有收费服务的有条件接入技术手段时，在整个欧洲遵从合理、不歧视及清楚说明条件的原则。

第一部分 数据保护指令

欧洲议会及欧盟理事会第 95/46/EC 号指令
(《个人数据保护指令》)

1995 年 10 月 24 日通过关于个人数据处理及自由流动的个人权利保护指令

介绍性说明

1. 历史背景。个人数据保护指令缘起于 1981 年。起因是欧盟委员会试图于同年建议成员国批准《欧洲个人数据自动处理公约》(European Convention regarding the automatic processing of personal data),其目的是要在共同体内部实现对个人数据的保护。但是,该计划中途夭折。事实很快表明,委员会提交的推荐性建议没有任何法律约束力,许多成员国无意按照该推荐意见行事。另一方面,《欧洲个人数据自动处理公约》的条款较抽象,留下很多可供操作的空间,破坏了对各国法律进行协同化的努力。但是,搁置该计划最重要的原因在于:欧洲议会在其通过的若干决议中,都对欧洲数据保护情况表示担忧,并紧急呼请欧盟委员会起草指令,旨在协同成员国个人数据保护法令。1990 年 9 月,欧盟委员会通过了一揽子措施,目的是为个人提供防范数据处理风险的机制。该一揽子措施中最关键的文件就是《个人数据处理所涉及个人权利保护的总体框架指令》(General Framework Directive on the Protection of Individuals with regard to the Processing of Personal Data)。经济和社会小组委员会于 1991 年 4 月 24 日对欧盟委员会的建议稿提出了相关意见。而欧洲议会则提出了 120 项修改要求。在以法律事务和公民权利小组委员会所提交报告的基础上,进行了长期艰苦而又激烈的谈判。之后,这些修改要求在 1992 年 3 月 11 日几乎得到了全票的批准。同年10月,欧盟委员会提交了修改后的建议稿。这一稿的结构作了根本的变动,成为欧盟理事会于1995年2月20日所通过《共同立场文件》(Common Position)的基础。又经过若干修改,就成为欧洲议会及欧盟理事会1995年10月24日发布的第95/46/EC号《关于个人数据处理及其自由流动的个人权利保护指令》(Directive 96/46/EC of the European Parliament and of the Council of 24 October 1995 on the protection of individuals with regard to the processing of personal data and on the free movement of such data)。

2. 个人数据条款具有超国家的约束力。由于成员国有义务同时遵守若干不同的国际条约,继通过《个人数据保护指令》之后,在共同体及欧盟的层级,这就使得有关个人数据保护的一般法律文件增加到四个。除了《个人数据保护指令》外,依照获得通过的顺序,其他法律文件依次是:《经合组织隐私权指引》(The OECD Privacy Guidelines)、《欧洲个人数据自动处理公约》及《联合国指引》(the UN Guidelines)。但是,无论是《经合组织隐私权指引》还是《联合国指引》,均不具法律约束力。即使签署和批准《欧洲个人数据自动处理公约》,相关国家的立法机关也不得不自己就个人数据保护问题制定法律。在这个意义上,《欧洲个人数据自动处理公约》更适于被理解为对有关国家立法机关通过其国内相关法令时所提出的建议。而其第34条针对成员国的规定就表明了《个人数据保护指令》的不同之处。根据《共同体条约》(the EC Treaty)第249条第三款(原第189条第三款)的规定,就其宗旨而言,具有法律约束力。根据第32条第一款的规定:"在本指令通过后的三年内,成员国有义务通过实施必要的法律、行政法规及政府条例,以遵循本指令的相关规定。"

3. 欧洲数据保护协同化体系。(a)由欧洲数据保护概念所构成的指令。众所周知,甚至在欧盟努力制定一个普遍适用的《数据保护指令》之前,一些成员国就已经享有发达的数据保护文化,而其他成员国在这一点上尚有欠缺。直到《数据保护指令》于1995年10月通过之时,还有两个成员国根本就没有制定数据保护方面的法律。就其立法方法而言,需要另外说明的是,《数据保护指令》的基础原则既有优点,也藏缺陷。既然草案并非是就欧盟数据保护问题而实施新的激进战略,因此,其最重要的组成部分就受到源于成员国的欧洲标准及范例的影响。《欧洲个人数据自动处理公约》《法国电子数据处理、数据文件及自由权利法案》及《德国联邦数据保护法》对此都产生了不可忽视的作用。《数据保护指令》明显是将种种不同的数据保护概念结合在一起,这样,其内在逻辑的一致性就受到影响。在很多时候,在布鲁塞尔征求意见时出现的分歧几乎都是不可逾越的。对于欧共体及欧盟现在或将来提出的其他立法建议而言,情形大同小异。而且,参与谈判的各方分别来自罗马法系、英美法系、北欧斯堪的纳维亚法系及德国法系,法律传统迥然不同,使得情形更为复杂。除此之外,由于每个成员国都想在《数据保护指令》中或多或少地反映自己的法律理念,这往往使得达成妥协变得困难重重。但有一点是十分清楚的,为了使《数据保护指令》免于沦为冗余或严苛,根本不可能将成员国的法律立场在其中一一体现。(b)指令对成员国国内立法构成了框架法令。为了防止指令成为累计适用或者不切实际的文件,就得另辟蹊径,在指令自身内部确立可行的制度。欧盟理事会小组因此就提出了成功可能性比较高的大量选择方案。由于《数据保护指令》的核心部分在很大程度上以法国及德国数据保护法律的基本原则为基础,寻求选择方案就是要在弥合制度分歧方面创造可能性,诸如涉及监督机构的组织及程序差异方面就是如此。因此,法国可以继续实行其经过检验的模式,而德国则可以保持其已经确立的架构。基于同样的想法,指令也在诸如合法数据处理前提条件及数据主体权利等领域寻求各方满意的监管机制。另外,《数据保护指令》糅合了不同成员国数据保护体系中的法律元素,例如:其中的文件注册制度来源于法国、英国及斯堪的纳维亚国家的实践做法,对敏感数据的特别保护来自于《欧洲个人数据自动处理公约》的规定——而这一规定在法国和爱尔兰的相关法律制度也起着重要的作用,对科学研究的例外规定来源于丹麦的范例,引入的自律机制在荷兰、爱尔兰和英国都是极具特殊意义的制度,数据质量原则源自于《欧洲个人数据自动处理公约》,而允许及禁止的规则可见于德国数据保护法中。在很多情形下,

《数据保护指令》都要求成员国自己选择合适的方式实施。选择权在成员国自己。例如,第14条规定了拒绝数据用于市场营销的多个适用程序,成员国可以自己选择;第18条规定了文件注册,是向监管机构负责,还是在公司内部进行实施,还是由政府的数据保护官员负责,成员国可以自己选择;第28条规定的监管机构组织模式,既可以是纯粹的行政机构,也可以是议会在行政管理方面予以控制的委员会模式。无论如何,这种方式来源于《欧共体条约》自身:将不同法律体系中的元素糅合进自己的法律文件中,同时又避免重复及其他冗余之处。《数据保护指令》的主要倾向及其总体目标就是为了确立法律的精确性及可预见性。成员国的任何一个数据主体都确信,只要数据转移是其国家法律允许的,将数据转移到另一个成员国不会产生任何问题。基于《数据保护指令》,在欧盟进行的数据保护就等同于每一个成员国所能提供的数据保护。根据第一条第二项,成员国不得以其他成员国提供的数据保护并不充分或者与公认标准不符为理由,对与该其他成员国的数据流通进行限制。

4. 概念及核心因素。(a)目标的双重性。读者最先注意到的就是《数据保护指令》十分复杂的标题。与成员国法律及《欧洲个人数据自动处理公约》不同,它并不仅限于数据保护。这有两方面的理由。一方面,《数据保护指令》旨在对其个人数据被提交处理的自然人给予保护;另一方面,就像在其标题中体现的那样,该文件也旨在确保该等个人数据的自由流动。这种双重目标就说明了《数据保护指令》需要处理的矛盾关系。这两方面都有其正当性,互相并不排斥。在《数据保护指令》制定者决定应该优先对待个人的隐私权时,就为其规定的数据自由流动划定了边界。(b)数据主体。无疑,《数据保护指令》在保护个人数据时,将个人视为市场参与方,而不是公民、消费者或者雇员。《数据保护指令》并不将个人视为公民提供数据保护,因为该指令在第3条第2项及第13条第1项规定了一般性保留条款,将包括国防、公共安全或者刑事指控在内的事项视为优先。《数据保护指令》之前的草案中明确将消费者数据保护与电子银行及电子购物联系在一起予以提及,但这并没有体现在通过的最终文本中。另外,建立雇员信息保护制度就留待成员国及社会合作伙伴予以解决。(c)基于补充性原则而进行的跨领域立法。《数据保护指令》被设计成为一部跨领域的法律,以待共同体在多个不同领域通过具体的规定予以完善。虽然旨在于欧盟层面建立协同化的数据保护体系,但《数据保护指令》并不指望建成一个统一的欧盟数据保护体系。略加审视其文本,就可以发现《数据保护指令》的宽泛适用范围——它被明确地设计成一个框架性指令,以授权成员国立法机关加以实施。在部长理事会经过长时间的讨论之后,这种开放性的概念就在其前言中得以确认,而前言是《数据保护指令》的一部分,为其解释提供了框架。根据前言第 9 项:"成员国将……有权在其国内法中明确界定数据处理合法性的一般性条件;为此,成员国须努力提高其国内法律规定的现有保护水平。"[13] (d)协同化的目标就是在欧盟内提供高水平的数据保护。为了确保对基本权利及自由的保护,尤其为了保护个人数据处理过程中所涉及的自然人隐私,三大基本价值取向决定了《数据保护指令》的结构和内容:减少对个人数据的处理,直到最低必要限度;确保最大程度的透明度;对数据处理的监管要效率最大化。为此,依据第 6、7 条的规定,须要求成员国就数据处理的前提条件及数据处理目的出台法令;依据第 10、11、12 及 14 条,须为了数据主体的利益而确保数据主体的信息权、查看权、更正权、拒绝权及销毁权;依据第 17 条的规定确保数据处理的安全性;依据第 18、19、20 及 21 条,须确立通知及监督的义务;依据第 22、23 及 24 条的规定,须制定司法救济、法律责任、损害赔偿及罚则等相关规定;根据第 25、26 条的规定,须使得与第三国的数据交流成为可行;根据第 28 条的规定,建立独立的数据保护监管机构。通过这些规定,《数据保护指令》呈现了一个清楚不过的法律文件,其中包含了构成欧洲层面上提供高水平数据保护所需要的各项原则。《数据保护指令》的适用不局限于某一领域,无论是公共还是私人领域都可适用;其适用也不区分所使用的信息技术种类,无论该技术能否实现数据的自动处理;其效力也并不因数据处理地点的不同而有所改变。另外,其适用范围也涵盖任何数据的处理,包括与自然人有关的音像数据。

5. 控制机制。《数据保护指令》第六章是由第 28—30 条规定的监管机构相关条款及第29条"与个人数据处理相关的个人保护工作方机制"组成。(a)国内监管机构。如同成员国各自国内法规定的那样,《数据保护指令》要求成立特别的监管机构。为了确保监管的有效性,监管机构必须是真正独立的机构。为此,第28条第1款对其彻底独立地位作出了清楚的要求。在调查权及有效介入权之外,《数据保护指令》还赋予监管机构进行诉讼的权力(第28条第3款)。成员国并没有义务去赋予监管机构第28条第3款规定的所有权力。但是,很清楚,监管机构必须具有无限制的查看权及信息权,就像其必须获得必要的权力去纠正数据处理操作。第28条第6款规定了数据保护领域欧洲行政协助的基础。(b)第29条"工作方机制"。就共同体层面建立一个工作方机制,以在成员国监管机构间进行持久合作,《数据保护指令》提供了法律依据。第29条规定了工作方机制的组成及程序规则。第30条界定了其任务、职权及处理同其他机构关系的程序。第29条"工作方机制"规定了其自己的程序规则。整体而言,第29条的规定清楚表明,《数据保护指令》希望将成员国国内监管机构纳入欧洲数据保护系统之中。由于欧盟委员会和理事会都有意识摒弃了对成员国国内监管活动进行任何超国家式干预的做法,所以第29条工作方机制并不具有比成员国监管机构更高的权威。但是,第29条工作方机制还是在成员国监管机构间建立了联系渠道及超越成员国自身进行有效数据保护的职责系统,而这恰恰是《数据保护指令》明确规定的。第29条工作方机制由每个成员国监管机构委派的一名代表、欧洲数据保护总监及欧盟委员会分别委派的一名组成。诸如冰岛、列支敦士登、挪威和瑞士(该国可以暂时被看作是申根国家)这些欧洲自由贸易区(EFTA)国家及克罗地亚*、前南共和国马其顿这些待加入欧盟的国家则被给予观察员地位。第29条工作方机制的任务之一就是致力于推进《数据保护指令》在成员国的统一适用。它可以就欧盟范围内个人数据处理所涉及个人权利保护的所有问题发布意见和推荐建议。这样,第29条工作方机制可以就《数据保护指令》具体规定和理念解释及实施中的

---

* 克罗地亚已加入欧盟。——译注

相关议题提出问题,进行讨论,并达成共同看法。向第29条工作方机制委派代表的成员国监管机构可以基于该共同看法各自采取措施,以致力于推进《数据保护指令》在各成员国得到统一的适用。

6. 案例法。欧洲法院在其就 *Österreichische Rundfunk et al* 及 *Bodil Lindqvist* 案件做出的判决中,首次就涉及《数据保护指令》适用范围及其解释的事项作出裁决。前一个案件涉及的问题是:将公共雇员的收入信息提交予审计法庭是否有合法依据?因该信息传递符合相关国内法规定的前提,据此,审计法庭须在其向议会提交的报告中纳入该等信息及相关雇员的姓名。后一个案件中,一名女子通过一家教堂将有关名单及其他个人数据放在了与志愿者工作相关的网站上。在裁决中,对于将《数据保护指令》适用范围仅仅局限于内部市场议题这种流行甚广的看法,欧洲法院表示反对。相反,欧洲法院裁定认为适用《数据保护指令》是原则,而不适用的情形仅仅是该原则的例外,这种例外仅得通过严格解释欧盟法一般原则方能成立。因此,特殊的例外情形就是第3条第2款规定的情形,即:共同外交及安全政策,在刑事领域的警察和司法合作。欧洲法院特别指出,将信息在网上陈列意味着对信息至少进行了部分自动处理,因此属于《数据保护指令》的适用范围。除此之外,对于最小限度协同化的这种认定,欧洲法院表示反对,因为这与《数据保护指令》体现的完全协同化宗旨相冲突。缩小成员国间的分歧,并以此消除内部市场中的障碍,就会实现一个无可回避的结果:一旦实现协同化,成员国就不能与达成的共同框架体系相偏离。在 *Satamedia* 判决中,欧洲法院不得不再次就数据处理保护与在第9条所提及言论自由之间的关系作出解释。欧洲法院再一次裁决,《数据保护指令》也适用于媒体领域。根本而言,欧洲法院再次确认了其在 *Lindqvist* 判决中对言论自由基本权利所作出的明确解释,即:《数据保护指令》并不含有与言论自由基本原则相冲突的限制。在 *Huber* 案中,欧洲法院抓住机会,再次对《数据保护指令》的适用范围作出总体说明,并在同时,就有关因国籍而对欧洲公民进行歧视的禁令,根据《欧共体条约》第12条发表了意见。德国联邦法院裁决,除非是第三国公民,对于当时将欧洲公民的个人数据在德国外国居民中央登记处进行集体收集、存储及转移的做法，今后不再允许。仅得在相关机构为了适用与欧洲居民权有关的法律规定所必需时，才能允许中央登记处保存这些个人数据。对欧洲公民的这些个人数据进行处理和存储须满足统计或者制止违反欧盟法律犯罪行为的需要。

7. 对指令的审查。(a)欧盟委员会报告。第33条规定，欧盟委员会应该每隔一定的时间向欧盟理事会及欧洲议会提交《数据保护指令》的实施报告，并在必要时将其适当的修改建议附于报告后。欧盟委员会并未在《数据保护指令》通过后的三年内完成所要求的报告，而是一直推迟到2003年5月15日才向欧盟理事会和欧洲议会提交了相关报告。其推迟原因之一就是某些成员国在推行《数据保护指令》时的犹疑不决。直到2004年之前，《数据保护指令》才得以在欧盟全境实施。欧盟委员会在报告中称，对于欧盟内部个人数据的自由流动，已无障碍。欧盟委员会报告中说明，考虑到文化差异、特别是已经确立的数据保护传统，成员国在实施《数据保护指令》时享有广泛的裁量权。报告并满意地指出，每个成员国都成功地实现了高水平的数据保护，且欧洲数据保护水平达到了世界最高标准。虽然《数据保护指令》旨在实现成员国数据保护规定的协同化，但是并没有建立同一的法律体系。尽管如此，对于成员国实施程序的最终结果而言，这种方式下体现的差异性是至关重要的。因此，对《数据保护指令》诸如敏感数据、数据主体的信息权利或者向欧盟及欧洲经济区之外第三国转移数据方面，报告援引了有关差异化解释。报告中也描述了对于文本、声音及图像数据所采取的不同处理方式。其中揭示的一些缺陷是由于数据控制主体没有完全遵守规定而引致的，这在许多情况下并没有受到处罚。其他不足则是因为缺乏实施《数据保护指令》所需人员和资金。另外，大多数数据主体对于自己的数据保护权利仅仅表现出了些许的注意。而成员国相关立法的差异化又使得业界抱怨：这些障碍使其很难制定欧洲数据保护战略。实践中，如何处理数据向第三国的转移，成为成员国的主要分歧之一。首要的一点是，在不远的将来，批准程序必须得到简化。向数据保护法律水准欠缺的第三国转移数据时，格式合同条款及有约束力的公司内部规章提供了替代性的法律保障。

在这种情形下,报告对成员国数据保护监管机构一个重要领域的活动进行了探讨。欧盟委员会在报告中得出结论,认为最近不必对《数据保护指令》作出修改。但是,欧盟委员会推行了涵盖面极广的工作项目,以便对发现的不足之处进行补救。工作项目由 10 个所谓"行动"构成,被划分为欧盟委员会提议(行动一至行动三)、第 29 条工作方机制的参与行动(行动四至七)及其他提议(行动八至十)。欧盟委员会的优先项目就是同成员国及其数据监管机构进行讨论。而另一方面,第 29 条工作方机制特别关注如何更好地执行数据保护这个总体问题及通报和公布处理操作这类议题。而"其他议题"中具有特殊意义的就是对隐私保护增强技术的推广。为了实现这一宏伟规划中的目标,欧盟委员会特别倚仗第 29 条工作方机制,以在后者的协助下在实践层次上推进协同化。第 29 条工作方机制这一艰巨任务极为复杂,因为对于需要取得共识的议题,要么《数据保护指令》并没有提供解决方案,要么其中仅仅予以无关痛痒的规定。所有参与方毫不怀疑,如果在实践层次上不能推进协同化,将不可避免地导致《数据保护指令》的修改。(b) 欧洲议会报告。在欧洲议会针对欧盟委员会提交的第一份报告所作出的报告中,欧洲议会同意欧盟委员会的意见,认为既然《数据保护指令》的实施进展缓慢,且相关经验有限,整体而言,《数据保护指令》就不应被修改;就目前实施中出现的问题,应该借助成员国及其数据保护监管机构根据欧盟委员会借助通告所发布的项目在欧洲及成员国层面采取行动加以克服。对于公共监管机构,欧盟委员会要求成员国确保其拥有必要手段执行《数据保护指令》所规定的任务,并且要确保其面对成员国政府所具有的独立性和自主性。在欧盟成员国之间法律分歧的弥合期届满后,针对其认为违反了《数据保护指令》规定及精神的成员国,报告要求欧盟委员会采取坚决措施。最后,报告期望欧盟委员会能每年就《数据保护指令》的实施情形向欧洲议会提出报告。(c) 欧盟委员会向欧洲议会及理事会发出的通告。在欧盟委员会于 2007 年 3 月 7 日于布鲁塞尔通过《关于跟进工作计划以更好地实施〈数据保护指令〉的通告》中,欧盟委员会审查了工作项目项下 10 个行动领域采取的措施,评估了当时的情势,对未来前景予以勾勒,将之作为根据《欧洲基本权利宪章》第 8 条所规定一系列政策领域取得成功的先决条件，承认了个人数据保护这一自主性权利。该通告认为，在工作项目项下采取的行动有积极作用，并在整个欧盟大大推动并改善了《数据保护指令》的实施。它强调成员国数据保护监管机构通过第 29 条工作方机制进行决定性介入，认为这发挥了主要作用。针对当前形势，通告注意到，一些国家尚未妥善地实施《数据保护指令》，在一些情形下，《数据保护指令》留下的腾挪空间使得对其适用的情形产生了分歧。但是，欧盟委员会得出结论，认为这些分歧并不会成为内部市场中的困扰。总的来说，欧盟委员会认为：《数据保护指令》确立了一个框架性的总体法律体系，在确保内部市场运作的同时，也保证了高水平的数据保护，实现了其既定目标。因此，欧盟委员会并不预期会提交任何修改《数据保护指令》的立法建议。同时，欧盟委员会鼓励所有当事方通过包括继续在工作项目下采取行动等措施缩减成员国间因指令适用所产生的分歧，要求第 29 条工作方机制进一步推动协同化实践，而成员国数据保护监管机构须尽力使其国内实践与第 29 条工作方机制所决定的共同立场相一致。(d) 就个人数据保护基本权利的法律架构征询意见。在布鲁塞尔于 2009 年 5 月 19 日、20 日召开数据保护大会之后，欧盟向广大公众发起了意见征询，以听取对个人数据保护新挑战的看法，旨在于欧盟范围内保持一个卓有成效的全面法律架构，以保护个人数据。该意见征询直到 2009 年 12 月 31 日方才截止，旨在收集特别是新技术即全球化背景下对个人数据保护新挑战的意见，并进一步向公民、组织及公共权力机关进行意见征询，就目前法律架构是否已足以面对这些挑战及未来需要采取什么措施应对这些挑战的问题，了解其看法。

指令条文

欧洲议会及欧盟理事会第 95/46/EC 号指令

1995 年 10 月 24 日通过的关于个人数据处理及其自由流动的个人权利保护指令

欧洲议会及欧盟理事会，

注意到《建立欧洲共同体的条约》,尤其是其中第 100a 条,

注意到欧盟委员会提交的建议,①

注意到经济与社会小组委员会的意见,②

根据《欧共体条约》第 189b 条提及的程序,③

(1) 鉴于《欧共体条约》中规定并经《欧盟条约》修订的共同体目标包括:在欧洲人民中间建立一个更为紧密的联盟,在共同体成员国中间建立更紧密的联系,采取共同行动消除割裂欧洲的壁垒,以确保经济增长和社会进步,促进欧洲人民的生活水平不断增长,在成员国宪法和法律、《欧洲人权公约》(European Convention for the Protection of Human Rights and Fundamental Freedoms)所规定基本权利的基础上,维护及强化和平与自由并支持民主的发展;

(2) 鉴于数据处理体系就是要服务于人;鉴于无论自然人的国籍与住所为何,必须尊重基本权利和自由,特别是隐私权,必须促进经济发展、社会进步、贸易增长及个人福祉;

(3) 鉴于根据《共同体条约》第 7a 条建立及运作的内部市场内实现了货物、人员、服务及资本的自由流动,但其要求的不仅仅是个人数据自一个成员国向另一个成员国的自由流动,还要求保障个人的基本权利;

(4) 鉴于共同体内,在种种经济及社会活动的层面上,对个人数据的处理愈加频繁;鉴于信息技术的进步使得个人数据的处理及交换变得十分容易;

(5) 鉴于因为根据《共同体条约》第 7a 条建立及运作的内部市场引致的经济及社会整合,成员国经济及社会活动中的私人主体或公共主体之间发生个人数据跨境流动,其数量必将大大增多;鉴于不同成员国的企业间个

---

① OJ No. C 277, 5 November 1990, p. 3 及 OJ No. C 311, 27 November 1992, p. 30.

② OJ No. C 159, 17 June 1991, p. 38.

③ Opinion of the European Parliament of 11 March 1992 (OJ No. C 94, 13 Apil 1992, p. 1998), confirmed on 2 December 1993 (OJ No. C 342, 20 December 1993, p. 30); Council common position of 20 February 1995 (OJ No. C 93, 13 April 1995, p. 1)及 Decision of European Parliament of 15 June 1995 (OJ No. C 166, 3 July 1995).

人数据交换的增长趋势；鉴于在内部市场消除了内部壁垒的情形下，不同成员国的政府机构根据共同体法律须协作提供并交换个人数据，以履行职责，或者代表其他成员国的政府机构执行职务；

（6）并且，鉴于日益增长的科技合作及共同体内协作引入新一代电信网络，必将推动个人数据的跨境流动；

（7）鉴于各成员国因处理个人数据而在个人权利及自由的保护问题上产生分歧，可能会阻碍个人数据在成员国领土之间进行流动；鉴于在共同体内这种分歧因此会阻碍许多经济活动的发展、扭曲竞争并阻止成员国政府机构根据共同体法律履行其职责；鉴于在保护水平方面的这种差异是由于各国法律、法规及行政条例方面的多样性所致；

（8）鉴于为了消除个人数据流动的障碍，在处理个人数据时对给予个人的权利及自由保障必须在所有成员国而言都是等同的；鉴于由于成员国相关法律目前存在的重大差异，并且，为了符合《欧共体条约》第7a条规定目标，须将成员国法律进行协同，以确保对个人数据跨境流动进行监管时保持一致性，所以，这一目标对于内部市场至关重要，却无法由成员国独自达成；鉴于共同体须采取行动使得这些法律趋于一致；

（9）鉴于趋于一致的成员国法律提供了平等的保护，成员国不能再基于保护个人权利及自由，特别是保护隐私权的理由阻碍成员国间个人数据的流动；鉴于成员国在实施指令的时候还享有一定的自主权，而商业及社会伙伴也在其中有一定的自由裁量权；鉴于成员国因此可以对数据处理合法性的一般条件作出具体规定；鉴于成员国的该等规定应该努力加强其现有法律所提供的保护；鉴于在遵守该等自主权界限及共同体法律的前提下实施指令可能会产生分歧，成员国国内及共同体内的数据流动也许会受到影响；

（10）鉴于成员国国内个人数据处理法律的目的就是为了保护基本权利及自由，尤其是隐私权，而这些权利也同时被《欧洲人权公约》第8条及共同体的基本法律原则所承认；鉴于成员国相关法律的趋同化不能弱化所保护权利，因此要设法确保在共同体范围内提供高水平的保护；

(11) 鉴于本指令保护个人权利和自由，尤其是隐私权，这落实并增强了《欧洲个人数据自动处理公约》中规定的相关权利；

(12) 鉴于相关保护原则适用于任何人进行的所有个人数据处理，只要其活动适用于共同体法；鉴于自然人进行诸如通信及持有地址簿等活动完全属私人及家庭内部活动，应该排除在数据处理的范围之外；

(13) 鉴于《欧盟条约》第五章及第六章有关公共安全、国防、国家安全及政府在刑法领域的行为并不属于共同体法律的适用范围，但这并不影响根据《建立欧共体条约》第56条第2款、第57条及第100a条成员国须承担的义务；鉴于为了保障成员国的经济稳定而进行的个人数据处理，在该等数据处理与国家安全相关时，并不适用本指令；

(14) 鉴于在信息社会的架构中，由于用于抓取、转移、操控、记录、存储、交流与自然人有关的音像数据技术发展极为重要，所以本指令也应适用于该等数据处理；

(15) 鉴于本指令适用的数据处理要么须为自动处理，要么处理的数据须被放置于或旨在被放置于根据个人具体标准构建的一个存档系统中，目的在于可以方便查阅该等个人数据；

(16) 鉴于在诸如视频监控的情形下对音像数据进行处理时，如果该等数据处理系基于公共安全、国防、国家安全的目的，如果该等数据处理涉及政府在刑法领域的行为，或者涉及政府在共同体法律适用范围之外的其他行为，则本指令并不适用；

(17) 鉴于如果对音像数据的处理是为了新闻报道、文学或者艺术表达的目的，特别在涉及音像领域时，应该根据本条例第9条限制适用本条例规定的原则；

(18) 鉴于为了确保个人根据本指令享有的保护不被剥夺，共同体内对个人数据进行任何处理必须按照其中一个成员国的法律进行；鉴于在这个意义上，如果由一个设立于某成员国的控制主体负责处理数据，则该成员国的法律应该得到适用；

(19) 鉴于在成员国领土上设立机构就意味着通过稳定的安排有效并

实际地实施相关行为;鉴于设立机构的法律形式无论仅仅是分支机构还是拥有法律主体资格的子公司,在此都不是决定性的因素;鉴于一个单个的控制主体在多个成员国的领土上设立机构,该控制主体必须确保不规避任何成员国的法律规定,每一个设立的机构都履行了就其行为所适用相关成员国法律规定的义务;

(20)鉴于即使信息处理是由第三国的人完成也不能够阻止本条例对个人提供的保护;鉴于在这些情形下,数据处理须适用处理手段发生地成员国的法律,并通过保障措施确保本指令规定的权利和义务能够在实践中被遵守;

(21)鉴于本指令并不影响刑事中属地规则的效力;

(22)鉴于成员国在制定法律或者实施本指令所规定措施时,须明确界定合法数据处理的一般情形;鉴于特别是本指令第5条在和第7条、第8条一起适用时,允许成员国可以不适用一般规则,对于具体领域中涉及第8条所规定各种种类的数据,可以规定特殊的数据处理条件;

(23)鉴于成员国被授权以两种方式确保实现对个人权利的保护:一方面,通过一般性的法律对涉及个人数据处理的个人权利进行保护,另一方面也可以通过诸如与数据统计部门有关的专门法律对个人权利进行保护;

(24)鉴于本指令并不会影响涉及法人数据处理中对其予以保护的法律;

(25)鉴于给予保护的原则必须一方面反映在对负责数据处理的人、公共权力机关、企业、政府机构及其他机构所施加的义务之中,尤其是数据质量、技术安全、向监督机构进行申报等义务;另一方面则体现在对其数据成为处理对象的个人所赋予的权利之中,其有权获知数据处理发生的事实,有权检阅其数据,有权要求更正其数据,甚至还可以有权在特定情形下拒绝其数据被处理;

(26)鉴于给予保护的原则必须适用于和身份确定的人或身份可以被确定的人有关的任何信息;鉴于判断某人身份是否可以被确定时,要考虑所有可能被信息控制主体或其他任何希望确定该人身份的第三方所可能适用的任何合理手段；鉴于给予保护的原则并不适用于不会确定数据主体身份而匿名提供的数据；鉴于第27条体现的行为守则也许可以作为有用的措施，可以为不确定数据主体身份而匿名提供数据的方式及保存的形式提供有关指引；

（27）鉴于对个人权利的保护必须同等适用于数据自动处理和数据非自动处理；鉴于该等保护的范围不能因适用技术的分别而不同，否则将会产生严重的规避风险；鉴于本指令针对非自动处理却仅仅适用于存档系统，而不是适用于没有经过结构性处理的文件；鉴于存档系统的内容必须是体系化的，尤其要符合与个人有关的具体标准，使得有关个人数据可被方便地获取；鉴于根据第2条c项的定义，由各成员国规定对一套系统化个人数据组成部分予以判定的标准可能具有差异性，由各成员国规定适用获取该套个人数据的标准也可能具有差异性；鉴于文件或成套文件及其封面并非基于具体标准得以体系化，在任何情况下都不适用本指令；

（28）鉴于对个人数据的任何处理必须是合法且对相关个人而言是公平的；鉴于对处理数据的目的而言，数据必须足够、相关且不过度；鉴于该等目的在采集数据其时必须已经确定，且必须明确、合法；鉴于在采集数据之后，处理数据的目的不得与其原先明确说明的数据不相匹配；

（29）鉴于在成员国提供足够保障的前提下，基于历史研究、数据统计或者科学研究目的，通常情形下，在收集后进一步处理个人数据，不会与之前采集数据时的目的不相匹配；鉴于该等保障必须特别排除将该等数据用于支持对任何特定个人采取措施或作出决定；

（30）鉴于为了满足合法性要求，在数据主体的合法利益或权利及自由并没有被逾越的前提下，处理个人数据必须还要取得数据主体的同意，或者是为了达成或者履行以数据主体作为当事人的合同之需要，或者是基于公共利益或行使职权而须执行任务的一项法律要求或执行需要，鉴于须在有关利益间达成平衡的同时，为确保有效竞争，在公司或其他机构正常的合法商业活动中，成员国可以决定在哪些情形下可以使用或者向第三人披露个人数据；鉴于无论基于商业运作的营销目的，还是基于由慈善组织或其他任何团体或诸如政治性基金会进行推广的目的,成员国可以仅仅规定将个人数据披露予第三方须满足的具体条件,只要该规定使得数据主体可以拒绝与其相关的数据处理,且该数据主体并不为此承担任何开支并免于说明其拒绝理由。

(31)鉴于为了保护与数据主体生命至关重要的利益而对个人数据予以处理,同样也是合法的;

(32)鉴于基于公共利益和政府机构行使职权的需要,数据控制主体是由公共部门、其他公法意义下的自然人或法人,还是私法意义下的专业团体予以承担这一问题,由成员国国内法决定。

(33)鉴于单凭其性质就可以对基本自由及隐私权构成侵害的数据不得被处理,除非数据主体明确地予以同意;鉴于应特定的需要可以对该禁止性规则作出明确的例外规定,特别是在数据处理具有特定健康相关目的的情形下,且处理该等数据的人有保守执业秘密的法律义务;或者是基于行使基本自由权利的需要,由特定团体或基金会在其合法业务活动中进行的数据处理;

(34)鉴于成员国也必须得到授权,在基于重要公共利益的情形下,作为禁止处理属于敏感种类数据的例外,公共利益可以为诸如公共健康、社会保障、科学研究及政府统计等方面的数据处理提供重要的理由;其中在公共健康和社会保障领域,相关的数据处理尤其要在社会保险体系内保证高质、高效地实现福利和服务的相关要求;鉴于成员国有义务规定明确及合适的保障措施,以保护个人的基本权利及隐私;

(35)另外,鉴于基于公共利益的重要理由,政府机构为了实现宪法或国际公法中的宗旨,对官方所认可宗教团体的个人数据进行处理;

(36)鉴于一些特定成员国民主制度的运作要求,在选举进程中政党对人民的政治观点进行汇总,则基于重要的公共利益,允许对该等数据予以处理,只要对此已经采取了合适的保障措施;

(37)鉴于处理个人数据是基于新闻报道、文学艺术创作的宗旨,尤其对于视听领域的这些活动而言,有权免于适用本指令特定条款的要求,只要是出于对信息自由中的个人基本权利,特别是《欧洲人权公约》第10条所保障接受与传递信息权予以协同的必要;鉴于为了平衡涉及数据处理合法性一般措施中的基本权利、将数据向第三方传递的措施及监督机构权力之间的关系,成员国因此会规定例外及变通条款;鉴于这种状况并不能够使得成员国免于采取确保数据处理安全性的措施;鉴于相关领域的成员国监督机构至少应该具备一定的事后救济权,例如:定期公布报告或者将有关事项交由司法机关解决;

(38)鉴于公正的数据处理需要数据主体必须能够知道数据处理操作的发生,并且在向该数据主体采集数据时,在考虑采集数据实际情形的前提下,要向数据主体提供准确、全面的信息;

(39)鉴于特定数据处理过程中涉及的数据可能并非系由数据控制主体自数据主体直接收集而来;鉴于数据还可以合法地向第三人披露,即使向数据主体采集数据之时并未预见到该等披露的情形;鉴于在任何情形下,数据主体都须被告知采集数据的时间,或者最晚也要告知数据首次向第三人披露的时间;

(40)鉴于在数据主体已经知晓相关信息的情形下免除了该告知义务;鉴于数据记录和披露是法律的明确要求,或者有证据表明向数据主体告知信息已不可能,或者需要不成比例的努力方可实现,则该告知义务也可免除,这种情形可适用于基于历史、统计或科学宗旨的数据处理;鉴于在此须考虑数据主体的数量、数据的年限及采取的任何补偿措施;

(41)鉴于任何人必须能够行使对其被处理数据的查看权利,以便可以验证数据的准确性及处理的合法性;鉴于基于同样理由,至少在第15条第1款规定的自动决定情形中,每个数据主体也都有权知晓其数据被自动处理时所遵循的内在逻辑;鉴于该等权利不得对商业秘密、知识产权,尤其是软件保护方面的版权造成不利影响;鉴于数据主体在同时不得因此而无法获得任何信息;

(42)鉴于成员国为了数据主体的利益或者为了保护其他人的权利和自由,可以对信息的查看权利进行限制;鉴于他们可以明确规定诸如对医疗数据的查看仅得通过健康卫生专业人员方得进行之类的措施；

（43）鉴于为了保障诸如国家安全、国防、公共安全或者成员国或欧盟重要的经济或金融利益等利益，或基于发起刑事调查或因受监管职业领域内就违反职业道德情形而发起指控及诉讼的目的，成员国同样也可以对查看权、知情权及数据控制主体的义务加以限制；鉴于例外及限制情形应包括公共安全、经济及金融利益及预防犯罪这前述三领域的监控、检察或监管职能的需要；鉴于这三个领域中列举的职能并不影响基于国家安全或国防的理由而进行例外和限制的合法性；

（44）鉴于基于共同体法的规定，成员国也可以对本指令所涉及查看的权利、通知个人的义务及数据质量方面的规定进行变通，以确保上述特定目的得以实现；

（45）鉴于基于公共利益、官方授权或自然人或法人的合法利益可以对数据进行合法处理，但是任何数据主体基于与其特殊情形相关的合法及重大理由，有权拒绝对与其有关的数据进行处理；鉴于成员国却可以作出与此相反的规定；

（46）鉴于为保护个人数据处理相关的数据主体权利及自由，就需要在设计数据处理体系及处理之时采取适当的技术及组织措施，尤其是为了保证安全以防止未经授权的数据处理；鉴于成员国有义务确保数据控制主体遵守这些措施；鉴于这些措施必须确保合理水平的安全，并须考虑到与信息处理内在风险及拟保护数据性质相关的技术发展水平和实施成本；

（47）鉴于以电信或电子邮件服务方式传递的信息包含个人数据，且其唯一目的就是传递该信息的情形下，该信息所包含个人数据的控制主体通常被认为是发送该信息的人，而不是提供该等传递服务的一方；鉴于提供该等传递服务的一方为了该服务运作所需而对其他个人数据进行处理情形下也会被认为是数据控制主体；

（48）鉴于向监督机关进行申报程序的设计宗旨就是为了确保对任何处理操作的目的及主要特征予以披露，旨在验证该操作与成员国根据本指令所采取国内措施的相符情形；

（49）鉴于为了避免不恰当的行政环节，在相关数据处理不可能对数据主体的权利和自由构成负面影响的情形下，成员国可以规定申报义务的豁免情形并简化申报程序，但需要符合成员国用以界定该等豁免或简化的法律措施；鉴于只要数据控制主体委派的人员确保实施数据处理并不可能对数据主体的权利和自由造成负面影响，成员国也可以作出这种豁免或简化的规定；鉴于该数据保护负责人无论是否是数据控制主体的雇员，必须可以完全独立地行使职权；

（50）鉴于如果数据处理的唯一目的就是维持一个数据登记中心，而该中心就是要根据国内法向公众提供信息以供公众或其他证明有合法利益的任何一方提出征询要求的，成员国可以规定豁免和简化申报义务的情形；

（51）鉴于豁免和简化申报义务的规定并不能免除数据控制主体根据本指令所负有的其他义务；

（52）鉴于在这种情势下，有关政府机构的实际事后验证在一般情况下必须作为足够的措施予以对待；

（53）鉴于特定的处理操作极可能因其性质、范围或者诸如将个人从某项权利、收益或合同主体中排除等目的及对某项新技术的使用而可能对数据主体的权利及自由带来特定风险；鉴于应由成员国在认为需要的情况下在其立法中对该等风险予以明确；

（54）鉴于对社会数据处理的总量而言，特定风险的影响应该非常有限；鉴于成员国须规定监督机构或者与该监督机构合作的数据保护专员在数据处理操作之前对之进行检查；鉴于在检查完毕之后，监督机构可以根据成员国国内法对该等数据处理给出意见或者授权；鉴于如果一项法律措施界定了数据处理的性质并规定了相关的保障机制，那么，在成员国议会出台该项法律措施的准备阶段，或者在根据该项立法机关的措施采取其他该等法律措施的准备阶段，都可以进行这种检查；

（55）鉴于成员国必须在国内法中对数据控制主体没能尊重数据主体权利的情形提供司法救济；鉴于一方因不法数据处理而遭受的任何损失必须由数据控制主体予以赔偿，但如果数据控制主体可以证明其并不对该等损失负责,尤其是在其证明损失是由数据主体的过错或有不可抗力原因造成,则数据控制主体不承担责任;鉴于任何人如没有遵守成员国按照本指令所采取法律措施,无论是私法主体还是公法主体,都应该承担法律责任;

(56)鉴于个人数据的跨境流动对于国际贸易的发展是必要的;鉴于本指令并不阻碍将个人数据向给予足够保护的第三国转移;鉴于在评判该第三国的保护水平是否足够时,需要考虑有关单个或一揽子转移操作的一切相关情形;

(57)鉴于在另一方面,必须禁止向没能给予足够保护的第三国进行个人数据转移;

(58)鉴于在下列特定情形下应该对这种禁止数据向第三国转移的制度规定有关例外条款:数据主体对此已经同意,该等数据转移系为合同或者提起法律主张所必需,诸如税务、海关等政府主管部门或社会保障服务提供商之间进行的国际数据转移,系属基于保护重要公共利益需要而发生的数据转移,或者由依照法律建立的、为公众或者有合法利益者提供征询的数据登记中心将数据转出;鉴于在这种情形下,该等转出的数据并不是数据登记中心所保留的有关全部数据或者全部种类,仅得应有合法利益者请求或其为数据接收方时,方能向其转出数据;

(59)鉴于在数据控制主体提供相应保障措施时,可以采取特别措施以弥补第三国数据保护不到位的情形,鉴于另外须对共同体及有关第三国的谈判程序制定规则;

(60)鉴于在任何情形下,仅得在完全遵守成员国根据本指令,尤其是其中第8条作出的规定时,方可向第三国进行数据转移;

(61)鉴于成员国和欧盟委员会依其各自职权须鼓励商会及其他有关代表组织制定行为守则,以推进适用本指令,此时要考虑特定领域数据处理的具体特点,并须尊重为实施本条例所出台的成员国国内规定;

(62)鉴于成员国建立监督机构并完全独立地使其行使职权,是对个人数据处理所涉及个人给予保护的关键组成部分;

(63)鉴于监督机构必须有必要的手段行使其职能,这些手段包括调查及介入权,特别是在个人提出诉求时加入诉讼程序的权力;鉴于成员国监督机构须在其各自的管辖权范围内确保在各自国家个人数据处理的透明性;

(64) 鉴于不同成员国的监督机构须在行使其职权时彼此协作,以确保有关保护规则在整个欧盟都得到恰当遵守;

(65) 鉴于在共同体层面,必须设立个人数据处理的个人权利保护工作方机制,并使其能完全独立地行使其职权;鉴于基于其特定的性质,该工作方机制须对欧盟委员会提出建议,并尤其要促使依据本指令所通过的成员国国内规则能得到统一适用;

(66) 鉴于针对向第三国转移数据,适用本指令需要授权欧盟委员会进行实施,并建立第 87/373/EEC 号理事会决定①项下规定的程序;

(67) 鉴于欧洲议会、欧盟理事会及欧盟委员会针对根据《欧共体条约》第 180b 条所规定程序而通过法令的实施措施,于 1994 年 12 月 20 日达成了妥协协议;

(68) 鉴于本指令规定的个人数据处理涉及有关个人权利及自由保护,尤其是隐私权保护原则,可以由基于这些原则制定的特别规定予以补充和明确,在涉及特种领域时尤其如此;

(69) 鉴于应允许成员国在实施转换本指令的国内措施后,有不超过三年的期间,逐渐将新的国内规则适用于所有业已进行的数据处理操作;鉴于为了促进更为有效的实施,可以允许成员国在本指令通过后 12 年间的这一延长期间内,确保现存的手动存档体系同本指令的有关规定相一致;鉴于在该延长过渡期间,保存在手动存档系统中的数据在处理之时,应该使得该等非自动处理系统符合本指令相关规定的要求;

(70) 鉴于成员国根据本指令制定的相关规定实施后,如果在自主及知情的情形下,对于这些规定生效前业经同意达成的合同,需要数据控制主体继续相关敏感数据处理的,并不要求数据主体再次予以同意;

(71) 鉴于本指令并不妨碍成员国旨在保护在该国居住的消费者而对

---

① OJ No. L 197. 18 July 1987, p. 33.

推销活动进行的监管,只要该等监管并不影响个人数据处理相关的个人权利保护;

(72) 鉴于本指令允许在实施本指令规定的原则时,将公众查看政府文件的原则考虑在内,

决议通过本指令:

第一章　一般条款

本指令的宗旨

第1条

(1) 根据本指令,成员国须保护自然人的基本权利和自由,尤其应保护其所涉及个人数据处理的隐私权。

(2) 成员国不得基于前款的相关保护而限制或禁止成员国间数据的自由流动。

1. 一般事项。《数据保护指令》在一开始就规定了最重要的条款。根据其题名,第1条描述了《数据保护指令》的宗旨。然而,在体现其双重宗旨之外,该条款也说明了《数据保护指令》的重点及核心内容。一方面,如同第1条第1款的规定,迫切需要保护个人数据处理所涉及的个人基本权利和自由;另一方面,第2款也对限制或禁止成员国间个人数据自由流动的行为予以排除。这两部分均来自于《欧洲个人数据自动处理公约》,将之列为第1条,说明了其攸关全局的重要性及两者相互依存的关系。这两款内容清楚说明:不但通过成员国法律及行政法规进行协同化,以确保对自然人基本权利和自由,尤其是隐私权予以同等保护,而且有足够的理由在共同体范围内确保个人数据的自由流动。共同体层面的监管既开放了成员国边境,也确保了数据保护。数据自由流动并不是要牺牲数据保护,而是通过数据保护来帮助实现数据自由流动。在这个意义上,《数据保护指令》着重将个人

数据保护作为其监管目标。同时,它意图将成员国的个人数据保护制度予以协同化。除此之外,《数据保护指令》也旨在建立一个统一的欧洲信息市场。前言第1到第11项及第71项应和第1条一并理解,而前言也是《数据保护指令》的一部分,可以在解释的时候发挥功用。

2. 保护策略及保护主体(第1款)。数据保护角度中的保护系通过对基本权利和自由保护予以一般性援引及对自然人隐私权加以具体规定而加以界定的。这样,虽然《数据保护指令》的内容仅限于个人数据的处理,但却采取了一种广泛及开放的思路,不但避免了将概念局限于私人领域,而且也采取了将共同体所承认的所有基本权利及自由纳入其中的方式。《数据保护指令》的这种处理方式是基于一个事实:就功能而言,数据保护所能适用的基本权利范围极广,例如通信及通讯秘密、集会自由、结社自由及言论表达自由。每个成员国都有义务在其国内保护这些权利。第4条对该领域的界定更为准确,很重要的是还涵盖了在一国进行个人数据处理的责任方:数据控制主体。成员国必须确保数据控制主体遵守《数据保护指令》规定的义务。成员国必须赋予数据主体《数据保护指令》规定的相关权利并对相关程序作出规定,确保这些权利受到保护。《数据保护指令》明确说明其保护范围仅限于自然人,因此并不适用于法人。然而只要成员国愿意,可以将法人相关数据纳入根据《数据保护指令》的保护体系。对此并没有加以协同化。

3. 消除歧视——统一市场内的数据自由流动(第2款)。这一条款使得数据作为商品纳入《欧共体条约》确立的禁止歧视制度。基于欧共体范围内的同等保护原则,成员国有义务不对共同体范围内的个人数据流动加以特别限制。只要满足不得"基于前款的相关保护"而限制或禁止《数据保护指令》有关章节中提到的数据自由流动。《数据保护指令》严格禁止尤其是与跨境有关的具体措施。基于此,《数据保护指令》通过援引个人数据在成员国间自由流动的说法,建立了一个《欧共体条约》第14条所说的内部市场,体现了适用于货物、人员、服务和资本的同等原则。《数据保护指令》考虑到这样一个事实:即使《数据保护指令》得以实施,成员国之间依旧存在差异,这也许会对信息流动有限制作用(前言第9项最后一句话)。为了最终解决这一问题,《数据保护指令》规定成员国有义务相互承认彼此的差异。基于这种相互承认,即使将数据转移给另一成员国与另一成员国自身的法律规定不符,也不得禁止数据流入;反之,即使一个成员国认为另一成员国并没给予足够的保护或者遵守公认的标准,也不得限制甚至是禁止数据出口到另一成员国。

定义

第2条

为本指令之目的:

(a)"个人数据"系指与一个身份确定或者可确定的自然人("数据主体")有关的任何信息;身份可确定的自然人系指可以直接或间接确定身份的人,尤其是通过援引个人身份编码或者援引其外形、生理、精神、经济、文化或社会方面的一个或多个特征实现其身份确定的;

(b)"个人数据处理"("处理")系指对个人数据进行任何操作或成套操作,无论是否以自动的手段进行,这包括收集、记录、组织、储存、调整或变更、获取、征询、使用、通过传送的方式披露、发送或者其他提供数据的情形、排列或者合并、屏蔽、删除或者毁损;

(c)无论是否是中心化、非中心化的,还是居于功能或地理位置而分布,"个人数据归档系统"("归档系统")系指任何根据特定标准架构的、可供查阅的成套个人数据系统;

(d)"控制主体"系指单独或者和其他方共同决定个人数据处理宗旨及方式的自然人、法人、公共权力机关、代理机构或者其他主体;由成员国国内法或者欧共体法决定处理宗旨及方式的,控制主体或者指定控制主体的具体标准可由国内法或者欧共体法律规定;

(e)"处理主体"系指代表控制主体处理个人数据的自然人、法人、代理机构、政府机构或者其他主体;

(f)"第三方"系指数据主体、控制主体、处理主体及控制主体或者处理主体直接授权范围内人员之外获得授权处理数据的自然人、法人、公共权力机构、代理机构或者其他主体；

(g)"接收方"系指数据披露所指向的自然人、法人、公共权力机关、代理机构或者其他主体，无论其是否系第三方；然而，公共权力机关在特定调查架构下接收数据的，并不能视为接收方；

(h)"数据主体的同意"系指数据主体表明其同意处理与其有关个人数据的、系于自主且知晓相关情形下作出的任何意愿表达。

1. 一般事项。同《数据保护指令》其他所有条款一样，这些定义适用于基于《数据保护指令》适用范围（以前依据是《欧共体条约》第100a条的规定，即现在的《欧盟运行条约》第114条规定，即之前"第一支柱"项下的内部市场事项）内的宗旨而对个人数据进行的处理。然而，由于大多数成员国通过的是一部"集大成"式数据保护法，实施《数据保护指令》而发展出来的规则也同等适用于其他领域（尤其是原先的"第三支柱事项"，即刑事领域的警察和司法合作），即使在《数据保护指令》的适用范围外，这些用语也成为了标准术语。新通过的《欧盟运行条约》（已经通过第67至89条的规定纳入了原先的"第三支柱事项"）后，即使与原先"第三支柱"数据保护有关的法律制度在欧盟层面并没有立刻自动被废除（《欧盟运行条约》第36号协定第9条、第10条），指令中那些定义的"集大成"效应也更为突出。第95/46号指令第2条的定义也被纳入到了2008年与警察及司法协作中数据保护问题相关的《数据保护框架性决定》之中。

2. 个人数据。最近，第29条工作方机制发布了对"个人数据"这一概念的深入分析（《工作文件第136号》）。(a)与人有关的信息。《数据保护指令》仅仅对自然人提供保护。法人将特定数据作为其秘密的，这种合法利益有时可以得到欧盟具体规则的保护，例如:《合并条例》第17条，欧共体第1/2003号条例中的第28条或者《欧盟运行条约》第339条与商业秘密相关的规定。但是，在一些成员国（如奥地利、丹麦、意大利或卢森堡）的国内法中，确实存在法人的数据隐私。然而，欧盟法律的一般原则之一就是适用《欧洲人权公约》中的基本权利保障（《欧盟条约》第6条第3款），甚至在将来也会加入《欧洲人权公约》（《欧盟条约》第6条第2款），同时又因为早就确立了法人可以依据《欧洲人权公约》寻求保护的做法,而欧洲人权法院逐渐将《欧洲人权公约》第 8 条提供的保护扩展到了经济领域(*Niemitz* 案(ECtHR)第 29,31 段,*Amann* 案(ECtHR)第 65 段,也请见 *Roquette Freres* 案(ECtHR)第 22 至第 29 段对原先欧洲人权法院及欧洲法院判例中的分歧进行的协调),长远而言,这都会强化对法人数据的保护。**死亡人员**。《数据保护指令》并没有明确将死亡人员纳入或排除在外。然而,很多人认为,该指令仅适用于还活着的人。死亡人员诸如声誉之类的数据当然可以在其他欧盟法规定中取得保护,例如私人及家庭生活须得到尊重的权利(在更为广泛的意义上,请见欧洲议会诉德国案(移民雇员案)中第 10 段及《欧洲基本权利宪章》第 7 条的规定)。"**个人数据**"的内容。为《数据保护指令》目的的个人数据并不仅仅局限于真正与个人私人事务有关的信息,而是涵盖一个(自然)人生活的全部方面。"该术语无疑也涵盖和确定性的电话号码一起出现的个人姓名或其工作情形或者爱好方面的信息。"(请见 Lindqvist 案件(ECJ)第 24 段;该案中,一名在教会工作的个人志愿者将其同事的信息放置在网上,事后被这些同事中的一些人起诉,理由是侵犯了他们的数据隐私权。)同样的规则也适用于"[自然人]获得或失去不少于 100 欧元收入的金额。"(*Satakunnan Markkinapörssi and Satamedia* 案(ECJ)第 35 段;该案中,两家公司在公开文件中搜集此类数据,以便在地区报纸上发表,并接受短信索取,这导致了有关人士在芬兰数据保护机关提起了权利主张。)**技术形式**。数据就是以自动处理或手动归档为目的而通过可储存的方式进行记录的信息。这也包括以诸如录像或音频录制品之类非书面形式呈现的信息(请见《数据保护指令》前言第 14 项)。**视频监控**。由于《数据保护指令》并不适用于之前的"第三支柱"事项,而《框架性决定》又仅仅规定了不同成员国负责"第三支柱"事务的机构进行合作的事项,和其他监控手段一样,视频监控如果是为了安全和犯罪侦查的目的而予以使用,并不在目前欧盟层面数据保护措施的适用范围之内。但是,成员国制定的数据保护法通常都将其适用范围延展至为此种目的所进行的数据处理。(b) **与人有关的信息**。第 29 条工作方机制发布的第 136 号《工作文件》中列明了三种情形,其中会出现"与人有关"的信息,因此属于"个人数据":信息内容明显地与身份确定或可以确定的人有关。另外,信息处理的目的就可以是建立与特定个人的关联(例如:收集学生知识方面的数据以评定其老师)。最后,即使收集的目的并非针对某个人,但收集具体信息之后所可能带来的副产品,使之可能建构出这个身份已被确定或可以确定人的信息(例如:对汽车地理位置的锁定必然也取得汽车使用者的信息)。最近,网际协议地址成为一个被许多人讨论的话题。网际协议地址是第58/2002号《电子隐私指令》中的"通讯数据",作为数据就被其视为"个人数据"。对于被惯常分配给一个用户的静态网际协议地址而言,用户的身份信息被储存到服务提供商的文件中,可以和传统的电话号码类比,则显而易见应该这么处理。然而,动态网际协议地址仅仅在特定的时长中才能和一名用户联系在一起。如果可以获得通过一个特定动态网际协议地址进行网络通讯的时间信息,通过互联网接入服务提供商的登录文件,可以确定使用该特定动态网际协议地址用户的身份。甚至动态网际协议地址也可以与一个人建立联系("关联"),依照第136号《工作文件》,这也属于"个人信息"。(c)身份确定或可确定的(自然)人。《数据保护指令》并没有对"身份确定"进行界定。《欧洲个人数据自动处理公约》对此也没有做出规定。在这种情势下,可以想见会出现不同程度的身份确定情形(例证请见《奥地利电子政务法》中有关确立安全电子身份要件的规定)。一个人的姓名是最常见的身份特征。但由于姓名通常并不是唯一的,在人的一生中还可能会有所变化,也会使用诸如地址、出生日期及出生地、国籍,甚至是其父母的姓名这些其他的身份特征。还有其他诸如生物学统计数据(相片、指纹、基因)或者个人身份编码("PINs")可以作为身份特征。这些数据可以实现真正的"唯一身份确认"。但是由于《数据保护指令》仅仅要求"身份可确定性",并不需要进行以上所述最后那种唯一身份确认的最高层级身份确定方式。只要与数据相关的个人"可以被确定",对该个人数据的处理就得适用《数据保护指令》。根据前言第26项,与"匿名性"相反,"身份可确定性"有赖于数据控制主体或者任何第三人能否以"合理适用的可能方式"确定一个人的身份。因此,对于并不包含诸如姓名、地址等通常身份确定特征的个人相关信息是否是《数据保护指令》规定的"个人信息",须基于"现成"的身份确定方式,或者借助至少得是并非难以实现的方式进行判定。因此,如果信息向范围未知或者无限定的接收方进行披露(例如在出版物或者互联网上予以公布),就是基于接收方可使用身份确定手段的平均水平判定身份可确定性。准匿名化数据。基于前言第26项的说明,一些成员国的法律明确提及那些接收方无法解密的加密身份确定特征,并予以特别对待(例如:《奥地利2000年数据保护法》第4Z1条对"间接个人数据"及《德国联邦数据保护法》第3条第6a款对"准匿名化数据"的规定)。该等数据的使用及转移并不受《数据保护指令》第7条、第8条的限制,特别在为统计或者科学研究目的之情形中,数据主体的身份确定无关痛痒;但是与该数据主体有关的数据如取自不同来源及时间点,须将之精确地联系在一起。而由于该数据并不是真正的"匿名数据",还将适用《数据保护指令》第17条的数据安全规定:控制主体须采取足够的数据安全措施以防止对数据主体身份进行未经授权的再次确定。特别原则。在这种情形下,经常适用两条原则:"设计保障隐私"原则要求尽可能地使用准匿名化数据。数据避免原则要求尽可能地使用匿名数据。

3. 个人数据的处理(b项)。根据该定义,无论是否涉及自动化处理方式(在目前系指电子处理方式),"个人数据处理"系指对个人数据进行任何形式的处置。在第2条(b)项中列举的不同处理方式并非穷尽了全部的处理方式;它仅仅罗列了最常采用及最相关的数据处理可能性。有一种数据处置方式尤其值得关注,因为它特别涉及数据的保密性,那就是"披露"。这一术语并未在第2条予以定义,但在《数据保护指令》若干条文中多有涉及,并在向处理主体(及其代理)之外其他数据控制主体的"第三方"进行数据转移的相关规定中,对之也有提及。涉及敏感数据的,每次"披露"都需遵循第6条第1款b项及第7条第8项的要求。20世纪70年代,由于极度强化的数据储存能力及数据获取能力,自动化信息处理显现出其特定的危险性,就开始将"数据保护"作为一项新的基本权利加以保护。然而,《数据保护指令》也将非自动处理方式纳入其适用范围之中,但如同前言第27项所言,仅仅是针对"否则将会产生严重的规避风险"而言；所以，纳入适用范围的，就是那些在手动归档系统中为直接（"简单"）数据获得留有空间的数据处理方式。处理意图。个人数据的处置从其被收集这一最初阶段开始（如系人工收集但带有进后续以进行自动化处理或者利用归档系统进行非自动处理目的，也包括在内）。如果收集可以确定身份的数据而并没有实际确定身份的目的，是否还是"个人数据处理"？有待商榷。如果该等数据被公开，由于无法确定看到这些数据人员的意图（在互联网新兴服务可以呈现一定位置街道的照片，其中包括人、汽车车牌号或其他"与人有关"的数据时，这个问题尤其有价值），则无论如何也应被视为"个人数据"。由于进行视频监控的意图往往是确定实践中至少一个被录制人员的身份，这也应被视为"个人数据处理"。

4. 个人信息归档系统（c款）。根据前言第15项，"根据个人具体标准构建的（一个）存档系统（中，）目的在于可以方便查阅该等个人数据。"所谓"方便查阅"信息就使得归档系统与数据隐私尤其相关。构建标准。正如序言第27项指出的那样，构建归档体系内容的"具体标准"须"与个人相关"。这可以是姓名，但不能是与具体个人并不相关的诸如日期（年/月/日）或者（序列归属）号码等数据。归档系统。根据第3条第1款的规定，仅在其借助归档系统进行人工数据处理时，方适用《数据保护指令》（请见第2条c项及前言第27项："［对于］非自动处理[，本《数据保护指令》仅仅适用于存档系统，而不是没有经过结构性处理的文件"）。将"归档系统"定义为结构性的个人数据，排除了在公共权力机构或私人公司可能存在记录相关活动和诉讼程序的传统纸质档案。（需要第27项说明："文件或成套文件及其封面并非基于具体标准予以体系化，在任何情况下都不适用本[《数据保护指令》]。"）

5. 控制主体（d款）。由于《数据保护指令》规定的义务大部分是针对"控制主体"，对个人数据的有效保护就在很大程度上取决于对控制主体的准确认定。在一个全球化的经济世界中，公司结构及责任复杂，有多种分散式的处理模式（例如所谓的"云计算"），确定控制主体向来并非易事。因此，

37

第29条工作方机制在最近就此议题着手分析了"控制主体"与"处理主体",其第1/2010号意见阐述了结论。可作为"控制主体"的实体。第2条d款将"自然人、法人、公共权力机关、代理机构或者其他主体"作为可能的控制主体。形容词"公共"修饰的对象除了"权力机关"之外,是否包括"代理机构及其他主体",不无疑问。但是,对这个问题通常是这样解释的:在公共领域所有种类的机构("公共权力机关、代理机构或者其他主体")都可以被法律指定为控制主体(要么明确指定其为控制主体或者向其转移包括处理个人数据在内的法定职权),在私人领域,"一人"企业除外,只有拥有法人资格的实体才有资格作为"控制主体"。这种解释看起来很必要,一个事实是:"控制主体"依法享有权利、承担义务,除了自然人,通常"法人"可以享有权利、承担义务,而不是诸如一家私人公司内部的部门。然而,对这条一般原则的例外情形,可以由成员国使具体情形予以明确规定(请见第2条d项最后一句,也请见下文"7. 第三方"中有关论述)。"控制主体"是一个事实上的概念。"控制主体"的质量是通过"决定处理的目的和手段"实现的,即决定为了特定的目的和特定手段对(特定)个人数据进行处理。因此,任何作出决定的自然人或法人(或"公共机构")就是"控制主体",这里,它是否依照适用的法律体系作出决定,在所不问。"控制主体"身份就是上述行为的直接法律后果,也就是一个事实问题。因此,"谁是控制主体"这一问题与"谁是合法控制主体"这一问题有显著的不同。而后一问题也可以表述为:谁基于法律有权在其决定处理数据的目的后可以合法地处理相关数据。因此,"控制主体"诸如删除违法处理数据或者尤其是进行损害赔偿一些义务,就与"违法"控制主体有关。"处理方式"。"处理方式"(法语中称"moyens",德语中称"Mittel")这个概念尚不明晰;如果这个词原本是指用于处理的有形"装置"或"组织",这显然援引了与指令适用地域相关的第4条规定,就会意义大失——在互联网世界里,数据处理方式在很大程度上都不是由用户决定的;云计算使得"数据处理方式"最终变得模糊不清,很难辨认。"控制主体"定义中对处理方式的规定却仍然有助于在具体情形下将"控制主体"与"处理主体"加以区分(请见第2条e项)。在特定目的数据处理的两家实体是否是"控制主体"和"处理主体"尚存疑问的情形下,可能的解决方式就是看提供数据的实体是否至少在原则上有权决定数据处理的(方法和)方式。这方面最典型的例证就是律师与客户的关系:虽然律师得听从客户的指令,但律师系独立工作,且从来不会允许客户决定律师事务所中数据的处置方式(处理及存档等行为)。"合法控制主体"。在特定目的数据处理有多个实体的情形下,确定控制主体的另一种方式就是"合法控制主体审查":在特定目的数据处理的多家实体中,如不能确定哪一家是控制主体,则该方式有助于审查这几家实体中的哪一个有权实施数据处理的目的,只有这样的实体才是合法控制主体;如果还可以进一步证明,该实体至少也是默示地决定着数据处理的目的,则该实体就是"控制主体"。如果没有一家实体能证明其活动的合法性,该等数据处理就系违法,但是,决定为了一定目的而进行该等数据处理的实体就是"控制主体"(如同上述,这个概念涉及一个事实问题),因此须对该等违法数据处理活动负责。"私人数据处理"。如果一个自然人决定在"纯粹是个人或家庭事务"中处理数据,第 3 条第 2 款使得该自然人的数据处理行为免于适用《数据保护指令》。"[但是,]如果对个人信息的处理系指将之发表于互联网络,以使不特定数量的人可以查看这些数据,则不适用这种情形。"(Lindqvist 案(ECJ)第 47 段。)社交网络这样的事例由于在很大程度上并非能"使不特定数量的人可以查看这些数据",而是仅仅将之公布在诸如"朋友"之类的特定人群中;这些事例是否应该被认为适用指令?对此并无定论。共同控制。若干"控制主体"共同提供并共同使用信息而形成信息池(对于公司集团而言这种数据处理形式越来越普遍),其中的数据处理是《数据保护指令》的适用范围(第 2 条 d 项)。处理平台。当用户利用第三方提供的信息平台处理"他们自己"的信息(也包括他人的数据)时,在多大程度上他们可以被当作"控制主体",对这个问题,并没有完全确定的答案。欧洲法院在 Lindqvist 案中的判决倾向于认定该用户至少是部分的控制主体。

6. 处理主体(e 项)。只要"处理主体"是可靠的,控制主体可以自由决定委托该"处理主体"进行其全部或部分的数据处理(第 17 条第 2 款)。处理主体处置数据的合法性取决于控制主体处理这些数据的合法性(换言之,须符合《数据保护指令》第 7 条、第 8 条所规定的(法律)依据之一)。原则上,在控制主体及其处理主体之间的数据流动是合法的,第 7 条、第 8 条的规定对之并不构成阻碍。"处理主体"的可能实体。"处理主体"也可以像"控制主体"那样,可以是"自然人、法人、公共权力机关、代理机构或者其他主体"范围内的实体(也请见前述第 5 项)。处理主体的义务。根据《数据保护指令》,处理主体主要有两项义务:按照控制主体的指令使用数据,并在处理数据的同时保证数据的安全(第 17 条第 2 款、第 3 款)。凡是在欧盟境内处理数据的任何处理主体都承担这两项义务,而无关数据在何处收集,也无关控制主体在何处设立(欧盟境内或境外)。但是,如果数据是在欧盟境外且为于欧盟境外设立的控制主体而收集的,《数据保护指令》的其他条款(尤其是第 6 条、第 7 条和第 8 条)是否适用,则不无争议。可能适用公共秩序(ordre public)的极端情形除外,前述解释基本上表明,控制主体数据处理目的的合法性仅仅由处理主体的所在地决定,其不足之处明显。

7. 第三方(f 项)。《数据保护指令》具体描述了使用该概念的情形:此时数据可以合法地披露给"其他方",即"第三方"。根据《数据保护指令》的规定,"第三方"系指"数据主体"、"控制主体"、"处理主体"之外的任何人。由于处理主体被视为控制主体的一部分或者延伸,因此他们并非"第三方"。内部部门及雇员("获得['控制主体'或者'处理主体']直接授权处理数据的人")也不是"第三方",而是控制主体或处理主体的组成部分。同样地,私人控制主体或者处理主体内没有法律主体资格的附属部门也不是"第三方",而是控制主体和处理主体的组成部分:该等解释与上述第 2 条 d 项的解释一致,只有法人而非其他实体方能是私人领域的"控制主体";该等解释也得到了第 4 条第 1 款 d 项的有力支持,其中提及"在若干成员国设立的同一控制主体",而这种情形只有不具法律主体资格而设立在其他成员国的附属机构在作为"一家"控制主体而不是自身作为(其他)控制主体予以看待时,方能成立。另一方面,即使具有法律主体资格的其他公司与控制主体属于同一公司集团,也是"第三方"。《数据保护指令》并没有规定"公司特权",允许将公司集团(由"母公司"及其"附属公司"组成的经济单位)视为同一的控制方或处理方。这样,公司集团成员之间的数据流通也适用第7条和第8条的规定,因此在每一具体个案中都需要从这两条规定中找到法律依据。

8. 接收方(g项)。(a)范围。接收方系指接收个人数据的任何一方,"无论是否第三方"。这意味着该术语涵盖数据主体、控制主体及处理主体,因此等同于"接收个人数据的任何一方"。与在指令中使用的语境相比,该定义相当具体。在指令中,在收集或转移数据或者数据主体根据第12条要求在任何时候提出查看其个人数据请求之时,都要向数据主体说明"接收方"的身份。为了使该职责得以履行,就需要确定谁可以是"接收个人数据的任何一方",其范围是否仅限于根据第2条d项可以成为控制主体或者处理主体的实体?是否可以是这类实体诸如法人内部特定部门这类负责接收信息的部门?是否可以是控制主体或处理主体内部的个人(例如雇员)?在什么情况下可以是这些主体?提交的建议认为,应由相关成员国根据《数据保护指令》的条款和宗旨,在其国内法中就多个可行解决方案在什么情形下适用的状况予以明确。对"第三方"和"接收方"的区分也许可被看做是一种策略,使得控制主体组织内部产生用途变化的数据转移透明化。在这种情形下,同一控制主体内部一部门因新用途自另一部门接收数据,就须在通知中作为"接收方"予以提及,而与(最初的)控制主体相比而言,其他机构就是"第三方"。(b)公共权力机关的特别规制。第2条g项第二句话包括了对"特别调查架构下"接收数据的公共权力机关进行的特别规制。这似乎与政府机构中历史悠久的做法有关:在回应相关信息请求而对特定文件进行处理时,予以相互协助(在德语国家这被称为"Amtshilfe"("官方协助"))。在这种调查的情形下,接收数据的公共权力机关"并不应被视为接收方"。但是,这种理解仅仅适用于公共权力机关之间进行信息交换的第一阶段,彼时提出要求的公共权力机关不得不披露数据主体的一些信息,以便尽可能地检索相关信息,结果却不令其满意,一无所获。如果在相反情形下,发现了相关信息并向提出请求的公共机构提供,则后者就是"接收方";如果在数据主体根据第12条提出查看请求的话,则需要向其说明"接收方"的身份。如果对此进行相反的解读,将会剥夺数据保护法下数据主体在整个公共领域内所享有最重要的权利之一。

9. 数据主体的同意(h项)。(a) 明示或默示的同意。同意的意思表示既可以是明示的,也可以是默示的。处理敏感数据需要取得明示同意(第8条第(1)款)。对于非敏感数据的处理,默示同意就已足够。由于同意必须是"意思表示",仅仅是不回应(特别是在征求同意时保持沉默)并不构成"同意"。因此,"不选则有"(opt-out)的可能性并不等同于"默示同意",除非其与一些因素的结合可被解读为"主动"反应。(b) 同意的形式。即使是明示的同意也不必采用书面形式,尤其不用采取签字的形式。因此,如果是以电子形式同意的,即使没有电子签名,也为有效。(c) 明确及知晓情况的同意。同意只有在明确且数据主体已获适当告知的情形下方为有效。这就需要提供信息,(至少)说明待处理的数据、控制主体、处理用途及将来的接收方;至于尤其针对"接收方"的信息须明确到什么地步,由成员国通过国内法律做出具体规定。另外,如果数据是要被转移到没有给予足够数据保护的国家,则须向数据主体说明转移目的国。该义务也涵盖仅仅是为了(服务)处理数据而处理的数据出口。要同时满足"明确性"及"适当信息"的要求,就得在向数据主体提供的信息中解决所有的这些议题,且数据主体基于这些信息予以同意。但是,"明确性"并不排除对将来不特定数量的情形予以同意,只要这些情形全部相似并在所提供信息中得到了详细说明。(d) 同意系自主做出。同意必须自主做出方可有效。因此,在依赖性的社会关系(例如雇员与雇主关系)中做出的同意,其效力也许就存在争议。(e) 撤回同意。虽然在第2条h项中未有提及,但通常认为,在没有给出任何(合理)理由的情形下,在任何时候撤回同意须为可能;数据主体无义务向控制主体持续给予同意。(f) "同意"与"合同"之区别。在任何时候撤回同意的可能性也将"同意"与"合同"区别开来,而后者是根据第7条及第8条第2款进行(合法)数据处理的法律基础。(g) 代表作出同意。"代表数据主体"给予的同意仅得在由数据主体的"代表"(以其严格法律意义)作出方为有效。因此,根据第2条h项的规定,诸如一名工人的律师对雇员数据处理给予的那种"同意"是无效的。由于数据保护权利是一项严格的人身权利,所选择的合法"代表"只有在得到数据主体特别授权的前提下方能代表其作出同意表示。

范围

第3条

（1）本指令应适用于以全部或部分自动化的方式处理个人数据,也适用于虽然并非以自动化方式处理但形成或旨在形成存档系统的个人数据。

（2）本指令不应适用于下列情形的个人数据处理。

——不适用共同体法律的活动进程；诸如《欧盟条约》第五章、第六章项下的活动,任何与公共安全、国防、国家安全（包括处理操作涉及国家安全事务时的国家经济安全）及国家在刑法领域的活动,

——自然人从事纯粹个人或家庭事务的活动。

1. 一般事项。本条界定了本指令规定适用个人数据处理的范围。该范围非常广泛,根据欧洲法院在奥地利广播电台及其他（*Österreichischer Rundfunk and Others*）案中的裁决,本指令的适用范围并不局限或依赖于《欧共体条约》所保障的基本流动自由。该条规定却在本指令的保护范围中排除了对特定数据的处理。该条规定的第一部分将适用范围限定于特定种类的数据处理；第二部分则排除了进行数据处理的特定领域。

2. 自动化方式（第1款）。《数据保护指令》完全适用于以"自动化方式"处理个人数据。与"归档体系"（请见第3项）不同,第2条并没有给出"自动化方式"的定义；这本身比较奇怪,因为它是《数据保护指令》的关键组成部分；但正因为没有对之予以界定,《数据保护指令》即为将来的技术发展及其解释留有余地。这一点也反映在前言第27项中："该等保护的范围不能因适用技术的分别而不同,否则将会产生严重的规避风险。"一般而言,术语"自动化方式"系指通过计算机或者诸如计算机化的数据库及信息技术网络等软件进行的数据处理。在 *Bodil Lindqvist*（ECJ）案中,欧洲法院裁决认为,在互联网网站上公布个人数据构成自动化方式的数据处理。但是,随

着越来越多的日常处理实现了数字化,《数据保护指令》的适用范围就被大大扩展。虽然传统的照片及声音并不适用数据保护规定,但诸如网络摄影机及 IP 语音通话的新技术正检验着《数据保护指令》的整体生命力。比如,这就很难坚持为什么《数据保护指令》提供的保护应该适用于通过数字摄影机而不是模拟摄影机进行的监控。因此,英国内阁办公室在其对《数据保护指令》进行调查后得出结论认为,在《数据保护指令》出台之时,电子数据处理是由一台主机与数量有限的终端相连接而进行的,而《数据保护指令》的核心要素在现今已经不能够反映电子数据处理及通讯所揭示更为复杂的现实。欧盟委员会于 2009 年适时发起了一次意见征集,核心问题之一就是指令是否可以面对 21 世纪的挑战。其答案多种多样。然而,关键的一点就是,指令对数据保护原则的适用是以技术中立的方式实现的。因此,对第 3 条进行适应现代化处理时是必要的。

3. 归档体系(第 1 款)。第 2 条对术语"归档体系"予以界定。其重要因素就是,有构造的体系,根据特定标准可以查看,以及基于功能或区域的集中化、去集中化及分散化(请见第 2 条的各项注释)。根据第 3 条,《数据保护指令》适用于存储或旨在存储于归档体系内的个人数据。一般而言,这项规则适用于纸质个人数据处理。一般认为,与归档系统中数据有关的所有处理均适用于《数据保护指令》,而不仅仅局限于归档行为本身,注意到这一点很重要。本条也涵盖自动化体系与纸质记录的结合。另外,术语"归档体系"并不要求归档体系仅得存储不同个人的数据,因此指令也适用于针对同一人收集到的个人数据。但是,荷兰的《数据保护法》对归档体系予以界定时,对此持有不同观点。

4. 共同体法律适用范围外活动的例外(第 2 款)。《数据保护指令》并不适用于共同体法律适用范围以外的活动。该例外的背景就是《建立欧洲共同体条约》第 95 条的规定,该条款是《数据保护指令》的基石。这表明,指令的首要主旨就是通过协同有关跨境数据流动的法律来促进内部市场的发展;跨境数据流动无疑与诸如雇员、货物及服务流动之类的内部市场活动紧密相关,而与保护基本权利无关。在 *Bodil Lindqvist*(ECJ)案中,

Lindqvist 夫人就援引了这项例外,宣称在非营利或者休闲活动中建立互联网页并非"经济活动",因此并不适用共同体法律。法院通过援引奥地利广播电台及其他案驳回了这种主张。在奥地利广播电台及其他案中,法院认为:"相反的解释会使得指令适用范围的领域界限变得特别不确定,这并不符合为了消除因成员国国内法律分歧产生的内部市场运行壁垒对成员国法律、行政法规及规章予以协同的基本宗旨。另外,95/46 号指令适用的情形与《欧共体条约》保障实施的基本流动自由并无直接关联。指令第 3 条第 1 款确认了这一点,其对适用范围的界定宽泛,保护规则的适用并不依赖数据处理是否与成员国间自由流动权利有实际的联系。这也被第 3 条第 2 款规定的例外情形所确认,尤其是有关《欧盟条约》第五章及第六章规定的……活动或者是纯粹个人或家庭事务进程中的个人数据处理。这些例外规定至少没有表述为指令仅仅适用于与实施自由流动有充分关联的情形。"可以断定,欧洲法院的这个意见没有为可以适用该项例外情形的活动留下多少空间。

5. "第三支柱"数据处理例外情形(第 2 款)。第 3 条第 2 款规定了《数据保护指令》适用范围的例外情形。这些例外情形包括在外交政策、安全、国防、警察及司法领域的个人数据处理。其中,一些数据处理活动适用诸如《警察登记法》之类特别法确立的监管体系,而对于其他数据活动,根本就没有法律措施予以监管。然而,为了执法目的使用商业数据,在诸如公共安全及打击犯罪领域形成公—私伙伴关系的情形下,都使得本条规定的区分界限模糊化,并提出了很有意思的问题。新近出台的《里斯本条约》对各个支柱的立法程序予以协同化,因此可以期待各个支柱的数据保护规则将会产生融合。

6. 个人或者家庭事务相关数据处理的例外情形(第 2 款)。为个人或者家庭事务进行的数据处理并不适用《数据保护指令》。这表明,在个人笔记本或个人电脑文件夹中所列明个人姓名、地址、电话号码及电子邮件地址的清单,并不适用《数据保护指令》(也请见前言第 12 项)。然而,对于什么会实际构成"个人使用",并不总是很清楚。在 Bodil Lindqvist(ECJ)案中，法院认为这种例外情形仅仅适用于"在个人的私人和家庭生活过程中的活动"。但是，在一个日渐发达的信息社会中，一切事物都与其他事物相生相连，个人使用和商业服务之间的界限模糊不清。尤其在社交网络和社区服务情形中，这种问题尤其突出。提供这类服务的公司坐拥大量具有商业潜力的个人数据，通过其成员进行管理。第29条工作方机制认为，社交网络服务用户也许在一些情形下也可以被视为其通过社交网络服务披露个人数据的"数据控制主体"（请见第163号《工作文件意见》，第3段）。第29条工作方机制之所以得出这一结论，其论据之一就是：社交网络服务的性质已经由"娱乐"转为"生产力"。第29条工作方机制提出的另一个论据则说服力欠佳：在用户拥有大量包括自己实际并不认识的联系人时，用户就成为数据控制主体，因此家庭生活例外情形并不适用于这种对联系人予以收集的情形。但是，第29条工作方机制提出这个论据之时，没有考虑到社交网络现象似乎已经极大地改变了诸如"认识某人"、"朋友"、"同事"、"商业联系人"及"校友"之类的社会概念。这种社会理念的变化对指令的适用造成了严重的问题。

7. 结语。第29条工作方机制在回答指令是否适用于某些情形的问题时，在其各种意见中所使用的一些论据模糊不清；对此也许可以得出这样一个结论：第29条工作方机制担心，如果确定不适用指令，那么，对于数据保护问题中的一些隐私问题，就会缺乏恰当的保护。欧洲法院的判例法支持这种观点。而这种观点显然是错误的，其实还有其他（法律）措施提供隐私和信息保护。因此，关键在于指令适用范围的问题，包括对第2条定义的解释问题；恰当及精确地最终予以解决，不单要借助数据保护监管机构，而且也需要进行社会讨论和法理学探讨；这是由于正是基于其性质，指令对数据控制主体施加了诸如申报及取得授权等种种（行政）义务。为了保持指令的合理性及社会对其的接受度，在每次（重新）审查其适用范围时，关键在于提出一个问题：尤其是该义务负担与人们的预期及数据保护规则实施的实际情况不相符合的情形下，在适用范围中添加的事项是否可以使得随之产生的义务负担合理化。法院在 *Bodil Lindqvist* 案件中得出结论：将个人数据放置在互联网页上的大多数情形并不构成国际数据转移；这似乎（未加明确说明地）受到了法经济学主张的启发：如果要求所有的网页所有者就其网页发生的国际数据转移申请授权，则在实际实施的角度不现实，在实施资源的角度而言并不可行，在确定数据目的国的角度而言并不可为。指令并不适用于特定情形的结论并不当然表明成员国未能保护自然人的基本权利和自由（请见指令第1条）。只要存在其他有效（法律）措施保护该等基本权利和自由，欧洲法院在 Bodil Lindqvist 案件中担心的规避风险就不存在。

可适用的成员国国内法

第4条

（1）对于下列情形，每个成员国须就个人数据处理适用其根据本指令制定的国内法相关规定：

（a）该等数据处理涉及在该成员国领土内所设立机构的行为；当同一控制主体在数个成员国领土内设立机构时，须确保每一设立机构都遵守所适用成员国法律规定的义务；

（b）控制主体虽然并没有设立于该成员国的领土内，但因为国际公法的原因使得该成员国国内法适用于控制主体的设立地；

（c）控制主体虽然并没有设立在共同体境内，但为处理个人数据的目的，无论是否采用自动化方式，使用了坐落于该成员国境内设备，除非使用该设备仅仅是为了在该成员国境内中转数据。

（2）遇到第1款c项规定的情形时，控制主体必须在有关成员国指定一名代表，但这并不影响可能对控制主体自己所提起的法律诉讼。

1. 在控制主体设立机构活动的背景下（第1款a项）。在欧盟境内，《数据保护指令》的目标，就是在共同体法律适用范围内处理个人数据时，避免适用盲区（没有数据保护法律可适用）及多重适用成员国国内法。为了实现这一目标，《数据保护指令》遵循公认的设立规则来确定欧盟内适用法律及管辖权。欧洲法院给对构成"设立"标准的解释是："《欧共体条约》第52条及53条中的设立机构涉及在另一个成员国设立无限期内固定机构进行经济活动(Factortame (ECJ))。"显而易见,在一个特定成员国设立的公司须遵从该特定成员国的国内法。对于指令第4条的解释,则疑问颇多。在"成套数据处理操作"(请见指令第2条b项)在多个成员国进行时,就产生了问题。这种疑问之所以产生,似乎主要是因为第4条使用了"数据控制主体"术语而不是"公司"或"组织"这样的名词。这样做的结果,就使得第4条不小心将"数据控制主体"这一术语的解释转化成为一项管辖权议题,考虑到第1款a项的规定,就变得尤其晦涩难解。根据标准解释,"数据控制主体"这一术语仅能适用于单一的法律实体或自然人,并不适用于公司集团(例如跨国公司),这就使得第二句规定失去了法律意义。简而言之,一个数据控制主体如果是法律实体,则只能在一个成员国设立。在该法律实体有附属实体(例如跨国公司)且这些附属实体均以独立法律实体形式设立的情形下,应当被视为独立的数据控制主体。但是,根据第4条第1部分a项第一句话的规定,这些附属实体应遵循其设立国的数据保护法律,而不是像第4条第1部分a项第二句似乎规定的那样遵循其母公司所在国的法律。为了使得第二句话有其法律意义并避免循环论证("数据控制主体"这一术语仅在指令适用时才有意义,而指令仅在"数据控制主体"存在时才会适用),第4条应该放弃对术语"数据控制主体"的使用,而应该采用一个不带有特别数据保护意味的词语。在通过集中式信息技术基础设施及应用处理个人数据时,管辖权就是很有意义的一个议题。将数据处理的具体责任分配予不同附属实体,就可以主张母公司和不同附属实体分别视为在数据处理过程中自己负责部分的数据控制主体,每个实体都得遵循其设立国的数据保护法律。但是,他们也可以被视为是联合控制主体(joint controllers)或者共同控制主体(co-controllers),也就是说每一个成员国的法律都共同适用于整个数据处理体系。由于不同成员国在实施指令时存在着分歧,后一种解释及由此产生的多个管辖权适用局面,无疑会造成遵循何种法律的问题。所有法律同时适用的结果就是无法遵循所有法律。这个问题十分重要,值得关注。这不仅仅是因为它决定了数据保护中的实质义务(例如:同意在何种情形下有效?),也因为它还决定了诸如申报、国际数据转移的授权及事先核查等形式义务。跨国公司似乎经常采取一种"安全但繁琐"的方式,在所有相关法域就其信息技术系统进行申报,而不是对管辖权问题进行仔细梳理。这种方式也有一定的不足:因为在特定法域进行的申报也默示承认该成员国的数据保护法律适用于其进行的数据处理,从而激活了该成员国数据保护监督机构的管辖权。因此,明确适用法律及管辖权是至关重要的一个问题。

2. 欧盟境外适用法律(第1款b项)。根据第4条第1款b项的规定,如果欧盟境外领土因为国际公法的原因也适用其国内法,则成员国有义务也在该等领土上适用《数据保护法律》。

3. 非欧洲数据控制主体(第1款c项)。设立于欧盟境外的数据控制主体在使用坐落于欧盟成员国境内的数据处理设施时,须遵循该成员国的法律。该规定禁止欧洲数据控制主体通过将其设立地移往欧盟境外的方式规避适用《数据保护指令》,从而避免个人仅仅因为数据控制主体不在欧盟设立而失去了保护。然而,该规定也造成了棘手的域外效力。首先,位于欧洲的非欧洲公司服务提供商及附属公司作为代表非欧洲数据控制主体的数据处理主体时,也许会适用《数据保护指令》。这意味着:指令第25、第26条关于国际数据转移的规定也许会禁止该等服务提供商及附属公司将数据转回境外的控制主体。其次,该规定将适用《数据保护指令》拖入并非事先预期的情形,例如:当一个非欧洲网站通过消费者个人电脑中的网络饼干采集个人数据的时候,应该适用什么法律?第29条工作方机制认为:个人电脑坐落地的成员国法律的确适用这种数据处理(第56号《工作文件》)。但是工作方机制也要求在具体情形下适用该规定的时候审慎应对。在第56号《工作文件》中,工作方机制申明,在"必要之时,在合理且在跨境情形下存在合理执行可能时",适用该规定。

4. 代表(第2款)。设立于欧盟境外的数据控制主体须在欧盟境内指定一名代表,以就数据处理的细节及所涉及的问题提供联络方式。对于在欧盟境内经营业务的非欧盟公司而言,该代表很可能就是其附属公司或其代理。然而,根据第29条工作方机制的第56号《工作文件意见》,指令对非欧洲网站适用时,遵循该款规定就显得繁琐。

第二章 个人数据处理合法性之一般规则

个人数据处理合法性之一般规则

第5条

成员国应在本章规定的范围内决定个人数据处理更具体准确的合法性条件。

1. 涵义。根据《欧盟运行条约》第288条的规定,指令须转换(实施)为国内法。《数据保护指令》第32条又重申了这项义务。另外,第5条规定了成员国负有义务"决定个人数据处理更具体准确的合法性条件"。因此,一方面,仅仅照搬指令条文可以说是不够的。另一方面,本指令必须被转换为以立法实现的正式措施(而不仅仅由行政部门在其行政做法中予以遵守)。行政做法极易改变,且不够公开(请见委员会诉荷兰(直接保险案)(ECJ)第4段,委员会诉德国案(*EIA streets in Rheinland-Pfalz*案)第17段)。此外,由于《数据保护指令》规定了个人不同的权利和义务(请见第6、10、11、12、14、15、16、17、18条等),他们必须对这些权利和义务通过足够准确清楚规定的措施加以转换,以便有关个人能知晓其权利和义务,并在合适的情形下能有机会在成员国法院的诉讼中将之作为其依据(请见委员会诉德国(护士案)(ECJ)第23段,委员会诉法国(产品责任案)(ECJ)第48段)。欧盟指令的强制效力针对的是"要达到的结果",但是须允许成员国去"选择实现的形式和方式"(《欧盟运行条约》第288条)。这样,只有在指令允许成员国在一定空间进行操作并授权他们针对特定情形而维持或采取特定规则(涉及《数据保护指令》,这实际上就是对一些条文而言,例如第5条、第6条第1款e项、第8条第2款a项及b项、第3款、第4款等,请见*Lindqvist*案(ECJ)第97段)之时,成员国才享有一定的"灵活度"。在实施一项指令时,成员国总要将指令的目标放在首位(与此相关,《数据保护指令》的目标就是在内部市场的自由(即货物、服务、雇员及资本自由流动(见《共同体条约》第18、28、39、43、49 及 56 条的规定)及数据隐私权(请见前言第 3、7 项;也请见 *Lindqvist* 案(ECJ)第 96、97 段及 *Satakunnan Markkinapörssi and Satamedia* 案(ECJ)第 51、52 段)之间保持平衡)。并且,成员国须遵守比例原则的一般原则(在更为宽泛的情形下如此,但也与指令的转换有关,请见 Belgocodex 案(ECJ)第 26 段;请见 *Société Financière d'investissements* 案(ECJ)第 29 至 31 段;*Idéal tourisme* 案(ECJ)第 36 段;也请见 *Lindqvist* 案第 87 段;*Zukerfabrik Franken* 案(ECJ)第 22 段)。《数据保护指令》要求成员国将其在指令涵盖范围内通过的国内法条文通知欧盟委员会(第 32 条第 4 款)。但是,如果有关成员国没能履行该通知义务,并不会使成员国为实施指令而通过的相关法律不能适用(请见 *Enichem Base* 案(ECJ)第 20 至 24 段)。

数据质量的相关原则

第 6 条

(1) 成员国须规定:个人数据必须

(a) 得到公平及合理的处理;

(b) 为明确合法的目的予以收集,并不会以与此目的不符的方式予以进一步处理。在成员国提供了恰当保障措施的前提下,以历史研究、数据统计及科学研究为目的对数据进行进一步处理的,并不视为有不符之处;

(c) 对其收集及/或进一步处理的目的而言,足够,关联度高,且并不过度;

(d) 准确且在必要的时候并不过时;如对其收集或者进一步处理的目的而言,数据不准确或者不完备,则须采取一切合理的步骤以删除或改正该等数据;

(e) 保存的形式允许对数据主体进行身份确定,但不得超出收集或者进一步处理目的之合理需要。成员国须为更长时期的历史研究、数据统计及科学研究用途而储存的个人数据提供恰当的保障机制。

(2) 应由控制主体确保遵循前款的规定。

1. 一般事项。第6条确立的一般规定("数据质量的相关原则")构成了在适用于数据保护权(数据隐私权)时比例原则的核心组成部分。数据保护权现也被欧盟法律正式接纳为基本权利(《基本人权宪章》第8条;也请见《欧洲人权公约》第8条)。欧洲法院也在比较早的时间就承认了这种局面(请见 Österreichischer Runfunk 案第68、70段及 Lindqvist 案第86段)。《数据保护指令》第6条所提及的规则最早是在《经合组织隐私权指引》中规定的,之后由《欧洲个人数据自动化处理公约》(第5条)所接受,并最终纳入了《数据保护指令》之中。《数据保护指令》的其他条款都对这些原则作了更多阐述。例外情形。第13条规定了适用第6条第1款所确立范围的界限("例外及限制情形")。

2. 公平及合理的处理(第1款a项)。(a) 合法性。这条原则就要求数据处理须有合法依据(理由),这主要意味着数据处理须与控制主体的法律地位(权利能力、资格、法律权能等)相符合。在公共领域,这意味着控制主体须具有明确的"权利能力"从事需要进行数据处理的活动。在私人领域,这意味着控制主体须遵守所有适用于数据处理所涉活动的法律和执业要求。"私人"数据处理。自然人为了纯粹个人或家庭活动而进行数据处理并不需要任何特别的"法律依据";按照《数据保护指令》第3条第2款第2项的规定,该类活动并不适用指令的要求。然而,在互联网页上公布教会个人成员社会生活方面的数据,"使得这些数据可以被非限定数量的人所查看"构成了《数据保护指令》项下的"自动化处理"(请见 Lindqvist 案(ECJ)第26段),因此不能视为"纯粹个人或者家庭活动"中的数据处理。合法处理。第7、第8条进一步详细规定了哪种情形的数据处理是"合法的",并规定了在何种情形下数据可以被使用。(b) 公平。"公平处理"原则系指利益平衡的必要(这也是数据保护的核心规则):在一个信息社会中,数据保护权利须不断和其他需要取得信息(为行使内部市场自由所必需)的利益相平衡。换言之,获得该信息的其他利益也必须对数据主体保护自己隐私利益的有效手段持续地予以尊重。一般认为,公平处理原则的主要组成部分就是向数据主体持续告知足够信息的义务(第10、11条),即至少应该告知处理的目的及控制主体的身份。

3. 目的限制(第1款b项)。(a)对目的的事先界定。如果数据主体希望处理数据,就至少要在采集数据的时候对其处理数据所需的具体(及合法)目的进行界定(也请见第10条b项)。处理目的须"清楚"(明确)。在这个意义上,对于信息(第10、11条)及申报(第18至21条)的规定就确保了必要的透明度。目的须足够明确(具体)。至于何为足够的明确,数据处理的申报登记机构(在成员国层面或者是设立于数据保护监督机构之中,或者同国内数据保护专员设立在一起)、甚至是成员国国内(第二层级)的立法(请见例证:《奥地利标准处理申报条例》)可以予以有益的澄清。然而,在任何情况下,仅声称"商业目的"并不足够(这已在就《数据保护指令立法修改建议》第6条的主旨中予以清楚说明)。(b)禁止与目的不符的进一步使用(相符合原则)。第6条第1款b项禁止以不符数据采集目的之方式对数据进一步处理。该原则的依据就是数据采集时的告知义务:将处理数据的目的告知数据主体。"与目的不符"的进一步使用系指与所告知数据采集目的信息所引发与合理预期不符的任何使用。因此,如果在实现处理最初目的之外进行通常的数据流动,就是与目的不符的进一步使用。例如:鉴于向诸如宾馆或者汽车租赁公司之类的第三方进行的数据转移符合与旅行社为旅行安排订立合同的宗旨,将为此目的收集的该等数据转交予警察部门就须被视为"与目的不符"。但是,根据第6条第1款b项的规定,由同一控制主体或者第三方为历史研究、数据统计及科学研究目的而进行的数据处理享有明确的豁免待遇:原则上,该等进一步使用应总被视为与数据采集最初目的"相符合"。然而,第6条第1款b项要求设置合适的保障机制,以防止对数据隐私权的侵犯。披露。与目的不符的进一步使用,要么主要是由于控制主体对数据处理目的作出改变,要么主要是由于向第三方披露了相关数据(如果原先目的自身性质并不涵盖该等披露)。在有意识披露的情形下,这就意味着在披露前,(最初)控制主体须检查接收方在使用所披露的数据时是否与其自己采集数据的目的(并是根据第10、11条提供给数据主体信息的组成部分)"不相符合"。对于接收方而言,禁止进行与目的不符的"进一步使用",意味着其不得从该来源搜集信息。在接收方(例如公共权力机关)有能力迫使其他控制主体提供数据的情形下,这尤其重要。数据采集。通过相符原则,指令旨在保护数据主体,使其数据免于在不透明的复杂情形下可能受到的进一步使用。意图以不相符的新目的进行数据使用的,控制主体须重新向数据主体采集数据。这就使得所搜集数据的数量不会超过数据主体准备为新目的而披露的数据数量。这将进一步将数据采集限定在控制主体层面,后者根据所适用的法律是可以为新目的采集数据的:例如,除非相关国际协议明确许可,外事警察或者边境管理机构不能收集其他国家公民的数据。不完全适用情形。第13条提供了不完全适用第6条的可能性,包括满足国内法所规定的基本条件下对相符性原则的不完全适用。(包括第7、第8条规定与相符合原则的关系等具体情形,请见对第7条的介绍及第13条第2项的评论。)

4. 相关性(第1款c项)。只有与界定的处理目的(第6条第1款b项)相关的数据方可被搜集使用。根据数据最小化原则(现在被许多成员国盛行的数据隐私主义所青睐),对"相关性"的解释必须尽可能地严格。

5. 准确性(第1款d项)。控制主体必须确保只有准确的数据方可被处理。控制主体所掌握的数据必须没有过时。无论数据主体是否要求修改或删除数据,控制主体都必须承担这些义务(请见第12条)。在极特别的情形下,不完整数据产生的不正确信息对数据主体的利益造成损害时,(仅)处理准确数据这一义务甚至意味着增加数据的必要。例如:只要控制主体可以存储与数据主体相关的、涉及对其进行推测或怀疑的数据时,就适用这种特别情形。一旦这些推测或者怀疑被澄清,要么得删除相关数据,要么(为了诸如存档目的而进行保存)得将之更新以保证其准确性。

6. 数据存储时限(第1款e项)。原则上,数据之存储仅得是"为了数据采集或者进一步处理的必要"。国内法经常在诸如民商法中规定了为财务管理或者文件存档的目的而保持纪录的强制时限。而时限一旦到期,则应由控制主体负责删除数据。然而,在一些情形下,虽然不再基于其最初目的之需要,但出于诸如历史文献等公共利益的需要,还可以不删除数据而继续保留。因此,第 6 条第 1 款 e 项规定,成员国国内法在提供了"恰当保障机制"的前提下,可以规定对"历史研究"、"数据统计"及科技用途的数据进行较长的存储。为了保障数据主体的利益,诸如文献方面的法律常常规定了长达 30、50 年甚至更长时间的"封存期",在此期间不得查阅这些数据。

7. 责任(第 2 款)。根据第 6 条第 2 款的规定,须由"控制主体确保遵循第 1 款"。这样,该款明确将第 1 款规定的义务施加于控制主体。因此,第 6 条第 2 款须准确而又清楚地转换为国内法措施,界定控制主体的义务(及数据主体相应的义务),以便相关个人能知晓这些规定,并在需要的时候使其可以在成员国国内法院依据这些规定进行诉讼的可能(请见委员会诉德国(护士案)(ECJ)第 23 段及委员会诉法国案(产品责任案)(ECJ)第 48 段)。案例法表明,虽然指令的相关规定是针对成员国而言的,但是也包括了一些个体的义务,并没有横向(请见 Marshall 案(ECJ)第 48 段;Wells 案(ECJ)第 56 段)或与之相对的纵向(请见 Kolpinghuis Nijmegen 案第 9 段、第 10 段)直接效力。因此这些规定并不能作为向负有义务的个体提出权利请求的依据。无论是数据主体(即横向)还是成员国(即与之相对的纵向)都不能依此主张权利。一方面,第 6 条第 2 款规定了控制主体负有在第 6 条第 1 款所列明责任的明确义务;另一方面,《数据保护指令》也规定了控制主体、处理主体及接收方的一些其他(至少是默示的)义务(尤其请见第 10、11、16、17、18 条等规定)。履行这些义务不能通过直接援引指令予以主张,而是要依据转换而成的国内法。当然,这并不影响数据主体可以援引指令的规定对成员国提起权利要求(直接纵向效力)(请见 Marshall 案(ECJ)第 46 段)。

第二部分　数据处理合法化之标准
数据处理合法化之标准

第 7 条

成员国须规定,仅得在以下情形下方可处理个人数据:

(a) 数据主体已经明确地予以同意;或者

(b) 履行合同需要进行数据处理,而数据主体是该合同的主体之一,或者在签订合同之前,应数据主体的要求而采取相关步骤之需;或者

(c) 数据处理是控制主体为履行其法律义务所需;或者

(d) 数据处理是为了保护数据主体重大利益的需要;或者

(e) 数据处理是基于公共利益完成某项任务所需,或者是控制主体或接受数据披露的第三方行使所赋予的政府职权所需;或者

(f) 数据处理是控制主体、第三方或者接受数据披露的其他方为追求其合法利益的目的所需,除非与其相比,数据主体依据第 1 条第 1 款享有的基本权利及自由更为优先。

1. 一般事项。第 7 条规定了合法处理第 8 条第 1 款所规定特殊种类("敏感")数据之外的数据种类。第 7 条所列举的理由已然穷尽,不得为成员国国内法再行补充。他们可以总结为下列情形:数据主体已经同意(第 7 条 a 项),或者为了数据主体重大利益的需要进行数据处理(第 7 条 d 项),或者数据处理是为了包括公共利益在内的控制主体或第三方的优先合法权益所需(第 7 条 b、c、e、f 项)。与第 6 条第 1 款 a 项的关系。与第 6 条相比,第 7 条(及针对敏感数据的第 8 条)就是进一步澄清"合法数据处理"的情形(第 6 条第 1 款 a 项)。与相符原则的关系(第 6 条第 1 款 b 项)。涉及"合法数据处理",相符原则则须被视为在以下情形中第 7 条(及第 8 条)的补充要求:除非成员国根据第 13 条的规定在国内法予以规定,允许特定情形下进行与原有目的不相符合的进一步使用,在满足成员国根据第 7、8 条所制定法律中规定条件的前提下,必须就新的(非相符)目的而重新(至少就逻辑

而言)向以前的数据来源(通常是数据主体)进行收集。这也许会造成对数据采集可能性的某种限制。例如:除非负有法定义务,数据主体也许不准备再为新目的而披露或像以往那样披露数据,或根据成员国法律其同意甚至是没有意义的(例如,对进行与原有目的不相符合的进一步使用,如果其中所给予的同意是在雇佣关系中作出的,就是这种情形);或者希望收集并使用数据的机构作为将来的控制主体,根据所适用的国内法,为了新目的,甚至在一般情况下尤其是对外国政府机构而言的,也许就无法向数据主体或者第三方收集证据。诸如为了旅行或支付目的而采集的数据,须可以为了预防犯罪的目的进一步使用,此时,前述情形就尤其相关。根据以上论证,为进一步使用提供数据及负责新数据处理的控制主体所适用国内特别法有规定的,该等进一步使用才是合法使用。如果数据须被转交予外国政府机构以供其进一步(不相符)使用,通常按照国际双边协议的要求,进行最初数据采集的国家须签发该国的合法文件(也请见第 7 条、第 13 条)。

2. 同意(a 项)。(a) 同意的条件。《数据保护指令》将"同意"作为合法数据处理的依据(之一)予以认可。在基于另外一方的优先法律权益或者数据主体的重大利益予以合法化之外的数据处理,都须以数据主体的同意为依据。在全球范围,数据主体很难预见到在某些情形下对数据处理给予同意后产生的所有可能后果。因此,同意的效力须满足几项条件,这在下文中将会详细论述。尤其是第 6 条第 1 款 b 项规定的相符原则,其防范的目标就是基于同意而进行复杂、多层次数据处理时的潜在风险作为:要对个人数据进行"进一步使用",控制主体有义务再次向作为数据采集来源的数据主体告知处理的新目的,并且告知数据主体以后可以撤回对该"进一步使用"已给予的同意。(b) 有效的同意。在第 2 条 h 项界定"同意"的有关情形中,已具体规定了"有效"同意的要件。其中,涉及"非敏感"数据的处理,重要的一点就是:同意既不必是明示的,也不必是书面的;在适当考虑作出之时的相关情形后,只有不含混的默示同意方为足够。同意一旦撤回——这在任何时候都存在着法律上的可能,进一步处理数据就系违法;如果有必要归档,也并不当然包括将所有之前处理痕迹加以删除的义务。

3. 合同(b项)。(a)已达成的合同。合法数据处理最重要的依据之一(因为在现实生活中及其常见)就是:"控制主体和数据主体之间订立合同的,仅得在控制主体处理与数据主体的相关数据时方能履行。"当然,只有数据主体自主缔结合同关系时,才能接受其成为一项合法处理依据。(b)缔约前关系。处理未来合同潜在主体的数据是合法的,但须限于"准备达成合同关系"及"应数据主体要求"的情形。该规定适用于诸如在还没有实际购买机票时因预订机票而进行的必要数据处理。自然,这种情形下的数据处理在理论上可以依据第7条a款,因为这是默示方式的"数据主体的同意"(尤其因为在缔约前关系中,原则上总是可以撤回同意的)。

4. 控制主体的法律义务(c项)。(a)范围。第7条c项将"控制主体的法律义务"作为合法处理的理由(法律依据)。成员国国内法就控制体向第三方(尤其是公共权力机关)披露个人数据规定了许多义务。然而,并不是所有的国内规定都自动地成为第7条c项意义上的"控制主体的法律义务"。第7条c项必须依据《数据保护指令》的宗旨(即维护内部市场自由和数据隐私之间的平衡(请见前言第3、7、8项;也请见 *Lindqvist* 案(ECJ)第96、97段))及比例原则的一般要求加以解释(既属于一般情况又与指令相关,请见 *Bolgocode* 案(ECJ)第26段;*Société Financière d'investissements* 案(ECJ)第29至31段;*Idéal tourisme* 案(ECJ)第36段;也请见 *Lindqvist* 案第87段;*Zuckerfabrik Franken*(ECJ)第22段;也请见 Schermers-Waelbroeck §§54,70,71 180—184)。因此,对控制主体施加义务的成员国国内法须(i)基于合法的目的及(ii)对于该合法目标而言是必要、恰当及符合比例原则的。(b)第三国例外情形。原则上,第7条c款并不适用于第三国法律规定的义务,因为该等法律并不一定符合欧盟的比例原则。然而,也可以接受将第三国(对设立于欧盟的控制主体)规定的义务作为(从欧盟内部转向外部接收方的)合法数据转移的依据,此时须(在欧盟和第三国之间)已有达成的特别国际协定对此予以规定。根据该等协定,或者更准确而言,根据欧盟机构代表欧盟对该等协定的批准决定(一般情形请见德国诉欧盟理事会案(香蕉案)(ECJ)第42项),进行与(在高层级的法律等级里)欧盟法律(一般情形请见请见 *Rica Foods v Commission*(ECJ)案第 85 段)所规定原有目的不相符合的进一步使用,则被予以禁止;对于此种规定项下比例原则的效力,欧洲法院在旅客姓名记录案中已对之予以审查。然而,由于欧洲法院将其审查限定于确定与缔结相关协定相关联的法律依据,在这类与原有目的不相符合的进一步使用的情形下,比例原则的效力仍然不是欧洲法院所分析的对象。(c)适用于其他欧盟成员国。另一个欧盟成员国通过法律规定对控制主体所创设法律义务之时,第 7 条 c 款的适用在最近成为焦点:由于比例原则适用于欧盟所有成员国,原则上,第 7 条 c 款可以作为该等情形下进行数据处理的依据。然而,外国法律规定基于与收集最初目的不相符的目的,需披露有关数据的,除了第 7 条的规定外,尚须符合第 13 条的要求。其结果就是:根据第 13 条,有必要在成员国国内法中就控制主体予以规定,使之能突破禁止性规定,在特定情形下为进行与原有目的不相符合的进一步使用而披露数据(也请见介绍部分及第 13 条)。

5. 数据主体的重大利益(d 项)。"重大利益"仅得适用于极其有限的情形:以这种理由(法律依据)进行合法处理的经典事例均与医疗领域相关。然而,一些与(满足基本及基础需要的)住房、服装及食物有关的基本安全和金融利益或许也属于"重大利益"的这一范围。根据《数据保护指令》的目标及比例原则(请见 c 项),在不可能取得或付出过多努力方可取得数据主体同意的,并不完全清楚是否只能援引第 7 条 d 款的规定。与第 8 条第 2 款 c 项不同,第 7 条 d 项并没有明确援引这一先决条件。

6. 公共利益(e 项)。(a) 范围。第 7 条 e 项认为,基于"公共利益"或"行使政府职权"的理由而进行的所有数据处理是当然合法的。与第 7 条 f 项不同,第 7 条 e 项并没有明确地提到利益平衡。然而,根据《数据保护指令》的目标及比例原则的一般性要求,须对第 7 条 e 项进行严格解释:基于"公共利益"或者"行使政府职权"而进行的数据处理须(i)基于合法的目的及(ii)对于该合法目标而言是必要、恰当及符合比例原则的。该等活动是由国家机构(公共权力机关)执行公务或者代其执行公务的,则还应当"基于法律",即按照法律规定而执行。另外,如果根据第 7 条 e 项处理的数据需要从不相符来源收集,则还要适用第 13 条的规定,这意味着如果允许使用这种来源,需要成员国遵照第 13 条列明的条件通过法律条文对此明确地进行规定。(b) 比例原则。基于公共利益理由、但严重影响数字隐私权且其对公共利益仅有些微益处的,即为不符比例原则,因此将不具备处理数据的合适法律依据。(对成员国为实施《数据留存指令》项下电信服务提供商数据留存义务所通过法律的有效性予以拒绝时,该论据被广泛使用。)

7. 控制主体或第三方的优先合法权益(f 项)。"控制主体或第三方的合法利益"可以成为个人数据处理的合法依据,"除非数据主体在数据隐私方面的基本权利与之相比更加优先。"换言之,如果控制主体或者第三方的合法权益优先于数据主体的(隐私)权益,以第 7 条 f 项为依据进行的数据处理就是合法的。这就需要以个案为基础进行利益平衡。在这种情形下,《数据保护指令》在透明度方面的规定(尤其是相关信息(请见第 10、11 条))将会帮助数据主体保护其权益。根据"权利滥用学说",数据主体不得以其数据隐私的优先权益规避义务(更为广泛的论述请见 *Paletta* 案(ECJ)第 25 段;*Centros*(ECJ)第 25、38 段)。至于该学说在什么程度上能使得数据主体的数据保护权利无效,需要对个案进行具体分析,平衡互相冲突的利益,并要考虑到数据保护权利是一项基本权利。控制主体及第三方所主张的权益须为合法,即为(成员国或欧盟)法律所承认。在这方面,欧洲法院裁定认为,应由成员国有关机构及法院确保数据隐私权同言论自由权之间实现公平平衡(*Lindqvist* 案(ECJ)第 90 段)。

第三部分　特殊种类的数据处理
个人数据的特殊种类处理

第 8 条

(1) 成员国应禁止个人数据处理披露个人的种族和族群身份、政治观点、宗教或哲学信仰、工会会员身份,并禁止进行与医疗或性生活有关的数据处理。

(2) 在下列情形下,第 1 款并不适用:

（a）除非依据成员国规定，不能由数据主体的同意加以改变第 1 款提及的禁止性规定，数据主体已经明确同意就该等数据进行处理的；或者

（b）在成员国法律已经授权并且提供足够保障措施的情形下，控制主体为了履行其在劳动法领域的义务及实现其权利，需要进行数据处理；或者

（c）在数据主体事实上或法律上无法作出同意的情况下，有必要为了保护数据主体或者其他人的重大利益而进行数据处理；或者

（d）基金会、社团或者政治、哲学、宗教或工会组织等非营利组织在合法活动过程中，在有合理保障措施情况下，进行必要的数据处理；但前提是该等数据处理仅涉及组织成员或因该组织宗旨而与该组织有惯常联系的人，并且未经数据主体同意，不得披露予第三方；或者

（e）处理所涉及的数据是由数据主体公布于众的，或该等处理对于就某项请求权予以主张、实施或者辩护而言实属必要。

（3）为了防疫医疗、医疗诊断、提供护理、治疗或医疗管理服务而需要处理数据，依据成员国国内法律或有关机构所制定规则负有执业秘密义务的医务人员或者其他负有相同保密义务的人对数据进行的处理。

（4）在提供了适当保障机制的前提下，对于重大公共利益，成员国可以在第 2 款之外通过国内法或者监管机构的决定再行规定例外情形。

（5）处理与违法行为、犯罪裁决或者安全措施的数据仅得在官方机构的控制下进行，或者在成员国法律提供具体合理的保障机制时，成员国根据成员国合理保障机制的法律条文而给予变通适用的许可。然而，犯罪裁定的完整登记仅能在官方机构的控制下保存。

成员国可以规定，与行政处罚或民事判决有关的数据也得在官方机构的控制下方可进行处理。

（6）根据第 4 款、第 5 款对第 1 款作出变通规定的，须向欧盟委员会进行申报。

（7）成员国应决定对一国的个人身份编码或其他普遍适用的身份确定

编码进行处理的条件。

1. 概述。(a) 适用范围。根据《数据保护指令》第3条的规定,第8条规则的适用范围有限:如果对第8条第1款所规定数据种类的使用目的超出了之前"共同体法律"(所谓"第一支柱")的范围,第8条规定的限制就不再适用(相应地,对原"第三支柱事项"适用的《数据保护框架决定》就敏感数据的处理也规定了不同的条件)。如果就"第一支柱"事项处理"与违法行为、犯罪裁决或者安全措施"有关的数据,仅仅适用第8条第5项的特殊要求(而其重心在于"成员国法律提供具体合理的保障机制")。(b) 额外适用范围。第7条介绍中涉及其与相符合原则及第13条之间关系的评述也完全适用于按照第8条规定予以处理数据。另外,为第8条第2款、第3款规定目的而采集的数据,如果为不相符目的而进一步使用,需要在符合第13条及第8条第4款的成员国国内法律文件允许的情形下方可进行。

2. 禁止处理"敏感数据"(第1款)。第8条第1款提及的数据种类通常称为"敏感数据"。它们有造成损害的潜质。对该等数据的处理极易对数据主体造成不合理的负面影响。第8条第1款并没有提及关于个人犯罪记录的数据,虽然这当然也会包含敏感信息。然而,禁止处理这种数据明显不合理。因此,第8条第5款为这种敏感数据确立了一种特别的制度。只要第8条第1款使用的概念并不明确,就只有欧洲法院能作出真正有约束力的解释(一般意义而言,请见 *Coöperatieve Aardappelenbewaarplaats* 案(ECJ);Schermers-Waelbroeck,§20)。对于医疗数据,欧洲法院在 *Lindqvist* 案(第50段)认为:"依据指令[的宗旨],'医疗数据'必须作宽泛解释,以便使之反映所有方面的信息,既涉及个人的身体,也涉及个人的心理。"依具体情形,不同种类的个人信息需要不同程度的保护。对于敏感数据,《数据保护指令》选择了以下解决方案:原则上,处理敏感数据并不合法(第8条第1款)。但是,针对这一原则,也可以规定几种例外情形,为数据处理提供合法依据(第8条第2款至第4款)。原则上,例外情形的罗列是穷尽式的。虽然第8条第4款规定成员国可以在国内法中为合法处理敏感数据提供更多的依据,但也仅仅是限定于"重大公共利益"的情形。数据主体与控制主体缔结的"合同"并没有在第 8 条第 2 款及第 3 款得到提及，因此并不能作为处理敏感数据的合法依据。在这个意义上，"合同"作为一个双边有约束力的法律文件，与作为单边行为而随时可以撤回的"同意"是有区别的。

3. 禁止处理敏感数据的例外情形（第 2 条至第 4 条）。(a) 严格解释。很明显，甚至是敏感数据的使用或处理都往往符合数据主体的利益或其他方的优先利益，因此，就需要对禁止处理敏感数据的例外情形进行规定。像所有的例外情形那样，该等例外情形也得进行严格的解释（对于一般情形，请见第 628 页委员会诉意大利案（*First Art Treasures Case*）(ECJ)；Schermers-Waelbroeck，§30）。(b) 明确同意（第 2 款 a 项）。对于"有效"同意的一般要求在第 2 条 h 项进行了说明。原则上，只要数据主体给予"明确同意"，处理敏感数据即为合法。然而成员国国内法可以在特别具体的情形中规定，即使明确同意也不会使得处理行为合法（第 8 条第 2 款 a 项）。明确同意并不能仅仅从数据主体的行为予以推定，而必须是一项具体的意思表示。但是，明确同意并不必采取书面形式；为了证据需要，以书面方式作出的同意当然是值得推荐的。(c) 雇佣（第 2 款 b 项）。控制主体负有许多法律条文规定的义务，以处理与其雇员有关的数据。以此为依据进行的数据处理是合法的，但属"必要"且"法律已经授权并提供足够保障措施"。在这种情形下，术语"法律已经授权"（而不是"法律规定"）所指的是这样一个事实：许多成员国中有关雇佣事项的规则，是由雇主及雇员的代表机构所决定的。一旦"法律已经授权"，这种规则就使得第 8 条第 2 款 b 项的例外情形合法化，因此就构成合法处理敏感数据的依据。数据质量原则（第 6 条）完全适用。(d) 数据主体的重大利益（第 2 款 c 项）。以该法律依据进行合法数据处理的条件与第 7 条 d 项相同，但却受一项限制——第 8 条第 2 款 c 项明确提及仅在数据主体无法给予同意的情形下，代表数据主体作出（即数据主体没有同意）进行敏感数据处理的决定方为有效。(e) 其他人的重大利益（第 2 款 c 项）。鉴于在第 7 条 f 项中，对于其他人的重大利益作为合法处理非敏感数据的法律依据，是由"第三方优先合法利益"为题加以简要处理的,第8条则要求具备具体的例外情形(由于并不存在照顾第三方优先利益的一般性例外)。在数据主体"实际上或法律上无法做出同意的情况下",第8条第2款c项允许进行数据处理。然而,该条件暗示:如果数据主体有条件做出同意,就可以在任何情况下(无例外情形)任其予以拒绝;因此,该条件是有问题的。这种条件甚至涵盖了其他方具有合理使用数据特别利益的情形(例如:适用救助生命的医疗数据也涉及或影响数据主体以外的其他人,例如在数据涉及危险传染病的情形下)。这明显不是《数据保护指令》想要的结果。如果除了利用数据主体的数据外,别无他法对第三方的真实"重大"利益提供保护,因此,即使拒绝予以同意,也得优先保障该等利益。(f)意识形态组织的特权(第2款d项)。如果有"合理保障机制",意识形态组织可以为了其"合法活动"的目的而处理数据。该特权适用于所有种类的、合法目的重心为政治、哲学、宗教或工会的非营利组织。以此为依据进行的数据处理,局限于"组织成员"或"对该组织表示加入意愿的人"的敏感数据。第8条第2款d项明确规定,在没有取得数据主体明确同意的情形下,不得披露该等敏感信息。(g)数据主体公布于众的数据(第2款e项)。这是《数据保护指令》中唯一明确提及"公布"一词的条文。第8条第2款e项规定,在"数据主体公布于众"的情形下,对敏感数据的处理即为合法。举重明轻,这同样也适用于非敏感数据。"将数据公布于众"需要数据主体作出有目的的行为,将数据披露予公众。因此视频监控并不能因为"数据主体在公众前展示自身"而合法化。另一方面,在媒体做的访谈及在互联网主页发表构成第8条第2款e项规定的"将数据公布于众"。第8条第2款e项仅涉及数据主体所披露的自身信息。(对于没有取得他人同意将其数据发表于互联网上的法律后果,请见 *Lindqvist* 案(ECJ)。)(h)为行使合法请求权所必要的数据(第2款e项)。行使合法请求权通常意味着对他人(尤其是对方)的数据进行处理。根据第8条第2款e项的规定,即使涉及敏感数据也系合法。对于该条文所涵盖合法请求权的种类,第8条第2款e项的具体规定会因语言版本的不同而有显著的不同:德语版本具体规定第8条第2款e项与"在法庭"实施法律主张相关,法语版本则将主张描述为"droit en justice"("合法主张")。但在英语版本中根本没有对之进行具体规定,仅仅只是简单地将其称为"legal claims"("合法请求权")。实践中,由于各成员国法律体系中对于司法体系与行政体系的分权有很大的差异,第8条第2款e项不应该导致对"民事权利"与"公法权利"的实施进行不合理的区分,因此似乎绝对需要作宽泛解释(包括通过行政部门进行权利主张)。依此而处理数据的范围在很大程度上是由相关性原则决定的(第6条第1款c项)。(i)医疗人员的特权(第3款)。在医疗人员进行医疗的情形下,自然需要对医疗数据进行处理。反之,在医疗人员进行数据处理时,只有"成员国国内法律"或"有关机构所制定规则"使其负有保守执业秘密的义务时,方享有特权(例如:职业协会对从业人员进行惩处)。电子医疗档案。该特权适用于病人的主管医务人员对医疗数据的处理。这里指的医疗所需的数据,不但涵盖医学诊断及"护理、治疗",还包括"预防医疗"。有提议建立电子医疗档案,不仅在当时的医疗过程中可以使用,也可以适用于所有未来的医疗进程。此时,第8条第3款是否允许这种新式医疗数据处理?还是有必要使用第8条第4款的特别规定?这些问题引起了广泛的讨论。第29条工作方机制在第131号《工作文件》中对该问题进行了深入的讨论,得出结论,认为第8条第3款并不涵盖这种对医疗数据进行归档的新方法,因此有必要采取与第8条第4款相符合的解决方法,尤其是针对提供合适安全机制的义务。治疗之外的其他目的。第8条第3款也允许"医疗管理服务"(如果涉及人员又负有执业保密义务的情况下)。但是,这并不适用于医疗保险服务本身,因为"医疗管理服务"仅仅是医疗保险服务附属的行政功能。因此,医疗保险服务对医疗数据的使用,无论是公共医疗保险还是商业医疗保险,只能适用成员国根据第8条第4款制定的特别法律。(j)重大公共利益(第4款及第6款)。根据第8条第4款,成员国可以通过法律或者相关监管机构的决定,对敏感数据进行合法处理提供其他依据。但是,根据第8条第4款的规定,这需要满足两个条件。一方面,提供的依据必须属于"重大公共利益";另一方面,成员国必须规定"合理的保障措施",以有效保护数据主体的利益。另外,这种措施须向欧盟委员会进行申报(第

8条第6款)。

4. 处理犯罪数据(第5款、第6款)。第8条第5款的特别规定针对涉及"违法行为"、"犯罪裁决"或"安全措施"(统称为"犯罪数据")数据的处理。基于原《欧共体条约》第100a条(即现在《欧盟运行条约》第14条)的规定,该条文仅仅适用于以前所谓的"第一支柱事项"(即内部市场事务)。因此,处理犯罪数据的目的如系诸如之前"第三支柱事项"(刑事领域的警察和司法合作)等"不属于[以前]共同体法律适用范围"的事项,则仍然不适用这一规定。但是,第8条第5款却适用于诸如收集有关商业伙伴信用信息(包括欺诈行为信息)的情形。第8条第5款列明了之前"第一支柱"情形下处理犯罪信息合法性的条件及限制。该等数据处理要么是在"官方机构的控制下进行"(这需要特别的正式授权,即使存在诸如按照《数据保护指令》第28条设立的数据保护监管机构之类具有一般权力的监管机构,也并不足够),要么"在提供具体合理的保障机制时",依据"成员国法律"进行。犯罪裁定完整记录的处理仅得在"官方机构的控制下方能进行"。依照以上同等条件,即通过"成员国合理保障机制的法律条文",成员国可以对禁止处理犯罪数据的规定作出变通的许可。此时,根据第8条第6款的规定,须将有关法律申报于欧盟委员会。

5. 对个人身份号码的处理(第7款)。对个人身份编码(所谓"PIN")的使用非常广泛,例如,它可以在成员国全国范围内使用;《数据保护指令》认为它关乎数据隐私。《数据保护指令》并没有具体规定如何处理个人身份编码,而是要求使用个人身份编码体系的成员国有义务"决定[允许对个人身份编码进行处理的]条件"。很明显,在范围广泛的情形中(地理范围或者相关主体而言)处理个人身份编码时,这些条件至少须确保提供最低限度的数据保护。

个人数据处理与言论自由

第9条

处理个人数据仅仅是为了新闻报道或者文艺、文学表达的目的,仅在需要将隐私权与言论自由规则相协调的情况下,成员国才应当就本章、第四章及第六章中的规定作出例外或变通。

1. 本条的目标。《数据保护指令》对个人数据的收集与处理进行监管,也改变了实施言论自由的条件。《欧洲人权公约》第 10 条和《欧洲基本权利宪章》第 11 条对言论自由加以保障,其中言论自由包括:个人意见发表自由,不受公共权力机关干涉及国界阻碍的信息及意见分享自由。鉴于此,如何以合理措施处理这两种价值之间的紧张关系?《数据保护指令》对该问题的解决方式就是允许成员国在特定监管领域规定例外及变通情形,但是须证明这是平衡隐私权与言论自由相关条文之间关系所必需(前言第 37 项)。将解决分歧的责任转移给成员国立法机关造成了成员国之间很大的差异:有的成员国针对新闻出版制定大量例外规定,将言论自由摆在首要位置;而有的成员国不啻于对新闻出版界公布特定信息予以事先限制。另一方面,有的成员国立法机关明确制定了出版法或行为准则及相关的监管机制,而其他国家就是在数据保护法律中作出相关规定。这都使得跨境新闻报道或跨境行使言论自由权变得非常复杂。一些成员国的《信息自由法》使得申请人可以有权查看政府机构的官方信息。根据这些法律,申请人获得相关信息的利益须与第三人的数据保护权及保障知识产权和商业或贸易秘密的规定相平衡。在该方面的例证,请参考于 2005 年 9 月 5 日生效的《德国联邦信息自由法》。

2. 适用范围。(a) 目的。数据处理仅得为新闻报道、艺术或文学目的。新闻报道目的。以新闻报道为目的进行数据处理的,通常是新闻出版、广播电视或者电影等媒体公司,或者是记者个人。该规定也适用于媒体企业在合作进程中对信息的交换,也适用于特定媒体资料库提供信息的行为。文学目的。个人数据处理是为了文学创作的目的而协作小说、文化、历史或者专业参考著作或者上述作品的改编作品。在立法进程中也将自由撰稿记者纳入其适用范围(修改建议第 9 条),相应地,该等监管也会影响自由撰稿人。(b) 仅为了列明的目的而处理数据。数据处理仅得为所列明的目的而进行,对其中的多个目的可以同时进行数据处理。然而,一旦加入其他不同处理目的，整个处理过程就不再享有特权。对此，瑞典最高法院有不同观点，它认为：由于《欧洲人权公约》第 10 条及《欧洲基本权利宪章》第 11 条为每个人都规定了言论自由权利，因此其并不局限于所列明的职业人员（请见 *Ramsbro/Riksåklagaren* 案（瑞典））。

3. 所允许的变通。本条款为对第二章、第四章及第六章的条文规定了变通情形。当一般措施涉及数据转往第三国的数据处理措施及规定监管机构权力的合法性时，成员国须考虑其所必然涉及的基本权利需要规定例外及变通情形。然而，成员国不得对保证数据处理安全的措施规定例外情形。另外，至少须赋予负责该领域监管机构事后监管权，使之能够采取公布例行报告或者将有关事项提交司法机关等措施（前言第 37 项）。

4. 权衡要求。为协调隐私权与有关言论自由法律规定之间关系所必须，方可设置例外情形。这种情形需要采取具体的监管措施。这意味着成员国须针对不同的领域采取不同的解决措施。最后，为实施根据《数据保护指令》制定的国内法，成员国相关监管机构及法院需要做的事情，就是在包括共同体法所保护基本权利在内的所涉权利、利益之间，寻求并保持适当的平衡。

第四部分　需要告知数据主体的信息
向数据主体采集数据时须告知的信息

第 10 条

　　成员国应规定：控制主体或其代表向数据主体收集相关数据时，至少须向数据主体提供以下信息，除非数据主体事先已经获知该等信息：

　　（a）控制主体或其代表（如有）的身份；

　　（b）该等数据处理的目的；

　　（c）诸如以下所列的其他信息

　　——数据接收方或接收方种类

　　——对问题而言，须进行强制性回答还是只须自愿回答。不回答的后果。

—考虑数据采集的具体情形,为了确保数据处理中能给予数据主体公平对待,其对自己相关数据的查阅权及在有必要提供进一步信息的修正权。

1. 总览。数据处理的基础原则就是须以公平及合法的方式进行个人数据处理(第6条第1款a项)。为了确保数据的公平处理及数据主体权利的行使,须告知数据主体对其数据进行处理的相关细节。另外,仅仅在数据主体获得必要信息之后的同意方为有效同意。与《欧盟条约》一起生效的《欧洲基本权利宪章》在第8条中规定:数据主体的同意是处理个人数据的基础,从而进一步增强了这一原则。《数据保护指令》规定了须提供的基本信息,并在此基础上,对直接从数据主体处获得的数据(须满足第10条)及由数据主体以外的其他渠道获得数据的情形(须满足第11条)予以区分。在告知数据主体的时间点及第11条第2款规定的特权方面,相关规定有显著不同。针对第10条及第11条规定的权利及义务,可以基于诸如国家安全、国防及公共安全的目的根据第13条的规定予以限制。

2. 向数据主体采集数据。收集则意味着获得与数据主体有关的数据,即使在数据主体没有直接获悉的情形下,通过诸如电子恢复装置或软件而取得数据,也请见第2条b款第3项评述。针对数据是否自数据主体收集这个问题,至关重要的一点就是:收集行为是否以数据主体的同意为基础,也请见第7条a项第2项评述。然而,在近些年,对于主要用于诸如消费品销售、营销、保险之类商业大宗业务的同意条款同时也用于人力资源目的,其是否符合数据保护法,讨论极为热烈。

3. 控制主体的义务。获知信息并不单单是数据主体在收到数据采集要求时行使的一项权利,更是控制主体的一项义务,且在从数据主体采集数据的过程中,须自发履行该义务。这是在修改建议第10条被删除后的结果。本条款要求成员国确保任何人在收到数据采集要求时,都有权知道处理操作的存在、其目的、有关数据种类、任何接受数据披露的第三方或第三方种类,数据控制主体及其代表(如有)的名称及地址。

4. 须提供信息的内容。依照《数据保护指令》的具体规定,在收集与数据主体相关数据时,应向其提供的信息被分为两类。一方面,在数据主体尚不知情时,需要向其提供基本信息。另一方面,在进行数据采集的具体情形下,为了保障公平处理需要提供进一步的信息。(a)基本信息。控制主体及其代表(如有)的身份。该等信息必须具体,以便数据主体能够亲自或者以书面方式联系控制主体以行使其权利。这通常要求告知控制主体的名称及邮政地址。在诸如控制主体已经交由如律师事务所之类第三人去履行其数据保护义务的情况下,应该告知代表的详细情况。数据处理的目的。这些必须是根据第6条第1款b项所决定的具体、明确及合法目的,并构成个人数据处理的标准。须告知数据主体所有数据处理的目的。如果所采集的数据是为了多个不同的目的,具体数据必须是为了其自身所要达到的目的进行处理。然而,在这方面披露的目的仅仅是控制主体所规划的目的,并不是诸如第7条d项所规定具体情形下允许的其他任何用途。这种信息就是为了确保数据仅仅为了所告知的目的使用,也使得数据主体有机会自己检查所要求的数据是否用于告知的目的,是否以合法的方式收集。(b)进一步的信息。提供信息的必要。在考虑采集数据的具体情形后,以举例的方式列明的信息仅得在必要的时候方可要求提供,以保证在数据处理过程中公平对待数据主体。根据具体的数据处理情形,也可证明还需要提供没被列举的进一步信息。如果数据主体要求提供进一步数据,以评估其接受数据采集的可能后果,并能够在对法律情势有充分了解的情况下做出决定,信息就被视为是必要的信息。然而,控制主体可以在任何情形下提供该等数据。接收方或接收方种类。根据第2条g项,接收方是自然人或法人、公共权力机关、代理机构或者数据对之进行披露的任何组织,无论是否为第三方(请见第2条的第8项评论)。如果在接收方的目的之外或者仅仅为了接收方的目的(如信用信息服务),与数据主体有关的数据采集是以特定的形式进行,该信息尤其必要。告知数据主体接收方或接收方种类就是要使其在其基本权利遭到侵犯后能够对第三人行使其权利。强制性回答还是自愿回答。需提供信息说明对问题是进行强制性回答还是自愿回答,并说明不回答可能导致的不利后果。基于告知义务需满足其为保证在数据处理进程中公平对待数据主体这样的事实,控制主体也有义务告知数据主体提供不准确回答的可能后果。权利的存在。即使根据第12条的规定赋予数据主体权利,不考虑数据处理的具体情形,这些信息也是确保数据主体知晓并为其利益利用其权利的先决条件。(c) 转换为成员国的国内法。对于须提供信息的种类,成员国之间的法律存在着相当的差异。一些成员国非常严格地按照《数据保护指令》提供的范例进行规定(例如,《奥地利数据保护法》第24条,《比利时隐私法》第9条第1款,《丹麦数据保护法》第28条及《荷兰数据保护法》第33条)。而其他成员国的法律则比《数据保护指令》的要求更为严格。例如:《芬兰数据保护法》第24条,《希腊个人权利保护法》第11条,《意大利数据保护法》第13条第1款及《西班牙有机法》第5条。这些国家的法律并没有考虑《数据保护指令》中规定的必要性条件,而是规定,对于第10条所列明进一步信息的部分信息,须在任何情形下都得提供(欧盟委员会报告,第19页)。

5. 提供信息的形式。《数据保护指令》中并没有规定提供信息的形式。这关键在于数据采集的方式。重要的是要在数据采集过程中提供信息,且要确保数据主体知悉该等信息。提供信息最普通的形式就是书面形式,并和图表的出示或传送、数据采集调查及其他要求提供个人数据的方式一并提供。口头通知虽然会造成举证困难,但也构成提供信息的形式。并且,针对须提供信息的形式和时间,成员国的法律也有相当的差异。

6. 变通。如果数据主体已经掌握《数据保护指令》所要求的信息,通报义务不再适用。他们如何知晓这些信息,在所不论。例如,如果附属公司已经通知了他们,则提供产业警示服务时,并没有义务通知数据主体。然而,对于其他诸如合同注释或一般商业条款及条件等形式的通知其自身并不被视为足够的通知。实践表明,数据主体通常会无视这些文件或者仅仅审阅该等文件的部分内容。但是,在以印刷中特别强调的注释不在此列。另一方面,采集数据须在提供信息后足够迅速地进行,以便控制主体可以十分肯定地推断:数据主体仍然对该等信息有所注意。

数据并非从数据主体获得时须提供的信息

第 11 条

（1）当数据并非从数据主体获得时，成员国应规定控制主体或其代表在对个人数据进行录制时，或预期向第三方进行披露时，不迟于在数据首次披露之时，向数据主体至少提供以下信息，除非该等信息已经被数据主体掌握：

(a) 控制主体或其代表（如有）的身份；

(b) 该等数据处理的目的；

(c) 诸如以下所列的其他信息

——有关数据的种类，

——数据接收方或接收方种类，

——考虑数据采集的具体情形，为了确保数据处理能公平对待数据主体，其对自己相关数据的查阅权及在必要时提供进一步信息的修正权。

（2）尤其是在为了统计目的或者为了历史或科学研究目的的情形下，如证明不可能提供该等数据，或将会付出不成比例的努力，或者录制或披露是法律明确规定的，第 1 款并不适用。法律须在该等情形下规定合适的保障措施。

1. 非自数据主体获得数据（第 1 款）。第 11 条适用于控制主体并非直接自数据主体获得数据的情形。例如，如果数据被合法地披露予第三方，即使在向数据主体采集数据时并没有预期到（请见前言第 39 项），也构成并非直接自数据主体获得数据。数据采集的形式并没有为数据主体进行考虑或者作出决定的能力留下空间的，也是可能的，例如采用图像或声音记录的情形。该条文针对的是数据采集中极为敏感的领域之一。在数据主体没有予以考虑或者知情的情况下获取数据，出错的风险极高。只要数据主体没有注意到数据采集行为，他们就不会有机会以合适的方式提供相关数据。因此，他们需要知晓过去对自己数据的录制情形。

2. 告知数据主体的时间(第1款)。(a) 在对个人数据进行录制时。对于控制主体须向数据主体提供第11条具体列明信息的时间,《数据保护指令》规定了两种计算方式。一方面,在首次录制数据时,须告知数据主体。数据采集和录制并不同时进行的情形下,第11条第1款并没有规定应该提供信息的时间点,例如:第三方以问卷形式采集数据之后,在相当长的时间后才输入计算机系统。在这种情况下,不迟延地通知数据主体,就是渊源于适用数据处理的公平原则。(b) 首次向第三方进行披露。如果数据是向第三方披露的,须不迟于披露数据的那一刻向数据主体提供信息。这条规定的后果就是:在数据是为了向第三方披露而收集的情形下,控制主体可能直到披露实际发生时才提供信息。如果数据并不是要向第三方披露,须在首次录制开始时向数据主体告知。(c) 转换为成员国国内法。对于提供信息的时间,成员国的法律规定并不一致。大多数成员国法律基本上遵循《数据保护指令》的原则,规定在首次录制数据之时,或者在需要披露数据的情形下、在作出首次披露之时,须向数据主体提供信息。例如:《比利时隐私法》的第2条、《丹麦数据保护法》的第29条及《荷兰数据保护法》的第34条均作此规定。《西班牙有机法》第5条规定,无论是否向第三方披露数据,须在三个月之内向数据主体提供信息。

3. 通知内容(第2款)。(a) 要求。对于通知内容,援引了第10条的规定。由于数据已经在处理之中,所以存在些许几乎可以无视的不同。由于数据主体并没有参与数据之收集,所以须告知他们所处理数据的种类。另一方面,自然没有要求是否须参考提供回答的自愿性(第10条c项)。(b) 转换为国内法。对于非向数据主体收集却又与数据主体有关的数据须向数据主体提供何种信息的,成员国法律规定各有不同。一些成员国严格遵循《数据保护指令》的要求(如《奥地利数据保护法》第24条第3款,《比利时隐私法》第9条第2款,《丹麦数据保护法》第29条,《荷兰数据保护法》第34条),而其他成员国则规定了比《数据保护指令》更多的要求,例如《芬兰数据保护法》第24条、《希腊个人权利保护法》第11条、《意大利数据保护法》第13条及《西班牙有机法》均要求须提供进一步的信息。

4. 变通情形(第 1 款及第 2 款)。(a)数据主体已经掌握相关信息。请见第 10 条第 6 项评述。(b)如证明不可能提供该等信息或将会付出不成比例的努力。不可能。对于不能履行的要求,不会要求控制主体履行;如果不可能提供信息,则不应该对控制主体施加该等义务。这种不可能提供的情形须在应提供信息之时就已得到证明。例如,对于控制主体而言,不可能在不能联系数据主体的情形下向其提供信息(请见《奥地利数据保护法》第 24 条第 3 款)。控制主体既没有数据主体的邮政地址也没有数据主体的电子邮件,且通过其可以动用的手段经合理努力后仍不能获得该等信息的,即为不可能。不成比例的努力。在判定提供信息之努力是否不合比例时,实际的努力水平并没有决定性意义。更为重要的是付出的努力与数据主体利益之间存在的关系。例如,在数据主体权利极有可能被侵犯的情形下,对努力水平作出更高要求被认为是适当的。至于在何种情形下可以要求作出不成比例的努力以提供信息,第 11 条第 2 款本身也予以举例说明:为历史研究、数据统计及科学研究目的所作的数据处理。在这个意义上,应考虑数据主体的数量、数据的新旧程度及采取的任何补偿措施(请见前言第 40 项)。为历史研究、数据统计及科学研究目的进行数据处理时,对于数据主体利益所具有的意义,也已在其他条文中间予以体现。第 6 条第 1 款 b 项规定,只要成员国规定了合理的保障措施,为该等目的而对数据进一步处理,并不视为与之前数据处理目的不相符。(c)法律明确规定的录制和披露情形。法律明确规定了披露情形的,应无告知义务。"法律规定"意味着法律必须作出合法授权。然而,"明确"这一要求就意味着有关条文在内容和精确度方面须满足一定的要求。泛泛的披露授权并不能满足这些要求。有关法律条文须为数据主体的利益明确相关情形。该等条文使得数据主体确定知晓或者有充分的可能知晓哪一个控制主体在为什么目的而进行何种处理。这适用于雇主为履行法定义务,须告知相关政府部门关于雇员的雇佣及薪酬情况,或者适用于根据商法的相关规定将相关商业交易数据留存特定期间的情形。第 2 款规定被视为例外因素。即使有一两个例外因素得以成立,控制主体仍然可以自主选择告知数据主体。

5. 合适的保障措施（第 2 款）。为了避免违反信息提供义务，成员国须根据第 11 条第 2 款第 1 项规定合适的保障措施。对于为历史研究、数据统计及科学研究而进行的个人数据处理，前言指出，该等保障措施尤其需要排除将该等数据用于支持对任何个人采取的措施或作出的决定（前言第 29 项）。另外，也可以考虑设定义务，对例外条款使用情况通报予监管机构；或者对于任何没有提供信息的情形，规定控制主体有保存书面记录的责任（请见《德国联邦数据保护法》第 33 条第 2 款第 2 项）。

第五部分　数据主体查看数据权
查看数据权

第 12 条

成员国应保证每一个数据主体都有权自控制主体获取：

(a) 没有在合理期间进行限制且没有过分迟延或花费的情形下：

——确认与其有关的数据是否被予以处理，至少说明处理目的、有关数据种类、数据披露后接收方或接收方种类的信息，

——以能让对方理解相关信息的通讯方式，告知正在进行处理的数据及其来源的任何信息，

——至少在第 15 条第 1 款提及的自动化决定情形下，告知对其数据进行任何自动化处理所适用的逻辑；

(b) 尤其是因为不完整及不精确数据使得对该等数据的处理与本指令规定不符的情形下，合理地对数据进行更正、清除及屏蔽。

(c) 除非证明是不可能或须付出不成比例努力的情形，对数据披露对象的第三方予以通知，以为了遵守 b 项而对数据进行的任何更正、清除及屏蔽。

1. 概览。(a) 查看权之性质。根据《欧洲基本权利宪章》第 8 条的规定，"每个人都有权查看与之有关的被采集的数据，并有权要求对它进行更正。"查看权之所以作为基本权利加以保护，是因为其对于数据保护权的有效性十分关键。查看权之内容。个人查看权也由非欧盟成员国的公民享

有。个人查看权原则上有三个层次的内容。它们包括：有权获知数据处理是否进行及哪些数据被处理（狭义"查看权"），如果数据不准确，有权要求更正数据；如果数据处理违法，有权要求删除数据。查看与信息的比较。第10条、第11条规定的信息权与狭义的查看权不同，控制主体向数据主体提供"信息"的义务并不是由数据主体的任何行动所引发的，须在不迟于第一次处理/披露操作时履行，而查看权需要可能的数据主体向（可能的）控制主体在任何时候提起。查看（删除）与拒绝的比较。既然第15条规定的特别查看权被并入第12条，第12条就没有提及第14条。然而，由于（合法）的拒绝必将导致相关数据被删除，第14条规定的拒绝权也是一种特别的查看权。（b）例外情形。第12条的规定并没有提及控制主体需要回应查看要求义务的例外情形；这个问题在第13条得以解决，第13条规定了大范围的优先合法利益，其中也包括控制主体的利益，从而在成员国国内法原有规定的情形下，可以对查看权进行限制。第9条也可能引发对查看权予以例外处理的情形。例如，新闻报道记者调查式的数据处理之查看，关于报道来源的通告，或者基于言论自由而优先的意见更正等。（c）成员国实施情况。第12条以一种非常宽泛的方式对查看权进行了规定；大量的细节须通过成员国进行实施。第12条甚至都没有提及的议题之一就是对查看请求及提出请求个人的验证，以避免对错误的人给予查看权，从而侵犯了数据安全。成员国实施措施中需要解决的另一个"细节问题"就是对"接收方"档案的处理应该精细到什么程度：控制主体告知"接收方"种类就已足够呢？还是需要提供其身份（及地址）？对于"接收方"概念的模糊性，请见针对第2条g项的评述。

2.（狭义）"查看"（a项）。（a）"没有限制"的查看权。a项中起头的"没有……限制"系指查看要求应由提出请求的个人基于"自主决定"作出，而不能是在诸如一个未来可能的雇主或房东等人的要求下作出。对查看请求予以答复的内容进行披露而提出的该等要求应被视为违法。另外，该术语须被理解为对控制主体的一种督促，不得在接受查看请求时设立诸如数据采集之后的时限等条件或限制。（b）行使查看权的条件。请求查看方。与第

12条(第一句话)相反,不仅"数据主体"有权要求提供关于其数据是否被处理的信息,即使被要求一方并没有对请求方有关数据进行处理,每个人都有权要求并接收该类信息。该权利也适用于非欧盟成员国公民。某种意义而言,要求查看的权利是一项固有的人身权,因此除非能证明已经得到请求查看方的特别授权,该权利并不能"代理"数据主体行使。请求相对方。查看请求的可能相对方也不仅限于实际处理请求人数据因而与要求方相对而言成为真正"控制主体"的一方,而且任何人都可能被看做是"控制主体"。但这不适用于诸如向个人提出查看请求的情形(请见根据第3条确定的指令适用范围)。然而,如果要求查看特定数据处理,则须向此数据处理的真正控制主体提出请求。除非经过控制主体的授权,一家仅仅提供处理服务而参与数据处理的实体既没有义务也没有权利准予查看。身份证明。在成员国通过法律实施第12条时,通常规定请求方有义务证明其身份,以确立其查看请求的合法有效性。(c) 回应查看请求的特别义务。对查看请求的回复必须适当及"没有过分迟延",并且不会收取实质性的费用("额外费用")。另一方面,查看请求仅得在"合理的期间"提出。这意味着,如果在诸如没有特别理由能推定数据在短时间内有可能产生相关变化,却在一年当中提出多次查看请求的,控制主体可以对之拒绝予以详细答复。(d) 通讯中的必要内容。如果提出请求个人的数据正在被处理当中,控制主体须至少说明(i) 处理的目的;(ii) "有关数据的种类"及其实际内容("正在进行处理的数据");(iii) 数据拟予披露的接收方或者接收方种类——这些都需要成员国对该条文实施过程中加以具体规定——及(iv) 任何表明正在处理数据来源的现有信息,其中,"现有"的标准就是第6条第1款a项规定的公平数据处理原则;(v) 另外,如果数据处理是为了通过自动方式对数据主体进行评估或者作出决定(例如,与信用、检验结果相关且有第15条规定的自动认证体系)。数据主体有权获取对该等认证体系内在逻辑的说明。但是,基于指令前言第41项的明确说明,商业秘密或者享有著作权保护的信息披露不在此限。(e) 通讯的必要形式。任何查看请求的回复通讯须采取可"让对方理解相关信息的"方式。因此,特定的术语或缩写须以提出要求的数据主体可理解的语言表述，其标准就是：没有数据处理目的所涉领域的专业教育背景的个人所拥有的平均理解水平。（然而，在考虑根据其他诸如病人相关法律条款时个人理解水平的情形下，可以附加其他义务。）但诸如视频监控情形下对图像的查看，就对通讯的形式提出了一个具体问题：成员国国内法须做出详细规定，以确定如何将该等图像内容以通讯形式告知对方，书面描述还是提供图像？在图像含有多人数据时该如何处理？在没有技术手段能够对其他数据主体的图像予以匿名处理的情形下，很可能首选书面描述的方式。

3. 更正及清除（b项）。数据主体有权要求对不准确的数据予以更正，对违法处理的数据予以清除。适用范围。对于要求"更正"或"清除"数据权利的限度，也请见对第6条第1款d,e项的评述。另外，还需要考虑第9条规定的自由表达基本权利及新闻报道和艺术创作的优先权。技术方法。可以采取不同的技术方式清除数据：或者以破坏数据的删除方式进行清除，或者以避免他人对该等数据再行查看的方式进行屏蔽。应由成员国在实施过程中规定在何种情形下选择何种清除方式。在成员国法律并没有作出明确规定的情形下，由数据主体选择删除方式还是屏蔽方式。在直接营销的情况下，成员国的法律甚至对数据主体的选择都进行了规定：如果须告知数据主体只有屏蔽方式才可以确保他们不会再次收到营销邮件，数据主体也有权在愿意的时候选择删除方式。

4. 就更正或清除通知第三方（c项）。如果已对数据进行了更正或清除，需要对之前已经予以披露该等数据的第三方进行合适的通知。很明显，在许多情形下，这一义务很难履行，c款本身就包含了例外情形，而不是将该问题完全交由第13条处理：在数据后来被更正或清除的情形下，如果无法或者付出不成比例努力方可确定这些第三方已接到数据，可以就该等变更或清除免于履行通知义务。需要指出一点，c项并不援引"接收方"一词，而是使用了"第三方"这一术语。其隐含的逻辑仅在一种情形下适用：如可以推定控制主体任何情况下都可将变更或清除情形通知予自己的雇员或处理主体，那么在第12条c项中使用比"第三方"涵义广泛的"接收方"就显得多次一举。

第六部分　例外及限制
例外及限制

第13条

(1) 成员国可以通过立法措施限制第6条第1款、第10条、第11条第1款、第12条及第21条所规定义务和权利的适用范围，但该等限制须构成保障下列利益的必要措施：

　　(a) 国家安全；

　　(b) 国防；

　　(c) 公共安全；

　　(d) 对犯罪行为和违反受监管职业之道德准则的行为进行预防、调查、侦查及起诉；

　　(e) 欧盟成员国或欧盟重大的经济或金融利益，包括财政、预算及税务事项；

　　(f) c、d、e规定的情形下行使政府职权相关的监督、检查或者监管职能相关也是如此；

　　(g) 对数据主体的保护或者对其他人权利和自由的保障。

(2) 在有足够合法保障的前提下，数据特别不会被用来针对任何个人而采取措施或作出决定，在明显不会产生侵犯数据主体隐私之危险的前提下，数据处理仅仅是为了进行科学研究，或者在不超过仅仅为了创设数据而需的必要期间内对之进行个人形式的保存，成员国可以通过立法措施限制第12条规定的权利。

1. 概览。第13条为透明化要求（第10、11、12及21条）及数据处理的核心原则（第6条第1款）规定了变通情形，但须基于优先利益及特别法律文件的规定，在"具体"情形而言是必要的。优先利益可以是特定的公共利益（包括公共安全、刑事事项、财政及金融政策），也包括私人第三方利益，或者甚至是数据主体自身在特殊情形下的利益。第13条第1款所列举的可能例外情形很大程度上与《108号公约》第9条的规定一致。根据《数据保护指令》前言第10项,成员国国内法规定的例外情形不得使得其所提供保护水平低于实施指令之前该国法律体系所给予的保护。(a)例外情形的法律性质。在将其引入当时欧共体法律框架之时,由于该类权利严格说来并不适用欧共体法,虽然数据保护权利在严格的意义上并非一项"基本权利",然而在一开始其就被视为是与基本权利有密切关系的,并与《欧洲人权公约》所规定的隐私权保护有几分相似之处——虽然它也可以说是该隐私权保护的延伸。因此,对该数据保护权利的合法变通的,总是被认为应该满足欧洲人权法院针对《欧洲人权公约》所规定权利的变通情形发展而成的原则。第13条的表述就体现了这样一种逻辑。欧洲法院确认:这种广为接受的观点是第13条的基础,将数据保护议题当做基本权利问题来对待,这需要《欧盟条约》第6条作为其法律基础,也需要适用《欧洲人权公约》第8条的规定(*Rechnunghof*(ECJ))——尤其是其中关于合法例外情形的规定,将之作为属于"法院须保障法律基本原则之遵守"的事项予以对待(*Connolly*(ECJ))。将《欧洲人权公约》确立基本权利例外情形所适用的原则适用于第13条这一做法,最近又被《欧盟运行条约》的最新发展所强化:《欧洲基本权利宪章》明文确认了数据保护权利作为基本权利的地位(《欧洲基本权利宪章》第8条)。(b)与第3条的关系。《数据保护指令》第3条的规定决定着指令的适用范围:指令并不适用于为原"共同体法"范围之外目的而进行的数据处理,例如原《欧盟条约》第五章及第六章规定的目的,并且在任何情形下都不适用有关公共安全、国防、国家安全及国家在(刑事)法律实施活动的数据处理。仅为诸如相关警察或司法机关法律实施目的而进行数据处理操作的,并不需要第13条规定的例外情形。对于已经为《数据保护指令》适用范围内的目的而采集数据(即"内部市场"事项),又要为了第13条第1款a项至b项列明的公共利益而进一步使用,第13条规定例外情形就是必要的。很明显,这些条款规定的例外情形可能与第6条第1款b项规定的相符原则产生冲突(也请见下文第2(c)评述)。

2. 依据第1款可以例外处理的规定。(a)透明度。提及第13条的前言表明,该条款的重点在于透明原则的例外情形:特别提及第10条、第11条(信息)、第12条(查看)及第21条(通知)(请见序言第42至44项)。公共利益——尤其是与安全相关的——及第三方优先私人利益或者甚至是数据主体自身的利益都可以作为理由,从而对告知数据主体处理其何种数据的义务进行变通。这会使得成员国国内法律能够规定信息(第11条)及通知(第21条)的例外情形,例如:将某些种类的数据披露予警察作档案分析,以打击犯罪;或披露予金融监管机构,打击逃税行为。例如,针对医疗档案中的不利诊断信息的披露,也允许医疗人员将根据数据主体应对该等信息的能力而灵活掌握。由于第三方优先(私人)利益而出现的例外情形可能发生于准予查看的情形(第12条):诸如对于要求将数据主体被控制主体处理的所有数据进行全部说明,如果会导致付出不成比例的努力进行检索,如果成员国法律有规定,控制主体可以依此主张适用例外情形。商业秘密也可以作为一个针对过分具体通知要求的限制因素而予以使用。(b)第6条第1款概览。第6条第1款包含了若干原则。仅有一条原则与透明度相关,即公平处理原则。通常认为,公平处理原则的主要内容就是有义务持续告知数据主体关于使用其数据的足够信息。对这原则的例外情形已经在第10、11、21条进行了规定。然而,第13条对第6条第1款进行一般性援引,并不能解释为也允许对合法处理原则(第6条第1款b项)予以例外。数据保护的核心原则不容变通。第13条没有明确该原则的例外情形,只能解释成为是指令明显的起草失误。同样的情形也适用于目的限制原则:可以在不必说明理由的情形下,为了不确定的目的进行合法数据处理。似乎也很难想象对足够及相关原则进行正当的变通。(c)相符原则(第6条第1款b项):为了透明度要求,第6条第1款b项禁止为实质不同于数据采集时目的而予以数据再利用。控制主体希望为不相符的进一步目的而再行利用数据的,因此不得不再次向数据主体为了明确的新目的而收集信息。但操作层面而言,这并不总是可以得以实施,甚至都不存在可能性。这就是为什么在法律就一定情形下相符原则之变通予以特别规定的条件下,第13条规定了变通的可能性。目前,主要在为打击恐怖主义或一般犯罪于商业领域(诸如民航、银行等行业)所采集数据而进行再利用的情形下,会产生这种问题。允许进行该等再利用的成员国国内法须为可在数据采集地适用的国内法律,因为于一般情形下为新的、"进一步"目的而适用于数据采集的法律要求而言,该等法律"优先适用"。根据数据采集地所适用的国内法不允许(将来的)控制主体为其(将来)目的采集数据的,这尤其重要。(c)准确原则(第6条第1款d项)。仅得处理"准确"数据的义务就使得控制主体有义务只能记录就其尽其所能所了解的正确数据。这并不排除在以后阶段该等数据可能被证明是错误的,此时控制主体须毫无不当迟延地对数据进行更新。因此,准确原则的例外情形就意味着:虽然控制主体在采集数据之时并不能确定有关数据是否最终会被证明是准确的,但其仍然可以储存该等数据。一些情况下,可以依法对该等"软数据"进行处理,从而能仅仅记录下对违法之处的怀疑(请见以下2.a项评述)。(d)及时清除原则(第6条第1款e款)。作为对该原则应用最广的"例外情形",在对有关可疑事项进行调查时,将记录作为活动或事件的档案进行保管成为了广泛做法,以便后来能够对该等事项予以证明。许多法律甚至规定须对记录在一定期间予以保留。然而,根据第13条的例外,此原则仅适用于基于对数据采集目的之考虑,甚至不存在存档法律义务或合理防范措施对数据进行更长时间持有的情形。仅仅为了历史或者社会科学研究对数据进行存档就构成该等例外措施。而包含个人数据的电子档案和纸质归档系统为了完全符合指令要求,因此须基于特别法律文件方可予以处理。

3. 根据第1款a项规定合法例外情形之条件。(a)存在合法文件。与欧洲人权法院针对基本权利合法例外情形发展出来的标准相比,按照第13条的要求,对本条款规定的变通措施须经具体的国内法律文件规定,以取得合法地位。确切。对于该等国内法规定的性质,欧洲人权法院发展起来的标准就可以适用:该法律须既可以对于其效果有"可预见性",也可以被数据主体"查阅"。换言之,法律必须足够明确,以便个人能对其行为进行相应的管理(*Rotaru*(ECtHR), *Amann*(ECtHR), *Malone*(ECtHR))。(b)必要性。针对基本权利合法例外情形前提条件,欧洲人权法院所发展的原则完全适用于数据保护权(也请见上述 1(a)项评述)。因此,对第 13 条第 1 款规定的例外情形而言,也仅得在依据民主社会标准而言是"必要"的情形下方为合法。这意味着:(i) 该等例外具有合法目的,及(ii) 对该合法目的而言,这种例外情形须合理,且符合比例原则(*Silver*(ECtHR),*Olsson*(ECtHR)等案)。(c) 优先利益。对可能优先于第 6 条第 1 款、第 10 至 12 条及第 21 条所规定义务的利益种类,清单已作了穷尽式的规定。该清单或多或少地重复了《108 号公约》第 9 条第 2 款规定的例外理由,但并没有考虑《108 号公约》宽泛的适用范围,后者与指令不同,包括了所有(国家)安全及执法事项。国家安全、国防及公共安全(第 1 款 a 至 c 项)。其目的就是保护国家主权免受国内外威胁。它也包括在国际关系中国家所追求的利益。如同第 1 款 b 项指出的那样,仅得针对为了指令适用范围内目的而采集的数据基于第 1 款 a 至 c 项规定的目的予以披露时,该等例外情形方为合法。执法行为及惩戒程序(第 1 款 d 项)。考虑到指令的适用范围,本条文项下规定的例外情形仅适用于针对基于"内部市场"目的所采集数据的披露。经济或金融利益(第 1 款 e 项)。这包括成员国或欧盟的财政、预算及税收事项。在这种情形下,需要注意的是,如果数据处理与国家安全事项相关,为保障成员国经济安全所需要进行个人数据处理并非属于《数据保护指令》的适用范围(前言第 13 项)。监督、检查或者监管职能(第 1 款 f 项)。只要以适当方式告知数据主体 f 项下活动可能会使该等活动不能成功进行,就可以对指令项下的透明度义务及核心原则进行必要的变通。另一方面,很明显,在欧盟法律中整个基本权利架构中,尤其保护个人受到政府调查时的权利。因此须就第 13 条对该等调查程序所规定的例外情形进行特别仔细的设计,以便满足比例原则的要求。对本规定进行说明的历史报告揭示,在打击洗钱时将银行数据披露予特别监管机构,就引入了 f 项规定的原因之一。权利及自由的保护。该规定涵盖私人第三方可能享有优先利益的广泛情形,甚至也涵盖数据主体自身的优先利益,但并没有明确相关权利。透明义务的例外情形可以是诸如第三方要求保密的权利(例如在允许数据主体查看过程中,必须披露数据的人员),也可能是控制主体在诸如诉讼中为自己权利辩护或者合法委托私人侦探进行调查等情况下的优先利益。

4. 第 12 条为科学研究或者数据统计目的而进行的限制（第 2 款）。如果数据仅仅是为了科学研究或者创设数据的目的以"个人化形式"进行保存，"没有予以匿名处理"，第 13 条第 2 款就规定了通过国内法律限制控制主体在第 12 条项下所承担义务的可能情形。对"科学研究"及"数据"这种术语，并没有在第 13 条第 2 项予以定义；对其含义，可以适用对法律条款所使用术语予以解释的通常方式。理论层面而言，"市场研究"在一些场合被明确提及，认为并不属于第 13 条第 2 款项下的"数据"。（a）条件。对于为科学研究及数据统计目的而处理数据，如果要在国内法中实现诸如拒绝给予数据主体更正权之类的可能性，需要满足一定的先决条件：(i) 在具体情形中对其数据的使用"明显不会产生对数据主体隐私造成侵犯的危险"，(ii)"数据并不会用来针对任何个人而采取措施或作出决定"及(iii) 成员国为了在其国内法律中进行相关限制，已经规定了"足够合法保障"，如以惩戒措施为支撑的具体保密义务或对数据进行化名处理等。

第七部分　数据主体的拒绝权
数据主体的拒绝权

第 14 条

成员国应赋予数据主体下列权利：

（a）除非成员国国内法另有规定，至少在第 7 条 e 项及 f 项规定的情形下，基于与其特别情形相关而具说服力的合法理由，在任何时候拒绝对其相关数据的处理。对于正当的拒绝，控制主体不应在其发起的处理过程中使用该等数据。

（b）控制主体期望为了直接营销的目的处理数据而提出请求的，拒绝其相关个人数据的处理并无需支付费用；或者在首次向第三方披露个人数据之前或代表第三方为了直接营销的目的而使用该等数据前获得告知，并明确规定其有权拒绝该等披露或使用而无需支付费用。

成员国应采取必要措施,确保数据主体知悉在前款 b 项所提及的权利。

1. 概述。对于任何数据保护法律体系而言,直接赋予数据主体权利极为关键,因为这是数据主体能够控制其数据适用的首要方式。在诸如查看或更正个人数据的基本数据保护权利之外,《数据保护指令》在第 14 条规定了数据主体的新权利,包括可以拒绝对其个人数据进行处理的一般权利及防止出于直接营销的目的而处理其数据的权利。

2. 一般拒绝权利(a 项)。根据第 14 条 a 项的规定,基于具有说服力的合法理由,数据主体可以在两种情形之外享有拒绝处理其数据的一般权利:其数据或者由(i)官方机构进行处理或者基于公共利益进行处理(第 7 条 e 项);或者(ii)基于数据控制主体合法利益进行数据处理,同时数据主体的基本权利和自由并不优先(第 7 条 f 项)。成员国通过立法可以排除适用一般拒绝权利,或者也可以将其延伸适用于其他情形。拒绝权发源于法国 1978 年通过的原《法国数据保护法》,在《数据保护指令》通过前并不普遍。成员国实施该权利的情形各有不同。一些国家,包括法国,规定的一般权利可以基于有说服力的合法理由拒绝任何数据处理(虽然基于法律义务的数据处理或在法律排除拒绝权适用的前提下该项权利并不适用)。而其他国家如芬兰虽然没有规定拒绝的一般权利,但却规定了一系列特定情形下的拒绝权利,包括拒绝为了直接营销、民意调查或者系谱学研究目的而处理其数据的权利。在英国,只有数据处理会造成重大损害或痛苦且没有正当理由时,拒绝方为有效。例如,在 *McGuffick v. RBS*(UK)案中,一个数据主体拒绝将其数据向信用评估机构予以披露。法院驳回了该等拒绝,认为有关披露公平合法,因此拒绝并不正当。[82]

3. 直接营销(b 项)。(a)拒绝的具体权利。第 14 条 b 项要求成员国赋予数据主体:(i)拒绝其个人数据为了直接营销的目的而被处理的权利,并无须支付任何费用;或者(ii)在其个人数据向第三方予以披露或者用于直接营销目的的情形下,有权拒绝该等披露和使用而无须支付任何费用。在实施中,成员国对上述两种方式的选择各占一半。(b)适用范围。拒绝权适用于为直接营销"处理"或"使用"的数据。相应地,拒绝权应能阻止寄送营销材料及其他诸如档案化等对个人数据进行与营销相关的处理。"直接营销"这一术语也有着宽泛的解释,并不仅仅适用于对货物或服务的推销。它也涵盖诸如推广慈善机构宗旨或政党竞选活动之类的事项。例如,在 Scottish National Party v ICO 案中,苏格兰一政党督促公民投票的录音留言构成直接营销。直接营销这一术语一般不会延伸涵盖市场调查领域。然而,以市场调查的名义进行直接营销是很困难的。例如,在《自由民主党执行通知》(Liberal Democrats Enforcement Notice)中,英国的一家政党以自动拨号的方式向 25 万选民打电话,询问其在接下来的选举中持有何种选举意向。基于在通话中使用的脚本及通话人员的数量,英国信息专员认定这是直接营销,而不是市场调查,因此发出了执行通知。(c) FEDMA。欧洲直接营销联盟(European Federation for Direct Marketing)颁布了行为准则,被第 29 条工作方机制批准。该文件涉及直接营销领域多个意义重大的议题,包括个人拒绝为直接营销目的处理其个人数据的权利。

4. 其他直接营销权利。(a) 个人用户。《隐私及电信指令》规定了利用自动呼叫机、传真机或者电子邮件对个人用户进行直接营销活动的进一步限制。需要注意的一点是:基于在电子邮件方面所谓"弹性的不选则无"("soft opt in")机制,该等限制使得通过这些通讯方式进行直接营销的,仅得在个人用户给予同意的情形下方被允许。而《数据保护指令》第 14 条 b 项则允许直接营销,除非个人对之予以拒绝。值得注意的是,将近一半成员国对于通过电话进行的直接营销也要求个人给予同意。(b) 公司用户。《隐私及电信指令》使得成员国可以选择对利用自动呼叫机、传真机或者电子邮件对公司用户进行的直销活动予以限制。对于通过电子邮件对公司用户进行直接营销,大多数成员国要求须取得用户同意;而针对电话进行的公司用户直接营销,三分之一的成员国要求须取得用户的同意。

5. 优先服务。若干成员国规定要建立直接营销服务拒绝者的名单(所谓"优先服务"或者"罗宾逊名单")。这些登记可以基于法律确立(如英国的优先电话服务及优先传真服务),或基于自律机制确立(如比利时直接营销协会所确立的不得呼叫名单)。

对个人自动作出的决定

第 15 条

(1) 成员国应赋予每一个人权利,使之不会听任对其作出具有法律效力或对其有实质影响的决定,该等决定仅仅基于对数据的自动处理,就其相关个人诸多方面进行评估,比如其工作表现、信用、可靠度、行为等。

(2) 在不违反本指令其他条款的前提下,成员国应规定,个人可以受制于第 1 款提到的那种决定,但该决定须:

(a) 在合同订立和履行的过程中做出,只要数据主体提出订立或履行的要求得到了满足或者其合法利益已得到适当措施的保障,例如允许其发表意见的安排;或者

(b) 系经法律授权,并该法律也规定了保障数据主体合法利益的措施。

1. 概述。每个人都有权拒绝基于自动方式对其作出决定。该权利来源于法国以前于 1987 年通过的原《法国数据保护法》。虽然现在该条文体现在所有成员国的法律中,却很少得到适用。

2. 有权拒绝自动决定的作出(第 1 款)。(a) 决定种类。个人拒绝对其自动作出决定的权利适用于该决定涉及其个人事项的情形。这里非穷尽式地举出了四个例子:工作表现、信用、可靠度、行为。另外,拒绝权仅适用于只通过自动方式作出的决定。这就可能通过在决定过程中加入人工参与的办法规避这一禁止性的规定。(b) 决定的效果。只有决定对人将产生法律效力或造成实质影响时,方可对之予以拒绝。虽然并不可能仅限于有特定效果的决定,但并没有对"实质影响"作出进一步界定。

3. 有权拒绝自动决定的例外情形(第 2 款)。(a) 例外情形的性质。不管拒绝与否,都可以作出自动决定:(i) 如果该决定与订立及履行合同相关,并且该人的请求已得到满足;(ii) 如果决定与订立及履行合同相关,且有适当的措施安排;或者(iii) 如果该决定系满足法律要求,并且有适当的措施安排。(b) 适当措施。以上第(ii)及第(iii)项在"合适措施"能够保护

该人利益的情形下才适用。一个例子就是个人有权发表其看法。如果由个人行使该权利，虽然在第15条中没有明确规定，自动决定极可能通过非自动方式进行审查。

4. 第29条工作方机制对其的适用。虽然该条文极少适用，第29条工作方机制却对之进行了研究。（a）黑名单。《关于黑名单的工作文件》考虑将《数据保护指令》适用于诸如债务人记录、偿还能力及信用信息服务的"黑名单"。鉴于在该等领域诸如"信用评分"等使用自动作出决定的方法使人有所担忧，第29条工作方机制将第15条的规定描述为保障个人利益所必需。（b）商人终结数据库。第29条工作方机制也在其《关于商人终结数据库的工作文件中》适用该规定。这些数据库是关于怀疑卷入支付诈欺行为商人的跨境数据库。该工作文件仅在特定指引得到遵守的情况下才会授权使用这种数据库。这些指引包括的要求是：(i) 将一个商人纳入该数据库的决定须经训练有素的职员进行监督，并且不得仅仅基于对数据进行的自动处理；且(ii) 将某个商人纳入该数据库不得成为作出自动决定的基础，因此金融机构仍须在决定是否与该商人签订合同时行使裁量权。

5. 成员国的实施。这些要求在成员国内的实施情形各有不同。例如，按照《比利时数据保护法》的规定，对于自动数据处理，总是需要相关人发表意见，以作为一种保障。按照《希腊数据保护法》，个人在任何情况下都可以要求法院核发禁令，对纯粹基于自动数据处理的行为或者决定予以中止或撤销。

处理的保密性

第16条

经控制主体或处理主体授权并可以查看个人数据的任何人，包括处理主体本人，非经控制主体指令，除非另有法律要求，不得对个人数据进行处理。

1. 概述。主要是由控制主体负责遵守《数据保护指令》并在没能遵守的情况下承担责任。然而,在大多数情形下,并不是数据主体自身去处理数据,而是其雇员、承包方或者服务提供商。同样的情形也适用数据处理主体。本条规定确保控制主体(在必要时候也可以是数据处理主体)向其雇员或其监督下的其他人员就如何处理数据及安全保密地储存数据发出适当的指令。该条也阻止了雇员为其个人目的而利用这些数据。

2. 授权。控制主体的授权可以来源于多项文件,如雇佣合同、服务合同、外包合同,甚至也可以是数据主体进行默示授权的事实场景。第16条有助于确定数据控制主体的责任范围,换言之,在何种情形下控制主体就不再为数据处理承担责任。实践中,在个人数据在不同组织间转移的时候,就会出现灰色区域,数据控制主体的授权范围就变得模糊不清。然而,在不能合理设置或承受授权的情形下,就可以很确定地推断:数据控制主体保护数据的责任已有效终结。例如,在一家附属部门将个人数据转移给公司内部另一部门以推动后者的活动时,在公司将个人数据转移给并不确切是数据处理主体的服务提供商时,都会出现灰色区域。

3. 保密性。第16条也暗示每个获授权查看及处理个人数据的人需对数据保密。对该规则的例外只能是:(i)数据控制主体的指令暗含着对其他职员或者第三方因职务需要而披露个人数据的指示,或(ii)法律要求作出披露。建议将该条款作为保密条款规定在与雇员或承包商订立的合同当中,或者要求对个人数据进行体系化处理的员工作出单独的保密声明。

4. 指令。在许多组织内,尤其是在数据控制主体是法律实体的情形下,这些指令在组织设计、工作描述、任务分配、体系设置或具体指令中就已经得到间接体现。本条规定了一条简单规则:只有得到数据控制主体指示的情形下方可处理个人数据。该规则对于数据控制主体内部组织及授权架构方面有着深远的影响。和第17条联系在一起,该规则要求数据控制主体精心设计一个适当授权方案,以查看并处理任何其操作信息技术系统中的个人数据。仅得允许职务是数据处理的人员查看个人数据。可以直接或间接地从工作描述、职责或雇员分派中对授权进行推定。

数据处理的安全

第17条

（1）成员国须规定控制主体须采取适当的技术及组织措施，在数据处理涉及网络传输数据时保护个人数据，使之免于因事故或违法原因而遭毁坏，或遭受意外损失、改变，或遭受未获授权的披露或查看及其他所有形式的违法数据处理。

（2）在数据处理是以控制主体名义处理的情形下，成员国须规定数据控制主体须选择一个对处理技术安全措施及组织措施方面有充分保障的处理主体，并须确保这些措施得到遵守。

（3）通过处理主体进行数据处理的，须由能够使控制主体约束处理主体的合同或法律文书进行规制，该合同尤其应该规定以下事项：

——处理主体仅得在控制主体指示时方可行动；

——第1款规定的义务如被处理主体设立地成员国的法律所界定，也应由处理主体承担。

（4）为了证据保存之目的，合同或法律文书中与数据保护及第1款所指措施的规定应以书面或其他同等形式作出。

1. 数据安全（第1款）。控制主体有义务采取必要措施确保数据安全。这些措施可以是技术性的，也可以是组织措施。技术性的措施包括利用密码、安全连接及防火墙技术，还包括诸如安全室等方式使得无法对硬件进行实际查看。组织措施包括在登录信息技术系统时使用授权及认证程序，还包括雇员甄别或者对任务进行功能性分工的措施。

2. 适当的措施及成本（第1款）。就数据处理相关风险及数据特性而言，所采取的措施必须是适当的。敏感数据也许需要采取更复杂的安全措施。相较小型及临时数据处理而言，大型体系化的数据处理操作也许还会要求采取更稳妥的安全措施。在数据保护领域缺少具体安全要求的情形下，一般认为可以使用诸如ISO/IEC 27002之类的一般信息安全标准，也可在可能的情形下采用诸如荷兰医学领域使用的NEN 7510S之类适用于具体领域的安全标准。因此,数据控制主体有必要在建构及实施数据处理体系的时候,雇佣或者咨询信息安全专业人员,以帮助自己实施这些标准。数据控制主体并没有义务使用市场上最为复杂的安全措施。在对数据处理风险及处理该等风险所需成本作出评估之后,数据控制主体可以选择任何现有的适当措施。成本须与风险相匹配,并不需要开支过大。然而,尤其在数据网络或者互联网上处理数据的情形下,道高一尺,魔高一丈,数据控制主体就需要定期对风险进行评估,并在必要的时候更新其所实施的安全措施。

3. 设计保障隐私。如今"设计保障隐私"的概念受到了很多关注。这就暗示着隐私保护措施是信息处理设计中的有机组成,而不仅仅是事后在信息处理之外添加的保护措施。设计保障隐私意味着信息处理及其商业生态体系的设立就是以隐私保护为宗旨的。它包括能动的预防措施,在侵犯隐私事件发生前就予以预见并加以防范。这意味着隐私无须经个人或用户选择就可以默认得到保护。隐私保护植入到信息系统设计之中,使得隐私成为该等体系运作的核心要素。另外,保障隐私在设计中加以体现,就意味着从采集数据开始,就适用数据最小化原则,直到对数据予以安全和及时销毁这整个生命周期,隐私都得到了保护。包括对承诺及目的的独立验证在内,对于所有利益相关方,所有这些都是可以完全预见并保持透明。最后一点也很重要,这也意味着数据主体因这些措施而能够很容易地了解其隐私所面临的风险并根据其偏好作出相应选择。使用"隐私保护增强技术"(Privacy Enhancing Technologies,PET)也有助于实现设计保护隐私。隐私保护增强技术的范围从诸如接入和数据饼干控制这些广为人知的技术到更复杂的诸如生物统计编码及隐私管理软件等科技。当今时代,软件作为"软件服务"予以提供,而信息技术基础设施变得更为复杂(例如,"云计算")。服务提供商及供应商有必要负起责任,将设计保护隐私原则融入其产品和服务中,以帮助数据控制主体能够履行其法律义务。

4. 选择数据处理主体(第 2 款)。许多组织将其数据处理外包予数据处理主体。在选择合适的服务提供方时,数据控制主体须评估数据处理主体提供必要安全保障的能力。并不需要由数据控制主体决定数据处理主体所采取的安全措施。也可以接受数据处理主体提供的安全措施。尤其在数据处理主体是专业数据处理服务提供商的情形下，更是如此。然而，使用专业数据处理主体，并不能使得数据控制主体免于对数据处理主体所采取安全措施的充分性予以评估和检验。

5. 数据处理主体合同（第3款）。数据处理主体须遵照数据控制主体的指示进行个人数据处理。即使不作本条款的要求，作为良好的商业做法，也应将这些指示写入数据控制主体与数据处理主体之间的合同当中。并不需要以单个的合同对该义务作出规定。它可以体现在任何有法律约束力的文件当中。例如，它可以存在于同属于一家公司集团的两家组织通常达成的《服务水平协议》中，或者可以是一个服务合同中的隐私条款，或者可以是该等合同的图表或者附件。在数据控制主体是数据出口方而数据处理主体是数据进口方的国际数据转移当中，也可以体现在第26条第2款所针对的《数据转移协议》当中。合同中须订明数据处理主体负有对数据保密并确保其安全的义务。合同也可以对该等安全措施予以详细规定。应当注意，指令要求数据处理主体依照其所设立地成员国的法律确保数据的安全。当然，数据控制主体也可以要求数据处理主体采取额外的安全措施。如数据处理主体位于欧盟境外，数据控制主体须要求该等处理主体采取与数据控制主体自己处理数据时所须采取措施同等或与之相比更优的安全措施。

6. 书面证据（第4款）。许多法域承认：口头合同具有与书面合同同等的约束力。然而，口头合同及其规定很难举证证明。为了确保合同双方可以了解并审核所同意采取的安全措施，《数据保护指令》规定，与安全措施相关的合同条款须采取书面形式。

第九部分　申报
向监管机构进行申报的义务

第18条

（1）成员国应规定：为了单一目的或者多个彼此相关目的，在实施纯粹或部分自动数据处理操作之前,控制主体或其代表(如有)须向第28条规定的监管机构提起申报。

(2)仅得在符合以下情形或者以下条件时,成员国才可以规定申报的简化和例外情形:

——如处理操作类型因为待处理的数据不会对数据主体权利及自由造成不利影响的,须说明处理目的、处理中的数据或者数据种类、数据主体种类、数据将予以披露的接收方或接收方种类及数据待储存的时长,及/或者

——控制主体遵照其所适用的国内法任命了一位数据保护负责人的,该负责人尤其

负责独立地确保根据本指令所通过的条款在控制主体内部得以遵守,

负责记录控制主体进行的数据处理操作,其中包括第21条第2款所规定的信息项目,

——以此确保数据主体的权利和自由不会受到数据处理操作的不利影响。

(3)成员国可以规定:如数据处理的全部目的就是为了保留登记体系,以根据法律或者行政法规向公众提供信息,并接受一般公众或者证明其具有合法利益之人士的征询,此时不适用第1款的规定。

(4)就第8条第2款d项规定的数据处理情形,成员国可以规定申报义务的例外情形或对申报进行简化处理。

(5)涉及个人数据的特定或所有非自动处理操作的,成员国可以作出规定,应对之予以申报;或可以规定,对这些处理操作予以简化申报。

1. 一般规则(第1款)。作为一般规则,数据控制主体在意图实施任何个人数据处理时,都须向第28条规定的监管机构进行申报。指令第21条对申报内容作了规定(请见第21条)。欧盟成员国对申报的规定大相径庭,对于申报机制适用范围,尤其如此。成员国之间的这些差异在很大程度上与数据保护法在这些国家的发展历史有关,一些成员国在《数据保护指令》出台之前的很长时间就制定了数据保护法律。在所有欧盟成员国,违反申报义务构成刑事犯罪,须领受罚金或者在一些情况下甚至会遭受监禁。在

大多数欧盟国家,申报并不需缴费,但有些欧盟成员国规定申报须缴纳费用(丹麦、爱尔兰、卢森堡及英国)。

2. 申报目的。前言第 48 项对向监管机构申报的程序提供了法律基础:其设计"就是确保披露任何处理操作的目的及主要特征,旨在验证该操作与根据本指令采取的措施相符"。更加广泛的层面上,申报要求是要实现三个目的。对于数据主体而言。作为个人数据透明度的主要象征,申报有利于数据主体,使其可以通过对数据保护监管机构所保留数据记录进行查看,迈出向相关有权机构提出申诉的第一步。对数据控制主体而言。申报也有利于数据控制主体,可以方便他们审查他们是否有效遵守了数据保护的有关要求。对数据保护监管机构而言。申报还有利于数据保护监管机构,使得他们可以对所在成员国数据保护情形有一个广泛而细致的了解。因此,申报有利于他们评估是否有必要在特定领域颁布推荐文件,并在其进行审计和检查时成为可以利用的工具。

3. 通过条例对申报进行的简化及例外情形(第 2 款第一句)。(a)规定的理论基础。指令在申报义务方面的精神在于关注潜在具有"危险"性的数据处理类型,而不是将包括更多"中性"类型在内的所有数据处理等同处理。基于在成员国之前成功实验中形成的这一理念,欧盟立法机构于 1995 年为成员国有关监管机构减轻申报义务提供了两种明确的可能。一方面,第 18 条第 2 款为成员国监管机构(实践中指立法机构或国内数据保护监管机构)规定简化或者豁免适用申报措施提供了可能性,以避免在满足不同条件的情形下出现不合理的程序要求。相关的成员国国内条例将明确这些措施的具体限度。(b)条例豁免或简化的条件。第 18 条明确规定这种豁免或简化措施仅能涉及"处理操作类型因为待处理数据不会对数据主体权利及自由造成不利影响"。另外,有关成员国内监管机构须清楚划定这些措施的适用范围,并须对此作严格解释。根据第 18 条的规定,这种条例的范围应该由"处理目的、处理中的数据或者数据种类、数据主体种类、数据将予以披露的接收方或接收方种类及数据待储存的时长"等指标来界定。只有属于这个严格限定范围内的数据处理,才可以享受这些简化或豁免措施。(c)成员国范例。豁免措施。在将指令转换为国内法的时候，几乎所有成员国都利用了将特定种类处理操作豁免适用申报义务的权利。另一方面，成员国国内监管机构豁免特定种类处理操作的方式大相径庭。所采取的措施既包括为转换指令所制定相关法律自身规定的细小分类（卢森堡、波兰和丹麦），也包括在诸如行政法规及规章这类第二层次法律所规定的详尽清单（例如比利时），或者由监管机构确立的名单（例如法国）。和欧盟其他国家的申报要求相比而言，意大利的规定甚至与之相反。按照意大利的规则，只有全国数据保护法律所规定清单中的特定种类数据处理才需要申报，反之，所有其他种类的数据处理都不需申报。简化措施。在一些情形下，成员国法律或者行政法规即使减轻了申报义务，也并没有在同时豁免数据处理事前申报义务。例如，在法国，监管机构有权制定"简化标准"（"normes simplifiées"），以确切地描述处理目的、正在处理数据的种类、数据主体种类、数据拟披露的接收方种类及保留期间。如果一种形式的数据处理属于该等标准严格意义上的适用范围，数据控制主体有权仅仅发出确认函，说明其将在具体情形中遵循该等规定，因此不用以更正式的方式对数据处理予以申报。常见范例。可以适用行政法规以豁免或简化适用申报的数据处理的，其常见范例通常涉及工资名单及管理、图书馆书籍借阅、供应商管理及建筑门禁系统。(d)简化或豁免适用申报的后果。简化或豁免适用申报义务并不会免除控制主体依据本指令其他规定所负担的义务（前言第 51 项）。它们仅仅全部或部分地免除了控制主体的申报义务。

4. 数据保护负责人（第 2 款第二句话）。指令为成员国提供了另一个减轻申报义务的选择，就是允许数据控制主体任命数据保护负责人。该规定是基于德国和瑞典数据保护模式，而这两个国家是历史上首批将该制度引入其数据保护法律的国家。目前，仅有六个成员国（包括德国、瑞典、荷兰、卢森堡及法国）规定了任命数据保护负责人的制度。其他成员国（例如波兰和斯洛伐克）规定可以任命数据负责人，但并不会因此而豁免或简化其申报义务。在德国，在法律规定的特定情形下，任命数据保护负责人是一项强制要求（《德国联邦数据保护法》第 4 条 f 项第 1 小项），而在其他成员国仅仅是一项选择。(a) 设置数据保护负责人享受的优惠待遇。数据主体设置数据保护负责人会享受种种优惠待遇。对数据主体而言,这意味着形式上对申报要求及文件要求的简化。在诸如法国的一些国家,在事先审核的前提下,虽然设置数据保护负责人并不会免除控制主体就相关种类的数据处理进行申报的义务(请见第 20 条),也不能免除控制主体将数据转移至数据保护水平不足的国家时取得有关公共权力机关事先授权的义务(第 26 条);然而,更为重要的是,由专人负责数据保护事项,确保组织内部更好地遵守数据保护规则,从而更有效地保障了个人权利。(b) 特点和资格。根据与此相关国内法的规定,该负责人可以是也可以不是控制主体的雇员。他们须有履行其职责的专业素养和可靠品格,相关组织须对之配以行使职权所必需的所有人员、设施、资金及装备。(c) 数据保护负责人的独立性。该等负责人具有能够完全独立行使其职权的能力,这十分关键。否则,设置这一职位的有利之处会化为乌有:如果后者仅仅是对组织的决定加盖橡皮图章,他们就不能确保处理操作不会对数据主体的权利和自由产生其中一些负面影响。独立要件之满足可以符合若干条件,其中一些条件由法律界定;这就包括资金和组织的独立,可以向组织最高层级进行报告,在行使其职权过程中的行为和作出的决定不会使自己招致任何处罚和歧视。(d) 数据保护负责人的职权和责任。登记。指令规定该负责人必须对控制主体进行的处理操作进行登记,并应要求可向任何人公开。规定该登记所要达到的目的与适用条例第 21 条要求数据保护监管机构保留登记的,规定并无二致。即,对个人而言,公布处理操作因此实现控制主体从事处理活动的透明化。年度报告。在包括荷兰在内的一些成员国,要求数据保护负责人就其每年的活动出具年度报告;而他们往往与数据保护监管机构或多或少地存在着官方联系,可以将该等报告提交予这些数据保护监管机构。事先审核——对监管机构的报告。在数据保护负责人对须根据第 20 条进行事先审核的情形(请见第 20 条)存疑时,数据保护负责人有义务将其向监管机构报告。

5. 为保留公共登记体系而进行申报的豁免(第 3 款)。如果"数据处理的全部目的就是为了保留登记体系，以根据法律或者行政法规向公众提供信息，并接受一般公众或者经证明具有合法利益人的征询"，根据指令规定，可以豁免申报义务。几乎所有成员国都利用该权利豁免该等公共登记体系的强制申报义务。该等豁免范围在法国却进行了些微的收缩，根据《法国数据保护法》第22条第Ⅱ项第2小项的规定，该条豁免仅限于只对公众提供信息的登记体系。其实施和目的广为人知、数据主体利益又不太可能因处理操作受不利影响之数据处理的，指令的该等豁免规定避免了不必要的申报要求。为确保该等豁免的实施，对于该等登记体系的成员国法律及行政法规的适用（例如：确定哪些人具有合法利益可以征询登记体系中信息的法律），有必要予以审核。

6. 基金、协会或者具有政治、哲学、宗教或工会宗旨的非营利组织进行数据处理（第4款）。根据指令第28条第3款，对于第8条第2款d项中提及的操作处理，成员国可以通过规定进行申报义务的豁免和简化。该条款涉及基金、协会或者具有政治、哲学、宗教或工会宗旨的非营利组织在其合法活动中进行的数据处理。因此，数据处理须仅涉及组织成员或者涉及因组织宗旨而与该等组织有惯常联系的人员。给予豁免的目的主要是为了避免对结社自由的干预。一半的成员国适用该等豁免，其中该等豁免都规定于有关成员国的数据保护法中。

7. 非自动处理操作或者"手动归档"（第5款）。概述。成员国可以规定，涉及个人数据的特定或者全部非自动处理操作须经申报，或者对之规定简化的申报义务。在这方面，指令的理论依据就是：非自动处理操作（经常等同于"手动归档"这一术语）不应向有关监管机构进行申报。事实上，信息技术的发展，使得通过信息技术对数据进行传输和使用的可能性要远高于手动归档，因此本指令原先目的主要是为了规制自动数据处理。然而，信息技术的发展并没有在实践中消除手动归档方式的使用，在一些诸如医院之类的领域内，也在大量使用手动归档。成员国监管机构也许在一些时候考虑，在这种情形下，申报旨在实现的公开目标也许仍然必要。欧盟成员国的现状。成员国以不同的方式实施着这种豁免规定。在法国，手动处理并没有明确排除在申报要求之外,但如果在法律整个适用范围之外,即该等非自动处理与档案所涵盖或将要涵盖的数据无关,则排除适用申报要求。在比利时,对于涉及手动数据处理的申报,仅在处理操作至少部分涉及了自动处理时(比如,也做了计算机索引的纸质档案)方可适用;在丹麦或瑞典也有类似规定。而在包括德国在内的国家,根本不需要就该等处理进行申报(虽然这方面的法律在未来还会有所发展)。

8. 其他例外情形——新闻报道及文学和艺术表达。概述。"以新闻报道及文学和艺术表达为目的进行的数据处理"的,在以上提及的一般性例外情形之外,指令第 9 条总体上也允许成员国规定与指令不同的例外或变通情形。这种简化措施尤其应"在有必要对隐私权与言论自由的规定进行协调时"(前言第 37 项)予以采用。申报义务与自由表达。第 18 条进一步规定,这种例外及变通情形对申报规定可能有具体的潜在影响。这种思路有双重涵义。一方面,在任何时候,遵循申报要求不得导致新闻报道及编辑活动须经过批准程序(例如,很可能这种活动隐含着对敏感数据的处理)。另一方面,在大多数情形,因为指令的许多规定(即数据留存期间;个人信息;对敏感数据的处理)不适用于这种数据处理,则该处理的用处越来越少。因此,可以说,旨在确保符合那些数据保护原则的申报在实践中就没有多大意义了。例外情形的适用范围。这种例外情形仅限于数据保护规则及自由表达规定之间有冲突的情形。它们不得适用于这些领域进行数据处理,但并没有表现出这种冲突的情形(例如:对用户数据的处理)。

9. 第 29 条工作方机制对简化申报要求所做的工作。2005 年 1 月 18 日,第 29 条工作方机制(请见第 29 条)通过了一项报告,涉及针对向成员国国内监管机构进行申报的义务、豁免和简化措施的最优利用及欧盟内数据保护专员的作用。该报告旨在对申报义务的运作及欧盟数据保护体系中数据保护专员的作用予以更深刻的理解。这是为了在共同体范围内对申报义务开始进一步协同化及简化进程的第一步。报告在最后的结论部分,第 29 条工作方机制吁请欧盟委员会将其报告内容用于数据保护领域中进一步协同及简化申报义务进行的任何建议。

申报内容

第19条

(1) 成员国应明确申报的具体内容。申报至少应包括：

(a) 控制主体及其代表（如有）的名称（姓名）及地址；

(b) 处理的目的；

(c) 对数据主体及其有关数据种类的描述；

(d) 可能予以披露的接收方或接收方种类；

(e) 拟订中向第三国转移数据的情形；

(f) 作出总括性描述，使得能够对为确保安全处理而根据第17条规定所采取措施的适当性予以。

(2) 成员国须规定具体程序，以便就起影响第1款信息的任何变更向监管机构予以申报。

1. 一般规则（第1款）。概述。该条款界定了在申报程序中须向监管机构提交信息的最低数量。信息的这些最基本组成部分是通过引述申报程序的目的而加以界定的。在这方面，指令前言第48项说明："向监督机关进行申报的程序设计宗旨就是为了确保披露任何处理操作的目的及主要特征，旨在验证该操作与成员国根据本指令采取的国内措施是否相符。"验证的这个目的可以通过两种方式达成。理论上，可以由公众通过数据登记体系内的公共登记体系进行征询实现。然而在实践中，是由接收申报并对其中包含信息进行评估的监管机构予以实现。

2. 对最低限度信息的描述。申报所需要的信息与须与予以数据处理的目的及主要特征有关。第19条列出了申报的该等构成元素如下。控制主体的名称（姓名）及地址。申报应明确控制主体或/和其代表（如有）。在特定的一些国家，如数据处理系由若干实体以相同的条件实施，可以由单个控制主体以多个实体的名义进行该种数据处理的申报（即一个公司可为自己及其所代表的子公司就数据处理进行申报）。类似的方式也适用于在共同控制主体的情形下。实践中，监管机构要求提供十分详尽的联系方式（电话及传真号、电子邮件地址等）。处理目的。申报要说明数据处理的目的，即说明实施处理的理由（如"客户关系管理"、"人力资源管理"等）。在这一点上，监管机构在实践中也许会要求提供不同层面的细节说明。有时候，监管机构可能会在申报表中列明开放式的清单，供申报人从中选择其应说明的处理目的。数据主体种类说明。应该精确说明数据处理所涉及的人群。在一些情形下，监管机构可能会要求再提供诸如处理所涉人员数目的信息。这种信息应足够精确，以便数据主体可以确定自己是否为数据处理实际涉及。与数据主体有关数据种类的说明。在评估所处理数据是否予与其处理目的合理对应时，该等信息尤其必要。数据拟予以披露的接收方或接收方种类。应告知数据监管机构及公众其所采集数据是否有机会向第三方提供。数据监管机构主要利用该等信息审核该等披露是否与采集数据的原始目的相符合。拟将数据转移给第三国。基于原先所申报数据处理而准备进行国际数据转移的，应在申报中予以涉及，以便评估该等转移的合法性，并对作为接收方的数据主体是否对个人的隐私及基本权利保护采取足够的保障措施予以评估（第 26 条第 2 款）。安全措施。申报中最后一个必备元素就是："做出总括性描述，使得能够评估对为确保安全处理而根据第 17 条所采取措施的适当性予以评估。"这种安全措施在范围上并不受限制。它们可以被设计成确保数据处理地点的物理安全措施（锁闭房间、防火警报、对进入特定房间的安全防护措施等），也可以设计成系统安全的逻辑防护措施（例如：密码、数据登录文件等）。

3. 成员国可以要求提供其他信息。指令规定，成员国完全有权力具体规定数据控制主体应向成员国监管机构提供其他信息。在实践中，一些成员国监管机构的确要求提供可能涉及以下事项的其他信息：数据控制主体对数据处理主体是否具有追索权；处理敏感数据的法律基础何在；所适用数据留存期间的界定；确保数据主体有权获得有关信息的保障措施是否到位；选择何种方式使得数据主体能实际行使其查看权及更正权；说明信息系统技术特征等信息。在一些成员国，对于申报的有些内容，还有必要提供详细附件加以说明。须在数据处理前事先审核的情形。为确定信息处理是否事实上还要经过事先审核程序,而不仅仅是进行申报,可能会要求提供具体的其他信息,以便监管机构可以通知控制主体对其申请作出相应调整。

4. 数据保护负责人保管的记录。数据保护负责人(请见第 18 条)负责保管控制主体进行数据操作的记录。通过在第 18 条第 2 款和第 21 条第 2 款之间进行交叉援引,该等记录的内容在很大程度上与另行向监管机构申报的信息相似。这正是由于监管机构保管的登记体系和数据保护专员保管的记录具有相同的目的。

5. 记录更改的方式。指令规定,成员国应就对原先申报信息进行的任何更改设置须向监管机构作同等申报的具体程序。实践中,这种信息更新通过两种不同的方式进行。成员国法律可以首先规定:申报仅得进行一次,但控制主体须在完成信息更改前负责更新登记信息。数据控制主体也须负责在不再适用的情形下撤销申报。

6. 其他实用信息。申报表。实践中,几乎在所有成员国,数据控制主体都通过标准表格向处理监管机构(DPA)进行申报。在一些成员国,在一般表格之外,也可能有针对特定情形的特定表格(比如:马耳他的申报更新,法国医疗领域的事先授权,等等)。而在德国,并不存在全国通用的表格;每个数据监管机构都有权决定其管辖领域中处理申报事项的方式。在线申报系统。大多数成员国的监管机构都提供了在线申报系统,而不是进行实体文件申报。但在一些情形下,实体文件申报仍然是必要选择。例如:不能通过电子形式提交所要求特定附件的,就得实行实体文件申报。申报语言。一般而言,申报仅得以提起申报国的官方语言进行。申报频率。一般而言,申报仅得进行一次。在实际实施数据处理之前,申报即已完成,监管机构没有机会对数据处理的特征性问题发表意见。在少数几个国家(英国、爱尔兰),须进行年度申报。申报指引的出台。监管机构已经普遍制定了诸如指导手册或者在线申报互动式帮助工具之类的申报指引。无论是以邮件方式向监管机构索求或者从网站下载,这些内容格式化地附加或链接于申报表格上。支付费用。在大多数欧盟成员国,申报系免费进行;但一些成员国的规定还是要求申报须缴纳费用(丹麦、爱尔兰、卢森堡及英国)。

事先审核

第20条

（1）对数据主体权利及自由可能带来特定风险的处理操作，成员国应予以认定并加以监督，以使该等处理操作在开始前经过审核。

（2）该等事先审核须由监管机构在收到控制主体或数据保护负责人的申报后进行，控制主体或数据保护负责人在有疑问时须征询监管机构的意见。

（3）成员国应根据该国议会发布的法律措施或者基于该等立法所推行措施进行的准备活动中，才实施该等事先审核，而该等立法措施须对数据处理的性质予以界定，并规定适当的保障措施。

1. 一般规定（第1款）。总体而言，指令针对申报确立的原则就是：由有权机关进行的事后实际验证须被视为足够措施（前言第52项）。然而，指令也规定了另外一种可能：在某种特定情形，数据处理操作会对数据主体的权利及自由带来特定风险的，也许有必要在该等处理操作开始前进行审核（"事先审核"）。换言之，对该等数据处理操作的实施须由控制主体履行事先征询义务。成员国对第20条的实施各有不同。除了几个重要的成员国（比如英国），大多数国家都保留了这项制度。更常见的情形就是成员国法律自身就规定了须经事先审核方可实施数据处理的种类；有时候，根据成员国法律的规定，第二层级的立法措施就可以界定须经过事先审核方可实施的数据处理（例如比利时）。根据对具有特定风险的该等数据处理所进行限制的不同，欧盟成员国对于事先审核手续的范畴有着不同规定。

2. 有关数据处理操作种类。第20条规定的精神。对于须经事先审核手续的数据处理类型，指令进行了某种深层次的说明。在这方面，前言第52项进行了明确的援引："特定的处理操作极可能因其性质、范围或者……目的及对某项新技术的使用都可能对数据主体的权利及自由带来特定风险。"一些成员国规定须经监管机构事先审核的数据处理操作，就对该清单中的每一项都提供了例证。成员国间不存在统一的事先审核手续。是由成员国界定须经过事先审核的处理操作。因此,对于可对何种处理操作在该国予以事先审核这个问题,总有必要由既定国家的立法机关予以审定。很明显,对于已经实施事先审核手续的不同成员国而言,其在这方面范围的界定并无多少一致之处。另外,成员国国内法可以使用"开放式概念",赋予监管机构在界定实施审核范围时拥有一定程度的自由裁量权(例如为了"理解个人的社会困境"或者为了"将某人排除适用一项权利或一项合同"而进行的处理操作)。在这种情形下,这些监管机构可以或多或少地对条款予以严格解释,但要视情形而定,确定是否适合他们进行多方位或有限的介入。

3. 因其性质而可能给数据主体的权利及自由带来风险的处理操作——实例。有时候,处理的数据使得处理操作变得敏感,并使监管机构在其实施前得以合理介入。(a) 第一例:敏感数据。对第 8 条所规定敏感数据进行处理,显然给数据主体的权利及自由带来风险。这就是为什么许多成员国在推行事先审核措施时将敏感数据纳入其适用范围,无论对其作事先审核是否附带条件。例如,在德国,处理所有揭示族群或种族身份、政治观点、宗教或哲学信仰或者工会会员身份的数据,都基于此须经事先审核。在法国,对敏感数据的处理须经数据监管机构的事先审核;后者将视情形决定是否授权进行处理,或视数据处理主体性质(私人机构还是公共权力机关)及处理操作目的(例如与警察或司法事项有关的操作)而发布事前意见。(b) 第二例:关于违法行为的数据。类似地,根据若干成员国的规定,处理违法行为、惩罚措施或者安全措施数据,须经事先审核。无论是基于法律还是基于监管机构的解释,这些理念也许都可以或多或少地由所涉国家作出宽泛的解释。尤其是对于"违法行为"这一术语,可以被限定为仅仅是指刑事违法行为,也可以宽泛地适用于一切违法行为、行政违法行为、惩戒违法行为及其他。例如在荷兰,如不适用诸如私人调查之类特定法律制度的,控制主体处理有关"刑事违法行为或者违法及被禁止行为"的数据须经事先审核。(c) 第三例:基因数据。实行事先审核的成员国中,出于显而易见的原因,一些国家(至少包括瑞典、波兰和法国)将处理基因数据纳入事先审核的适用范围之中。建立个人基因文件档案因其内在特定风险的性质,可以被成员国立法机关视为有推行事先审核之必要，尤其是认为该等档案有被非医疗领域组织使用的风险（保险公司、私家侦探等）。在进行这种事先审查时，有关机构将严格评估处理的目的及合法性、数据主体的信息或同意、数据主体如何行使他们的权利以及对登记信息种类的严格定义。对于因确诊某人患基因性疾病而牵扯到家庭成员的，也可以通过法律解决这个棘手的问题。显而易见，在这种情形下，规定在医学领域使用基因数据的其他成文法也将同等适用。（d）第四例：超出原先给予身份确认指标的目的对其进行使用。这种情形大多数发生在公共领域。例如，在荷兰和法国，在公共权力机关不能适用特定身份确认指标而仅仅能运用特定领域身份确认指标的情形下，如在其并不预期的领域对该身份确认指标进行使用，尤其在有意将文件进行互联互通的情形下，须经数据保护监管机构的事先审核。

　　4. 因其目的而可能给数据主体权利及自由带来特定风险的数据处理操作。有时候，因为相关数据处理操作的目的使之对所涉个人尤其敏感，立法者可以对之进行事先核查。（a）将某人排除在权利或合同之外——"黑名单"。指令的前言明确提及了目的在于"将某人排除在权利或合同之外"的处理操作。这种具体说明就是为了规制所实施数据处理的目的，该数据旨在使数据控制主体决定是否与数据主体达成合同或赋予其权利。包括法国、卢森堡和德国在内的若干成员国已经规定，这种处理操作须经事先审核。黑名单。这种处理操作最典型的例子就是"黑名单"，即数据控制主体意图避免使之成为其客户的不欢迎人士名单，尤其是在对数据主体信用支付能力进行评估的情形下。私人领域的这种问题越来越多地牵扯到监管机构。执行这种黑名单的条件通常围绕着以下要求展开：界定数据可被登记的条件；例如，对黑名单登记了未能偿付债务个人（"不良债务人"）的信息，可以要求有关债务实际已经到期且个人对此并无异议；个人信息事先告知；在个人未能偿付债务时知悉该等黑名单的存在；在发生第一次支付事项时关于债务将被记录这一事实的信息；债务已被记录后关于数据已被记录的信息并告知查看、更正或改正的权利；如果作出对相关个人不利的决定，可以就其进行反驳的可能；界定每种情形下的保存时长（在偿付债务后随即删除数据,如相关个人对控制主体界定的情形进行反驳就中止登记,在任何情形下均需规定保存数据的最长时限以保证不被查看的权利);严格认定黑名单登记信息的可能接收方,尤其是在控制主体意图将之处理为不同参与方共享的黑名单时(即被银行联盟多持有的、其所有成员都可查看的互助式黑名单),尤其如此。其他例子——评分系统。适用于数据处理目的在于将某人排除在权利或合同之外的事先审核手续,也可被所谓"评分系统"予以更好说明。这种评分系统就是对个人进行打分,其根据就是在其个人档案中认定的种种标准,尤其是在银行或金融机构要求对其进行信用评价的情形中予以运用。实践中,这种系统也可以在其他许多情形下使用。该系统现在越来越多地在互联网上得到了应用。例如,它可以帮助网商评估在互联网上使用信用卡是否为经常性的(这是基于诸如有关方的电子邮件、使用的信用卡类型等种种标准而进行的)。这样,事先审核就着重考察认定该等人士所得分数时所使用的标准及其在数据处理中各自的比重。因此,该等事先审核旨在评估是否在对相关个人情形进行打分时使用了武断或不合法的标准。(b)其他。对于因其目的可能给数据主体权利及自由带来风险的处理操作,还有许多其他的事例。评估数据主体的人格。在德国,数据处理操作隐含对数据主体包括"天赋、效率及行为"在内的人格进行评估的,该等数据处理操作须经事先审核。对个人社会困境的评估。在法国,所有隐含着对个人社会困境进行评估的处理操作都须经过法国信息技术与自由委员会(CNIL)的事先审查。文件的互联互通。卢森堡、葡萄牙或法国的数据保护法律对这种情形予以明确规定。在希腊,对特定条件下不同文件的互联互通,尤其是在这种互联互通涉及敏感信息的,数据保护监管机构也负责进行事先审核。

5. 因为对新技术的特别使用可能给数据主体权利和自由带来特定风险的处理操作。指令的起草人清楚表明使指令对技术保持中立的意图。相应地,其规定从未针对特定技术形式进行特别要求。因此,这又是由成员国监管机构界定哪种技术可以造成这种威胁。目前,在特定成员国,有两种技术发展状况被确定能够产生威胁的情形,进而成为其有关监管机构进行事先审查的合法理由。闭路电视系统——视频监控。在公共及私人场所愈来愈多地使用闭路电视系统及其与自动人脸识别系统进行联合使用的机会，都使得一些成员国要求对之进行事先授权。使用生物统计数据。包括法国在内的一些欧盟国家法律规定，为确定个人身份的目的使用生物统计技术须经事先审核。生物统计数据处理的敏感性就被认定需要监管机构介入到有关操作架构之中。尤其是这种事先审核手续使得可以评估所要采取的措施是否合理对应处理的目的(尤其存在特定安全风险从而为采取这种敏感处理方式提供合理由的)，并可评估在实施数据处理目的之外可能对生物统计数据进行的再次利用。

  6. 负责进行事先审核的政府机构(第 2 款)。数据保护监管机构或数据保护负责人。根据指令第 20 条的规定，实施事先审核的机构可以是监管机构，也可以是通过立法规定委任数据保护负责人的成员国中的数据保护负责人(请见第 18 条)。在所有实施事先审核的欧盟国家中，有关监管机构即为数据保护监管机构。如同在对"事先审核"的理论论述中提到的那样，数据保护监管机构或负责人须根据成员国为此目的制定的程序规则，在处理操作进行前介入。数据保护监管机构与数据保护负责人之间不存在平等地位。第 20 条明确规定，有疑问的，数据保护负责人须向监管机构进行征询。至于前言第 54 项，则提出事先审查应由监管机构实施，或者由数据保护负责人"与监管机构协同"进行。这些不同的规定明显就是为了避免在困难情形下评估权的分散化，造成了对同一个问题却有互不相同的解决方式。另一方面，在法国，所有须经事先审核的数据处理从来不会让数据保护负责人评估，而仅由数据保护监管机构进行评估。监管机构进行监管的性质。在实施事先审核时，监管机构可以根据成员国国内法对数据处理发表意见或者给予授权。在大多数实行事先审核的成员国，审核结果就是给予或者拒绝给予授权。事先审核结果偶尔也会是监管机构发表的一项意见而已。从政治角度来讲，在实践中很难绕开该等公开意见。即便如此，该意见也对数据控制主体并无法律约束力。例如，法国《数据保护法》第 26、27 条规定，对这两条涉及的处理操作(即在公共领域的操作)，全国监管机构仅仅发表意见即可。

7. 在立法层面进行事先审核（第 3 款）。指令进一步规定,这种事先审核也可以发生在成员国国家议会准备通过措施的过程中,或者适用于基于前述界定处理性质及规定适当保障机制的立法措施而准备通过一项措施的过程中。该条款暗示,成文法也可规定,在创设特定处理及其可能运作条件的立法措施的立法过程中,须征询监管机构的意见。监管机构的介入在大多数情形下围绕着这些运作条件而展开。

公开处理操作

第 21 条

（1）成员国应采取措施确保处理操作的公开。

（2）对于根据第 18 条规定所确立的数据操作申报登记体系,成员国应将之交由相应的机构保管。该等登记体系应至少包括第 19 条第 1 款 a 至 e 项所列明的信息。任何人都可以对该等登记体系进行查验。

（3）对于不用申报的处理操作,成员国应规定控制主体或者成员国所指定其他机构至少应该在任何人提出请求时以适当的形式提供第 19 条第 1 款 a 至 e 项所列明的信息。

成员国可以规定：如数据处理的全部目的就是为了保留登记体系,以根据法律或者行政法规向公众提供信息、并接受一般公众或者证明具有合法利益人的征询,本条款并不适用。

1. 登记体系之目的。处理操作登记体系之目的显然与整个申报机制本来的目的相联系（请见第 18 条）。目前,几乎所有的欧盟成员国都存在（或将要实施）这样一个中央登记体系机制。仅有德国例外：每个监管机关（即在联邦或各州负责公共或私人事项的数据监管机构）都拥有自身的档案,免费供公众查看。对数据主体而言登记体系之目的。对于数据主体而言,登记体系的存在对确保成员国处理操作的透明性具有关键作用。登记体系使得公民可以在既定时点上了解任何正在进行的数据处理操作。它也有助于公民对提交的申报进行审核,以确认与他们所理解的个人数据处理实际进行的方式是否相符。在这方面,登记体系所记载的信息也给他们寻求司法救济提供了帮助。对数据处理主体而言。实践中,中央登记体系往往被数据控制主体用来查验其是否与提交予监管机构的申报保持了同步更新。虽然这种做法与登记体系原先的宗旨并无关联,数据监管机构对之也予以接受。对监管机构而言。登记体系对于数据保护监管机构的日常工作而言是一个有用的工具。其中归档信息的内容为他们提供了详细信息,了解特定控制主体进行的,或者在特定领域数据所进行的处理操作,甚至可以依赖登记体系搜索功能的精确度取得针对特定种类数据(例如生物统计数据、敏感数据等)处理操作的详细信息。这些信息有助于监管机构行使监督职能,决定是否针对某一领域给出推荐性意见,或者决定是否针对被提起权利主张的控制主体启动调查程序。

2. 负责保存登记体系的机构。监管机构。根据第21条第2款,各成员国国家数据保护监管机构都被赋予了保存处理操作中央登记体系的职能。中央登记体系所记载的信息是基于履行申报义务而向监管机构提交的信息。通过输入新申报数据并在控制主体通知监管机构处理已经终止时须删除以前申报数据,监管机构负责对登记体系进行实时更新。数据保护负责人。如同第18条第2款规定的那样,数据保护负责人的任务之一就是保管登记体系,这与数据保护监管机构所保管的登记体系类似,其中会记载任命数据负责人的控制主体所进行的数据处理操作。

3. 登记体系所记载的信息。(a)原则。为适用第21条第2款,登记体系应该至少记录包括第19条第1款a至e项所列明的信息。因此,这些信息就是如下事项:控制主体及其代表(如有)的姓名(名称)及地址;处理目的;对数据主体类型及与数据主体有关数据或数据种类的说明;数据将予以披露的接收方或接收方种类;拟订将数据向第三国转移的情形(请见第18条)。该信息范围有限,一些国家的数据保护监管机构可以基于他们在审报表中所要求的信息公布进一步的信息。(b)例外情形。第18条第1款f项规定,申报中应对数据控制主体采取确保处理安全的措施进行概括说明。该等信息使得监管机构可以对该等安全措施的适当与否进行初步评估。基于防止处理安全遭到破坏并维护商业秘密有关的明显理由,指令使得成员国可以选择在数据保护监管机构保管的数据登记体系中公布该等具体信息。(c)进一步的信息。指令规定成员国可以公布比第19条第1款a至e项更多的信息。根据在申报时向数据控制主体要求提供信息的水平,成员国在实践中多有不同。

4. 不适用通过中央登记体系机制进行公布的处理操作。基于对其是否敏感或者不敏感且太无关紧要而不值得关注的判断,几种数据处理因其目的被排除在要求公布的范围之外。(a)特定目的数据处理操作。指令第13条明确规定,成员国可以通过立法措施限制指令包括第21条规定在内的有关规定得以适用,该等限制对于保障如下事项是必要的:(i)国家安全;(ii)国防;(iii)公共安全;(iv)对刑事犯罪或者对受监管职业人员违反道德准则的行为予以防止、调查、侦查及起诉;(v)成员国或欧盟重大经济或金融利益,包括财政、预算及税务事项;(vi)与以上iii,iv,v情形下行使政府职权有关甚至是偶尔相关的监控、检查或监管职能;(vii)对数据主体或者其他人权利及自由的保护(请见第13条)。这些例外规定与特定数据处理操作相关,这些操作的特征使其不能向公众公布。实践中,大多数成员国将警察档案排除于通过登记体系进行的公开措施之外。但这并不意味着数据主体不能个人名义对这些档案中包含的信息行使查看权(请见第12条)。关于一般公众或者某个特定数据主体的信息在形式上而言并非正式相关事项。(b)合法豁免无须申报的数据处理操作。指令第18条第2款确认了一个事实:一些处理操作在三种情形下都不需要向有关监管机构进行申报(请见第18条)。特定的豁免措施。申报豁免应由成员国法律或有关监管机构认定,有关的"处理操作种类基于要被处理的数据并不会对数据主体的权利和自由构成不利影响"。由于未经申报,所以登记体系并不会载有这种处理操作的信息。然而,数据主体还是可以通过相关给予豁免的法规了解这种情形其正在被处理的数据类型,而这些法规在这些情形下都规定了严格的标准。豁免为确立公共登记体系而进行的申报。指令规定,"公共登记体系[为了]……根据法律或者行政法规向公众提供信息并接受一般公众或者证明具有合法利益人的征询",则可以对之予以豁免。作为该等豁免的自然结果,指令也规定,豁免该等登记体系通过中央登记体系机制予以公布的义务。在这里,不公布带来的风险也很低,因为就其定义而言,该等处理的存在和目的广为人知,并不可能对数据主体的权益产生不利影响。
(c) 数据处理操作因为数据保护专员的任命而无须申报。在特定欧盟成员国,数据控制主体可以通过对一名数据保护负责人的任命而免于就其处理操作向监管机构进行申报。然而,数据保护负责人有义务保管对控制主体所实施处理操作进行的内部登记体系(请见第 18 条)。该种特定的登记体系应包含由中央登记体系机制中记载的、与第 21 条第 2 款界定范围相同的内容。指令并不要求该特种登记体系公开,但暗示,数据保护负责人的职责之一就是在数据主体要求时向其提供相关信息。另外,为了在监管机构保管的中央登记体系机制及数据保护负责人的特定登记体系之间建立联系,监管机构将设立信息保护负责人的数据控制主体名单予以公布,有时甚至会公布数据保护负责人的姓名和联系方式。因此确保数据主体获得公共信息的权利所必需信息的中心化管理。

  5. 对登记体系进行查看的条件。谁能查看登记体系所记载的信息?就其涵义言,登记体系向全体公众开放。指令在这方面规定登记体系可由"任何人"予以检查。但有时候,会对检查的人施加一定条件限制。例如,在奥地利,该人员须证明其身份;在卢森堡,该人员须证明其为处理操作有关人员,以便对登记体系的信息进行深度查阅。查看手段。视国家不同,对公共登记体系进行查看也有多种方式。在大多数情形下,可以通过数据保护监管机构的网站查看登记体系。对这些登记提出请求的默认或者额外方式包括电话、传真或者邮件;之后会以载有登记体系部分内容的打印文件甚至是 CD-ROM 提交予要求查看方。有时候,监管机构仅在要求人亲自在其办公机构所在地方许可其查看登记体系。搜索功能。视国家不同,登记体系的搜索功能可能有所不同。在任何情形下,诸如直接营销等使用登记体系的目的都不可能与其最初公之于众的目的不相符合。也不可能将登记体系整体进行下载。支付费用。在所有欧盟国家,查看登记体系并不需要付费。有时候，数据保护监管机构可能会因为提交登记体系中有关信息的纸质文本而收取费用。

第三章 司法救济、法律责任及处罚措施

救济方式

第22条

在不影响包括第28条所规定的监管机构给予救济在内的条文可能规定任何行政救济的前提下，在向司法机构提起诉讼之前，对侵犯适用有关数据处理成员国法律所保障权利的情形，成员国应为每个人都提供司法救济权。

1. 司法救济。成员国为实施《数据保护指令》通过国内法所规定权利遭到侵犯的时候，任何权利人都应有获得司法救济的权利。《欧盟委员会第一报告》注意到，《数据保护指令》并不如设想那样完全被遵守。其原因是："监管部门及执法过程中力量不足，监管机构任务庞杂，而其中执法行动并不被重视"；执法向来是零敲碎打，而一些监管机构也没采取多少执法措施。因此，在成员国数据保护监管机构不能或不愿采取适当执法措施的情形下，作为数据主体行使其权利的手段，司法救济权十分重要。《第29条工作方机制关于未来隐私权的文件》(the Article 29 Working Party's Paper on The Future Privacy)建议对《数据保护指令》予以修改，允许集团诉讼并引入更易使用的纠纷解决手段选择。

2. 成员国实施情形。(a) 英国。在英国，个人可以在法院对任何数据控制主体提起诉讼，以行使数据主体查看权(第12条)、拒绝权(第14条)、拒绝自动决定权(第15条)及补偿权(第23条)。然而，在英国进行该等诉讼取得成功的机会比较有限。(b) 德国。类似地，在德国，数据主体可以直接在德国提起任何诉讼。视数据控制主体是公共机构或私人机构及权利主

张的性质之区别,一般法院、劳动法院或行政法院都有相应的管辖权。

法律责任

第23条

(1) 成员国应规定,因违法数据处理操作,或者与根据指令通过的成员国法律规定不相符行为而遭受损失的任何人,都有权就其遭受的损失获得控制主体提供的补偿。

(2) 如果控制主体证明自己并不为造成损失的事件负责,即可全部或部分地免除这种责任。

1. 概论。《数据保护指令》要求成员国确保每人都可以就违法处理操作或违反成员国法律规定而遭受的损失获得数据主体提供的补偿。

2. 补偿形式(第1款)。补偿权将由各成员国通过行使其自由裁量权而落实。因此,对于诸如补偿性质及进行补偿的损失种类等方面,成员国间都存在着严重分歧。以下就是一些例证。(a) 法律性质。根据《英国数据保护法》,成文法直接规定了责任。相反,《爱尔兰数据保护法》并没有就保管不准确的个人数据直接规定任何的补偿权,而是规定数据控制主体对该等个人数据进行收集和处理时负有审慎义务。这使得数据主体在违法处理蒙受损失时可以基于过失侵权的理由起诉数据控制主体。(b) 损失种类。根据《英国数据保护法》,因违法处理而取得补偿的人仅限于:(i) 遭受损失或痛苦;或(ii) 仅因为新闻报道、艺术或者文学目的进行数据处理而遭受痛苦。相反,在爱尔兰,补偿权基于一般意义上的过失侵权产生,因此《爱尔兰数据保护法》没有明确规定需要补偿的损失种类。

3. 补偿的适用(第1款及第2款)。成员国对数据控制主体有义务进行赔偿情形的规定各有不同。(a) 赔偿责任。根据《奥地利数据保护法》,数据主体仅得在违法使用数据有过错的情形下负责赔偿。相反,根据《德国数据保护法》,如果数据控制主体是公共机构,无论数据控制主体是否有过错,赔偿权会基于任何自动处理而产生。(b) 免责。如果数据控制主体并不对产生损失的事件负责,则该数据控制主体免责。对该规定的实施也在各成员国间存在着差异。举例来说,根据《英国数据保护法》,如果数据控制主体证明其在具体情形下合理审慎地努力避免违法处理,则该数据控制主体可以免责。该条文看来比第 23 条第 2 款的规定要宽泛,后者仅仅规定数据控制主体不对违法处理负责的情形下可以免责。与之相比,《瑞典数据保护法》对数据控制主体规定了严格责任,因此不必证明数据控制主体的过失或过错。然而,如果数据控制主体能够证明其没有造成违法处理的,可以合理地减轻该等责任。

4. 案例法(第 15 条)。实践中,赔偿权并没有被广泛行使。娜奥米·坎贝尔案(英国)是英国为数不多的支持赔偿请的案例之一。《每日镜报》发表了一篇与著名时装模特娜奥米·坎贝尔有关的文章,该文章称她是个瘾君子,并配发了她正要离开戒毒中心的一张图片。娜奥米·坎贝尔向《每日镜报》提起诉讼,称其违反了《英国数据保护法》并侵犯了她的隐私。高等法院裁定该等文章侵犯了个人隐私,并因其对个人敏感信息进行了违法处理,也违反了《英国数据保护法》。法院在判决中给予她 3500 英镑的赔偿。该案被上诉到英国上议院。虽然上议院的判决主要基于《欧洲人权公约》第 8 条及第 10 条,而不是《英国数据保护法》,但他们也最终维持了高等法院 3500 英镑的判决。

处罚

第 24 条

成员国应采取适当措施确保本指令规定的完全实施,尤其在违反根据本指令通过的法律规定时,规定处罚措施。

1. 概述。《数据保护指令》要求成员国采取适当措施确保对《数据保护指令》的遵守,包括对违反成员国相关法律的行为进行处罚。由于所使用的惩罚措施主要是执法事项,因此,《数据保护指令》并没有明确这些处罚的类型或严厉程度。这些事项将由成员国确定。

2. 处罚范围。对违反数据保护法律进行的处罚多种多样。举例说明如下。(a)行政罚款。一些监管机构有权对数据控制主体处以罚款。例如,西班牙数据保护局(Agencia Espanola de Proteccion de Datos)就有权进行最高 601012.10 欧元的罚款,而德国监管机构有权处以最高 300000 欧元的行政罚款。德国监管机构最近也获得了没收违反数据保护法律所得利润的权力。英国信息专员目前有权进行最高 50000 英镑的行政罚款。(b) 刑事罚款。在对违反数据保护法律的行为提起刑事诉讼时,也可以进行罚款。例如,对于《英国数据保护法》规定的犯罪行为,可以进行上不封顶的罚款。(c) 监禁。在大多数成员国,违反数据保护法律可处以监禁。例如,《比利时数据保护法》规定了最高两年的监禁,而塞浦路斯的刑事处罚中,监禁可达五年。然而,实践中很少处以监禁。英国是目前少数几个成员国中对违反数据保护法律并不处以监禁的国家,但是英国政府正在建议对违法披露个人数据的行为处以最高两年的监禁。(d) 其他的正式处罚措施。大多数监管机构也可以实施其他多种处罚措施,例如,命令没收储存个人数据的媒介,删除个人数据或禁止处理个人数据。(e) 非正式处罚。最后,有些监管机构也采取非正式处罚,尤其可对违反数据保护法律的数据控制主体"公布其姓名并使之受到谴责"。例如,英国信息专员已经要求一些数据控制主体公开承诺不再违反《英国数据保护法》,而这种承诺并非成文法所要求。(f) 以后的变化。《第 29 条工作方机制关于未来隐私权的文件》建议对监管机构权力采取一种更加一致的做法,这包括赋予所有监管机构处罚控制主体及处理主体的职权。

3. 董事责任。在许多成员国(包括瑞典、爱尔兰、瑞典及英国),公司的董事或管理人员可能要对公司进行的任何违法数据处理予以负责。

4. 实践中的执行情况。《欧盟委员会第一报告》注意到,《数据保护指令》并不如设想那样完全被遵守。其原因是:"监管部门及执法过程中力量不足,监管机构任务庞杂,而其中执法行动并不被重视。"执法向来是零敲碎打,而一些监管机构也没采取多少执法措施。以下例子证明了成员国存在的分歧。(a) 西班牙。西班牙数据保护局(Agencia Espanola de Proteccion de Datos)是欧盟内最为激进的执法部门。2008 年,它进行了总额为 2200 万英镑的罚款,其中,作出了目前为止最高的罚款:对电视节目"Big

Brother"制作商 Zeppelin 处以 2200 万英镑的罚款,理由之一就是西班牙数据处理安全措施的规定没有得到遵守。(b) 德国。2009 年,柏林监管机构针对德国铁路公司(Deutsche Bahn AG)监控其雇员的做法处以 120 万英镑的罚款。(c) 英国。英国信息专员也在大张旗鼓地实施《英国数据保护法》。在截至 2009 年 10 月的 12 个月内,英国信息专员颁发了 17 个正式执行通知,命令作出 48 项公共承诺。(d) 马耳他。与以上情形不同的是,虽然马耳他数据保护专员对多家数据控制主体进行了调查,但从没有对之进行正式处罚。这部分是因为和其他成员国相比,马耳他是个非常小的国家,而且还因为马耳他监管机构通常更愿寻求对数据控制主体予以教育,而不是处以正式处罚。(e) 卢森堡。与之类似,截至目前,卢森堡数据保护专员也没有使用其正式处罚的权力。

5. 违法行为申报。《隐私权和电子通讯指令》已被修改,规定电信及互联网服务提供商须就任何数据违法行为向监管机构及其客户进行申报。其他诸如德国在内的成员国引入了针对所有数据控制主体且涵盖范围更广的申报法律规定。在未来对《数据保护指令》进行修改时,建议将类似义务适用于所有数据控制主体。这可能会使得违法行为得以根据这些安排向监管机构进行申报,从而增强了执法活动的力度。

6. 相互协调的执法活动。监管机构也采取了一种相互协调的执法活动,这部分是通过第 29 条工作方机制的行动进行的。例如,所有的监管机构对私人健康保险市场进行了联合调查,这在《首次联合行动工作文件》(Working Document on the first joint enforcement action)中得到了详细说明。

第四章　　将个人数据转移予第三国

原则

第 25 条

(1) 成员国应规定,将正在处理的个人数据向第三国进行转移或者该等转移就是为了在转移之后进行处理的,在不影响遵守成员国根据本指令其他条款所颁布法律规定的前提下,仅得在该第三国确保足够保护水平的情形下方可进行转移。

(2)应根据与数据转移或成套数据转移有关的所有情形来判定第三国给与保护的水平是否足够;尤其要考虑数据的性质、拟进行数据处理操作的目的和时长、来源国及最终目的国、第三国一般情形及有关领域中成文法规定及在该国须遵循的执业准则和安全措施。

(3)成员国和欧盟委员会认为第三国不能够确保本条第2款所指足够保护水平的,都应彼此知会。

(4)欧盟委员会根据第31条第2款规定的程序发现第三国不能确保本条第2款所规定足够保护水平的,成员国应采取必要措施阻止向该第三国进行任何同类数据的转移。

(5)欧盟委员会应在合理时机展开谈判,对第4款项下所发现问题导致的情形予以纠正。

(6)欧盟委员会可以根据第31条第2款规定的程序,尤其是在结束第5款所指的谈判后,确定第三国通过其国内法或者作出相关国际承诺而确保了本条第2款所规定足够保护水平,对个人生命、基本自由及个人权利提供了保护。成员国应采取必要措施以遵守欧盟委员会的决定。

1. 概述。《数据保护指令》确立了在欧盟范围内统一的数据保护水平,这使得个人数据可以在成员国之间进行自由流动(第1条第2款)。当个人数据向欧盟之外的第三国进行转移时,须权衡多种利益。一方面,数据转移不能削弱《数据保护指令》提供保护的水平。另一方面,由于向其他国家转移数据在经济而言至关重要,所以不能一概而论地加以阻止。这就是为什么欧盟委员会原先的建议稿建议第三国确保提供足够保护就足以使数据得以自欧盟境内转出。该原则现在由第25条加以规定。然而,与原先建议稿相比,第26条规定的变通情形则更为详尽。本章条款的变通情形也可以由成员国依据第9条进行规定。该条款规定,对于仅为新闻报道、文艺或文学表达的目的进行数据处理,成员国可以依据本章规定豁免及变通情形。

2. 第三国(第 1 款)。该条款并未被《数据保护指令》明确界定。然而,考虑到该条款意定涵义,第三国系指不适用《数据保护指令》的任何国家。这就是指欧盟成员国及根据欧洲经济区委员会第 83/1999 号决定所确定欧洲经济区成员国(挪威、列支敦士登及冰岛)之外的国家。另外,如果数据处理适用于成员国根据第 4 条第 1 款 b、c 项制定的法律,即可获豁免。还有,虽然欧洲法院(请见 Bodil Lindqvist(ECJ)案)有相反判定,但如果在欧盟成员国中向互联网页上传数据,因为该等数据也可以由第三国的人员通过查看技术手段进行查看,所以也构成第 25 条意义上的向第三国转移数据。虽然根据第 34 条的规定,欧共体并非《数据保护指令》的适用对象,但如果它接收了适用于《数据保护指令》的数据,也须遵循指令的要求(请见《阿姆斯特丹条约》第 286 条及《第(EC)45/2001 号关于共同体机构处理个人数据中对个人的保护及该等数据自由流动的条例》具体规定。)

3. 足够水平(第 1 款)。(a) 术语涵义。《数据保护指令》并未明确界定"足够保护水平"这一术语。第 25 条第 2 款仅仅规定了对是否足够予以评估的相关情形。认定是否足够的决定性因素是《数据保护指令》的目标和主旨。它意在使成员国的法律趋同,并因而考虑成员国法律已经提供的保护,该等保护业经《欧盟人权公约》第 8 条及欧共体法律一般原则所承认(前言第 10 项),比如《欧洲个人数据自动处理公约》。基于此,可以确定执行内容和程序要求,对其予以遵守,就被视为保护已经达到足够的最低要求(《12 号工作文件》,第 5 页)。须遵守原则的基本"内容"如下:目的限定原则,数据质量及比例原则,透明原则,安全原则,查看、更正、反对及限制向其他第三国进行进一步转移的权利。原则适用于特定种类数据处理的其他例子中,有涉及敏感数据的处理、直接营销目的而进行数据处理任何阶段的默认选择情形及个人自动评判(《12 号工作文件》,第 6s 页)。为确保足够水平的保护,须实现的关键程序执行目标就是:就数据主体行使其权利时,实现对规则的良好遵循,并对数据主体提供支持和帮助,对遭受损害一方予以适当救济(《12 号工作文件》,第 7 页)。《奥地利数据保护法》已经在其法律中落实了"足够"这一概念。《奥地利数据保护法》第 12 条第 2 项规定，确定保护是否足够，其决定性考虑因素应是外国法律制度下数据使用相关原则及是否存在执行的有效保障。由于"足够"这一术语并不意味着"等值"，必须在质量上而不是数量而言具有相同功用的制度存在。"足够"这一术语实质上的不确定应由按照第 25 条第 4 款规定设置的程序机制所弥补。这种方式的优点就是在根据第 25 条第 4 款进行谈判的过程中，强化了对于不同情形及需求做出的灵活反应。(b)《欧洲个人数据自动处理公约》批准国所达到的足够水平。《欧洲个人数据自动处理公约》是现存唯一在数据保护领域具有约束力的国际文件，并对非欧洲委员会成员国开放。因此，就产生了一个问题，《欧洲个人数据自动处理公约》批准国提供的保护是否达到了足够的水平？一些欧盟成员国在其国内法中对这一问题进行了回应。例如,《冰岛数据保护法》第 29 条及《挪威个人数据法》第 29 条均要求，在衡量一国是否遵循《数据保护指令》规定提供足够水平的数据保护时，须将其《欧洲个人数据自动处理公约》批准国的身份作为考虑因素。《瑞典个人数据法》第 34 条甚至允许将数据向《欧洲个人数据自动处理公约》的加入国进行转移。第 29 条工作方机制进行的一项分析得出的结论是：根据第 25 条第 1 款，个人数据向《欧洲个人数据自动处理公约》批准国进行的大多数转移被视为是允许的，只要该有关国家也设置了适当的机制（例如具有适当职权的独立监管机构）以确保遵守、帮助个人并提供救济。另外，有关国家须是数据转移的最终目的国，而不是数据传输的中间国，除非进一步的数据转移是回到欧盟境内或者另一个提供足够保护的国家（《12 号工作文件》，第 8s 页）。

4. 并不足够的后果（第 1 款）。应禁止将个人数据转移至保护水平并不足够的第三国（前言第 57 项）。即使欧盟委员会尚未根据第 25 条第 4 款作出该国并未提供足够水平保护的决定，该规定也适用。

5. 成员国国内法的意义（第 1 款）。适用第 25 条第 1 款的规定，不应影响遵守成员国依据《数据保护指令》其他条款所通过有关国内法律的规定。须遵守《数据保护指令》其他条款的规定，就明确了拟订中的数据转移须遵守诸如将第 7 条规定转换为国内法的成员国法律。如果不遵守成员国国内法,即使第三国确保了足够水平的保护,也不可进行转移。

　　6. 评估是否足够的情形(第 2 款)。《数据保护指令》并没有明确规定在认定是否具有足够保护水平时,其质量需要达到什么标准(请见第 25 条第 1 款,第 3(a)项评述)。然而,第 25 条第 2 款规定了在认定保护水平是否足够时需要考虑的因素。这种方式扼要说明,对数据主体个人权利的影响及由此在具体情形下需要给予保护的水平取决于数据处理或使用的详细情形。在认定给予保护的水平是否足够时,所考虑的因素请见以下非穷尽式列举的几点。数据性质。对于数据性质,尤其是在涉及第 8 条所规定特殊种类的数据时,数据内容起着重要的作用。拟订进行处理操作的目的和时长。在这方面而言,至关重要的是其目的是否被界定为限定或宽泛目的,以及处理是否与数据主体权益形成冲突。对于时长,比如在数据储存时长没有超过原先数据处理目的所必需的,对数据主体个人权利的影响就小。来源国及最终目的国。数据来源国的数据保护水平如与数据出口国不一致,须对之进行评估。第三国仅仅是数据转移中转站的,最终目的国并不等同于第三国。第三国一般情形及有关领域中的成文法规定及在该国须遵循的执业准则和安全措施。对特定领域法律进行考察也许只能得出结论:针对该领域而言,提供保护的水平已足够,但这结论不能适用于整个国家。本条文将执业准则和安全措施视为与成文法一样具有约束力,从而揭示了实际处理情形在认定保护水平是否足够时起着关键性的作用。第 29 条工作方机制已经确定了自律机制可以提供足够保障的条件(《12 号工作文件》,第 10ss 页)。首先,它必须对接收个人信息转移的所有成员具有拘束力,并在数据转移予非成员时提供了足够的保障。其次,该文件须透明,并为提供足够水平保护所需,须规定内容基本原则及执行程序的核心目标(请见第 25 条第 1 款,第 3(a)项评述)。

　　7. 其他成员国及欧盟成员国持有的信息(第 3 款)。(a) 目的。"足够保护水平"这一术语的模糊性也许会导致不同成员国所作决定的差异。出于《数据保护指令》第 1 条第 2 款所保护权利有关的理由,成员国不得限制共同体内部个人数据的自由流动。这样,数据被转移至第三国之所以具有风险,就是因为成员国对跨境流动规定了最低要求。因此,《数据保护指令》旨在对各国作出决定的实践做法进行协同化。部分程序就是本条所要求提供的信息。(b)实际情形。信息对象就是成员国认为某个第三国并不能确保足够水平保护的实际情形。在成员国对正在进行、惯常重复进行或直接冻结的数据转移予以关注时,实际情形就已成立。与之相关,需要注意的是,成员国不可能关注依据第18条第2款的规定给予申报义务豁免的数据转移(请见第18条第2款,第3、4项评述)。根据本条精神,受影响的实际情形仅仅是那些适用第25条的情形及不可能依据第26条第1款予以变通处理的情形。

8. 欧盟委员会的决定(第4款)。(a)决定之动议。欧盟委员会须根据第25条第3款规定的信息或者依据自己的动议作出决定。两者都需要与第31条第2款规定的程序相符。(b)决定之内容。对于保护水平是否足够,第25条第4款援引了第25条第2款。从中可以看出,其思路就是:决定可以有不同的适用范围。例如,它们可以影响整个国家,或者仅仅影响特定领域或者特定种类的数据转移。(c)成员国采取的必要措施。欧盟委员会作出决定的,成员国应采取必要措施,阻止任何将同类数据转移到有关第三国。本条款并没有具体规定应采取措施的任何具体内容。这将视具体情形及成员国法律规定为准。可以预期的措施包括法律条例,例如实施被禁数据转移的、具有约束力的登记体系机制或者是监管机构根据第28条第3款对其调查及有效权力予以行使。成员国采取的措施应阻止对同类数据的任何转移。如果有关数据转移和与议有关情形一致,则为同类数据。具体由欧盟委员会的决定范围所认定。(d)回溯效力。该决定并不能解除已经执行的数据转移。然而,如果控制主体在欧盟委员会作出决定后没有采取必要的可行措施取消数据转移,根据第23条的规定,它可能需要承担责任。

9. 谈判(第5款)。与没有达到足够保护水平的第三国进行谈判这一要求表明,《数据保护指令》意在提高数据保护水平,并避免将欧盟与其他国家分割开来。可以预期的谈判对象是相关国家负责颁布有关数据保护法律的政府机构或者负责数据转移的控制主体。谈判结果也许会使得欧盟与该等第三国达成有关协定。

10. 欧盟委员会决定（第 6 款）。(a) 程序。通过一项欧盟委员会决定，会涉及以下事项：欧盟委员会发出一项建议，第 29 条工作方机制发表一项意见，成员国中绝对多数发表第 31 条管理委员会意见，欧洲议会的第三方审查权以审查委员会是否正确地执行了其职责，委员会委员们通过决定。(b) 决定范围。决定范围须受到适当限制。例如，决定应规定适当的要求和条件、有时间限制或者仅得在诸如监管机构信息之类程序条件得到满足的情形下方为有效。一个总括性的决定涵盖由欧盟到第三国的所有数据转移，这仅仅在第三国的数据保护体系建立在《数据保护指令》基础之上方为可能。(c) 决定标准。对于足够水平保护的要求，请见第 3(a) 项评述。然而，并不仅仅是法律及组织文件有决定作用，其对数据主体权利及自由权利保护的实际实施也同样具有决定作用。欧盟一个成员国与第三国之间的双边协定并不能实现足够水平的保护，因为它仅仅约束缔约双方，效力并不及于其他成员国。但是，这样一个双边协定却可以是第三国向欧盟作出承诺的起点。(d) 欧盟委员会决定的例证。目前为止，欧盟委员会已经认可瑞士、加拿大、阿根廷、泽西（Jersey）、根西、马恩岛、美国商务部隐私避风港原则及将航空乘客姓名记录（PNR）转移给美国海关及边境保护局的安排均提供了足够水平的保护。另外，作为对法律情势的评估结果，第 29 条工作方机制于 2009 年 12 月提交了意见，认为安多拉公国及以色列确保了足够的保护水平。(e) 成员国采取的必要措施。成员国应采取必要措施以遵守欧盟委员会的决定。成员国遵循决定的方式各有不同。一些成员国的法律仅仅规定，向第三国转移数据仅得在确保足够保护水平的情形下方可进行。例如，《丹麦数据保护法》第 27 条第 1 款、《比利时隐私法》第 21 条第 1 款及《德国联邦数据保护法》第 4 条第 b(2) 项都作此规定。在其他情形下，如果数据转移至被认可的国家，则可被解释为对禁止向第三国转移数据的例外。例如，《西班牙有机法》第 34 条 k 项作此规定。有几个国家以公布官方名单的方式作出指引。例如，奥地利的《奥地利数据保护法》第 12 条第 2 款、瑞典的《瑞典个人数据法》第 35 条都进行了此种规定。这些名单列出了被认定具有足够保护水平的第三国。其他成员国法律则要求控制主体要么就数据转移向监管机构申报，要么甚至要取得监管机构的授权。前者的范例有西班牙数据保护机构通过的第3号及第4号《指引规则》，而后者的例子有希腊的《希腊个人保护法》第9条第1款，意大利的《意大利数据保护法》第44条第1款b项。然而，跨境个人数据转移的程序是体系化的，如果欧盟委员会发现第三国提供的保护水平足够，则成员国不能基于第三国所提供保护水平的理由阻止数据转移。

变通情形

第26条

（1）通过对第25条的规定予以变通，除非具体适用的成员国国内法有不同规定，成员国应规定，向第25条第2款所指不具足够保护水平的第三国进行的单个或成体系的个人数据转移，在以下条件下可以进行：

（a）数据主体对拟定的数据转移明确同意；或者

（b）数据转移是数据主体与控制主体间合同履行所需，或者是应数据主体要求为了在订立合同之前实施有关措施所需；或者

（c）数据转移是控制主体与第三方之间为了数据主体利益而达成合同的缔结或履行之所需；或者

（d）数据转移是重大公共利益之必需或合法要求，或者是合法请求权之主张、行使或辩护所需；或者

（e）数据转移是为了保护数据主体核心利益所需；或者

（f）根据法律或者行政法规，为公众提供信息并公开以供一般公众或可以证明具有合法利益的任何人士进行征询，建立数据登记体系后引发的数据转移，但在具体情形中须符合法律对征询所规定的条件。

（2）在不影响第1款法律效力的前提下，成员国可以授权向第25条第2款所指不具足够保护水平的第三国进行的单个或成体系的个人数据转移，但控制主体须证明其就隐私权、个人基本权利及自由及其相关权利的行使都提供了足够保障；这些保障措施可以具体以适当的合同条款为基础。

(3)成员国应将其依据第2款规定作出的授权向欧盟委员会及其他成员国予以通报。如果成员国或者欧盟委员会对涉及隐私权和个人基本权利及自由保护的合法理由提出异议，欧盟委员会应该根据第31条第2款规定的程序采取适当措施。成员国应该采取必要措施以遵守欧盟委员会的决定。

(4)欧盟委员会根据第31条第2款规定的程序作出决定，认定特定标准合同条款提供了第2款要求的足够水平保障，成员国应采取必要措施以遵守欧盟委员会的决定。

1.例外情形（第1款）。(a)概述。第26条第1款列明了向第三国转移数据所可能适用"足够"要求时，可能出的一些特定例外情形，请参考114号《工作文件》，它规定了对于该体系的良好指引，并对第26条第1款的变通规定进行了解释。例外情形主要涉及下列情形：针对数据主体的风险相对较小，或者其他诸如公共利益或者数据主体自身的利益优先于数据主体隐私权的情形。作为例外情形，该等变通须作严格解释。变通情形并不为数据转移提供独立的合法依据。是否允许数据转移，须根据所适用成员国法律进行评估。(b)具体例外情形。明确同意。在取得数据主体对拟进行的数据转移予以明确同意的情形下，可以将数据转移至没有确保足够保护水平的第三国。对于合法有效同意的一般要求，参见第2条h项的规定（请见第2条h项，第9项评述）。另外，数据主体须了解其数据被转移至一个没有提供足够保护国家的情形。该等同意必须明确。这并非要求同意须以明示的书面方式作出。与第8条第2款a项比较而言，默示同意也已足够。然而，如对同意作出事实上的任何质疑，也将使得例外情形不再存在。因此，为了举证所需，建议数据主体以书面方式予以同意。在实践中，控制主体在与数据主体有直接联系、容易对其提供必要信息并且很容易取得明确同意的情形下，控制主体可以利用该等例外情形。例如，在提供保险的情形下进行数据转移（《12号工作文件》，第24页）。为履行合同之必需。足够性要求的另外一种例外情形就是：数据转移是数据主体与控制主体间合同履行所需，或者是应数据主体要求为了在订立合同之前实施有关措施所需。

如果向第三国转移数据是相关合同及合同前法律关系所产生义务的要求，就满足了本规定的要求。这体现在诸如为一名乘客预订机票所进行的数据转移、在第三国订酒店房间或者租车，或者为了国际银行的业务操作和信用卡支付等情形中。实践中，必要性标准限制了该条款的适用范围。因此，如果有非关键的附属数据被转移，或者是该等转移的目的并不全是为了合同或者非合同义务之履行，而是涉及其他诸如直接营销等目的，就不适用此例外情形（《12 号工作文件》，第 24 页）。因控制主体与第三方之间为数据主体利益所达成合同的缔结或履行之所需。与以上提及的例外情形不同，根据条文规定，数据主体并非合同当事方。然而，合同须为其利益达成。数据主体应接收为其在第三国所预订货物或服务的情形下，如果数据主体是银行付款的受益人，情形尤其如此。重大公共利益理由之必要或者法律要求。该等变通须以第 7 条 e 项规定予以解释。前述规定允许基于公共利益而完成一项任务的必要所进行的数据处理。相较第 7 条 e 项而言，第 26 条第 1 款要求满足重大公共利益这一条件。因此，对于跨境数据转移，规定的要件更为严格，例外情形须作严格解释。该等利益可以是重大的公共国家利益、欧盟成员国利益或者第三国利益。重要的是第三国要存在公共秩序（ordre public）。满足这一要求的事例如下：在税务或者海关部门之间的数据转移、在有关处理社会保险事项的服务提供者之间进行数据转移（请见前言第 58 项），或者是因刑事调查及针对腐败调查而进行的数据处理。另一方面，第三国政府机构须在行政法方面遵守会计准则的，并不构成这种重大公共利益。合法请求权。为合法请求权之主张、行使或辩护所需，可以向缺乏足够保护水平的第三国进行数据转移。该规定对在合法请求权实施进程中必需的数据转移予以许可。保护数据主体的核心利益。所谓"核心利益"系指对数据主体生命至关重要的利益（前言第 31 项）。该等转移的一个明显例子就是：如果一个之前在欧盟接受治疗的旅行者在第三国遭受意外或者重病缠身时，会将其医疗记录向第三国转移。一般而言，金融、财产及家庭利益被排除在该类利益之外（《12 号工作文件》，第 25 页）。公共登记体系。规定该等例外情形的目的就是要在成员国设立公共登记体系，以供公众或者证明有合法利益的人员进行征询之时,有权对公共登记体系提出征询的人如身处第三国、而征询行为又涉及数据转移的情形下,不得阻止信息传递给该等要求征询的人士(《12号工作文件》,第25页)。在登记体系旨在向已证明具有合法利益人员提供征询的,数据转移仅得在该等人士提出要求时方可进行。另外,该等例外情形也不允许将整个登记体系内容或者登记体系的整个种类的数据进行转移(前言第58项)。(c)因国内法产生的变通条款。除非具体情形下所适用的国内法另有规定,国内法规定的例外情形有效。一般而言,变通情形优先。本条款使得成员国可以作出规定:即使变通情形的要求已经得到满足,但由于具体情形,不能够基于变通规定进行数据转移。这并没有授权成员国要求数据转移须取得授权,也没有要求在满足第26条第1款的规定时进行可以取得实际授权的申报。前者如《希腊个人保护法》第9条第2项或《葡萄牙数据保护法》第20条第1款的规定,后者如西班牙数据保护机构的第4号及第5号指引规则的规定。这种做法似乎与《数据保护指令》第四章的规定不一致(欧盟委员会报告,第18页)。(d)变通情形转换为成员国国内法。成员国一般会遵循第26条第1款的规定。然而,在一些领域,成员国法律也与《数据保护指令》有所差别。一些国家附加了更严格的标准或要求。例如,根据《希腊个人保护法》第9条第2款b项规定,因保护数据主体核心利益而进行数据转移的,仅在数据主体无法对转移作出同意表示的情形下方可适用变通情形。另外一个变通情形的例子来自于《爱尔兰数据保护法》第11条第4款(a)(vii)项,该规定将数据主体核心利益扩展至对数据主体财产造成重大损失或毁坏的情形。

2. 转移授权(第2款)。(a)设定。第26条第1款规定的例外情形之外,第26条第2款规定了另外的变通情形。据此,个人数据可以向缺乏足够水平保护的第三国进行转移。这已由"不影响第1款"的术语所规定。与第26条第1款规定的变通情形不同,第26条第2款规定的变通情形需要取得有权成员国的授权。(b)可预期的足够保障。如控制主体证明对于隐私权、个人基本权利和自由及相关权利的行使都提供了足够保障,则可以授权进行转移。该等保障尤其可以通过适当合同条款予以规定。该等合同条款可以是欧盟委员会根据第 26 条第 4 款规定而通过的标准合同条款,也可以是成员国自身认定的适当非标准合同条款。"尤其"这一用词揭示,也可以存在给予授权时诸如有约束力的公司内部规章等其他予以考虑的概念(《74 号工作文件》,第 6 页;《168 号工作文件》,第 2 页,第 11s 页)。实践中,有约束力的公司规则在《74 号文件》公布之前就已经开始发展了。早在 1998 年,在全球进行经营的公司就已经开始关注当时被称为行为规范的这种法律文件,并基于《12 号工作文件》设计了足够的保障安排。以此为基础,成员国监管机构对之予以批准。(c)对保障的要求。足够水平。为评估控制主体提供的保障对于保护隐私权及个人的基本权利是否足够,适用评估第三国的一般水平是否足够时的相同要求(请见第 25 条,第 3(a)项评述)。因此,保障须体现数据保护的所有基本原则(目的限制原则,数据质量及比例原则,透明原则,安全原则,查看、更正及拒绝权,限制向非合同当事人进一步转移数据或者其他保障),并规定了在评估相关体系是否足够时(良好的合规情形,对数据主体个人行使权利提供支持和帮助,对被侵害一方提供的适当救济)落实该等原则的方式(《12 号工作文件》,第 23 页;对于有约束力的公司规则,请见《153 号工作文件》,第 3s 页,第 10s 页及《154 号工作文件》)。为确保良好的合规情形,保障措施应对接收方的处理活动规定一定形式的验证措施,例如外部审计或者内部独立审计。为向数据主体提供支持和帮助,应设置某种可以对投诉进行独立调查的制度机制。可能的选择就是第三国的接收方直接向有关成员国监管机构提供合法保证,在怀疑违反数据保护原则的情形下,数据接收方同意允许监管机构或其指定代理进行查看(《12 号工作文件》,第 20 页;对于有约束力的公司内部规章,请见《155 号工作文件》对《153 号工作文件》及《154 号工作文件》的总结)。对被侵害方的救济,可以通过诸如数据出口方和进口方之间的协议规定或向数据主体承诺一定的义务而予以规定。对于有约束力的公司内部规章,第 29 条工作方机制已通过一项主要涉及对足够性予以评估时须考虑必要事项的核对清单(请见《102 号工作文件》及《108 号工作文件》确立的核对清单示范)。限制。在一些国家,政府机构查看信息的权力超出了诸如《阿姆斯特丹条约》第六条规定等国际公认人权保护标准所允许的范围。由于合同或公司内部规章自身无法限制这些权力,就显得捉襟见肘,并不能对数据提供足够的保障,所以并非保障的适当方式(《12号工作文件》,第21s页)。(d) 授权对象。成员国对单个转移行为或体系化的数据转移予以授权。这意味着成员国并没有对诸如合同或者有约束力公司内部规章之类的保障进行授权,而是仅仅对数据转移或体系化的数据转移进行授权。(e) 批准程序。即使跨国公司有意从不同成员国的多个数据保护机构获取批准,也仍然要面对繁琐的批准程序。简化批准程序的努力已经取得了一些进展;对于有约束力公司内部规章的实质内容,申请人可以借助诸如《74号工作文件》、《108号工作文件》、《133号工作文件》、《153号工作文件》、《154号工作文件》及《155号工作文件》等成套工作文件。然而,并没有对欧洲共同批准程序制定出有约束力的程序规则。为了摆脱这种困境,针对其各自作出的批准,一些成员国已同意设立互相承认程序,并被广泛称为"相互承认"。然而,即使这种努力也因其非正式的形式而缺乏透明度,并缺少法律上的确定性,须被适当的正式法律监管机制所替代。(f) 实践中的考虑因素。合同解决方案最适合于在恒定的运营主体间进行性质相似、不断重复的大量数据转移。有约束力的公司内部规章作为一项适当手段,为公司集团处于不同法域成员间的数据转移提供了足够水平的数据保护,在最近,这已被第 29 条数据保护工作方机制通过《168号工作文件》第 11 页的说明予以承认。[124]

3. 欧盟委员会及其他成员国的信息(第 3 款)。(a) 程序宗旨。为了在授权中确保做法的一致性,根据第 26 条第 2 款对数据转移予以授权的,须通报予欧盟委员会及其他成员国。如数据控制主体证明:通过欧盟委员会根据第 26 条第 4 款规定制定的标准合同条款已提供足够保障,则无须将任何此类授权通报予欧盟委员会及其他成员国。反之,数据控制主体证明了通过欧盟委员会所制定标准合同条款提供了足够保障,而成员国监管机构还是禁止或中止向该第三国的数据流动,则须将之无延迟地通报欧盟委员会(欧盟委员会 C(2004)5271 号决定,第 4 条第 4 款)。该等信息要求也适用于成员国根据有约束力的公司内部规章给予许可的情形。然而,基于第

29条数据保护工作方机制中数据保护监管机构所同意的合作程序(请见《74号工作文件》,第20页),不止一个成员国给予授权的,对欧盟委员会通报一次就已足够(《欧盟委员会对成员国通报的说明》,第3页)。对配合或遵守有关数据保护机构的建议而言,如公司集团予以严重及持续地拒绝,使得原先给予的授权被中止或撤销的,也须将之通报予欧盟委员会(《74号工作文件》,第17页)。许可数据转移是基于第26条第1款所规定变通事项作出的,通报义务也不适用。(b)数据质量。信息须详尽,以便可以对之提出理由充分的异议。这就要求对数据种类、处理目的、法律关系及控制主体提供的保障予以详细说明。(c)异议。本条并没有规定提起异议的时限。对有关方而言,无限期地随时提出异议是不可接受的。因此,欧盟委员会须确定提起异议的适当期限。(d)欧盟委员会的决定。不符合第26条第2款要求的,异议即为正当。在这种情形下,欧盟委员会须采取适当措施。可能的措施尤其包括对控制主体所采取保障措施进行延展的条件和要求,也可能是对个人数据的进一步使用进行限制。最后一种方式将撤销已经给予的授权。因此,成员国仅能作出有保留的授权。(e)成员国采取的措施。欧盟委员会决定影响的首要对象就是直接涉及的当事方。然而,其他成员国在这方面也受到欧盟委员会否定性决定的影响;他们不得在相似的情形下给予授权。

4. 欧盟委员会关于标准合同条款的决定(第4款)。(a)该等决定的后果。第26条第4款授权欧盟委员会以决定的方式认定特定标准合同条款是否提供了第26条第2款所规定的足够保障。换言之,认定有关条款对隐私权和个人权利及自由的保护以及对相应的权利实施是否提供了足够保障。该等决定的效力就在于,将该等标准合同条款并入合同之中后,个人数据可由欧盟内控制主体流动至缺乏足够保护水平第三国的控制主体或处理主体。然而,实践中,成员国对欧盟委员会决定的处理方式并不统一。一些成员国的国内法要求基于标准合同条款对数据转移进行授权。例如,《意大利数据保护法》第44条第1款b项、《葡萄牙个人数据保护法》第20条第5款及西班牙数据保护机构发布的《5号指令规则》都进行了这种处理。而欧盟委员会认为,只要是自动给予授权,且仅限于验证所提交合同条款是否与欧盟委员会所制定标准条款相符的情形下,该等行政程序就是正确的(《欧盟委员会对成员国通报的说明》,第2页)。(b)事例。目前,欧盟委员会已经批准了个人数据向第三国转移的标准合同条款(请见经第C(2004)5271号欧盟委员会决定修改的第2001/497/EC号《关于标准条款的欧盟委员会决定》)及向设立于第三国的处理主体转移数据的标准合同条款(请见2002/16/EC号欧盟委员会决定)。虽然2002/16/EC号欧盟委员会决定被认为是向设立于第三国的处理主体进行数据转移的坚实基础,针对解决外包环境中复杂的进一步数据转移而起草的新一套标准合同条款,第29条数据保护工作方机制已经提出了意见,请见《161号工作文件》。

第五章 行为准则

行为准则

第27条

(1)成员国和欧盟委员会应鼓励起草行为准则,以正确实施成员国根据本指令而通过的国内法规定,并对各领域的具体情形予以考虑。

(2)成员国应该制定相关法规,以便商会及代表其他控制主体种类的其他机构在制定了全国行为准则或者意图修改现有全国行为准则时能将之提交予成员国监管机构以听取其意见。成员国应对该等授权制定法规,以便至少能确定向其提交的草案文本是否符合该成员国根据本指令所通过国内法的相关规定。监管机构在认为合适的情形下应征求数据主体或其代表的意见。

(3)起草共同体行为准则及拟对现有共同体行为准则进行修改或延长的,可以向第29条规定的工作方机制进行提交。其中,该工作方机制应能确定向其提交的草案文本是否符合该成员国根据本指令所通过的国内法相关规定。监管机构应在认为合适的情形下听取数据主体或其代表的意见。欧盟委员会可确保对已被工作方机制批准的行为准则进行适当公开。

1. 条款的规制对象（第 1 款）。本条款旨在使得商会及其他组织将其行为准则提请成员国监管机构进行审核，已确定其是否符合成员国法律。基于在荷兰、爱尔兰及实施《经合组织隐私权指引》第 19 条原则的第 2b 项所汲取的经验，应该鼓励通过行为准则进行自律。针对在特定领域数据处理的经验、利益、具体情形及特征，通过对成员国国内法的规定予以细化，行为准则可以促进成员国相关国内法的实施。由于受影响的专业团体涉入相关法律的实施，行为准则也许可以提高相关规定的接受度。另外，如果行为准则提供了适当的解决方案，制定特别法或者由成员国监管机构进行相关监管就不再必要。如此，如对行为准则是否符合国内法相关规定进行事先审核，因为监管机构将只要验证有关数据处理是否与其审核并确认的行为准则相符即可，所以就减轻了监管机构的监管职责。此外，相关组织成员也可以认定行为准则符合相关法律规定并可以此为行为基础。在这方面，行为准则增强了法律的稳定性。为了利用自律的这些优势，就需要把握此趋势的政府激励。

2. 行为准则（第 1 款）。(a) 定义。行为准则系指专业团体、行业分支机构或其他控制主体所组成的组织为规范其成员行为而颁布的规范性文件。行为准则的适用对象是组织成员。作为第 27 条的对象，行为准则旨在推进成员国根据《数据保护指令》所颁布国内法律在诸如行业分支机构、专业或者专业群体中的正确实施。因此，对所适用成员国数据保护法律在实践中的运用，行为准则进行了细化和具体规定。(b) 法律效力。行为准则一般并无法律约束力，而是由相关协会或组织成员主动遵守。违反行为准则的法律后果由诸如组织章程之类规定协会及其成员法律关系的文件所规定。在数据保护角度而言，只要没有违反数据保护法律，并不阻止成员个人违背行为规则。数据主体并不能基于行为准则提出权利主张。只有将行为准则全部或部分并入协会成员与数据主体之间诸如一般条款及条件的协议条款之中，方才有效。(c) 区别。有约束力的公司规则。行为准则与有约束力的公司规则之间的主要差别就是有效法律约束力。后者旨在提供足够水平的保障基础,以利跨境数据流动。行为准则一般并无约束力,而有约束力的公司规则也须在赋予数据主体相关权利的同时,使得集团内相关公司承担义务(请见第26条,第2(b)、(c)项评述)。基于其他指令的行为准则。《电子商务指令》第16条鼓励起草行为准则,以促进其有效实施。与第27条不同,《电子商务指令》第10条第2款则要求服务提供商说明他们所适用的任何行为准则及如何以电子方式查询该等行为准则的相关信息。

3. 鼓励行为准则的起草(第1款)。商会及其他组织须自主起草行为准则。成员国及欧盟委员会仅得采取建设性的合作态度,对商会及其他组织予以激励,从而促进该进程的发展。然而,成员国有义务确保《数据保护指令》的规定得到完全实施;即使在特定领域将之交由组织和协会自主决定实施,也不能使其能忽视这一义务。

4. 商会及代表其他种类数据控制主体的其他团体(第2款)。(a) 代表其他种类数据控制主体其他团体的界定。首先,该团体须按照第2条d项的规定代表数据控制主体。对规定进行严格适用的话就会得出结论:该条款并不包含对第2条e项所规定处理主体予以代表的组织。鉴于处理主体也可能愿意成立组织并制定行为准则,鉴于并无法律理由对其加以排除,对其行为准则的提交也须类推适用第27条第2款的规定。"控制主体"在这里是复数名词,所以单个公司不能依据第27条第2款提交其行为准则。而第28条将对这种可能情形进行规定。"其他种类"这一用语系指要求某个组织所代表的控制主体须具有相似利益或者须以相似方式处理数据。例如,行业分支协会即是这种情形;例如,保险协会、信用机构及直接营销机构、地址处理商等等。(b) 提交行为准则之协会的代表性。本条并没有对提交行为准则之协会的成员数量要求予以规定,也没有规定其在相关成员国或共同体内的代表性。然而,由于成员国须允许将行为准则提交予成员国监管机构以征求其意见,并有义务对该等准则进行评估,为确保在其付出与结果间保持平衡,成员国就有权规定相关最低要求。因此,例如,《荷兰数据保护法》第25条第3款及《瑞典个人数据条例》第15条第3款都要求监管机构仅在提交人具有足够代表性的情形下方可审查所提交的行为准则。

5. 向成员国监管机构提交全国准则草案(第2款)。(a)草案。商会和其他机构仅得提交行为准则草案或对现存全国准则予以修订或延期的草案。已经生效的准则须经监管机构根据第28条的规定进行监管。(b)国家机构。国家机构可以是根据第28条的规定所指定的监管机构,或者是对提交准则发表意见的其他监管机构。

6. 国家机构发表的意见(第2款)。(a)意见内容。监管机构应至少"确定"提交的草案是否同成员国依据《数据保护指令》所通过法律的规定相符。评估的依据是所适用的成员国国内法。(b)意见的法律后果。鉴于成员国监管机构对准则进行审查应有助于法律的稳定性,须将意见告知提交草案的组织。但是,该信息并不使得有关准则具有法律约束力。该等准则是否能产生法律后果,将根据有关组织与其成员之间所订立诸如组织章程这样的法律文件予以评估。

7. 听取数据主体或其代表的意见(第2款)。监管机构无须征询数据主体及其代表的看法。监管机构根据其自由裁量权作出决定。然而,这并不禁止成员国对之予以严格要求,就听取数据主体的看法作出规定。这个问题常常发生在数据主体并没有针对具体利益而组建相关协会的情形,例如,对于贷款人、产品购买人和服务使用者都是如此。在这种情形下,须向消费者保护组织征询意见。

8. 将共同体行为准则草案提交予第29条数据保护工作方机制(第3款)。(a)共同体准则草案(第3款)。准则适用范围超出一成员国范围(共同体准则)的,可以将之提交予第29条数据保护工作方机制。(b)对于提交的要求。即使本条并没对提交组织的代表性规定任何要求,第29条数据保护工作方机制也会要求代表有关行业进行提交的相关组织在相当数量的成员国内设立或活动。只有该等受理标准满足后,第29条数据保护工作方机制才会对准则作出决定。

9. 第29条数据保护工作方机制。(a)评估标准。评估基准主要是成员国根据《数据保护指令》通过的相关国内法律。这意味着第29条数据保护工作方机制会对准则拟订实施的每一个成员国的法律作出评估。另外,准则须有助于增强《数据保护指令》、《隐私及电信指令》及其他所适用指令的法律效果。具体而言,就是要看准则是否足够关注了其拟针对的组织及领域中具体数据保护议题和问题,并判断其是否为这些议题及问题提供了充分而又明确的解决方案。(b)事例。目前,第29条数据保护工作方机制已经考察了FEDMA在直接营销中使用个人数据的欧洲准则,并作出决定,认为该准则符合第27条的要求。这表明,与根据一些成员国相关规定所制定的日常行为准则相比,第27条规定的自律机制在欧洲层面上需要更强劲的支持。

10. 听取数据主体及其代表的看法(第3款)。该规定与第27条第2款的规定相似。因此,也适用同样的评述(请见第27条第2款,第7项评述)。

11. 公开(第3款)。根据第27条,欧盟委员会可以确保第29条数据保护工作方机制所批准的准则予以适当公开。这意味着本条对诸如已批准准则公开所用媒介等事项未予以规定。这应由欧盟委员会决定。适当公开准则,也是因为这可能会对第29条数据保护工作方机制给出的肯定意见限定有效期间。在立法过程中,有人建议将有效期间限定为最高6年,这正好就与《荷兰数据保护法》第25条第5款的规定一致。

第六章　个人数据处理所涉个人权利保护监管机构及工作方机构

监管机构

第28条

(1) 每一成员国都应规定一家或多家公共权力机关,以负责监督在其领土上适用成员国根据本指令所制定的相关法律规定。

在行使其被赋予的职权时,这些权力机关必须具有完全的独立性。

（2）每一成员国都应规定，在起草涉及个人数据处理进程中个人权利及自由保护的行政措施或法规时，须征询监管机构的意见。

（3）尤其应赋予每一监管机构以下职权：

——调查权力，例如：查看构成数据处理操作主题事项之数据的权力，收集为履行其监管职权所必需信息的权力，

——有效的介入权，例如：根据第20条规定在处理操作进行之前发表意见并确保该等意见得到适当公开的权力，命令阻断、清除或者销毁数据的权力，对数据处理颁布临时或最终禁令的权力，警告或惩戒控制主体的权力，或将有关事项提交予议会或其他政治机构的权力，

——在根据本指令所制定相关法律规定遭到违反时，有提出法律诉讼的权利或者将该等违法行为通告司法机关的权力。

对监管机构作出的决定有异议的，可以将之起诉至法院。

（4）每一个监管机构应听取任何人，或者代表该等人士的协会就个人数据处理所涉其权利及自由保护问题而提起的权利主张。监管机构应告知该有关人士对其权利主张的处理结果。

在适用根据本指令第13条通过相关法律规定的情形下，每一个监管机构尤其应听取任何人就数据处理合法性之审核提起的权利主张。

（5）每一个监管机构应定期就其活动起草报告。该等报告应予以公布。

（6）无论适用有关数据处理的成员国法律作何规定，每一监管机构都有权在自己成员国的领土上行使其根据第3款规定而被赋予的权力。每一监管机构都可应另一成员国监管机构的要求行使其权力。

监管机构应为履行其职权所必需而彼此协作，尤其应互相交换有用信息。

（7）成员国应规定，即使监管机构的成员及工作人员已经了结与该监管机构的聘用关系，也须对他们已经查看的保密信息承担保守执业秘密的义务。

1. 概述。为了有效保护个人数据，有必要建立独立的监管机构，赋予

其一系列职权,以使其能够监督适用实施《数据保护指令》国内法律规定的情形。之所以采取这种方式,有若干缘由:对于尊重宪法所保障数据保护权而对之予以监督这一敏感职权,则须交由专业水平可靠及资金充裕且权能独立的高度专业化机构行使。需要指出,在欧洲这个层面上,对数据保护领域监管机构作用之确认,不仅体现在第 28 条,而且也体现在《〈欧洲个人数据自动处理公约〉附加议定书》当中。尤其值得关注的是,《欧洲个人数据自动处理公约》第 10 条仅规定成员国为实施数据保护基本原则应规定"适当救济措施";相反,《〈欧洲个人数据自动处理公约〉附加议定书》则在救济措施之一中明确规定建立监管机构是"民主社会中数据保护监管体系的核心组成部分"(请见《对〈欧洲个人数据自动处理公约〉附加议定书的说明报告》)。最后,随同《里斯本条约》于 2009 年 12 月 1 日一并生效的《欧洲基本权利宪章》第 8 条中也对数据保护监管机构的重要性予以强调。相应地,应由独立机构来监督个人数据保护规定的遵守情形。另外,在第 31 届数据保护及隐私权国际大会上,来自 50 多个国家的数据保护监管机构批准了《马德里决议》,规定了国际隐私权标准。该文件中很重要的一章就提到了监督问题:在每一个国家至少应该有一个监管机构,根据其相关国内法,负责监督该决议所规定数据保护原则的遵守情形。该等机关机构应是中立及独立的,并拥有专业素养、充分权力及充足资源,以处理数据主体所提起权利主张、进行调查并为确保遵守个人数据处理相关隐私保护的国内法律规定于必要时予以介入。即使该决议在国际层面并无直接约束力,该文件作为参考文件也有其直接相关价值,而对于那些仍然缺乏该类立法的国家,可以将之作为一个起点。

  2. 适用监管机构的要求(第 1 款)。成员国在挑选所采用模式方面拥有很大自主权,例如,规定每一个成员国都应依其各自法律体系,对设立"一个或多个"监管机构的适当性予以考虑。虽然如此,《数据保护指令》还是规定了在任何情形下成员国监管机构都需要满足的一些条件。(a) 完全独立。第 28 条第 1 款指出,该等监管机构不单须为"公共"机构,也须被赋予"完全独立"的地位。为对公民提供有效保护,不能惟政府马首是瞻,这就是一项根本要求。成员国并需通过法律规定排除对监管机构决定所施加的任何不当影响。因德国没能履行其于第28条第1款第2句规定项下的义务，欧盟委员会于2007年向欧洲法院对德国提起诉讼（欧盟委员会/联邦德国案，C-518/07(ECJ)）。对于所涉条款的规定，法院认定，对于公共机构而言，"独立"这一用语通常意味着确保该有关机构能够不受任何指令或压力地完全自由行动。另外，并没有任何规定表明独立就是仅仅涉及监管机构及其监管对象之间的关系。相反，"独立"这一概念需要"完全"这一形容词补充修饰，这意味着监管机构作出决定的权力不受任何直接或间接的外在影响。考虑到95/46号指令的目标，监管机构必须能够客观及中立地行事。为此目的，他们须不受包括政府直接或间接影响在内的任何外在影响，而不仅仅是不受其所监管机构的影响。依据以上解读，欧洲法院得出结论，德国对负责公共领域之外个人数据处理的监管机构进行政府审查的做法，并不符合第28条第1款第2句规定的要求。一般而言，必要独立的"完全"程度看来涉及若干组成部分的，在评估独立性时，就可主张应考虑所赋予监管机构的所有职权。涉及独立性的要求须为实体性而非程序性，可以通过成员国采取的若干措施予以满足，该等措施须在监管机构存续期间实施：从对其成员的任命标准到后者在任职期间须履行的义务，到成员的任期至终止任期的条件，在监管机构的成员或职员离职后仍须履行执业保密义务（第28条第7款）。(b) 适用于欧洲数据保护总监的独立性概念。鉴于第28条规定的详细指导规则，《共同体机构处理个人数据条例》规定了更明确界定独立性的重要指标，规定了适用于共同体机构处理个人数据的规则，设立了欧洲数据保护总监（第41条第1款）并也对此规定了相关要求、任务和职权。条例第44条涉及欧洲数据保护总监的独立性。鉴于45/2001号条例第44条及95/46号指令均基于相同的一般概念这一事实，对相关条款的解释因此要保持一致。因此，不单是欧洲数据保护监管机构，而且还包括成员国监管机构，在行使其职权时均无须服从任何指令（欧盟委员会/联邦德国案，C-518/07(ECJ)）。45/2001号条例并非仅仅规定监管专员应"完全独立行事"（第44条第1款）；事实上在之后几款都予以进一步明确规定。《共同体机构处理个人数据条例》尤其规定：独立性也在于没有义务寻求或听从任何一方的指示（第44条第2款），不作出任何与监管机构职责不相符的行为，无论营利与否都不从事其他任何职业（第44条第3款）。条例还规定了监管专员离职后有义务"在接受任命或其他利益时秉持正直及裁量判断的原则"（第44条第4款）。虽然该规定完全适用于欧洲数据保护总监须满足的独立性要求，但该法律文件的主要理念可用于一般情形下对独立性的评估。对于任命标准而言，要确保独立性，一方面要求欧洲数据保护总监应选自独立性不容置疑的人员（且该等人员具有公认的履行相关职责所需要的技术能力）（《共同体机构处理个人数据条例》第42条第2款），另一方面规定了特别的任命程序，即须基于欧洲议会和欧盟理事会对欧盟委员会在经过公开候选人招募程序后提交名单的共同认可（《共同体机构处理个人数据条例》第42条第1款；也请见《欧盟委员会关于欧洲数据保护总监职责之规定及一般条件的决定》）。其中也规定，如果监管专员不能符合其履行职责所需条件，可以将其免职或者剥夺其权利和收益（《共同体机构处理个人数据条例》第42条第5款）。回到适用于监管机构的一般性框架规定上来，影响监管机构独立性的条件也包括对其地位及履行职责所需机制作出的规定。在"实体性"独立的角度而言，应考虑到行使所承担职能所需的人员和资金是否足够，这也是影响监管机构效率及自主性的因素（请见《108/1981公约议定书》；也请见《共同体机构处理个人数据条例》第43条第2款）。最后，就像欧盟理事会在《〈欧洲个人数据自动处理公约〉附加议定书》中指出的那样，对监管机构决定有异议时可以对之进行上诉的，这就是对其独立性（及职权）进行制衡的手段（第28条第3款）。

3. 征询监管机构意见的义务（第2款）。基于第28条第2款的规定，制定涉及个人数据保护的行政措施或行政法规时，须向每个监管机构进行征询。基于该等征询权，监管机构可以提供其专业知识，并对所拟议措施与数据保护法律之间的差异进行审查。

4. 监管机构的职责（第3款）。在明确监管机构须满足的要求之外，鉴于《数据保护指令》其他条款涉及了监管机构的其他职权，第28条还以非穷尽的方式列举了其职能及职权。（a）源于第28条之外有关条款的职责。因此，对第28条规定的职责形成补充的职权就是：对敏感数据作出决定（第8条第4款），就数据控制主体就处理操作所进行管理的申报（第18条），数据操作可能会对数据主体权利及自由带来特定风险时的事先审核行为（第20条）及就处理操作设置登记体系（第21条）。然而，不容忽视的是，对申报管理、事先审核及应要求披露处理操作的，可分别根据第18条第2款、第20条第2款及第21条第3款的规定，委托予数据保护负责人进行，从而会大大减轻数据保护监管机构的负担。也可赋予监管机构对向第三国转移数据予以授权的职权（第26条第2款）。此外，他们还可以对具体领域相关的行为准则发表意见（第27条）。其他职权可来源于诸如《电子隐私指令》第4条第3款有关安全事项违规情形申报所涉及数据保护监管机构在内的其他欧盟条例。（b）来源于第28条的职权。第28条赋予数据保护监管机构性质各异的广泛职权。它们包括建议权，调查权，有效介入权，成员国根据《数据保护指令》规定所制定相关法律规定被违反后进行诉讼的权力及将该等违法行为通报予司法机关的权力。调查权。在赋予监管机构的调查职权之中，《数据保护指令》列举了对正在处理之中数据的查看权及为行使其监管职权所必需而对"一切信息"进行收集的权利。这种规定表明：即使须为其各自职权范围所限，每一个监管机构都被赋予了广泛的调查职权。为了尊重被调查数据控制主体的权利，所采集的数据须为监管机构严格保密（请见第8项评述）。有效介入权。"有效介入权"则包括极为不同的介入机制。一方面，规定每一个监管机构都有权在为了防范及"事中"监管的目的而采取措施。前者系指在处理操作进行之前发表意见；后者系指命令阻断、清除或销毁数据，或者对数据控制主体予以警告或训诫。另一方面，每个监管机构均被赋予权力，以将有关事项提交成员国议会或其他政治机构予以解决。所赋予监管机构权力的不同特性揭示了《数据保护指令》意在对监管机构的介入权采取"双行道"的思路。这些监管机构被赋予了进行"一般指导"的职权，其最高层级就是将事项提交成员国议会或其他政治机构加以解决，而这一点实际也体现在第20条针对事先审核的规定中，也可以在成员国议会根据第20条第3款规定制定法律规定之时得以行使。然而,它们也可以被赋予针对处理操作并可以具体实施的"后续职权",并多多少少与授权监管机构予以介入的数据保护法律有所区别。对于后一种介入权,可以说,第28条采取了一种渐进方式,以确定介入的类型。尤其严重违反相关法律的,每个监管机构都被赋予了命令清除或销毁数据的职权;在诸如因有关利益需要(也可以是数据主体的利益需要,请见第12条第5项评述)而防止数据流失的情形下,可以命令对数据予以屏蔽;它可以或临时或永久地禁止数据处理操作;它也可以为了使得处理操作合乎法律而仅仅对数据控制主体予以警告或训诫。应当注意的是,对于欧洲数据保护监管机构而言,在数据控制主体方面发展出协作的模式,是普遍采用的一种介入方式。合作但并非不当"调解式"的方式,在不影响监管及有效保护数据的前提下,实际证明大大有利于创造"隐私文化"并推动其获得社会的认同,在数据保护法律刚刚建立的国家尤其如此。设计一个精心准备的隐私保护有效策略,以使可能出现的纠纷得以"友好"解决,但同时又坚决拒绝将数据保护作为柔性法律对待的冲动;实际上,这种意图不单体现在上述介入权中间,还体现在根据《数据保护指令》制定的成员国法律规定遭到违反后所赋予监管机构参与法律诉讼和/或提起法律诉讼的职权之中。

5. 处理权利主张(第4款)。监管机构的异议程序也确保了与个人数据相关基本权利和自由的保护。这种职权也尤其被第28条规定为两种。一方面,监管机构听取任何人就涉及个人数据处理的权利及自由保护问题所提起的权利主张。另一方面,对根据第13条规定所通过法律予以适用的,在任何人提出权利请求之外,监管机构可以进一步对处理的合法性进行审核。第一种类型介入的根据就是数据主体提出的"合格"权利主张;须由数据主体对其权利保护提出权利主张,也须将权利主张处理结果通知予数据主体。相反,第二种类型介入针对的处理操作是所有数据保护原则适用范围之外的事项,例如因保障国家安全、国防、公共安全或其他需刑事起诉的事项(第13条)。虽然《数据保护指令》中相当多的条款并不适用于这种数据处理操作,监管机构仍然有权介入,审核该等操作的合法性。某种意义上,第28条第4款规定的两种机制看来是相互补充的,旨在尽可能地提供有效及完全的保障。根据第13条的规定,不可能行使涉及数据质量与处理操作透明性的特定权利;在相当大的程度上,如可能因此而造成不足的,由任何人在监管机构提起审查处理操作合法性的权利主张,就可加以弥补。

6. 年度报告(第5款)。监管机构的信息义务包括定期起草关于其活动的报告。根据《数据保护指令》的规定,需要公之于众的这种报告并不仅仅是描述监管机构行为及确保其透明性的一种方式。事实上,通过对该监管机构的案例法及介入行为进行整理,该报告有效促成了个人数据保护权相关信息在各个领域中得以传播。因此,年度报告就成了向数据控制主体提供相关指引的有用信息来源。根据《共同体机构个人数据处理条例》的规定,欧洲数据保护总监就其活动也须向欧洲议会、欧盟理事会及欧盟委员会提交年度报告,并在同时予以公布(第48条)。需要指出的是,该条例将重点进一步放在了涉及向欧洲议会提交年度报告时的"参与"性。这种提交实际上提供了一个机会,使得报告所传送的相关机构及其他组织可以自由发表意见,对之进行验证式的讨论。在欧洲数据保护总监提出建议后,这些机构尤其针对旨在对违反数据保护法律的行为予以救济而通过措施(《共同体机构个人数据处理条例》第48条第2款),就更是如此。诸如《德国联邦数据保护法》(BDSG)之类的成员国数据保护法律也规定了监管机构向议会定期提交报告的义务。

7. 成员国监管机构的职权(第6款)。成员国监管机构须监督各自领土内根据本指令所制定相关法律规定的适用情形(第28条第1款),即使适用法律在一些情形下是另一成员国的有效法律(第4条),也是如此。除了为各国监管机构提供了包括交换有用信息之类的一般合作机制,该规定实际上使得每个成员国的监管机构须在其各自国家的领土上应其他成员国监管机构要求而行使职权。后一种情形就体现在《第29条工作方机制关于欧盟之外网页进行个人数据处理的文件》中。在该文件中,欧洲监管机构强调,虽然来源国原则构成成员国数据保护法律适用范围的限制,但并不会对其居民和产业造成不利影响。的确,仅适用另一成员国法律这一事实所造成的影响极为有限,因为两个国家的法律都被《数据保护指令》或者类似欧盟法律文件加以协同化。另一方面,无论适用什么法律,成员国数据保护监管机构间的合作都确保了彼此之间的信任、信心及法律的有效实施。于2009年受到50多个国家的数据保护监管机构欢迎的《马德里决议》,在其中一章中具体规定了成员国监管机构在国家及国际层面的合作和协调。第29条工作方机制已经通过了一个具体的工作文件,规定了对"有约束力的公司内部规章"具有的足够保障发表共同意见须遵循的合作程序。

8. 适用于监管机构成员的保守执业秘密义务(第7款)。第28条最后一款规定了监管机构成员及职员就其接触的保密信息所负有的执业保密义务。该等义务经常规定在适用于公务员的法律之中。按照第28条第7款的明确规定,即使在雇佣关系结束后,该义务也继续适用于根据相关问题敏感度而确定的适当期间内。

涉及个人数据处理的个人保护工作方机制

第29条

(1) 此条谨此设立涉及个人数据处理的个人保护工作方机制,以下简称"工作方机制"。

该工作方机制应具有咨询地位,并须独立行事。

(2) 工作方机制应由每个成员国监管机构或指定机构的代表、共同体机构或组织监管机构的代表及欧盟委员会的代表组成。

工作方机制中的每一成员应由其所代表的组织或机构所指定。成员国指定多个监管机构的,应共同指定一名代表。同样的情形也适用于为共同体机构或组织所设立的监管机构。

(3) 工作方机制所作决定须由监管机构代表简单多数通过。

(4) 工作方机制应推选其主席。主席任期两年,可以连任。

(5) 工作方机制的秘书处应由欧盟委员会选配。

(6) 工作方机制应通过其自己的程序规则。

(7) 工作方机制应对其主席所准备议程中的事项进行审议。议程中的事项可以由主席自己列入,也可应监管机构的某个代表或欧盟委员会的请求而列入。

1. 概述。该条设立了所谓"第 29 条工作方机制",一个涉及个人数据处理的个人保护独立咨询小组。该条规定涉及了工作方的地位(第 1 款)、其组成及成员指定(第 2 款)、决定产生程序(第 3 款)、选任主席(第 4 款)及秘书处(第 5 条)。程序规则(请见第 6 款)原先于 1996 年 9 月通过,后于 2008 年 2 月根据原程序规则第 17、19 条进行了修改。它们进一步规定了工作方机制具体运作的细节。总体而言,应该强调的是,其十年间活动取得的经验及欧盟法律的演进,已经在某种程度上改变了工作方机制对其角色的理解及对其职责的履行(《战略文件》)。

2. 性质及地位(第 1 款)。(a) 咨询地位。作为欧盟委员会的咨询机构(第 29 条第 1 款、前言第 65 项,也请见第 30 条规定的各种职责),工作方机制的决定并无法律约束力,旨在对涉及个人数据保护的情形提供建议,以帮助欧盟委员会作出适当决定。然而,工作方机制所具备的具体专业素养使得其作用十分重要,不独对欧盟委员会如此,对决定产生程序中涉及的其他欧盟机构亦然。例如,欧盟委员会作出一个决定,但由于并非在所有方面都采纳了工作方机制的意见(将 PNR 旅客数据转移至美国有关当局),欧洲议会强烈反对欧盟委员会的决定,并也正是基于工作方机制的陈述将之提交欧洲法院(请见 *European Parliament/Commission*,C-318/04(ECJ))。工作方机制的出版物也被数据控制主体作为极具价值的指导文件加以使用。(b) 独立性。工作方机制应在行使职权时具有完全独立性(请见前言第 65 项)。这就是为了确保工作方机制的活动在对个人数据提供足够保护之外免于其他利益的影响。工作方机制的独立性体现了其组成单位——各个监管机构——的独立性(请见《共同体机构个人数据处理条例》,第 28、41 条)。

3. 组成(第 2 款)。工作方机制应由每个成员国监管机构或指定机构的代表、共同体机构或组织监管机构的代表及欧盟委员会的代表组成。成员国监管机构代表。每个成员国的监管机构都根据规则或其法律规定向工作方机制指定了代表。成员国数据保护监管机构指定其代表,确保了工作方机制组成人员的专业水准及独立地位。通常因国家的联邦或地区结构(如德国和西班牙)而在成员国中指定多家监管机构的,监管机构应共同推举一名代表。共同体机构及组织监管机构的代表。《数据保护指令》通过之时,共同体机构及组织监管机构尚未出现,其未来的组织形态因此并没有被界定(这说明了为什么使用"监管机构"一词的复数形式)。之后,根据《共同体机构个人数据处理条例》,欧洲数据保护总监得以设立(请见条例第41至48条),并于2004年2月开始运作。从那时起,该监管机构的代表已经常性地参加工作方机制的活动。同时,《程序规则》第2条(在其中第6款予以规定)明确提出将欧洲数据保护总监作为该小组的成员之一。欧盟委员会代表。欧盟委员会须在工作方机制中指定一名代表。由于该小组是欧盟委员会的咨询机构,欧盟委员会代表促进了小组与欧盟委员会之间的沟通。该代表是小组中唯一并非隶属于监管机构的成员。作为惯例,欧盟委员会代表根据工作方机制的讨论议题而由不同人选担任。因此,通常有若干欧盟委员会代表参加小组会议。其他参与人员。各监管机构和欧盟委员会应指定后备成员并可以指定第二后备成员(《程序规则》第2条第3款)。除成员及后备成员之外,应主席根据工作方机制决定的邀请,专家和观察员也可以参与工作方机制会议(《程序规则》第9条)。专家应邀与会的,通常是为了在某个或若干会议上对工作方机制成员提供协助。而之所以设置观察员地位一职,是为了能够吸收尚未指定监管机构的成员委派代表与会(《程序规则》第2条第5款),通常用于欧洲经济区成员国及待加入欧盟的候选国。依工作方机制的决定(《关于候选国家参与工作方机制会议的决定》),从2002年7月开始,已经设立独立监管机构的候选国已获邀请参加工作方机制会议。由于瑞士已经加入《申根协定》,瑞士可以指定一名代表作为观察员参与工作方机制,以处理与《申根协定》具体相关的议题。观察员有权发言并参与讨论,但没有投票权。工作方机制成员、专家及观察员在工作方机制讨论中应可行使裁量权(《程序规则》第11条第1款)。

4. 投票规则及决定程序(第3款)。(a) 投票规则。工作方机制所作决定以作出有效表决成员的简单多数通过,弃权被视为赞成(《程序规则》,第12条)。有表决权的半数成员与会即达到法定人数要求(《程序规则》,第10条)。只有各个监管机构的代表方有权表决。因此,欧盟委员会的代表并无表决权,然而,它可以通过向工作方机制提供秘书处服务来影响最终的结果(请见第5款)。实践中,同等表决权及需要在最后决定中记载工作方机制各个成员所表达意见的义务(《程序规则》第12条第1款),使得各方总是致力于达成一致,通过多数原则通过决定的情形极为个别。(b)书面程序。经工作方机制成员一致同意或者紧急状况下经主席决定,可就具体问题进行书面表决。有表决权的一方提出对草案文本通过工作方机制会议进行讨论的,书面程序中断。使用该程序通常是为了在漫长的讨论后,使摇摆不定的成员进行"赞同式弃权",从而作出决定;或者亟须及时通过相关意见而需要使用书面程序。除非工作方机制另有决定,工作方机制通过的意见、推荐意见及其他文件应当在其网站予以公布(《程序规则》第11条第1款)。

5. 主席及副主席(第4款)。(a)选任。工作方机制任命一名主席和一名副主席(《程序规则》第3条第1款),由具有表决权的成员以无记名投票的方式经绝对多数通过后选任,任期均为两年。《程序规则》明确规定,主席及副主席仅得连任一次。为了确保工作方机制的独立性,须从其内部选任其主席(请见《〈数据保护指令〉修改建议》;欧洲议会所要求的第88及128项修改)。(b)职权。根据《程序规则》,主席与秘书处联系,以召集工作方机制会议、准备议程、签署决定、邀请专家及观察员、启动书面程序及主持会议进程。工作方机制会议基本上是应其主席提议而召开。然而,也可以由其至少三分之一的成员或者欧盟委员会的提议而召开(《工作程序》第5条第1款)。根据于2008年修改的《程序规则》,在涉及主要议程的会议结束之后,主席须立即和秘书处联系,准备在网站就所通过文件或者其他适当消息发布新闻公告(请见《程序规则》第11条第2款)。主席无法参加会议的,由副主席代行其职责。

6. 秘书处。工作方机制的秘书处由欧盟委员会选配。除了诸如处理工作方机制通讯、组织会议及向成员发送申请这种实际工作外,秘书处在工作方机制准备工作及设定议程方面也起着关键的作用。根据《程序规则》第4条的规定,秘书处协助工作方机制准备意见及推荐意见的草案。秘书处还协助工作方机制成员接受反馈,尤其会通过工作方机制为处理具体议题(执行、审理前的发现程序、有约束力的公司规则、合同条款、避风港等问题,请见《程序规则》第16条)而设立的、一定范围的成员参加的,或常设或临时的小组而进行。旨在向就具体议题向涉及利益相关方收集意见的公共意见征询,也越来越成为一种使用的方式。当工作方机制决定发起公共意见征询时,为了让公民社会对此进行参与并提高其行为的透明度及可行性(《战略文件》),由秘书处负责组织。在审议诸如知识产权、无线频率认证技术、视频监控及有约束力的公司规则等敏感而又复杂的议题时,目前都使用了在线征询意见的方式。从2005年3月开始,之前隶属于内部市场干事、负责秘书处的单位("数据保护单位")转而在司法、信息及安全干事属下运作。对于这种变化,对于《里斯本条约》是否能使作为欧盟基本权利保护之一的个人数据保护在体系上更加一致,尚待观察。

7.《程序规则》(第6款)。第29条第6款赋予工作方机制极大的自主裁量权,以决定其《程序规则》。首套规则于1996年9月11日在第三次会议上通过。程序规则涵盖工作方机制运作的所有方面:成员、主席、秘书处、议程、组织讨论、决定、表决权及会议记录。进行表决的成员经简单多数即可修改《程序规则》(《程序规则》第19条)。2008年,《程序规则》得到修改,特别是增加了一些新条款,以增强工作方机制的透明性并对现有一些规则进行了某种程度的澄清。

8. 议程(第7款)。起草议程由工作方机制主席确定,其中包括主席自己的提案或者应其成员要求作出的提案(《程序规则》第7条)。一般而言,秘书处应在不晚于拟订会议日期前三周的期间内向成员发出邀请及议程草案(《程序规则》第5条第3款)。在会议开始两星期前须在网站公布适于公布的议程(《程序规则》第5条第5款)。在会议开始后,工作方机制对议程予以批准(《程序规则》第7条第3款)。会议议程也受每年《工作计划》的影响。后者对拟执行任务进行描述,并指明工作方机制的工作优先内容,旨在提高工作方机制的透明度(《战略文件》,第 9 页)。

工作方机制的任务

第 30 条

（1）工作方机制应

　　（a）审查任何涉及根据本指令所制定成员国措施适用的问题,以促使该等措施得到统一的适用；

　　（b）向欧盟委员会提供共同体及第三国保护水平的意见；

　　（c）向欧盟委员会就拟对本指令进行修改、个人数据处理所涉及的自然人权利及自由保护的其他或者特定措施、影响该等权利及自由的其他拟议共同体措施事项提出建议；

　　（d）对共同体层面的行为准则提出意见。

（2）如工作方机制发现成员国间法律和做法的差异可能会影响个人数据处理涉及的人员同等保护,须相应地告知欧盟委员会。

（3）工作方机制可以自发地就共同体内个人数据处理所涉及人员保护的所有事项提出推荐意见。

（4）工作方机制的意见和推荐意见须报送欧盟委员会及第 31 条所提及的小组委员会。

（5）就回应工作方机制的意见和推荐意见,欧盟委员会应告知工作方机制其采取的行动。欧盟委员会应当在向欧洲议会和欧盟理事会报送的报告中也予以告知。该报告应予以公布。

（6）工作方机制应就共同体及第三国涉及个人数据处理的自然人保护情形起草年度报告,并将之提交予欧盟委员会、欧洲议会及欧盟理事会。该报告应予以公开。

1. 概述。第 30 条界定了工作方机制的任务及其可以作出的决定(第 1 款至第 3 款)、其决定的报送(第 4 款)及为工作方机制及欧盟委员会公布的报告(第 5 款、第 6 款)。在任何情形下,对工作方机制职权应作更为广泛的解释。首先,《隐私与电子通讯指令》第 15 条第 3 款也赋予工作方机制保护电信领域基本权利、自由及合法权益的职责。另外,应根据《数据保护指令》提供的法律依据及近来将保护个人数据确认为欧盟基本权利之一的背景,予以界定其职权范围。在这个意义上,鉴于欧洲法院已确认《数据保护指令》的广泛适用范围,已超越内部市场架构(请见 *Österreichischer Rundfunk*(ECJ);*Bodil Lindqvist*(ECJ));并且,《欧盟宪法条约》对数据保护基本权利的保障也不因欧盟支柱架构的不同而有所改变,工作方机制将会发挥更大的作用(《战略文件》,第3页至第4页)。关于这种趋势的例证请见涉及第三支柱议题的相关决定,比如关于向第三国转移乘客数据的诸多决定,《关于为防止和打击犯罪而保留通讯数据的决定》及《环球银行间金融通信协会(Society for Worldwide Interbank Financial Telecommunications, SWIFT)进行个人数据处理的决定》。后者也许会在2010年与美国就SWIFT协议进行谈判的时候又一次发挥作用。

  2. 工作方机制的职责(第1款)。第30条第1款规定了工作方机制有职责采取行动的情形,旨在向欧盟委员会提出建议并促使对成员国数据保护规定进行统一解释(前言第65项)。(a)推进成员国数据保护法律的统一适用。工作方机制应对适用《数据保护指令》及《隐私及电信指令》的所有议题进行审查,旨在推动在各个欧盟成员国实现水平一致的个人数据保护。在有关成员国层面采取不同方式对指令特定条款予以解释,要对之予以明确,这就是规定该条款的原因。此时,工作方机制就具有优先地位。实践中的例证可见工作方机制首次通过的文件(《数据保护法与媒体的推荐意见》)及最近通过的《对非请而至通讯信息的意见》。2008年,工作方机制授权执行小组,就成员国电信运营商及互联网服务提供商是否遵守成员国基于2002/58/EC《电子隐私指令》第6条、第9条及对《电子隐私指令》进行修改的2006/24/EC《数据留存指令》所通过通讯数据留存法律所规定的义务,发起调查。值得一提的是,工作方机制在《更好实施〈数据保护指令〉之工作计划》(《欧盟委员会实施〈数据保护指令〉的第一次报告》,第24至26页)框架下,为实现《数据保护指令》在更加统一的层面上予以适用而付出的努力。(b)评估足够水平的保护。工作方机制应对共同体及第三国的个人数据保护水平向欧盟委员会发表意见。的确,大量意见涉及第三国数据保护水平的评估,它们作为有关程序的组成部分,促成了欧盟委员会对足够保护水平的认定(请见第25条,第10项评述)。这些意见极其重要——无论对欧盟委员会进行的谈判,还是认定涉及第三国数据保护水平是否足够,都有重要影响。实践中,通过及时发表认同意见及在所有否定意见中指出为提供足够水平数据保护而需要改进之处,工作方机制被证明是积极主动的,并和欧盟委员会进行着良好工作互动。(c)对影响个人数据保护的法律及措施提出建议。工作方机制被赋予了广泛的建议权,不仅涵盖对有关隐私权的指令提出修改建议,而且涉及任何旨在确保个人数据保护的措施及任何其他影响该等权利的措施。这意味着,不仅在欧盟委员会建议直接涉及数据保护时,需要寻求工作方机制的建议,所拟议措施即使只是间接影响该基本权利时,也需要工作方机制给予建议。因此,鉴于其专业水准,任何立法提议会影响个人数据保护的,都会积极寻求工作方机制的建议,以推动相关讨论。例如,对欧盟委员会提出的建议促成了《隐私与电信指令》的通过及修改。在对法律措施发表意见外,就诸如促进欧洲数据保护计划及其他影响个人数据保护的共同体措施等特定数据保护措施,工作方机制应向欧盟委员会提出建议。从2004年2月开始,作为工作方机制成员的欧洲数据保护总监具有了双重职责。根据《共同体机构处理个人数据条例》第41条第2款的规定,欧洲数据保护总监应就涉及个人数据保护的所有事项向共同体机构提出建议。欧洲数据保护总监在其《政策说明》中声明,欧洲数据保护总监及工作方机制不应是竞争关系。欧洲数据保护总监职责范围之广泛也体现在欧洲法院的判例中(请见欧洲议会/欧盟委员会,C-318/04(ECJ))。(d)行为准则。工作方机制应对其提交的共同体行为准则发表意见。工作方机制对之发表的意见,构成对该准则予以批准的核心步骤(请见第27条)。2003年,工作方机制发表意见,认为FEDMA的"直接市场营销中使用个人数据之行为准则"符合《数据保护指令》第27条的要求。工作方机制审议共同体行为准则的程序规定于《关于行为准则未来工作的工作文件》之中。

3. 分歧出现时的措施(第2款)。在成员国立法及实践中出现的分歧,有可能影响对个人数据予以同等保护的,工作方机制应将该等分歧向欧盟委员会提交通知。根据该款规定,这种分歧可以是成员国对《数据保护指令》的实施方式不同而造成,也可以是执行成员国数据保护法律中的具体实践做法所致。

4. 发表推荐意见的一般职权(第3款)。第30条第3款规定,工作方机制可以对涉及欧盟个人数据保护的一切事项发表推荐意见。该职权超出了工作方机制作为欧盟委员会咨询机构的角色要求。首先,工作方机制可以自主决定发表推荐意见,而不必依附于欧盟委员会的任何特定建议。另外,基于该款规定,工作方机制可以向公众及欧盟数据保护法适用范围内的机构发表不具约束力的推荐意见(请见《涉及搜索引擎数据保护问题的意见》[146]及《非欧盟境内网站利用互联网处理个人数据时跨境适用欧盟数据保护法之认定的工作文件》)。再次,发表推荐意见的职权范围非常广泛,使得工作方机制可以对个人数据保护领域内更具普遍性的、有时甚至是跨越有关支柱范围的事项予以处理。工作组机制决定的类型体系及要件。第30条明确列举的意见及推荐意见是工作方机制作出的典型决定。意见是最为正式的文件,应用于对共同体或第三国的数据保护水平是否足够进行的评估(第30条第1款b项)及对共同体行为准则的评估(第30条第1款d项)。推荐意见是第30条第3款赋予工作方机制总括性职权的典型表述。在其他情形下,《数据保护指令》允许保护方机制选择对其决定应采取的最为适当方式。工作方机制利用了这种灵活性,通过种种不同形式的决定发表意见:工作文件、讨论文件、联合声明、声明、决定或授权函件。根据《程序规则》第14条的规定,工作方机制须说明其意见及推荐意见的理由。任何情形下,所有决定的共同特点就是都对其急迫理由予以详尽描述。由于工作方机制的决定并无约束力,所以理由就格外重要,因此关键就是要让决定对象清楚了解这些决定背后的依据,并清楚明白是否存在不过分侵犯隐私的其他选择。

5. 工作方机制决定的报送(第4款)。鉴于其咨询机构的地位(第29条第1款),工作方机制须将其意见及推荐意见报送欧盟委员会及所谓"第31条小组委员会"。尽管第4款仅仅提到了向特定机构报送意见及推荐意见,工作方机制也负有一般义务,对其所通过文件的查阅不能予以不当限制。在这方面,《程序规则》第11条第1款仅将保密文件限定于会议记录及文件草案,认为其他文件一般可供查看。但工作方机制对这两种情形都可以做出相反的决定。在任何情形下,要对查看工作方机制决定这一一般要求而规定可能的例外情形,则应最大程度地予以限制;这也是基于《共同体条约》规定的透明原则及《公众查看欧盟机构文件条例》的进一步规定所作出的要求。此外,强化透明度是《战略文件》为提高工作方机制的知名度而强调的关键议题之一。这种方式明显地体现在工作方机制的网站中,其中几乎公布了工作方机制通过的所有文件。

6. 欧盟委员会的告知及报告职责(第5款)。第30条第5款规定,就其作为对工作方机制决定的回应而采取的任何行动,欧盟委员会有义务告知工作方机制。为此目的,欧盟委员会应通过报告,报送欧洲议会及欧盟理事会并将之公开。特别要确保欧盟委员会与工作方机制间通畅及不间断的信息沟通。总而言之,对所有有关机构及公众的透明度十分关键,这不仅检验了欧盟委员会是否重视工作方机制的决定,而且也为对话及讨论提供了机会。

7. 年度报告(第6款)。工作方机制准备的年度报告旨在对欧盟及第三国个人数据处理涉及的个人权利保护情况进行总体说明。该报告的重点在于欧盟成员国,仅有一小部分通常会涉及最为相关第三国中的主要发展情形,在2004年欧盟东扩之后尤其如此。对于欧盟成员国而言,在《数据保护指令》及《隐私与电信指令》实施情况、工作方机制所处理的议题、成员国法律的主要发展及主要案例法及欧盟在数据保护领域的活动诸多方面,该报告是一个非常有用的信息来源。年度报告通常系由秘书处准备,后者收集工作组成员提出的意见并予以协调。该报告由工作方机制通过,并由工作方机制主席报送欧盟委员会、欧洲议会及欧盟理事会,之后由秘书处予以公开(《程序规则》第15条)。

第七章　共同体实施措施

小组委员会

第 31 条

（1）欧盟委员会应由一个小组委员会予以协助。

（2）如援引本条符合第 1999/468/EC(36)号决定第 8 条规定的条件，适用第 1999/468/EC(36)号决定第 4 条和第 7 条。第 1999/468/EC(36)号决定第 4 条第 3 款规定的期间应被确定为三个月。

（3）小组委员会应制定自己的程序规则。

1. 概述。第 31 条设立了所谓的"第 31 条小组委员会"，该机构系由《数据保护指令》设立，以协助欧盟委员会行使其实施该指令规定的职权。它由成员国代表组成，由欧盟委员会担任主席。和协助欧盟委员会行使其职权的所有委员会一样，包括文件查看规定在内的程序规则，其基础是欧盟委员会根据临时决定（所谓"专家委员会决定"（Comitology Decision））规定的标准程序规则。依据所述决定，要定期将其程序通知予欧洲议会，后者有权收到基于《欧共体条约》第 251 条（即基于共同决定程序）所通过基本法律文件而作出的所有实施措施草案；这就是所谓的欧洲议会审查权。历史。第 31 条是《数据保护指令》于 1995 年获通过以来被修改的唯一条款。有关涉及协助欧盟委员会行使其实施职权的小组委员会、与前述"专家委员会决定"相适应而以共同决定文件设立小组委员会的规定，被现在的第 31 条规定所代替。与之前的规定相比，最终规定简短许多，但须与小组委员会于 2003 年 12 月通过的《专家委员会决定》中的规定及新的程序规则结合起来理解。另外，欧洲委员会的审查权是由实施专家委员会决定的机构间通过协议进行具体监管的，后者已成为若干修改建议的主题。

2. 地位、职责及组成（第 1 款）。(a) 地位。小组委员会是一个管理型的小组委员会，这意味着其地位并不仅仅是咨询性的。的确，即使其意见并无约束力（请见第31条第2款，第3(a)评述），它也会影响欧盟委员会所拟议措施的内容及有效性。(b) 职责。小组委员会的主要职责就是在《数据保护指令》的范围内协助欧盟委员会制定个人数据保护的实施措施（《专家委员会决定》，第4条）。另外，小组委员会将从欧盟委员会那里获知第29条工作方机制的活动及个人数据保护领域的新发展，在小组委员会开会时还可以进行讨论及交换意见。(c) 组成。小组委员会由成员国代表组成。一个成员国可以由多人代表，但每个代表团仅能被视为小组委员会的一名成员（《程序规则》第6条）。每个成员国都自主决定其代表团的组成。然而，实践中，小组委员会经常由政府代表组成（通常是司法部），仅在一些情形下其成员（也）会包括成员国数据保护监管机构的人员。一些国家存在机构间合作机制，以确保政府代表和数据保护监管机构之间协调活动。只要主席允许，代表团在任何情形下都可以由专家陪同。

3. 决定程序（第2款）。依据《专家委员会决定》，欧盟委员会代表将措施草案文本提交予小组委员会，后者决定的时限由其主席决定，可以根据具体事项的紧急程度有所不同。(a) 延迟适用。如欧盟委员会通过的措施与小组委员会发布的决定不符，可以推迟其适用，期间可达三个月。值得注意的是，根据第31条原先的规定，欧盟委员会有义务在任何情形下推迟适用三个月；这种变化意味着小组委员会的决定对欧盟委员会并无约束力。(b) 欧洲议会的审查权。基于通知，欧盟委员会须向欧洲议会告知（《专家委员会决定》，第7条第3款）小组委员会程序，而欧洲议会可以通过一项决议，指出措施草案已超出了相关法律文件（此处指《数据保护指令》）所赋予欧盟委员会的实施职权。欧洲议会作出决议的时限是自其收到实施措施"确定"草案文本之后的一个月内（请见实施《专家委员会决定》的机构间协议）。此时（《专家委员会决定》第8条），欧盟委员会需重新审议措施草案，并向小组委员会提交新的草案；作为替代措施，它也可以继续相关程序或者向欧洲议会及欧盟理事会基于《欧共体条约》一并提交建议。任何情形下，欧盟委员会均应就其行为及相关理由报送欧洲议会和小组委员会。(c) 欧盟委员会报告。最后,应指出的是,根据《专家委员会决定》第 7 条第 4 款的规定,就包括第 31 条小组委员会在内的所有对其予以协助的小组委员会工作,欧盟委员会公布年度报告。该报告提供了包括欧洲议会行使其审查权情形在内所发起程序及作出决定的统计数据。

4. 程序规则及文件查看权(第 3 款)。基于《专家委员会决定》第 7 条,小组委员会制定其自身的程序规则,该规则且符合标准程序规则。这些规则包括起草议程的相关规定,应发放予成员的文献(一般不得迟于会议召开日前第 14 个公历日,紧急情形下可以缩减为 5 天),根据《专家委员会决定》第 8 条规定告知欧洲议会的程序,(特别多数)投票程序及设立工作小组对特定议题进行审议的可能。书面程序。程序规则也规定了对一项意见通过书面程序进行表决的可能;有趣的是,默认原则可以适用:这意味着如果一名成员在该程序设定的最后期限前(通常为 14 天)并没有明示其反对意见或者弃权意向,就被视为对一项建议的默认。如果一名成员要求相关措施应由小组委员会会议进行审查,该程序即无果而终。文件查看。根据《标准程序规则》第 14 条的规定,公众查看小组委员会文件的,也适用欧盟委员会文件的相同原则,即适用《机构文件的公共查看权条例》(请见第 30 条,第 3 条评述)。另外,《专家委员会决定》第 7 条第 5 款要求设立登记体系,以提供"提交予欧洲议会所有文件的索引",欧盟委员会将文件放置于资料中心,后者建立信息登记并对之构成补充,使之向公众开放。然而,资料中心并不收藏正在进行讨论的实施措施文本;它收藏议程、记录概要、会议表决结果及程序。应当注意,须对小组委员会的讨论保密。

最终条款

实施时间表及相关机制

第 32 条

（1）成员国应于本指令通过后最多三年期间内，促成履行本指令所必需的相关法律、条例及行政规定生效。

成员国通过这些措施时，应在其中援引本指令，或者在进行官方发布时进行这种援引。应由成员国对作出这种援引的方式予以规定。

（2）根据本指令制定的国内法律规定生效之日仍进行的数据处理，成员国应确保在此后三年内其将符合这些规定。

通过对前段规定进行变通，成员国可以规定，为实施本指令制定的国内法律规定生效之日已经通过手动归档体系进行的数据处理，应在本指令通过之日后的12年内使之符合本指令第6、7、8条的规定。但是，数据不完整、不准确或者以与控制主体合法目的并不相符方式的方式进行储存的，在数据主体提出请求及特别是在行使其查看权之时，成员国应赋予其权利，在其提出要求时对相关数据予以更正、清除或者屏蔽的权利。

（3）通过对第2款规定进行变通的，成员国可以规定，在得到合适保障的条件下，仅仅为了历史研究目的而保留数据的，无须符合本指令第6、7、8条的规定。

（4）成员国应将其在本指令适用领域通过的国内法律规定文本报送欧盟委员会。

1. 概述。第32条规定了成员国实施《数据保护指令》须遵守的规则和时间表。和《欧洲个人数据自动处理公约》一样，《数据保护指令》为不同领域的数据处理规定了不同的规则。例如，第3条规定，属于"第三支柱"的活动并不在《数据保护指令》适用范围之内，而其他条款或多或少地规定了成员国在实施过程中具有充分的操作空间，可以对特定原则进行变通（第7、8条，第10、13、26条）。

2. 实施措施及一般期限（第1款）。第32条提到了不同种类的法律，即：法律、条例及行政规定。因此，每一成员国都可以考虑为遵循《数据保护指令》而制定一切"必要的"法律规定，以推行包括各种法律措施在内的"集成"系统。通过《数据保护指令》后，还有规定的三年期限（即在1998年10月24日之前），以便成员国转换其中的规定。(a) 基本立法。应当指出，赋予各成员国的裁量权是以清晰明确的标准为条件的,尤其是对于相关豁免及限制情形,需要全部在基本立法中予以规定。如果不遵守这一要求,就构成"不遵守共同体法",《欧盟委员会〈数据保护指令〉首次实施情况报告》对之进行了强调(请见第33条)。同时成员国法律之间也会出现太过广泛的差异,这种不遵守共同体法律的情形也许会实际导致欧盟委员会运用《欧共体条约》第226条规定所赋予的职权,启动针对违反共同体法律的程序。根据该条规定,基于《数据保护指令》所制定的国内法律措施应对之进行援引(或在其正式发布时进行这种援引);这也旨在方便欧盟委员会在指令转换进程中予以监督。(b)临界状态。前述《欧盟委员会关于〈数据保护指令〉首次实施情况报告》提及,成员国完全实施《数据保护指令》的,也应评估可能会与数据保护法律相冲突的相关国内行业措施。只要根据《数据保护指令》对数据保护原则进行豁免或者限制,也需要界定一般规则或建立适当保障机制。欧盟委员会强调了国内规定中的一些临界状态,涉及所适用的国内法(第4条)、数据质量(第6条)、处理的合法性(第7条)、对敏感数据的处理(第8条)、告知数据主体信息(第10、11条)、申报处理操作(第18、19条)及数据转移(第25、26条)。

3. 具体情形下的时间表(第2款)。(a)转换《数据保护指令》的国内措施生效之前已经开始的处理操作。尽管在第32条规定了三年的期限,它也规定,适用于特定种类数据处理的国内规定可以分步实施。这首先就适用于那些根据《数据保护指令》通过的国内措施生效日前就已开始的处理操作;这些操作应该在国内措施生效日后的三年内符合《数据保护指令》的规定。(b)手动归档系统。对于手动归档系统,也规定了具体的规则。成员国可以规定,在根据《数据保护指令》通过的国内规定生效之日对储存在手动归档体系中的数据进行处理的,可以有步骤地在以下几个方面遵循《数据保护指令》有关规定的要求:数据质量(第6条)、处理合法性(第7条)及敏感数据(第8条)。这意味着对数据进行的是处理操作而不是储存操作时,相关数据处理无论如何须在通过《数据保护指令》之后最晚12年内符合《数据保护指令》的规定。这种规定看来旨在"推动经济型的实施方式",以确保现有的手动归档体系也符合《数据保护指令》特定规定的要求（前言第69项）。然而，针对非自动处理操作采取的柔性方式并不能优先于数据主体的权利，特别是查看权及在数据不完整、不准确或者以并不符合控制主体合法目的的方式进行存储时数据主体就有关数据获得更正、清除或屏蔽的权利。

4. 历史研究（第3款）。针对出于历史研究目的而进行的数据处理，也予以具体规定。成员国可以规定，为此目的而保留数据并不需要符合《数据保护指令》第6、7、8条的规定。然而，这须以特定的保障机制为前提，且该等保障须为"适当"。的确，"对个人数据以历史……目的进行进一步处理，通常并不会被认为与原先采集数据时的目的不符"，然而还是要求成员国提供适当的保障机制，以尤其防止"对数据进行使用，以便对特定个人采取措施或作出决定"（前言第29项）。《数据保护指令》所采取的方式看来旨在推动历史及文献研究活动，并在同时提示：仍需要规定适当的保障机制，对数据主体的权利进行保护。相关保障机制也可以通过专业实践的特别准则加以规定。例如，在意大利，就适用于为历史研究目的而进行的数据处理，已于具体法律中和专业做法及行为准则中予以规定，后者扼要描述了为了历史研究目的，任何实体处理公共或私人档案中个人数据时需要遵守的行为规则。

5. 报送欧盟委员会（第4款）。第32条最后一款要求成员国向欧盟委员会报送其在《数据保护指令》适用领域所通过的国内法律规定条文。目前，欧盟所有成员国均实施了《数据保护指令》。**侵犯欧盟法之诉**。在过去的几年，欧盟委员会根据《欧共体条约》第226条的规定，因为"未能就实施指令而采取的所有必要措施予以申报"，对若干成员国就违法行为启动了相关法律程序。尤其是欧盟委员会于1999年12月对法国、德国、爱尔兰、卢森堡及荷兰在欧洲法院提起了诉讼。两年之后，德国和荷兰完成了所要求的报送手续，从而终止了各自涉入的诉讼。法国报送了其1978年的《数据保护法》，并同时告知欧盟委员会其将会通过一项新的法律。在欧洲法院对其未能履行共同体义务的情形予以谴责后，卢森堡通过了新的国内措施，于2002年生效。爱尔兰报送了其对《数据保护指令》的部分转换措施，之后制定了完全转换措施。2007年,欧盟委员会向欧洲法院对德国提起诉讼,认为德国未能履行第28条第1款第2句所规定的义务(请见第28条,第2(a)项评述)。

实施报告、视听数据

第33条

　　欧盟委员会应定期向欧盟理事会及欧洲议会作出有关本指令实施情况的报告,首次报告不应迟于第32条第1款规定的日期作出,如必要,报告应附有相关修改建议。报告应予以公布。

　　欧盟委员会尤其应审查该指令适用于涉及自然人视听数据处理的情形,并在考虑到信息技术发展的情形下,根据信息社会的发展水平,提出被证明是必要的适当建议。

　　1. 概述。要求欧盟委员会向欧盟理事会及欧洲议会提交《数据保护指令》实施情况的报告,旨在满足有关要求,就可能妨碍有关领域不断发展极其复杂而又得到广泛适用之规则的适用予以评估。

　　2. 首次实施情况报告。2003年5月15日,在第33条规定的到期日之后,鉴于一些成员国迟迟未对《数据保护指令》进行转换,欧盟委员会通过了《〈数据保护指令〉首次实施情况报告》。该报告就《数据保护指令》通过后对数据保护设想予以修正的若干发展予以注意。一方面,新技术的飞速发展,在无数领域使得数据处理操作大量增多,这带来了新的问题——例如在劳动领域及特别是在"9·11"事件后的安全领域就是如此。另一方面,即使指令并不适用于第三支柱事项,《基本权利宪章》的宣示也在很大程度上促成了向"指令中基本权利的领域"的扩张。该报告按照第33条的规定必须予以公布,其起草系以透明的方式、通过对利益相关方进行公开征询意见而进行,使得公民社会参与其中。该报告也旨在提出修改建议。然而,基于分析结论,欧盟委员会认为三个原因使得修改《数据保护指令》"既不必要也不需要"。首先,鉴于《数据保护指令》仅仅是最近才由一些成员国实现了转换,其实施经验有限。其次,在分析中指出许多实施中出现的困难,可以不经修改《数据保护指令》就能解决。最后,由于旨在减轻对数据控制主体施加的义务,许多利益相关方提交的修改建议将会将数据保护水平降低到难以接受的程度。欧盟委员会对该项法律实施情况的评估基本上是满意的。虽然对一些成员国没能及时实施《数据保护指令》提出谴责,欧盟委员会认为《数据保护指令》已达成其主要目标,即消除妨碍数据自由流动的障碍,并在欧盟内确保高水平的保护。在线上征询意见时,公民表达出不同的认知,这似乎部分涉及相关原则在实践中明显支离破碎的适用情形。基于该角度,报告强调,"数据主体对其权利明显表现出了低水平认知",在此之外,"数据控制主体在遵守其义务方面也是捉襟见肘"。并且,该报告使得欧盟委员会得以指出成员国法律之间的主要差异。主要的差异主要表现在第 7 条(合法数据处理的标准)、第 8 条(处理的特殊类型)、第 10 条(告知数据主体的信息)、第 13 条(例外及限制)及第 26 条(变通情形)——尽管《数据保护指令》并没有给成员国留下太多裁量空间的第 26 条(变通情形)。报告也强调了需要完善和/或改进实施的领域。

3. 视听数据。第 33 条具体规定,欧盟委员会报告中的部分内容须涉及与自然人相关视听数据的处理。特别是该报告不得仅仅审核《数据保护指令》的适用,也须基于信息社会中科技发展及现有科技水平的要求提出建议。之所以需要对这种类型的数据处理加以注意,也是因为起草《数据保护指令》之时,就对要使得法律能够在该领域与技术的飞速发展保持同步这一问题而表示关注。《数据保护指令》对之并未做出具体规定,即使在前言四项(第 14 至 17 项)中有所涉及,也不能实际处理这个问题。前言中有关四项规定表明,一般数据保护原则适用于视听数据的,应在适当考虑其特殊性的基础上予以适用。而这些特殊性就包括该领域中一日千里的发展趋势。欧盟委员会报告揭示,这种原先的关切也许可以认为已经获得了解决;的确,数据保护规定适用于视听数据处理,似乎并没在大多数成员国中产生具体的困难情形。因此,可以得出结论,为制定技术中立法规,《数据保护指令》的主要目标已大部达成。欧盟委员会吁请第 29 条工作方机制继续研究视频监控及生物统计技术。为此,第 29 条工作方机制分别于 2004 年 2 月

11 日及 2003 年 8 月 1 日通过了针对这两个议题的意见,从而遵守了欧盟委员会的要求。

4. 欧洲议会对《首次实施情况报告》的报告。欧洲议会对《首次实施情况报告》进行了评价。在报告中,欧洲议会其中就强调了欧洲隐私权及数据保护机制的综合性及跨支柱性,对欧盟委员会旨在简化涉及国际数据转移的企业监管制度表示欢迎,并发表意见认为,成员国法律规定基于执法目的对公民通讯数据予以大范围留存,这并不完全符合《欧洲人权公约》及相关案例法。

5. 欧盟委员会对后续工作计划的通告。《〈数据保护指令〉首次实施情况报告》包括改善《数据保护指令》的工作计划。2007 年,欧盟委员会向欧洲议会及欧盟理事会就后续工作计划发出通告。该通告审查了基于该工作计划已经进行的工作,评估了现时情形,作为在若干政策领域取得成功的条件,根据《欧洲基本权利宪章》第 8 条对未来的发展情形做了简述,承认了个人数据保护是一种自动权利。在该文件中,欧盟委员会重申其不应修改指令的观点。欧盟委员会在 2009 年 5 月召开数据保护大会之后,启动了关于个人数据保护基本权利法律框架的公共征询程序。本次征询的目的就是了解对于个人数据保护新挑战的看法,以便在欧盟内维持有效而又具综合性的个人数据保护法律架构。

适用对象

第 34 条

本指令的适用对象是各个成员国。

1. 概述。《数据保护指令》的适用对象是各个成员国,这就需要后者在其国内法中采取措施,以实施共同体数据保护规定。由于其系基于通过欧洲法院予以解释的指令中具有直接效力的共同体原则,因此,第 34 条并没有特殊性。换言之,那些具有及时性和准确性这些众所周知特性的《数据保护指令》规定具有直接效力,如果没有被及时准确地转换为国内法,个人仅得对成员国政府提起诉讼(这就是所谓的纵向直接效力)。这可能会使得成员国政府有义务须就个人已经发生的损失进行赔偿。基于共同体法律的基本原则,可以判定《数据保护指令》并不具水平直接效力。换言之,在该领域如果并没有通过相应的国内法措施,《数据保护指令》并不适用于私人企业之间的关系。的确,根据《欧共体条约》第249条,《数据保护指令》仅仅对于作为其适用对象的成员国具有约束力,并不会使得个人承担这种义务,因此不能对之强制执行相关规定。这明显并不影响成员国司法机关及行政机关依据指令的规定和精神对相关国内法进行解释的义务(在这方面请见 *Marleasing*(ECJ))。

2. 对欧盟委员会的影响。最后,请别忘记,指令对欧盟委员会也有影响,尤其在共同体法律一般原则的基础上而言更是如此(请见《共同体条约》第286条)。

欧洲议会及欧盟理事会第 2002/58/EC 号指令
(《隐私与电子通讯指令》)

2002 年 7 月 12 日通过关于在电子通讯领域个人数据处理及隐私权保护指令

被欧洲议会及欧盟理事会第 2009/136/EC 号《修改第 2002/22/EC 号〈关于涉及电子通讯网络的普遍服务及使用者权利指令〉及第 2002/58/EC 号〈关于电子通讯领域的个人数据处理及隐私权保护指令〉及 (EC) 第 2006/2004 号〈关于成员国负责消费者保护法执法机关之间进行合作的条例〉的指令》所修改。

欧洲议会和欧盟理事会

注意到《建立欧洲共同体的条约》,尤其是其中第 95 条,

注意到欧盟委员会提交的建议,[1]

注意到经济与社会小组委员会的意见,[2]

根据《欧共体条约》第 251 条所规定的程序,向地区小组委员会进行了意见征询,[3]

鉴于:

(1) 欧洲议会和欧盟理事会 1995 年 10 月 24 日发布的第 95/46/EC 号

---

[1] OJ C 365 E, 19 December 2000, p. 223.
[2] OJ C 123, 25 April 2001, p. 53.
[3] Opinion of the European Parliament of 13 November 2001 (not yet published in the Official Journal), Council Common Position of 28 January 2002 (OJ C 113E, 14 May 2002, p. 39) and Decision of European Parliament of 30 May 2002 (not yet published in the Official Journal). Council Decision of 25 June 2002.

《关于个人数据处理及自由流动的个人权利保护指令》[①]要求成员国确保涉及个人数据处理的自然人权利与自由,尤其是自然人的隐私权,以保障个人数据在共同体内的自由流动。

(2)本指令旨在尊重和遵守尤其是经《欧洲基本权利宪章》承认的基本权利及原则。本指令尤其旨在确保对《欧洲基本权利宪章》第7条、第8条规定的权利进行充分尊重。

(3)保障通讯秘密系根据涉及人权的国际法律文件、特别是根据《欧洲人权公约》及成员国的宪法而进行。

(4)欧洲议会与欧盟理事会于1997年12月15日发布的第97/66/EC号《关于电信领域个人数据处理及隐私权保护指令》[②]将第95/46/EC号指令规定的原则转换成了适用于电信领域的具体规则。第97/66/EC号指令须作出调整,以适应市场及电子通讯技术的发展,以便无论所使用技术为何,为公共电子通讯用户提供的个人数据及隐私保护均达到同等水平。因此应该废止第97/66/EC号指令并由本指令所替代。

(5)先进的新兴数据技术目前已经被应用在共同体的公共通讯网络中,这就对用户个人数据及隐私权的保护提出了具体的要求。信息社会的发展是以引入新型电子通讯服务为标志的。公众广泛通过可接受的价格接入数码移动网络。这些数据网络信息承载量骄人,并在很多场合下都有可能对个人数据进行处理。这些服务跨境发展之所以成功,部分就是建立在用户对其拥有的十足信心:隐私不会有泄露的风险。

(6)互联网在全球范围内提供了广泛传送电子通讯服务的共同设施,颠覆了传统市场结构。通过互联网提供公共电子通讯服务,为用户带来了机会,但也对其个人数据及隐私权带来了风险。

(7)对于公共通讯网络,应制定具体的法律监管及技术规定,以保护自然人基本权利和自由及法人的合法利益,特别是在自动存储及用户和使用

---

① OJ L 281, 23 November 1995, p. 31.
② OJ L 24, 30 January 1998, p. 1.

者相关数据处理的数量大大增加的情形下,尤其如此。

（8）成员国在电子通讯领域通过法律、监管及技术规定保护个人数据、隐私及法人合法利益的,应根据《共同体条约》第 14 条的规定加以协同化,避免在电子通讯内部市场构成壁垒。而协同化的程度应限定于为了保证成员国间新兴电子通讯服务及网络的促进和发展并不会受到阻碍之必需。

（9）有关成员国、服务提供商及用户和相关共同体机构应当在引入和发展相关技术之时进行合作,在必要时适用本指令规定的保障措施,并尤其应考虑将对个人数据的处理最小化,尽可能使用匿名或者准匿名数据。

（10）在电子通讯领域,第 95/46/EC 号指令尤其适用于涉及基本权利和自由、而本指令规定又没有具体涵盖的一切事项,包括控制主体的义务及个人的权利。第 95/46/EC 号指令适用于非公共通讯服务。

（11）和第 95/46/EC 号指令一样,本指令并不解决共同体法律适用范围之外涉及基本权利自由及保护活动的议题。因此,本指令并不改变个人隐私权与成员国为了保护公共安全、国防、国家安全（包括与国家安全事项相关的国家经济安全）及刑法实施之目的而采取本指令第 15 条第 1 款所提及措施之间现有的平衡状态。这样,本指令并不影响成员国对电子通讯进行合法侦听或者采取其他措施的能力,但须为了实现上述任何目的所必需,且须符合欧洲人权法院通过判决加以解释的《欧洲人权公约》。该等措施须适当,就其目的而言严格符合比例原则,在民主社会中为必须且应根据《欧洲人权公约》提供了足够的保障。

（12）公共电子通讯服务的用户是自然人或法人。作为对第 95/46/EC 号指令的补充,本指令旨在保护自然人的基本权利,尤其是他们的隐私权,并且也保护法人的合法利益。本指令并不必然意味着成员国有义务将第 95/46/EC 号指令延伸使用,以保护法人的合法利益,对后者的保护系由适用的共同体及成员国法律框架予以确保。

（13）用户与服务提供商之间的合同关系也许需要就已提供或将要提供的服务进行分期或一次性支付。预付卡也被认为是一种合同。

（14）位置数据可以指用户终端设备的经度、纬度及海拔,行程方向,位置信息的准确水平,某个时点上终端设备位于网络上的一个蜂窝区域及位置信息录入的时间。

(15)通讯可能包括通讯呼叫方或通讯连接使用者提供的任何命名、号码或者被呼叫方信息。通讯数据可能包括为进行通讯传输之目的通过传输该等通讯的网络将该等信息进行的转换。通讯数据可以由表明路由、时长、事件或者通讯数量、所使用协议、呼叫方或接收方终端设备的位置及连接开始、结束或者时长的数据作为其中的组成部分。它们也可以由网路传输通讯的模式组成。

(16)作为广播电视服务组成部分的信息通过公共通讯网络加以提供,旨在为潜在而没有数量限制的听众服务,并不构成本指令意义上的通讯。然而,在接收该等信息的个别用户身份可以确定的情形下,例如视频点播服务,所传递的信息就属于为本指令之目的而定义的通讯概念范围之内。

(17)为了本指令之目的,无论用户是自然人还是法人,用户的同意应该与第 95/46/EC 号指令定义并具体予以规定的数据主体的同意具有同等涵义。同意之给予可以采取任何适当方式,表明用户自主表达明确的、在了解具体情形下的意愿,其中包括在浏览相关互联网站时对选项的勾选。

(18)增值服务可以包括诸如最经济的传输打包建议、路由指引、传输信息、天气预报及旅行信息。

(19)对于涉及显示及限制呼叫与接通线路身份确定、自动呼叫转移予模拟交换机连接线路的特定应用要求,具体情形中,如果该等应用被证明在技术上不可行或者需要不成比例的经济付出,就不应在该等具体情形中成为强制性的要求。重要的是要使得利益相关方知道这些情形,而成员国应该将之通报予欧盟委员会。

(20)服务提供商应该采取适当措施以确保其服务的安全,如果必要,要和网络提供商一起采取行动,并告知用户网络安全被损害之后带来的任何特殊风险。这种风险尤其可能发生于诸如互联网或者模拟移动电话之类借助开放式网络而提供的电子通讯服务。

尤其重要的是,该等服务的用户应当自其服务提供商处获得充分告知,说明在服务提供商提供可能救济措施涵盖范围之外所存在的安全风险。借助互联网提供公共电子通讯服务的提供商，应就其能够采取的诸如借助特殊类型软件或加密技术等通讯安全保护措施，告知其用户。告知用户特定安全风险的要求并没有免除服务提供商在自己负担的前提下采取适当和即时措施对任何新型未预见风险进行补救的义务，以恢复服务的通常安全水平。向用户提供有关安全风险的信息不应收费，而用户在接受或收集该等信息时发生的名义成本不在此限，例如：下载电子邮件信息的成本。基于第95/46/EC号指令第17条的规定对安全予以评估。

(21) 应采取措施防止对通讯进行未经授权的查看，以保护通过公共通讯网络及公共电子通讯服务进行的通讯秘密，这涵盖了该等通讯的有关内容及任何数据。一些成员国的国内立法仅仅禁止对通讯进行未经授权的有意查看。

(22) 禁止用户以外的人或者未经用户同意对通讯及其相关传输数据进行存储，并非旨在禁止对信息进行自动、暂时及过渡性存储，只要这种存储的唯一目的就是为了实现在电子通讯网络中的传输；同时，信息存储的任何期间都不得超过为传输及通讯管理目的之必需，并且在信息存储期间须确保信息的保密性。在其他服务接受方提出要求时，为了更有效率，可以将任何公众可以查看的信息进行再次传输，本指令不应禁止对该等信息的进一步存储，只要在任何情形下公众可以不受限制地对该等信息予以查看，并且，对于要求获得该等信息的用户，其所涉任何数据都已被删除。

(23) 合法商业实践做法中也应确保通讯秘密。如有必要且经合法授权，为了商业交易中证据需要之目的，可以对通讯予以录存。第95/46/EC号指令适用于该等数据处理。应在该等录存发生前将该等录存、其目的及存储时长告知通讯当事方。所录存的通讯应尽快删除，在任何情形下，最晚也不得迟于可以依法对有关交易提出权利主张的期间结束之时。

(24) 电子通讯网络用户的终端设备及存储在该等设备中的信息属于用户的隐私范围，需要根据《欧洲人权公约》对之予以保护。所谓间谍软件、网络缺陷、隐藏数据识别符及其他类似装置，可以在用户不知情的情形下进入用户的终端设备，以查看信息、储存隐藏信息或追踪用户的活动，这可能严重侵犯了用户的隐私。使用该等装置仅能为了合法目的且在有关用户知情的情况下进行。

（25）然而，在诸如分析网站设计及广告有效性、认证参与线上交易用户身份之类情形中，诸如所谓"数据饼干"在内的该等装置也可以是合法及有用的工具。诸如数据饼干之类这种装置用于诸如促进信息社会服务提供这种合法用途的，应遵循的前提就是：根据第 95/46/EC 号指令的规定，向用户提供清楚明确的信息，说明数据饼干或者类似装置的目的，以便确保用户知悉设置于他们所使用终端设备的信息。用户应有机会拒绝在其终端设备中存储数据饼干或其他相似装置。对于非原始用户可以接入终端设备、对其中储存的任何敏感隐私数据进行查看的情形，这点就尤其重要。在同一接入期间，要使用待装入用户终端设备的不同装置，为此告知用户信息及征询其拒绝权行使与否的，告知或征询一次就足够，这也可以涵盖在之后接入期间对该等装置的进一步使用。告知信息、征询其拒绝权行使与否或请求同意的方式须尽可能地贴近用户。对特定网站内容进行查看的，可以将知悉情况下接受数据饼干或类似装置作为前提条件，但对该等装置的使用须有合法目的。

（26）为了建立连接并传输信息而在电子通讯网络中对涉及用户的数据进行处理的，其数据会包含自然人私人生活的信息，并涉及有权就其通讯得到尊重的权利，或者涉及法人的合法利益。仅得在为了出具账单或支付互联互通费用的目的为必需时，方可在限定的期间内储存该等信息。基于推广电子通讯服务或者提供增值服务的目的，公共电子通讯服务提供商也许想对该等数据给予进一步处理，此时公共电子通讯服务提供商须提供准确完整信息，说明其拟进一步处理的类型及用户可以拒绝或撤销对该等处理给予同意的权利，只有用户在此基础上予以同意的，该等进一步处理方可进行。为推销通讯服务或提供增值服务而使用通讯数据的，也应在服务提供完毕后将之予以清除或进行匿名化处理。就其数据处理的类型、目的及完成时长，服务提供商向用户予以持续告知。

(27) 除非为了出具账单之需, 通讯传输完成之后就须删除通讯数据。而通讯传输完成的具体时间取决于所提供电子通讯服务的类型。例如, 对于语音电话而言, 在任何一方用户挂断连接后传输即告结束。对于电子邮件而言, 通常收信方在其服务提供商主机上对信息完成收集之后传输即告结束。

(28) 通讯数据不再是为传输通讯目的所必需的, 将之清除或者进行匿名化处理的义务并不与互联网上的有关程序相冲突, 后者诸如在域名系统中将 IP 地址存入高速缓冲存储器, 或将 IP 地址利用高速缓冲存储器存入物理地址夹中, 或使用登录信息以控制对网络或服务的接入权。

(29) 个别情形下为检测通讯传输过程中故障的, 服务提供商可以对用户的通讯数据进行处理。服务提供商也可以处理为出具账单所必需的通讯数据, 以便发现并制止不付费而使用相关电子通讯服务的欺诈行为。

(30) 提供电子通讯网络和服务的体系设计须将必要的个人数据数量严格限制在最低程度。涉及提供电子通讯服务的任何活动如超出了通讯传输及出具账单的需要, 则应基于不涉及具体用户的总体通讯数据而进行。如这种活动不能基于总体数据而进行, 则应被视为增值服务, 需要用户予以同意。

(31) 为提供一种特定增值服务所需, 处理个人数据应取得用户还是使用者的同意, 取决于需要处理的数据、需要提供的服务及是否在技术上、程序上及合同上有可能将使用电子通讯服务的个人与已经成为用户的自然人或法人区别开来。

(32) 电子通讯服务或者增值服务提供商将提供服务所必需的数据处理分包予其他实体进行的, 该等分包行为及之后的数据处理应完全符合第 95/46/EC 号指令中对个人数据控制主体及处理主体的规定要求。提供增值服务需要电子通讯服务提供商将有关通讯或位置数据转交予增值服务提供商的, 有关用户或者使用者在对该等数据处理给予同意之前, 应当充分获知该等转交情形。

(33) 详细账单的引入使得用户更有可能对服务提供商收费的准确性

进行核查，但在同时也许会对公共电子通讯服务使用者的隐私造成损害。因此，为了保障使用者的隐私，成员国应鼓励替代性电子通讯服务的发展，诸如可以对公共电子通讯服务使用匿名或严格由私人接入的备用支付设备，比如利用信用卡支付的电话卡或设备就是这方面的例子。为相同目的，成员国可以要求运营商向其用户提供不同种类的详细账单，其中，将所拨打号码一定位数的数字予以删除。

（34）对于呼叫线路身份显示，有必要保护呼叫方对其呼叫电话线路身份显示予以保留的权利，同时也保护被呼叫方有权拒绝身份不确定来电的权利。特定情形下，有正当理由的，可不接受消除呼叫线路身份显示的要求。特定的用户，尤其是求助热线及类似组织，保证其呼叫者的匿名状态符合其利益。要确定接通用户的线路，有必要保护被叫方保留显示呼叫方实际接通线路号码的权利及合法利益，特别在转接电话中更是如此。公共电子通讯服务提供商应向其用户告知其网络存在的来电显示及显示接通线路号码的情况，并告知其基于呼叫线路身份显示和显示接通线路号码而提供的所有服务，同时提供能隐私选项。这将允许用户在了解情况的前提下选择其可能希望适用的隐私设置。基于线路隐私选项并不一定作为自动网络服务提供，但可能仅仅对公共电子通讯服务提供商提出要求就可获得。

（35）在数字移动网络中，对揭示移动用户终端设备位置的位置数据进行处理才可进行通讯传输。这种数据属于本指令第 6 条涵盖的通讯数据。然而，另一方面，数字移动网络也许有能力对位置数据进行更精确的处理，这超出了传输通讯的需要，被用来提供诸如针对驾驶员的个性化交通信息及指引之类的增值服务。对这种信息进行处理以提供增值服务的，仅得在用户给予同意的情形下方被允许。即使在用户已经给予同意的情形下，用户也应能通过简便的方式临时拒绝对其位置数据的处理而无须支付费用。

（36）为追踪骚扰电话之必要，成员国可以在呼叫线路身份显示情形下限制用户或使用者的隐私权；为履行其义务以最大可能地有效提供紧急服务之必要，成员国可以在来电显示及位置数据处理方面限制用户或使用者的隐私权。为该等目的，成员国可以进行具体规定，赋予电子通讯服务提供商不经有关使用者或用户事先同意而使得来电号码及位置数据可以被人查看。

（37）应该对用户提供保障，使其免受他人通过自动呼叫对其进行骚扰。另外，在这种情形下，用户必须可以仅仅向公共电子通讯服务提供商提出要求就能阻止该等呼叫传送至其端设备上。

（38）电子通讯服务用户号码簿广为分发及公开。自然人的隐私及法人的合法利益都要求用户可以决定是否在号码簿上公布其个人数据，并可在决定公布的情形下决定公布数据的范围。公共号码簿的提供商应向拟载入该等号码簿的用户告知号码簿的目的及公共号码簿电子版可能具有的特殊用途，尤其是在软件中嵌入搜索功能的特定用途。例如，反向搜索功能可以使号码簿的使用者仅仅基于电话号码就可以找到用户的姓名及地址。

（39）向数据拟被载入公共号码簿的用户告知公共号码簿用途的义务，应该施加于为该等记载而采集数据的一方。数据可以被传送予一家或多家第三方时，应告知用户这种可能及接收方或潜在接收方的类型。任何传送都需基于一个前提条件：数据不得用于采集数据目的之外的目的。如果向用户采集数据的一方或已获数据传送的任何第三方拟为另外的目的使用该等数据，原来采集数据的一方或者已获传送数据的第三方须重新取得用户的同意。

（40）应向用户提供保障，使其隐私免受为直接营销目的而通过非请而至的通讯进行打扰，尤其是在后者通过自动呼叫机、传真及电子邮件（包括短信）进行的情形下尤为如此。以这种形式进行非请而至的商业通讯，一方面也许相对容易，且其发送也相对廉价，但另一方面却为接收方造成了负担及/或成本支出。另外，在一些情形下，这种数量众多的通讯也可能会使电子通讯网络及终端设备难以运行。非请而至的这种通讯形式是以直接营销为目的，在向接收方发出这种通讯之前，要求取得接收方事先明确同意，具有合理依据。统一市场需要以一种协同化的方式确保为商业界和用户提供简单而又适用于共同体范围的规则。

（41）事先存在客户关系的，仅得在同一公司根据第 95/46/EC 号指令取得具体电子联系方式的情形下,方可使用具体的电子联系方式以提供类似产品或服务。获得具体电子联系方式的,应清楚明确地告知客户为直接营销所进行的进一步使用,并向其提供可以拒绝该等进一步使用的机会。在之后每次用于直接营销信息时,除因传输该等拒绝而发生的支出外,其客户应再次获得该等机会而无须支付费用。

(42) 其他诸如人与人之间进行电话交谈的直接营销形式,对发送方而言支出更高,但用户及使用者却不用承担经济支出。这样,合理的选择就是维持一种体系安排,以便向用户或使用者提供一种机会,来表明其不愿接收该类呼叫。然而,为了不降低目前隐私保护的水平,成员国应有权对其国内体制予以支持,以在用户和使用者在事先给予同意的情形下方能向其进行该类呼叫。

(43) 直接营销目的所产生非请而至信息的,为促进有关共同体规则能够得到有效执行,有必要对为直接营销目的发送非请而至的信息时使用伪造身份、伪造回复地址或电话的行为予以禁止。

(44) 特定的电子邮件系统允许用户浏览电子邮件的发件人及主题事项说明,并在无须将电子邮件内容或任何附件进行下载的情形下对该信息予以删除,从而减少了下载非请而至电子邮件或附件的负担。这些安排可以作为本指令所确立的一般义务之外的附加手段在特定情形下继续得到使用。

(45) 本指令并不影响成员国保护法人的合法利益,就出于直接营销目的而发送的非请而至的通讯进行某种安排。对于向大部分是商业用户的法人发送这种通讯,成员国确立了不选则有登记体系的,欧洲议会及欧盟理事会 2000 年 6 月 8 日第 2000/31/EC 号《关于内部市场中信息社会服务(尤其是电子商务)特定法律层面的指令》(《电子商务指令》)[①]第 7 条完全适用。

(46) 提供电子通讯服务的功能可以集成于网络或者包括软件在内的

---

① OJ L 178,17 July 2000,p. 1.

用户终端设备中的任何部分。公共电子通讯服务用户个人数据及隐私的保护,并不受提供服务所必需的不同组成部分布局及其必需功能在这些组成部分之间分布情形的影响。第 95/46/EC 号指令涵盖任何形式的数据处理,不论使用了何种技术。除了一般规则之外,存在电子通讯服务的特定规则,以适用于提供该种服务所必需的其他组成部分;这也许并不会在技术中立的基础上推动对个人数据及隐私进行的保护。因此,也许有必要采取措施,要求用于电子通讯服务特定种类设备的制造商对其产品进行一定方式的设计,以便确保使用者及用户的个人数据及隐私得到保护。根据欧洲议会及欧盟理事会 1999 年 3 月 9 日第 1999/5/EC 号《关于无线设备及电信终端设备相互合规承认的指令》[①]采取该等相关措施,将确保在电子通讯设备中引入包括软件在内的、以数据保护为目的的相关技术特征得到协同化,以使之与内部市场的推进相匹配。

(47) 没有尊重使用者及用户权利的,成员国国内法律应对之规定司法救济措施。任何人如果没有遵守根据本指令所采取的国内措施,无论所适用的是私法还是公法,都须领受处罚。

(48) 在适用本协议的领域,有必要吸取第 95/46/EC 号指令第 29 条所设立、由成员国监管机构代表所组成涉及个人数据处理的个人权利保护工作方机制这一经验。

(49) 为了促进对本指令规定的遵守,对根据本指令而制定的成员国国内立法实施之日已在进行的数据处理,需要采取特定的具体安排措施。

欧洲议会及欧盟理事会第 2009/136/EC 号《修改第 2002/22/EC 号〈关于涉及电子通讯网络的普遍服务及使用者权利指令〉及第 2002/58/EC 号〈关于在电子通讯领域个人数据处理及隐私权保护指令〉及(EC)第 2006/2004 号〈关于成员国负责消费者保护法执法机关之间进行合作的条例〉的指令》在前言中有如下规定:

(1) 组成目前电子通讯网络及服务监管架构的五项指令(欧洲议会及

---

① OJ L 91, 7 April 1999, p. 10.

欧盟理事会2002年3月7日第2002/19/EC号《关于电子通讯网络及设施的接入及互联互通指令》(《接入指令》)、欧洲议会及欧盟理事会2002年3月7日第2002/20/EC号《关于电子通讯网络及服务的授权指令》(《授权指令》)、欧洲议会及欧盟理事会2002年3月7日第2002/21/EC号《关于电子通讯网络及服务的共同监管架构指令》(《架构指令》)、第2002/22/EC号指令(《普遍服务指令》)及第2002/58/EC号指令(《隐私与电子通讯指令》)(合称"《框架指令》及具体指令")之运作须由欧盟委员会进行定期审议,其目的尤其就是要确定是否有必要根据技术和市场发展对之进行修改。

(2) 为此,欧盟委员会在其于2006年6月29日向欧盟理事会、欧洲议会及欧洲经济社会小组委员会和地区小组委员会发出《关于欧盟电子通讯网络及服务的监管框架进行审议的通告》中提出了自己的结论。

(3) 对欧盟电子通讯网络及服务监管架构进行改革,包括加强了针对残疾用户的规定,是在实现统一欧洲信息空间的同时,为建立一个包容性信息社会所迈出的关键一步。这些目标也包含在信息社会发展的战略构架中,而后者则表述在欧盟委员会于2005年6月1日向欧盟理事会、欧洲议会及欧洲经济社会小组委员会和地区小组委员会所提交题为"i2010-致力于增长及就业的欧洲信息社会"的通告中。

[……]

(51) 对于电子通讯领域个人数据的处理,为确保在基本权利及自由保护,尤其是隐私权及保密权的保护达到同等水平之必要,为确保该等数据、电子通讯设备及服务在共同通体内的自由流通之必要,第2002/58/EC号指令(《隐私与电子通讯指令》)对成员国相关规定进行了协同化。根据1999/5/EC号指令或者欧盟理事会1986年12月22日第87/95/EEC号《关于信息技术及电信领域进行标准化的理事会决定》,旨在确保将终端设备进行一定方式的设计以便使得个人数据及隐私得到保障而通过措施的,该等措施须符合技术中立原则。

(52) 涉及IP地址使用的发展应予以密切关注,并应考虑包括根据欧洲议会及欧盟理事会1995年10月24日发布的95/46/EC号《关于个人数据处理及自由流动的个人权利保护指令》[15]第29条所设立涉及个人数据处理的个人权利保护工作方机制已经完成的工作,并在适当时以该等建议为根据。

(53) 网络及信息安全系指网络或者信息系统具有一定可信的水平,有能力抵御对所存储或传输数据的可靠性、真实性、完整性及保密性造成损害的突发事件、违法或恶意行动。严格基于为确保目的之必要进行通讯数据处理的,及相关服务的安全是由安全技术服务提供商作为数据控制主体提供或者通过该等网络和系统可以接入的,都需要遵循第95/46/EC号指令第7条f项的规定。例如,这可能包括阻止对电子通讯网络进行未经授权的接入及发布恶意代码,还包括制止"拒绝服务"攻击及对计算机和电子通讯系统造成损害。

(54) 电子通讯网络及服务市场的自由化及飞速前进的技术发展,一起促进了竞争及经济增长,并促成了通过公共电子通讯网络向最终用户提供的可接入服务。无论使用何种技术提供服务,有必要确保消费者和用户得到同等的隐私及个人数据保护。

(55) 根据电子通讯网络及服务监管架构的目标及比例原则和补充原则,为了法律确定性和欧洲企业及成员国监管机构的效率,第2002/58/EC号指令(《隐私及电子通讯指令》)关注公共电子通讯网络与服务,并不适用于封闭用户群体及公司的内部网络。

(56) 技术进步使得基于诸如使用无线射频的无接触装置之类数据采集及确定装置的新应用得到了发展。例如,无线射频识别装置(RFID)使用无线射频,捕捉可以在目前通讯网络进行传输的独特识别标签所附带的信息。大规模使用这种技术,在经济和社会层面都助益良多,因此,在公民对之予以接受的条件下,将对内部市场是一个强大推动。为实现这一目标,有必要确保个人的所有基本权利,包括隐私权及数据保护权在内,都得到充分保障。该等装置连接到公共电子通讯网络或者以电子通讯服务为基础的,应予以适用第2002/58/EC号指令(《隐私及电子通讯指令》)包括安全、通讯和位置数据及保密的相关规定。

(57) 公共电子通讯服务提供商应采取适当技术及组织措施，以确保其服务的安全。在不影响第 95/46/EC 号指令效力的前提下，该等措施应当确保只有为了具有依法授权的目的才可以通过获得授权的人员对个人数据进行查看，并确保所存储或传输的个人数据及网络和服务得到保护。另外，应确定与个人数据处理相关的安全政策，以便确定系统中的薄弱之处，并定期开展行动，监控、防止、矫正及降低风险。

(58) 国内有关监管机构应当通过包括促成对个人数据及隐私权进行高水平保护的方式以促进公民的利益。为此目的，有关国内监管机构应具有必要的手段履行其职责，这些手段包括以综合及可靠的数据说明导致个人数据造成损害的安全事故。他们应当对已采取的措施进行审查，并向公共电子通讯服务提供商分发最佳做法典范文件。因此，服务提供商也应保留个人数据被侵害的资料档案，以供有关国内监管机构进行进一步分析和评估。

(59) 共同体法对数据控制主体施加了个人数据处理的相关义务，包括其有义务实施适当的技术及组织保护措施，以防止诸如数据丢失事件的发生。第 2002/58/EC 号指令（《隐私及电子通讯指令》）规定了数据侵犯通知要求，从而确立了一个向有关监管机构及所涉个人在个人数据受到侵害时的通知架构。该等通知要求限定于电子通讯领域发生的违反安全措施事项。然而，对违反安全措施事项进行通知的要求体现了公民的总体利益，即需要知晓导致其个人数据丢失或发生其他损害的安全事故，并需了解在将该等安全事故造成的经济损失和社会伤害降低到最少程度时，可以采取或者推荐采取的防范措施。很清楚，使用者获得通知的必要情形并不局限于电子通讯领域。因此，首要的就是在共同体层次上引入明确及强制的通知要求。欧盟委员会正要对该领域的所有相关法律进行审查，欧盟委员会在征询欧洲数据保护总监的意见后，应当毫不迟延地采取适当步骤，鼓励在整个共同体内适用第 2002/58/EC 号指令（《隐私和电子通讯指令》）所规定数据侵犯通知规则中体现的原则，无论数据涉及何种领域、何种类型。

(60) 有关成员国国内监管机构应当对已经采取的措施进行审查，并在公共电子通讯服务提供商间分发最佳实践典范文件。

（61）如果对个人数据的侵害并未及时得到充分处理，也许会导致有关用户或个人遭受包括身份被伪造在内的重大经济损失及社会伤害。因此，一旦公共电子通讯服务提供商知悉该等侵犯的发生，就应向成员国有关国内监管机构进行申报。应毫不迟延地通知数据及隐私可能会因该等侵害而受到不利影响的用户及个人，以便其可以采取必要的防范措施。对数据的侵害可能导致诸如身份窃取或伪造、身体伤害、重大羞辱或者名声受损等共同体内提供公共电子通讯服务相关损失的，该等侵害事项即视为对用户或个人数据或隐私造成了不利影响。申报或通知应包括服务提供商采取措施解决该等侵害及向有关用户或个人进行相关建议的信息。

（62）在实施对第 2002/58/EC 号指令（《隐私和电子通讯指令》）进行转换的措施时，成员国有关机构及法院不仅应对其国内法按照与该指令相符的方式进行解释，而且应确保他们不会依赖与诸如比例原则等共同体法律基本权利或一般原则相冲突的解释。

（63）采取适用于信息及通知要求的相关情形、格式及程序的技术实施措施的，应对之予以规定，以便在互联网市场上使用电子通讯网络传输或处理个人数据时，其安全及隐私的保护的水平足够。

（64）在制定详细规则以就个人数据违法情形进行通知而确定适用格式及程序的，应该对该等违法情形的背景予以适当考虑，这包括个人数据是否已由适当技术保护措施进行保护，从而有效限制了身份伪造或者其他滥用情形的可能。另外，在提前公开可能对违反情形的调查构成不必要的妨碍时，该等规则和程序应考虑到执法机关的合法利益。

（65）秘密监控使用者行动或为了第三方利益而对使用者终端设备进行劫持的软件（间谍软件），像病毒一样都对使用者的隐私构成严重威胁。需要确保对使用者私人空间进行高水平的同等保护。此时，不应考虑令人避之不及的间谍软件或病毒是通过电子通讯网络无意下载的还是送达或安装到以其他诸如 CD、CD-ROM 及 USB 密钥等外部数据存储载体之形式所分发的软件之中。成员国应鼓励向终端用户提供能够采取防范措施的信息,并鼓励其采取必要的步骤,保护其终端设备不受病毒和间谍软件的侵袭。

(66) 第三方出于各种目的,也许希望在使用者的设备上存储信息,或能获得对已经存储信息的查看权。这些目的既包括合法目的(例如特定种类的数据饼干),也涉及没有合法理由而侵犯私人空间(例如间谍软件及病毒)。因此,极端重要一点就是,在进行任何可能进行这种存储及获得信息查看权之时,向使用者提供明确完整的信息。提供信息及征询其是否行使拒绝权的方式应该尽可能地贴近用户。对提供信息及征询其是否行使拒绝权的义务予以例外规定的,应限定于能够使用户或使用者所明确要求获得特定服务这一合法目的而使得技术存储和查看极为必须的情形。技术而言属可行及有效的,根据第 95/46/EC 号指令的有关规定,使用者同意数据处理的,可以通过浏览器及其他应用的设置予以表示。应扩大向有关成员国国内监管机构的授权,以使该等要求得以更有效的实施。

(67) 针对直接营销目的而以电子邮件方式进行非请而至通讯的,应向用户提供保障,以免其私人空间遭到侵犯,这同样也适用于短信、彩信等其他种类的类似应用。

(68) 电子通讯服务提供商为了打击非请而至的商业通讯(垃圾邮件)进行了大量投资。和最终用户相比,他们具有检测及确定垃圾邮件的必要知识和资源,因此更具优势。电子邮件服务提供商及其他服务提供商因此应有权对垃圾邮件发送者提起法律程序,并因此保护其客户利益,这也是其利益的组成部分。

(69) 使用共同体电子通讯网络进行个人数据传输及处理时,需要确保对相关隐私及个人数据的足够保护水平,这就得要求有效的实施及执法权,为法律之遵守提供足够动力。有关成员国监管机构,及在适当的情形下连同其他成员国机构一起,应该具有充分的权力和资源对违法行为予以调查、对投诉作出决定并对违法行为予以处罚。这些权力也须包括取得其所需任何信息的权力。

(70) 实施及执行本指令相关条款,通常需要在两个或两个以上成员国的监管机构之间进行合作。例如,对于跨境打击垃圾邮件及间谍软件的情形,就是如此。为了在该等情形中确保顺利及及时的合作,在接受欧盟委员会审查的前提下,相关成员国监管机构应当界定诸如监管机构间交换信息之数量及格式、须满足的截止期限等程序。该等程序也将会允许对市场主体施加的义务进行协同化,以推动建立一个共同体内公平的竞争环境。

(71) 跨境合作及执法应当基于现存共同体跨境执法机制予以加强。例如,可以通过修改第(EC)2006/2004号条例(《消费者保护协作条例》)的方式进行。

(72) 为实施第2002/22/EC号指令(《普遍服务指令》)及第2002/58/EC号指令(《隐私及电子通讯指令》)必须采取的措施,应该根据规定欧盟委员会行使所赋予职权程序的欧盟理事会1999年6月28日所发布第1999/468/EC号欧盟理事会决定而进行。

(73) 欧盟委员会应尤其有权针对"112"之有效接入采取实施措施,并依据技术发展和市场需求对附件进行调整。并应赋予欧盟委员会就数据处理时所涉信息、通知要求及安全事项采取实施措施。由于这些措施适用于一般事项,其架构就是以新的非关键内容替代第2002/22/EC号指令(《普遍服务指令》)及2002/58/EC号指令(《隐私及电子通讯指令》)中的非关键事项,以对之进行修改。采取该等措施,必须依据第1999/468/EC号第5a条规定的审核监管程序进行。鉴于在通常限度内,对受审核监管程序进行的操作在特定例外情形下,可能不能及时通过实施措施,欧洲议会、欧盟理事会及欧盟委员会应该迅速行动,以便确保这些措施得以及时通过。

(74) 在采取安全处理实施措施时,欧盟委员会应当征询所有相关欧洲机构及组织(欧洲网络及信息安全局,the European Network and Information Security Agency (ENISA)、欧洲数据保护总监及第95/46/EC号指令第29条个人数据处理所涉个人权利保护工作方机制)的意见,并向所有其他有关利益相关方征求意见,尤其是为了获知改善第2002/58/EC号指令(《隐私及电子通讯指令》)之实施情形而可以采用的最佳技术及经济手段。

(75) 第2002/22/EC号指令(《普遍服务指令》)及第2002/58/EC号指

令(《隐私及电子通讯指令》)因此需要作出相应的修改。

(76) 根据为更好进行立法而达成的《机构协议》第34点,鼓励成员国为自己及基于共同体利益而起草自己能最大程度说明第2002/22/EC号指令(《普遍服务指令》)、第2002/58/EC号指令(《隐私及电子通讯指令》)及转换措施之间关系的图表,并将之公布,

为此通过本指令:

适用范围及宗旨

第1条

(1) 涉及电子通讯领域个人数据处理时,为确保基本权利及自由,尤其是为确保隐私及保密权利的同等保护水平,为确保该等数据、电子通讯设备及服务在共同体内的自由流动,本指令规定了对成员国相关规定的协同化。

(2) 为了第1款规定的目的,本指令的规定对第95/46/EC号指令进行了细化并将之予以实施。另外,其对法人用户的合法权益也提供了保护。

(3) 本指令不应适用于《建立欧共体条约》适用范围之外的活动,例如诸如被《欧盟条约》第五章、第六章涵盖的事项。在任何情形下,均不适用于涉及公共安全、国防、国家安全(包括与国家安全事项有关的国家经济安全)的活动及刑事领域的国家活动。

1. 适用范围及宗旨(第1款)。本指令旨在界定在电子通讯领域进行具体个人数据处理的保护原则。因此,与不论处理背景而适用于个人数据处理的《数据保护指令》相比,本指令更为具体。指令替代了规制电信行业个人数据处理的老指令。第1条第1款就与老指令的第1条第1款相似。第1款唯一的创新之处就在于将之前的术语"电信"替换为技术上更为中立的术语"电子通讯"。这种调整体现了欧盟立法者的意图,在进行电信改革并因此通过电信一揽子指令的同时,扩大指令的适用范围,使之明确涵盖诸如互联网和电子邮件这种新技术,而无论使用了何种技术,都对公共电子通讯网服务的使用者提供同等水平的个人数据及隐私保护。然而,如果说新的规定消除了其是否适用于这些新兴通讯技术的疑问,则老指令就适用于

互联网及电子邮件,这已经在相当大的程度上成为共识。因此,指令的主要优点在于确立了具体规则,特别适用于通过技术发展提供诸如增值服务等新服务的情形(请见对第 2 条第 2 款 g 项的评述)。指令已经被 2009 年的修改指令所修改,而后者是对组成目前电子通讯服务网络及服务监管架构的五部指令进行审议的架构组成部分。[176]

　　2. 与《数据保护指令》的联系(第 2 款)。(a) 具体监管。指令对《数据保护指令》进行了细化并予以实施。根据其前言第 10 项,《数据保护指令》将适用于电子通讯领域涉及基本权利及自由保护而未被本指令所涵盖的所有事项,其中包括控制主体的义务及个人的权利。因此,两个指令均适用于电子通讯领域的数据处理,《数据保护指令》对本指令形成补充。(b) 适用范围。因为指令对《数据保护指令》进行了细化,指令仅能适用于电子通讯领域内涉及适用《数据保护指令》个人数据处理的数据处理。然而,该指令的规定并没有明确对此原则予以支持。的确,本指令的大部分规定所采用的概念都与《数据保护指令》中的概念不同(请见对第 2 条评述的第 1(a)项)。因此,就该指令规定的具体适用范围而言,应该仅仅根据该指令规定的定义进行认定,还是也有必要根据《数据保护指令》的规定来确定,并不总是存在明确答案。例如,第 5 条第 3 款似乎涉及"信息"处理,无论该等信息是否包括个人数据。该等规定是否应仅解释为适用于任何种类数据的处理,还是其仅仅涉及《数据保护指令》对这些术语所进行定义中的个人数据,答案并不清楚。在援引《数据保护指令》确认适用范围的标准时,本指令规定中这种缺乏一致性的状况,造成了对该指令对人及对事适用范围的界定时的疑问。另外,非常清楚,本指令根据多种标准确定了属地适用范围(请见对第 3 条第 1 款的评述)。(c) 法人利益之保护。另外,本指令与《数据保护指令》有显著不同。《数据保护指令》仅仅适用于涉及个人的个人数据处理,而该指令的特定条款也对法人用户的合法利益提供了保护。然而,前言第 12 项明确指出,该指令并不必然意味着成员国有义务将《数据保护指令》的适用范围延展至对法人利益予以保护。该指令并不界定法人的"合法利益"。这也许导致成员国国内法在实施本指令时存在显著差异。例如,一些成员国也许认为,出于营销目的,对向法人发送的电子邮件进行授权、传输或发送而该等法人并未明确拒绝的,就构成对其利益提供了足够保护。相反,其他成员国也许认为在发送非请而至通讯之前,有必要取得法人的同意。

3. 适用范围之外的事项(第 3 款)。《成立欧共体条约》适用范围之外的活动(第三支柱活动)也不适用本指令。因此,本指令并不影响成员国采取合法措施对电子通讯予以拦截的权利,也不影响成员国为保护公共安全、国防、国家安全(包括与国家安全事项有关的国家经济安全)有权采取的措施,也不影响成员国为这些目的进行的刑事执法,但须符合根据欧洲法院予以解释的《欧洲人权公约》。

定义

第 2 条

(1) 除非另有规定,应适用第 95/46/EC 号指令及欧洲议会及欧盟理事会 2002 年 3 月 7 日第 2002/21/EC 号《关于电子通讯网络及服务的共同监管架构指令》(《架构指令》)中的定义。

(2) 也应适用以下定义:

(a) "使用者"系指出于个人或商业目的使用公共电子通讯服务、同时并不一定是该服务用户的任何自然人;

(b) "通讯数据"系指为借助电子通讯网络传输通讯或因此出具账单之目的而处理的任何数据;

(c) "位置数据"系指通过电子通讯网络或电子通讯服务而处理的任何数据,揭示了公共通讯服务使用者所使用终端设备的地理位置;

(d) "通讯"系指特定方之间通过公共电子通讯服务交换或传送的任何信息。这并不包括作为通过电子通讯网络提供公共广播电视服务的一部分而传递的信息,除非该信息涉及可以确定身份的、接收信息的用户或使用者;

(e) "同意"系由使用者或用户作出,对应第 95/46/EC 号指令中所规定数据主体的同意；

(f)"增值服务"系指需要处理通讯数据或通讯数据之外的位置数据而在传输通讯或因此出具账单所必需范围之外的任何服务；

(g)"电子邮件"系指在通过公共通讯网络发送、接收方收取之前，可以存储于网络或者接收方终端设备的任何文字、声音或图像讯息；

(h)"个人数据违法情形"系指违反安全措施致使共同体提供公共电子通讯服务相关传输、存储或以其他方式处理的个人数据被毁损、灭失、篡改、未获授权的披露或查看情形。

1.《数据保护指令》及《电子通讯架构指令》所规定定义的适用（第1款）。在数据保护及数据传输的十字路口，对于这两个领域而言，该指令的概念是典型的适当规定。(a)《数据保护指令》中的定义。根据第1条第1款的规定，由于本指令规定的目的在于对《数据保护指令》的规定予以补充和细化，援引《数据保护指令》规定的定义因此就是一种必然。《数据保护指令》第2条规定的定义涉及适用数据保护法律时的核心概念，诸如"个人数据"、"个人数据处理"、"控制主体"及"处理主体"。然而，本指令对这些核心概念的使用有限，一般情形下更依赖并不以该等概念为基础的具体适当概念。例如，本指令在第6条及第9条使用了"通讯数据"一词，在第9条使用了"位置数据"一词，在第5条第3款使用了"信息"一词，这里，数据和信息并不一定就自然而然是"个人数据"。同样，指令多次对公共电子通讯网络运营商(第6条和第10条)及公共电子通讯服务提供商(第6条、第8条及第9条)施加了义务及限制，而并未说明其仅仅涉及基于《数据保护指令》定义属于"控制主体"的服务提供商。这就对认定指令具体属地适用范围造成了困难。(b)《电子通讯架构指令》所规定的定义。只有基于《电子通讯指令》所提供的定义，才能理解本指令的对事、属地及对人适用范围。第三条援引"借助公共通讯网络提供的公共电子通讯服务"，界定了本指令的对事及属地适用范围。的确，本指令并不涉及"内容"服务(适用《电子商务指令》)，而是"传输"服务。"电子通讯服务"之定义。根据《电子通讯架构指令》第2条c项的规定，"电子通讯服务"系指"通过电子通讯网络而全部或主要提供信号传输的有偿服务,包括通过广播电视网络提供的电信及传输服务,但借助电子通讯网络及服务提供内容的服务或对之进行编辑控制的除外;其中并不包括第98/34/EC号指令第1条规定的、并不通过电子通讯网络全部或主要提供信号传输的信息社会服务"。例如,语音电话服务、互联网接入及电子邮件传输是典型的电子通讯服务。"电子通讯网络"之定义。该等术语系指:"传输体系及适当情形下的交换或路由设备及其他促使信号通过线路、无线电、光学或其他电磁方式进行传输的资源,不论传输信号的种类,包括卫星网络、固定(回路及数据包交换,包括互联网)及地上移动网络、电缆系统,用于信号传输的广播及电视传播网络、有线电视网络。""公共通讯网络"之定义。《电子通讯网络及服务共同架构指令》第2条d项将"公共通讯网络"定义为"全部或主要用于提供公共通讯服务的网络"。根据该等定义,网络的"公共"性取决于其用来提供的电子通讯服务是否系"面向公众"这一事实。《修改指令》前言第55项说明,本指令"关注公共电子通讯网络及服务,并不适用于封闭用户团体及公司网络"。对于本指令的属人适用范围,诸如第6条及第9条的若干规定对公共电子通讯服务提供商及公共通讯网络运营商施加了具体义务。《电子通讯架构指令》第2条m项说明,提供电子通讯网络就意味着建立、运营、控制或提供该等网络。

2. 本指令的定义(第2款)。(a)"用户"及"使用者"之定义。用户之概念。第2条第2款a项间接规定了用户这一本指令多次引用的概念。用户系指出于私人或商业之目的付费使用公共通讯电子服务的人。前言第13项具体指出,用户与服务提供商之间的合同关系,可能必然会要求对提供或待提供的服务进行定期或一次性给付。预付款也被认为是一种合同。前言第12项确认,用户可以是法人或自然人,而使用者总是自然人。使用者之概念。根据第2款a项规定,使用者系指任何出于私人或商业目的使用公共电子通讯服务的自然人,且并不一定是该等服务的用户。例如,家庭户主也许和互联网接入服务提供商签订合同,获得电子邮件账户及互联网接入。该账户可以为其他家庭成员创建若干电子邮件地址。在这种情形下,家庭成员就是受益于该等服务的"使用者",而不是该等服务之实际用户。作为使用者的另外一个例子就是基于雇主的用户身份而享有移动电话服务及互联网接入服务的雇员。本指令的一些规定对使用者和用户都提供了保护（例如第 6 条和第 9 条），而其他条款仅仅涉及用户（请见第 13 条）。(b)"通讯数据"之定义（第 2 款 b 项）。原先的指令在使用这些术语时并没有对之予以定义。本指令之所以引入这些定义，就是为了对该等数据及位置数据（请见第 2 款 c 项之定义）予以区分。通过对其处理目的予以援引而对通讯数据进行定义：这都是出于通过电子通讯网络进行信息传输的目的（例如呼叫或被叫的电话号码、电子邮件地址、发送方或接收方的 IP 地址等数据）或出具账单的目的（例如通讯时长、发送电子邮件的大小、呼叫的电话号码等）而被处理的任何数据。它们包括发送方提供的数据（URL 地址、接收方电子邮件地址等数据），也包括通讯过程中产生的数据。根据前言第 15 项，"通讯数据可以由其中表明路由、时长、时间或者通讯数量、所使用协议、呼叫方或接收方终端设备的位置及连接开始、结束或者时长的数据所组成。它们也可以由网路传输通讯的模式组成。"通讯数据也包括定性为"位置数据"（请见第 2 款 c 项的定义）的数据，但处理这些位置数据须出于传输和出具账单之活动的目的。(c)"位置数据"之定义（第 2 款 c 项）。根据第 2 款 c 项，"位置数据"被定义为"通过电子通讯网络或电子通讯服务而处理的任何数据，其揭示了公共通讯服务使用者所使用终端设备的地理位置"。首先，要被视为"位置数据"，就要求数据应涉及终端设备的位置确定。本指令并没有对"终端设备"进行定义。该术语视具体适用情形不同而具有种种不同涵义。在数据通讯的情形下，该术语通常适用于在发送方或接收方一端终结通讯的装置。例如，本指令所适用的典型终端设备是电话，或全球定位系统（GPS）装置。终端设备因此必须属于公共电子通讯服务的使用者（请见对第 1 款的评述）。这样，位置数据通常是通过电子通讯网络或通讯服务进行处理的数据。根据前言第 14 项："位置数据可以指用户终端设备的经度、纬度及海拔、行程方向、位置信息的准确水平，某个时点上终端设备所位于网络的具体蜂窝区域及位置信息录入的时间。"(d)"通讯"之定义（第 2 款 d 项）。在本指令的框架下，"通讯"一词系指特定方之间通过公共电子通讯服务交换或传送的任何信息。第5条第1款规定,要求对"通讯及相关通讯数据"进行保密的,此时,通讯数据并不包括在通讯这一概念之内(请见对第5条第1款的评述)。前言第15项对该等解读进行了确认,指出:"通讯可能包括通讯呼叫方或通讯连接使用者提供的任何命名、号码或者被呼叫方信息。"另外,通讯并不包括作为广播电视服务的一部分在电子通讯网络上向数量不加限制的受众进行传播的任何信息,例如电视传播。这种除外情形说明了本指令"通讯"概念与《电子通讯架构指令》中"电子通讯"概念的不同。的确,按照《电子通讯架构指令》中的规定,"电子通讯网络"及"电子通讯服务"术语也包括广播电视服务(请见第1款,第1(b)项评述中的定义)。然而,所传输信息可能与身份确定的、接受信息的用户或使用者相关的,作为广播电视服务一部分而传输的信息也仍然视为属于本指令架构下的通讯。例如,提供视频点播服务的架构即为这种情形。该指令因此仅仅需要地址进行信息接受和发送的点对点通讯。(e)"同意"之定义(第2款e项)。该指令指出,使用者或用户同意的概念与《数据保护指令》中"数据主体同意"的术语涵义相同。根据《数据保护指令》第2条h项的规定,这些术语系指"任何自主做出的特定及知悉情况的意思表示,数据主体借此表明其对与己相关信息进行处理的同意"。该等同意须为自主作出、具体且系知晓情况的条件下作出。首先,该定义意味着不能通过任何形式的施压取得该等同意。例如,针对雇主作为用户的服务,作为服务使用者的雇员对涉及其个人数据进行处理须给予同意的,经济或道德压力就成为一个问题。另外,该等同意不能是适用一切事项的,它须对个人数据处理的具体目的作出。最后,该等同意须在足够信息的基础上作出,该等信息即为法律规定需要提供的信息。在诸如第5条第3款规定的一些情形中,该指令明确援引了《数据保护指令》来确定需要提供的信息。在这方面,该指令所确立框架的特别之处在于:该指令的一些特定规定也许会要求法人须予以同意,而《数据保护指令》仅涉及个人作出的同意。因此,尽管他们是法人,对于数据主体的要求也适用于该等用户。对于作出有效同意的形式,该指令在前言第17项具体指出:"同意之给予可以采取任何适当方式,表明用户自主做出明确的、在了解具体情形下的意愿,其中包括在浏览相关互联网站时对选项的勾选。"该指令设想的这种机制已经广泛适用于互联网,使得互联网使用者可以通过对选项有关方框进行勾选而对给定的选择予以接受。(f)"增值服务"之定义(第 2 款 f 项)。这是一个新概念,老指令中并不存在。系指需要处理通讯数据或通讯数据之外的位置数据而在传输通讯或因此出具账单之必需以外的任何服务。这种准确规定表明,其涉及位置数据之处理,而不是"通讯数据"之处理。由于位置数据并非为通讯传输目的而使用,所以任何时候都不会被视为通讯数据(请见按照第 2 款 b 项对"通讯数据"的规定),这中精确规定也并非必要。由于服务提供商为提供服务需要处理通讯数据或位置数据,又不涉及对通讯数据的传输,相关服务的潜在范围非常广泛。所以前言第 30 项规定:"任何涉及提供电子通讯服务的活动如超出了通讯传输及出具账单的需要,同时又没有基于总体数据而进行,则应被视为增值服务。"增值服务并不一定需要与相关电子通讯服务具有联系。前言第 18 项列举了若干事例:对最为优惠价格组合的建议,导航,交通信息,天气预报及旅游信息。(g)"电子邮件"之定义(第 2 款 g 项)。该指令中,该术语系指通过公共通讯网络发送的任何文本、语音、声音或图像信息,在接收方收集该等信息前可存储于网络或者接收方终端设备之中。该定义旨在达到技术中立的目的,并涵盖任何不需要发送方和接收方同时参与的电子通讯信息。这个概念因此比电子邮件的概念要广。这也包括短信(SMS)、彩信(MMS)、电话应答留言、包括直接向某个 IP 地址发送的"网络发送"信息或移动服务在内的语音信箱服务系统(《对未告而至信息的意见》,第 4 页)。然而,弹出信息并不被欧盟委员会视为电子邮件(E-3392/02 号《对书面问题的回答》)。(g)"个人数据违法情形"的定义(第 2 款 h 项)。目的。该定义系由《修改指令》基于确保向公民告知可能会造成其个人数据灭失或者产生其他形式损坏的安全事故。对于欧盟尚在形成当中的安全违规法律架构而言,该定义可被视为该法律架构的核心组成部分。将在该条例第 4 条的评述中对之加以更详细说明。范围。"个人数据违法情形"这一术语系指对共同体内提供公共电子通讯服务而传输、存储或以其他方式处理的数据造成意外或违法毁损、灭失、篡改、未获授权的披露或查看的安全违法情形。因此,个人数据违法情形并不仅仅存在于对个人数据进行未经授权的查看,也存在于数据发生了意外改动或灭失的情形中。该定义涵盖了涉及提供通讯服务而发生的一切违法情形,包括外部数据处理主体所处理数据发生的事故。另外,违法情形并不仅仅涉及作为通讯服务对象的数据,也主要包括与通讯服务相关而提供其他服务的架构中所处理的数据,例如和互联网接入服务一起提供的电子邮箱中所存储的数据。最后,与美国采取的方式不同,"个人数据"一词应予以宽泛解释为包括一切个人数据,无论其是否具有经济价值或者如果受到损害是否会发生经济损失。

有关服务

第 3 条

本指令应适用于在共同体内通过公共信息网络提供公共电子通讯服务而进行的个人数据处理,该等公共信息网络包括支持数据采集及身份确定装置的公共信息网络。

1. 指令适用范围。适用服务。该指令适用范围被界定如下。它涵盖涉及通过公共通讯网络提供公共电子通讯网络的所有个人数据处理情形。因此,与老指令不同,该范围并不仅限于电话或数据网络,当然,如果可以确定接收方身份的,在不考虑所传输信息种类的情况下,还包括卫星、地上及有线电视广播网络。除外的服务。涉及不在公共领域电子通讯网络进行的数据处理除外,例如局限于封闭用户群体或者并不能通过公共通讯网络却可以通过诸如内部网络接入的服务;即使这些自有网络并不局限于封闭用户群体,诸如银行服务所提供的自动取款机也适用这样的除外情形。这种除外规定受到了工作方机制的批评。工作方机制强调,公共及自有网络之间的区别越来越难以界定,并认为这些自有网络及其使用中出现的风险越来越重要。例如,公司内部对职员使用互联网情况进行监控的,就是这种情形(2008 年 5 月 15 日发布的 2/2008(150)号《关于电子隐私指令的意见》)。如果公司通过其自有网络向客户提供服务必然被排除在该指令适用范围之外，它们还将适用《数据保护指令》中的原则。其中，这些原则就要求处理系合法、所处理的数据具有相关性、并不过分及数据主体可以行使其获得告知、查看及更正的权利。向 RFID 网络及未来"物联网"的延伸。《修改指令》增加的规定是：有关服务也包括在共同体内通过公共通讯网络就支持数据采集及身份确定装置所提供的通讯服务。这种精确的规定旨在确保用于通过射频识别装置（RFID）传输数据的公共通讯网络也适用有关安全、通讯和位置数据及保密方面的规定。射频识别装置被认为是"物联网"的前身。物联网是互联网的未来。在物联网上，有形物品通过网络连成一体，并提供其自身及其环境的信息。通过将终端微化为"智能尘粒"，并将之植入物品、衣服甚至是人体之中，辅以无线、传感及网络化技术，就可以展望人类通过新的方式与其物质环境进行互动进行。通过电子网络化技术向数据库发出自己及其使用者的信息，也许现在就可以实现物品间的互动。2009 年 5 月 12 日，欧盟委员会发布了《关于在射频识别装置支持的应用中实施隐私及数据保护原则的推荐意见》（2005 年 1 月 19 日发布的第 105 号工作文件《关于射频识别装置所带来数据保护问题的工作文件》），其中提出了若干特定要求，如"通过设计保障安全和隐私"，射频识别装置应用对于终端用户的透明度，除非消费者选择激活而在销售带有射频识别装置标签的芯片在出售时自动保持未激活状态，射频识别装置信息系统安全机制及义务；同时设计者应进行"隐私效果评估"，并使数据保护监管机构和最终用户能对该等评估进行查看。

2. 讨论。缺乏明晰度。指令涵盖的典型服务并不仅仅是由互联网接入服务提供商提供的，还包括所有应服务接受方明确要求而传输电子信号的服务，但并不包括"托管服务"、内容服务提供商提供的服务或者"搜索引擎服务"。后三类服务的确是"信息社会服务"，因此被《电子通讯架构指令》第 2 条 c 项明确排除在外："它（电子通讯服务的概念）不包括第 98/34/EC 号指令第 1 条定义的信息社会服务；全部或主要而言，该等服务并不是通过电子通讯网络传输电子信号。"尽管作出了明确的排除，该规定的措辞还制造了某种模糊性，它提到的服务"与提供……相关"，这会在某种程度上扩张该指令的对事适用范围。该指令的特定规定如不适用信息社会服务或其他并不在于出于"严格意义上"对电子信号的"传输"时,被认为是明显毫无意义的;例如第13条对于非请而至的电子邮件或者第5条第3款涉及违法接入用户或使用者终端设备的规定。这将会使得模糊性更加突出。然而,就像对通讯或未知数据、号码簿、自动呼转及其他规定一样,大部分规定仅仅适用于服务提供商或者纯粹的电子通讯服务。一个可能的解决方案就是:在指令的对事适用范围中,将并不通过公共通讯网络提供公共电子通讯服务而从事有关行为所涉及的个人数据处理排除在外,除非有关条文将其明确指向并不能归结于第3条第1款所界定"活动"概念的其他类型。诸如规定数据饼干的第5条第3款及垃圾邮件行为的第13条等条款,其适用范围明显比第3条第1款的规定更为广泛。

3. 属地适用范围。条文指向"在共同体内"提供的服务。该指令涵盖的一些服务也许是由共同体之外的提供商向欧盟内部的用户或使用者提供的,例如互联网接入服务。在这种情况下,条文明确说明,该指令适用。该指令所确定的标准并不同于《数据保护指令》所确立的成立标准,因此会允许该指令具有一定程度的域外效力。位于共同体之外的公司发送垃圾邮件会适用欧盟的规定。对目前在共同体内运营公司所提供的服务,需要强调的是,《数据保护指令》第25、26条将会适用于位于共同体内服务提供商所提供服务产生跨境数据流动的情形。必须指出,通过位于欧盟以外的域名系统或者根服务器进行信息流通的互联网服务,经常属于这种情形。《数据保护指令》第26条第1款b项规定了在跨境数据流动中的一项例外,这是为了确保服务提供商及其客户间合同履行的需要。

数据处理之安全

第4条

(1) 公共电子通讯服务提供商须采取适当技术及组织措施,以保障其服务的安全;如必要,应和公共通讯网络提供商一起对网络安全采取相关措施。考虑到技术发展水平及其实施成本,该等措施应该确保与所显示风险相对应的适当保障水平。

（1bis）在不影响第 95/46/EC 号指令效力的前提下，第 1 款所指的措施应该至少

——确保个人数据仅得被授权人员出于经法律授权的目的进行查看，

——保护存储或传输的数据，防止意外或违法毁损、意外灭失或篡改及未经授权或违法的存储、处理、接入或披露，及

——确保实施涉及个人数据处理的安全政策。

相关成员国监管机构应能够对公共电子通讯服务提供商采取的措施进行审核，并可以就这些措施应达到的安全水平发布最佳实践推荐意见。

（2）存在特别风险危害网络安全的，公共电子通讯服务提供商须就该等风险向用户告知，在该等风险并于能为服务提供商提供措施所涵盖的，还应告知可采取的救济措施，并说明可能发生的成本支出。

（3）发生个人数据违法情形的，公共电子通讯服务提供商应毫无不当迟延地就该等个人数据违法情形向相关成员国监管机构予以报告。

该等个人数据违法情形可能对用户或个人的个人数据或隐私造成负面影响的，服务提供商还应毫无不当迟延地向该等用户或个人就个人数据违法情形予以通知。

如服务提供商已向相关成员国监管机构作出令其满意的证明，证明该等服务提供商已经采取了适当技术保护措施应用于安全违法情形所涉及的数据则无须向有关用户或个人就该等安全违反情形进行通知。该等技术保护措施须使任何人在未获授权时无法查知相关数据。

不影响服务提供商通知有关用户及个人义务的前提下，如果服务提供商就该等个人数据违法情形没有通知有关用户或个人，有关成员国监管机构在考虑该等违法情形的不利影响后，可要求该服务提供商予以通知。

向用户或者个人发出的通知，应当至少描述该等个人数据违法情形的性质及获取进一步信息的联系方式，应就以减轻该等个人数据违法情形可能造成的负面影响而推荐有关措施。在向有关成员国监管机构发出的报告中，应另外说明该等个人数据违法情形的后果及该服务提供商拟采取或已

经采取的解决措施。

（4）以根据第 5 款采取的任何技术实施措施为前提,有关成员国监管机构可以对服务提供商须就个人数据违法情形进行通知的情形、通知的格式及发出通知的方式制定指南,并在必要时发布指令,并应对服务提供商是否履行本款规定的义务进行核查;如未履行,应施以适当处罚。

服务提供商应就个人数据违法情形建立资料档案,记载违法情形的前后事实经过、其影响及采取足够措施的说明,使得有关成员国监管机构核查其遵守第 3 款情形。资料档案应仅记载为该等目的所必需的信息。

（5）为确保实施第 2、3 及 4 款提及措施的一致性,在征求欧洲网络与信息安全局(ENISA)、第 95/46/EC 号指令第 29 条所确立的涉及个人数据处理中的个人权利保护工作方机制及欧洲数据保护总监的意见后,就适用本条所规定的信息和通知要求,欧盟委员会可以采取与事实经过、格式及程序相关的技术实施措施。在采取这些措施时,尤其是为了解实施本条的现有最佳技术及经济手段,欧盟委员会应该使得所有相关方参与其中。

根据第 14a 条第 2 款规定的审查监管程序,应当采取措施通过补充规定而对本指令非核心内容进行修改。

1. 采取技术及组织安全措施的义务(第 1 款)。原则。基于网络使用相关风险的特殊性,本条规定对公共电子通讯服务提供商施加了额外安全义务。"安全"之概念。"安全"的概念十分宽泛。在《数据保护指令》第 17 条第 1 款中,它系指保护"免于因事故或违法原因而遭毁坏,或遭受意外损失、改变,未获授权的披露或查看及其他所有形式的违法数据处理。"因此,举例来说,在使用服务过程中,存在未授权第三方监听通讯的风险,这就要求(例如,在对信用卡号码进行电子传输的情形下)采用诸如使用加密或安全线路之类的适当保障措施。在服务提供商信息系统内,由于存在进行侵袭以收集所有其客户地址或者操作特定数据的可能,就有必要安装防火墙及采取其他安全措施。通过通讯服务提供商的信息系统发送蠕虫病毒或者创建镜像,从而将某种通讯引入歧途的其他特定风险与通讯服务的使用相关。这种义务并不局限于技术措施,而且也涵盖组织措施,对于后者,也许就要提名一位能确保其服务运作遵循该条例所有规定的数据安全经理。为了确保这种安全,也许有必要与网络提供商进行合作。因此,如果发现侵袭行为,也许会要求网络运营商介入,自动屏蔽对服务提供商信息系统的任何接入行为。安全水平。第 1 款第 2 句话援引了《数据保护指令》第 17 条发展出的标准,以衡量服务提供商考虑实施的安全水平。因此,鉴于发生涉及服务性质潜在风险的可能及其损害后果(与提供电影接入的网络相比,医疗领域中的电子通讯服务需要更严格的安全措施),就不得不既考虑技术发展水平——尤其是要考虑诸如国际标准组织等标准化组织发展出来的标准(在这一点上,也许需要援引国际标准化组织/国际电工委员会/国际电信联盟/联合国欧洲经济委员会谅解备忘录管理小组的成果及隐私技术标准),也要考虑实施这些安全措施的成本。风险越大,在考虑其实施措施的成本后,须达到的安全水平越高。针对措施种类,重点在于该领域自律的重要性;标准之制定;核查方式;批准信息体系的机制;其他。信息系统组织及技术的安全须成为数据保护政策的有机组成部分。最后,该指令前言第 20 项援引了在考虑到现有技术水平演进后电子通讯服务提供商不断调整其安全水平的义务。

2. 关于处理安全的进一步规定(第 1bis 款)。这些措施的合理性及内容。在不影响第 95/46/EC 号指令效力的前提下,《修改指令》确定了涉及网络及通讯服务安全及整体性的三项措施。基于第 1 款的规定,至少应采取这三项措施,因此,这三项措施是强制性的。第一项措施解决雇员非授权查看的问题。这种查看行为可以被认定是犯罪行为。除此之外,该规定对公共电子通讯服务提供商施加了义务,后者须采取措施确保个人数据仅得为授权人员出于合法授权的目的进行查看。这也许会与身份管理系统相关,后者旨在有效确定和监控对可以查看被通讯服务提供商所传输、存储或操作个人数据的每个相关人员所赋予的各项权利。第二项措施目的就是为这些数据提供所需要的保护,以免受到任何灭失、毁损或被违法查看或存储。这里指各种技术安全措施,例如传输数据的加密,针对存储或传输数据的质量和完整性而采用自动控制系统,设立登录及登出的登记体系等。其中,对于所提及的最后一项安全措施,就要求服务提供商确保个人数据处理安全政策的实施。该项义务迫使数据控制主体注意与其提供服务相关联的风险,清楚界定他们如何管理该等风险,并使其在对不遵守自己承诺的情形下承担责任,这有助于提高控制主体的可靠度。赋予成员国数据保护监管机构的其他职权。另外,第 1bis 款赋予数据保护监管机构两项新职权。数据保护监管机构须能够对指令所适用运营商采取的安全措施予以审核,并可以发布最佳安全做法的推荐意见,这实际上已经假定数据保护监管机构具有额外的人员去执行该职权。这明确揭示出欧盟机构通过软法来对安全问题予以解决的偏好,因此我们对第二点予以强调。第 16a 条呼吁在第 29 条工作方机制的架构下在欧洲层面对这些推荐意见进行协调。

3. 告知用户的职责(第 2 款)。适用。另外,缺乏网络安全性,违法行为无孔不入,这都使得公共电子通讯服务提供商有必要对其服务之使用发布警告。第 4 条第 2 款对此项需要进行了回应。对于"特别"的安全风险,例如意外出现的蠕虫病毒、发现其信息系统内部某种安全隐患、黑客进行大量攻击,通讯服务提供商有职责提供信息揭示这些风险;如果服务提供商对该等信息尚不能采取行动,须警告用户采取可能的手段避免包括补救成本在内的风险发生;例如,通讯服务提供商建议使用某种反垃圾邮件或反间谍软件。非常清楚,该条款适用于互联网接入服务提供商。在其服务中发现某种违法侵扰时,互联网接入商自己就会被要求采取适当安全措施,屏蔽该等侵扰或者在同时向其用户提供足够信息,说明用户可以防范这些威胁的方式。后果。该规定建议任何安全违法情形都会构成服某种"表面"证据,使得服务提供商在不能证明自己已经告知了所要求提供的信息或者采取适当措施的情况下,需要承担责任(举证责任倒置)。

4. 公共电子通讯服务提供商就个人数据违法情形进行通知(第 3 款)。逐渐建立一个安全违法行为的监管架构?如前所述(请见第 2 条 h 项),《修改指令》引入了一个就安全违法情形进行通知的法律机制。该设想来源于美国加州于 2003 年通过的《数据违法情形通知法》;在联邦和州的层面,提出了许多立法动议,并在 40 多个州得以通过。欧盟委员会抓住修改指令的机会,将相同的设想引入欧洲;与美国相关立法相比,其所引入的义务范围要局限许多。的确,就属人适用范围而言,通知义务仅仅局限于公共电子通讯服务提供商,并不适用于其他诸如网上银行或者销售、网上医疗服务或者Web 2.0平台提供商之类的信息服务提供商。该等限制为欧洲法院所诟病,并为种种诸如欧洲数据保护总监及工作方机制等方面所附议。这样,欧洲数据保护总监断定:"我欢迎在修改后的《电子隐私指令》中对隐私保护作出的种种改进。但在现在,至关重要的就是要将安全违法条款的适用范围扩展至所有领域,并进一步界定通知程序。"尽管存在这些要求拓展安全违法条款适用范围的主张,最终的妥协结果还是维持了适用范围的限制,即使在同时,《修改指令》前言第45b项也作出了很清楚的说明:"共同体法律对数据控制主体就个人数据处理施加了责任,这包括实施适当技术及组织保护措施以防止诸如数据灭失等情形的义务。第2002/58/EC号指令(《隐私及电子通讯指令》)中规定了就数据违法情形进行通知的要求,这确立了一个在个人数据被损害之时对有关监管机构及相关个人进行通知的架构。这些通知要求局限于电子通讯领域发生的安全违法情形。然而,对安全违法情形的通知体现了公民知情权这一一般性利益,须告知公民可能导致其个人数据灭失或者其他损害情形的安全事故,须告知公民可以或可能采取的防范措施,以最大限度地降低这种事故所可能导致的经济损失或社会伤害。用户具有需要被告知的一般性利益,这并非仅局限于电子通讯领域。作为一项首要任务,应在共同体内所有领域引入明确、强制的通知要求[……]。"宣称尽快在各领域引入安全违法情形的监管机制并不一定要求采取立法手段,也许会营造更有弹性的自律环境,这将在第15条第6项评述中予以说明。对数据保护监管机构的通知义务。根据第3款的规定,一旦发生安全事故,无论后果严重与否,都须进行通知。这并不意味着数据保护监管机构必须在任何情形下都要做出反应,但的确存在根据本款最后部分所规定的模式向数据保护监管机构进行通知的义务。由数据保护监管机构负责制定标准,以确定他们基于收到的通知会挑选哪些案件予以处理。根据法律规定,服务提供商的通知须"没有不当迟延"。这意味着发现个人数据事故后,需要尽快做出反应。通知用户及相关个人的义务。对在任何情形下都须向数据保护监管机构进行通知的强制义务及就该等个人数据事故向相关用户及人员进行通知的职责,《修改指令》加入的条文对之予以区分。这种职责也许的确允许出现某些例外情形。这些例外情形的理由也许可以从该义务的主要目的推断得出。通过对事故进行通知,有关用户及个人可以了解其数据被损害所带来的风险,并在可能的情况下,采取适当措施,以减轻或避免该等安全事故所带来的负面影响。因此,如果用户知悉其接入密码已被破坏,就有权将之立即更改。更广泛而言,如同《修改指令》前言第47项说明的那样,快速通知可以"使得他们采取必要的防范措施"。另外,另一个需要规定例外情形的原因就是,在没有给用户或其他个人带来特别风险,而通知可能会对服务提供商的声誉造成严重损害的情形下,要求服务提供商承担繁重的通知义务,也许会被认为是不成比例的。通知义务——例外情形。因此,就规定了两个非常合乎逻辑的例外情形。在第一个例外情形之中,在如果没有理由认为"个人数据事故可能对用户或个人的个人数据及隐私造成不利影响",则对服务提供商的通知义务予以豁免。但该等概念仍然模糊不清,肯定需要进行司法解释。例如,《修改指令》前言第47项举出若干例证说明哪些情形具有"不利影响":它不仅包括物质或者经济损失,也包括诸如声誉损害或者有诽谤之虞的道德损失。该概念因此比美国的要广泛,后者仅仅涵盖第一种类的损失。在服务提供商没能通知的情形下,基于自己对不会出现不利影响的判断,必须得到通知的数据保护监管机构也许认为应该予以通知,并根据第4条第3款第3段的规定,要求向有关用户及人员发出事故通知。第二种例外情形涉及服务提供商已经采取技术安全防范措施以防止安全事故的不利影响,或者采取行动以使得有关数据对非经授权人员而言不可查知(并不仅仅是难于查知)。该规定坚持认为,须对这些措施予以有效实施,该例外情形的前提就是:须以证明服务提供商所采取措施为其没有进行通知提供了足够的正当性。另外,该等豁免须为数据保护监管机构所批准。根据以上所述,服务提供商要求对这些措施进行预批准也许是有用的,即使这些预批准也许需要满足一定的条件要求,并需要接受定期再行评估。进行通知的方式。对于发送通知须满足的方式，第3款并没有对之作出规定。通过报纸或者服务提供商网站这种更具争议性的方式进行一般性通知，而不是向每个有关用户和个人（这并不一定需要服务提供商知悉并确定其身份）发送电子邮件的方式，似乎是可以接受的。通知内容。重要的是通知能有效而又可行地使得有关用户和个人作出足够的反应。这意味着，在特定情形下，仍须通知安全事故的具体情况。对于服务提供商而言，建议建立提供有关安全事故其他信息的呼叫中心，并非属繁重措施，仍然是一个足够的解决方案。这样，第4条第3款就通知内容规定了若干指标。通知至少应该说明以下内容：第一，个人数据事故的性质（即，数据灭失、身份遭窃取、数据毁损及其他）；第二，可以获取信息的联系方式；第三，向有关用户或者个人推荐措施，以减轻该等个人数据事故可能造成的不利影响。非常清楚，提供的信息不得误导并且必须避免产生任何含糊性。例如，将安全事故信息与广告或者要求预定其他服务的邀请混合在一起，就可能造成误导。损失。非常清楚，如果用户或者个人遭受了损失，根据第3款发出的通知不应排除通过法律程序或其他方式，就适当救济措施提出权利主张。然而，在惯常通知的情形下，被通知方有义务采取所有合理方式，以减轻其损失及潜在损失。

5. 赋予数据保护监管机构的其他职权（第4款）。第4条第4款赋予数据保护监管机构职权，以界定对通知予以强制性要求的情形、制定通知格式的标准，并确定进行通知的方式。通过对《数据保护指令》第28条第3款赋予数据保护监管机构的职权进行补充，第4款规定这些数据保护监管机构可以对有关服务提供商有效履行其通知义务的情形予以审查。在这种情形下，第2段要求服务提供商须建立其遭受个人数据事故、其影响及所采取补救措施的资料档案，以供数据保护监管机构审核处理。如同《修改指令》前言第45b项说明的那样："成员国有关监管机构应具有必要的手段履行其职责，包括掌握导致个人数据损坏而发生安全事故全面而又可靠的数据。监管机构应该监督已经采取的措施，并在公共电子通讯服务提供商中间发放最佳实践做法指引。因此，服务提供商应该建立个人数据事故的资料档案，以供成员国有关监管机构作出进一步分析和评估。"最后，在服务提供商在安全事故发生后没能采取适当措施或者作出足够应对的情形下，数据保护监管机构也许可以对之予以适当处罚。

6. 通讯小组委员会在大量征询意见后通过的技术实施措施（第5款）。《修改指令》之所以添加本款，其主要宗旨就是确保在通过复杂程序实施上述关于通知和安全措施的规定时能保持其一致性。欧盟委员会，或更确切而言，根据新近通过的该指令之第14a条（请见以下关于本条的评述），在成员国代表组成、有欧盟委员会任主席的小组委员会的协助下，欧盟委员会有权采取并执行欧洲共同规则。这时，创新之处似乎在于欧盟委员会有义务在制定该等措施前进行大规模的意见征询。该等意见征询不但向工作方机制进行，也要向欧洲数据保护总监及欧洲网络与信息安全局（ENISA）进行。另外，这些措施须根据该指令第14a条所谓"加以审核"的程序予以通过。而后者规定，欧洲议会和欧盟部长理事会可以反对欧盟委员会的建议（请见以下对第14条的评述）。

通讯的保密

第5条

（1）成员国应该以立法的形式确保通过公共通讯网络及公共电子通讯服务所进行通讯及相关通讯数据的保密性。尤其应该禁止未经相关使用者同意而由使用者之外的人对通讯及相关数据进行收听、监听、存储或者进行其他形式的拦截或监控，但根据第15条第1款取得合法授权的情形除外。该款规定并不禁止为传递信息所需而又不影响保密原则的技术性存储。

（2）第1款并不应影响通讯及相关通讯数据任何合法授权的录存，该等录存是基于在合法商业做法中为商业交易或者其他商业通讯进行举证的目的。

（3）在存储用户或使用者信息或者对用户或使用者终端设备已经存储信息进行查看时，成员国应确保仅得在用户或使用者已予以同意的情况下方可进行，为此须根据第95/46/EC号指令向其提供明确完整的信息，说明数据处理的目的。这不应构成禁止仅仅是为了在电子通讯网络上传输讯息，或者信息社会服务提供商应用户或使用者的明确要求为提供服务而进行极为必需的技术性存储和查看。

1. 概述：保密原则（第1款）。通讯秘密。通讯保密原则已经被欧洲人权法院明确肯定（请见 Klass (ECHR)，Malone (ECHR)等案），直接渊源于《欧洲人权公约》第8条，后者明确主张通讯秘密，无论以何种技术手段用于传递信息（明信片、电子邮件或者网上浏览等方式），根据解释均须适用。这样，同针对明信片的情形一样，该原则也禁止像适用明信片时对电子通讯进行任何干扰、拦截或监控。第5条第1款所使用的措辞就意味着"通讯"与"通讯数据"有所不同。通讯与通讯数据。如上所述，通讯的概念极为广泛。它涵盖所有交换的信息、信息内容：发送及接收电子邮件信息；访问网页；用户搜寻的电影或音乐。该概念明确地与确定通讯的数据（发件人、收件人、所使用协议及其他数据）及旨在传输信息的必要数据区别开来。换言之，根据欧洲指令适用的措辞，通讯数据也根据欧洲人权法院的判例中确定的相同原则得到保护。然而，与信息（请见第6条第3项评述）相比较而言，这种区别将使得针对通讯数据（请见第6条）的相关保密义务存在更多的例外情形。

2. 该原则之执行（第1款）。"成员国应通过国内立法确保……。"指令要求至少以严格意义上的立法形式确立该原则并规定其执行方式。这里并不排斥将之确立为一项宪法原则，制定的法律须符合《欧洲人权公约》第8条规定的标准。其中第2句提到了最低干预。"［成员国］应该禁止未经相关使用者同意而由使用者之外的人对通讯及相关数据进行收听、监听、存储或者其他形式的拦截或监控，但根据第15条第1款取得合法授权的情形除外。"为了阻止第三方拦截电子通讯信息，该规定明显倾向于认同成员国通过法律将该等违法事项以刑事罪名予以处理。因此，刑事法律中对监听传统电话的禁止性规定应延伸适用于所有通讯手段。也许会出台其他的立法措施，诸如规定负责传输通讯的所有人员负有保守执业秘密的义务，或者规定，负有保密义务的所有或部分服务提供商为了确保遵循特定条件的要求，采取诸如提名进行内部审查服务、采取技术或组织措施,以防范任何侵害,须根据特别条件负有登记义务。总而言之,成员国有义务确保通讯的保密性,实施指令前述第 4 条所规定适当安全措施而言,这可能会被视为服务提供商的一种补充义务。

　　3. 例外情形(第 1 款和第 2 款)。基于指令适用范围而出现的例外情形。指令所阐明的原则并不涵盖并非通过公共通讯网络及公共电子通讯服务的方式所传输的通讯。因此,通过专有网络进行或者非公共服务创设的通讯并不适用该指令中的保密原则,但却属于《欧洲人权公约》理事会的职权范围,也当然而然地适用《数据保护指令》所规定的数据保护原则,该原则涉及处理合法及符合比例原则、数据主体权利及安全原则。工作方机制基于在这两种网络中存在的合法隐私预期,对该等限制进行了广泛批评。指令对于"通讯"提及的其他例外情形。指令第 5 条第 1 款及第 2 款规定了针对通讯保密原则而言的、一定数量的例外情形。其他例外情形规定于第 6 条当中,涉及通讯数据。第 1 项例外:使用者自身也许存储其接收或者发送的消息。因此很明显,只要构成个人数据,一名使用者可能会在《数据保护指令》的限定范围内保留及使用所收到或发送的电子邮件。必须强调的是,在这样适用的情形下,要求数据采集须公平,这至少意味着这些数据的有关主体可能对该等处理有合理的了解。第 2 项例外情形以使用者的同意为基础。并不只是要求消息接收方而且还要求消息发送方予以同意。而后者很难取得。对于同意的形式,可以援引《数据保护指令》第 2 条规定的要求:"数据主体表明其同意处理与其有关个人数据的、在知晓相关情形后自主作出的任何意思表示。"第 3 项例外涉及安全机构或者执法机构作出的拦截行为。它由以下将会讨论的第 15 条第 1 款予以规定。第 4 项例外情形则是规定了"为传递信息所需而又不影响保密原则的技术性存储"。前言第 22 项对此作了深入的评述。这些"自动、暂时及转换性的存储"活动将尤其允许收件人打开电子邮件之前进行存储及将网页存入高速缓冲存储器中,但任何与要求浏览网页的使用者有关的个人数据被删除。第 5 条第 2 款规定了第 5 项例外情形:第三方对通讯进行存储是合法商业做法中的一部分,出于就商业交易进行举证的目的。要适用这种例外情形须满足三项条件：存储须为合法授权；根据前言第23项规定，通讯双方都被告知该等录存行为；这种方式存储的数据须"尽快删除，在任何情形下，最晚也不得迟于可以依法对有关交易提出权利主张的期间结束之时"。具体适用该例外情形时，可以引用的诸如特定医疗或者银行网络等案例涉及传输敏感信息的情形，对此，须留存数据痕迹。

4.侵入用户或使用者的终端设备（第3款）。原则。的确，前言第24项提出建议，在使用者终端设备与须适用《欧洲人权公约》所提供保护又类似于居所的私人空间之间进行了有趣的比较。任何通过间谍软件、网络缺陷、诸如数据饼干之类的隐藏数据识别符及其他类似装置对电子居所予以侵入，应被视为对私人电子空间（虚拟居所）的侵犯，甚至被视为黑客的行为，可以通过刑事法律规定予以处罚。该条款主旨在于对侵入机制进行防范，而并不在于这些机制是否进行了个人数据的处理。最近，德国宪法法院于2009年2月27日针对执法机构侵入终端设备的问题通过了一项判决。在该案中，一个州（北莱茵－威斯特法伦州）立法允许秘密警察通过在嫌疑人电脑上植入间谍软件而实现对嫌疑人的远距离监控，因而被提起诉讼。法庭严厉谴责这种侵入，认为存在一项新的宪法权利，其直接渊源于《德国宪法》第1条第2条规定的人格权及自我发展权。宪法法院明确主张："一般性的人格权（《德国基本法》(Grundgesetz — GG)第2条第1款及第1条第1款对之一起予以规定）包含确保信息技术系统保密性和完整性的基本权利。"侵入形式。被《修改指令》修改的第5条第3款适用于信息存储及信息查看。第一种假设情形系指在终端上设置的数据饼干，而第二种情形系指通过网络或其他与终端连接的辅助设备如CD-Rom或者USB密钥引入间谍软件，以便对存储在终端上的信息或软件进行查看。合法使用某种装置。这些侵入也受到严格的监管，即使指令前言第25项承认，对这些装置可以进行合法使用其中的特定装置。例如，为提供某种服务、验证使用者身份或达成某种交易之能力而装载于使用者硬盘中的数据饼干。予以明确说明的是，使用这些机制可能基于合法目的而合法化，如在连接旅行服务网站过程中在终端设备设置会话网络饼干，以确保如连接中断，使用者不必再次填写已经填好的信息。前言第 25 项指出一个事实："如为了合法目的而使用，接入特定网络内容可以了解情况后接受网络饼干或类似装置为条件。"因此，提供多个网站接入的门户网站也许因为将设置网络饼干作为免费提供服务的前提条件。

5. 使用的条件。为允许使用该等装置，第 5 条第 3 款确立了特定的额外条件。通知的义务。首先，要求明确清楚地告知使用者在其终端设备放置有关装置所产生数据的目的，以确保他们知道放置装置的信息。对《数据保护指令》所规定及指令前言第 25 项所主张明确肯定的信息权而言，该条款是一次明确应用。它意味着也需要告知数据控制主体的名称及处理目的。因为第三方（互联网营销公司）在他们与互联网使用者所要求使用的信息服务之间存在隐藏跳转链接的情况下，引入了许多追踪装置，就这种后果予以规定就极为重要。应该强调的是，通过这种规定，指令承认网络饼干也是个人数据，这一点在过去常常被人予以否定。通过这些装置进行数据处理，须遵守《数据保护指令》的其他原则。例如，植入网络饼干的市场也许仅局限于为合法目的予以合法化的时长。由于许多情形下，网络饼干的放置时间很长，达到二三十年之久，该等考虑就十分重要。不选则无（Opt-in）体系。《修改指令》对第 5 条第 3 款作出最令人瞩目的改动，接受了隐私权保护支持者所主张而又被欧盟立法机构所规定的不选则无这一选项。激活不选则无系统，就是理想化地认定，就互联网使用者的浏览器之设定方式而言，允许根据使用者选择的范围进行明确同意方可进行。如同欧洲数据保护总监主张的那样："本人特别注意到对间谍软件及网络饼干有效实施相关规则的强调。这尤其就涉及所谓针对性广告须保护的隐私权。"对该新要求适用范围的质疑。对于该等修改的适用范围，也有人提出了某些质疑。《修改指令》在第 3 款规定了同意的条件，因为这与对其他种类的信息不同，似乎限制了对个人数据进行同意的条件，所以就造成不明确的情形。即使根据工作方机制就个人数据这一概念的意见（《4/2007 号关于个人数据概念的工作文件》，第 136 号工作文件（2007 年 6 月 20 日））及许多欧洲国家数据保护监管机构的规定，持久性网络饼干如包含使用者的独特身份，就被视为是个人数据处理，从而应符合所适用的数据保护规则。这种做法在特定欧盟法域仍然饱受争议。尽管如此，一些网络饼干或类似技术也许仍然被认为不能满足成为个人数据的标准，因此不在该规定适用范围之内。其次，只要涉及到给予同意的要求，该规定并没有解释如何及何时取得同意。该规定并没有明确提出"事先"同意。对完成时态（"已予以同意"）的使用意味着欧盟立法机关旨在确保在使用者电脑安装该等网络饼干之前已向其提供了一个简单的拒绝机会。在这种具体情形下，如何获得同意？《修改指令》的前言包括了如下说明："技术而言可行及有效的，根据第 95/46/EC 号指令的有关规定，使用者对数据处理的同意可以通过对浏览器及其他应用的设置予以表达。"在其对《修改指令》发表的意见中，工作方机制强烈反对将浏览器默认设置当做一种同意方式。出于对同意所作出的界定有可能被侵蚀及由此缺乏透明度的担心，工作方机制发表意见认为：大多数浏览器使用的默认设置并不允许使用者能够知悉在其终端设备上进行任何存储或查看的尝试。因此，浏览器的默认设置应该"有利于隐私保护"，但不能成为对《数据保护指令》第 2 条 h 项所要求使用者自主、明确及知悉情况的情形下所作出的同意进行数据采集的方式。对于网络饼干，工作方机制认为网络饼干的控制主体应当在其隐私说明中通知其使用者，且不得为此依赖浏览器的（默认）设置。

6. 不选则无系统的例外情形。指令规定了不选则无系统的两种例外情形。第一种情形提及"仅为进行或促使通讯传输目的而进行的存储或查看"。本书作者认为这一例外情形可能允许诸如并不通过使用者自身而是通过搜索使用者地址簿而取得电子邮件地址的软件特性。取得电子邮件地址系用于发送（非请而至）电子邮件的目的。第 3 款最后一句明确说明了第 2 项例外情形，系指"为了信息社会服务提供商应用户或使用者的明确要求而提供服务之极为必需的"任何技术性存储和查看。该规定针对的，不仅只是有用而且还是极为必需的追踪装置，例如模拟客户端软件使得用户极为容易地下载特定网页。另外，是否可能考虑有必要让软件销售方在使用者的终端中安装"间谍软件",以便验证被购买的软件是否在运行过程中存在禁忌之处?在这种情形下,采用不选则无这种解决方式似乎更为恰当。不选则无向用户就该装置安装的情形作出警示,并告知有必要进行安装的理由。必须补充的是,根据《修改指令》的限定,只有直接服务提供商方可享有该等豁免待遇,因此排除了其他信息服务提供商像所谓跨网站跳转链接(Transclusive Hyperlink)的情形那样利用第一个服务提供商打开的链接引入无缝网络饼干或间谍软件的可能。

通讯数据

第 6 条

(1)在不影响本条第 2 款、第 3 款及第 5 款及第 15 条第 1 款效力的情形下,公共通讯网络或者公共电子通讯服务处理及存储与用户及使用者有关通讯数据的,如不再为信息传输目的所需要,须予以清除或进行匿名化处理。

(2)可以处理为向用户出具账单及支付互联互通目的而必需的通讯信息。该等数据处理仅得在可以对账单提起合法异议或者追讨费用支付的期间结束前方可进行。

(3)出于对电子通讯服务进行营销或者提供增值服务的目的,数据相关用户或使用者予以事先同意的前提下,为该等服务或营销之必要的程度和期间内,公共电子通讯服务提供商可以对第 1 款提到的数据进行处理。使用者或者用户应该有可能在任何时候撤销其对通讯数据处理给予的同意。

(4)就出于第 2 款及在取得同意之前第 3 款所提及目的而处理通讯数据的类型及处理时长,服务提供商须告知用户或使用者。

(5)根据第 1 款、第 2 款、第 3 款及第 4 款进行通讯数据处理的,须限定于公共通讯网络及公共电子通讯服务提供商所授权的人员;该等人员处理账单或者通讯管理、客户咨询、欺诈查知、电子通讯服务营销或提供增值服务。该等数据处理须限于为该等活动之目的所必需。

（6）适用第 1 款、第 2 款、第 3 款及第 5 款的，应不影响根据所适用法律规定为解决特别是互联互通或账单等争议而对有关监管机构就通讯数据予以通知的要求。

1. 概述。该条款适用于提供公共通讯网络及公共电子通讯服务情形下对通讯数据的处理。它具体说明了处理通讯数据的可能目的、处理的条件及可以合法处理数据的人员。鉴于基于第 5 条的规定，通讯数据原则上属于保密范畴（请见对第 5 条第 1 款的评述），目前规定允许为特定目的对该等数据进行处理，这应当视为对保密原则的变通，应予以严格解释。另外，本条规定的通讯数据处理要求并不是所适用的全部要求。的确，数据保护指令适用于目前第 6 条没有明确适用的所有方面。对于 IP 地址是否是个人数据，尚待商榷。工作方机制提醒人们，无论是静态还是动态，IP 地址应被视为个人数据，因为互联网服务提供商可以将该等数据与其用户联系起来。仅仅在那些基于技术和组织理由而使 IP 地址不能归于用户或使用者的时候（例如在网吧里），才可以认为 IP 地址不是个人数据（《关于个人数据概念之意见》，第 16、17 页）。因此，法国最高院在 2009 年 1 月 13 日作出的一项判决（案号为 08-84088）中，对被怀疑进行知识产权侵权行为的互联网使用者可以采取 IP 地址登记及在其后对其进行查询，认为并不构成个人数据的处理，理由就是：法律规定严格禁止网络运营商及互联网接入提供商披露使用 IP 地址的互联网用户之姓名。我们可以得出这样一个结论：通讯数据也是个人数据，其数据控制主体需要遵守《数据保护指令》的总体要求，例如：《数据保护指令》第 18 条规定向监管机构就数据处理进行申报的义务，或《数据保护指令》第 6 条规定仅能处理足够、有关联及与其收集和/或进一步处理目的而言并不过分的数据之要求。指令第 30 项在这方面明确指出："提供电子通讯网络和服务的体系设计，须将必要的个人数据数量严格限制在最低限度。"

2. 留存通讯数据（第 1 款）。(a) 清除规则。第 6 条第 1 款申明，公共通讯网络提供商及公共电子通讯服务提供商对通讯数据进行处理或存储的，其时长不能超过所处理通讯传输目的之必要。第 6 条第 1 款明确授权这些提供商出于传输目的对通讯数据进行处理，同时又对这种数据处理予以限制。另外，指令前言第 29 项允许个别情形下有必要为检测通讯传输过程中的故障或错误而对用户的通讯数据进行处理。一旦保留数据对于确保通讯之传输而言再无必要，公共通讯网络提供商及公共电子通讯服务提供商就须尽快清除通讯数据，或将之匿名化处理。但前言第 27 项承认，通讯传输完成的准确时刻取决于所提供电子通讯服务的种类。对于语音电话而言，在任何一方用户挂断连接后传输即告结束。对于电子邮件而言，通常收信方在其服务提供商主机上对信息完成收集之后传输即告结束。根据前言第 28 项："不再为传输通讯目的所必需的，清除通讯数据或者将该等数据予以匿名化处理的义务，并不与互联网的有关程序相冲突，后者诸如在域名系统中将 IP 地址存入高速缓冲存储器，或将 IP 地址利用高速缓冲存储器存入物理地址夹中，或使用登录信息以控制对网络或服务的接入权。"欧盟立法机构加入该等前言项目的确切宗旨不得而知。尽管有规则要求，这种评述很可能旨在允许为存入高速缓冲存储器或登录程序之目的而进行通讯数据留存。（b）适用于与使用者或用户相关通讯数据的规则。该等清除规则适用于与用户及使用者相关的通讯数据。因此，对法人用户相关数据的处理也适用本款规定的限制。（c）例外情形。在传输结束之后对通讯数据进行留存及进一步处理，对于第 15 条第 1 款第 2、3、5 项规定的特殊目的而言，却是允许的。

3. 基于出具账单之目的而进行的通讯数据处理（第 2 款）。（a）所允许的处理目的。与使用者及用户相关的通讯数据，可以基于出具账单和支付互联互通费用的目的而进行处理。鉴于通讯数据被明确界定为通过电子通讯网络通讯传输或因此而出具账单的目的所处理的数据，为出具账单之目的进行的数据处理似乎十分合乎逻辑（请见第 2 条）。（b）通讯数据之选择。只有服务提供商拥有的、为出具账单及支付程序之进行所必需的通讯数据，方可在第 1 款所许可的更长时间内被存储，并得到进一步处理。因此，所处理的通讯数据需要根据所出具账单的种类进行选择。例如，出具无明细说明的账单并不需要像出具明细账单那么多的数据。（c）留存期限。

另外,通讯数据仅得在可以对账单提出异议或者可以追索费用的期间内方可留存。鉴于指令并没有界定具体的时长,这个期间在各个成员国各有不同。就此,工作方机制向成员国发布了推荐意见。工作方机制认为,通常而言,为账单而进行的例行存储时间最长是三到六个月,除非在存在争议的特殊情形下可进行较长时间的数据处理(《为出具账单之目进行通讯数据存储的意见》,第6页至第7页)。(d)信息要求(第4款)。信息内容。第6条第4款的规定超越了老指令所确立的体系,要求服务提供商向用户或使用者就为出具账单及支付互联互通费用的目的而使用其数据提供具体信息。服务提供商必须如实告知相关用户或使用者其处理通讯数据的种类、处理的时长及出具账单和/或支付互联互通的处理目的。提供信息的时间。虽然第4款并未指出需要在什么时候提供信息,但在处理相关数据之前提供信息是合理的要求。这种立场也得到了《数据保护指令》第9条所规定信息事先告知规则的支持。与之相符,指令建议稿的说明备忘解释:"告知义务旨在使得用户控制并在适当情形下拒绝正在进行的数据处理。"指令第26条甚至更进一步,认为服务提供商应该一直告知用户其处理数据的类型、目的及完成数据处理的时长。这意味着服务提供商不仅应提供开始时的信息,还应在所处理数据或处理时长发生改变时对所提供信息予以更新。信息对象。第6条第4款指出,服务提供商可以告知用户,也可以告知使用者。然而,在许多情形中,在不知道使用者的时候,无法对其进行告知。在一些情形,例如对于互联网接入服务,针对同一项服务,也许会有若干使用者。

4. 为对电子通讯服务进行营销及提供增值服务的目的而进行的通讯数据处理(第3款)。(a)允许的数据处理目的。第6条第3款允许公共电子通讯服务提供商出于对电子通讯服务进行营销或者提供增值服务的目的,对用户及使用者的通讯数据予以留存并进一步处理。对电子通讯服务进行营销可以潜在地涉及该公共电子通讯服务提供商自己及第三方提供的服务。的确,对于老指令所设想的公共电子通讯服务提供商出于对自己所提供电子通讯服务开展营销的目的进行通讯数据处理,指令使用了中立化的措辞"对电子通讯服务进行营销"。指令也将可能处理通讯数据的情形延展至提供"增值服务"。对于增值服务的定义,请见第 2 条,第 2 款 b 项评述。(b) 选择通讯数据。只有为该等服务或者营销所必须的通讯数据方可被存储和处理,其时长应为进行该等行为所必需。在服务提供之后,应对该等数据予以清除或进行匿名化处理。(c) 同意。由使用者或用户予以同意的要求。在数据相关用户或使用者事先同意的情形下,仅得为对电子通讯服务进行营销或者提供增值服务的目的处理通讯数据。这将意味着,在任何情形下,服务提供商需要确定处理的是谁的(用户的或者是使用者的)数据并设法取得数据主体的同意。然而,前言第 31 项的态度似乎比较暧昧,它认为:"为提供一种特定增值服务所需,处理个人数据应取得用户还是使用者的同意,取决于需要处理的数据、需要提供的服务及是否技术上、程序上及合同上有可能将使用电子通讯服务的个人与已经成为用户的自然人或法人区别开来。"如果我们对诸如互联网接入服务提供商提供包括增值服务的个性化服务进行考察,如果该服务不会针对使用人员(用户或使用者)实际做出调整,则更为适当的做法就是在所服务的用户在定制该项服务时征求其同意。另外一方面,使用者自己(例如,全球定位系统或者电话的使用者)对增值服务进行个性化处理的,就没必要取得其同意了。"同意"之定义。对第 2 条第 2 款 f 项的评述中提及,无论数据主体是法人还是自然人,指令中规定的用户或者使用者的同意与《数据保护指令》所界定并加以具体规定的数据主体的同意涵义相同。根据前言第 17 项的说明,同意之给予可以采取任何适当方式,表明用户自主做出明确的、在了解具体情形下的意愿,其中包括在浏览相关互联网站时对选项的勾选。撤销权。另外,必须赋予使用者或用户在任何时候撤销其同意对通讯数据予以处理的机会。这并不仅仅意味着使用者或者用户有权在任何时候撤销其同意,也要求使用者或用户可以有机会有效行使其撤销权。撤销就阻止了服务提供商继续对数据主体的数据进行处理。(d) 告知。告知内容。另外,根据第 4 款的规定,服务提供商须告知用户或者使用者所处理通讯数据的类型、处理的时长及目的。告知的时间。须在取得其同意前提供相关信息。告知对象。对于知悉相关情形下作出同意的要求,要满足告知义务,似乎至少要使得同意出于营销或者提供增值服务目的而使用其数据的人须收到所提供的信息。

5. 出于其他目的而进行数据处理(第5款)。第6条第5款默示承认:可以出于第6条第1、2、4款没有规定的目的进行数据处理。它的确考虑到了处理顾客咨询或查知诈欺情形的人员有权处理通讯数据的情形。该规定对第6条上述条款并未提及的活动予以明确,说明允许出于这些目的而进行数据处理。令人瞩目的是,虽然提到了出于这些目的进行的数据处理,却没有对之规定具体的条件要求。然而,如系个人数据,处理该等数据需要满足《数据保护指令》规定的条件。对于诈欺发现,更有可能仅涉及电子通讯服务的内部诈欺,而不是刑事调查,后者须由公共权力机关专属进行(请见第15条之评述)。前言第29项似乎更为严格,指出:"服务提供商也可以处理为出具账单所必需的通讯数据,以便发现并制止不付费而使用相关电子通讯服务的欺诈行为。"这就仅考虑为发现诈欺而对特定数据进行处理的情形。

6. 在第1、2、3及4款确定架构下有权处理数据的人(第5款)。(a)服务提供商的人员。第6条第5款确定了服务提供商可以处理数据的人员类型。它进一步明确,数据处理须限定于为所提及活动领域的目的之必要。处理通讯数据须限定于在服务提供商授权之下、在其职权范围内须进行数据处理的人员,具体而言,这些职权包括处理账单或通讯管理、客户咨询、诈欺查知、对电子通讯服务进行营销或提供增值服务。如前所述,基于对电子通讯服务进行营销及提供增值服务之目的而处理通讯数据的权利,仅赋予公共电子通讯服务提供商,而不能给予公共通讯网络提供商。因此,为此目的,仅有公共电子通讯服务提供商授权人员方有权处理通讯数据。(b)传递予第三方。第6条第5款并没有设想服务提供商将通讯数据传递予第三方的情形。然而,第32项似乎允许将通讯数据传递予第三方以提供增值服务,它给予的说明是:"提供增值服务需要电子通讯服务提供商将有关通讯或位置数据转交予增值服务提供商的,有关用户或者使用者在对该等数据处理给予同意之前,应当充分获知该等转交情形。"第6条第5款应当被解读为允许该等传输，只要增值服务提供商仍然在电子通讯服务提供商的授权范围内。然而，这种解读创设了一个比第9条给予位置数据保护水平更高的通讯数据保护，而位置数据比通讯数据更加敏感。的确，将位置数据传输予增值服务提供商得到明确的允许（请见第9条第3条b项评述）。因此，可以将通讯数据转交予增值服务提供商而不要求后者在服务提供商的授权范围内，这种看法是很合理的。在进行这种数据转交的情形下，在不影响适用《数据保护指令》有关个人数据传送所有其他规定（尤其是《数据保护指令》第6条b项）的前提下，使用者或用户须收到有关数据处理的具体信息。(c) 服务分包。第6条第5款考虑到了服务提供商授权的人员进行通讯数据的处理，但并没有考虑到将服务提供商对全部或部分通讯数据分包予处理主体进行处理的情形（就像《数据保护指令》第17条规定的那样）。的确，"授权"一词并未引入将数据处理分包予处理主体进行处理的特征。《数据保护指令》第17条第3款的确并未严格要求处理主体须在数据控制主体授权下行事，而是仅仅具体规定相关方在合同中达成一致：处理主体仅得在数据控制主体的指示下行事。然而，第32项明确规定："电子通讯服务或者增值服务提供商将为提供服务所必需的数据处理分包予另外的实体进行的，该等分包行为及之后的数据处理应完全符合《数据保护指令》中对个人数据控制主体及处理主体规定的要求。"因此，并不排除为提供增值服务而确立的数据处理合同架构下对通讯数据的传输。例如，对于在互联网上进行协助导航的增值服务，互联网服务提供商可以将之发包予处理主体，并根据该等架构将其用户所要求的地址予以转交。在这种情形下，如要求取得使用者或用户同意的（即在提供增值服务的情形下），也要求该服务提供商在使用者及用户予以同意之前就其数据转交情况予以告知。

7. 将通讯数据传输予有关机构（第6款）。根据第6款，适用第1、2、3及5款，不影响根据为解决尤其是互联互通或账单纠纷而依据所适用法律将通讯数据告知予有关机构的规定。该款规定引入了处理数据的另外一个目的：处理纠纷；从而允许服务提供商向有关机构披露通讯数据，并允许有关机构在符合有关适用法律的前提下对通讯数据予以处理。使用"不影响"

措辞的法律后果尚不清楚：为了可以向有关机构传输数据，该款规定是否允许对数据进行存储的时长比第 1、2、3 及 5 款所允许时间更长？

出具明细账单

第 7 条

（1）用户应有权接受不加明细列示的账单。

（2）为了在用户收到明细账单的权利与作为呼叫方的使用者和作为被叫方的用户之隐私间进行协调，成员国应适用国内规定，诸如确保该等使用者及用户就通讯或付款享有充足隐私保护增强选择方式。

概述。第 7 条第 1 款赋予用户就指令所适用所有服务取得明细账单的权利，而并不像老指令或者《普遍服务指令》那样仅仅限于语音电话服务（Booklet 1—4）。由于该规定可能意味着提供明细账单仅仅是一种选择，须依用户要求方可提供，所以其意义并不明确。第 7 条第 2 款鼓励成员国采取国内措施，以"在用户收到明细账单的权利与作为呼叫方的使用者和作为被叫方的用户之隐私间进行协调"。消费者的担忧与隐私权的关注——可能的解决方案。具体而言，基于消费者保护的利益要求也许和隐私权的考虑大有不同。像家庭或者公司那样用户和使用者并非同一人的，这个问题更其复杂。在这种情形下，明细账单也许是对雇员、配偶及儿童活动进行查看的一种方式。为了解决这个棘手的问题，前言第 33 项的确提出了诸如适用选择性的服务及付款机制（例如：插入终端设备中的预付电话卡）之类的一些方法，使得可以匿名使用终端设备。另外，应工作方机制的要求，前言第 33 项也援引了法国于 2002 年 1 月 8 日通过的第 2002—36 号法令而提供的解决方案，后者要求语音电话服务提供商提供选择性服务，可以使得所呼叫号码的后四位数字并不出现在账单上。

显示及限制来电及线路接通号码

第 8 条

（1）提供呼出线路身份显示的，服务提供商须向呼叫方使用者提供机会,使其能通过简单的方式基于本次呼叫免费阻止显示号码。呼叫方用户须可基于线路而阻止呼出线路显示其号码。

(2) 提供呼出线路身份显示的,服务提供商须向被呼叫用户提供机会,使其能通过简单的方式合理阻止显示呼出线路身份而无须支付任何费用。

(3) 提供呼出线路身份显示时,在电话接通前就提供呼出线路身份显示的,对呼叫方使用者或用户所阻止进行呼出线路身份显示的呼叫,服务提供商须向被呼叫用户提供机会,使其能通过简单的方式予以拒绝。

(4) 提供接通线路身份显示的,服务提供商须向作为被叫方的用户提供机会,使其能通过简单的方式免费阻止向呼叫方进行接通线路身份显示。

(5) 由共同体内向第三国呼叫的,第1款也应适用。第2、3及4款也应适用于来自第三国呼叫的呼叫线路。

(6) 成员国应确保在提供呼叫线路及/或接通线路身份显示的,公共电子服务提供商应向公众予以告知,并说明第1、2、3及4款规定的机会。

1. 概述。本条具体规定了电话通话参与方信息在通话前或通话中可以向他方予以披露的条件。随着数码电话网络的铺设及具有显示功能电话终端的使用,进行这种规定就有其必要。在模拟网络中,既无需要也无技术手段将呼叫用户或者呼叫使用者的信息予以传输(在同时指称呼叫方用户和使用者两个群体时,以下使用了呼叫方这一术语)予被呼叫用户或者被呼叫使用者(在同时指被称呼叫方用户和使用者两个群体时,以下使用了被呼叫方这一术语)。呼叫方在电话接通并自报家门之前是匿名的。数码电信网络的到来,使得呼叫方用户及被呼叫用户须交换各自数据以便在其之间建立通话连接。呼叫方用户的电话号码通过网络(与被呼叫用户签订合同的运营商并不同于呼叫用户的运营商的,可能涉及若干网络或若干运营商)发出。该等传输信息并不仅仅披露予网络运营商,只要参与通讯各方的终端设备适于显示或与电脑相连接,参与通讯各方也会得知这些信息。使用IP语音通话并且将配有扬声器功能的电脑作为终端使用的,由于呼叫号码或者被叫号码可能显示在屏幕上,所以也适用同样的规则。对于通过电话接受订单的公司、远程销售企业及呼叫中心而言,这尤其体现了相当的经济利益。在数码网络中,他们可以在接听电话之前就可以确定来电号码,并通过搜寻其数据库,根据呼叫方是否系现存客户或者新客户的搜索结果准备通话,对于后者,可以确定与之进行任何交易的可能情形。在一方面,呼叫线路身份显示也许更加有效地对客户的要求予以处理,从而使客户服务得到改善。然而,除通话内容数据外,通讯双方(呼叫方及被呼叫方)也许出于合法的利益,对可能被传输数据及披露的数据在涉及披露及进一步使用时,于电话通话前或通话中予以控制,呼叫方在呼叫帮助热线时,也许希望保持其匿名身份,或者为了从一家公司得到初始信息而披露其身份,但并不希望其数据存储于被呼叫方的数据库当中。《数据保护指令》对这些数据在电子通讯结束后用于电子通讯的数据处理进行了限制,但是在任何控制主体可以收到被呼叫方数据、并在数据主体不知情时予以进一步处理之前,本条规定为呼叫方隐私提供了所必需的额外保护。然而,被呼叫方也许基于合法利益,仅和表明身份的呼叫方进行通讯联系。甚至在通讯实际开始之前,技术而言,可以实现针对个人数据交换条件的磋商。本条通过规定服务提供商在呼叫线路身份显示功能方面的责任,使得数码网络的使用有利于隐私的保护。根据《普遍服务指令》(第 29 条第 1 款及附件 1B 部分 b 项),成员国须确保国内监管机构可以要求在技术和经济可行性的情况下所有提供公共电话服务及/或公共通讯网络接入的运营商,提供来电身份确认(至少是部分的)服务。如提供了来电身份确认服务,须遵守本条的特别规定(参考《普遍服务指令》附件 1B 部分 b 项)。第 8 条使用"呼出线路"这一措辞,系指在美国引发在此议题上进行隐私问题讨论的语音电话服务。但该条款也适用于其他电子通讯服务(工作方机制对此有不同立场,声明该条款仅适用于传统语音电话业务而不适用 IP 语音通话、IP 地址及电子邮件,请见工作文件第 39 号)。对于电子邮件,第 13 条第 4 款对于非请而至的通讯作了特别规定,该规定优先于第 8 条的规定(请见第 13 条)。为直接营销之目的而发送电子邮件的,寄件人不得伪装或者隐藏其身份,并且不得依赖第 8 条的规定。然而,在浏览万维网的时候,允许使用者使用匿名浏览工具或者其他类似服务,以不披露其身份而进行匿名浏览。基于线路而阻止来电显示的隐私选项，并不一定要作为自动网络服务而提供；可以向公共电子通讯服务提供商（而并不是网络运营商，请见前言第34项）提出简单要求，就可以取得这种服务。不能够因为成本原因而可以免除服务提供商第8条规定的义务。然而，在具体情形中，用户的线路接入的是模拟交换机的，适用这些义务要么技术上不可行，要么须在经济上进行不成比例的付出，此时，这些义务并不适用。应当将这种情形告知利益攸关方及欧盟委员会（请见前言第19项）。在欧盟委员会起先起草指令之前身第97/66/EC号指令的时候，其中并没有规定第8条的内容。很大程度上是由于数据保护专员提出了建议，从而在成员国及欧洲层面上形成了目前该条的规定。对呼出线路身份确认所包含或作为基础而形成的个人信息，接收方（例如呼叫中心或者远程销售公司）是否能够处理及在何种程度上进行处理，第8条并不对之予以调整。这应由《数据保护指令》进行调整。

2. 阻止对呼出电话身份予以确定的选择（第1款）。鉴于第97/66/EC号指令仅仅规定，呼叫方应该有机会消除呼出电话的身份显示。指令第8条第1款特别要求成员国有义务针对服务提供商创设一项职责，使其能提供这种机会。呼叫方须能通过简单的方式，免费消除呼出电话号码的身份显示。这并不适用于为确认呼出电话的信息而进行的传输，因为后者正是在数码电信网络中建立通话连接的技术前提。对这种信息予以阻止的权利，针对的是其在被呼叫方的终端予以显示。"简单的方式"这种措辞，涵义并不十分明确。服务提供商在不阻碍建立通话连接的前提下，基于网络提供功能，使其能够阻止从最后一个交换机或路由器向被呼叫方发送呼叫电话身份，即满足了这一重要技术要求。如果一项功能是与呼出电话身份一同发出的额外信号，要求呼出电话身份不得于被呼叫方的终端进行显示，就更有可能满足技术要求。在上述两种情形中，呼叫方的终端硬件设备都须支持这些功能，或者具有"阻止键"，或者通过拨打一定的数字组合予以实现。指令进一步区分了呼叫方使用者和呼叫方用户：用户须拥有基于本次呼叫阻止确定呼出线路身份的装置，而用户须基于线路有机会阻止确定呼出线路的身份。作出这种区分的原因似乎就是：使用者使用他人（用户）终端设备的,不得影响用户与服务提供商之间的合同。另外,使用者对此并无兴趣,而只是希望就其进行的具体呼叫排除适用呼出线路身份之确定(以一事一议为基础)。然而,用户也许基于其合法利益要永久性地阻止对其呼出号码进行身份确认。但是,第8条第1款并没有考虑到用户也同样基于合法利益仅就具体呼叫而阻止对其呼出号码进行身份确认。如终端设备允许基于具体呼叫或者呼出号码而对呼出电话身份确认予以阻止,则实践中并不存在问题。

3. 阻止来电显示呼叫线路身份选择(第2款)。同样,被呼叫方也许基于合法利益而阻止在其终端显示来电呼叫线路身份。来电时其他人(如家庭成员)也许在场,而被呼叫方也许不愿披露呼叫方的身份。如果不能阻止来电显示,固定及移动终端会迫使他接受向第三方作出的该等披露。另外,无论呼叫方从哪种终端上进行呼叫,求助热线、咨询服务(例如对于HIV议题)及类似组织对于确保其呼叫方身份的匿名性有重大的利益(参见前言第34项)。他们希望建立一种对电话或者互联网的信任关系,鼓励人们通过这些渠道与他们进行联系。为此目的,他们必须确保即使呼叫方没有采取措施阻止来电显示,也不会对来电号码予以显示。如前说明,这并不仅仅是一个终端硬件的问题,也是指令对服务提供商的要求,要求其在网络中提供并支持这一阻止功能。该义务仅限于针对用户而言。可能有人还会主张,被呼叫使用者(并不是电话被呼叫终端的用户)也有权利阻止来电显示。隐私保护增强的终端硬件应该可以解决这个问题。第8条第2款和第8条第1款在一个方面有所不同:它仅要求免费提供这种阻断服务以"合理阻止"(而第8条第1款并不包含这种限制)。并不清楚指令起草者想预见到能使用哪种不合理方式。服务提供商不能依赖本条规定而试图限制对阻断功能使用的数量。

4. "阻断—阻断功能"(第3款)。不能孤立看待呼叫方在通讯网络中保留其身份的做法,但这并非毫无限制。被呼叫方作为其相对方,也可以基于其合法利益以确定呼叫方的身份。他们也许决定仅和准备在通话中确定其身份的人进行通话。鉴于现代科技可以支持作为通讯条件的一系列谈判进程,指令中规定了服务提供商有义务在建立通讯连接前提供这种谈判功能。呼叫方阻断呼叫线路身份显示的,被呼叫用户可以选择拒接其所有来电。这种情形下,呼叫方应该接到信号以知悉这种拒接情形,以便使其在愿意的条件下可对其最初不披露呼叫电话号码的决定予以改变。这又一次表明:呼叫方用户(不仅仅是呼叫方使用者)应可选择决定是否基于每次通话对呼出线路身份确认进程予以阻断,以便可以进行灵活的谈判进程(请见第8条第1款,其中仅规定用户基于线路本身进行这种选择)。

5. 阻断来电显示的选项(第4款)。在接通网络的情形下,被呼叫方有权阻止呼叫方实际接通号码的显示。前言第34项针对接转通话,但这似乎并不是最相关的事例。在如今的竞争环境中,大多数通讯网络均互为联通,如阻止来电接通线路显示的选项仅限于"非连接"线路,则该规定意义不大。因此,相对于第8条第2款而言,该规定是否具有附带的实际效果,不无疑问。

6. 跨境通话(第5款)。指令将其通过隐私选项提供的法律保护延展到自欧盟向第三国进行呼叫及自第三国向欧盟进行呼叫的呼叫线路身份确认情形。这符合《数据保护指令》所规定的相关机制,确保个人数据仅得向提供足够水平保护及同等保障措施的第三国进行转移。第12届国际数据保护专员大会(1990)强调需要将数据保护标准及选择适用于国际电话业务。然而,对于如何实施指令第8条第1款至第4款的规定,第8条第5款的规定非常含糊。《国际工作组备忘》中提出,向没有实施第8条第1款规定的国家呼叫电话的,如呼叫方提出阻断呼出线路身份确定信息的请求,予以自动阻断。但指令起草者并没有接受这一建议。在没有做出这一规定的情形下,成员国须强制要求共同体内服务提供商在同第三国服务提供商就漫游及互联互通协议进行谈判时,可将这些隐私选项融入其中(《普遍服务指令》附件1B部分b项)。

7. 公众告知权(第6款)。数据主体如已被告知现存选项,仅能就其愿意使用的隐私设置作出知悉情形的选择。因此成员国须确保公共电子通讯服务提供商向公众告知他们是否提供来电/接通线路显示服务、是否提供了第 1 款至第 5 款规定的隐私选项(请见前言第 34 项)。用户线路连接模拟交换机的情形下,遵守第 8 条第 1 款至第 5 款的要求在技术上不可能,或者在经济上须进行不成比例的努力,则也应告知利益有关方(请见前言第 19 项)。

通讯数据之外的位置数据

第 9 条

(1) 可以处理与公共通讯网络或公共电子通讯服务使用者或用户相关的通讯数据之外的位置数据,但仅得在被匿名化处理或者取得使用者或用户同意之前提下,在为提供增值服务所必须的期间内,方可处理该等数据。在取得使用者或用户同意之前,服务提供商须向其告知通讯数据之外将要处理位置数据的种类、处理的目的及时长及为提供增值服务之目的是否将数据传送予第三方。应当给予使用者或者用户在任何时候撤销其对通讯数据之外位置数据处理的同意。

(2) 为处理通讯数据之外的位置数据而取得使用者或者用户同意的,对于每次与网络的链接或每次对通讯的传输,使用者或用户须继续有机会通过简单的方式免费暂时拒绝对该等数据进行处理。

(3) 根据第 1 款及第 2 款处理通讯数据之外的位置数据,须限定于获得公共通讯网络、公共电子通讯服务提供商的授权人员或者第三方增值服务提供商的授权人员,并需限定于为提供增值服务之目的所必需的范围。

1. 概述。在提供公共通讯网络及公共电子通讯服务的情形下所取得特定位置数据的处理,适用本条规定。的确,本规定专门适用于那些并不被视为通讯数据的特定位置数据的处理。处理位置数据是通讯传输服务的副产品,如同老指令规定的那样,还是适用指令第 6 条。欧盟委员会注意到,由于通过了老指令,出现了允许对移动服务使用者终端设备进行准确定位的数据处理技术(例如全球定位系统)。在这些技术支持下,可以提供诸如提供交通信息及驾驶指引的道路交通远程信息处理服务在内的新服务,并可以对移动使用者的终端设备进行准确定位。因此,欧盟委员会认为,对这些数据的处理需要进行专门的机制界定,以确保适当的数据保护及隐私保障。第9条所规定的要求并不是位置数据处理所适用的全部要求。如同对第6条在第3项评述中作出的到位评述,《数据保护指令》仍然适用于该指令没有具体调整的所有方面(对此,请见第6条进行的第1项评述)。

2. 对通讯数据之外的位置数据进行处理(第1款)。(a)禁止处理及例外情形。根据第9条第1款的规定,可能对通讯数据之外的位置数据予以处理的,仅得针对已进行匿名化处理的数据或者是为了提供增值服务的目的而进行。(b)提供增值服务。要求使用者或用户予以同意。处理位置数据是在提供增值服务的框架下进行的,须取得用户或使用者的事先同意。如同在对第6条第6项评述中说明的那样,前言第31项认为,为提供一种特定增值服务所需,处理个人数据应取得用户还是使用者的的同意,取决于需要处理的数据、需要提供的服务及是否技术上、程序上及合同上有可能将使用电子通讯服务的个人与已经成为用户的自然人或法人区别开来。对"同意"的定义。对于用户或使用者予以同意的要求与《数据保护指令》的规定相同。对于法人的同意也是如此。根据前言第17项的说明,同意之给予可以采取任何适当方式,表明用户自主做出明确的、在了解具体情形下的意愿,其中包括在浏览相关互联网站时对选项的勾选。适用处理紧急呼叫组织的特别规定也已出台,处理该种数据可以无须取得这种同意(请见第10条第6c项评述)。撤销权。另外,须给予使用者或用户在任何时候撤销其对位置数据处理同意的机会。这不仅要求使用者或用户有权在任何时候撤销其同意,也要求给予他们撤销的机会。撤销将阻止服务提供商进一步处理数据主体的数据。临时拒绝处理权。第9条第2款规定,须向使用者或用户提供机会,在撤销权之外,就每次接入网络或每次传输通讯,可以临时拒绝对通讯数据之外的位置数据进行处理。对于做出该等拒绝的方式,指令仅仅明确规定:这种临时拒绝须为免费,仅通过简单方式就可以做出。然而,指令并没有明确,这是否是基于每次连入网络、传输数据或者应被视为在一段期间内而作出的拒绝。但是,用户或使用者对位置数据处理临时予以拒绝,并不妨碍处理紧急呼叫的组织在特定条件下对该等数据的处理(请见对第10条,第3项的一般评述)。(d)告知信息。信息内容。另外,服务提供商须及时就第 4 款规定告知用户或使用者所处理通讯数据的种类、该等处理的时长及目的。告知时间。须在获得同意之前进行告知。告知对象。鉴于须在使用者或用户予以同意之前告知基于营销目的或提供增值服务目的而对其数据的使用，则至少需要予以同意的人收到告知的信息。

3. 第 1 款及第 2 款规定的架构下有权处理位置数据的人员（第 3 款）。(a) 基于服务提供商授权的人员。第 9 条第 3 款具体规定，根据第 1 款及第 2 款处理通讯数据之外的位置数据须限定于获得公共通讯网络、公共电子通讯服务提供商或者第三方增值服务提供商的授权的人员。另外，该等数据处理仅限定于为提供增值服务之目的所必需的范围。这就排除了通讯数据处理法律架构所允许的、增值服务提供商为了推广其服务而对通讯数据之外的位置数据予以处理的情形（请见对第 6 条第 3 款的评述）。(b) 通知第三方。第 9 条第 3 款默示地设定了服务提供商可能对通讯数据之外的位置数据进行传输的情形。的确，增值服务提供商作为特定种类的服务提供商之一被予以提及，在其授权下，可以处理通讯数据之外的位置数据。这涉及原先掌握这些位置数据的公共通讯网络或公共通讯服务提供商所传输通讯数据之外的位置数据。另外，如同在第 6 条第 6c 项评述所提到的那样，前言第 32 项明确设定了将位置数据向增值服务提供商进行传输的情形；它对电子通讯服务提供商向增值服务提供商转交数据的情形设定了条件，要求就数据在获得相关用户或使用者同意之前向其完整告知该等转交情形。(c) 服务分包。第 9 条第 3 款仅涉及服务提供商授权人士处理通讯数据之外位置数据的情形，但就服务提供商对通讯数据进行的全部或部分处理分包予处理主体进行处理的情形（系指《数据保护指令》第 17 条规定意义上的处理主体而言），并没有予以考虑。在第 6 条的第 6a 项评述中，使用在控制主体"授权下"这一措辞，并不构成将处理分包予处理主体的授权。然而，前言第 32 项似乎允许这种分包，因为其中规定："电子通讯服务或者增值服务提供商将为提供服务所必需的数据处理分包予另外实体进行的，该等分包行为及之后的数据处理应完全符合[《数据保护指令》]中对个人数据控制主体及处理主体规定的要求。"因此，并没有排除电子通讯服务提供商或者增值服务提供商对位置数据的处理予以分包。例如，在向终端用户提供基于其位置数据的天气预报或者旅游信息服务的数据处理协议框架下，电话服务提供商可能向第三方公司提供位置数据。在这种情形下，服务提供商为提供增值服务而就通讯数据之外的位置数据而获得使用者及用户同意前，有义务向使用者及用户告知对其数据的转交情形。

例外情形

第 10 条

　　成员国应确保公共网络提供商和/或公共电子通讯服务提供商可以享有适用以下豁免方式的透明程序：

　　(a) 用户申请追踪恶意或骚扰电话的，可以临时拒绝隐藏呼叫线路身份显示。在这种情形下，根据国内法，含有确定呼叫方用户身份的数据将被公共通讯网络和/或公共电子通讯服务提供商存储及提供；

　　(b) 对于包括执法机关、救护服务及消防服务等处理紧急呼叫的组织，在成员国法律承认的情况下，为了对来电给予应对，基于每个线路，拒绝就来电号码隐藏来电显示，并且在缺少用户或使用者就位置信息的处理作出同意或其拒绝予以同意的情形下，对位置信息予以处理。

　　1. 规定之宗旨。第 10 条规定了基于被呼叫用户的利益或者出于公共利益而对呼叫方作出隐藏来电显示的隐私选择予以拒绝的例外情形。此时，就能对用户或者使用者在其不情愿的情况下确定其身份和位置。指令并不要求成员国规定这样的拒绝情形，而是要求如果他们做出这种规定，在拒绝按照呼叫方选择隐藏呼叫号码时，须确立提供商必须遵循的透明程序。

　　2. 追踪恶意呼叫(a 项)。被呼叫方具有为免受恶意或骚扰呼叫侵扰而得到保护的合法利益。因此，为了追踪恶意或骚扰电话也许可以临时拒绝隐藏呼出号码身份(即确定呼叫方的身份)。如该等拒绝生效，网络或服务提供商就获准在国内法规定的限度内存储确定呼叫方身份的数据。本条并没有规定存储的期限，但显然，在不再需要存储数据的任何特定情形下，须将该等数据清除。另外，除非为了追踪相关呼叫，提供商不得为任何目的使用该等数据。指令允许提供商"提供"但没有施加任何限制。似乎将之向申请拒绝隐藏的用户加以披露即为足够,该用户之后即可向身份确定的呼叫方提起民事或刑事诉讼。

3. 基于公共利益而拒绝(b项)。第97/66/EC号指令已经规定了处理紧急呼叫的组织在成员国承认的情形下对隐藏来电显示号码的要求基于来电线路予以拒绝。目前指令并没有改变这种基于公共利益的拒绝。要求成员国承认,就表明有关组织须为专门处理紧急呼叫的专业团体。其中列举了执法机关(即警察)、急救服务及消防服务。偶尔接听紧急呼叫但同时又从事其他活动及功能的组织,并没有资格基于公共利益而拒绝。指令也考虑到第9条关于位置数据的规定。虽然仅在提及"位置数据"的同时没有援引第9条,第10条b项措辞却明显援引了第9条第2款。使用者或用户已经根据第9条第2款,就连接网络或传输通讯的数据,行使其权利临时拒绝对这些数据进行处理的,该规定允许对通讯数据之外的位置数据进行处理。此处背后的逻辑还是:在增值服务中使用比通讯数据(其中也包括与出具账单目的相关的位置信息)更为精确的位置数据,以在紧急情况下确定相关人员的位置。该例外情形仅仅适用于使用者或用户原先根据第9条第1款的规定作出知悉情况的同意后对位置数据已经进行处理的情形。因为一开始如果没有处理位置数据,在没有数据主体(使用者或用户)同意的情形下就不可能得以产生这种数据。因此,在隐藏来电显示及对处理位置数据临时予以拒绝或者没有提供同意的情形之间,存在区别:如果提供来电显示,显示则是默认情形,并不需要另外的同意,使用者或用户就不得不做出选择,是否隐藏其呼出号码显示。然而,在提供基于位置信息的增值服务时,使用者或用户可以接受这种提供的服务并对位置数据的处理予以同意,或者予以拒绝。这时,在原先并未同意时的默认情形就是没有对位置数据进行处理。仅得原先对位置数据的处理予以同意、使用基于位置的增值服务而在之后将该等同意予以临时撤销时,第10条b项规定的例外情形方才适用。对于同意被撤销前收集的位置数据,可以视情形予以使用。此处作出拒绝规定的唯一合法目的就是对紧急呼叫予以回应。这种目的限定对于接听及处理紧急呼叫的执法机构尤为重要。执法机构不得出于一般目的使用该等拒绝功能。基于共同体法律第一支柱（内部市场）规定，在《里斯本条约》生效前的指令中，不可能处理这些事项，这就与之明显不同。根据已经修改的《普遍服务指令》第 26 条的规定，严格要求成员国为最终用户在国家号码规划中确保向一个或多个电话号码呼叫提供电子通讯服务的运营商免费提供紧急呼叫接入服务。对于欧洲统一紧急呼叫号码"112"，成员国应在处理紧急呼叫的机关一旦接到紧急呼叫电话时，确保有关运营商向该机关免费提供呼叫方的位置信息。成员国可以将该义务延展适用于自己的国家紧急电话呼叫号码。有关成员国监管机构应就呼叫方位置信息的准确性和可靠性规定标准（《普遍服务指令》第 26 条第 5 款）。

自动呼叫转接

第 11 条

成员国应确保任何用户有机会通过简单方式免费停止第三方将电话自动呼转至用户终端。

概述。电话自动呼转就是为了使用者的利益指示网络将呼叫电话转接到另外的终端设备上。该服务将允许使用者不在居所时将其电话终端设备上的呼叫转接至另外的电话终端设备或者其移动电话上。鉴于第 2 条 e 项将"呼叫"仅仅定义为语音电话服务，对于通过明示或隐藏跳转链接进行代收邮件或网页浏览跳转的互联网服务，该规定并不适用。对于指令所没有涵盖的服务，也许可以强调通过在诸如电子邮件程序中提供过滤选择或者通过对自动跳转链接进行屏蔽，从而提供贴近用户的技术解决措施，第 11 条的规定还要求进行电话呼转的相对方用户有机会通过"简单方式免费"停止由三方决定对其进行的电话呼转。该等规定重述了原先 1997 年指令的类似规定。

用户号码簿

第 12 条

（1）向公共提供的，或者可以通过号码查询服务获得的书面或电子形式的用户号码簿，其中载明了用户的个人数据并基于该等号码簿电子文本中嵌入的功能有进一步使用可能的，成员国应确保用户能免费在其被登入相关号码簿时获知该等号码簿的目的。

（2）成员国应确保用户有机会决定其个人数据是否要被登入公共号码簿。如决定登入，应决定与提供者所认定号码簿目的哪些相关数据应被登入，并可验证、纠正及撤回该等数据。不登入公共用户号码簿的，对个人数据进行验证、纠正或撤回的，均须免费。

（3）基于用户姓名及必要时最低限度的其他特征对联系信息进行搜索之外，成员国可以要求任何公共电话簿的功用都需要取得用户的额外同意。

（4）第1款、第2款应适用于作为自然人的用户。在共同体法律及所适用成员国法律的架构下，成员国应确保非自然人用户对于登入公共号码簿的合法利益得到充分保护。

1. 概述。与其前身、第97/66/EC号指令第11条的规定相比，第12条的结构及规定有着显著不同。两种规定的目的都是为了确保数据主体对于号码簿服务的信息自主权。这应以20世纪90年代欧洲电信市场自由化进行之前的电信垄断为背景加以审视。许多成员国的垄断运营商或服务提供商出版电话号码簿或者提供号码查询服务，却没有给予数据主体是否将其个人数据登入这些号码簿或查询服务的任何选择权。对于在这些号码簿或服务中可以纳入哪些个人数据，并没有法律对之予以限定。因此，第97/66/EC号指令首次规定：个人数据纳入公共电话号码簿及电话查询服务的，须限于有确定用户身份之必需——除非用户同意公开其他个人数据。用户获权，可以避免将全部信息登入电话号码簿，限定登入号码簿的数据数量并可申明登入数据不得用于直接营销目的。第12条对这些权利予以明确，并在诸多方面对用户地位予以加强。只有确定数据主体所必需的个人数据方能登入电话簿，这一原则不再被第12条所提及，因为这条原则由《数据保护指令》即可得出（第1条，第2项评述）。

2. 获知权（第1款）。指令强调了用户在其数据被登入书面或电子号码簿时获得详细信息的权利。另外,须告知用户书面或电子公共号码簿的使用目的。在数码时代,这尤其重要,因为电子查询服务所依托的就是强大数据库,其中软件支持着诸多搜索功能(例如反向搜索,请见第 33 号《工作文件》)。借助反向搜索,仅仅通过电话号码就可以搜获用户的名称,甚至是地址,而仅通过街道名就可以搜获所有居住在相同街道的人员姓名及电话号码。像工作方机制指出的那样:"同意将其电话登入电话号码簿后,可能获知用户的信息远超想象。"载有被呼叫用户电话号码的明细账单可能刚被用来制作特定用户所呼叫全部人士的姓名和地址。其他搜索设置可以包括位置信息。电子电话号码簿可以通过数据挖掘或者数据存储工具进行分析。同时,基于普遍服务义务,电话号码簿数据可能须被传递予第三方(请见《普遍服务指令》第 6 条及 KPN(ECJ)判决)并可以通过在线或线下媒介予以公布(诸如 CD-ROM、DVD)。只要个人数据被登入书面或电子号码簿,对个人数据进行这种进一步使用就降低了数据主体控制其个人数据处理的机会。甚至是书面的电话号码簿也可以被扫描或以其他方式转换为电子文本。一旦公布电话号码簿,就很难阻止对其进行进一步使用(例如:直接营销)。因此,向用户提供完整信息就成了用户根据第 2 款、第 3 款作出知悉情况下进行选择的先决条件。指令援引了"功用"一词,预示着电话号码簿可以具有不止一种功用,而这些功用超出了仅仅确定用户身份的目的。只要其功用对于数据主体而言是完全透明的,则可以创设合法的新产品和商业模式。告知用户的责任由收集载入电话号码簿或数据库的一方(提供商)所负担(请见前言第 39 项及修改后第 2002/22/EC 号《普遍服务指令》第 20 条第 1 款 c 项及第 23 条第 3 款 e 项的规定)。

3. 用户的隐私选择权(第 2 款)。根据第 1 款的规定获得必要的信息后,用户就可以行使其隐私选择权。首先,他们有权将其全部信息都不载入电话号码簿。如果他们进行这种选择,则对其不能收取任何费用。同时,用户不必对其选择说明理由。用户选择将其个人数据登入电话号码簿的,用户可限制特定数据的登入。只要系"与提供商所决定号码簿目的相关的"数据,用户也可以决定登入其他数据。此处,指令又一次明确,由提供商决定其所提供电话号码簿或电话查询服务的功用。在获知这种功用（第1款）后，数据主体可以决定他们是否将其个人数据登入这种电话号码簿或数据库中。另外，数据主体有权随时免费无理由地撤回其同意，将其数据自电话号码簿及数据库中移除。对于已经出版的书面电话号码簿，实际存在困难。此时，撤回仅得在电话号码簿以后的版本中方能生效。而实际上，这也许就没有多少作用，因为电话号码簿之前的版本也许已经售出或被第三方扫描。虽然指令并没做出明确规定，但对成员国给予充分建议，建议要求电话号码簿服务提供商（尤其是承担普遍服务的运营商）接受用户要求撤回的请求后，同时应将用户已经撤回同意的情形告知其对之传输数据的第三方。虽然指令并没有对之进行强制要求，但成员国应也应确保用户能够将其数据的公开方式仅限定于书面电话号码簿，从而排除将之纳入电子数据库之中。如登入书面电话号码簿的信息以诸如星号等方式予以标注，对用户的偏好进行说明，则该等书面电话号码簿的电子版本应该不登入该等数据，否则电子版本的作者应承担法律责任。

4. 不选则无的反向搜索（第3款）。鉴于反向搜索设置改变了电子电话号码簿的功能或可能用途（请见以上第2项评述），指令使得成员国对此可以另外予以用户不选则无的规定。并不要求这种不选则无，因此不选则有同样也符合该指令的规定。的确，可以主张，在数码时代，很难阻止电话号码簿服务的个人使用者借助其自有软、硬件对所购买的诸如CD-ROM及DVD等线下媒介进行反向搜索。但在任何情形下，采集数据的电话号码簿服务提供商有义务就反向搜索向用户告知他们所提供的不选则无或不选则有之选择权。

5. 延展适用于法人（第4款）。虽然第1款及第2款主要适用于自然人，也要求成员国确保对将数据登入公共电话号码簿的法人合法利益予以充分保护。指令中既没有界定法人合法利益这一概念，也没有说明"充分保护"的内涵（请见第1条，第2(c)项评述）。根据共同体法律，并没有义务将《数据保护指令》给予的保护延展适用至法人（参见前言第12项）。即使依据成员国规定，对法人提供了一定程度的保护，其与指令中对自然人提供的保护不同，并且层次较低。

非请而至的通讯

第13条

（1）为了直接营销目的而使用没有人工干预的自动呼叫及通讯体系（自动呼叫机）、传真机（传真）或者电子邮件，仅得在用户或使用者事先予以同意的情形下方可进行。

（2）尽管基于第1款的规定，自然人或法人取得其客户电子邮件的电子联系方式详情而根据第95/46/EC号指令的规定进行产品或服务销售的，该等自然人或法人可以将这些电子联系方式详情用于自己类似产品或服务的直接营销，但在收集该等电子联系方式详情时须给予客户提供清楚明确的机会，使其在方便而不用支付费用的情况下，对其使用予以拒绝，并在该客户没有拒绝该等使用的情形下可以就每一条直接营销的信息拒绝对其联系方式详情进行该等使用。

（3）在第1款、第2款规定的情形之外，成员国应采取适当措施，确保在没有得到有关用户或使用者的同意或用户或使用者并不希望收到非请而至的直接营销通讯时，不得进行该等非请而至的直接营销通讯。可以选择的这两种情形中，用户或者使用者都无须支付费用。基于此，应由成员国立法机构对这两种模式进行抉择。

（4）在任何情况下，基于直接营销目的而发送电子邮件的做法如伪装或隐藏发送通讯者的身份，就由于没有提供有效地址以供邮件接收人发送停止进行该等通讯的要求，或者由于其鼓励接收人访问违反第2000/31/EC号指令第6条的网站，从而违反了第2000/31/EC号指令第6条的规定。

（5）第1款和第3款应当适用于自然人用户。成员国也应在共同体法律及所适用成员国国内法律的架构下，确保非自然人用户在非请而至通讯方面的合法利益得到充分保护。

（6）在不影响包括根据第15a条第2款所规定行政补救措施的情况下，因违反根据本条规定所制定的国内法之规定而对任何自然人或法人造成不利影响的,成员国应确保该等自然人或法人具有要求停止或禁止该等违法行为的合法利益,其中,电子通讯服务提供商也具有对其合法商业利益进行保护的利益,为此,他们可以就该等违法行为提起诉讼。电子通讯服务提供商因其过失而违反根据本条所制定法律规定的,成员国也可以规定所适用的具体罚则。

1. 概述。(a)法律架构。该条涉及发送非请而至的通讯信息。这不仅是唯一适用于发送非请而至通讯信息的规定。《消费金融服务远程营销指令》《远程合同指令》《电子商务指令》及《数据保护指令》也对基于商业或直接营销目的而发送非请而至通讯的情形规定了具体条件。这些指令仍然可以适用于相关事项,尤其是对于并不受第13条影响的收件人而言更是如此。指令也在其前言第45项明确声明,成员国对于向法人发出非请而至通讯采取不选则有的登记体系的,指令中关于电子商务的规定完全适用。老指令也对非请而至的通讯作出了一些规定。然而,指令在这方面进行了某种创新。首先,它延伸了不选则无规则的适用范围,也适用于直接营销目的而使用电子邮件的情形。其次,指令创设了一种例外制度,即,在客户与提供商之间的客户关系间的"软性不选则有"规则。最后,指令强化了对直接营销通讯收件人的保护,引入了要求非请而至通讯的发件人需要自己提供身份确认信息。(b)域外方面。像在第3条第3项评述中提及的那样,[223] 确定指令地域适用范围的标准与《数据保护指令》第4条界定的标准不同。因此,指令对于在欧共体领土内并没有设立机构而处理个人数据的控制主体所进行的活动有约束力。第13条因此适用于虽然设立于欧共体境外但是向境内人员发送非请而至通讯的数据控制主体。

2. 使用没有人工干预的自动呼叫系统、传真机或者电子邮件自动发送方式(第1款)。(a)使用自动方式。对于使用第1款规定的没有人工干预的自动呼叫或通讯系统、传真机或电子邮件自动方式及使用其他诸如第3款规定的人对人电话呼叫方式,第13条进行了区分。前言第40项及第42项解释了作出这种区分的原因:与其他直接营销方式不同,通过自动方式发送非请而至通讯的方式相对而言比较容易和便宜,也许会对接收人造成负担和/或成本,该等通讯的数量也许会对电子通讯网络及终端设备造成困扰。第13条规定的强制性要求也涵盖对短信、彩信及类似应用的使用。根据《修改指令》的规定,本款不再仅指"自动呼叫体系",而是也涉及"自动通讯体系",以便涵盖技术的不断发展和变迁,从而采取了一种技术中立方式(《第 2/2008 号关于〈电子隐私指令〉审查之意见》,第 5 页)。但是,这种修改具有何种确定性影响尚待商榷。工作方机制表达了意见,认为加入"通讯"这一措辞将确保第 1 款规定可以适用于诸如蓝牙营销应用等短程无线媒介(《第 2/2008 号关于〈电子隐私指令〉审查之意见》,第 9 页)。将第 1 款的适用范围扩张至自动通讯系统,这也许首先也可以被看作将第 13 条规定适用于所有基于营销目的而以自动方式发送消息,包括由于并不是电子邮件而被第 1 款排除在适用范围之外的弹出信息(也请见《对 E-3392/02,2003/C 155 E/164 书面问题的答复》)。然而,表明其涉及自动呼叫机的精确规定却将这种延伸适用限制于向通讯体系发送的呼叫。(b) 不选则无规则。同意。第13条第 1 款适用于使用诸如自动呼叫机、传真机或者电子邮件之类没有人工干预自动呼叫的通讯系统(关于其定义,请见第 2 条第 2g 项评述)进行直接营销。使用该等方式的,仅得在对已经事先对此给予同意的用户发送该类非请而至的通讯信息。有效的同意须满足《数据保护指令》中的要求,即须为知悉情况下自主作出内容具体的同意。该规则产生了一个实践中问题:联系收件人仅仅询问其是否接受非请而至的文件,这样一个事实就已经构成基于营销目的的电子邮件。发送人在不选则有机制下收集潜在用户信息,希望继续在指令所引入的不选则无机制下为直接营销的目的继续使用名单的,这就成为一个主要问题(《关于非请而至通讯信息的意见》,第 6 页)。信息事先告知。在同意之前,须进行《数据保护指令》所要求的告知(对于"同意"概念,请见对第 2 条第 2 款 f 项的评述)。获得同意的手续。工作方机制指出,仅仅通过向收件人发出一封普通电子邮件要求其同意接收营销电子邮件的,并不符合第 13 条的规定,后者要求目的须合法、明确并具体。另外,工作方机制也排除了任何形式的默认同意,包括除非否认即可推定的同意,例如通过使用预先勾选的方框来取得同意的方式。然而,用户给予事先同意的方式也可以是在网站上进行登记,事后再要求确认用户的确在网站上自己进行了登记,并对其作出的同意予以确认,这是符合指令要求的(请见《关于非请而至通讯信息的意见》,第 6 页;也请见对第 2 条第 2 款 f 项中"同意"这一概念的评述)。(c)发送方受不选则无规则的约束。该规则的适用主体并不仅仅限于公共电子通讯服务提供商或者公共通讯网络提供商。第 13 条第 1 款禁止基于发送非请而至通讯的目的而使用特定的自动方式,不论发送方属于哪种类型。(d)受保护的人。尽管第 1 款提到用户这一事实并没有排除法人用户,第 5 款规定,第 1 款仅仅适用于非法人用户。在其原先的版本中,第 13 条仅适用于公共电子通讯服务的"用户"而不是"使用者"。这里就出现了一个问题,向非用户的使用者基于直接营销目的发送非请而至通讯消息是否就无须满足指令规定的条件?《修改指令》明确将该等条件的适用延伸到使用者。因此,无论接收者是通讯服务的用户还是使用者,都适用第 13 条界定的条件。为了评估是否适用不选则无规则,发送方仅需要决定收件人是法人还是自然人。(e)直接营销的概念。指令并没有对"直接营销"这一概念作出任何规定。然而,工作方机制认为,第 13 条不仅仅涉及纯粹商业性质的通讯,也涵盖任何形式的推销,包括慈善组织及政治组织进行的诸如筹款等直接营销。通过电子邮件发送新闻邮件也属于该概念的范畴(请见《关于非请而至通讯信息的意见》,第 4 页、第 7 页)。

3. 在存在客户关系的情形中适用电子邮件的"软性不选则无"(第 2 款)。(a)"软性不选则无"概念。第 13 条第 2 款引入了第 1 款所规定不选则无规则的例外情形,就是在发送方和收件人之间存在客户关系的情形中,通过使用电子联系方式详情发送电子邮件的例外。在满足特定条件的情形下,不选则有规则在该等情形下就替代了不选则无规则。不选则有规则意味着收件人有权反对利用联系方式详情以电子邮件形式进行直接营销,但并不需要在进行该等使用前事先获取收件人的同意。(b)"软性不选则无"的条件。首先,电子邮件联系方式详情须由发送方从其客户获得,而不是来自第三方。其次,这些数据须在销售商品或服务的情形下收集。最后,该等数据必须根据《数据保护指令》的规定进行收集，这包括符合其中要求，告知数据主体直接营销目的及数据主体有权反对进行这种使用的信息。第13条第2款明确指出，该等客户须明确及清楚地获得机会，从而得以在数据采集之时以免费而方便的方式拒绝对该等数据进行该等使用。在该等条件之外，第13条第2款对电子联系方式详情进行的进一步使用予以限制：只有收集该等联系方式详情的自然人或法人方可使用这些数据。例如，采集数据公司所属集团的其他公司不得对之进行使用。另外，该等数据仅得在发送方对自己类似产品或服务进行直接营销时方可使用。工作方机制指出，该等相似性应基于客观标准予以认定，即须符合接收方的合理预期，而不是基于发件人的角度予以判断（请见《关于非请而至通讯信息的意见》，第9页）。最后，在采集数据及发出每个直接营销信息之时，发送方须给予其客户清楚而明确的机会，在客户起初没有对该等使用予以拒绝的情形下，免费及方便地拒绝对电子联系方式详情进行该等使用。(c) 软性不选则无规则的受益者。第13条第2款由于适用于任何提供产品或服务的自然人或法人，其适用范围很广。(d) 受保护人员。第13条第2款适用了"客户"这一措辞，以确定该等例外情形涉及的收件人。鉴于第13条第1款似乎仅保护自然人用户，合理的推断就是，对第1款确定的制度规定的例外也适用同一类收件人。

4. 其他方式之使用（第3款）。(a) 在不选则无及不选则有之间进行选择。第13条第3款涉及第13条第1款及第2款并没涉及的情形。在《修改指令》出台之前，欧盟委员会表达的观点是：弹出信息适用第13条第3款的规定（《对 E-3392/02，2003/C 155 E/164 书面问题的答复》）。根据第13条第3款的规定，基于直接营销目的而使用传真机或电子邮件等不加人工干预自动方式之外的方式，成员国将可以对之适用不选则无或不选则有规则。成员国的确须采取适当措施，确保在没有得到有关用户同意或者对于并不希望接受这种通讯信息的用户可以不用支付任何费用的前提下，禁止基于直接营销目的而发送非请而至通讯信息。因此，选择这两种方式将由成员国立法决定。在指令出台之前，成员国对该等通讯信息之使用实施不选则无制度的,将可以继续保持其保护水平。(b)第三款涉及的发送方。鉴于第13条第3款适用于基于发送非请而至通讯信息目的而使用的非自动方式,且不论发送方性质如何,本款适用对象因此并不限于公共电子通讯服务提供商或公共通讯网络提供商。(c)受保护人员。根据第13条第5款的规定,第13条第1款仅适用于自然人用户。另外,如同第13条第1款,第13条第3款涉及作为公共电子通讯服务的"用户"而非"使用者"的数据主体。

5. 禁止使用虚假身份或者无效地址(第4款)。无论收件人性质(用户、使用者、自然人或法人)为何,第13条第4款界定了适用于基于直接营销目的而使用电子邮件的其他条件。第13条第4款禁止对电子邮件发件人身份进行伪装和隐藏。这违反了《电子商务指令》第6条的规定,后者要求进行商业通讯的自然人或法人应清楚地表明其身份。该规定也要求使用有效的地址或电话号码,以使收件人可以发出停止该等通讯的要求。为确保上述规则或基于直接营销而发出非请而至消息所适用的其他欧共体指令所规定的规则得以实施,这些其他要求甚为必要。前言第43项已对之作出解释。使用虚假身份、虚假回复地址或虚假电话,的确将阻碍数据主体行使其权利,尤其妨碍其行使不选则有的权利。《修改指令》又规定了一项新的禁止性做法,即禁止鼓励收件人浏览违反该条规定网站。

6. 保护法人的合法利益(第5款)。第13条第5款具体规定,这两段规则适用于自然人用户。对于法人用户而言,在共同体法律及所适用国内法律架构下,第13条第5款要求成员国确保其利益得到充分保护。鉴于这种规定并没有推荐需要实施的具体措施(不选则无、不选则有及其他措施),也没有规定保护其"合法利益"所应该给予法人用户的保护水平,这种规定就为成员国留下了极大空间。工作方机制注意到,该种规定在实施中会出现种种实际问题。首先,可能并不总能方便地确认收件人是法人还是自然人,也并不清楚应该由发件人作出何种努力,以确认有关地址或号码属于法人还是自然人。另外,可能产生成员国法律之间的差异:在发出电子邮件的成员国所适用规则与接收电子邮件成员国所适用规则不一致的情形下,如何处理这种跨境效应(《关于非请而至通讯信息的意见》,第8页)。

7. 有合法利益终止或禁止上述违法情形所能适用的具体救济方式(第6款)。《修改指令》规定,不仅数据主体会遭受垃圾邮件之苦,其他具有合法利益的人士也对终止或禁止该等非请而至通讯消息具有合法利益。该规定已被工作方机制所欢迎,后者强调:"该规定无疑强化了使用者的权利,在行业参与者中间有利于更完善安全做法的发展。"(《第01/2009号审议电子隐私指令的意见》,第10页)受益方。第13条第6款应有利于对终止或禁止垃圾邮件具有合法利益的任何一方。遭到违法行为负面影响的自然人或法人就推定具有合法利益。《修改指令》并没具体规定哪种情形可以被认为具有"负面影响",但却明确指出了这种规定的潜在受益人:通讯服务提供商。《修改指令》前言第68项解释道:"电子通讯服务提供商进行了可观投资,以便打击非请而至的商业通讯消息(垃圾邮件)。与最终用户相比,他们掌握着发现及确定垃圾邮件所必须的知识和资源,地位更强。因此,电子邮件服务提供商及其他服务提供商应能够对垃圾邮件发送方发起法律诉讼,以维护其客户利益,而这正是其商业利益的组成部分。"救济方式。在除却成员国可能规定的行政救济手段之外,第13条第6款旨在要求成员国确保有关人士可以提起诉讼。就该款整体而言,该等诉讼至少应可以对与根据第13条所出台成员国规定不符的做法予以终止或禁止。

8. 对电子通讯服务提供商提起的具体救济方式(第6款)。电子通讯服务提供商因过失而违反根据第13条出台的成员国国内规定的,第13条第6款使得成员国有权对其制定具体罚则,却没有进一步予以明确该规定的具体后果。然而,需要强调的是,并没有对提供商施加具体义务,要求阻止进行非请而至的通讯。然而,指令前言第44项似乎暗示:指令之一般义务也包括为增强隐私保护提供足够的工具。对于垃圾邮件问题,前言第44项的确规定:"特定的电子邮件系统允许用户浏览电子邮件的发件人及主题事项说明,并在无需将电子邮件内容或任何附件进行下载的情形下对该信息予以删除,从而减少了下载非请而至电子邮件或附件的负担。这些安排可以作为本指令确立的一般义务之外的附加手段,继续在特定情形下得到使用。"

技术特征及标准化

第 14 条

(1) 在实施本指令的规定时,在满足第 2 款及第 3 款规定的前提下,成员国保证不强制要求终端或其他电子通讯设备具有特定技术特征,该等技术特征可能会阻碍该设备投向市场及在成员国之间进行自由流通。

(2) 本条规定仅能通过在电子通讯网络中进行特定技术特征要求方可实施的,成员国应根据欧洲议会及欧盟理事会 1998 年 6 月 22 日所通过第 98/34/EC 号《技术标准、规范及信息社会服务规则领域信息提供程序的指令》(OJ L 204/37, 1998 年 7 月 21 日,后被第 98/48/EC 号指令(OJ L 217/18, 1998 年 8 月 5 日)修改)通知欧盟委员会。

(3) 在有要求时,须按照第 1999/5/EC 号指令及欧盟理事会 1986 年 12 月 22 日所发布第 87/95/EC 号《关于信息技术及通讯领域标准化之欧盟理事会决定》(该决定最后被 1994 年《接入决定》所修改,OJ L 36/31, 1987 年 2 月 7 日)采取措施,确保终端设备之构造方式与使用者保护并控制对其个人数据使用的权利相一致。

1. 监管目标。指令基本规定了技术中立的监管架构(也请见第 2009/136/EC 号指令前言第 51 项及 54 项)。因此,可能在不久的将来,欧盟监管机构不会因为这种由于技术发生根本变化而需要重新起草指令。然而,为了避免对统一市场产生不利影响,成员国或者被要求避免对终端设备施加可能阻碍该等产品自由流通的监管要求,或者要向欧盟委员会通报对网络提出的具体要求。但是对隐私保护增强终端设备,指令允许成员国以规范和标准的形式进行监管。

2. 对设备的技术要求(第 1 款)。创设一个统一而具有竞争力的电信服务及终端设备市场,是欧共体的一个重要目标。指令因此强调,成员国在实施指令规定时,对终端设备或其他电子通讯设备,应确保不施加阻止该等设备投入统一市场或在其中进行流通的特定技术特征要求。并不影响产品投入市场或在共同体内进行自由流通的,可以进行有关要求,这并不违反指令规定。然而并不清楚"其他电子通讯设备"所指为何。该规定似乎针对终端之外的任何硬件或软件组成部分。

3. 网络的技术要求(第2款)。如果仅能通过要求在电子通讯设备中实现特定技术特征方可实施指令规定的,指令要求成员国根据第98/34/EC号指令的规定通知欧盟委员会。该指令规定了在成员国实现透明化及统一标准领域的程序。一旦成员国已经就技术标准草案通向欧盟委员会进行了通告,如果欧盟委员会宣布其意图在成员国通过技术监管措施草案的领域草拟或者通过立法的,或者欧盟委员会发现该等技术监管措施草案已被共同体现行法律所涵盖的,则成员国应推迟至12个月的停滞期过后方可采纳该等技术标准。通过援引第98/34/EC号指令,防止在该等领域出现阻碍统一电信市场的更大差异性。至少在已告知欧盟委员会并有机会在欧洲范围促成实现统一监管机制之前,成员国不能在该领域采取技术监管措施。

4. 隐私保护增强终端设备(第3款)。通过或多或少有些突兀的方式,第3款再次规定了对终端设备的要求(这在第1款中已经进行了规定)。指令承认,技术也许会符合或者不符合使用者对其数据的保护和控制。因此,对指令的实施也许并不完全是技术中立的。成员国可以在必要的时候采取措施确保终端(以第1款规定不同,此处并没有提及"其他电子通讯设备"),与指令规定的使用者权利相一致。的确,需要在终端设备增强隐私保护功能的措施(例如,根据第8条规定隐藏呼出电话身份的简单方式)也许对于指令的成功实施至关重要。如成员国采取这种措施,他们须考虑到 R & TTE 指令及在1986年就该领域之标准化而作出的欧盟理事会决定。这里,实施指令又得需要与欧洲范围内终端设备的规格及标准相协调。更为重要的是,欧洲关于隐私保护增强终端设备的标准已被拟订并实施(请见第2002/58/EC号指令前言之46项)。这将实现对使用者数据保护权利的技术支持,并防止成员国在技术规格要求方面出现差异性。虽然欧盟委员会支持隐私保护增强技术这一想法(或者"设计保障隐私")(请见2009年5月12日通过的第C(2009) 3200 Final号《关于射频身份识别的推荐》),但它至今没有对终端设备制造商推行技术标准以确保其符合隐私保护的要求。这理所当然地被批评为欧盟委员会缺乏勇气(参见 Poulet, About the E-Privacy Directive: Towards a third generation of data protection legislation, para. 17)。国际标准化组织、国际电信联盟及欧洲电信标准研究院目前也没有在该领域通过标准(但是,请见《CEN/ISSS 关于欧洲隐私标准化的报告》,参见〈ec.europa.eu/enterprise/ict/policy/standards/ipse_finalreport.pdf〉)。第 29 条工作方机制及国际数据保护专员大会都强调了需要研究制定通过设计保护隐私的标准(请见第 29 条工作方机制第 57 及第 168 号工作文件及于弗罗茨瓦夫召开的第 26 届隐私及个人数据保护国际大会于 2004 年 9 月 14 日通过的《关于国际标准组织隐私标准草案之决议》)。在电子通讯领域对欧盟公民的基本权利进行保护,需要技术解决方案的支撑,后者又会产生对标准化的依赖。隐私保护增强技术的发展不能由市场力量所决定。

小组委员会程序

第 14a 条

(1) 委员会应由根据第 2002/21/EC 号指令(《框架指令》)设立的通讯小组委员会予以协助。

(2) 在援引本款规定时,应在考虑到第 1999/468/EC 号决定之第 8 条的情况下,适用其中第 5a 条第 1 款至第 4 款及第 7 条的规定。

(3) 在援引本款规定时,应在考虑到第 1999/468/EC 号决定之第 8 条的情况下,适用其中第 5a 条第 1 款、第 2 款、第 4 款、第 6 款及第 7 条的规定。

1. 小组委员会的协助(第 1 款)。欧盟委员会应在根据《框架指令》第 22 条的规定所设立小组委员会的协助下行使其在指令下的实施权。该小组委员会适用被第 2006/512/EC 号决定所修改的第 1999/468/EC 号决定所规定的专家委员会程序。对《框架指令》第 22 条第 2 款及第 3 款所作出的援引被本指令第 14a 条第 2 款和第 3 款作出的援引所代替。小组委员会由成员国代表组成,由没有投票权的欧盟委员会代表任主席(第 1999/468/EC 号决定第 5a 条第 1 款)。小组委员会并通过了自己的程序规则(《框架指令》第 22 条第 4 款)。小组委员会是监管程序的组成部分,因此享有比第 95/46/EC 号指令第 29 条工作方机制更广泛的权利(请见以下第 15 条第 3 款),后者仅仅享有建议权。然而,对于处理个人数据所涉个人权利保护的工作方机制发布的任何意见,通讯小组委员会明显须予以考虑。只要欧盟委员会通过措施实施该指令,通讯小组委员会将被召集协助欧盟委员会。例如,第 14 条第 3 款及第 15a 条第 4 款规定的情形就是如此。

2. 同时进行审查的监管程序(第 2 款)。第 14a 条第 2 款及第 3 款均规定了由欧洲议会及欧盟理事会同时进行审查的监管程序。该程序系由 2006 年对第 1999/468/EC 号《专家委员会决定》作出修改后引入的,以便实施立法一旦需要共同决定的,将拥有立法权的两个机构(欧洲议会及欧盟委员会)置于同等地位。鉴于《里斯本条约》已经生效,共同决定就成为一般规则。第 2 款与第 3 款的唯一不同,就是涉及所实施精确又复杂的程序及时间限定。因此,起草的措施被主席提交到小组委员会,在主席根据事项紧急程度规定的时限内,小组委员会将提交其意见。提交该意见须满足的多数,须与在欧盟理事会根据欧盟委员会建议而要通过决议须达到的多数要求所一致。在 2014 年 10 月 31 日之前,欧盟理事会根据《欧共体条约》(尼斯)第 205 条第 2 款及第 4 款所要求的多数通过决定;而在之后,则根据《欧盟条约》(里斯本)第 16 条第 4 款及第 5 款规定的多数通过其决定。在 2014 年 11 月 1 日至 2017 年 3 月 31 日之间,适用根据《里斯本条约》之《第 36 号议定书》第 3 条规定的过渡条款。通讯小组委员会同意欧盟委员会所拟定措施的,欧盟委员会须将措施草案提交予欧洲议会及欧盟理事会进行同时审查(第 1999/148/EC 号决定第 5a 条第 3 款)。欧洲议会或欧盟委员会均可以指出:该措施将超出指令规定的实施权力,或该草案与指令的宗旨或内容相违背,或该草案并不符合补充原则或比例原则;并基于此否决该等措施(第 1999/148/EC 号决定第 5a 条第 3b 款)。欧洲议会及欧盟理事会可在措施草案提交予其的三个月之内行使其否决权;如果双方在这期间均没有予以反对,欧盟委员会就应通过该等措施(第 5a 条(3c 及 3b 款))。通讯小组委员会不同意欧盟委员会所提交措施草案的,就适用另外的程序。在这种情形下,欧盟委员会应该提交与措施有关的建议,该建议将提交予欧盟理事会,并将之同时送交欧洲议会。如欧盟理事会在两个月内基于任何理由反对所建议的措施,该措施不得通过。欧盟委员会可以在之后向欧盟理事会提交修改后的提议或者递交立法建议。仅得在欧盟理事会拟议通过该等建议措施或在两个月期间没有做出进一步行动的情况下,方可将有关措施提交欧洲议会进行审议。欧洲议会可以在四个月内以其组成人员的多数,仅得基于其超出实施权力、指令宗旨或内容,或者不符补充原则或比例原则的理由,反对通过该等措施。在这种情形下,不得通过该等措施,欧盟委员会仅仅可以向小组委员会提交修改后的建议或提交立法提议。如欧洲议会并没有在四个月的期间内对该等措施予以反对,应视情况由欧盟委员会或欧盟理事会通过该等措施(第 1999/148/EC 号决定第 5a 条第 4 款)。

3. 先后进行审议及临时实施的监管程序(第 3 款)。第 3 款规定:"在援引本款规定时,……第 1999/468/EC 号决定之……第 5a 条第 1 款、第 2 款、第 4 款、第 6 款及第 7 条的规定[得以适用]。"换言之,就不再适用《专家委员会决定》及其同时被欧洲议会及欧盟理事会进行的审议。因此,在欧盟委员会及通讯小组委员会之间达成一致,不再通过欧洲议会和欧盟理事会的参与,就可以通过拟订措施。仅仅在不能达成一致的情形下,方可启动《专家委员会决定》第 5a 条第 4 款规定的上述程序。另外,只要在一项基本法律中援引了第 3 款、同时小组委员会与欧盟委员会又达成一致的,拟订的措施应由欧盟委员会立即通过并实施,无须经欧洲议会及欧盟理事会进行事先审查。然而,如果欧洲议会或欧盟理事会在一个月之内基于超出实施权力、不符合补充原则或比例原则的理由对之予以否决的,欧盟委员会应废止该等措施。如基于健康保护或环境保护等正当理由的,欧盟委员会仍可以临时保留该等生效的措施。在该等情形下,欧盟委员会应毫不迟延地向小组委员会提交对措施的修改文本或者立法提议。临时措施在其为最终法律文件所替代前一直有效。因欧洲议会和/或欧盟理事会基于并不允许对临时措施予以取代的理由对措施予以拒绝，从而使得拟订临时措施没有最终法律文件所替代的，临时通过的措施须被废止。欧盟委员会与小组委员会不能达成一致的，不可能临时通过及实施相关措施。

适用第 95/46/EC 号指令相关规定

第 15 条

（1）成员国可以通过立法措施限制本指令第 5 条、第 6 条、第 8 条第 1、2、3、4 款及第 9 条规定的权利义务的范围，但该等限制须构成民主社会中必要、恰当及符合比例原则的措施，以依据第 95/46/EC 号指令第 13 条第 1 款的规定，保障国家安全、国防、公共安全及对犯罪行为或未经授权使用通讯系统的行为予以制止、调查、侦查和起诉。为此目的，成员国可以通过立法措施规定在特定期间内留存数据，该期间须根据本款规定系为正当。本款所指的所有措施应当符合共同体法律的基本原则，包括《欧盟条约》第 6 条第 1 款及第 2 款所规定的原则。

（1a）第 1 款的规定并不适用于欧洲议会及欧盟理事会 2006 年 3 月 15 日发布第 2006/24/EC 号《关于对涉及提供公共电子通讯服务或公共通讯网络所产生或处理数据进行留存的指令》特别要求须按照其第 1 条第 1 款规定目的予以留存的数据。

（1b）根据第 1 款所通过国内规定需要查看使用者个人数据请求的提供商应设置内部程序予以应对。有关成员国机关要求的，他们须向有关成员国机关提供这些程序的信息、所接到的请求数量、所援引的合法理由及其应对。

（2）对于根据本指令通过的国内规定及本指令所赋予的个人权利，第 95/46/EC 号指令第三章关于司法救济、责任及处罚的规定应予以适用。

（3）对于本指令涵盖的事项涉及在电子通讯领域保护基本权利与自由及合法利益的，第 95/46/EC 号指令第 29 条所设立涉及个人数据处理的个人权利保护工作方机制也应执行其第 30 条所规定的任务。

1. 监管目标。本规定具体规定了在何种条件下可以限制该指令规定的特定权利,并规定了《数据保护指令》中具体条款如何适用于该指令所的相关情形。

2. 对特定权利的限制(第1款)。总体考虑。如同第2002/58/EC号指令中明确指出的那样,本指令原先并不适用涉及前里斯本时代并非属于共同体法律适用范围的基本权利及自由保护问题(所谓第三支柱议题,即政府间就司法及内务事务的协作)。然而,尽管之前第97/66/EC号指令及第2002/58/EC号指令在原先的版本中是出于澄清的目的,还是觉得有必要解决该等事项。由于这些指令系由欧洲议会及欧盟理事会通过,鉴于第三支柱措施将需要欧盟理事会取得一致同意,而并不需要欧洲议会的参与或者共同决定,这些指令中并没有提供适用于第三支柱事项的法律基础。因此,第15条第1款(如同《数据保护指令》第13条的同样规定)仅仅是一个宣示作用,说明这些指令并不限制成员国通过特定方式在国家及公共安全受到威胁时采取行动。该条规定的特别限制并不适用于整个指令,而仅仅适用于第5条(电子通讯的保密性)、第6条(处理通讯数据)、第8条(第1款至第4款)(来电及接通线路显示及限制)及第9条(处理位置数据)。指令其他条款规定了个人使用者的权利(尤其第5条关于安全的规定、第7条关于明细账单的规定、第11条关于来电自动转接的规定、第12条关于用户电话号码簿的规定及第13条关于非请而至通讯信息的规定),并不适用于第15条第1款规定的限制。虽然第15条第1款明确指向《数据保护指令》第13条规定的同等例外,但其规定在两方面有着显著不同:一方面,其使用的措辞更接近于《欧洲人权公约》第8条第2款及第10条第2款的规定;而第15条第1款在与《欧洲人权公约》相符的同时,仅仅允许进行的限制"构成民主社会中必要、恰当及符合比例原则",与之相比,《数据保护指令》仅仅提到了"必要措施"。《关于电子通讯中隐私的指令》获得通过,大大增强了对欧洲人权保护标准予以明确强调的力度。然而,欧洲法院同时也相应地通过对《欧洲人权公约》及共同体法律架构中所保护的基本权利进行援引,在多个裁决中对《数据保护指令》进行了解释(参见 Österreichische Rundfunk (ECJ); Bodil

Lindqvist（ECJ）；*Promusicae*（ECJ））。另一方面，本指令例外情形清单比《数据保护指令》的要短小。根据指令的规定，国家安全、国防、公共安全及对犯罪行为或未经授权使用通讯系统的行为予以制止、调查、侦查和起诉是对特定权利进行限制所仅有的合法目的。《数据保护指令》第13条第1款d项至e项所规定诸如成员国经济或财政利益或者违反受监管职业道德准则的行为，均不能成为电子通讯领域限制措施的合法理由。在该等情形下，如果执法机构对电话通话及电子邮件往来进行监听或监控，在实践中对一项权利进行限制的最重要情形就涉及在保密的前提下进行通讯的权利。通过援引《欧洲人权公约》及《欧盟条约》第6条第1款及第2款的规定，指令在监听电话的议题上同时也援引了欧洲人权法院精深的法理（请见前言第11项）。采取措施以限制指令（尤其是第6条）所规定权利的，成员国必须考虑到该等法理中的原则。基于其他人权利进行限制——知识产权。近来欧洲法院对第15条第1款的规定进行了宽泛解释，使之涵盖对其他人权利及自由的保护，并将之作为另外的例外情形（参见 *Promusicae*（ECJ）；*LSG Leistungsschutzgesellschaft mbH*（ECJ））。为此，欧洲法院援引了第95/46/EC号指令第13条，并推定共同体立法机构于第15条第1款的目的并不将财产权（具体而言，就是知识产权）保护排除在外。这样，欧洲法院就在这方面缩减了第95/46/EC号指令及《欧洲人权公约》第8条第2款（也请见《欧洲基本权利宪章》第52条第1款）与第2002/58/EC号指令之间的差距。与本指令不同，《欧洲人权公约》及《欧洲基本权利宪章》明确提到了"其他人权利"作为个人私人生活权利及保护个人数据权利可能的例外情形。同时，欧洲法院并不同意成员国为了保护知识产权而有义务限制第2002/58/EC号指令下的权利（参见 *Ferti*，Cri 2010，1，5）。但是，成员国决定为此目的限制本指令下的权利时，其须尽最大的努力在共同体法律架构（也请见第2009/140/EC号指令（《框架指令》）第1条第1款b项对于获得或使用通过电子通讯网络提供的服务和应用的规定）所保护种种基本权利（包括隐私权）之间实现公平的平衡。

3. 第1款"并不适用于"数据留存(第1a款)。总体考虑。对于数据留存,该指令允许成员国通过立法措施基于上述合法理由在限定期间内留存数据。同时,按照第2006/24/EC号《数据留存指令》的规定,成员国已然负有义务采取该等措施。欧洲法院在2009年2月作出的一项判决(*Ireland v. Council and Parliament*)中仅仅指出:该指令的合法基础来自于《欧盟条约》第95条(第一支柱)。对于日常数据留存是否侵犯了欧盟公民"基本权利"这个问题,由于欧洲法院认为没有必要在爱尔兰提起的诉讼中处理,所以该问题尚未得到处理。要对该问题进行回答,须对欧洲人权法院的法理进行考虑。欧洲人权法院在大量的案例中都强调:在认定一项措施是否为民主社会所必需前,必须存在"紧迫的社会需求";仅仅对于制止及侦查犯罪行为的目的有用,并不能提供限制基本权利的合法理由(请见 *Class and Marper* judgements (ECHR))。在 *Marper* 案中,欧洲人权法院宣布:对仅为嫌疑人而并没有判定为罪犯的人进行细胞样本存储,系非法行为。这样,对所有人甚至是嫌疑人的通讯数据进行日常留存,是否可以被看做必要和适当的措施,不无疑问。因为一旦某项罪行发生或者有迫在眉睫的危险时,存在诸如数据留存命令("速冻一快速解冻")等防止删除现存数据的其他措施。基于欧洲人权法院的法理,由欧洲法院或欧洲人权法院出于一般性制止或侦查罪犯的目的而要求平时体系化地留存通讯数据,几乎不可想象。数据留存例外规定模糊不清。第1款规定是被《数据留存指令》加入的,似乎自相矛盾。的确,《数据留存指令》自身规定了第15条第1款的例外情形。《数据留存指令》第3条已经对第2002/58/EC号指令第5、6及9条规定了一项例外情形。因此,如果第15条第1款第2句规定了成员国规制数据留存的简单权利,由于成员国的该等权利已被《数据留存指令》第3条规定的义务所优先适用,新款规定予以重申就并无用处,所以该规定并不适用。数据留存以外情形的限制。需要重申的是,第2002/58/EC号指令所有其他规定(第5、6、9条除外)及第95/46/EC号指令(请见第2002/58/EC号指令第12条)适用于根据《数据留存指令》所留存的数据。这尤其适用于数据主体的查看权(第95/46/EC号指令第12条)。更基本的是,欧盟立法者已经强调 1981 年理事会《欧洲个人数据自动处理的个人权利保护公约》及《欧洲基本权利宪章》均涵盖根据《数据留存指令》所留存的数据(请见第 2006/24/EC 号指令前言之第 22、24 项)。

4. 应对查看请求的内部程序(第 1b 款)。本规定由第 2009/136/EC 号指令加入,旨在对基于根据第 1 款所通过国内规定而向第三方提供查看机会的提供商施加另外的义务。只要执法机构或其他第三方(例如权利人根据欧洲法院 ProMusicae 裁决提出要求的)有权要求查看使用者的个人数据,收到该等请求的提供商须设置内部程序以应对该等请求。应有关成员国监管机构的要求,向有关成员国机关通报这些程序的信息、所接到的请求数量、所援引的合法理由及其应对。建议不要等到收到要求的时候才进行通报,而是要进行例行的主动通报。

5. 司法救济(第 2 款)。鉴于第 1 条第 2 款总体上强调了该指令与《数据保护指令》相比较而言的补充作用,对于实施该指令的国内法律及该指令赋予的个人权利,第 15 条第 2 款明确宣布了要适用《数据保护指令》第三章(第 22 条到第 24 条)的规定。重要的是,在实施本指令时,成员国规定了司法救济、责任及罚则(请见前言第 47 项)。单靠市场机制并不能确保使用者及用户在电子通讯领域的权利得到尊重。

6. 工作方(第 3 款)。在讨论第 97/66/EC 号指令的某个阶段,有人主张设立独立的工作方机制以监督本指令的适用,并对欧盟委员会在该领域提供咨询。然而,最终第 97/66/EC 号指令及现在的指令采取了《数据保护指令》的专家委员会程序,将《数据保护指令》第 30 条的任务授权予现行《数据保护指令》第 29 条所设立涉及个人数据处理的个人权利保护工作方机制。这符合《电子通讯指令》第 1 条第 2 款作出的实质援引:如果该指令对《数据保护指令》构成补充,这两个立法措施须被一并看待,那么就可以理解有所有成员国监管机构组成的工作方机制监督两个指令的适用,并对欧盟委员会就这两个领域提出建议。工作方机制已经通过了处理电子通讯问题的多个意见(尤其请见第 18、25、19、33、36、57、58、64、76、99、126 及 150 号工作文件)。

实施及执行

第 15a 条

（1）成员国应当针对违反根据本指令通过的国内规定而制定相关罚则，包括适当的刑事处罚方式，并应采取一切必要措施确保其实施。规定的处罚应须有效、符合比例原则、具有威慑作用并可以在任何违法行为期间予以适用，即使该等违法行为事后已予以纠正。成员国应于 2011 年 5 月 25 日之前将该等规定通报欧盟委员会，并在以后进行影响到该等规定的任何修改时，毫不迟延地将之通报予欧盟委员会。

（2）不影响可能适用任何司法救济的前提下，成员国应确保有关成员国监管机构及在适当时候的其他成员国国家机构有权命令停止第 1 款提及的违法行为。

（3）成员国应确保有关成员国监管机构及在适当时候的其他成员国机构具有必要的调查权及资源，包括获取监控及执行根据本指令通过的国内规定所需要的任何信息之权力。

（4）有关成员国监管机构可以采取措施确保进行跨境的有效合作，执行依据本指令通过的国内法律，并为提供涉及跨境数据流动服务创造协调的条件。

在采取该等措施前，成员国监管机构应当及时向欧盟委员会提供进行该等行动的理由、拟议采取的措施及拟议行动方式的简报。在审查该等信息并咨询欧洲网络及信息安全局和第 95/46/EC 号指令第 29 条所设立涉及个人数据处理的个人权利保护工作方机制之后，欧盟委员会可以对之进行评价或提出意见，尤其确保拟议的措施并不会对内部市场的运作构成不利影响。在对该等措施作出决定时，成员国监管机构应对欧盟委员会的评价和意见作出最大限度的考虑。

1. 制定罚则的义务（第 1 款）。第 15a 条被第 2009/136/EC 号指令所加入。与第 95/46/EC 号指令（第 22 条至 24 条及第 28 条）相比，它采用更明确具体的语言，规定有效的处罚、命令及调查权，以实施修改后的指令（请见第 2009/136/EC 号指令前言第 69 项）。第 15a 条规定成员国有义务针对违反根据本指令通过的国内规定而制定相关罚则，包括适当的刑事处罚方式。第 95/46/EC 号指令并没有提及刑事处罚的可能性。第 15 条第 1 款要求处罚须有效、符合比例原则、具有威慑作用并且可以具有溯及力，在违法行为已经得到纠正的情形下也可以适用，这大大超出了一般性《数据保护指令》的范围。第 95/46/EC 号指令第 28 条第 3 款仅仅要求成员国监管机构应具备有效介入的权力，并有权力在国内规定已被违反的情形下提起诉讼，或将该等违法情形提交司法机关予以解决。因此，为了在电子通讯领域强制执行及实施隐私保护，要求成员国比在隐私保护的一般"线下"领域作出更多的努力。似乎很明显，针对第 2009/136/EC 号指令与第 95/46/EC 号指令之间不对称的规定，应当在不远的将来对第 95/46/EC 号指令进行审议和修改时予以纠正，甚至可以根据《欧盟运行条约》第 16 条第 2 款的规定，以新立法措施将之予以替代。成员国应于 2011 年 5 月 25 日之前将该等规定通报予欧盟委员会，并在以后作出影响到该等规定的任何修改时，将之通报予欧盟委员会。

2. 成员国机构命令停止违法行为的权力（第 2 款）。指令并未规定第 95/46/EC 号指令下的监管机构应承担实施并执行根据本指令所制定国内规定的任务。它仅仅提及"有关成员国监管机构及在适当时候的其他成员国国家机构"，其应根据第 15a 条的规定掌握有效权力。然而，在大多数成员国，数据保护监管机构也是在电子通讯领域负责隐私权议题的有关监管机构。但是，在符合第 95/46/EC 号指令第 28 条第 1 款所规定并在最近被欧洲法院所强调的"完全独立性"（完全独立性）之前提下，在特定的执法领域，他们可能不得不依赖其他机构。无论之外是否还有司法救济措施，成员国机构或监管机构应有权命令停止违反根据本指令所制定国内规定的行为。这大大加强了成员国机构的地位。一个成员国机构仅有权公开声明已经发生违法事项是不够的。该等成员国机构必须有权制止违法做法。

3. 成员国机构的调查权与资源（第 3 款）。似乎很明显，成员国机构也需要具有必要的调查权及资源，包括取得任何相关信息的权力。体系方面而言,这是命令终止违法行为的前提条件,因此应当在第 2 款所规定权力之前予以赋予。调查权包括要求披露文件及搜查住所的权利。鉴于成员国实施指令的国内规定须规定其合法"权力","资源"一词系也指须由成员国提供的财务预算手段,以使其职权能有效行使。

4. 跨境执行(第 4 款)。该规定适用于"成员国有关监管机构"。他们可以但不一定非要与第 2 款及第 3 款规定的有关成员国机构有所不同。跨境执法的重要性欧洲立法者很在意强调跨境执法的重要性,尤其(但不限于)在打击跨境垃圾邮件及间谍软件的跨境执法(请见第 2009/136/EC 号指令前言第 70 项)。前言第 71 项也要求对《(EC)第 2006/2004 号关于对消费者提供保护进行合作的条例》予以修改,加强跨境合作及执法。该等援引十分醒目,因其说明:欧盟委员会十分关注在负责消费者的政府部门及负责隐私保护的政府部门之间进行联合行动。成员国机构可以对机构之间所交换信息的质量和格式及期限进行界定。跨境合作并不局限于欧盟内部,因为在全球化的经济活动中,诸如垃圾邮件及间谍软件之类的问题只能在全球范围内加以解决。在成员国机构采取措施推进跨境合作之前,他们应当针对其行动理由、拟议的措施及他们将采取的行动方式向欧盟委员会发出简报。其理由就是需要在欧盟层面上有必要进行一定的协同化。在对所拟议措施进行审议并征询欧洲网络安全局及第 29 条工作方机制后,欧盟委员会可以对该等拟订措施进行评价并提出意见,以避免对内部市场造成负面影响。在这种情形下,尽管指令并没有严格要求成员国机构在任何情况下都遵照欧盟委员会的意见执行,但在决定采取相关措施时,成员国仍被要求对这些评价和意见进行最大限度的考虑。

过渡安排

第 16 条

(1) 第 12 条不应适用于根据本指令所制定国内规定生效前已出品或投入市场的纸质或线下电子电话簿。

(2) 在根据本指令制定的国内规定生效前,根据第 95/46/EC 号指令及第97/66/EC号指令第11条规定,将固定或移动公共语音电话服务用户个人数据载入公共用户电话簿的,该等用户收到根据本指令第12条所规定有关目的和选择权方面的信息后,除非作出其他指示,其个人数据仍然可以通过纸质或电子文本的方式载入该等公共电话号码簿,其中也包括具有反向搜索功能的电话号码簿版本。

1. 概述。根据第12条规定,该指令在两种情形下规定了用户电话号码簿的过渡条款:指令在成员国实施前已经出品的电话号码版本及根据《数据保护指令》载入用户数据的电话号码簿。

2. 在指令实施前出品的线下电话号码簿(第1款)。实施指令的成员国规定生效前印制或出品线下电子文本的电话号码簿的,该指令不适用。鉴于其可以很方便地调整为新的法律制度,该指令适用于该等号码簿的线上电子文本。第12条也适用于在实施该指令的国内规定生效后号码簿的新版本。

3. 实施前出品的语音电话号码簿(第2款)。实施该指令的成员国规定生效前出品的公共语音服务用户(线上、纸质或线下电子形式的)公共号码簿,依据《数据保护指令》载入用户数据的,该等数据仍然可以载入这些号码簿,除非用户在得到完整的信息后(请见第12条第1款)选择将其数据移除。这也适用于包含反向搜索设置的电子文本。实践中,这意味着第12条规定的不选则无解决方案在(现存语音电话用户电话号码簿)大多数情况下成为一种默认的解决方式。

转换

第17条

(1) 在2003年10月31日之前,成员国应实施为符合本指令规定而必需的规定,并应就此立刻通告欧盟委员会。成员国通过该等规定的,应载有对本指令的援引,或在正式出版物中伴有这种援引。作出该等援引的方式应由成员国予以规定。

(2) 成员国在本指令适用范围通过的成员国法律规定文本及其后续修

改文本的,应向欧盟委员会进行通告。①

审议

第 18 条

  欧盟委员会应在第 17 条第 1 款提及日期后不迟于三年内向欧洲议会及欧盟理事会提交尤其针对非请而至通讯信息规定方面适用本指令的情形及其对商业运营商和消费者所造成影响的报告。报告须考虑国际环境因素。为此目的,欧盟委员会可以要求成员国没有不当迟延地提供信息。如适当,在考虑该等报告结果、所涉领域中所发生任何变化的情况及其认为提高本指令效果的其他任何必要建议的情况下,欧盟委员会应当提交建议,对本指令予以修改。

废止

第 19 条

  在此,自第 17 条第 1 款所提及的日期之后废止第 97/66/EC 号指令。对被废止该指令的援引都被解释为对本指令的援引。

生效

第 20 条

  本指令应在其被公布于欧共体官方刊物之日起生效。

适用对象

第 21 条

  本指令适用于各成员国。

---

① 对于《修改指令》的转换,其第 4 条规定:

"1. 成员国应当在 2011 年 5 月 11 日之前通过并公布为符合本指令所必需的所有法律、法规及行政规定。成员国应当立即将该等措施的文本通告予欧盟委员会。"

"成员国通过该等措施的,应当载有对本指令的援引或者在正式公布之时伴有该等援引。成员国应该规定作出该等援引的方式。"

"2. 成员国应就本指令所涵盖领域内通过的国内法律主要规定文本通告予欧盟委员会。"

第 2006/24/EC 号指令
(《数据留存指令》)

关于在因提供公共电子通讯服务或公共通讯网络而产生或处理数据之留存及对第 2002/58/EC 号指令进行修改的指令

主题事项及范围

第 1 条

（1）针对成员国有关公共电子通讯服务或公共通讯网络提供商义务之规定，本指令旨在对其生成或处理数据留存方面的规定进行协同化，从而确保基于对严重犯罪进行调查、侦查及起诉之目的，能够根据成员国在其国内法中的界定取得数据。

（2）本指令应适用于法人和自然人相关通讯和位置数据，也适用于为确定用户或登记使用者身份所必需的相关数据。其并不适用于电子通讯的内容，包括使用电子通讯网络征询的信息。

1. 概述。该指令被广泛认为是欧盟法中一个更富争议性及令人困惑的法律文件，欧盟成员国对于其是否符合成员国宪法，展开了广泛的争论。（a）历史背景。电子隐私指令。2000 年，欧盟委员会发布了电子通讯领域新的隐私指令建议稿——《电子隐私指令》。在当时，诸如账单信息或位置数据等数据，都被其时适用的数据保护规定严重忽视，而仅仅作为内容广泛、旨在增强欧洲电子通讯市场竞争的一揽子电信指令中的组成部分，该建议稿旨在加强个人隐私权的保护。在第 15 条第 1 款中，该指令最终版本规定了成员国可以限制包括该指令所规定隐私权在内权利范围的条件。规定任何限制须基于必要、适当及符合比例原则的具体公共秩序目的，即须出于保障国家安全、国防、公共安全、对犯罪行为或者未经授权使用电子通讯系统的行为予以制止、调查、侦查及起诉之目的。数据留存规定将要求电信及互联网服务提供商基于执法目的存储与电话、电子邮件、传真及互联网活动大量相关的数据,实际上部长理事会对此已经作了呼吁,但是也收到欧洲议会大部分议员的强烈反对。成员国的立法情形。当时,仅有少数几个成员国通过法律,要求为了支持对犯罪行为的制止、调查、侦查和起诉而对电信数据进行留存。这些成员国法律要求服务提供商有义务对数据存储及安全解决方案进行大量投资,但其适用范围、所要保障的通讯类型及留存条件和期间有着显著差异。尽管如此,2001 年 7 月,欧洲议会民权小组委员会批准了该指令草案,同时明确排除了数据留存条款,表示否决行动的目的,是为了避免将欧盟公民置于一般适用而又无处不在的监控当中。2001 年 9 月 11 日之后,政治气候大变,同时改变的还有对隐私议题及执法合理需要之间公平平衡状态的评估。成员国增加了对欧洲议会的压力,要求通过数据留存立法措施。最终起草了该指令。鉴于服务提供商在不同成员国间提供服务时,被迫处理迥然不同的法律和技术要求,因此其根本就没有考虑这样一个推论:不同立法措施的规定会在相当程度上阻碍内部市场中对电子通讯服务的提供。(b) 数据留存及相冲突的利益。电信技术发展使得越来越可能需要利用特定数据,以对尤其包括有组织犯罪及恐怖主义在内的犯罪行为予以制止、调查、侦查及起诉,这在现在已得到广泛承认。因此,欧盟司法及内部事务理事会 2002 年 12 月 19 日的结论、欧洲议会 2004 年 3 月 25 日《打击恐怖主义宣言》及其于 2005 年 7 月 13 日针对伦敦恐怖袭击进行的谴责中,宣布欧盟立法机构迫切需要审议可能的措施,建立协同化的规则,规制服务提供商在欧洲留存通讯数据的行为。然而,要满足所述执法及打击恐怖主义的需要,就必然得接受对包括《欧洲人权公约》第 8 条所规定隐私及电信通讯秘密基本权利的影响。根据后者的要求,每个人都有权利要求其私人生活和通讯得到尊重;《数据保护指令》对此也做了要求,使得在对可确定个人身份信息进行任何形式的处理时,要么须取得数据主体的同意,要么须在法律允许的情形下进行。因此,公共权力机关也许仅仅根据法律对该等权利进行干预,且不得超出诸如为保护国家安全或公共安全、制止严重犯罪或保护其他人权利及自由等重大利益之必需。(c)需要通过共同体立法措施。由此要求统一服务提供商留存特定数据的相应义务,并确保该等数据之提供是为了必要目的,同时又没有侵犯个人权利及自由,是不能通过各自成员国自己来实现的。因此,欧盟之所以批准该指令,其推定前提就是:该任务仅得在共同体层面可以完成,且共同体可以根据《欧共体条约》第 5 条规定的补充原则,通过有关措施,规制为实现该等目的而必须进行的行为。该指令最终基于《欧共体条约》——尤其是其中第 95 条——而得以通过。这种法律评估结果之后遭到了爱尔兰及其他几个成员国的质疑,并成为欧洲法院第 C-301/06 案中的争议事项,而于 2009 年 2 月 20 日就该案作出的裁决认为,该指令的确拥有合法的立法基石。

2. 主题事项(第 1 款)。本条对指令的正式目的予以规定,并指出:对电信服务提供商根据其各自成员国法律规定,为执法目的而留存因提供电信服务而产生或与之相关特定种类数据的不同义务,须进行协调。该指令并没有具体规定与数据留存相关的法律及技术议题。特别是虽然在第一段提到为调查、侦查及起诉犯罪之目的,并不对该等犯罪行为所达到的必要严重水平予以界定。相反,最低标准及比例原则的该等重要界定,需要由各个成员国在其各自法律中进行规定。并且,该指令并不是为了规定实际数据留存体系相关技术或者其他技术议题——这需要在成员国层次上加以解决。该指令仅仅指出:该等数据须通过这种方式予以留存,以避免进行多重留存。

3. 适用范围(第 2 款)。通过界定所留存相关数据的类型,第 2 款对指令适用范围予以限制。(a)仅仅是通讯及位置数据。指令规定,留存义务仅适用于通讯及位置数据(作为通讯或者通讯服务结果而产生或处理的数据),但明确指出,不适用于任何种类的通讯内容,包括使用电子通讯网络而征询的信息。政府留存数据的主要目的是做通讯分析,内容数据在此处并不必要。通讯及位置数据可以包括来源于法人实体、自然人及对用户或者所登记使用者进行身份确认所必要的数据。(b)仅适用自己生成和查看的数据。另外,留存义务仅适用于服务提供商自身通过任何数据处理方式所生成的数据。涉及第三方(诸如结算所或诸如信息或互联网电话等附加服务的提供商)提供服务所生成的任何数据,或并非由服务提供商自身进程操作所生成的数据(如外部运营商的登录文件或卫星控制数据),视为服务提供商不能查看的数据。因此,它们被明确排除于指令适用范围之外,从而没有义务对之予以留存。

定义

第 2 条

(1) 为此指令之目的,应适用第 95/46/EC 号指令、欧洲议会与欧盟理事会 2002 年 3 月 7 日发布第 2002/21/EC 号《关于电子通讯网络及服务的共同监管架构指令》(《架构指令》)及第 2002/58/EC 号指令所规定的定义。

(2) 为本指令之目的:

(a)"数据"系指确定用户或使用者身份所必需的通讯数据、位置数据及其他相关数据;

(b)"使用者"系指出于私人或者商业目的使用公共电子通讯服务的任何法律实体或自然人,且并不一定需要成为该服务的用户;

(c)"电话服务"系指电话(包括语音、语音信箱、电话会议及数字电话)、附加服务(包括电话转接)、信息发送及多媒体服务(包括短信服务、增强型媒体服务及多媒体服务);

(d)"使用者身份"系指分配互联网接入服务或互联网通讯服务的用户或登记者获分配的特定身份确定指标;

(e)"蜂窝身份"系指移动电话呼叫或接听的蜂窝身份;

(f)"不成功通话"系指已经电话已经成功连接但没有应答或发生网络管理介入的通讯。

1. 援引定义(第 1 款)。本条首先规定了对其他指令规定定义的援引。这种援引应适用包括第 95/46/EC 号《数据保护指令》、欧洲议会与欧盟理事会 2002 年 3 月 7 日通过第 2002/21/EC 号《关于电子通讯网络及服务的共同监管架构指令》(《架构指令》)及欧洲议会与欧盟理事会2002年7月12日通过第2002/58/EC号《关于电子通讯领域个人数据处理及隐私保护的指令》(《电子隐私指令》)。

247   2. 进一步定义(第2款)。在援引的概念外,第2款列出了另外六项概念。(a)"数据"。"数据"该术语是为了界定根据本指令所需留存数据的类型,因此系指确定用户或使用者身份所必需的通讯数据、位置数据及任何其他信息。虽然该指令并没有进一步界定"通讯数据"及"位置数据"该等术语,还是可以从欧洲理事会《互联网犯罪公约》(Cyber Crime Convention)中得到一些指引。其中,第一章第1款对"通讯数据"予以界定:"涉及通过计算机系统进行通讯而又组成通讯链条之计算机系统所产生的任何计算机数据,该等数据表明通讯的起始点、终止点、时间、日期、规模、时长或所进行服务的类型。"这既包括电话及互联网语音通讯电话的详细记录,也包括互联网通讯及交易数据。该术语超出了《数据保护指令》所界定的术语"个人数据",后者在其中被界定为涉及"身份确定或可确定个人"的所有信息,而"通讯数据"虽然因其性质在大多数情形下可能与自然人相关,但却并不一定要和自然人相关。"位置数据"该术语也没有在本指令中得以界定。它至少指两类信息。一方面,位置数据系指通过许多现代移动装置中的全球定位系统芯片而提供并由基于位置的导航服务所适用的地理位置数据。另一方面,该术语也可以是基于系统的位置数据,比如:IP地址、蜂窝塔地址、划定的网络接入点或者其他技术地址指标。对该等通讯涉及数据的查看,是为了对执法行动进行支持,确定嫌疑人的身份、审查其联系人、在串谋者之间建构其关系并在特定时段将之定位于具体地址。对该等特定信息的分析能进一步用于生成嫌疑人或嫌疑人行动的详细档案。(b)"使用者"。"使用者"这一术语界定了数据留存措施的数据主体,系指使用电子通讯服务的任何法律实体或自然人,尽管该等服务须向公共提供并须出于私人或者商业目的得以使用。并不强制要求对该等服务进行任何形式的预订。向公共提供的要求使得该定义并不涵盖在雇主并不使用公共服务情况下的雇员。欧洲特定法域(例如德国)中坚守的理念是:雇主允许其雇员基于私人目的使用公司的电子邮件及互联网资源的,雇主就成为电信服务提供者。(c)"电话服务"。该术语界定了本指令在援引该等服务时的涵义,因此就包括语音通话(包括语音信箱及电话会议)、附加服务(包括呼叫转接)及信息发送和多媒体服务(包括短信及彩信在内的短信服务,增强媒体服务及诸如移动视频流的多媒体服务)。(d)"使用者身份"。该术语系指涉及互联网接入服务或互联网通讯服务而分配予个人的独特身份确认指标(例如登录或用户等)。(e)"蜂窝身份"。该术语系指蜂窝的独特身份确定指标,是蜂窝系统中与移动电话进行互动以发送或接收呼叫的无线覆盖区域。(f)"不成功通话"。该术语描述了没有实际导致通讯交流的电话呼叫,这或者是因为被叫方没有应答成功接通的呼叫,或者是因为网络管理介入替代了该等通讯(例如,由于移动终端没电的原因)。

3. 可能缺乏灵活性。与最终批准的文本不同,草拟的指令原先规定了小组委员会程序,以修改需要留存数据的名单。这项措施旨在确保一定的灵活性,以确保指令在飞速变化的技术条件下跟上发展的步伐。但最终这项措施被删除,代之以评估及审议程序(请见第 14 条)。

数据留存义务

第 3 条

(1) 通过对第 2002/58/EC 号指令第 5 条、第 6 条及第 9 条予以变通的方式,成员国应当采取措施确保本指令第 5 条规定的数据根据规定得以留存。有关数据系在公共电子通讯服务提供商或公共通讯网络提供商在各自法域中提供有关通讯服务时生成或处理的数据。

(2) 第 1 款规定的留存数据义务应包括留存第 5 条规定的数据,该等数据涉及未成功通话时公共电子通讯服务提供商或者公共通讯网络提供商在有关成员国管辖领域提供有关通讯服务的过程中所生成或处理、所存储(对于电话数据而言)或记录(对于互联网数据而言)的数据。本指令不应要求留存未接通通话的数据。

1. 留存义务(第 1 款)。第 3 条规定了成员国在国内法中要求服务提供商留存相关数据的实际义务,而该等数据在该指令的第 5 条又作了进一步规定。为避免与其他欧盟法律文件产生冲突,须对《电子隐私指令》的条款规定若干例外情形。(a)对于通讯保密原则(通讯保密)的例外。根据《电子隐私指令》第 5 条的规定,成员国须通过国内立法确保通讯及有关通讯数据的保密性。成员国尤其须通过适当的方式禁止实际使用者之外的人对通讯及相关通讯数据进行任何监听、存储或其他形式的拦截或监控,除非为了商业交易取证或其他任何商业通讯的目的,进行该等记录须取得合法授权并在合法商业实践中的进程中执行。仅得在有关使用者予以同意,或者该等措施系根据《电子隐私指令》第 15 条第 1 款的规定取得合法授权的情形下,方可适用例外情形。而后者明确规定,成员国可以采取的措施之一就是采取立法措施,规定限定期间内信息留存的合法依据:保障国家安全、国防、公共安全及对犯罪行为的制止、调查、侦查及起诉。(b)对于《电子隐私指令》第 6 条(通讯数据)的例外。根据《电子隐私指令》第 6 条的规定,服务提供商处理及存储与用户及使用者有关通讯数据的,在不再为信息传输目的或向用户收费及支付互联互通费用所需要时,须予以清除或进行匿名化处理。但对于向用户收费及支付互联互通费用的目的,仅得在可以对收费提出合法异议或追缴付款的期限结束后方可清除或予以匿名化处理。(c)对于《电子隐私指令》第 9 条(通讯数据之外的位置数据)的例外。《电子隐私指令》第 9 条要求对通讯数据之外的位置数据进行匿名化处理,除非使用者或用户已经对提供增值服务所必要的限度和期间予以同意,并使得使用者或用户有机会在任何时候撤回他们对该等数据的同意。另外,根据第 9 条的规定,对该等数据的处理须仅限于服务提供商或者提供有关增值服务的第三方所授权的人员,且须限定于为提供增值服务之目的所必要的限度。

2. 对于不成功通话的数据留存(第 2 款)。第 2 款要求留存第 5 项规定的通讯和位置数据,这不仅针对实际通讯,而且还针对不成功的通话,这从而进一步扩展了成员国的留存义务(请见第 2 条 f 项)。仅仅对没有接通的通话不适用留存义务(例如在网络带宽不足或者其他技术不足的情形下)。然而,留存要求仅仅适用于数据的确存在的情况,因为服务提供商不仅处理数据,还要存储或记录数据。这样,提供商选择不对不成功通话的通讯或位置数据进行存储或记录的,并不要求基于该条规定留存数据。

查看数据

第 4 条

成员国应采取措施确保仅在具体情形下依据国内法向有关成员国国家机关提供根据本指令留存的数据。根据必要及比例要求,为取得对留存数据的查看权,对于其所须遵循的程序及满足的条件,应由成员国在其各自的国内法中予以规定,但须满足欧盟法律或者国际公法的相关规定,尤其须遵守欧洲人权法院所解释的《欧洲人权公约》。

1. 数据安全及查看授权。**阻止未经授权的查看**。本规定要求成员国制定规定查看留存数据的国内法。该等查看监管制度须首先要阻止个人、私人机构(例如:涉及实施第三方知识产权的机构)或并不负责执法、防止犯罪或反恐的国家机关(例如:民事法庭或其他诸如税务机关或电信监管机构在内的公共权力机关)进行未经授权的查看。**查看之限制**。其次,本条要求对留存数据的查看须限定于特定情形,并因此要求成员国通过国内法进行监管,阻止限定不足或允许过于宽泛的查看(例如:将对该等留存数据的适用仅限定于严重犯罪行为,或者仅仅允许少数诸如联邦犯罪警察局、国土安全、情报局等政府特别机构查看该等数据)。然而,对于该等限制的细节或者该等留存数据可能使用的合法目的,该指令并没有进行任何说明;相反,将之留给成员国立法机构加以解决,仅仅建议:该等法律及条例须严格遵循欧盟法律及《欧洲人权公约》。

留存数据的类型

第 5 条

(1) 成员国应确保下述数据种类根据本指令得以留存:

(a) 追踪及确定通讯来源所必需的数据:

(1) 涉及的固定网络电话及移动电话;

（i）进行呼叫的电话号码；

　　　（ii）用户或登记使用者的姓名和地址；

　　（2）对于互联网接入、互联网电子邮件及互联网电话而言：

　　　（i）所分配的使用者身份；

　　　（ii）对进入公共电话网络任何通讯所分配的使用者身份和电话号码；

　　　（iii）在通讯发生时获得分配网际协议（IP）地址用户或者登记使用者的姓名和地址；

（b）确定通讯接收方的必要数据：

　　（1）涉及的固定网络电话及移动电话：

　　　（i）所呼叫的号码（所呼叫的电话号码），在涉及诸如呼叫转接之类附加服务的，所呼转的号码；

　　　（ii）用户或登记使用者的姓名和地址。

　　（2）对于互联网接入、互联网电子邮件及互联网电话而言：

　　　（i）互联网电话被呼叫方的使用者身份或电话号码；

　　　（ii）通讯被呼叫方用户或登记使用者的姓名、地址及使用者身份；

（c）为了确定通讯日期、时间及时长所必需的数据：

　　（1）对于固定网络电话及移动电话，通讯开始及结束的日期和时间；

　　（2）对于互联网接入、互联网电子邮件及互联网电话而言：

　　　（i）对互联网接入服务登录、登出所基于特定时区的日期及时间，互联网服务提供商分配予每次通讯的动态或静态IP地址，及用户或登记使用者的使用者身份；

　　　（ii）对互联网电子邮件服务或互联网电话服务登录、登出所基于特定时区的日期及时间；

（d）确定通讯种类所必需的数据：

　　（1）涉及固定网络电话、移动电话服务：所使用的电话服务；

(2) 涉及互联网电子邮件及电话服务：所使用的互联网服务；
(e) 确定使用者通讯设备或者其设备目的所必需的数据：
　　(1) 涉及固定网络电话的，呼叫及被呼叫的电话号码；
　　(2) 涉及移动电话的：
　　　　(i) 呼叫及被呼叫的电话号码；
　　　　(ii) 呼叫方的国际移动用户识别码(IMSI)；
　　　　(iii) 呼叫方的国际移动设备身份码(IMEI)；
　　　　(iv) 被呼叫方的 IMSI；
　　　　(v) 被呼叫方的 IMEI；
　　　　(vi) 在预付匿名服务的情形中，最先激活该服务的日期和时间及激活该服务的位置标示(单元标示符)；
　　(3) 对于互联网接入、互联网电子邮件及互联网电话而言：
　　　　(i) 拨号接入时的呼叫电话号码；
　　　　(ii) 数字用户专线(DSL)或者其他发出通讯的终端点。
(f) 确认移动通讯设备的必要数据：
　　(1) 开始通讯时的位置标示(单元标示符)；
　　(2) 在通讯数据留存过程中通过引用单元位置标示(单元标识符)确定单元地理位置的数据。
(2) 根据本指令，不得留存披露通讯内容的数据。

1. 留存数据种类。第 5 条规定了服务提供商数据留存义务所涵盖数据种类的详尽清单。(a) 追踪及确定通讯来源所必需的数据。对于电话服务而言，该等数据包括服务提供商分配的固定电话或移动电话号码及相关用户的名称和地址。对于互联网服务而言，该等数据包括使用者身份(请见以上第 2 条第 2 款 d 项)，而后者在这种情形下指的是互联网接入服务的静态或动态网间互联协议(IP)地址、互联网电子邮件服务的电子邮件地址或互联网电话服务中的 IP 语音通话身份确认标示(信令控制协议(SIP)使用者地址)。另外，服务提供商须留存用户的姓名及地址。(b) 确定通讯接收方所必需的数据。对于电话服务而言，该等数据包括被呼叫方的电话号码或者在被呼叫方启用呼叫转接功能时包括电话被呼转的号码、被呼叫方的姓名和地址。对于互联网电子邮件及互联网电话服务而言，该等数据包括用户或登记使用者的姓名和地址及通讯使用者身份（电子邮件地址及 IP 语音通话身份标示）。基于严格的定义，对网站进行描述的统一资源定位符（URL）虽然属于《电子隐私指令》规定的适用范围，但并不适用本指令。(c) 确定通讯日期、时间及时长所必需的数据。对于电话业务，该类数据包括通话的日期、开始及结束时间。对互联网接入服务而言，该列数据包括对互联网接入服务登录、登出所基于特定时区的日期及时间，互联网服务提供商分配予每次通讯的动态或静态 IP 地址，及用户或登记使用者的使用者身份。对于互联网电子邮件服务及互联网电话服务而言，该等数据就包括对相关服务登录、登出所基于特定时区的日期及时间。(d) 确定通讯类型所必要的数据。对于电话、互联网电子邮件及互联网电话服务，该类数据尤其分别包括所使用的电话服务及互联网服务。(e) 确定使用者通讯设备或被当作通讯设备使用的设备所必要的数据。对于固网电话，这分别仅包括呼叫和被呼叫电话号码。然而，对于移动电话而言，还包括其他的数据分别是呼叫方或被呼叫方的国际移动用户识别码（IMSI，与移动通讯全球定位系统及通用移动通信系统（UMTS）用户相关的特征标示，存储于移动单元中用户识别卡（SIM）芯片上）与国际移动设备身份码（IMEI，与每个 GSM，UTMS 或集成数字增强性网络（IDEN）移动装置相关的特征标示）。对于预付费匿名服务（例如：移动电话或者国际电话预付卡）而言，系指最先激活该服务的日期和时间及激活该服务的位置标示（例如：单元标示符）。对于互联网接入、互联网电子邮件及互联网电话而言，该数据即包括拨号接入时的呼叫电话号码及数字用户专线（DSL）或者其他发出通讯的终端点。(f) 确定移动通讯设备位置的必要数据。最后，对于所有移动设备而言，服务提供者也须留存使用移动装置所在单元的单元标示符及与该单元标示符相关单元的地理位置信息。

2. 排除揭示通讯内容的数据（第 2 款）。本条第 2 款明确排除留存任何直接或间接披露通讯内容的数据。例如，这包括涉及电子邮件大小的、可能披露是否有附件或已浏览网站之信息的信息。

3. 最低要求。以上数据类型并非留存的所有数据类型，成员国有权要求留存其他数据，目前已有成员国作此要求（例如，丹麦实施该指令行政命令草案试图要求互联网服务提供商记录每一个互联网数据包的来源、时间及接收方，而不是指令似乎实际要求的登录及登出互联网提供商服务的详情）。

留存期间

第 6 条

成员国应确保第 5 条规定的数据类型在通讯发生之日起留存期间不少于六个月，不多于两年。

数据留存期间。数据可被留存的期间是就该条例所引发讨论中更为重要的议题之一。《架构决定》规定所有类型数据的最低留存期间均为一年（但对于可能的例外情形可以允许期间变通为 6 个月到 48 个月）。与之不同，指令原草案建议将留存期间协同为一年（针对固定及移动电话数据）及 6 个月（针对基于互联网的通讯数据）。欧洲议会民权、司法及内务（LIBE）小组委员会之前原本建议最长为 12 个月的数据留存期间（并另外建议，所留存的数据仅得在司法裁定并涉及足以发出欧洲拘捕令的严重犯罪且在对通讯提供商进行数据留存的成本予以补偿的情形下才可以予以提供）。第 29 条工作方机制在其于 2003 年 1 月 29 日所发布第 1/2003 号《关于出于收费目的而存储通讯数据的意见（WP69）》中，推荐所收集涉及收费服务的电子通讯数据留存期间最多在 3 个月到 6 个月之间，以便符合欧盟隐私保护规则。最终得到批准的条款将最短及最长留存期间分别规定为 6 个月和两年。实践中，成员国规定的留存期间从 6 个月（例如德国或罗马尼亚）到 24 个月（如斯洛伐克）不等，而许多成员国规定了一个平均水平的留存期间：12 个月（例如法国、荷兰、西班牙或英国）。

数据保护数据安全

第 7 条

在不影响根据第 95/46/EC 号指令及第 2002/58/EC 号指令所颁布规

定效力之前提下，针对根据本指令留存的数据，每一成员国应确保公共电子通讯服务商或公共通讯网络提供商至少应遵循以下数据安全原则：

(a) 留存数据应与网络上的数据具有同样质量并享有同等安全及保护水平；

(b) 应对该等数据采取适当的技术和组织措施，保护数据免遭意外或非法损毁、意外灭失或者改变，或者免遭未经授权或非法的存储、处理、查看或披露；

(c) 应针对该等数据采取适当技术或组织措施，以确保其仅得被具有特殊授权的人员进行查看；及

(d) 除却已被查看及保存的内容，在留存期间结束后应当将数据予以销毁。

1.《数据保护指令》及《电子隐私指令》的适用。第 7 条明确规定，对于根据本指令留存的数据，《数据保护指令》及《电子隐私指令》均完全适用。这意味着，只要该等留存数据可以算作这些指令所规定的个人数据，这些指令所要求的处理数据前提及保护措施都须得到遵循，除非本指令有不同的规定。例如，这就包括成员国国内法要求禁止对通讯及相关通讯数据进行监听、存储或其他形式拦截和监控的规定，但根据《电子隐私指令》第 5 条第 1 款规定得到合法授权的除外。

2. 数据安全原则。第 7 条规定了服务提供商有义务采取措施，确保数据安全（这来源于《数据保护指令》第 6 条），并有义务采取措施在处理数据的范围内确保其保密性及安全（源自《数据保护指令》第 16、17 条）的规定完全适用。因此，对于根据本指令留存的数据，第 7 条进一步具体规定了要求服务提供商遵循特定数据安全原则的义务。然而，这些原则并不构成对要求进行列举而合乎逻辑的一个清单，但却构成了一个最低标准，对此，服务提供商在诸如其成员国法律有要求的情形下，可以视其需要而满足更高的标准。(a) 同等的质量及安全标准。第 7 条首先要求留存数据在质量方面与在网络上传输的数据满足同等标准。对数据质量这一术语的含糊使用。

在指令中并没有明确界定"数据质量"这一术语。虽然通常在知识管理领域,"数据质量"及"信息质量"系指该等信息满足了其作者或使用者要求的一种信息适用性。其他来源将"数据质量"描述为便于数据得到使用的那种完整、有效、一致、依次发生及精确状态。作出的这两种界定,针对的都是数据的一般适用性,主要受其总体准确度的影响。然而,任何水平的数据适用性,明显都要适合该等数据的具体目的。虽然指令要求确保数据的同等质量,但却忽视了数据实际是应用于完全不同的目的:一方面,其主要目的为对通讯数据流的技术发动及控制行为所界定;另一方面,同样的数据也旨在用于犯罪行为的证据。因此,"数据质量"的一般定义并不能用于给定的情形。这样,依据指令规定,服务提供商仍须注意确保留存数据的完整性、有效性、一致性及准确性。但第7条提到,涉及防止、调查、侦查及起诉犯罪而根据指令留存通讯及位置数据,须与实际传输通讯数据中使用的通讯和位置数据具有同等的数据质量水平。这仅得这样解读:对于一种情形,服务提供商无须付出比第一种情形更多的努力来确保数据质量。如此,对于留存通讯及位置数据的质量,服务提供商须付出努力的最大限度实际已被该等服务提供商在实际使用通讯及位置数据时的努力程度予以界定,这也许防止了因实施该指令而导致的成本上涨。安全及保护标准。另外,留存数据必须适用涉及通讯数据传输而对通讯及位置数据所适用的同等安全及保护标准,后者规定于《电子隐私指令》及相关成员国法律。(b)用于信息保护的适当技术及组织措施。第7条接着就规定了服务提供商须实施适当技术及组织措施,以保护数据免遭意外或违法损毁、意外灭失或改变,或使数据免遭非经授权的存储、处理、查看或披露。然而,达到什么样的水平才符合比例原则,依旧没有得到界定。《数据保护指令》第17条予以界定:(对于技术发展水平及其实施成本),针对数据处理表现出的风险及需要保护数据具有的性质而言,任何可以确保适当安全水平的措施都是适当的。与之不同,该指令并没有进行任何与之相当的界定——虽然可以推定适用适当性的同等标准看来就已足够。(c)针对查看控制的适当技术及组织措施。保证数据安全的另外要求,就旨在确保数据仅得为经过特别授权的人员查看而采取技术和组织措施。这里的适当水平又一次没有界定，因此须在适当考虑比例原则的情况下对之予以满足。因此，措施不一定须消除理论上存在任何未经授权下查看的可能性方为适当，但仅须对可预见的的风险予以适当考虑即可。由于有关数据总体上的敏感性及最长达两年的留存期间，与不那么重要的数据相比，可预见的范围显然要大。这也许有效地排除了在存储该等数据时使用云计算解决方案的可能性，除非它们可以像本地存储解决方案那样提供同等的安全水平。（d）清除。最后，在留存期间结束时须清除数据。仅仅是在留存期间查看和保留数据，才可以为了当初查看目的，在不再需要之前，对之予以保留和存储。指令中并没有就确保履行该等清除数据的义务进行任何进一步的规定。然而，一旦以前的目的已经达到，没有成文法允许的情况下继续存储该等数据，就违反了《数据保护指令》的相关主要原则，因此可以通过成员国国内数据保护法予以执行。

3. 安全遭破坏后通知义务之适用。基于《电子隐私指令》第 4 条第 2 款，在遇到有破坏网络安全的特定风险时，服务提供商须就该等风险向其用户进行通知，并说明诸如任何可能的救济方式及涉及的成本等事项。如果对网络安全的该等破坏涉及到按照该指令所留存的数据，则适用同样的义务。

留存数据的存储要求

第 8 条

成员国应确保第 5 条规定的数据在根据本指令进行留存时，所采取的方式使得留存数据及与之相关的任何其他必要信息都可以应有关政府机构的要求予以无迟延提交。

1. 技术要求。本条规定一方面避免就渴望达到的技术要求进行任何具体的指标规定，另一方面还是间接地规定了服务提供商须遵循的一些技术指导原则，要求服务提供商留存数据的方式，可以使之在任何有关政府机构提出要求时，快速及在没有可避免迟延的情形下将数据予以提交。这首先就意味着服务提供商须基于实时查看的解决方案设计并实施用于数据留存的任何数据存储。这就有效排除了不能被立即查看(例如,因为它们被移出服务提供商营运场所,或因为对其查看需要第三方的干预才可实施)的数据载体进行存储的解决方案。其次,这就意味着服务提供商实际上须自己提供必要的存储空间,而不是仅仅将其存储的该等数据转移予政府机关。最后,根据《电子隐私指令》第 6 条第 5 款及第 9 条第 3 款的规定,对通讯及位置数据进行任何查看,须限定于相关服务提供商授权的人员。

2. 导致的成本支出。实践中,要求对一旦不再有用而原本要被清除的数据提供存储空间,就使得服务提供商产生了额外的成本支出。与《架构决定》不同,该指令原来的文本规定了一项条款,使得成员国有义务对服务提供商因为履行留存义务而发生的额外成本支出予以补偿。然而,该项义务并没有体现在第 8 条的最终文本里,因此服务提供商须独自承担数据留存的成本支出——虽然很难证明该等成本支出实际上有多可观。例如,英国政府在其 2005 年担任欧盟主席国期间提交了一份报告,认为该等成本支出非常有限,但还是使得英国一个主要移动网络在这方面的成本支出达到 875000 英镑(当时约合 120 万欧元)。然而,这种数字极有可能因成员国的不同而存在很大差异。至少在欧盟委员会评估于 2010 年 9 月 15 日最终出台之前(请见第 14 条),数据留存真实成本支出也许将仍会充满争议和质疑。

监督机构

第 9 条

(1) 每个成员国应指定一家或多家公共权力机关,负责监督在其领土内根据第 7 条关于存储数据安全的规定而由该成员国所颁布规定的适用。该等机构可以同第 95/46/EC 号指令第 28 条规定的机构为同一家机构。

(2) 第 1 款提及的公共权力机关在执行其中所提及监督职能的,应当具有完全的独立性。

1. 监督机构(第 1 款)。指令要求成员国指定特定公共权力机关作为监督机构。其职责是监督根据指令第 7 条规定所采取数据保护及数据安全措施的适用。指令并不要求这些机构和《数据保护指令》中规定的数据保护机构同为一家，但它推定这些公共机构已经设立并且在执行十分相似的职能，因此也可以是根据指令第9条规定对相关措施适用情形进行监督的理想选择。然而，根据其行文，指令将监督职责仅仅限定于保障留存数据的安全，因此避免要求成员国在实践中通过其数据保护监管机构对正确适用服务提供商留存义务的情形予以查验。因此，对于是否仅仅是第5条所列举数据类型予以留存以及是否第6条规定所适用的留存期间得到留存实体适当遵守的这种问题，并不属于公共权力机关的责任范围。然而，鉴于所留存的数据属于《数据保护指令》所规定的个人数据，负责实施数据保护原则正确适用的数据保护监管机构，也将会继续对本指令项下的电信及互联网服务提供商进行监督，并有权就诸如对个人数据予以过分存储的情形执行相关规定。

2. 行政独立（第2款）。指令进一步指出，负责监督本指令安全规定适用情形的权力机关应被允许基于完全的独立地位而行事。鉴于所有的公共权力机关都通常受制于上级机关的监督，这种独立性的要求似乎系指监督机关不应由另一家诸如执法机构这样对有关事项具有直接利益的公共权力机关予以监管。另外，其对所适用安全措施进行监督的可能以及特别是其监督所需预算，不能基于另外公共权力机关的批准，而是完全取决于其自身的自由裁量。

数据

第10条

（1）成员国应当确保向欧盟委员会提供涉及因提供公共电子通讯服务或公共通讯网络而生成或处理数据进行留存的年度数据。该等数据应包括：

——根据所适用国内法向有关政府机构提交信息的情形，

——在数据留存之日到有关政府机关要求转交该等数据之间所经过的时长，

——没有满足数据请求的情形。

(2) 该等数据不得包含个人数据。

1. 年度数据(第 1 款)。该指令要求成员国对其适用情况出具年度数据分析,并将该等数据提交予欧盟委员会。在满足第 2 款规定的匿名前提下,成员国通常对于为此目的而另外收集何种信息而拥有自主权。但是其报告须至少包括国家机关被允许查看留存数据案件的数量、实际生成数据与政府机构提出提供该等数据要求之间的时差及对该等要求予以拒绝案件的数量。对于最后的情形,例如,由于提出请求的时间已经超出了留存期间,从而没有相关用户的数据可以提供。

2. 匿名的要求(第 2 款)。根据指令的要求,出具年度数据不得对个人信息进行处理。因此,虽然成员国可以自主决定载入诸如已经予以拒绝案件的简短描述,成员国不得载入诸如使用者姓名或身份之类任何可对个人身份进行确定的信息。这样,指令确保了所留存数据不会在留存期间过后又作为年度数据的一部分予以提交。

对第 2002/58/EC 号指令的修改

第 11 条

以下条款应加入第 2002/58/EC 号指令当中:

1a. 第 1 款并不适用于根据第 2006/24/EC 号《关于因提供公共电子通讯服务或公共通讯网络而产生或处理数据之留存指令》、为其第 1 条第 1 款规定目的所要留存的数据。

对《隐私与电子通讯指令》的修改。指令须确保基于其提供理由留存的数据并不适用《隐私与电子通讯指令》,后者使得欧盟对使用电信服务涉及个人数据的处理和存储采取诸如监管之类的手段。《隐私与电子通讯指令》第 15 条第 1 款第 2 句规定,成员国可以通过规定特定期间内基于该款规定(保障国家安全、国防、公共安全及对犯罪行为的防止、调查、侦查和起诉或非经授权使用电子通讯系统予以支持)留存数据,从而限制第 5 条、第 6 条、第 8 条第 1 款、第 2 款、第 3 款和第 4 款及第 9 款所规定权利及义务的范围。第11条排除了根据本指令特别留存数据对《隐私与电子通讯指令》的适用。

将来的措施

第12条

（1）面对特殊情形，成员国需要将第6款规定的最长留存期限限制加以延长的，可以采取必要措施。成员国应立即将之通知欧盟委员会并告知其他成员国按照本条规定采取的措施并应说明采取措施的依据。

（2）在成员国依据第1款发出通知后的六个月内，欧盟委员会将审查该等成员国措施是否属于武断的歧视措施或对成员国间的贸易构成隐蔽的限制，并审查其是否对内部市场的运作构成阻碍；之后，对该等成员国措施进行批准或予以否决。如在该等期间，欧盟委员会没有做出决定，该等成员国措施则被视为已经得到批准。

（3）根据第2款规定，成员国国内措施对本指令有关规定进行变通而获得欧盟委员会批准的，欧盟委员会可以考虑是否对本指令提出修改建议。

1. 中止最长留存期限（第1款）。成员国如能证明，有特别情形需要比第6条规定的两年期间更长的数据留存时间的，成员国可以将理由告知欧盟委员会并相应地制定法律以延长相关期间。

2. 批准程序（第2款）。第2款规定的程序使得欧盟委员会可以审核相关成员国提交的法律及实施理由，并对该等理由明示予以批准或否决。一般而言，指令使得欧盟委员会能够获知有关歧视行为或者影响欧盟内部自由市场运作的贸易限制措施。为避免立法瓶颈，按照指令的规定，如欧盟委员会对之不予作为，会导致六个月期间过后将之视为批准。

3. 可能进行的调整（第3款）。与各个成员国宪法层次上对指令合法性提出质疑的依据相关，留存期间的时长不断成为批评对象及法律争议的议题。该条款最后一款规定主要是为欧盟委员会提供了一种实践中的可能，以对一般留存期间进行审议，在成员国利用该条规定的可能性而通过立法规定更长留存期间时，考虑对这种延长留存期间规定是否存在一般意义上的需求。然而显而易见,迄今为止,并没有成员国要求批准更长的留存期间;这似乎说明,指令所规定长达两年的最长留存期间,已经远远满足了成员国通讯方面数据留存的需要。

救济、责任及罚则

第 13 条

(1) 每个成员国应采取必要措施,确保其实施第 95/46/EC 号指令第三章而采取的国内措施所规定的司法救济、责任及罚则充分实施了本指令对于数据处理方面的规定。

(2) 每个成员国尤其应采取必要措施,确保根据本指令对留存数据有意进行的查看或转移如不为根据本指令而制定的成员国国内法律所允许,应通过包括行政处罚或刑罚在内的手段予以惩戒,该等惩戒手段须为有效、符合比例原则且具有威慑性。

1.《数据保护指令》所规定司法救济的延伸(第 1 款)。根据指令前言部分,其所考虑至关重要的部分就是让成员国采取立法措施,确保根据该指令所留存数据仅得根据成员国有关人员基本权利予以充分考虑的国内立法规定,向有关成员国公共机构进行提供。因此,与《电子隐私指令》第 15 条第 2 款的规定相似,该条款要求成员国将其根据《数据保护指令》第三章制定的法律保护措施延伸到根据成员国国内数据留存法律而留存的通讯数据。这包括《数据保护指令》第 24 条要求成员国界定一系列违反所适用数据保护条款的处罚措施。这包括对因根据本条例留存数据进行不法处理而遭受损失的任何人提供民事救济。因此,在发现行为与根据《数据保护指令》所颁布成员国国内规定不相符的,受影响的个人须有权根据该指令第 23 条规定接受补偿。

2. 例证说明(第 2 款)。数据安全实施。本条第 2 款旨在提供例证,说明留存数据的安全是一个十分严重的问题。并不仅仅明确指出对于该等数据有意进行未授权查看情形施加的刑事及行政处罚,也要求相关国内法规定确保该等处罚系为有效、符合比例原则并且具有威慑性。虽然有必要对

263 成员国进行这些要求,使之制定的法律须在定义层面符合这些特点,但严格而言,这种必要性还是不无疑问的。在成员国须保证根据本指令所留存数据安全方面的严重性而言,它明确说明了指令所采用的思路。考虑到因为指令而使提供商数据库中采集及存储的潜在大量个人数据已经成为指令反对者的一项主要理由,虽然欧盟理事会于 2005 年 2 月 24 日发布的第 2005/222/JUA 号《关于对信息系统进行攻击的构架性决定》中,对信息系统及其中留存的数据在被有意进行不法查看的情形下规定了刑事处罚的方式,似乎并不清楚这个问题是否也在保持其主导特色的情况下反映于成员国国内法律。在成员国法律中的转换情况。大多数成员国在处理该要求时均援引自己其他有关电信数据安全的法律。例如,在德国,适用该指令的数据在同时也须遵守《德国电信法》中确立的电信保密原则,后者使得运营商须确保电信数据(包括通讯及位置数据)不受查看的安全,但适用极其有限的成文法例外情形时除外。该等原则同时通过《德国刑法典》中重罪的规定加以实施。因此,针对根据本指令所留存数据进行任何有意的查看或转移却不为成员国国内法所允许的,就构成对该原则的违反,其结果几句是可能会受刑法的追诉。

评估

第 14 条

(1) 欧盟委员会应不迟于 2010 年 9 月 15 日向欧洲议会及欧盟理事会提交对本指令适用及其对运营商和消费者的影响的评估,其应考虑电子通讯科技进一步发展及根据第 10 条向欧盟委员会提交数据,旨在确定是否有必要修改本指令的条文,尤其是第 5 条规定的数据清单及第 6 条所规定的数据留存期间。评估结果应予以公开。

(2) 为此目的,欧盟委员会应当审查成员国或根据第 95/46/EC 号指令第 29 条所建立的工作方机制提交的所有观察意见。

审查进程。审查之必要性。指令在前言不容置疑地指出,现今电子通讯科技的发展日新月异。这可能会导致需要查看特定电信数据的执法新要求。例如,诸如推特这种互联网服务很难被认为属于电子邮件或电话服务。[264]因此,指令希望欧盟委员会向欧洲议会及欧盟理事会提交一份本指令适用情形及其对运营商及消费者影响情况的评估。这种评估最迟应该在2010年9月15日完成,指令并明确要求对诸多方面予以考虑。这些因素不仅包括(实际发生或者可预见的)电子通讯技术发展及根据第10条向欧盟委员会所提交年度数据,也包括对于何种数据应予以留存及需要留存多长时间的现有规定是否准确及适当所进行的评估。作为另外的数据来源,该条规定在第2款中列举了成员国及第29条工作方机制所提供的评估。而后者早在2005年10月就申明其对当时指令文本的保留态度,认为指令规定对所有欧洲公民及其隐私造成了极为广泛的影响,并在2006年3月25日通过了对指令最终文本的另一个意见,文号是WP119。在这个意见当中,第29条工作方机制得出结论,认为指令对于通讯数据的处理没有给予足够的保障,使得成员国在这方面可以有足够的空间进行不同的解读和实施。该意见进一步说明,该等保障措施对于个人至关重要的利益保护实属必要,对在使用公共电子通讯服务时的隐私权尤为如此;因此,第29条工作方机制认为对指令条文在欧盟成员国中进行协同化的解读至关重要,以便确保同等的保护水平。欧盟委员会的评估结果须予以公布,可以预见,在今年(2010年)以后的时间针对数据留存这样一个一般议题会进行进一步的讨论——甚至可能是激烈的争论。

转换

第15条

(1) 成员国应在不迟于2007年9月15日实施为遵守本指令所必要的法律、条例及行政规定。他们并应立刻将之告知欧盟委员会。成员国通过这些措施的,应载有对本指令的援引或在其官方出版物中附有该等援引。应由成员国对进行援引的方式作出规定。

(2) 成员国应向欧盟委员会通告其在本指令涵盖领域所通过国内法的主要条款文本。

(3) 在 2009 年 3 月 15 日之前，每个成员国可以推迟将本指令适用于互联网接入、互联网电话及互联网电子邮件通讯数据之留存。希望使用该款规定的任何成员国应在该指令通过之时以公开宣布的方式通知欧盟理事会及欧盟委员会。该等宣告应当在欧盟官方刊物中发表。

1. 转换条款（第 1 款及第 2 款）。成员国须于 2007 年 9 月 15 日之前将指令规定转换为成员国法律（第 1 款），并至少须向欧盟委员会提交相关成文法的主要条款（第 2 款）。然而，目前的转换情形仍然充斥着各种各样的转换问题，其中就由于指令部分被认为与一些欧盟成员国特别是诸如无罪推定、隐私权、通讯秘密及言论自由等基本人权在内的宪法规定构成冲突，从而在不同成员国中遭遇了宪法挑战。（a）没有立法的成员国。包括奥地利、比利时、希腊及斯洛伐克在内的若干成员国迄今为止仍然没有制定数据留存法律。爱尔兰于 2006 年 2 月在对指令进行最终投票决定的时候投了反对票，之后于欧洲法院对该指令提出诉讼，欧洲法院认定该指令合法。爱尔兰于 2009 年 7 月 6 日向其议会提交了《2009 年通讯（数据留存）法案》第一稿，后者在 2009 年 11 月还没有将之予以通过。作为另一个迄今仍然没有制定有关成文法的成员国，瑞典先是根据第 15 条第 3 款的规定选择推迟将指令适用于互联网服务，之后又委派了一个调查委员会负责审议国内立法，对须作出的修改提出建议。同时，2009 年 7 月，欧盟委员会因为没能在合理期间实施数据留存指令而决定向欧洲法院起诉瑞典政府。（b）目前制定数据留存法律的成员国。然而大多数成员国遵循了第 15 条第 1 款的要求。其中就包括捷克共和国、塞浦路斯、爱沙尼亚、丹麦、芬兰、法国、拉脱维亚、立陶宛、荷兰、西班牙及斯洛文尼亚。而英国在其《2000 年调查权法之条例》、《2001 年反恐、打击犯罪及安全法》及《英国数据留存（欧共体）条例》中植入了一个非常强大的数据留存体系，要求政府机构可以基于处理任何犯罪的目的不经司法程序而对留存数据提出要求。（c）已制定数据留存立法但受到质疑的成员国。在诸如匈牙利和立陶宛在内的其他成员国，指令转换进程已被法院的裁决所搁置。例如，立陶宛宪法法院裁决认为，电信提供商和互联网服务提供商进行数据留存，应严格限定于其正常商业活动中已经留存的数据,因此就排除了对其他任何数据的留存。在罗马尼亚也是这种情况。通讯及信息技术部于 2007 年 4 月提交了数据留存法律草案,该法律在 2009 年伊始得以生效。2009 年 10 月 7 日,罗马尼亚宪法法院基于该法律违反了《罗马尼亚宪法》第 28 条对通讯秘密的保护而宣布该法律违宪。德国对《电信法》进行了修改,以将指令转换为德国法,但却在一场联邦宪法法院的诉讼中受到了挑战,有关规定最终被宣布违反了德国宪法。虽然法院并没有基于宪法理由禁止所规定的数据留存,但联邦宪法法院认为有关规定在透明度及是否符合比例原则方面存在着严重不足,因此仍然宣布有关规定违宪。这种裁决导致德国服务提供商须立即清除之前所留存的所有与通讯有关的数据,且仅得在有关法律得到审议之后才可以继续留存该等数据。

2. 宣布推迟转换(第 3 款)。根据第 3 款的规定,对于互联网接入、互联网电话及互联网电子邮件,成员国可以再行推迟 18 个月的时间适用该指令,但最迟不得超过 2009 年 3 月之前。当时在 25 个成员国中有 16 个成员国宣布他们将在该等额外期间推迟在互联网通讯数据方面实施数据留存,这 16 个成员国是:奥地利、比利时、塞浦路斯、捷克共和国、爱沙尼亚、芬兰、德国、希腊、拉脱维亚、立陶宛、卢森堡、荷兰、波兰、斯洛文尼亚、瑞典及英国。

生效及适用对象

第 16 条

本指令应在其于欧盟官方刊物上公开发表后的第 12 日生效。

第 17 条

本指令适用于各成员国。

概述。本指令公开发表于 2006 年 4 月 13 日(Official Journal L 105, 12/04/2006,pp. 0054—0063),从而于 2006 年 5 月 3 日生效。

《欧洲联盟运行条约》

数据保护

第 16 条

（1）每人都有权保护涉及自身的个人数据。

（2）欧洲议会及欧盟理事会根据通常的立法程序，应对于欧盟机构、组织、官员和团体及成员国在欧盟法律适用范围采取行动时处理个人数据而制定相关个人保护规则，并制定该等数据自由流动的相关规则。应由独立的政府机构监管该等规则的遵守情形。

基于本条制定的规则不应影响《欧洲联盟条约》第 39 条规定具体规则的效力。

1. 原先条约中的数据保护。《里斯本条约》于 2009 年 12 月 1 日生效，赋予了每个人——连同第三国国民在内——数据保护的新权利。该权利可以在法院得到实施；它也使得欧盟理事会及欧洲议会有义务建立总体性的数据保护架构。作为一项基本权利，个人数据保护权利日益重要。条约认识到该权利并不仅仅是一种形式；实际上，它是个人享有其他基本权利自由的前提，也是确保信息社会结构性增长的前提条件。该权利的直接效力为欧盟法律所限定。《欧洲基本权利宪章》第 8 条[①]与第 7 条规定的私人生活权利[②]不同，根据其规定，也要求对个人数据进行保护的权利赋予每个人。条约有关新规定代表了一种根本的变化：之前条约提到的数据保护并不能令人满意。的确，《欧共体条约》仅仅在

[①] 《欧洲基本权利宪章》第八条。个人数据保护。"1. 每个人都有权要求就其自身个人数据进行保护。2. 该等数据须出于特定目的并基于相关人同意或者法律规定的其他合法理由得以公平处理。每个人都有权利查看其已经被采集的数据，并有权要求将其予以更正。3. 对该等规则的遵守须由独立的政府机构加以监管。"

[②] 《欧洲基本权利宪章》第 7 条。对私人及家庭生活的尊重。"每个人都有权要求对其私人及家庭生活、家居及通讯予以尊重。"

其最后条款之一的第286条对数据保护问题予以处理,该条款被塞在一个不为人注意的角落,仅仅规定欧盟数据保护法律适用于欧盟机构进行的数据处理,并为设立欧洲数据保护总监(EDPS)提供了法律基础。这两个议题得到了(EC) 45/2001号条例的进一步处理,后者确立了这种独立的监管机构并确保欧盟机构和组织对数据保护原则予以尊重。① 在当时,之前的"第二支柱"系涉及诸如制定恐怖分子嫌犯名单等事项有关具体法律的一部分,并不适用实质意义上的数据保护规则。刑事领域的警察和司法合作(所谓"第三支柱")或多或少地含有数据保护的一般法律依据:《欧盟条约》第30条第1款b项要求个人数据存储及交换的规则须以数据保护规则为补充。这一规定构成欧盟理事会第2008/977JHA号《关于数据保护架构决定》(DPFD)的法律基础,后者现在已经被成员国转换成其国内法。② 另外,第三支柱项下若干法律文件已经引入了数据保护的具体架构(例如,申根协定、欧洲刑警组织、欧洲司法合作机构(EUROJUST)及最近的《普吕姆河条约》)并提供了促进个人数据跨境交换的工具。的确,甚至在架构决定通过之前,对尤其是在跨境情形下实际使用的数据提供保护就很重要。最后,其他几项对相关领域的立法措施已经引入了涉及个人数据处理的具体规则(例如,请见关税、视觉识别系统(VIS)、EURODAC或战略信息系统(SIS)领域的法律)。在这种一般意义上统一的法律架构中,数据保护同其他主要立法事项作为内部市场相关问题一并引入。尤其注意的是,基于《欧共体条约》第95条,第95/46/EC号指令的宗旨由两部分组成:一方面,作为内部市场建立及运行的结果,需要确保个人数据可以在成员国之间进行自由流动;另一方面,须

---

① 第45/2001号条例适用于欧共体机构及组织根据与第95/46/EC号指令相同的规则进行的数据处理(Official Journal L 8. 12.01.2000, pp. 1—22)。欧洲数据保护总监是基于(EC)第45/2001号条例而设立,后者处理共同体机构及组织处理个人数据的个人保护问题及该等数据的自由流动。欧洲数据保护总监负责监督并确保条例规定条款及其他与共同体机构或组织个人数据保护有关任何其他共同体法律的适用,并负责对该等实体及数据主体就与个人数据相关的所有事项提出建议。

② Official Journal L. 350, 30/12/2008, pp.60—71。经过长时间讨论后,DPFD于2008年11月27日获得通过,旨在于警察及司法合作领域的数据保护提供一个总体架构。鉴于之前几大支柱式的结构,第三支柱数据保护情形过去及如今都是由临时数据保护规则及成员国国内法律组成的迷雾一团。在欧盟理事会进行的讨论似乎更像是在寻求最小公约数的竞赛,其最终文本似乎太软弱,不能对已经存在的情形造成实质性的影响。而且,欧洲议会所建议的修改本可以有助于处理一些主要议题,然而却没有反映在最终文本之中。

确保对个人基本权利的高水平保护。基于此种目的，同一个指令作为一般性的法律架构，需要最终由各领域对具体数据进行保护的各领域法律制度予以最终补充，这就是《关于在电子通讯领域个人数据处理及隐私保护指令》的作用，该指令在 2002 年经过整体修改并在 2009 年再次得以修改。① 适用《共同体条约》第 95 条对一般性指令适用范围会有影响，而后者并不适用欧盟机构进行的数据处理，也不适用之前第一支柱之外（主要是之前第三支柱）的处理操作。其结果就是，之前第三支柱目前的情形可以被看做不同情形下适用不同数据保护制度的碎片化体系。这些制度之间的一些不同来自于其适用领域的不同，而其他差异则仅仅是不同立法演变历史造成的情形。《欧洲人权公约》第 8 条及欧洲人权法院相关案例法有助于保障数据保护，但总体而言，情形并不令人满意，尤其对于第三支柱事项更为如此。上述第 2008/977/JHA 号架构决定还是被看做迈向更加协同化架构的第一步。数据保护的确日益被视为欧盟的一个总体议题，而不仅仅与内部市场相关。例如，这就体现在《欧洲基本权利宪章》第 8 条的规定中。② 近年来，尤其是美国于 2001 年 9 月 11 日遭受恐怖袭击以来，对个人数据予以交换已经成为成员国之间进行警察及司法合作的核心组成部分。由于个人数据的使用已经超越了支柱事项范围，之前对各支柱事项进行划分就并不再反映数据保护的现实——这在涉及为执法目的使用之前商业条件下所收集信息的旅客订座记录（PNR）及数据留存判决的欧洲法院案例中得到了说明。③

  2. 对新架构之需要。因此，需要考虑建构一个涵盖欧盟各领域、综合且更

---

① 请见欧洲议会及欧盟理事会 2009 年 11 月 25 日第 2009/136/EC 号《修改第 2009/22/EC 号〈关于电子通讯网络及服务相关普遍服务及使用者保护指令之指令〉、第 2002/58/EC 号〈关于在电子通讯领域个人数据处理及隐私保护指令〉及(EC)第 2006/2004 号〈关于负责施行消费者保护法律成员国政府机构之间合作的条例〉》(Official Journal L 337, 18/12/2009, pp. 011—36)。

② 第八条，个人数据保护。"1. 每个人都有权就其个人数据要求保护。2. 该等数据须为特定目的、基于有关人员之同意或法律规定的其他合法依据而进行公平处理。每个人都有权查看其已被采集的数据并有权要求对之予以更正。"

③ 这种讨论在近年来导致卢森堡的欧洲法院作出了两项重要判决。该法院于 2006 年 5 月裁决，认为将航空公司个人订座数据转交美国并未被第一支柱事项所涵盖。但法院也于 2009 年 2 月作出裁决，认为电信运营商基于打击严重犯罪之目的而对通讯数据予以存储，可以基于第一支柱加以监管。这两项判决说明对相关事项进行界定的难度有多大。它们也表明，因为执法机关会越来越经常地使用私人公司基于种种目的而收集的个人数据，进行界定不会有多大意义。

为一致性的数据保护架构。这使得来源于《里斯本条约》的可喜改变不仅在欧盟机构不同分权机制[①]方面得到确认,还因其引入新的数据保护权利而得到坚决承认。首先,作为立法程序中的一部分及欧洲议会的加入,《里斯本条约》的一个后果就是废除了支柱结构。刑事领域的警察和司法合作成为第三支柱的主题事项,现在被融入第一支柱的《欧共体条约》,后者因此被重新命名为《欧洲联盟运行条约》(《欧盟运行条约》,TFEU)。该条约的第五章是自由、安全及司法领域,不仅处理警察及司法合作事项,也涉及诸如边境控制、避难及移民和民事法律合作等其他事项。废除第三支柱对数据保护具有正面影响,例如,无须对不同支柱所涵盖事项进行无休无止的争论。《里斯本条约》对数据及隐私保护规定了水平保护方式,并规定了必要的法律依据以克服一些现存的不同及差异,旨在对个人提供更为一致及有效的保护。以前数据保护所采用的那种碎片式的方式至少会以渐进的方式退出,而现在就有诸多机会采取一个更呈水平化和统一的方式。另外,作为《里斯本条约》生效后导致变化的结果,《欧洲基本权利宪章》关于数据保护的第 8 条规定也具有了直接的法律约束力。所有这些因素都确认了一点:《里斯本条约》已经引入一个适用于所有情形下的数据保护架构(《欧盟运行条约》第 16 条),并将数据保护在条约中置于一个非常重要的地位。因此,作为《里斯本条约》导致的结果,数据保护规定目前已经在《欧盟运行条约》第二章"一般适用条款"中得到更新。该章规定包括诸如欧盟政策及活动一致性、防止歧视和查看文件等重要规定。这些动向使得数据保护及基本权利议题更有意义,更加符合形势发展的要求,出现了可以让情势改观的真正机会。总的说来,对所有间接涉及数据保护的相关条款加以概览,揭示了数据保护可

[①] 第二套改革规定了不同的决定权分配方式。鉴于自由、安全及司法领域(AFSJ)及其政策的跨支柱特性,支柱架构的解体及在《欧盟运行条约》中涉及自由保障及司法领域的第五章内容(《欧盟运行条约》第 67 条至 89 条)是该领域中的一大发展。第五章内容也融入诸如警察合作(《欧盟运行条约》第 87 条至 89 条)及就刑事事项进行司法合作(第 82 条至 86 条),而数据交换是其中的主要特征。另外,如同《欧盟条约》L 部分第 16 条第二款规定的那样,通常适用"一般立法程序"。《欧盟运行条约》第 294 条规定的这种程序与共同决定程序类似。鉴于对数据的查看及其流动日益呈现出"国际化"趋势及关于反恐及警察合作的国际条约具有相关性,由于"一般立法程序"基于第 218 条第五款的规定保证了在达成国际协议的时候需要欧洲议会对此予以同意,所以引入该程序对于自由、安全及司法合作领域的数据保护方面起着重要影响。

能出现的新篇章。

3. 每个人新的主体权利(第1款)。第16条引入了一些可能具有深远影响的内容。根据第16条第1款,每个自然人如今在整个欧盟都拥有一项数据保护的一项"欧洲"权利。该权利规定的方式产生了直接效应,而无论每个成员国在法律体系中是否通过了相似的规定。对于该权利,应同诸如欧盟公民欧盟内自由迁移的权利这种欧盟条约承认的其他权利一样予以平等对待。结果每个人都有数据保护的权利,即使缺乏具体规则对之予以进一步规定,也是如此。每个人都可以在法庭主张这项权利。个人对该权利的实施并无限制。欧盟法律的确可以对之施加一定的条件和限制,但这并不能使得对该等权利核心内容的实施遭受过分的困难。该权利也被《欧洲基本权利宪章》规定为一项任何个人都具有的基本权利。的确,第16条第1款严格脱胎于《欧洲基本权利宪章》第8条的规定,后者也规定了毋庸置疑的数据保护权利。《欧洲基本权利宪章》在2000年得以签署,但是当时并没有约束力。

4. 制定规则的义务(第2款)。对于欧盟机构及成员国进行的数据处理,需要制定规则,以实现数据保护并对其进行独立的监管。对数据保护的认识得以强化,也是新《欧盟条约》第6条予以推动的结果。它承认《欧洲基本权利宪章》所规定的权利和自由,并对欧盟加入《欧洲人权公约》予以规定。其第16条第2款要求欧洲议会及欧盟理事会制定关于个人数据处理的个人权利保护规则。该义务适用于欧洲机构、组织、办公机构及派出机构进行的数据处理。它也适用于成员国在执行欧盟法律适用范围的活动时所进行的数据处理。这当然涵盖公共领域。然而,虽然规定有着某种程度的模糊性,它也适用于私人领域。欧洲议会及欧盟理事会应当制定涉及该等数据自由流动的规则。针对这些数据,应当列明行使数据保护权的条件和限制,目前一些有效欧盟法律文件规定了相似的条件和限制,就是这种情形的体现。第16条还作出了另外两种规定。《欧盟运行条约》第16条、《欧洲基本权利宪章》第8条及《欧洲条约》第39条规定,须有独立的监管机构监管数据保护规则的遵守情形。独立监管机构监管原则成为最近欧洲法院一个德国有关案件的标的。具体而言,该案涉及第95/46/EC号指令所确立的原则,即该等机构应"在履行职责时有完全的独立性"。本案的处理结果对于《里斯本条约》的效力产生影响。① 第 16 条也援引了在欧盟共同外交及安全政策领域进行数据保护的具体法律依据。例如,国家安全部门进行数据处理并不为第 16 条所涵盖。但是,如同之前指出的那样,虽然之前第二支柱事项政策领域的数据保护规则将基于特别立法程序(《欧盟条约》第 39 条),②已经赋予了每一个人以数据保护权利,无论涉及何种政策领域。同样,《欧洲基本权利宪章》第 8 条第 2 款规定了欧盟法律数据保护的核心内容。这些核心内容基于诸如第 108/1981 号《欧洲理事会公约》等由来已久的法律文件之上。该规定并不影响诸如信息"自决权"这类成员国稍有差异的概念。

5. 第 16 条及现有立法安排。对于目前立法安排可能的后果,应该明确的是,《里斯本条约》及其第 16 条的规定并不影响第 95/46 号指令。该指令看来符合第 16 条规定的标准。该指令系由欧洲议会及欧盟理事会制定,提供了《里斯本条约》规定的保护水平。同样的情形也适用于第 45/2001 号条例,并不影响可能作出的任何修改;由于在《里斯本条约》生效后,以前的"共同体"概念被"联盟"所替代,这也是为了明确该等条例是否及如何在过渡期间予以适用,使之不但适用于(之前的)"共同体"机构和组织,也适用于所有欧盟的机构、组织、办公机构及派出机构。③ 对于警察及司法领域,《里斯本条约》生效,支柱架构归于终结;但由于第 95/46 号指令清楚无误地对其适用范围进行了限制,所以这一事实并非意味着该指令自动适用于该等领域的合作。例如,根据《〈里斯本条约〉第 10 号议定书》,除非该议定书被废止、终止或修改,《架构决定》继续具有法律效力。《架构决定》因此在新条约项下继续适用。然而,第 16 条对欧盟理事会及欧洲议会规定了制定数据保护规则的义务,这也适用于警察及司法合作领域。由欧盟委员会就此提交建议。在欧洲议会举行的听证会上,新一届欧盟委员会承诺将严肃对待

---

① 2010 年 3 月 9 日作出的 C-518/07 号判决(《curia.europa.eu/jurisp/cgi-bin/form.pl? lang=en&numaff=C-518%2F07+&Submit=Submit》)。

② 第 39 条规定:"根据《欧盟运行条约》第 16 条的规定,通过对第 2 款进行变通,欧盟理事会应当通过决定,制定涉及成员国在进行本章适用范围行为而进行个人数据处理的个人权利保护规则及该等数据自由流动规则。对该等规则之遵循应由独立监管机构进行监督。"

③ 请见该条例第 3 条第 1 款。

数据保护问题。在 2009 年 12 月就通过了新的多年计划：所谓"斯德哥尔摩计划"。① 该计划勾勒了在下一个五年中间计划在司法及内务领域实施的许多措施；其中强调了对基本权利的尊重，并呼吁将强大的数据保护制度作为一项前提条件而予以确立。② 欧盟委员会于 2010 年 4 月 20 日公布了其实施《斯德哥尔摩计划》的行动计划：在 2010—2014 年间欧盟在公民、司法、安全、难民及移民政策领域的行动框架，其中包括 170 项建议。为实施这一复杂的计划，欧盟委员会确定了 2010—2014 年期间应予采取的一系列核心行动措施，并具有清晰的时间日程安排；其中在司法、基本权利及公民权领域有 10 项具体行动措施。③《架构决定》并不完全符合第 16 条的要求：它是欧盟理事会采取的措施，而没有经过欧洲议会的决定，仅仅适用于警察及司法合作的一些领域。另外，并不涉及多个成员国的处理操作就被排除出《架构指令》的适用范围。④《里斯本条约》生效后，由于不受附加议定书所规定任何过渡条款的影响，第 16 条规定的上述义务也立即得到适用。欧洲议会的新角色也许会实际引导欧盟委员会发布一件或多件过渡建议，也会考虑到与第 95/46 号指令未来相关的长远发展。引入一个适用于之前支柱项下所有种类数据处理的综合架构，将会是一个有趣的选择；但是，那属于

---

① 〈curia. europa. eu/justice_home/news/intro/docs/Stockholm_program_en. pdf〉。

② 例如，请见《斯德哥尔摩计划》对《欧盟信息管理战略》尤其是期望中的 ECRIS 及《欧洲第三国罪犯索引》）：〈www. edps. europa. eu/EDPSWEB/webday/site/mySite/shared/Documents/EDPS/Publications/Speeches/2010/10-01-20_European_index_convicted_EN. pdf〉。

③ 请见〈europa. eu/rapid/pressReleaseAction. do? reference = MEMO/10/139&format = HTML&aged=0&language=EN&guiLanguage=en〉。

④ 《架构决定》被看做是第一步，因为可达到数据保护的水平并不完全令人满意。《架构决定》的适用范围被限定于成员国间及成员国与根据条约（第 1 条第 2 款 a、b、c 项）所设立机构或信息体系之间进行的数据交换。除了将国内数据处理排除在外，其他两类数据也不属于《架构决定》的适用范围："成员国或欧盟因与第三国缔结双别协议而承担现有义务及承诺"（前言第 38 项）架构下，基于《欧盟条约》第六章而通过包括临时数据保护条款的法律（前言第 39 项），成员国之间交换的数据。《架构决定》对每一成员国作出规定："应设置一家或多家公共权力机关，负责就成员国通过的相关规定在其领土进行的适用进行建议和监督。"（第 25 条）《架构决定》也对数据保护机构的权力作出了具体规定：调查权、有效介入权及参与诉讼的权力。该等数据保护机构应当是独立的。即使《架构决定》遵循了一般性数据保护指令所确立的架构，它并没有设立任何像指令第 29 条规定的那种工作方机制。总而言之，《架构决定》似乎更加复杂。它既没有对新技术带来的问题予以足够处理，也没有就数据流向第三国确保数据保护提供坚实的法律基础。

欧盟理事会做出的政治决定，因此并非是《里斯本条约》项下的强制要求。不能排除会引入一个单独适用于警察和/或司法领域法律文件，因为这的确在《里斯本条约》所附的宣言中得以提及；这可以表明：就其特别性质而言，刑事领域的司法合作及警察合作中相关个人数据保护规则是必要的。[①] 重要的是任何新的法律文件都须具有一致性。另外，根据《里斯本条约》，一个基于单一法律依据的总体框架并不一定意味着在该总体架构适用范围内、在不同领域或不同成员国间不存在差异。尤其是，作为总体架构组成部分并遵循其主要原则的具体规则就可以实施这种保护。例如，可以想见其他基于某一领域及与诸如公共健康、雇佣或者智能运输体系等领域相关的具体条例；作为《里斯本条约》附件的《第20号宣言》明确规定了隐私保护手段和服务、安全违反事项及国家安全政策。[②] 考虑到文化差异及成员国内部组织，也可以想见会出现另外的成员国国内条例——只要这些条例并不影响作为消除内部边界的欧盟所必须进行的法律协同化。作为毫不含混、界定清晰法律架构的一部分，需要进一步的法律协同化，但这并不排除某种灵活性可以具有特别的价值，这也在目前被第95/46/EC号指令视文化差异视需要予以承认。也可以给成员国国内法留下空间，以分配一些责任或者承认公共及私人领域的不同角色。

6. 欧盟机制方面的变化。在机制方面也发生了根本性的变化，最重要的就是在与数据保护的相关领域引入了新的立法程序（特别多数投票机制及共同决定机制）。在这方面，《里斯本条约》迈出了重要的几大步：将特别多数投票机制延伸适用于欧盟理事会，通过将所谓"普通立法程序"予以扩展，赋予欧洲议会在这些领域承担完全共同立法机构的角色；扩展了欧洲法院之前有限的职权；允许欧盟委员会在该等领域启动违法调查程序，以确保

[①] （21）就刑事领域的司法合作及警察合作所涉及个人数据保护的宣言。"大会承认，基于《欧盟运行条约》第16条的规定，在刑事领域进行的司法合作及警察合作中相关个人数据保护及该等数据自由流动的具体规则，因该等领域的具体性质是必要的。"

[②] （20）《对于〈欧盟运行条约〉第16条之宣言》。"大会宣布，只要基于第16条规定制定的个人数据保护规定可能会对国家安全造成直接影响的，应当对该等事项的具体特征进行适当考虑。它重申了目前使用的法律（特别是第95/46/EC号指令）包括在这方面的具体变通。"

欧盟法律得到更加完善、更加统一的实施；欧洲法院的同意对于警察及司法合作领域达成国际协定被确立为必要程序。有关过渡条款的议定书（第10号）通过以下总结的一些过渡性安排，部分抵消并推迟了重要进展的实施效果：《里斯本条约》生效前通过的所有法律将在其被废止、终止或修改前继续具有法律效力；欧洲法院扩展后的职权及欧盟委员会发起违法调查程序的可能性并不适用于这些法律，除非它们被修改或者《里斯本条约》生效已满五年。警察及司法合作领域的决策程序及司法审查进行"一般化"处理，至少在中期会对该等领域法律架构的质量及一致性方面带来正面影响，其中就包括与个人数据保护相关的关键领域。数据保护总体架构及可能对于数据进行特定交换而言十分必要的特别规则，将会受益于所有机构方的介入。对于国际协定而言，《欧盟运行条约》第218条的规定，需要在适用一般立法程序的所有领域取得欧洲议会的同意。这将涵盖之前第三支柱议题，并已经对协定（诸如旅客订座记录等）的谈判产生了有效影响——该等协定在没有欧洲议会同意的前提下不得缔结。同样地，该等协定也属于欧洲法院的范围，其中，就该等拟订协定是否符合欧盟相关条约的规定，可能须取得欧洲法院出具的意见。对于目前美国与欧盟正在谈判的旅客订座记录协定及与其他第三国谈判的其他旅客订座记录协定[1]而言，对于欧盟与美国在警察及司法领域进行所有数据交换而可能达成的协定（这包括目前就未来欧盟与美国就个人数据保护及基于执法目的而进行信息分享的国际协定进行的重要探讨）[2]而言，这些变化特别重要。欧洲议会因此可以对这些涉及与第三国进行个人数据交换的国际协定发挥相当程度的影响力，甚至可以在诸如未能确保足够保护水平的情形下阻止该等协定的缔结。欧洲议会近来

---

[1] 请见欧洲数据保护总监于2010年1月25日对各种国际协定发表的看法，尤其是欧盟—美国及欧盟—澳大利亚就旅客订座记录所要达成的协定、美国与欧盟之间要达成的恐怖主义融资追踪计划协定及需要在国际数据交换协定中适用一个总体性思路：〈www.edps.europa.eu/EUDPSWEB/webday/site/mySite/shared/Documents/Consulatation/Comments/2010/10-01-25_EU_US_data_exchange_EN.pdf〉。

[2] 在公众可以获取的文件之中，请见欧洲数据保护专员于2010年3月12日就当是进行的咨询而给出的反馈（〈www.edps.europa.eu/EUDPSWEB/webday/site/mySite/shared/Documents/Consulatation/Comments/2010/10-01-25_EU_US_agreement_EN.pdf〉）。

投票不支持欧盟与美国之间缔结的协定就是一个证明;据此协定,美国财政部允许 SWIFT 网络根据恐怖主义融资追踪计划(TFTP)向美国财政部提供目标数据,以便追踪与恐怖主义相关资金的流动。①

  7. 结论。新的《欧盟条约》更加强调(第 2 条)欧盟基于"价值"而建立的情形,这些价值首先包括总体而言对人之尊严及人权的尊重。② 另外,被认为人权中"基本"权利并在《欧洲人权公约》中加以守护的权利也被具体并入欧盟法律,将之作为"一般原则"加以考虑。③ 在这方面,第 6 条第 3 款具体规定这些基本权利可以基于成员国所"共有"的宪法传统而予以认定。这也许在理论层面使得欧盟成员国宪法法院极具重要性的判决具有了超国家的执行力。例如,近来德国关于电子通讯领域数据留存的判决就触及了在整个欧洲都极为敏感的议题。④ 如果该等判决明确规定了保障措施且/或允许在更为宽泛的场景下对该等保障措施进行解释,且如果该等保障措施在适当考虑其独特性的同时也在其他方面反映了多个成员国(须为多数成员国)的共识,则该等判决也许会产生相关的超国家效力。另一方面,也许可以主张,第 6 条第 3 款的规定日益重视欧洲人权法院的判例。如果后一种主张是可以实质成立的,甚至在欧盟完全加入公约之前(请见第 6 条第 2 款),相关案例法就会作为一种"一般原则",立即对欧盟形成直接约束力;的

---

  ① 请见关于欧洲议会拒绝 SWIFT 临时协定(决议于 2010 年 2 月 11 日通过:〈www.europa.eu/news/expert/background_page/019-68530-032-02-06-902-20100205BKG68527-01-02-2010-2010-false/default_it.htm〉)。

  ② 第 2 条:"欧盟建立在尊重人之尊严、自由、民主、平等、法治及尊重人权,包括尊重少数全体成员之权利等价值基础之上。对于适用多元、不歧视、宽容、公平、团结及男女平等的成员国社会而言,这是共同价值。"

  ③ 第 6 条(原《欧盟条约》第 6 条)规定:"1. 欧盟确认于 2000 年 12 月 7 日通过并于 2007 年 12 月 7 日在斯特拉斯堡加以修改的《欧盟基本权利宪章》中规定的权利、自由及原则,该等权利、自由及原则应与相关条约规定具有同等的法律价值。《欧盟基本权利宪章》之规定不应通过任何方式对欧盟相关条约所界定的欧盟职权进行扩展。《欧盟基本权利宪章》规定的权利、自由及原则应当根据其第七章关于其解释、适用的一般规定、并适当考虑《欧盟基本权利宪章》所援引能说明这些条款来源的解释进行解释。2. 欧盟应当加入《欧洲人权公约》。该等加入并不影响欧盟被其相关条约所界定的职权。3.《欧洲人权公约》所确保的基本权利,因其来源于成员国所共有的宪法传统,应当构成欧盟法律的一般原则。"

  ④ 〈www.bundesverfassungsgericht.de/pressemitteilungen/bvg10-008.html〉。

确,欧洲人权法院的案例法已经被欧盟立法机关作为一项根本的参考来源予以考虑(例如,请见第 2002/58/EC 号指令第 15 条涉及对该指令原则进行变通的任何措施所具有的适当性)。然而,后一种结果仅在短期或长期而言具有特别的重要性。虽然目前在欧洲人权法院及欧洲法院的判例法中并不存在冲突,这两个法院作出的判决涉及非常不同的层次。在处理了当今正在探讨的复杂技术及法律问题之后,欧盟加入《欧洲人权公约》,也相应地确保了相关案例法更加协调化的发展;该等问题部分是由于提供了新的机会以在设在斯特拉斯堡的法院起诉欧盟机构,并且欧盟也有权在该法院对成员国提起诉讼。这清楚地解释了为什么最近表现出了对未来斯特拉斯堡法院效力和效率的兴趣,并体现在最近于 2010 年 2 月 19 日的《因特拉肯宣言》中。① 虽然并没有将《欧洲基本权利宪章》并入《欧盟条约》之中,但它的确代表着欧盟基本法律成熟的组成部分并可能也被参照欧盟基本及第二级法律而予以解释,《欧洲基本权利宪章》对基本权利及自由进行了广泛的罗列,这使得该等权利及自由更加具体,并至少在某些方面超出了《欧洲人权公约》的适用范围。它并没有为欧盟创设新性的权利,也没有扩展欧盟的职权;然而,确定无异的是,它为欧洲法院提供了一个新的工具,以便欧洲法院据此也在基本权利议题上发展出更具雄心的案例法体系。希望支离破碎的数据保护规定体系可以在近期得到改变;的确,数据保护措施可见于以下文件:(a) 在自由、安全与司法领域的特别法律措施(例如:《普吕姆河条约》);(b) 制定的其他用于规制欧盟及/或欧盟派出机构(诸如欧洲刑警组织及欧洲司法合作组织)涉及数据保护的特别规定;(c) 国际数据保护协定及/或欧盟与第三国缔结的法律文件(诸如旅客订座记录及 SWIFT 协议)中其他的具体规定;(d) 最后很重要的文件就是欧洲刑警组织与第三国达成的数据交换协定,尤其是操作类协定。国际化的数据流动及越来越多地出于执法目的使用数据的趋势,加剧了这种碎片化的态势。僵化地适用具体措施

---

① 〈www. eda. downloadsadmin. ch/etc/medialib/edazen/topics/europa/euroc. Par. 0133. File. tmp/final_en.pdf〉。

并不会提供真正的解决方案。虽然该等措施也许可以使问题出现的时候加以解决,长远而言,它们没能改善数据保护的状况。欧洲理事会《第108/1981号公约》继续成为一个有用的参考文件,但是并不足够——部分而言,对于大量使用诸如数据挖掘及数据剖析技巧而言,它过时了。在这种情形下,对欧盟数据保护而言,通过在制定国际隐私及安全标准方面已经达成的进展(这方面一个极有意义的例子就是2009年11月5日于马德里举行的国际数据保护大会通过的文件)更为根本[①]——即使缓慢,也要对集成式的信息、通讯及技术政策框架的演进进行协同化及一致性的培育,该等政策框架被冠以雄心勃勃的名称"欧洲数字计划"。[②] 第95/46/EC号指令应被视为主要旨在确保对个人权利进行有效及实质保护的综合架构之一个首要标杆。需要对目前的数据保护原则予以认可,并辅之以更有效实施这些原则的措施加以完善。数据保护的主要原则应成为综合架构的支柱:核心理念(谁/数据控制主体——什么/个人数据)及原则应被再次确认,尤其包括合法性、公平、合乎比例、目的限定、透明原则,数据主体权利及公共权力机关独立监督原则。对该等架构进行反思也是一个澄清如何适用一些关键概念的机会,这些概念包括同意(应避免在不选则无及不选则有之间造成困惑,在不构成适当法律依据时同意并不适用)、透明(这是公平处理的前提)。必须清楚的一点是:透明并不一定会促成同意,但却是作出同意及行使所赋予数据主体各项权利的前提条件。最终目标应是在国际层面根据第95/46/EC号指令规定的原则及权利改善数据保护状况,同时维持目前的保护水平。确立一个总体性架构也将会使目前的规则产生一些有用的创新。这也许也会牵扯到引入一般性的"设计保障隐私"原则,作为目前组织及安全措施规

[①] ⟨www.apds.es/portalweb/canaldocumentacion/conferencias/common/pdfs/31_conferencia_internacional/estandares_resolucion_madrid_en.pdf⟩.

[②] ⟨ec.europa.eu/commission_2010-2014/kroes/about/mandate/index_en.htm⟩.对此,请见欧洲数据专员通过数据及隐私保护而促进信息社会中信任度的意见:⟨www.edps.europa.eu/EDPSWEB/webday/site/mySite/shared/Documents/Consultation/Opinions/2010/10-03-19_Trust_Information_Society_EN.pdf⟩.

则的延伸,也涉及一般性的负责原则。[①] 有必要对负责及设计保障隐私原则进行日益强烈的关注;公民可通过有效的机制行使其权利;应在数据处理环节实现更强的透明度——部分是体现在具体案件中可以动用的所有必要措施;也应致力于使得数据保护监管机构更有效率,以更为有效地行使监督职能。

[①] 欧盟委员会于 2009 年公布了对欧盟数据保护架构前景的意见征询,要求相关方发表看法。第 29 条工作方机制制定了一个名为《隐私之未来》这一非常重要的文件,作为对意见征询的联合反馈(请见制定于 2009 年 12 月 1 日的 WP168 文件,〈ec.europa.eu/justice_home/fsj/privacy//docs/wpdocs/2009/wp168_en.pdf〉)。

第二部分 电子商务指令

欧洲议会及欧盟理事会
第 2000/31/EC 号指令
(《电子商务指令》)

2000 年 6 月 8 日通过关于内部市场尤其包括电子商务在内的信息社会服务若干法律事项之指令

欧洲议会及欧盟理事会

基于《建立欧洲共同体条约》之规定,尤其是其中第 47 条第 2 款、第 55 条及第 95 条之规定,

基于欧盟委员会提出的建议,①

基于经济与社会小组委员会的意见,②

根据《欧共体条约》第 251 条规定程序,③

鉴于:

(1) 欧盟寻求在成员国与欧洲民众间建立更为紧密的联系,确保经济及社会发展;根据《欧共体条约》第 14 条第 2 款,内部市场构成了一个没有内部边界的区域,其确保了货物、服务流动自由及企业设立自由;区域内无内部边界信息社会服务的发展对于消除欧洲民众之间的隔阂至关重要。

(2) 信息社会中电子商务的发展在共同体内提供了重要的就业机会,尤

---

① OJ C 30, 5 February 1999, p. 4.
② OJ C 169, 16 June 1999, p. 36.
③ 欧洲议会 1999 年 5 月 6 日发布的意见(OJ C 279, 1 October 1999, p. 389)、欧盟理事会 2000 年 2 月 28 日作出的共同立场文件(OJ C 128, 8 May 2000, p. 32)及欧洲议会 2000 年 5 月 4 日作出的决定(尚未在官方刊物发表)。

其对于中小企业而言更是如此,并将促进经济增长,推动欧洲公司投资于创新,还可以增强欧洲产业的竞争力,这都需要每个人都有机会接入互联网。

(3) 共同体法律及共同体法律制度的特色是一项核心资产,促使欧洲公民及运营商充分利用电子商务提供的机会而不用考虑边界的限制;因此该指令意在确保共同体法律整合的高水平,为信息社会服务确立一个真正没有边界的区域。

(4) 重要的是要确保电子商务可以完全受益于内部市场,通过1989年10月3日第89/552/EEC号《关于就从事电视广播行为对成员国法律、条例及行政行为规定条款予以协同的理事会指令》①,共同体整合达至高水平。

(5) 信息社会在共同体内的发展为内部市场合理运营构成的若干法律障碍所阻碍,这使得设立企业及提供服务的自由不那么有吸引力。基于立法的差异及该等服务适用成员国国内规则后所导致法律上的不确定性,这些法律障碍得以产生;如不在相关领域对立法活动加以协同和调整,这些障碍可能会依据欧共体法院的判例法取得正当性;鉴于对成员国可以控制源自其他成员国的服务,法律上就存在着一定的不确定性。

(6) 根据《共同体条约》第43条、第49条及其他第二级共同体法律规定的共同体目标,通过协同特定国内法及在共同体层面为了内部市场正常运作之必要对特定的法律概念进行澄清,可以消除这些障碍;本指令仅处理导致内部市场产生问题的特定事项,从而完全符合《共同体条约》第5条规定的补充原则。

(7) 为确保法律确定性及消费者信心,本指令必须规定明确的总体架构,以涵盖内部市场电子商务的特定法律问题。

(8) 本指令之目的是为了建立法律架构,以确保成员国间信息社会服务的自由流动,并不在刑事法律领域继续这种协同化。

(9) 许多情形下,信息社会服务的自由流动可以是共同体法律中一个

---

① OJ L 298, 17 October 1989, p. 23.后被欧洲议会及欧盟理事会通过第97/36/EC号指令(OJ L 202, 30 July 1997, p. 60)予以修改。

更普遍原则的具体体现,那就是《欧洲人权公约》第 10 条第 1 款所规定的言论自由,而所有成员国都已加入本公约;基于此,涵盖提供信息社会服务的指令须确保这种行为可以根据该条款自由地进行,而只须满足该条第 2 款及《共同体条约》第 46 条第 1 款所规定的限制;本指令并不旨在影响成员国与言论自由相关的基本规则及原则。

(10) 根据比例原则,本指令规定的措施严格限定于内部市场正常运作目的而需要达到的限度;有必要在共同体层面采取行动的情形下,为在涉及电子商务的本区域确保真正不存在内部边界,本指令须确保对一般利益之目标进行的高水平保护,尤其是对未成年人及人类尊严的保护、消费者保护及公共健康保护,更是如此;根据《共同体条约》第 152 条的规定,对公共健康的保护是其他共同体政策的一个核心组成部分。

(11) 本指令并不影响共同体法律尤其针对公共健康及消费者权益所确立的保护水平;其中就包括理事会 1993 年 4 月 5 日通过第 93/13/EEC 号《关于消费合同不公平条款指令》[1]和欧洲议会及欧盟理事会 1997 年 5 月 20 日通过第 97/7/EC 号《关于远程合同中消费者保护之指令》,[2]就合同事项而言,它们构成了消费者保护的核心内容;该等指令也整体适用于信息社会服务;同样,该等共同体既存法律规范在完全适用于信息社会服务的同时,也特别借鉴了以下法律:理事会 1984 年 9 月 10 日通过第 84/450/EEC 号《涉及误导及比较广告的指令》,[3]理事会 1986 年 12 月 22 日通过第 87/102/EEC 号《关于协同成员国涉及消费信贷的法律、条例及行政规定之指令》,[4]理事会 1993 年 5 月 10 日通过第 93/22/EEC 号《关于证券领域投资服务之指令》,[5]理事会 1990 年 6 月 13 日通过第 90/314/EEC 号《旅游套

---

[1] OJ L 95, 21 April 1993, p. 29.

[2] OJ L 144, 4 June 1999, p. 19.

[3] OJ L 250, 19 September 1984, p. 17. 该指令后被欧洲议会及欧盟理事会第 97/55/EC 号指令所修改(OJ L 290, 23 October 1997, p. 18)。

[4] OJ L 42, 12 February 1987, p. 48. 该指令最后一次修改是通过欧洲议会及欧盟理事会第 98/7/EC 号指令得以进行(OJ L 101, 1 April 1998, p. 17)。

[5] OJ L 141, 11 June 1993, p. 27. 该指令最后一次修改是通过欧洲议会及欧盟理事会第 97/9/EC 号指令得以进行(OJ L 84, 26 March 1997, p. 22)。

餐、度假套餐及游览套餐之指令》，①欧洲议会及欧盟理事会1998年2月16日通过第98/6/EC号《关于向消费者提供产品价格标签相关消费品之指令》，②欧盟理事会1992年6月29日通过第92/59/EC号《关于一般产品安全之指令》③，欧洲议会及欧盟理事会1994年10月26日通过第94/47/EC号《关于以分时方式购置不动产使用权合同涉及特定方面对购买方予以保护的指令》④，欧洲议会及欧盟理事会1998年5月19日通过第98/27/EC号《为保护消费者权益而核发禁令之指令》⑤，理事会1985年7月25日通过第85/374/EEC号《关于协同涉及缺陷产品之相关法律、条例及行政规定之指令》⑥，欧洲议会及欧盟理事会1999年5月25日通过第1999/44/EC号《关于消费品销售及相关担保的特定事项之指令》⑦，欧洲议会及欧盟理事会将来通过《关于远程营销消费金融服务之指令》和欧盟理事会1992年3月31日通过第92/28/EEC号《关于医疗产品广告之指令》⑧；本指令不应影响欧洲议会及欧盟理事会1998年7月6日通过第98/43/EC号《就烟草产品之广告与赞助而在内部市场架构下对成员国法律、条例及行政规定进行协同化之指令》⑨，也不影响涉及公共健康的诸多指令；对尤其包括第97/7/EC号指令在内的上述指令所确立的信息要求而言，本指令进行了补充规定。

（12）由于在目前阶段，《欧共体条约》及现存二级立法均不能确保在有关领域提供服务的自由，有必要将特定行为排除于本指令适用范围之外；将

---

① OJ L 158, 23 June 1990, p. 59.
② OJ L 80, 18 March 1998, p. 27.
③ OJ L 228, 11 August 1992, p. 24.
④ OJ L 280, 29 October 1994, p. 83.
⑤ OJ L 166, 11 June 1998, p. 51. 该指令后被第1999/44/EC (OJ L 171, 7 July 1999, p. 12)号指令予以修改。
⑥ OJ L 210, 7 August 1985, p. 29. 该指令后被第1999/34/EC (OJ L 141, 4 June 1999, p. 20)号指令予以修改。
⑦ OJ L 171, 7 July 1999, p. 12.
⑧ OJ L 113, 30 April 1992, p. 13.
⑨ OJ L 213, 30 July 1998, p. 9.

该等行为排除在外,并不排除也许是对内部市场正常运作所必要的法律文件;向本指令所涵盖的服务征收尤其包括增值税在内的税收,都须被排除于本指令适用范围之外。

(13) 本指令并不意图确立财政义务方面的规则,也不排除草拟涉及电子商务财务方面的共同体法律文件。

(14) 对个人数据处理方面的个人权利保护完全只适用欧洲议会及欧盟理事会1995年10月24日通过的95/46/EC号《关于个人数据处理及自由流动的个人权利保护指令》[1]及欧洲议会及欧盟理事会1997年12月15日通过第97/66/EC号《关于在电子通讯领域涉及个人数据处理及隐私权保护之指令》[2],该两项指令均完全适用于信息社会服务;这些指令已经在个人数据领域确立了共同体法律架构,因此,无须为确保尤其是涉及个人数据在成员国间自由流动在内的内部市场顺利运作而在本指令中对之予以规定;本指令之实施及适用应完全遵守个人数据保护原则,特别是对于非请而至商业通讯及中间服务商责任尤其如此;本指令并不阻止对诸如互联网在内的开放网络进行匿名使用。

(15) 通讯秘密得以受到第97/66/EC号指令之保证;根据该等指令,成员国须禁止发送人及接收方之外其他人通过任何形式进行拦截或监控,除非得到合法授权。

(16) 本指令适用范围对赌博活动之排除,仅仅涵盖射幸游戏、彩票及涉及具有资金价值下注的赌博交易;该排除规定并不涵盖目的在于鼓励货物或服务销售且在涉及支付时仅是为了取得所推销货物或服务的推销性竞赛或游戏。

(17) 对信息社会服务之界定已经存在于共同体法律之中:欧洲议会与欧盟理事会1998年6月22日通过第98/34/EC号《技术标准、规范及信息

---

[1] OJ L 281, 23 November 1995, p. 31.

[2] OJ L 24, 30 January 1998, p.1.

社会服务规则领域信息提供程序的指令》[1]，欧洲议会与欧盟理事会 1998 年 11 月 20 日通过第 98/84/EC 号《对基于或构成条件存取服务所提供法律保障之指令》[2]；该等定义涵盖通常为取得报偿而应服务接受方的个别请求、远程通过电子设备处理（包括数据压缩）并存储数据所提供的任何服务；第 98/34/EC 号指令附件五的指示目录中提及的该等服务并不意味着数据处理和存储，因此并不适用该定义。

（18）信息社会服务广泛涵盖线上进行的经济活动；这些活动尤其由线上销售货物的行为构成；诸如交货或提供线下服务的行动并不包括在内；信息社会服务并不仅仅局限于促成在线合同的服务，而且也在代表了经济活动延伸至并不为服务接受方予以补偿的服务，例如提供在线信息或商业通讯，或者提供可以进行数据搜索、查看及检索的手段；信息社会服务也包括通过通讯网络传输信息的服务，诸如提供通讯网络接入服务或者对服务接受方所提供信息予以托管服务；第 EEC/89/552 号所界定的电视广播及无线电广播并不属于信息社会服务，因为它们并非应个人要求所提供；相反，点对点传输、诸如视频点播或者通过电子邮件提供商业通讯就是信息社会服务；使用电子邮件或者同等个人通讯手段，在诸如自然人于其业务、商业或职业范围之外进行活动，包括使用该等通讯手段在其之间达成合同的行为，并不是信息社会服务；雇主同雇员间的合同关系并不是一项信息社会服务。那些因其性质不能远程通过电子方式进行的活动并不是信息社会服务，这些活动包括对公司账目进行法定审计或者要求病人进行身体检查的医疗建议。

（19）应当根据欧洲法院案例法确定服务提供商的营业场所，并应根据无限期内设立固定机构以实际追求经济活动的设立概念予以确定；如一家公司在给定期间内得以存续，也满足这一要求；通过互联网网站提供服务的公司营业场所，并非其网站技术支持所在地，也不是其网站接入互联网的地

---

[1] OJ L 204, 21 July 1998, p. 37. 该指令后被第 98/48/EC 号指令（OJ L 217, 5 August 1998, p. 18）所修改。

[2] OJ L 320, 28 November 2998, p. 54.

点,而是其追求其经济活动的地点;提供商有几个营业场所的,重要是根据其提供相关服务的营业场所来予以确定;难以从若干营业场所中确定提供服务之营业场所的,应该是提供商该特定服务相关活动的中心地点。

(20)"服务接收方"之定义涵盖由通过诸如互联网之类的公开网络提供信息的人基于个人或商业原因在互联网上搜寻信息的人对信息社会服务进行所有类型的使用。

(21)协同领域的范围不影响未来共同体对信息社会服务的协同化进程,也不影响成员国未来根据共同体法在国内通过的相关立法;协同领域仅涵盖与诸如在线信息、在线广告、在线购物、在线协议之类在线活动相关的要求,并不涉及成员国诸如安全标准、标签说明义务、产品责任方面有关货物的法律要求,也不涉及成员国与货物交付及运输、包括医疗产品批发等要求;协同领域并不涵盖公共权力机关就诸如艺术品等特定商品行使优先权的情形。

(22)对信息社会服务的监管应当在活动源头进行,以确保对公共利益诸目标进行有效保护;为此目的,有必要确保有关监管机构不仅向该国公民也向共同体所有公民提供该等保护;为改善成员国彼此间的信任状况,关键就是要清楚说明服务源头成员国这方面的责任;另外,为了有效确保提供服务的自由并没有确保对于服务提供商及接收方而言的法律确定性,该等信息社会服务应当原则上符合服务提供商所在成员国法律的规定。

(23)本指令既不旨在对法律冲突在国际私法之外确立规则,也不适用于法院的管辖权议题;国际私法规则所确定适用法律规定不得限制本指令所确立提供信息社会服务的自由。

(24)在本指令的层面,尽管存在对信息社会服务来源进行监管的法律规则,在满足本指令确定条件的情形下,成员国可以合法采取措施,限制信息社会服务的自由流动。

(25)包括民事法院在内的成员国国内法院在处理司法争议时可以在满足本指令所确定条件的情形下对提供信息社会服务的自由予以变通处理。

(26) 在满足本指令所确定条件的情形下,成员国为了侦测及起诉犯罪行为之必要而采取一切调查或者其他措施的,可以适用刑事法律和行使诉讼法律的规定,且并不需将该等措施向欧盟委员会进行通报。

(27) 本指令同欧洲议会及欧盟理事会将会通过的《关于远程营销消费金融服务之指令》一起对于提供在线金融服务确立了法律架构;本指令并不排除在金融服务领域在将来还要提出其他建议,尤其是针对该领域行为规则的协同化而言更是如此。本指令确立了成员国可以为了保护消费者的需要而对信息社会服务提供予以限制的可能,也涵盖了尤其是为了保护投资者而采取特别措施的金融服务领域内的措施。

(28) 成员国有义务不得规定接入信息社会服务提供商活动须经事先授权,这并不涉及欧洲议会及欧盟理事会1997年12月15日通过第97/67/EC号《关于共同体内部市场邮政服务发展的指令》[①]所涵盖的邮政服务——也包括对打印电子邮件信息进行物理投递,也不影响自发认证体系,尤其是对于电子签名服务提供商而言更是如此。

(29) 商业通讯对于信息社会服务融资及新型免费服务的发展都至关重要;基于消费者保护及公平贸易的需要,包括打折和推销要约及促销型竞赛或游戏在内的商业通讯,须符合若干透明度要求;该等要求并不影响第97/7/EC号指令的效力;本指令不应影响目前商业通讯相关指令,尤其是第98/43/EC号指令的效力。

(30) 消费者及信息服务提供商也许均不愿接受通过电子邮件发送非请而至的商业通讯,后者可能中断互动网络的顺利运作;本指令并不适用于接收方对一定形式商业通讯予以同意这一议题,该议题已经被尤其是第97/7/EC号指令及第97/66/EC号指令所处理;在许可通过电子邮件发送商业信息的成员国,应鼓励并促成建立适当的行业过滤方案;而且有必要在任何情形下使得非请而至的商业通讯可以清楚地表明其性质以提高透明度,以便于该等行业过滤方案的执行;通过电子邮件进行的商业通讯,不应

---

① OJ L 15, 21 January 1998, p. 14.

造成接收方产生额外的通讯开支。

(31) 成员国允许设立于其领土内的提供商未经邮件接收人事先同意而通过电子邮件发送非请而至商业通讯的,须确保服务提供商对不选则有登记体系经常予以查证并予以尊重,其中不愿意接收该等商业通讯的自然人可以在其上予以登记。

(32) 为消除共同体内受监管职业之专业人员可以通过互联网提供跨境服务的发展障碍,有必要在共同体范围内确保遵守尤其是保护消费者或公共健康的执业准则;共同体层面的行为规范将成为确定商业通讯所适用职业道德规则最好手段;应鼓励制定该等规则,或者在适当情形下对该等规则予以调整,但不应对专业机构或组织的独立性造成影响。

(33) 本指令对涉及受监管职业所适用该领域整套体系化规则的共同体法律及成员国国内法构成补充。

(34) 每个成员国都需修订可能阻碍通过电子形式达成合同的法律,应属体系化且涵盖缔约过程中的所有必要步骤及行为,包括合同存档;该等修订的结果应当使得以通过电子方式达成合同;欧洲议会和欧盟理事会1999年12月13日通过的第1999/93/EC号《关于电子签名共同体法律架构的指令》适用于电子签名法律效力问题;[①]服务提供商可以通过提供在线付费服务的形式对接收这一事实予以认可。

(35) 本指令并不妨碍成员国可以继续维持或确立能够通过电子手段达成合同所适用的总体或一般法律要求,尤其是针对安全数字签名的法律要求更是如此。

(36) 对于法律要求须法院、公共权力机关或者行使公共职权的专业人员参与的合同,成员国可以继续限制使用电子合同;这也涵盖须法院、公共权力机关或者行使公共职权的专业人员参与方才对第三方发生效力及需要法律认证或公证的合同。

(37) 成员国消除使用电子合同障碍的义务仅涉及基于法律要求产生

[①] OJ L 13, 19 January 2000, p. 12.

的障碍，而不是由于在特定情形下不可能使用电子手段的实际障碍。

（38）成员国消除使用电子合同障碍的义务须依据共同体法确立的法律要求予以实施。

（39）对于本指令中全部以电子邮件或同等个人通讯手段达成合同的相关规定，涉及信息提供及订货规定的例外情形时，其结果不能使得信息社会服务提供商对该等规定进行规避。

（40）对于服务提供商作为中间商承担的责任，成员国的立法及案例法中的分歧是既有的，也是正在发生的，这阻碍了内部市场的顺利运作，尤其是损害了跨境服务的发展，扭曲了竞争；服务提供商在特定情形下有责任为防范或阻止不法行为而行事；对清除或阻断对不法信息进行查看的路径而言，本指令应为发展快速及可靠的程序作为法律依据；该等机制可以基于所有相关方主动同意的基础上发展而成，各成员国对此须予以鼓励；制定及实施该等程序符合参与提供信息社会服务所有方面的利益；本指令规定法律责任有关的，不应排除不同利益方在第95/46/EC号指令及第97/66/EC号指令规定的限度内研发并有效操作保护身份确认技术系统及基于数码技术的技术监控装备。

（41）本指令在不同相关利益方之间维持着平衡，确定了行业协定及标准所依据的原则。

（42）本指令确立的责任豁免仅仅涵盖操作并接入通讯网络的技术过程的信息社会服务提供商所从事活动，借助该通讯网络，第三方提供的信息得到传输或者被暂时存储，其唯一的目的就是使得传输更为高效；该活动仅仅具有自动及被动的技术性质，这意味着信息社会服务提供商对于所传输或存储的信息既不知情也没有控制权。

（43）在不可能参与所提供信息的时候，服务提供商可以受益于因为"仅系通道"及"以数据饼干形式存储"而给予的豁免；这其中就要求服务提供商对其传输的信息不加改动；这一要件并不涵盖在传输过程中技术性质的操作，因为这并不改变传输过程中信息的完整性。

（44）服务提供商故意同其服务接受者协同行事进行非法活动的，超出了"仅系通道"或者"以数据饼干形式存储"的活动范围,因此不能享受为该等活动给予责任豁免的待遇。

（45）本指令对中间服务商责任进行的限制并不影响可以施加的各种禁令;该等禁令尤其可由法院或者行政机关的命令构成,要求终止或者防止任何侵权行为,包括移除非法信息或使得对该等信息的查看无法进行。

（46）为享受责任限制,在存储信息的情形下,信息社会服务提供商实际知悉或觉察到不法行为的,须立即移除或者使之无法查看有关信息;移除或使之无法查看相关信息应该遵守言论自由原则及为此目的而在成员国层面确立的相关程序;本指令并不妨碍成员国可以确立特别的要求,以在移除或者使之无法查看有关信息前迅速予以满足。

（47）成员国不得仅仅针对一般性的义务对服务提供商施加监控义务;这并不涉及特定情形下的监控义务,尤其并不影响成员国国家机关根据成员国法律发布的命令。

（48）本指令并不妨碍成员国可以要求为其服务接受方所提供信息进行托管的服务提供商适用谨慎义务,该义务系对服务提供商的合理预期,且由成员国法律予以具体规定,以便侦测及阻止特定的非法行为。

（49）成员国及欧盟委员会须鼓励制定行为准则;这并不削弱该等准则的自发性,也并不妨碍利益相关方可以自主决定是否遵守该等准则。

（50）重要的是,拟议的信息社会中关于版权及相关权利的指令及本指令依照相似的时间表生效,以在共同体范围内建立中间服务商所涉及知识产权及相关权利侵权责任的清晰法律架构。

（51）应当要求每个成员国在必要时对妨碍使用电子渠道方案进行庭外争议解决的法律加以修改;该等修改法律的结果须使得该等方案的运作在法律和实践而言均有着真实及有效的可行性,即使对于跨境事项也是如此。

（52）有效行使内部市场自由的,就有必要确保受害方能有效使用争议解决方式;可能因信息社会服务而产生的损害在速度及地理范围上都有其特色;鉴于其具体特色及需要确保成员国机构不会损害互相之间应具有的信心,本指令要求成员国确保提供适当的司法救济方式;成员国应当审查是否有必要提供通过适当电子手段进行司法程序的机会。

(53) 第 98/27/EC 号指令适用于信息社会服务，提供了一个禁令诉讼的相关机制，旨在保护消费者的整体利益；该等机制将通过确保高水平的消费者保护，以促进信息社会服务的自由流动。

(54) 本指令项下所规定的罚则并不影响根据成员国国内法而进行的其他处罚或救济；成员国没有义务就违反根据本指令所制定国内规定而提供刑事处罚的救济方式。

(55) 本指令并不影响适用于消费合同中合同义务的法律；相应地，本指令并不会剥夺消费者住所所在成员国法律所规定合同责任的强制规则对消费者给予的保护。

(56) 对于本指令就消费者达成合同中合同义务所规定的变通情形，该等义务应被解释为包括合同内容核心部分的信息，包括对作出决定达成合同有决定性影响的消费者权利。

(57) 欧洲法院一直以来认定：成员国有权对设立于其他成员国的服务提供商采取措施，而该服务提供商所有或大部分活动均是针对前一成员国国内而来，其设立营业场所的选择是为了规避其若设立于前一成员国须适用的法律。

(58) 本指令不适用于设立于第三国的服务提供商所提供的服务；然而，鉴于电子商务具有的全球情境，确保共同体规则和国际准则具有一致性，实属适当；本指令并不会影响国际组织（其中包括世界贸易组织、经合组织、联合国国际贸易法委员会）内部就相关法律议题进行讨论的结果。

(59) 尽管电子通讯有全球属性，为了避免互联网市场的分裂，为了建立一个适当的欧洲监管架构，在欧盟层面协同国家监管措施是必要的；这种协同应当也促进确立一个在国际谈判中确定一个共同的强大谈判立场。

(60) 为了使得电子商务不受阻碍地得以发展，法律架构须清晰而简单，具有可预见性并和国际层面适用的规则相一致，以便不会对欧洲产业的竞争力造成负面影响，也不会阻碍该等领域的创新。

(61) 如果在全球化的背景下，市场操作实际上是通过电子方式进行的,欧盟及主要非欧洲区域需要彼此听取意见,以便使得所制定的法律及程序相协同。

(62)在电子商务领域同第三国的合作应当予以加强,尤其是对申请加入国、发展中国家及欧盟其他贸易伙伴而言更是如此。

(63)制定本指令并不阻止成员国在信息社会来临之际对种种社会、社会及文化影响予以考虑;尤其不应当妨碍成员国可能采取符合共同体法律的措施,以在考虑其语言多样性、国家及地区特色及文化传统的情形下,实现其社会、文化及民主目标,确保公众最大范围内享受信息社会服务并使之能够持续提供;任何情形下,信息社会服务的发展是为了确保共同体公民可以在数码环境下享受欧洲文化遗产。

(64)电子通讯使得成员国具有极为理想的手段提供文化、教育以及语言领域的公共服务。

(65)欧盟理事会在其1999年1月19日通过关于消费者领域信息社会的决议[1]中,强调须在该领域特别注意消费者保护问题;欧盟委员会将会审查现有消费者保护规则在信息社会背景下所提供保护的不足程度,并在必要的时候确定该等法律的不足之处,锁定需要进一步采取措施以处理的议题;如需要,欧盟委员会应当提出更多的建议,以解决所确定的不足之处。

通过指令如下:

第一章 一般条款

目标及适用范围

第1条

(1)本指令通过确保成员国间信息社会服务自由流动而寻求促进内部

---

[1] OJ L 23, 28 January 1999, p. 1.

市场的正常运作。

（2）为实现第 1 款规定目标的必要程度，本指令对以下方面的成员国规定予以协同化：涉及内部市场的信息社会服务，服务提供商之设立，中间服务商之责任，行为准则，庭外纠纷解决方式，诉讼及成员国合作。

（3）本指令对适用于信息社会服务的共同体法律进行补充，同时并不影响共同体法确立并由成员国国内法所实施特别是对公共健康和消费者权益进行保护的水平，前提是这种保护并没有对提供信息社会服务的自由加以限制。

（4）本指令并没有在国际私法之外确立规则，也没有涉及法院管辖权问题。

（5）本指令不得适用于：

（a）税务领域；

（b）第 95/46/EC 号及 97/66/EC 号指令所涵盖的信息社会服务问题；

（c）适用于竞争法的协议或做法；

（d）以下信息社会服务活动：

——公证员或同等专业人员的活动，但须直接并具体地涉及公共职权的行使；

——在法庭代理客户及为其利益辩护；

——对射幸游戏进行具有金钱价值投注的赌博活动，包括彩票及赌博交易。

（6）本指令并不影响共同体法中在共同体或者成员国层面采取的、旨在促进文化及语言多样性并确保维护多元化的措施。

1. 概述。本指令宗旨是为了在成员国之间促进信息社会服务的流动。第 2 条 a 项对"信息社会服务"予以界定。为了实现该目标，本指令寻求在成员国国内法相关领域确立适当规则，该等领域包括内部市场、服务提供商之设立、电子商务、电子合同、中间服务商之责任、行为准则、诉讼外争议解决方式、诉讼及成员国合作。

2. 历史发展。欧盟采取的原则就是消除法律障碍,以对潜在买方提供保障并发展电子商务。在欧洲层面促进电子商务的发展始于早期欧盟委员会 1997 年《关于电子商务欧洲动议之通告》,该文件设定了清晰的目标:在 2000 年前打造一个电子商务的体系化欧洲法律架构。所采取的方式尤其是旨在避免监管过渡,以自由内部市场为基础,考虑到商业现实,基于总体利益为有关目标提供有效保护。本指令也旨在消除成员国案例法中的分歧,同时引入可以促进消费者及企业信心的安全水准。

3. 采纳。指令被如下成员国采纳:奥地利 2001 年通过第 152 号法律采纳;比利时在 2003 年 3 月 11 日通过法律采纳;丹麦通过 2002 年 4 月 22 日第 227 号法律采纳;芬兰于 2002 年 6 月 5 日通过第 458 号法律予以采纳;法国于 2004 年 6 月 21 日通过第 2004—575 号法律予以采纳,并分别于 2008 年 1 月 3 日通过第 2008—3 号法律及与 2009 年 6 月 12 日通过第 2009—669 号法律对之予以修正;德国于 2007 年 2 月 26 日通过《德国电信媒体法》("Teledienstegesetz"),以替代其《远程服务数据保护法》及《远程服务法》;希腊通过 131/2003 号总统令予以采纳;爱尔兰通过《2003 年欧洲共同体条例》予以采纳;意大利于 2003 年 4 月 9 日通过 D. Lgs.no. 70 文件予以采纳;卢森堡于 2000 年 8 月 14 日通过法律予以采纳;马耳他于 2001 年通过《电子商务法》(2001 年第 426 章)予以采纳;荷兰于 2004 年 5 月 13 日通过法律予以采纳;葡萄牙于 2004 年 1 月 7 日通过第 7/2004 号敕令予以通过,后又于 2009 年 3 月 10 日通过第 62/2009 号敕令予以修改;罗马尼亚在 2002 年 7 月 5 日发布第 365 号法律予以采纳,后于 2006 年 5 月 10 日的第 121 号法律予以修改;斯洛伐克共和国通过第 22/2004 号法律予以采纳,被《法规编纂》中第 160/2005 号法律予以修改;西班牙于 2002 年 7 月 11 日通过第 34 号法律(又被以下法律所修改:Ley 32/2003, of 3 November, 'General de Telecomunicaciones'; Ley 59/2003, of 19 December, 'de firma electronica'; Ley 25/2007, of 18 October, 'de conservacion de datos relativos a las comunicaciones electronicas y a las redes publicas de comunicaciones'; Ley 56/2007, of 28 December, 'de Medidas de Impulso de la

Sociedad de la Informacion')；瑞典于 2002 年 6 月 14 日通过法律予以采纳；英国通过《2002 年电子商务条例法》[后又经以下法律予以修改：2003 年 1 月 24 日通过的第 115 号立法文件《2003 年电子商务（欧共体指令）(延长)条例》；2004 年 4 月 19 日通过的第 1178 号立法文件《2003 年电子商务（欧共体指令）(延长)条例》；2007 年 5 月 23 日通过的第 1550 号立法文件《2003 年电子商务指令（2006 年反恐法）条例》]予以采纳。对于欧洲经济区成员国，该条例被以下国家所采纳：冰岛于 2002 年 4 月 16 日通过第 30 号法律予以采纳；列支敦士登于 2003 年 4 月 16 日通过法律予以采纳；挪威于 2003 年 5 月 23 日通过第 35 号法律予以采纳。

4. 采纳指令之文件的主要特征。一般而言，成员国对指令的转换是对指令的形式和内容以亦步亦趋的方式进行。成员国决定通过制定横向的电子商务法律转换指令，以便在最大程度上创立一个清晰的国内架构。法国并没有对指令进行逐字转换，而是将指令规定与其他规范混杂在一起。此种情形下相关的法律还有 Decree (Décret) No. 2005 – 137 of 16/2/2005 pris pour l'application de l'article L. 134 – 2 du code de la consommation 及 Ordonnance No. 2005 – 674 of 16/6/2005 relative à l'accomplissement de certaines formalités contractuelles par voie électronique。有意思的是，法国法明确支持通过信息社会服务而进行的通讯自由。英国在两个截然不同的部分对指令进行了转换。第一部分涉及一般事项，而第二部分涉及金融服务领域。基于宪法理由，比利时最终将指令的主要部分及第 3 条第 4 款至第 6 款规定的程序分成两个独立的法律（请见《关于电子商务指令适用之首次报告》）。在大多数成员国，在转换环节特别审慎之处都集中在内部市场条款及涉及中间服务商责任的条款。另外，要正确转换指令，需要一些成员国对现行国内法律进行筛选和修改，以便达到诸如消除电子合同条款障碍的目的。对于指令并未加以规定的事项，一些成员国在其国内法中作出了进一步规定。例如：跳转链接和搜索引擎服务提供商的责任（奥地利、葡萄牙及西班牙），对非法内容的通知后清除程序（例如，芬兰就实行和版权法相关制度类似的程序），对信息社会服务提供商的注册要求（葡萄牙和西班牙),数据留存(西班牙),数据加密(法国和卢森堡)及关于电子合同的其他条款。在意大利,国内法转换严格遵循指令的形式及内容。另外,一些成员国也在其国内电子商务法律的适用范围中加入了指令适用范围排除在外的事项,如在线赌博。照此观点,奥地利、卢森堡及葡萄牙仅仅将赌博排除在内部市场原则之外。因此,成员国其他部分的转换措施完全适用于在线赌博提供服务(请见《关于电子商务指令适用之首次报告》)。

5. 适用领域。指令涵盖在线提供服务的种类广泛,在线提供的服务就是所谓信息社会服务,第2条对之进行了界定。如同前言第10项所言,根据比例原则,该指令所规定的措施严格限定于为实现内部市场正常运作的最小限度。如同前言同一项明确规定的那样,指令须对未成年人、人类尊严、消费者保护及公共健康确保高水平的保护。该指令尤其没有改变共同体法律所确定对公共健康及消费者权益提供保护的水平。该指令旨在对欧盟法律体系进行补充。具体而言,该指令与《远程合同指令》及消费者保护法共存。该指令规定可以提高已经向消费者提供保护的水平,但不能将之削弱。没有被该指令影响的主要法律罗列在前言第11项。它们是共同体法律的一部分,完全适用于电子商务。它们是如下法律:欧盟理事会第93/13/EEC号《关于消费合同不公平条款指令》,欧盟理事会第84/450/EEC号《涉及误导及比较广告的指令》,欧盟理事会第87/102/EEC号《关于协同成员国涉及消费信贷的法律、条例及行政规定之指令》,欧盟理事会第93/22/EEC号《关于证券领域投资服务之指令》,欧盟理事会第90/314/EEC号《打包旅游、打包假期及打包游览之指令》,第98/6/EC号《关于向消费者提供产品价格标签相关消费品之指令》,欧盟理事会第92/59/EC号《关于一般产品安全之指令》,第94/47/EC号《关于以分时方式购置不动产使用权合同涉及特定方面对购买方予以保护的指令》,第98/27/EC号《为保护消费者权益而核发禁令之指令》,欧盟理事会第85/374/EEC号《关于协同涉及缺陷产品之相关法律、条例及行政规定之指令》,第1999/44/EC号《关于消费品销售及相关担保的特定事项之指令》,将来通过《关于远程营销消费金融服务之指令》及欧盟理事会第 92/28/EEC 号《关于医疗产品广告之指令》,《就烟草产品之广告与赞助而在内部市场架构内对成员国法律、条例及行政规定进行协同化之指令》或关于保护公共健康的各项指令。

6. 指令及国际私法间的关系(第 4 款)。针对电子商务,指令前言第 23 项就涉及第 1 条第 4 款作了说明:"本指令既不旨在对法律冲突在国际私法之外确立规则,也不适用于法院的管辖权议题;国际私法规则所确定适用法律规定不得限制本指令所确立提供信息社会服务的自由。"第 1 条第 4 款旨在通过援引目前国际私法规则而对该指令的适用范围进行限制,而该等国际私法规则即指《关于合同债务的适用法律公约》(罗马,1980)、《欧盟理事会关于承认及执行民事及商事判决的条例》及若干欧盟指令中相关国际私法规则(例如,请见《远程合同指令》第 12 条)。第 1 条第 4 款确保现有国际私法规则仍然使用,指令并没有规定新的冲突法规则,也就是没有规定在产生冲突时应予以适用的法律。第 3 条即使规定了"来源国"原则,也对此不产生影响。第 1 条第 4 款及第 3 条第 1 款之间的关系已经成为经常讨论的一个主题,主要关注的问题就是:"来源国"原则是否已经实际上确定了一个新的冲突法规则(详情请见第 3 条)。国际私法规则确定了产生法律冲突后的适用法律,在这个意义上,该等规则不得造成与指令所规定信息社会服务自由的冲突。对于国际司法管辖权规则而言,第 4 款规定产生的效果一目了然。仍然按照第 44 号欧盟理事会指令确定欧盟成员国法院的国际司法管辖权,这并没有发生改变。

7. 未被指令所涵盖的领域(第 5 款)。指令具体规定了不适用的相关领域。具体包括:税务、个人数据保护、适用竞争法的协议或做法。另外,指令也不适用于信息社会服务的以下活动:公证员或同等专业人员的活动,但须直接并具体地涉及公共职权的行使;在法庭上代理客户并为其利益进行辩护;对射幸游戏进行具有金钱价值投注的赌博活动,包括彩票及赌博交易。最后,就像在前言第 63、64 项确认的那样,通讯使得成员国在文化及教育领域提供公共服务具有了重要的手段。然而,通过该指令并不妨碍成员国对信息社会服务所具有的种种社会及文化影响予以考虑。

定义

第 2 条

为本指令之目的,以下术语应该具有以下涵义:

(a)"信息社会服务":该等服务应具有被第 98/48/EC 号指令修改的第 98/34/EC 号指令第 1 条第 2 款所规定的涵义;

(b)"服务提供商":提供信息社会服务的任何自然人或法人;

(c)"拥有营业场所的服务提供商":通过无限期设立固定场所而有效从事经济活动的服务提供商。存在及使用提供服务需要的技术手段和技术本身并不构成服务提供商的营业场所;

(d)"服务接收方":基于专业或其他目的,为了寻找信息或者可以查阅该等信息而使用信息社会服务的任何自然人或法人;

(e)"消费者":基于其业务、商业或执业范围之外的目的而行事的任何自然人;

(f)"商业通讯":从事商业、产业或手工业活动或从事受监管职业的公司、组织或个人,旨在直接或间接推销货物、服务或形象的而进行的任何形式的通讯。以下通讯本身并不构成商业通讯:

——可以直接查看的公司、组织或个人活动信息,尤其是域名或者电子邮箱,

——以独立的方式对涉及公司、组织个人货物、服务或形象的信息进行编纂,尤其是没有经济考虑的情形下更是如此;

(g)"受监管职业":系指理事会 1988 年 12 月 21 日第 89/48/EEC 号《对为期至少三年的职业教育和培训获发高等教育证书进行承认的一般体系之指令》第 1 条 d 项或理事会 1992 年 6 月 18 日通过第 92/51/EEC 号《对职业教育和培训予以承认的第二种一般体系以对第 89/48/EC 号指令进行补充的指令》第 1 条 f 项规定的任何职业;

(h)"协同领域":成员国法律体系中规定适用于信息社会服务提供商或信息社会服务的要求,无论是否是一般规定还是仅仅是针对信息社会服

务提供商或信息社会服务而制定的特别规定。

（i）协同领域涉及服务提供商须在以下方面符合的要求：

——从事信息社会服务活动方面诸如资格、授权或通报等要求；

——从事信息社会服务诸如服务提供商行为要求，包括适用于广告及合同在内的服务质量或内容方面的要求，或涉及服务提供商责任的要求；

（ii）协同领域并不涵盖如下一类的要求：

——适用于货物状态的要求；

——适用于交付货物的要求；

——适用于并非通过电子方式提供服务的要求。

1. 信息社会之定义（a项）。信息社会服务的定义通常系指应服务接收方的个人要求通过电子设备处理（包括数码压缩）及存储数据的方式远程提供旨在收取报偿的任何服务。如同在前言第17项确认的那样，该定义已经存在于《技术标准、规范及信息社会服务规则领域信息提供程序的指令》及《对基于或构成条件存取的服务所提供法律保障之指令》中，前者规定了在技术标准及规范领域提供信息之程序及信息社会服务之规则。如同在前言第17项确认的那样，《确定在技术标准及规范领域提供信息之程序及信息社会服务之规则的指令》附件5的指示目录中提及的该等服务，并不意味着数据处理和存储，因此并不适用该定义。信息社会服务涵盖范围极广的网上经济活动，例如：网上售货、线上售货线下交货。然而，诸如线下交货或者线下提供服务的活动则不在之列。信息社会服务并不局限于最终在线达成合同的服务，而且也包括诸如提供在线信息或者商业通讯，或提供工具以供查看、搜索及恢复数据而接收方不用付费的服务，只要该等服务尚属经济活动。信息社会服务也包括通过提供通讯网络接入或对服务接收方所提供信息予以托管的方式在通讯网络上进行信息传输。与之相反，依照电视播放或广播播出活动指令规定，电视播放并非应个人请求而提供，因此并非信息社会服务；反之，那些点对点传输的诸如视频点播或者以电子邮件方式提供商业通讯的服务是信息社会服务。诸如自然人在其业务、营业或者职业之外为了达成合同在内的目的而使用电子邮件或者同等个人通讯方式,并不属于信息社会服务。雇主同雇员之间的合同关系也不是信息社会服务。一些活动就其性质而言,并不能远程通过电子手段进行的,诸如对公司账目进行法定审计或者需要对患者进行现场身体检查的医疗咨询,均不属于信息社会服务。

2. 服务提供商之定义(b项)。在宽泛的解释而言,所有提供在线经济活动的公司不论其法律地位为何,均为服务提供商。自然人如果提供收费服务,也可以成为服务提供商。因此,如果一个自然人并不为获得任何经济上的对价而开展在线活动,就并不属于第2条b项规定的定义,并不须负担服务提供商应承担的义务。例如,学生在网站发布自己的简历就属于这种情形。《公共服务合同签订程序指令》就已经对这种宽泛的服务提供商定义作出了规定。实际上,指令第1条c项就作出了这种服务提供商的规定不对自然人或法人作出区分,因此也包括提供信息社会服务的公共公司。该等解释已经被欧洲法院判例法所确认(*RGE Gewässerschutz*(ECJ)及*Stadt Halle*,*RPL Recyclingpark Lochau*(ECJ))。

3. 拥有营业场所服务提供商之定义(c项)。已设立服务提供商系指在某一成员国拥有营业场所而提供信息社会服务的自然人或法人。如同在前言第19项确认的那样,应当根据欧洲法院案例法确定服务提供商的营业场所,据此,应根据无限期内设立固定机构以实际追求经济活动对设立的概念予以确定;如一家公司的设立就是为了既定期间内存续,也满足这一要求。通过互联网网站提供服务的公司营业场所并非其网站技术支持所在地,也不是其网站接入互联网的地点,而是在其追求其经济活动的地点。提供商有几个营业场所的,重要是根据其实际提供相关服务的营业场所来予以确定;难以从若干营业场所中确定实际提供服务之营业场所的,决定性的因素应该是提供商与该特定服务相关活动的中心地点。该原则也在联合国国际贸易法委员会《电子商务示范法》中得到了体现。(a)自由提供服务。根据欧洲法院的判决,自由提供服务这一概念具有特定的意义。尤其是 *Amtsgericht Tauberbischofsheim*(ECJ)案已经明确说明,《欧盟条约》第59条不仅仅是确实削除了针对在某一成员国拥有营业场所却不具有该成员国国籍服务提供商的任何歧视，也消除了对在另一成员国拥有营业场所且合法提供类似服务的服务提供商所从事活动予以的禁止、阻碍或使其活动失去吸引力的措施。该案并确认，成员国不得将遵守该国关于营业场所的一切要求作为在其领土提供服务的条件。这种规定不啻是对《欧盟条约》中有关服务自由流通保证的规避（请见 *Factortame* (ECJ)；*Vander Elst* (ECJ)）。近来，类似的原则也被 *European Community Commission*，C-445/03（ECJ）案件再次确认。根据 *Factortame* (ECJ) 及 *Svensson Gustavsson* (ECJ) 案判决，如对营业场所在其他成员国的人士提供服务的自由予以限制，须满足《欧盟条约》第 46、55 条规定的变通情形。根据《欧盟条约》第 48 条的规定（也请见《电子商务通告》），非欧洲公司的欧洲分支机构并不能认定为欧洲公司。同时根据欧洲法院的司法解释，意大利行政法院的最高机构国家理事会已确认，对于《欧盟条约》基础原则之一的服务之自由流通，仅得基于公众利益这种根本理由支持的条款，才可以对之进行限制（国家理事会，2002 年 4 月 4 日第 1868 号判决）。

4. 服务接收方之定义（d 项）。根据前言第 20 项的解释，服务接收方之定义涵盖通过诸如互联网之类的公开网络提供信息的人及基于个人或商业原因在互联网上搜寻信息的人，包括他们对信息社会服务进行所有类型的使用。例如，一个人拼凑出一个传播科学信息的网站（此时，该人使用信息社会服务提供相关信息）或者一个人向商业网站予以咨询（此时，该人系在搜寻信息），都属于第 2 条（d）项规定的服务接收方。

5. 消费者定义（e 项）。消费者的定义是目前欧盟法律的常用定义。然而，如前所述，该指令并不仅仅适用于消费者。在许多情形下，欧洲法院已经明确认定，消费者定义仅涵盖在其业务、行业或职业之外行为的自然人。这是消费者的一般定义，例如在《远程合同指令》中也采此定义。其他诸如《打包旅游、打包对价及打包游览指令》、《缺陷产品责任指令》之类的指令中，也许由于其特别的适用范围，其对消费者的定义也许会有所不同。欧洲法院曾经认定，一个人如果是为了其未来的执业活动而订立合同，就不会被认为是以消费者身份达成的合同(*Benincasa*（ECJ))。在 *Cape Snc*（ECJ)案中,欧洲法院认定,公司在以雇员为受益人而达成合同时,并不被认为是以消费者身份达成的合同。最近,在 *Gruber*（ECJ)案中,欧洲法院确认商人达成合同的目的中,部分是出于其业务需要而部分是业务之外需要的,并不能被视为消费者。根据同样被欧洲法院判决所接受多数学说所体现的导向,对所追求目的进行调查,就必须基于客观标准,而缔约主观目的及促使其缔约的理由一概不论。

6. 商业通讯(f 项)。如同在前言第 29 项确认的那样,商业通讯对于信息社会服务融资及新型免费服务的发展都至关重要。商业通讯的定义与欧盟《关于误导广告指令》（第 84/450/EC 号指令)对广告规定的其他定义大为不同。这样,广告涉及业务、商业、手艺或职业而进行任何形式的表述,以对包括不动产、权利及义务等货物或服务进行推广。很清楚,《电子商务指令》给出的定义在适用范围上要广,系指所有形式的通讯。虽然商业通讯的定义似乎非常广泛,重要的一点似乎要在此说明,如果对货物、服务或企业形象进行推广,并非由企业活动所涉主体来进行,诸如产品评论及消费者满意度评级,就不构成此处所定义的商业通讯。因此,对该定义而言,仅仅对域名进行处理并不构成商业通讯。为了保护消费者及公平竞争的需要,包括打折、推广要约及推广竞赛或游戏在内的商业通讯须满足一些透明性要求。适用这些要求并不影响《远程合同指令》的效力:该指令不应影响目前关乎商业通讯的指令,其中尤其包括《烟草产品赞助广告指令》。这也将进一步为拟议中的《销售推广条例》、拟议中的《不公平商业做法指令》及拟议中的《实施合作条例》补充完善。尤其相关的就是非请而至的商业通讯,该等商业通讯适用指令第 7 条及《隐私及电子通讯指令》。

7. 受监管职业的定义(g 项)。受监管职业的定义援引自其他两个指令在学位承认领域的规定。相关的来源特别系指第 89/48/EEC 号《对为期至少三年的职业教育和培训获发高等教育证书进行承认的一般体系之指令》及第 92/51/EEC 号《对职业教育和培训予以承认的第二种一般体系以对第 89/48/EC 号进行补充的指令》。学位指令第 1 条 d 项将受监管职业的活动作出如下定义：只要在一国从事或致力于某种执业行为，或其致力于该种执业行为模式之一，基于法律、条例或行政法规直接或间接的要求，需要取得职业学位的执业行为就属于受监管职业。以下情形尤其构成致力于受监管执业行为模式之一：致力于职业头衔下的活动，而根据法律、条例或行政法规的规定，相关学位的获得者方能使用该等头衔；致力于与健康相关的执业活动，而这种活动如要取得补偿和报酬，根据成员国社会保险安排，须取得学位。于是，该条规定确认，如果某一执业活动为相关协会或组织成员所致力从事，而该相关协会或组织目的是在该职业领域推广及维持较高执业水平，为达此目的，成员国以特别的方式对之予以承认；这样的执业活动就被认为属于受监管职业。另外，该等监管协会或组织应当向其成员颁发证书，确保其成员遵守其规定的职业行为准则，授权其成员使用头衔或者指令书，或者授权其利用与该证书相称的地位。这基本上与《承认职业教育和培训的指令》（第 89/48/EC 号指令的补充指令）第 1 条 f 项的字面意思相似，后者规定的例外情形并非援引证书，而是援引了教育及培训的证据，或者是其能力的证明。实质而言，共同体规定指出了需要严格监管的职业。从这个角度出发，受监管职业就是其准入或其执业模式直接或间接被具有司法救济性质的规则所规制的行为，而该等规则就是具有监管或行政法属性的法律处理方式。如果法律处理方式为成员国机构保有了一套体制，其效果是明确将从事该等执业活动的人员限定于满足该等条件的人员，并禁止不符条件的人员从事该等职业，不论该等法律处理方式是监管还是行政法性质，职业准入或其执业就肯定被视为直接受司法性质规则所规制（请见 *Office national de l'emploi*（ECJ）、*Fernandez de Bodilla*（ECJ）及 *Morgenbesse*（ECJ））。

8. 对于协同领域的界定（h 项）。前言第 21 项说明，协同领域的范围并不影响共同体在未来涉及信息社会服务的协同，也不影响未来成员国根据共同体法律采取的立法措施。根据其解释，协同领域仅仅涵盖与诸如在线信息、在线广告、在线购物及在线合同之类在线活动相关的要求，并不涉及成员国与诸如安全标准、标签说明义务、产品责任之类的法律要求，也不涉及成员国与货物交付或运输、包括医药产品批发方面相关的要求。协同领域并不涵盖公共权力机关就诸如艺术品等货物行使优先权的情形。因相关规则比其他规则合理,就构成了核心法律处理措施,并说明了使用该指令的限度。然而,在对 h 项规定及相关前言说明进行仔细研究之后,可以认识到,对于职业的定义基本上是一种重复规定,协同领域仅仅是指令所协同的领域。因此,并不是定义界定了规定,而是规定界定了定义。

内部市场

第 3 条

(1) 每一成员国均应确保在其领土上拥有营业场所的信息社会服务提供商遵守在协同领域内该成员国所适用的成员国法律规定。

(2) 成员国不应基于协同领域的原因而限制自另外成员国提供信息社会服务的自由。

(3) 第 1 款及第 2 款的规定不应适用于附件所指明的领域。

(4) 成员国可以采取措施,针对特定信息社会服务对第 2 款予以变通,但须满足下列条件:

(a) 该等措施应为

(i) 基于下列理由属必要:

——公共政策,尤其是为了对犯罪行为进行防范、调查、侦查及起诉,也包括为保护未成年人利益、打击煽动种族、性别、宗教或民族仇恨的行为、对涉及个人尊严的侵犯、保护公共健康而进行的防范、调查、侦查及起诉,

——公共安全,包括保卫国家安全和国防,保护消费者、投资者;

(ii) 针对阻碍第(i)项目标之实现的信息社会服务或其对该等目标构成严重及重大妨碍风险而采取的措施;

(iii) 在该等目标而言,符合比例原则;

(b) 在采取相关措施前,不影响包括刑事调查架构中所进行前期程序及行为在内的司法程序之前提下,成员国已经:

——要求第1款所指的成员国采取措施,而后者并未采取该等措施,或者采取的措施并不足够;

　　——通知欧盟委员会及第1款所指成员国其采取该等措施的意图。

　　(5)成员国可以在紧急情形下对第4款b项所规定的条件予以变通。在这种情形下,应当在可能的最短时间内将该等措施向欧盟委员会及第1款所指成员国进行通知,说明该成员国认为情形属紧急的理由。

　　(6)不影响成员国就相关措施进行诉讼可能的情形下,欧盟委员会应当在可能的最短时间内核查通知所涉及措施与共同体法律是否相符;如结论认为该等措施并不符合共同体法律,欧盟委员会应当要求有关成员国不采取所拟议的措施,或者将该等措施予以紧急终结。

　　1."来源国"原则(第1款)。第3条第1款规定了"来源国"原则或者(连同第2款规定的非歧视原则的)内部市场条款(也请见前言第22项)。该原则就意味着服务提供商营业场所所在成员国的规定适用于其所提供的信息社会服务。该原则也适用于协同领域的成员国规定(详情请见对第2条的第8项说明),这就意味着其协同领域涉及范围要比《电子商务指令》所处理的议题更为广泛。信息社会服务提供商拥有营业场所的国家就是来源国;因此,来源国并不是提供网站的国家或者网站指向的国家。该原则确保信息社会服务提供商原则上仅仅需要符合一个成员国法律体系的规定,因此防止其适用所有其指向国家的规则。另外,根据《电子商务指令》,作为信息社会服务来源国的成员国可以最为有效地对公共利益予以保护(前言第22项)。"来源国"原则与《电子商务指令》第1条第4款规定,指令并不提供法律冲突规则间的关系,这成为很多讨论的主题;该等讨论所围绕的问题就是:"来源国"原则是否实际上规定了一项冲突法规则。一些人主张,第3条第1款的确规定了一条冲突法规则,该规则选择了信息社会服务提供商营业场所所在国的法律作为信息社会服务活动的适用法律。另一些人则认为"来源国"原则仅仅能适用于与私法相对的公法条款,例如价格要求,或者与"来源国"法律相比,按照国际私法规则适用的法律不应对信息社会服务的自由流动进行进一步的限制(前言第23项)。虽然这两个条款的关系模糊不清,《关于使用〈电子商务指令〉的第一次报告》并没有显示在这方面发生过任何问题。

2. 不歧视原则(第2款)。第3条第2款规定了所谓的非歧视原则,要求成员国互相承认协同领域内的有关立法及条例(详情请见对第2条的第8项说明),以确保信息社会服务的自由流动。该原则对"来源国"原则构成补充,也被称为内部市场条款。

3. "来源国"原则及不歧视原则的例外情形(第3款)。《电子商务指令》之附件对"来源国"原则及不歧视原则适用的"协同领域"概念进行了限定。这些领域具体如下:版权、邻接权、《拓扑及半导体产品指令》及《数据库保护指令》所规定的权利。这样也涵盖了工业产权;对发行电子货币的机构,成员国适用《电子货币机构监管指令》第8条第1款规定的变通情形之一;《可转让证券集合投资计划指令》第22条第2款;《第三非人寿保险指令》第30条及第四章;《第三人寿保险指令》第四章;《第二非人寿保险指令》第7条、第8条及《第二人寿保险指令》第4条;合同方选择合同准据法的自由;涉及消费合同的合同义务;适用不动产所在成员国法律强制性格式要求的、对该不动产创设或转让权利合同之形式的合法性;对以电子邮件方式发送非请而至商业通讯的允许。这些例外情形仅仅涉及协同领域,并不影响适用《电子商务指令》旨在协同欧盟成员国的法律条款(即第4条至第15条)。

4. 对"来源国"原则的变通(第4款)。尽管规定了"来源国"原则,成员国(包括其司法系统,请见前言第25项)仍然可以就个案采取诸如罚款或禁令的措施,限制通过其他成员国提供特定信息社会服务(也请见前言第24项)。因此,并不允许通过一般措施限制提供特定信息社会服务。由于"来源国"原则效力被削弱到仅涵盖重要的公共利益,因此成员国在某种程度上取得了对于通过其他成员国所提供信息社会服务的控制权。在同时满足三个标准的情形下,成员国可以采取该等措施。首先,就公共利益而言该等措施是必要的(也请见《欧共体条约》第46条),第4款a项第(i)小项对之进行了穷尽式的列举。与第4款的规定相比,欧洲法院已在涉及《欧共体条约》第49条及第28条的案例法中给出了更多限制服务自由流动的合法理由。根据欧洲法院的判决,须对"公共利益"这一概念进行严格的限制,例如,其中并不涵盖经济目的;所提出的理由仅仅是例证。其次,这种公共利益被有关信息社会服务所损害,或者处于严重或极大受损风险之中。这就为惩罚性和防范性措施提供了正当理由。最后,对于有关成员国旨在保护的公共利益而言,该等措施符合比例原则。比例原则的要求旨在避免对信息社会服务的自由流动施加不必要的阻碍和限制。另外,第3条第4款b项还规定了成员国采取该等措施之前的两项程序要求。首先,信息社会服务来源国须有机会作为第一责任国对该有关事项进行处理,但在接到要求后没能采取足够的措施。其次,欧共体委员会及有关信息社会服务来源国须就拟订采取的措施得到通知。根据第2000/31/EC号指令第19条第3款的规定,成员国必须"尽快根据国内法提供其他成员国或者欧共体委员会所要求的协助和信息"。如未履行通知义务,可导致欧共体委员会对该有关成员国提起司法程序,甚至可以导致有关信息社会服务提供商在提起的国内诉讼中对之予以依赖。欧共体委员会2003年5月发布《关于就金融服务适用〈电子商务指令〉第3条第4款至第6款规定之通告》,对于就金融服务适用该等变通规定提供了帮助,但同时仅解决成员国表示有需要予以解释的情形。该通告基于欧洲法院的案例法,界定了成员国在向欧盟委员会进行通知后,可以针对特定在线金融服务对其领土上消费者进行保护的情形。

5. 对第四款规定条件的变通(第5款)。就成员国希望在通知后立即采取措施的情形,第3条第5款规定了紧急情形下的紧急程序。第3条第4款b项规定的程序要求并不适用于这些情形,欧共体委员会及作为有关信息社会服务来源国的成员国可以在采取这些措施之后得到通知。

6. 对第四款规定条件进行变通与共同体法律的相符性(第6款)。作为监督遵守欧盟法律的机关(请见《欧共体条约》第211条),欧共体委员会尽快对第3条第4款及第5款所规定措施是否符合共同体法律进行审核。这种审核并不中止成员国有关措施的实施。欧共体委员会将基于欧洲法院案例法中确定的检验标准对有关措施进行审查(对于目前观点的详尽叙述,请见《关于就金融服务适用〈电子商务指令〉第 3 条第 4 款至第 6 款规定之通告》)。任何不符的认定都会导致欧盟委员会发出通告,其中就要求有关成员国不予实施或者马上停止实施相关措施。

第二章　原则

第一部分　营业场所及信息需求
排除事先授权原则

第 4 条

(1) 对从事及致力于信息社会服务活动的提供商,成员国应确保不得对之提出须取得事先授权或者满足其他具有同等效力的要求。

(2) 第 1 款的规定不应妨碍并不特定同时又不专属适用于信息社会服务的授权体系,或欧洲议会及欧盟理事会 1997 年 4 月 10 日通过第 97/13/EC 号《电信服务领域一般授权及个别许可的共同架构指令》所涵盖的授权体系。

　　1. 概述。本条规定旨在排除对信息社会服务提供商活动提出任何形式的事先授权或者施加其他同等效果的要求。其适用范围就是要确保在成员国设立营业场所并不需要办理政府手续。《电子签名指令》第 3 条也规定了相似的原则,其中 i 项规定,成员国不应使得验证服务之提供需要取得事先授权。

　　2. 该指令并不涵盖的领域。如同前言第 28 项确认的那样,成员国不得设定义务,要求从事接入信息社会服务的提供商在开展经营活动时须经事先授权,但这并不涉及第 97/67/EC 号《关于共同体内部市场邮政服务发展的指令》所涵盖的邮政服务——也包括对打印电子邮件信息进行物理投递,也不影响自发认证体系,尤其是对于电子签名服务提供商而言更是如此。本条规定也不妨碍并不特定同时又不专属适用于信息社会服务的授权体系,或电信服务授权及许可指令所涵盖的授权体系。

需要提供的一般信息

第 5 条

(1) 在共同体法律确认的其他信息要求之外,成员国应当确保服务提供商应使得服务接收方及有关机关至少可以轻易、直接及永久性地查看以下信息:

　　(a) 服务提供商的名称;

　　(b) 服务提供商营业场所地理意义上的地址;

　　(c) 服务提供商的细节,包括其电子邮件地址,该电子邮件地址可以使之实现直接、高效的快速联系和通讯;

　　(d) 服务提供商在行业登记体系或者其他类似公众登记他体系上予以登记的,服务提供商登记的行业登记体系、其登记号码或该登记体系中确定身份的同等方式;

　　(e) 如某活动适用授权体系,相关监督机构的详细情况;

　　(f) 对于受监管职业而言:

　　——服务提供商注册的任何职业机构或类似机构,

　　——职业头衔及颁发该头衔的成员国,

　　——所适用其营业场所所在成员国执业规则的索引及查看该等规则的方式;

　　(g) 如服务提供商从事须缴纳增值税的活动,欧盟理事会 1977 年 5 月 17 日发布的第六次第 77/338/EEC 号《协同成员国营业受受法律建立增值税共同体系的共同评估基准之指令》第 22 条第 1 款提及的身份编码。

(2) 在共同体法律确认的其他信息要求之外,成员国至少须确保在信息社会服务提及价格的时候,采取清楚及明确的方式予以说明,并尤其须指明它们是否包含了税款及运输费用。

1. 概述。第 5 条题目是"需要提供的一般信息",要求服务提供商提供其中所列举的信息。其目的就是要取得用户的信任,使得服务提供商身份更加确定、更加易于接触。该条确保关于服务提供商的透明度及信息。最终,该条规定列明了需要提供的一般信息,而第6条及第10条列明了商业通讯须提供信息的具体项目(第6条),及达成在线合同信息的具体项目(第10条)。提供这些信息并不排除其他诸如向远程合同消费者所提交的其他信息。相反,这种信息须构成其他不同法律提供信息要求的补充。如同《关于〈电子商务指令〉适用情况第一次报告》所确认的那样,本条已被欧盟成员国及欧洲经济区成员国几乎进行了逐字逐句的转换。然而,在欧盟互联网运营商中间,似乎并没有对这些要求给予关注。如同《关于〈电子商务指令〉适用情况第一次报告》所描述的那样,在被告知其没能遵守指令相关情形之后,欧盟互联网运营商就马上予以行动。

2. 服务提供商的信息(第1款a项至d项)。须提供的信息旨在使得服务提供商的身份更易于被确定、更易于接触。该等信息应当可以轻易、直接及永久性地查看。这意味着这也应该可以被用户轻易及直接地获取。提供商必须提供涉及其名称及该提供商拥有营业场所地理意义上的地址。另外,还须提供电子邮件地址在内的运营商若干详细信息,这些信息使得提供商可以通过快速联系方式实现直接有效的通讯。欧洲法院在 *Bundesverband der Verbraucherzentralen und Verbraucherverbande-Verbraucherzentrale Bundesverband eV v Deutsche Internet Versicherung AG* (Case C-298/07, [2008] ALL ER (D) 266 (Oct))案中澄清,该信息不一定非得是电话号码。尤其可以采用电子格式征询单的形式提供该信息,服务接收方可以通过互联网借此与服务提供商取得联系,对此服务提供商以电子邮件的方式进行答复;但如果服务接收方在以电子方式联络服务提供商后,失去对电子网络的接入权,就可以要求服务提供商提供其他非电子形式的通讯方式。服务提供商须在行业登记体系或者类似的公共登记体系公开自己的信息,说明服务提供商的注册地、注册号码或登记体系中登记的其他同等身份确认方式。如果其活动须满足授权体系的要求,应当说明有关监督机构的详情;如服务提供商须缴纳增值税,应当提供增值税信息号码。

任何从事受监管职业的服务提供商须说明以下事项：该服务提供商登记注册的职业机构或类似机构；职业头衔及获发该职业头衔的成员国；所适用营业场所所在成员国所规定职执业规则的援引及查看方式。

3. 价格信息（第2款）。第5条第2款规定，如果信息涉及价格，就须清楚明确地说明。尤其需要说明所列明的价格是否含税及运输费用。根据该指令，价格信息并非必须说明的事项。然而，这并不意味着其他诸如《远程合同指令》在内的其他法律不会要求提供这种信息。其观点就是：如果要提供价格信息，就须以清晰明确的方式提供。

第二部分　商业通讯
须提供的信息

第6条

在共同体法确立的其他信息要求之外，成员国须确保作为信息社会服务组成部分或构成信息社会服务的商业通讯至少满足以下条件：

（a）商业通讯须清楚表明其性质；

（b）进行商业通讯所代表自然人或个人的身份须可以清楚表明；

（c）在服务提供商营业场所所在地成员国允许的情况下，诸如打折、优惠及赠品的推广要约应当清楚表明其性质，接受这种推广要约需要满足的条件应当为人容易查阅、并须清晰及明确地加以表述；

（d）在服务提供商营业场所所在地成员国允许的情况下，推广型竞赛或游戏应当清楚表明其性质，参与条件应当为人容易查阅，并须清晰及明确地加以表述。成员国

1. 概述。本条规定成员国有义务确保作为信息社会服务组成部分或构成信息社会服务的商业通讯所包含信息的最低水平。其宗旨是要为个人营造透明环境，以便其能在知情的情形下使用这些服务。因此，本条规定既保护消费者利益，也促进了公平竞争。鉴于本条规定的宗旨，其所涵盖商业通讯的种类应当进行宽泛解释，以便使之涵盖在线广告及商业要约的绝大部分类型。无论网站是否实际营利，均须适用该规定，该规定也涵盖那些个

人运营的网站。这些要求并不取代共同体或者成员国国内法律强制作出的信息要求,而是补充适用。例如,该规定并不妨碍目前关于商业通讯的有关指令,例如《烟草制品广告及赞助条例》(请见前言第 29 项)。在所有成员国都存在"线下"法律这一重要的法律部分(例如目前关于不公平竞争的法律、消费者保护法及其他法律),该部分法律在本条规定之外继续适用。并不清楚本条规定的信息提供义务是否也适用于提供网站以供放置信息的服务提供商及商业通讯的作者(例如放置在线广告的公司)。未能遵守本条规定的后果由各成员国法律进行规定。根据其实施情况,惩罚措施可以包括行政罚款、禁令或者消费者组织提出的诉求。

2. 与其他法律的互动。在解释本条规定时,重要的是要考虑到与同样也作出信息提供义务规定的共同体法中其他法律之间的互动情况。例如,许多成员国都在同一条款中既实施了本条规定,也同时实施了《远程合同指令》中信息提供要求;因此,法院在处理电子商务中信息提供要求的判决中,倾向于将这两个指令的要求合并看待,对之不作区分。在任何情形下,当本条规定与其他信息提供要求(例如《远程合同指令》的信息提供要求)并非可以通过同一条款实施的,大部分成员国倾向于同时适用这些要求,并将更为严格的要求作为最低标准。

3. 商业通讯须清楚表明其性质(第 2 款)。商业通讯应当清楚表明其"性质",即其商业性质。在不清楚一个通讯是否就性质而言属纯粹"商业"(例如:一个旨在对产品进行客观评价的新闻邮件实际上包括了对某个产品进行推广的编辑内容)时,总是会有一些确定其边界的案件。实际上,这就是这条规定意在涵盖的隐性广告类型,因此该等新闻邮件应被认为是一个"商业通讯"。对于如何确定商业通讯被认为是"可确定为某种性质的"情形,该指令并没有规定具体的指导原则。在确定规定的要求何时被满足的情形下,可以适用常识性的规则及源于媒体法的概念。在任何情形下,应当以实用的方法而不是以十足教条的方式适用身份可确定性的要求。需要考虑的因素包括:任何广告是否清楚地与编辑内容进行区分,及使用任何色彩格式或其他格式手法将通讯中商业内容分离的做法。在所有情形下,如果其性质在当时的情形下十分清楚,并不必要一定要在商业通讯的主体中使用诸如"推广"或"广告"一词。另一方面,对于商业电子邮件而言,目前发展出的最佳做法就是在主题事项中使用诸如"广告"或简称"ADV"的词语,从而便于使用垃圾邮件过滤软件或者其他技术措施。一项通讯的商业性质须在个案的基础上予以确定,其中应考虑特别情形及有关推广行动的背景。例如,在一个案件中,比利时联邦经济部被要求评估一项通讯是否可以被界定为商业通讯。有关推广行动是一起病毒营销推广行动:"(通过电子邮件、张贴广告及网站)散布关于据称非常喜欢软饮料的一个迷失生物的假消息,邀请读者参与调查,留下消息报告他们在哪里目睹了这个所谓的迷失生物。"其中从未说明此次推广的商业性质,仅仅是在结尾部分出现了拿着广告产品的生物。联邦经济部认定,张贴广告、电子邮件及网站的表现样式及内容并未清楚说明本次推广的广告属性,从而得出结论:广告商应当将之标示为广告以便避免误导风险(比利时;联邦公共服务经济、中小企业、自主业者及能源、病毒营销的合法性,2006 年 1 月,〈www.mineco.fgov.be/information_society/spamming/marketing-viral_note_en.pdf〉)。

4. 确定进行通讯所代表人的身份(b 款)。进行商业通讯所代表"人"的身份须被清楚表明,此处的"人"既涵盖法人(公司)及自然人。通过使用"身份……可以……表明"之类的用语而不是"确定身份"之类的用语,该条规定清楚表明,进行通讯所代表人士的主要联系详情(名称、地址等)须可被查看,但不需要总是很详尽地得以列明。例如,对于在线横幅广告,发布广告所代表主体的身份如可通过点击横幅广告自身的跳转链接而确定,就已足够。的确,在很多情形下(例如:通过屏幕受限的移动电话进行短信广告),跳转链接就成为获取所要求信息的唯一可行渠道。然而,本条规定与施加信息提供义务的其他共同体法律之间互动,可能会使得法院会施加比本指令更为严格的义务。例如,一家德国法院认为,部分基于本条规定,部分基于德国实施《远程合同指令》的规定,在线彩票运营商仅仅通过跳转链接的方式提供其地址,并没有履行其信息提供义务,它应该在在线订购表格上清楚表明其地址(OLG Karlsruhe(德国))。因此,使用跳转链接的条件就是:

直接列出全部联系信息并不现实。联系详情须完备；例如，私人须列明其姓和名，公司须提供诸如公司全称、地址、电话号码等通常联系信息。

5. 推广要约，例如打折、优惠及赠品(c项)。推广要约也许清楚地表明其性质，进行推广要约的条件须为"为人容易查阅、并须清晰及明确地加以表述"。这里，指令也并没有进一步说明如何解释这些条件，其时将之称为"透明度要求"(前言第29项)。该条款也清楚说明，本条规定并不妨碍该等推广要约的合法性，后者依据服务提供商营业地所在成员国的国内法律而确定。

6. 推广型竞赛或游戏(d项)。本指令并不涵盖赌博(为前言第16项定义为："射幸游戏、彩票及涉及具有资金价值下注的赌博交易")，后者须与本条所涵盖的推广型竞赛及游戏相区别。一些竞赛或游戏仅得在满足与第6条c项所规定推广要约的条件相一致的条件之时方可发出要约。进行这种竞赛或游戏的条件须可被"容易查阅"，因此在大多数情形下，如果可以通过点击跳转链接或标示而进行查阅，即已足够。

非请而至的商业通讯

第7条

（1）在共同体法确立的其他要求之外，允许通过电子邮件发布非请而至商业通讯的成员国，须确保在其领土拥有营业场所的服务提供商在接收人收到该等商业通讯时须清楚明确地表明其性质。

（2）不妨碍第97/7/EC号指令及第97/66/EC号指令适用的前提下，成员国应采取措施，确保通过电子邮件进行非请而至商业通讯的服务提供商定期查询并尊重不愿接收该等商业通讯的自然人进行登记的不选则有登记簿。

1. 概述。本条涉及向消费者及讨论群体发布非请而至电子邮件的做法(有时也被称为"垃圾邮件")。在《远程合同指令》第10条第2款及2002/58/EC号《隐私与电子通讯指令》第13条之外，补充适用本条规定。根据《电子商务指令》第3条第3款及其附件，"通过电子邮件进行非请而至商业通讯的合法性"被排除在"来源国"原则的适用范围之外，因此，遵守本条规定，就须根据接收非请而至商业电子邮件国家的法律加以确定。

2. 非请而至商业通讯应当被清楚地界定(第1款)。非请而至商业电子邮件应当清楚地表明其性质，以便使得消费者有能力清楚地将之区分，并便于促进开发自动软件程序以打击垃圾邮件。自从该指令被通过后，目前发展出的最佳做法就是在主题事项中使用诸如"广告"或简称"ADV"的词语，这方便了垃圾邮件过滤软件及其他技术措施的使用。未能遵守该条规定的后果留待成员国国内法予以规定。要求商业电子邮件清楚表明其性质，也适用于在得到接收方事先清楚明确地予以同意的情形(即"不选则无"情形)。(a) 非请而至商业通讯。应尽可能地对本条规定进行宽泛解释，以便实现其目标。这个意义上，"通讯"意味着在特定数量的主体间通过公共电子通讯服务所进行任何交换或传递的信息。因此，它不包括作为电视播映的组成部分所传递的信息，但却因为其与可确定身份的信息接收用户或使用者有关，适用于《视听媒体服务指令》所界定的视听媒体点播服务，只要后一指令的规定并不与之冲突。该定义也排除诸如公司内部网络系统等自有网络上进行传递的信息。如果通讯在发出时没有得到接收方的同意，即为"非请而至"。应当对该用语进行严格解释，以便它既涵盖群发电子邮件，也包括单个发出的电子邮件。电子邮件是否系"商业性"是一个难以解决的问题。最安全的解释也是最宽泛的解释。因此，例如，一家荷兰法院裁决，向荷兰议会成员发送的垃圾邮件是"商业性"的，其理由是：发送该等邮件背后的公司具有去影响议员投票经济利益(*Staat/Rath*（The Netherlands))。总体而言，任何商业意图就足够使得一封电子邮件被认为具有"商业性"。(b) 由在成员国领土内具有营业场所的服务提供商发送。这一款规定因此并不适用于从共同体外发送的电子邮件。(c) 在接收方收到时可以进行清楚及明确的通讯性质确认。该指令并未对非请而至通讯在何时被认为是"在接收方收到时可以进行清楚及明确的通讯性质的确认"创设标准。然而，以上提及的最佳做法(即在电子邮件主题事项一栏中载注"广告"或"ADV")似乎就满足了这一要求。

3. 定期查询不选则有登记体系(第2款)。许多各种各样的实体(包括政府、行会、消费者组织等)已经建立了所谓的"不选则有登记体系"(也称作"罗宾逊名单"),这是一个表明不愿接受非请而至商业通讯的个人名单。该等名单几乎存在于所有成员国之中,发送直接营销信息的负责公司对之进行查询。(a) 成员国须采取措施。指令并没明确成员国须采取何种措施。该等名单也被接收方国家以外的电子邮件发送方所查询。然而,由于《隐私及电子通讯指令》第13条已经就非请而至商业通讯建立了一个涵盖整个欧盟的不选则无体系,因此,对商业电子邮件设立不选则有登记体系,在现实中的意义就所剩无几了。(b) 查询不选则有登记体系。该条款并未具体说明什么构成对不选则有登记体系予以"定期"查询的情形;然而,最佳做法要求服务提供商在发送非请而至商业电邮之前就对该等名单进行查询。该等对不选则有登记体系进行查询的义务仅适用于向自然人发送的电子邮件。

受监管职业

第8条

(1) 成员国应确保受监管职业成员可使用商业通讯,而该等商业通讯则构成其所提供的信息社会服务或其一部分,但需要遵守执业规则,特别是与执业独立、操守及荣誉相关的规则,以及对客户及其他执业成员保守执业秘密及公平对待的义务。

(2) 不妨碍对职业团体和组织自主性的前提下,成员国和欧盟委员会应当鼓励职业协会及团体制定在共同体层面的行为准则,以便确定为使商业通讯遵守第1款所述规则须提供哪些种类的信息。

(3) 为保证内部市场的正常运作而对第2款所称的信息起草共同体动议建议文本的时候,欧盟委员会应当对于共同体层面适用的行为准则进行适当考虑,并和相关职业协会及团体紧密合作。

(4) 在相关共同体指令之外,本指令须适用于涉及准入及从事受监管执业活动的事项。

1. 概述。第8条涉及第6条及第7条就商业通讯规定的要求。目的就是为了确保"受监管职业"能够提供通过诸如网站服务之类的信息服务提供其服务信息,同时又能够根据传统现实环境中规定的执业准则而行事。该条款仅允许适用商业通讯,而不是自己实际提供执业服务,后者在共同体层面仍然是政治讨论的一个主题。然而,该条款被认为是对专业人员跨境提供服务的一种支持(请见前言第 32 项),同时又解决了互联网有可能规避成员国调整相关职业服务影响规则的担心。对于"受监管职业"这一用语,欧盟法律已经通过第 05/36/EC 号指令第 3 条第 1 款 a 项进行了规定,从而取代了《电子商务指令》第 2 条 g 款的规定。

2. 遵守执业准则(第 1 款)。"受监管职业"成员在利用信息社会服务提供商业通讯时,成员国被要求确保其须遵守职业规则。特别关注之处体现于确保独立性、操守及荣誉、对客户及职业其他成员保守执业秘密及公平义务的规定。通常是由诸如本地律师协会之类的职业机构监督该等规则的遵守情况,并通常具有授权,对其成员享有监管权力。

3. 行为规范(第 2 款及第 3 款)。为了支持守法行为,成员国及欧共体委员会有义务鼓励制定共同体层面的行为规范。欧共体委员会可以提出动议,以确保规则得到遵守,但对任何职业行为规范须予以考虑,并与任何相关专业团体进行紧密合作。针对包括会计师、医生和律师在内的职业已经通过了该等欧洲行为规范。该等行为规范适用于在线商业通讯,强调需要提供准确及真实的信息,不进行可能被认为"过分商业化"的营销活动以致相关职业的操守遭受损害(《2003 年首次报告》,第 4.4 条)。

4. 受监管职业(第 4 款)。该条规定构成目前共同体规范的补充。后者尤其系指欧盟理事会关于《欧盟运行条约》第 105 条规定程序的指令及《欧盟理事会关于相互承认教育及培训指令》(第 05/36/EC 号指令)涉及被监管职业的部分。该条规定也完善了成员国法律(前言第 33 项)。

第三部分　通过电子方式达成的合同

对合同之处理

第 9 条

（1）成员国须确保其法律体系允许合同通过电子方式达成。成员国须尤其确保适用于合同订立过程的法律要求既不会构成使用电子合同的障碍,也不会因为这种合同系通过电子方式达成而失去法律效力及有效性。

（2）成员国可以规定第1款并不适用于属于下列情形之一的所有或特定合同：

　　（a）在不动产上创设或转让权利的合同,但涉及租赁权的除外；

　　（b）根据法律需要法院、公共权力机关或者行使公共职权的专业人员介入的合同；

　　（c）基于授予人或担保提供者行业、商业或职业之外的目的而授予的保证合同及担保合同；

　　（d）适用家庭法或继承法的合同。

（3）成员国须向欧盟委员会说明第2款所规定不适用第9条第1款的合同种类。成员国须每五年向欧盟委员会提交关于第2款适用的报告,说明其为什么认为继续其根据第2款b项而不适用第1款规定的合同种类的原因。

1. 一般规则(第1款)。由于指令旨在促进电子商务的发展,它明显需要确保各成员国法律体系中关于电子方式不可能满足的形式要求并不会阻碍在线合同的达成。这并不意味着所有各种形式要求都不适用。而是意味着各成员国法律体系需要经过进一步精细的调整,以使得电子方式可以满足这些要求。例如,如果一国的法律体系要求在特定种类的合同中使用"书面形式",就不必要从该法律体系中删去这一条件。相反,对"书面文件"的解释应该予以修正,以便使之可以涵盖电子文件,或者作出该等要求的法律渊源应该明确:有关合同需要"书面文件"或"电子文件"达成。该指令并没有说明成员国为修改其法律体系需要采取的方式,但强调:仅仅不对该等法律要求不予适用,并不一定是唯一可行的方式(请见前言第36项)。应当强调的是,法律作出调整结果,须在电子合同及一般合同之间达到完美的等同效果。这就有两个后果。首先,以电子方式达成的合同与一般合同的法律效力须绝对等同。否则,法律将会对使用电子合同构成阻碍,这当然是不可接受的。第二，订立合同过程中所有必要的阶段及行为须由成员国进行审核，以便使得法律制度间的差异不会出现在订立合同之前及之后的阶段。如果在合同订立之时两者实现了完美的等同，而在订立合同之前及合同履行阶段有着实质的法律差异，则不可接受。很明显，并不要求对在线订立或履行合同中的实际障碍予以消除。成员国并不须确保每个人都可以接入互联网，或者每种产品都可以通过网络予以交货。所针对的仅仅是法律障碍。

2. 可能的例外情形（第 2 款）。(a) 原则。成员国有机会将四大种类的合同排除在第 1 款的适用范围之外。这样，他们须对于这些种类合同的法律制度维持电子与一般方式的区别。这是成员国的权利，而不是其义务。(b) 种类。成员国可以从第 1 款使用范围中排除出去的四类合同，涉及对合同当事人特别重要的合同，通常需要满足一系列为保护当事人的法律要求，后者很难在电子情形下实现。因此，允许成员国可以将这些合同自第 1 款适用范围中加以排除，是非常正当的，只要能够等同实现该等要求的电子方式还没有出现。将来这种例外情形随着时间的推移能够消失，就是最好不过的事情。

3. 使得例外情形正当化（第 3 款）。是由成员国选择第 2 款规定的何种合同自第 1 款的适用范围中排除。然而，他们须告知欧盟委员会其有效排除的合同类型。起先并没有要求提供正当理由。但是在转换该指令五年后将会向欧盟委员会提交理由，解释成员国国内法要求须由法院、公共权力机关或者行使公共职权的专业人员介入的合同。如果该等例外情形继续存在，成员国须每五年说明其做法的正当理由。

须提供的信息

第 10 条

（1）在共同体法律确立的其他信息提供要求之外，成员国须确保除非消费者之外的当事方另有约定，在服务接收方下订单前，服务提供商须至少提供清楚、明白且确切的以下信息：

(a) 为达成合同须遵循的种种技术步骤；

(b) 是否达成的合同将由服务提供商存档及是否该合同可被查看；

(c) 在订立合同之前判定及修正输入错误的技术方式；

(d) 为达成合同所提供的语言。

(2) 除非消费者之外的合同当事人另有约定，成员国须确保服务提供商说明任何自己所加入的有关行为守则及如何以电子方式就该等守则进行咨询的信息。

(3) 向接收方提供合同条款及一般条件的方式须使接收方可以存储及重印该等条款及条件。

(4) 第 1 款及第 2 款的规定不能适用于仅仅通过电子邮件往来或者同等个人通讯方式而达成的合同。

1. 缔约过程的透明度（第 1 款）。(a) 原则。除《远程合同指令》第 5 条要求提供的一般信息与第 4 条规定须事先告知的信息之外，第 10 条要求使用电子方式达成远程合同的服务提供商须向其客户提供一套与订约过程相关的信息。第 10 条对服务提供商施加的义务非常有创意性：提供的信息并不涉及服务提供商提供的产品或服务，而是涉及通过电子方式达成合同的具体之处。因此，该措施的目标就是在下订单的名义过程中实现更高的透明度。如果客户具有消费者身份，则与订约过程相关的信息通讯属于强制性要求。然而，如果客户并非消费者，他们可以同意放弃接收该等信息。因此，如果电子商务网站仅仅旨在与非消费者进行交易，在客户同意可以不提供该等信息的情形下，就不需要告知客户整个订约流程。需要强调的是，客户的同意是可以合法不提供相关信息的必要前提。第 10 条所要求的信息须以"清楚、明白且确切"的方式表述。对此，信息之性质须属明显，这意味着应该以足够注意的抬头方式予以表述，给出的解释须浅显易懂，不应不必要地混同于不相关的商业信息，并且不应仅得通过并不明显的跳转链接方可查看。第 10 条第 1 款也说明，信息应当"在服务接收方下订单之前"就予以发送。"下订单"用词实属有意，目的在于避免使用达成合同的措辞。由于成员国并没有就达成合同的时刻达成一致，使用"达成合同"这种措辞将造成不同成员国对该条款进行不同解释,从而使得这种措辞选择非常重要。与之不同,"下订单"这样的措辞在整个欧洲的理解都很接近。因此,该条款的措辞确保其可被解释为以下涵义:应当在客户在选择其感兴趣的货物及服务之前,发送第10条所要求提供的信息。应当注意的是,履行第10条第1款规定的义务,并未豁免服务提供商向客户提供成员国国内法要求的其他信息。(b)提供的信息。第10条规定,应在达成合同的不同技术阶段提供信息。该要求的宗旨就是要确保实现三个目标。首先,它将阻止不小心出错达成的合同。其次,它将确保服务接受方充分了解他们实际上在达成一项合同。最后,它将确保接受方清楚了解为达成合同须采取的步骤。最后一项目标很大程度上是借鉴了许多网站共同采取的做法:整个下订单流程不时被插入停顿及警告,要求接受方主动作出同意——通常表现为要求接受方以点击适当图标和按钮的方式实现,以便使其能进行谨慎考虑。该等程序明显是一个澄清订约流程的良好方式。合同存档。服务提供商经常将合同存档,以便能够对整个交易进行回溯。在这种情形下,服务接受方须被告知该等存档流程的存在,并被告知他们是否有机会查看其档案。值得注意的是,并不存在对合同存档的义务,也不存在允许对存档合同进行查看的义务;对服务提供商施加的唯一义务就是要告知接受方该等流程及其权利。在下单前判定及更正输入错误的技术手段。服务提供商须向服务接受方提供技术手段,以确定并更正他们可能出现的任何输入错误。判定及修正该等错误须在下单前进行(请见第11条第2款)。接下来,服务提供商须通知接受方该等手段的存在。为达成合同所提供的语言。服务提供商可以自由决定选择一种或多种语言以瞄准任何特定市场。然而,如果一个特定语言出现在网站首页,并在包括填写订单的整个订约进程中一直得到使用,则法律所要求提供的信息须以同样的语言提供。服务提供商不得使用一种语言吸引顾客,同时又用另外一种语言提供法定信息、帮助服务、一般条款及条件。须追求其中的一致性。

2. 行为准则(第2款)。并不强制要求遵守行为准则。然而,行为准则提供了一种可靠的意涵,如此也是一种有效的商业宣言。服务提供商遵守行为准则的,须就此向服务接受方进行通知,并且说明通过电子方式查阅该等准则的场所和方式。这样,使用者可以查验准则的要求,并核实服务提供商是否满足了这些要求。如果服务提供商并没有满足准则提出的要求,使用者应可以援引误导性广告方面的条例提出自己的诉求。另外,对行为准则的援引可以被解释成为将准则并入合同,因此就意味着服务接受方可以如同援引部分合同条款那样援引准则的规定。仅得在客户具有消费者身份的时候,向服务接受方通知所适用行为准则的义务才是强制性的。如果不具消费者身份,服务接收方可以放弃其获知该等行为准则的权利。

3. 合同条款陈述(第 3 款)。指令并不要求告知服务接受方合同的条款及条件。该等信息属强制性还是可选择性,仍然需要成员国作出抉择。但如果服务提供商的确已将合同条款和条件告知服务接受方,指令就要求应该以接受方可以存储及复制的方式告知。基本而言,这意味着服务提供商须对其网站进行设定,以便服务接受方可以轻易地打印合同文本或者将之存入其计算机硬盘。无论客户是否具有消费者身份,该等义务是强制性的。

4. 对第 1 款及第 2 款规定的例外情形(第 4 款)。在合同仅仅是通过电子邮件来往或者其他类似通讯手段达成的,服务提供商无须遵守其将行为准则或订约进程通知予服务接受方的义务。反之,从第 4 款排除性的规定可以推定,即使合同系由电子邮件往来及一些类似个人通讯手段达成,第 10 条第 3 款的规定仍然适用。

下单

第 11 条

(1) 成员国须确保服务接受方通过技术手段下单的情形适用以下原则,除非消费者以外的当事方另有约定:

——服务提供商须毫无不当迟延地以电子方式确认收到接受方的订单;

——在其相对方能够对之进行查看之时,即推定收到下单及对收到订单的确认。

(2) 成员国须确保服务提供商向服务接受方提供适当、有效及可运用的技术手段以便在下单前确定并修正输入错误,除非不具消费者地位的当事方另有约定。

(3) 第1款第1项及第2款不适用于全部通过电子邮件网络或者类似个人通讯手段达成的合同。

1. 确认收到订单的义务(第1款)。(a) 概述。远程合同的数量在稳步上升,电子商务蓬勃发展,立法者对远程合同签订方利益保护日益关心,这些都使得合同达成前后须提供信息的数量不断增加。因此,服务提供商须毫无不当迟延地用电子方式确认收到了订单。该等确认可以是向服务接收方发出的电子邮件,也可以在服务接受方使得订单生效后在网页予以展示。为了安全起见,服务提供商对两种模式都予以采用。这样,服务接受方就可以确定其订单已被收到并在处理当中。指令并未明确规定该等确认应当说明的信息,也没有规定是否可以对订单作出概括。然而,指令的确明确规定:"在其相对方能够对之进行查看之时,即推定收到下单及对收到订单的确认。"应当强调的是,该款规定仅强制适用于服务接受方具有消费者地位的情形;不具消费者地位的服务接受方可以统一放弃取得服务提供商收到订单的确认。在商业对商业(B2B)电子商务网站中就是这种情形。(b) "下订单"这一术语的法律后果。"订单"一词意义并不清楚,之所以有意选择这一术语,就是为了避免提到"要约"及"接受"概念,后两个概念在不同成员国有着截然不同的解释。与欧共体委员会最初建议的设想不同,指令的措辞并不试图去对要约和接受的概念进行协同化,也不试图确定合同达成的唯一时点。这些问题仍然须基于成员国国内法予以解决。在那些认为发出订单即被认为是一种对要约予以接受的成员国,只要订单确认是在接受要约后发出的,似乎就对合同之达成明显没有影响。但是,该规定使得服务接受方确信其订单已被服务提供商进行了正确的接收,合同已然有效成立;这也可以在合同争议发生后被用来证明合同之存在。然而,经常发生的情形是:"要约"实际上仅仅是一个需要处理的邀请(邀请要约),尤其是服务提供商展示告示,明确规定:"订单须以我们自己的接受为准。"在该等情形下,订单实际上就是要约,合同仅得在服务提供商对接受方订单予以接受之时方可达成。这是否意味着提供商发送给其客户的确认应当等同于对要约的接受呢？在这方面造成困惑的话,似乎就有很大的风险。由于服务提供商也许会确认已收到订单并说明他们在合理期间内拥有拒绝或者接受的权利,但该等说明应当清楚且可见。在这种情形下,确认仅仅是告知客户其要约已被收到,名义上并不对合同之达成构成影响。如果确认在服务提供商是否有权接受或拒绝要约方面含混不清,服务接受方也许会据此认为其要约已被接受,这会被法院认定属于合理预期从而予以保护。但是,似乎在大部分情形下,服务提供商都很可能在确认中说明其对要约的接受。然而,在任何情形下,可以认为：收到要约的确认并不在名义上意味着合同之达成。仅得在该等确认中包括对要约明示或默示的接受时才意味着合同达成。应当注意的是,只要指令中并没有要求订单接收方确认收到服务提供商的接受,就合同达成的证据而言,服务提供商的地位尴尬；因此服务提供商也许不能证明其接收实际送达给了客户并由此使得合同得以成立。

2. 提供可以更正输入错误的技术手段（第 2 款）。使用电子手段（网页、电子邮件等）达成合同,增加了因对技术应用的生疏或者仅仅因为应用方面的不纯熟所导致出现错误的风险。这种例子比比皆是。客户点击图标或按钮达成一项合同,而其实际上并不想这样做。网络通讯问题也许会使之错误地认为他们的订单并没有被处理,从而导致他们重复下单。他们也许犯下诸如选择错误的商品、选择错误数量、输入错误的信用卡密码或邮政地址等等输入方面的错误。为避免出现这种情形,就要求服务提供商向服务接受方提供技术手段,使其更正该等错误。在技术的角度而言,这意味着使用自动确定潜在错误订单（过高的数量、与填入项目性质不符的数据、无效的信用卡号码等）或者空白项目的软件工具。一旦确定该等错误,就会出现一条信息,促使客户作出有关更正。另外,在订约流程中,可以提供用于更正、取消或者确定按钮。该等按钮可以一直存在,以帮助客户避免在下订单的时候犯错。在服务接受方具有消费者身份时。该义务是强制性的。不具有消费者身份的当事方可以同意对方不适用该等义务。

3. 第1款及第2款的例外情形(第3款)。合同系通过交换电子邮件或其他类似个人通讯的形式达成的,不适用确认收到订单的义务(第1款)及提供技术手段修改输入错误的义务(第2款)。

仅系通道

第12条

(1) 提供信息社会服务构成对服务接受方所提供信息在通讯网络予以传输,或构成对通讯网络之接入的,成员国须确保服务提供商并不为所传递的信息负责,但须满足以下条件

(a) 没有发起该等传输;

(b) 没有选择传输信息的接收方;及

(c) 没有选择或修改所传输的信息。

(2) 第1款提及的传输及提供接入的行为包括对所传输信息进行自动、中转式及临时的存储,只要该等存储仅是为了在通讯网络上进行传输的目的而进行,并且对信息进行存储的任何期间均不超过传输所必要的限度。

(3) 本条规定不妨碍法院或者行政机关可以依据成员国法律体系要求服务提供商终止或防止侵权行为。

1. 概述。根据《电子商务指令》对电子商务进行监管,是为了限制特定种类的行为,也是为了促进其他行为的进行。该等目的可能明显属于互相支持的类型,只要对一类行为人或行为进行限制,就可能会促进其他行为人或行为的发展。第12条到15条主要关心以促进为宗旨的监管(《〈电子商务指令〉适用情况的第一次报告》,第12页)。其宗旨就是要鼓励提供"信息社会服务"(ISS),因此对提供该等服务的提供商给予保护,使之不因第三方利用该等服务发送违法或不法信息而承担民事或刑事责任(请见前言第40项)。互联网发展初期的政策关注方向是:如果因为其他方提供的内容让通讯中间服务商基于"出版商"或"发行商"的身份或基于严格责任就该等内容而承担责任,就会使之因为过高的法律风险无法进入市场,或者使之在提供服务的时候附加严苛的条件,这将会限制对该等服务的使用,并且会削弱诸

如隐私权在内的使用者权利。这些规定因此反映了电子商务监管领域的国际最佳做法,在明确规定的情形下向通讯中间服务商提供责任避风港,并设法在权利人、使用者及服务提供商多个当事人利益中间达成平衡(前言第41项)。目前,六个成员国(西班牙、葡萄牙、匈牙利、奥地利、保加利亚及罗马尼亚)已经将这种保护扩展到第12条到第14条规定之外的活动,特别是关于提供跳转链接和搜索引擎(例如:《奥地利电子商务法》,第14条至17条),而欧共体委员会根据第21条第2款的规定,有义务持续监督是否已对保护进行了扩展(《〈电子商务指令〉适用情况的第一次报告》,第13页)。这些规定的适用范围及其通过免除责任而给予的保护一直都充满争议,成为成员国法院向欧洲法院多次提起出具初步参考意见的主题;但截至目前,欧洲法院还没有就此做出一项判决。

2. 受保护的行为(第1款)。本条针对的是信息社会服务提供商两种截然不同的行为:提供信息传输及接入。信息传输及接入使得传输可以进行;信息社会服务提供商作为"电子通讯服务"提供商提供该等服务,而电子通讯服务适用的是虽有重合但却各自独立、根据《电子通讯网络及服务指令》确立的监管架构。这两种服务的分别是基于有关服务是否"全部或者主要用来通过电子通讯网络传递信号"(《电子通讯网络及服务指令》前言第10项及第2条c项)。例如,一个互联网服务提供商通常提供的服务要高于或超出简单的信息传递,这就是其同时适用两种监管体系。其他诸如eBay这样基于网站进行交易的信息社会服务提供商不会将传递信息作为其提供服务的一部分。该规定并未具体规定任何特别种类的法律责任,这似乎涵盖了所有种类的民事、行政及刑事责任。例如,在英国,规定提供商"不应对经济损失、任何其他种类的经济救济方式或者任何形式的处罚负责"(《电子商务监管法》,前言第17项第1款)。然而,在一些成员国转换指令的措施中,并没有明确规定所提供保护针对责任的适用范围,因此也许会被国内法院作狭义解释(例如:意大利关于电子商务的行政敕令)。免责保护仅得就所涉违法或不法内容满足三个条件后方可享受。首先,信息社会服务提供商并没有发起有关信息传输(第1款a项),即,决定传输或接入内容并非由信息社会服务提供商及其代理作出。然而，发出传输或取得接入的实际时点也许部分是由特定信息社会服务提供商的操作范围而决定的。因此，举例来说，当一个使用者发出一封电子邮件信息，可能并不会立即反映为信息社会服务提供商将该邮件传输给拟定接收方。其次，信息社会服务提供商不选择信息传输的接收方（第1款b项）。最后，信息社会服务提供商不会选择或修正传输中的信息（第1款c项）。如果对信息施以编辑控制，就会使其提供的服务成为第02/21/EC号指令第2条c项所界定的内容服务。但是，这并不涵盖在传输或接入过程中进行的数据操作，后者并不会影响内容的完整性（前言第43项）。该条件意味着信息社会服务提供商应既不知情也不控制所传输或提供接入的内容（前言第42项）。根据技术发展态势，欧共体委员会须考察是否增加额外的标准（第21条第2款）。

3. 互动（第2款）。为了法律确定性及为了反映监管环境的性质，本规定旨在澄清构成传输和接入的情形。作为一个传输体系，互联网运营商基于存储及转发通讯模式而运作，在发件人到收件人的传输进程中，每一个数据包均被复制并在计算机（节点）之间进行再次传输。结果，即使是临时的存储行为，也可能潜在地使传输方为诸如侵犯版权的材料或对于未成年人性侵犯之类的内容而承担责任。对于"自动、中转式及临时的存储"而言，理由之一就是"数据饼干"进程，后者也是第13条所针对的事项。如有诉求产生，信息社会服务提供商将得能举证说明：对有关信息进行存储的时间长度并没有超出必要的限度。对于版权作品而言，一般而言，第12条的规定已被《信息社会中版权及相关权利特定方面之指令》第5条第1款所补充。根据后一指令的规定，如果临时性的复制行为是附带完成的，属于技术进程不可分割的核心部分，其全部目的就是为了促成在网络上第三方之间进行作品传输并且没有独立经济意义的，免于适用同一指令第2条所赋予的复制权。

4. 法院命令（第3款）。虽然第12条使得信息社会服务提供商对于其传输或提供接入的内容免于承担责任，如果要通过执法行动阻止正在进行的或未来将进行对违法或不法数据的传输，信息社会服务提供商是一个明显不过的节点。因此,第3款承认,无论是公共执法机构(例如警察)或私人权利人,一方可以要求法院向信息社会服务提供商发布命令,要求其进行特定的行为,例如:发布禁令使得有关材料在未来无法被查看(前言第45项)。如未能履行该等命令,会导致信息社会服务提供商基于因内容本身承担责任之外的理由承担责任。例如,在英国,如没能履行法院命令,会因蔑视法庭而被起诉。对作为中间人的信息社会服务提供商取得禁令,涉及版权及相关权利的,已经作为权利人的一项能力,被第01/29/EC号指令第8条第3款及《关于执行知识产权指令》第11条予以明确承。

高速缓冲存储

第13条

(1) 提供的信息社会服务构成在通讯网络上对接受方所提供信息提供传输服务的,只是出于向其他提出请求的服务接受方更高效传送信息的目的而进行自动、中转式临时信息存储的,成员国须确保服务提供商并不会为此而承担责任,但须满足以下条件

  (a) 提供商并没有改动信息;

  (b) 提供商遵守查看信息的条件;

  (c) 服务提供商遵守有关信息更新而获行业广泛认可及使用的规则;

  (d) 对于获行业广泛认可及使用的、用于收集信息数据技术的合法使用,提供商并未予以干预;

  (e) 提供商如果确知信息之传输最初来源已经从网络中移除,该来源的接入已经无效或者应法院、行政机构的要求,提供商须迅速采取措施移除或者屏蔽对该等信息的接入。

(2) 本条不影响法院或者行政机构根据成员国法律体系规定可以要求服务提供商终止或防止违法事项。

1. 概述。如前所述,该条款旨在对采取高速缓冲存储行为时可能承担的责任进行限制,以推动提供特定种类的信息社会服务。作为因特网运行

的基石,互联网协议就是基于存储及发送而运营的。换言之,在传送过程中,每一个信息包个体都在通讯链条中被复制、存储并被发送到下一个指定的节点。虽然在每一个节点都进行信息的复制,其存储通常仅在继续发送前发生,而对其的发送是即时进行的。然而,在网络的不同节点上,信息的复制和存储可以持续比较长的时间,就被称之为"高速缓冲存储"。高速缓冲存储被用来作为限制信息须由其始发点重新进行发送的一种方式,因此缓解了网络拥堵,并改善了提供信息的效率。高速缓冲存储得以发生的两个首要节点分别位于服务提供商层级及个人所用机器的层级。对用户所要求的最受欢迎页面,服务提供商进行高速缓冲存储,而个人用户的浏览器软件对新近浏览的页面进行高速缓冲存储。该条款涉及服务提供商所进行的高速缓冲存储。虽然在本地网络层级进行该等存储是为了减少拥堵,但法律而言,该等复制可能构成了发表、复制或其他违法行为。该条款规定就是为了对这些潜在法律责任进行限定。

2. 受保护的行为(第1款)。为了能够依赖本条款规定,服务提供商需要满足七个要件。对于这些要件,服务提供商将在面对诉求时须有效地履行其举证责任。第一,任何存储须为自动、中转式的临时信息存储。在开始就会进行既定的人工干预,以设定服务所导致高速缓冲存储的范围,但不得基于个案继续进行人工干预。对于为了备份而做的存储,由于其可能意味着比严格要求的高速缓冲存储进程更为永久性的存储,因此也可能有问题。第二,就是主旨性要件。换言之,进行复制的"唯一目的"就是为了提高向服务接收方传输效率。第三,提供商并没有对信息——即传输的内容——予以改动。但是这里所说的改动并不包括在传输过程中对数据进行对内容完整性并不构成影响的技术处理(前言第43项)。第四,须满足对接入信息所设置的任何条件,例如:版权许可项下的条件。第五,需满足任何涉及信息更新的规则,例如:定期对高速缓冲存储信息进行更新。包括互联网工程任务组(Internet Engineering Task Force,IETF)所制定业界标准在内的行业标准大概就是参考文件。第六,不得干预任何用来监控信息所使用的机制,无论是"数据饼干"还是数字权利管理系统,都是如此。需要注意的是,对于版权作品而言,《关于信息社会版权及相关权利特定问题的指令》在第6条对技术措施进行了规定,在第7条对权利管理信息进行了规定。最后,服务提供商须在其"实际知晓"信息来源已经移除的情形下移除或者屏蔽该等信息。委员会应当根据技术发展审核是否要规定更多的要件(第21条第(2)项)。

3.法院裁定(第3款)。第13条对信息社会服务提供商提供保护,使之免于因对内容进行高速缓冲存储而承担责任。同时,信息社会服务提供商又是一个可以对之执行法律的一个节点,以阻止现时或未来对该等违法或非法数据进行的高速缓冲存储。因此,第3款规定就是认识到:作为公共执法机构或私人权利方作为一方当事人,可能向法院提出裁定信息社会服务提供商须进行诸如阻断今后对该等资料予以高速缓冲存储在内的特定行为。如不遵守该等裁决,可能会使得该信息社会服务提供商承担法律责任。

虚拟主机

第14条

(1)所提供信息社会服务构成对服务接收方提供信息存储的,成员国须确保服务提供商并不会因其应服务接收方要求进行信息存储而承担责任,但需满足下列条件:

(a)提供商并不确知行为或者信息的违法性,并且,对于损害赔偿的请求,并没有察觉到非法行为或非法信息显而易见的事实或情形;或者

(b)服务提供商在知晓或者察觉到违法情形之后,立即采取措施移除或者屏蔽该等信息。

(2)第1款不应适用于服务接收方基于服务提供商授权或控制而作出行为的情形。

(3)本条规定不应影响法院或者行政机关根据成员国法律制度要求服务提供商终止或阻止侵权行为的权力,也不影响成员国就移除或者屏蔽该等信息而创设程序的权力。

1. 概述。虚拟主机是信息社会服务提供商在特定情形下免于承担法律责任的第三种活动。虚拟主机在两个至关重要的方面与高速缓冲存储不同。首先,虚拟主机是向服务接收方提供的独立服务,而并非提供其他传输或接入服务的间接后果;其次,虚拟主机中存储期间通常由诸如网站之类的服务接收方决定,而不是由信息社会服务提供商所决定。

2. 受保护的行为(第1款及第2款)。法律责任避风港仅仅在可以举证证明特定要件的情形下方可适用。首先,信息社会服务提供商并不确知违法活动或信息,或者从有关事实和情形中并不能显而易见地获知这些活动或信息。这就是一个事实问题,需要法院根据所有有关情形进行认定。然而,在一些成员国,实施的法规就具体说明了法院需要考虑的因素,例如,这些因素就包括信息社会服务提供商是否通过根据第6条所规定信息社会服务提供商义务项下所确立的联络方式收到通知;包括在通知中对于信息位置及违法性质的具体说明程度(例如,《电子商务条例》第22项规定)。其次,在知悉或察觉相关情形之后,信息社会服务提供商须立即移除或屏蔽该等信息。然而,对于通常被称为"通知后清除"该等程序的规定,其实际效果值得关注。在接到通知后,信息社会服务提供商也许会太急于清除相关内容,没有对提供相关信息一方言论自由的权利予以充分考虑(前言第46项)。因此,该等程序须接受委员会的定期审查(第21条第(2)项)。对"仅系通道"及高速缓冲存储提供的责任保护,其依据就是推定信息社会服务提供商对于第三方提供的违法信息既不知晓也无法控制(前言第42项)。因此,服务接收方基于服务提供商授权或控制而作出行为的情形,就不适用避风港制度。

3. 法院裁定(第3款)。第1款规定通过责任免除所提供的保护,并不禁止法院或行政机关对非法信息予以清除或屏蔽的裁定或命令。另外,虽然鼓励自主性的协议安排(前言第40项)并将之以行为准则的方式予以详细说明(第16条规定),成员国还是有权创设进行该等信息清除或屏蔽的程序。在立法设计方面,芬兰已经通过了所谓"通知后清除"的程序(《信息社会服务提供法》(芬兰),第16到25条),是美国《数字千年版权法》有关规定的一种呼应。委员会有义务持续对该种发展态势予以监控(第21条第(2)项)。

并没有进行监控的一般性义务

第15条

(1)成员国不得对提供第12、13和第14条项下服务的服务提供商施加一般性义务,要求监控其传输或存储的信息,也不得就要求主动寻求证实非法行为之事实或情形而施加相关义务。

(2)成员国可以为信息社会服务提供商创设义务,使其就该服务接收方从事的违法活动或提供违法信息,应立即向有关公共权力机关进行报告,或者使其有义务应有关公共权力机关的要求提供他们与之订有存储协议之服务接收方的身份信息。

1. 概述。该条款被认为是第12条至第14条规定的必要补充。其对应的关切事项就是:通过向信息社会服务提供商施加义务,使其须在经营过程中对所存储或传输的信息进行监控,以规避上述条款的效力;从而使得信息社会服务提供商无法或者很难通过证明其不知情或未予以察觉来避免承担法律责任。另外,任何这种一般性的监控义务也很可能导致对《欧洲人权公约》(European Convention on Human Rights,ECHR)第8条第1项下所规定个人隐私权的违反,也可能会违反《隐私与电子通讯指令》第5条第1项的规定。然而,这并不禁止要求信息社会服务提供商在特定情形下进行监控(前言第47项),这也被《欧洲人权公约》第8条第2项及《隐私与电子通讯指令》第15条第1项所承认。例如,成员国合法监听规则项下的要求(如英国《2000年调查权力管理法》)就是如此。成员国也可以就特定种类非法活动的发现和防止适用合理注意义务,只要该等注意义务是可以合理预期的,并可以在国内法中予以界定(前言第48项)。

2. 通知义务(第2款)。然而,成员国可以对信息社会服务提供商施加义务,要求其在发觉任何不法活动立即向有关机关报告,或者提交其提供服务相对方有关的身份确认信息,例如:对访问域名并在之后对具体用户进行信息传递进程中所使用的网际协议地址进行解析。该等身份确定义务也可以延伸适用于民事权利请求人。诸如权利人对侵权人进行追偿及公共权力机关进行犯罪调查,都属于这种情形。《执行知识产权指令》第8条就规定了提供信息的潜在义务。该条款规定,有关司法机关可以命令包括与侵权货物或服务分销有关的特定人士提供涉及侵犯权利请求人知识产权的货物或服务的来源及分销信息,该等特定人士就有可能就是信息社会服务提供商。无论是《电子商务指令》的第15条第2项的规定还是《执行知识产权指令》第8条的规定,都并未要求成员国为了通过民事诉讼而实现知识产权有效保障之目的而作出披露个人数据义务的规定(*Promusicae*(ECJ))。欧洲法院也注意到:成员国机关及法院在解释转换条款时,其方式须符合共同体法律制度所保障的基本权利及共同体法律中其他一般原则的要求,例如比例原则(*Promusicae*(ECJ))。

第三章 实施

行为守则

第16条

(1) 成员国和委员会应当鼓励

(a) 商会、职业协会、消费者保护协会或组织制定共同体层级的行为守则,旨在促使第5条至第15条的正确实施;

(b) 将这些国家或共同体层面的行为守则草案主动传送予委员会;

(c) 可以通过电子手段取得该等行为守则的共同体所使用语言文本;

(d) 商会、职业协会、消费者保护协会或组织将其对其行为守则适用情形及对电子商务相关做法、习惯或者惯例影响所作评估与成员国及委员会沟通；

（e）制定未成年人及人类尊严保护的行为守则。

（2）成员国及委员会应鼓励代表消费者的协会或组织参与起草和实施影响消费者权益并根据本条第1款(a)项所起草的行为守则。在适当的时候,为了照顾到视力受损或失明人员的特殊需要,应向其代表协会进行咨询。

1. 概述。在共同体及成员国层级都存在着一个广泛的共识和认识,认为仅靠立法无法对信息社会服务提供商的活动进行足够的控制,不能为消费者提供足够的保护。为了对立法层面的规则予以补充,行为守则就被视为有效的自我或共同规制机制,对立法或者其他方式确立的保护制度在不同行业和活动的不同领域予以细化和具体化。

2. 守则的制定(第1款)。成员国及委员会有义务鼓励商会、职业协会、消费者保护协会或组织制定行为守则。"受监管职业"已经通过守则解决在线商业通讯问题；互联网服务提供商也通过了守则以解决对非法活动的处理问题；零售商也通过了守则以解决消费者利益的"信誉标签"或"标签"问题；并通过守则对互联网交易平台作出规定(《实施〈电子商务指令〉的第一次报告》第4段第4项)。该等守则须为自发性质(前言第49项),旨在促使完全实施该指令中从第5条到第15条规定的主要条款。该等守则虽具自发性,却可能须具备成文法依据,否则就有可能违反《欧洲人权公约》。例如,在英国,一家法院驳回了基于违反《欧洲人权公约》第10条第(1)项下言论自由权利而对广告做法准则提出的诉讼,其理由就是,该准则"依据法律"并不具有成文法的依据(ex parte Matthias Rath Ltd（英国）)。由于这些规则涵盖的议题范围广,就不可能在一部行为准则中间全部都得以解决。为了促进对该等发展趋势的监控,该款规定要求将准则草案自发提交予委员会,旨在其正式通过前能够有机会提出意见。在守则生效后,也鼓励有关组织向委员会及成员国提交守则操作及其实践中影响的相关信息。规定还推荐守则使用共同体使用的语言以便阅读。最后,鼓励制定保护未成年人及人类尊严的行为守则。这旨在对委员会在该领域的其他动议予以补充,例如98/560/EC号理事会建议就向成员国、委员会及相关行业提出了一系列建议,要求采取诸如行动守则之类的措施,以保护未成年人和其他人免于看到非法或令人生厌的内容。该等措施就包括设立热线处理投诉并与司法和警察部门进行合作。

3. 消费者参与(第2款)。鉴于大部分行为准则很可能是由商会和职业协会制定的,成员国和委员会就须鼓励消费者团体参与该等准则的制定。例如,欧洲消费者组织BEUC同欧洲工业及消费者协会UNICE共同制定了有关"信誉标签"规划的一些原则(《实施〈电子商务指令〉的第一次报告》第4段第8项)。另外,在适当的时候,也需要就视力低下或失明人士的需要进行咨询。

庭外争议解决

第17条

(1) 在信息社会服务提供商与其服务接收方之间产生争议时,成员国应当确保其通过的立法不会限制根据国内法可以使用的、包括适当电子方式进行的庭外争议解决方式。

(2) 成员国应当鼓励负责庭外争议解决(尤其是消费者争议解决)的部门在操作中为参与方提供足够的程序保障。

(3) 成员国应鼓励负责庭外争议解决的机构向委员会通报其所作出涉及信息社会服务的重大决定,并将其他有关电子商务做法、使用状况及管理的信息予以通报。

1. 概述。本条规定旨在促进对电子商务庭外争议解决方式的进一步使用。它既适用于线上也适用于线下庭外争议解决措施。换言之,它既适用于线上展开的庭外程序,也适用于线下操作的涉及电子商务的争议解决。应对之进行宽泛的解释,以使之涵盖包括仲裁、调节、由中立的第三方或政府专员介入的所有各种程序。这符合委员会旨在更便于消费者使用该等庭外程序的目标,这在《关于更方便消费者使用其他争议解决方式的委员会通告》中已经予以说明。

2. 义务。本条规定规定了旨在消除采取其他争议解决方式的若干和义务。(a) 国内立法不应妨碍使用庭外争议解决方式。成员国也许就在成文法中间设置障碍，使得在电子商务事项中使用庭外争议解决机制十分困难；例如，这些障碍表现为作出更严格的证据要求，或者其他类似措施。然而，本义务项下确切的标准并不十分清楚，因此，对于国内法中是否存在该等障碍，成员国享有可观的裁量权。(b) 足够的程序保证。鼓励成员国对其法域中的庭外争议解决体系进行监控，以保证该等程序是基于基本程序公正运行。这里，还是没有具体的标准判定该要件在何时会被满足。(c) 向委员会通报。成员国须鼓励涉及庭外争议解决的机构将其重要决定及其做法、使用状况及惯例相关信息通报予委员会。

司法程序

第 18 条

(1) 成员国应确保国内法所提供与信息社会服务相关的司法程序可以迅速采取包括中间措施在内的措施，旨在终止所指称的侵权并防止对相关权益产生任何进一步的损害。

(2) 第 98/27/EC 号指令的附件应该以下列规定进行补充：

"11. 欧洲议会及欧盟理事会 2000 年 6 月 8 日发布 2000/31/EC 号《关于内部市场尤其包括电子商务在内的信息社会服务若干法律事项之指令》（《电子商务指令》），(OJ L 178, 17.7.2000, p.1)"。

1. 概述。为了促进电子商务的繁荣，个人必须能有机会有效利用争议解决方式，并能够就其所遭受的任何损失得到救济。本条规定要求成员国为涉及电子商务争议解决的个人确保提供适当的司法救济；该等救济应当包括有效的中间措施（诸如禁令）。所涵盖的"侵权"须进行广泛解释，以涵盖电子商务中可以被所指称侵权行为损害的大部分权益（例如，对允许发表侵犯版权内容的互联网服务提供商提起的诉讼）。本条对《保护消费者权益禁令之指令》的附件进行了修改，使之也包括了《电子商务指令》，从而使得《电子商务指令》成为《保护消费者权益禁令之指令》对禁令救济规则进行协同化范围的一部分。

2. 迅速采取措施的司法程序。成员国必须提供可以方便使用的救济措施（例如禁令），以终止所指称与信息社会服务活动有关的侵权，并防止对相关权益产生任何进一步的损害。该项义务不仅涵盖创设适当的司法机制，也消除了司法机制使用中存在的障碍。可以采取的措施由国内法决定，因此可能在成员国之间造成差异。

合作

第 19 条

（1）为有效实施本指令，成员国应当通过足够有效的方式进行监督和调查，并应确保服务提供商向其提供必要的信息。

（2）成员国应当与其他成员国进行合作；为此目的，成员国应当指定一个或多个联络点，并将之详情通报予其他成员国及委员会。

（3）成员国应当尽快根据国内法规定向其他成员国或委员会提供所要求的协助和信息，包括以适当电子方式提供的协助和信息。

（4）成员国应当设立至少可以通过电子方式联系的联络点，使得服务接收方和服务提供商可以：

（a）不但能取得关于在纠纷发生后提出诉求及解决机制的信息，而且还可以取得关于合同权利及义务的一般信息，包括所使用机制的实务信息；

（b）就可以获取进一步信息或实务协助的相关机关、协会或组织，可以取得他们的详细资料。

（5）成员国须鼓励向委员会通报在其地域就信息社会服务及电子商务相关实务、适用情形及管理的纠纷而做出的任何重大行政或法院裁决。委员会须将该等裁决通报予其他成员国。

1. 概述。为了促进本指令的正确运作，第 19 条为信息社会服务提供商和成员国设定了义务，以通报并对其活动进行协作。对于本指令是否完全适用于金融服务领域，尚存争议。为此，委员会已经发布了一个通告，为成员国提供协助,以利本指令的有效运作(2003年指令)。

2. 监督(第1款)。成员国被要求通过足够有效的方式对信息服务提供商遵行本指令的情形进行监督和调查。至于什么是"足够有效",随着轻度监管和严格监管之间过渡状态的不同,这无疑会在成员国间造成相当的差异。监督机关也许拥有法律强制力,以要求信息社会服务提供商提供信息,甚至在特定情形下可以进入其住所搜查并查封材料。根据信息社会服务提供商从事活动的性质,成员国可以将其置于不同监管机构的管辖范围内。比如,在英国,信息社会服务提供商提供金融服务就要接受金融服务监管机构的监管(《电子商务监管法》);而信息社会服务提供商通过声讯电话号码提供信息社会服务时,就要接受 PhonepayPlus 这一具有共同监管机制性质的机制的监管。一些成员国建立了特别的机构对法律的适用提供支持(卢森堡2000年8月14日通过法律之第71条就作此规定)。为了便于监管,信息社会服务提供商应有义务应要求提供信息。

3. 成员国之间的协作(第2、3及5款)。为了促进成员国间及与委员会的协作,根据第19条第2款的规定,每一个成员国都有义务设立一个或多个国家联络点。另外,成员国应当根据诸如刑事调查的法律协助程序等国内法规定,应要求对其他成员国给予协助并提供信息。成员国也负有总括性的义务,鼓励对影响提供信息社会服务的相关司法及行政决定进行信息交换。国内法院作出判决,对使用本指令有关术语的国内规定进行解释的,将会确立相关的判例,这可能有助于对其他成员国的司法及行政机关提供协助。比如,可以对第14条"确知"的构成要件进行解释。本条一般性规定也完善了第3条第4款规定的通知机制,后者涉及在援引第3条第4款规定的公共利益宗旨时,一国监管机构对设立于其他成员国的信息社会服务提供商适用本国国内法规定的情形。在行政及司法机关之裁定跨境执行时,也会产生信息交换的情形。目前,如果已经发生了信息交换,委员会还没有广泛或系统地对有关信息予以公布。

4. 信息联络点(第4款)。为协助信息社会服务提供商及该等服务的接受方,成员国有义务设立信息联络点,提供其权利义务及争议时任何救济程序的信息。另外,为获取进一步信息及协助,也应提供其他相关机构和组织的联系信息。

罚则

第 20 条

　　成员国应该决定对违反依据本指令通过的国内法规定所应该适用的罚则,并应采取一切必要措施确保其执行。所提供的罚则须有效、符合比例原则并且具有威慑性。

　　概述。违反转换为成员国国内法的本指令任何规定适用何种罚则的问题,是由成员国依据补充原则决定的(《欧盟条约》,第 5 条)。因此,成员国可以决定该等罚则应为刑事、民事或行政罚则(前言第 54 项)。然而,首先,成员国有义务采取一切必要措施确保该等罚则得以执行;其次,成员国有义务确保该等罚则有效、符合比例原则并具威慑力。第一点显然和之前的第 19 条第 1 款有关,因为如果未能给予监管机构"足够有效"的方式,可能会使该等罚则无法或者很难得以执行。

第四章　最后条款

重新审查

第 21 条

　　(1) 2003 年 7 月 17 日之前及之后,委员会须每两年向欧洲议会、理事会及经济和社会小组委员会提交本指令使用状况的报告,并在必要时一并提交为适应信息社会服务领域法律、技术及经济发展的建议,尤其事关预防犯罪、未成年人保护、消费者保护及内部市场正常运转方面的建议。

　　(2) 在审查是否需要有必要对本指令进行调整时,提交的报告应当特别分析关于跳转链接、定位工具服务的提供商相关责任及"通知后清除"程序和在内容清除后的归责情形进行建议的需要。报告也须基于技术发展情形，分析对第12、13条所规定责任免除情形设立其他要件的必要性，并对将内部市场原则适用于电子邮件形式发送非请而至商业信息情形的可能性进行分析。

1. 概述。自2003年7月17日开始及之后，委员会每两年须就本指令适用情形及有无必要对之进行调整的问题提交报告。在对指令进行一般审查的基础上，重新审查须涵盖非常重要及敏感的特定议题，比如跳转链接责任及"通知后清除程序"。委员会内由内部市场局负责本指令。

2. 对指令的首次报告。委员会对指令适用的首次报告于2003年11月21日发布，首次提供了对指令转换为成员国国内法、适用及其影响的评估。该报告尤其注意到指令已经达成了其在内部市场方面的目标，并引领了为确保在线交易十足有效性而对成员国现存国内法律（如合同法）予以现代化的进程。报告结论认为，对指令进行修改时机尚不成熟，建议进行跟进的行动方案，该等方案包括：确保本指令的正确适用；密切成员国之间的行政协作；提高企业和个人对此的认识和意识；对政策发展趋势进行监控并确立需要采取进一步行动的领域；增进国际合作及监管机构的对话。

转换为国内法

第22条

(1) 在2002年1月17日之前，成员国应当实行必要的法律、法规及行政条例以遵循本指令。对此，他们在事后须通报委员会。

(2) 当成员国采取第1款所述法律措施时，其中应当说明对本指令之援引，或者在正式发布时辅以该等援引说明。进行援引的方式由成员国规定。

1. 概述。在2002年1月17日之前，15个成员国计划实施本指令，10个成员国将在2004年5月1日之前计划将其实施（捷克共和国、爱沙尼亚、塞浦路斯、拉脱维亚、立陶宛、匈牙利、马耳他、波兰、斯洛文尼亚及斯洛伐克），保加利亚及罗马尼亚计划于2007年1月1日实施该指令。"实施"意味着成员国对其法律作出必要的修改,以实施本指令的规定。所采取的实施措施已经向委员会进行了通报并可在其网站上进行查看。

2. 转换为成员国国内法。虽然三个成员国(法国、荷兰及葡萄牙)在2002年1月17日最后期限之前没能实施本指令,但所有27个成员国现在都已实施了本指令。2003年11月21日,委员会发布了关于本指令适用情况的首次报告,但当时欧盟只有15个成员国。2008年9月18日,委员会正式要求法国对其有关光学产品及眼镜的国内立法进行修改,因为委员会宣称:禁止合资格验光师对这些产品进行远程销售及要求所有合格操作人员都需将其学历在法国政府部门进行注册的规定违法本指令。

生效

第23条

本指令在欧共体官方杂志上发布之日即为其生效之日。

概述。本指令于2000年7月17日在欧共体官方杂志发布之日即为其生效之日。本指令可被引用为 OJ L 178/1,2000年7月17日。

相对人

第24条

本指令的相对人是成员国。

概述。本指令的相对人是成员国。

欧洲议会及欧盟理事会第 97/7/EC 号指令
(《远程合同指令》)

1997 年 5 月 20 日通过关于远程合同消费者保护之指令

欧洲议会及欧盟理事会

基于《建立欧洲共同体条约》之规定,尤其是其中第 100a 条之规定,

基于欧盟委员会提出的建议[①],

基于经济与社会小组委员会的意见[②],

根据《欧共体条约》第 189b 条规定程序[③]及协调小组委员会于 1996 年 11 月 27 日共同批准的文本。

鉴于:

(1) 为实现内部市场的目的,必须采取措施逐渐实现内部市场的一体化整合;

(2) 商品及服务的自由流动不仅影响着业界,也影响着个人;这就意味着消费者应该可以基于另一成员国居民的相同条件购买另一成员国的商品和服务;

(3) 对于消费者而言,跨境远程销售可能成为内部市场打造完成后的

---

① OJ No. C 156, 23 June 1992, p.14 and OJ No. C 308, 15 November 1993, p.18.
② OJ No. C 19, 25 January 1993, p.111.
③ 欧洲议会 1993 年 5 月 26 日发布的意见(OJ No. C 176, 28 June 1993, p. 95),欧盟理事会 1995 年 6 月 29 日作出的共同立场文件(OJ No. C 288, 30 October 1995, p. 1)及欧洲议会 1995 年 12 月 13 日作出的决定(OJ No. C 17, 22 January 1996, p 51)。欧洲议会 1997 年 1 月 16 日的决定及欧盟理事会 1997 年 1 月 20 日的决定。

主要现实结果之一,包括欧共体委员会向欧盟理事会作出题为"迈向统一批发市场"的通告中就有所体现;鉴于一个运作顺畅的内部市场对于消费者能够与境外企业进行交易至关重要,即使该企业在消费者居住国设立了子公司也仍然如此;

(4) 引入技术使得消费者可以更加多样地获知共同体范围内任何地方的销售信息并可以下单订货;鉴于一些成员国已经采取了种种不同的措施保护远程销售中的消费者,而远程销售已经对内部市场企业之间的竞争产生了破坏性影响;基于此,有必要在共同体层级引入该领域最低限度的共同规则。

(5) 鉴于理事会 1975 年 4 月 14 日欧洲经济共同体消费者保护及信息政策初步项目之决定[①]在附件第 18 及 19 款就指出,需要为商品和服务的买家提供保护,使之免于被要求就非请而至的商品付款及接受高压形式的销售;

(6) 理事会于 1986 年 6 月 23 日批准的、委员会向理事会所提交题为"消费者保护政策新动力"通告[②]之第 33 款申明,就使用新型信息技术以便消费者从自己家中向供应商订货,委员会将提交建议;

(7) 理事会 1989 年 11 月 9 日关于重新建构消费者保护政策的未来首要事项之决议[③]呼吁委员会对该决议附件中提及的领域予以优先关注;鉴于该附件提及电视购物所涉及的新技术;鉴于为回应该决议,委员会已经制定了欧洲经济共同体消费者保护政策三年行动计划(1990—1992),该计划提出要制定相关指令;

(8) 远程合同所使用语言是成员国负责之事项;

(9) 通过远程谈判达成的合同涉及应用一种或多种远程通讯方式;有组织的远程销售或服务提供体系中应用种种通讯方式,并不需要供应商和消费者同时在场;这些通讯手段的不断发展并不适合予以穷举式列明,但是

[①] OJ No. C 92, 25 April 1975, p.1.
[②] OJ No. C 167, 5 July 1986, p. 1.
[③] OJ No. C 294, 22 November 1989, p. 1.

需要确定有关原则,即使对那些尚未广为使用的通讯手段而言,这些原则仍然有效;

(10)同一项交易是由连续操作或一段时间的一系列独立操作组成的,也许会导致成员国法律对此会产生不同的法律定位;在满足本指令第 14 条规定的前提下,本指令的规定不得因各成员法律规定的不同而进行不同适用;为此目的,有理由考虑在可成为一个整体的一系列连续操作或一段时间的一系列独立操作中的第一项操作发生之时,无论其是否为单项合同或连续进行、分别达成合同的标的,成员国至少须遵循本指令的相关规定。

(11)使用远距通讯方式不得因此而减少向消费者提供的信息;因此应该确定需要提交予消费者的信息,而不论其提供的方式为何;所提供的信息也需要满足其他共同体相关规则的要求,尤其要遵循欧盟理事会于 1984 年 9 月 10 日第 84/450/EEC 号《关于使成员国涉及误导性广告的法律、法规及行政规范趋同化的指令》[①];如对信息提供义务有例外规定,消费者有权决定要求提供诸如供应商身份、商品或服务的主要特征及其价格之类的基本信息;

(12)在以电话通讯的情形,让消费者在通话一开始就收到足够信息,以决定继续通话是否就是适当的;

(13)以特定电子科技手段发布的信息通常是暂时性的,消费者并没有收到可以持续保留的介质;因此,消费者须及时收到正常履行合同所必需信息的书面通知;

(14)在订立合同之前,消费者实际无法亲自看见产品或者确信所提供服务的性质;因此,除非本指令另有规定,应当规定撤销合同的权利;如果要落实该项权利,消费者在行使撤销合同权利时所承担的任何可能成本须限定于退货的直接成本;消费者撤销合同权并不影响其在成员国国内法下享有的权利,尤其是收到受损商品或服务、或者收到的商品和服务与销售该等商品或服务的描述并不相符;由成员国决定行使合同撤销权之后的其他条

---

① OJ No. L 250, 19 September 1984, p. 17.

件和安排；

（15）如未在下订单之时明确说明，也有必要对履约时限作出规定；

（16）除非事关商品或服务的替换，未经消费者事先要求或明确同意的，禁止向消费者有偿发送商品或提供服务的推销方式。

（17）适用1950年11月4日通过的《欧洲人权公约》第8条及第10条规定的原则；应承认消费者的隐私权，尤其是免受特定侵扰通讯方式打扰的自由；因此须规定使用该等通讯方式的限制；成员国应当采取适当措施有效保护不希望通过特定通讯方式联系的消费者不被这些通讯方式所联系，同时不能影响有关个人数据及隐私保护共同体法律对消费者提供的特定保障；

（18）本指令具有约束力的最低限度规则在适当情形下通过有关交易商自发安排的方式予以补充是非常重要的，该等安排须遵循委员会1992年4月7日发布第92/295/EEC号《关于通过远程谈判方式达成合同中消费者保护的行为规范之推荐意见》。

（19）为了对消费者提供最充分的保护，重要的是要让消费者对本指令的规定及可能在该领域中存在的行为规范予以充分知晓；

（20）不遵守本指令不但损害消费者也会损害竞争者的利益；因此，可以在国内立法中作出规定，使得公共机构或其代表或消费者组织在消费者保护方面拥有合法权益，或者使得专业团体有合法的权益采取行动，以监督对本指令规定的适用；

（21）为保护消费者，重要的是在可行的最快时间对跨境诉求加以解决；委员会于1996年2月14日发布了《关于消费者有权享有司法公正及在内部市场中解决消费者争议的行动计划》；《行动计划》就涵盖具体推进庭外解决程序的动议；在其附件Ⅱ中建议了客观标准以确保这些程序的可靠性，附件Ⅲ作出使用标准诉求表的规定；

（22）应用基于新技术的通讯方式时，消费者并无控制权；因此有必要规定应由供应商承担举证责任；

（23）在特定事例中，也许会通过选择非成员国的第三国法律作为合同

的准据法,从而可能导致剥夺消费者根据本指令享有保护的风险;因此,本指令须作出规定以杜绝这种风险;

(24)成员国也许会出于公众利益的考虑而禁止以远程合同的方式销售某种商品和服务;该等禁售须满足共同体规则的要求;针对该等禁售已经作出了共同体规定,特别是欧盟理事会1989年10月3日发布第89/552/EEC号《协同成员国关于进行电视广播运营活动的法律、行政法规或行政措施之指令》①项下对医疗产品作出的规定,及欧盟理事会1992年3月31日第92/28/EEC号《人体医药产品广告指令》②,

通过指令如下:

宗旨

第1条

本指令的宗旨就是对成员国有关消费者和供应商之间远程合同的法律、行政法规及行政规范进行协同化。

概述。远程通讯技术逐渐得到应用,使得在如今可以不用双方当事人同时在同一地点进行合同谈判就可以达成合同。远程通讯的应用使得供应商可以轻易地主导特定合同条款或者隐瞒必要的信息。这样,因为不可能核实供应商的诚信度或者通过实地考察验证商品质量,消费者信息就会获取不足,与供应商处于不对称态势。根据前言第4项申明,在通过该指令之前,一些成员国已经采取保护消费者的措施。这导致成员国间相关法律状况的差异性(经济与社会小组委员会报告,CES No. C 019, 25 January 1993, p. 112)。既然如同前言第3项所称远程通讯是实现内部市场的核心技术,该指令应当予以适当的协同化规定。根据 Consumer Acquis 自2004年开始进行的审查,其审查的指令仅仅规定了最低限度的协同化要求,这导致了成员国法律的碎片化,阻碍了跨境商业发展(对欧洲议会及欧洲理事会

---

① OJ No. L. 298, 17 October 1989, p. 23.
② OJ No. L. 113, 30 April 1992, p.13.

关于消费者权利指令的提议，COM（2008）614 final，第2页）。因此，欧盟委员会发布了提议，要对现存消费者保护相关指令进行修改，并将有关规定涵并入一个指令中间。该指令并非基于最低限度协同化，而是旨在达成完全协同化，建立真正的企业—消费者模式的内部市场。这样，成员国就不得与本指令所规定的内容有所偏离（《欧洲议会及理事会〈消费者权利〉之建议》，第4条）；而第85/577/EWG，93/13/EWG，97/7/EG及1999/44/EG指令将会被废除（第47条）。

定义

第2条

为本指令之目的：

（1）"远程合同"是指任何供应商与消费者之间通过供应商体系化的远程销售或服务提供体系而达成的商品或服务合同；其中，供应商为了合同之目的，在订立合同之前和之时仅采用一种或多种远程通讯方式；

（2）"消费者"是指在本指令涵盖合同项下为其行业、企业或职业之外的目的而作出行为的任何自然人；

（3）"供应商"是指在本指令涵盖合同项下基于其商业或执业范围而行事的任何自然人或法人；

（4）"远程通讯方式"是指用于在不同时在场的供应商和消费者之间订立合同的任何手段。本指令所涵盖该种方式的说明性清单请见附件1；

（5）"通讯手段运营商"是指其行业、企业或职业涉及向供应商提供一种或多种远程通讯方式的任何自然人或法人。

1. 概述。本条规定了本指令在大多数条文中使用的核心定义。本指令是在内部市场对消费者提供保护项目的组成部分，其依据是欧盟理事会1989年11月9日《关于重新建构消费者保护政策的未来首要事项之决议》（CPP），后者在前言第7项中要求欧盟委员会将用于电视购物的新技术作为优先考虑事项。前述欧盟委员会建议中涵盖的新指令文本，不会原封不动地照搬这些概念，因为这些概念不但不得不遵照远程合同指令的宗旨和规定,也要满足将被废止三项指令的宗旨和条文规定。

2. 远程合同(第1款)。该指令的核心概念就是"远程合同"。实质而言,缔约双方完全是通过远程通讯的方式缔结合同的。这并不表明合同双方须距离很远。根据前言第9项的规定,有组织的远程销售或服务提供体系仅仅排除了供应商和消费者同时在场的情形。使用有组织的远程销售体系对于确定一个合同是否为远程合同而言是决定性因素(前言第9项)。因此,根据远程合同指令的定义,凑巧通过远程通讯方式达成的合同并不能被认定为远程合同。例如,大部分蔬菜通过店铺销售同时又随机接受电话订货的店主并不认为在经营有组织的远程销售体系。因此,销售者以电话方式销售其产品的,就会被该指令认为是经营有组织的远程销售体系。根据拟议中的《消费者权利指令》所规定远程合同的定义,远程合同仅仅要求全部使用一种或多种远程通讯方式(第2条第6款)。因此,前述随机通过远程通讯方式达成的合同也会被该新定义所涵盖(前言第12项)。远程合同指令的适用范围并不仅限于销售,而且还涵盖诸如租赁合同及服务合同之类的合同,但并不适用第3条规定的情形。在前言第2项已经说明,指令不但涵盖有形商品之让与,还涵盖无形商品的交付或服务之提供。

3. 消费者(第2款)。消费者须为自然人。因此,包括基金会及非营利组织在内的法人不能被认定为消费者。认定是否为消费者的时间点就是合同缔结之时。因此,同一个人可能有不同的身份;根据具体情形的不同,其在一个时间点是消费者,在另一个时间点就可以是供应商。消费者的行为目的须在其行业、经营或职业责任或职能范围之外。消费者权利指令所定义的"消费者"也排除了这种貌似消费者的用途(第2条第1款)。此处所指的职业涵盖艺术家、建筑设计人员、医生、律师及所有其他自由职业人员。任何与职业相关的活动或其他类似行为都会使一方不能被认定为消费者。因此,合同标的既体现了私人用途目的也体现职业用途的,相关方当事人就不能被认定为消费者(Benincasa ECJ)。

4. 供应商(第3款)。供应商是合同中经营组织化远程销售或服务提供体系这种用来达成合同手段的当事人。其须依照其商业或职业权能行为。因此,自由职业不能被认定为供应商。前言第 22 项涉及合同技术相关事项的举证责任;与之不同,消费者须证明对方当事人具有供应商的特征。对于互联网拍卖而言,所达成的合同数目仅仅是许多要件之一(OLG 7 April 2005 (Germany))。因此,仅凭达成合同的数目及标准商业条款的使用都不能证明销售者是供应商(AG 27 April 2004 (Germany))。决定性的标准就是:供应商通过体系化的方式经营,其在给定的时间段内所业务经营是无限期的(OLG 7 April 2005 (Germany))。相反,缔约方如具有"eBay"互联网拍卖平台上"强劲卖家"(powerseller)的资格,其须证明自己并不是作为供应商行为(OLG 17 October 2005 (Germany))。所拟议的《消费者权利指令》并没有使用"供应商"这个术语,而是用"商家"这个术语,就基本上涵盖了基于商业或职业职能及出于与交易、商业、工艺或职业相关的目的(第 2 条第 2 款)。

5. 远程通讯方式(第 4 款)。这就是在各方无须亲身同时在场而达成合同的手段。"远程通讯方式"这一术语尤其包括诸如传真、电子邮件、广播、电视或者视频文字等新兴科技。然而,本指令也涵盖诸如标准信函或电话在内的这种传统远程通讯方式。附件 1 规定了所有相关远程通讯方式的清单(详情请见附件 1)。

6. 通讯手段运营商(第 5 款)。通讯手段运营商可以是公共或私有法人和自然人。无论在法律上还是实际中,该运营商都须负责提供通讯手段核心服务的运作。其业务或职业涉及向供应商提供远程通讯的一种或若干手段。

例外

第 3 条

(1) 本指令不应适用于下列合同:

——适用欧洲议会及欧盟理事会 2002 年 9 月 23 日第 2002/65/EC 号《关于远程推销消费者金融服务及修改第 90/619/EEC 号及第 97/7/EC 号

和第 98/27/EC 号指令之指令》①的任何金融服务合同，

——通过自动售货机或自动商业场所的方式缔结的合同，

——与电信运营商通过使用公共付费电话达成合同，

——为建造及销售不动产或而订立的合同或涉及除租赁权益之外的其他不动产权益的合同，

——在拍卖中达成的合同。

(2) 第 4、5、6 条及第 7 条第 1 款并不适用：

——为消费者住所、居所或其工作地点通过惯常送货员供应消费者日常消费的食物、饮料或其他商品而订立的合同，

——在合同缔结时供应商保证将在特定日期或于特定期间提供住宿、交通、餐饮或休闲服务的合同；尤其对于提供户外休闲服务的情形，供应商保留在特定情形下不适用第 7 条第 2 款规定的权利。

1. 概述。本条规定限制了该指令对特定合同的适用。第 3 条第 1 款作出了一般的例外规定，而第 2 款仅仅涵盖第 4 条至第 6 条及第 7 条第 1 款的规定。

2. 一般性例外规定（第 1 款）。(a) 金融服务。如第 1 款第 1 项规定的那样，适用于《远程销售消费者金融服务指令》的合同并不适用本指令。这是因为该指令为涉及这种合同的消费者提供了特殊保护（《远程销售消费者金融服务指令》，前言第 2 项及以下）。达成金融服务合同的消费者通常基于《远程销售消费者金融服务指令》而取得所有必要的信息，因此并不需要《远程销售消费者金融服务指令》来提供进一步保护。(b) 机器。使用自动售货机或自动商业场所达成的合同除外（第 2 项）。撤销合同的主张并不能对机器提起。另外，由于消费者已经接触了售货机器，因此，无论供应商是否在场，这些合同不是以远程通讯的方式达成的。与前言第 14 项所依据的情形不同，消费者通常在订购之前就能够见到商品，因此不需要进行保护。自动售货场所是指那些用机器设备取代雇员的场所（例如通过无线射频识

---

① OJ L 271, 9 October 2002, p. 16.

别技术实现自动支付的超市)。然而,该指令中所称机器也指供应商房间的机器,该等机器成为接入供应商正常分销渠道的唯一方式,如为消费者提供的互联网终端;这些技术应用不能作为自动售货场所对待。(c) 公共付费电话。第3项规定了通过公共付费电话提供电信服务这种例外情形。这里,订约针对的服务是直接通讯,通常在合同达成之后一次性即时提供。在这种情形下只有电信服务属例外。其他诸如热线服务仅仅将电信服务作为传输媒介应用,为消费者提供具有独立价值的服务,并不享有此处提供的豁免。(d) 非移动财产(不动产)。根据《欧共体条约》第295条,成员国有关不动产所有权的规定并不适用《欧共体条约》;建筑合同及不动产销售就属于这一范畴。因此,该等豁免就只是《欧共体条约》第295条的延续。其次,成员国立法大多通过特定形式要求或者通过禁止就不动产订立远程合同的方式已经对之提供了充分保护。然而,仅仅是建筑合同豁免适用本指令,重建和新修合同都适用本指令。(e) 拍卖。通过拍卖达成的合同具有投机特点。撤销权和信息事先告知的要求会将这一投机特点抹去。只要通过远程通讯方式进行的拍卖达成了普通拍卖合同,换言之,该合同是以中标形式达成的,该豁免就适用。对于通过互联网自动运作的拍卖,一些法院并不认为达成的合同构成真正意义上的拍卖,这就需要适用本指令(BGH 3 November 2004 (Germany))。上述拟议的《消费者权利指令》所规定的定义将"拍卖"界定为商家通过竞争性投标程序销售商品或服务的销售方式,这就包括使用远程通讯方式进行拍卖,而出价最高者须购买商品或服务(第2条第15款)。这样,通过在线拍卖平台达成的合同,即使拍卖者并没有接受,也会构成指令项下的拍卖,在期间届满后将与出价最高者自动达成合同。

3. 部分豁免(第2款)。第3条第2款仅仅适用第4条、第5条、第6条和第7条第1款。由于指令中规定的消费者特殊权利及供应商义务会使合同目的落空,对指令适用范围的这些限制既符合消费者的利益,也兼顾了供应商的利益。(a) 日常消费。第2项适用的商品(而不是服务)对日常生活至为重要,这就要求快速、方便地履行合同。然而,对于非保鲜要求的商品也有提及。关键的因素就是它们是否为日常生活中的日常物品,这样就还包括日常使用的小电器。这些商品是由供应商或其雇员而不是运输商交付于消费者的住所或者工作地点。值得注意的是，即使商品交付地点为其办公场所，购买商品供其日需的供应商是消费者。供应商交付商品行为须为惯常进行。其业务经营须可以进行数量众多的商品交付且须实际执行。仅仅通过卡车进行一次交付商品并不能规避该指令的适用。例如，超市提供每周一次的物品运送并不适用该指令。（b）休闲服务。如果消费者使用休闲服务而供应商承诺将在特定日期或特定期间提供这些服务，则信息告知的要求和撤销权不再适用。这样规定的原因之一就是：既然供应商须准备提供服务，在消费者行使撤销权后，其努力将不可能得到补偿。另外，根据该指令，消费者就旅游套餐、度假套餐及游览套餐享有特别的保护。住宿。与第1款第4项不同，所谓"住宿"仅仅包括暂时提供的诸如酒店或招待所这种服务。交通。这里，"交通"包括供应商提供的任何人员运送服务。因此，租车服务并不包含在内（easy Car（UK）（ECJ））。餐饮。"餐饮"是指通过任何形式提供的食品供应，无论是作为单一的服务提供还是作为诸如度假套餐这种另外合同的一部分而提供。休闲服务。这包括各种各样的娱乐服务，如影院、运动、音乐会或其他文化活动。对于"户外休闲活动"，供应商可以保留在特定情形下不适用第7条第2款规定的权利。第7条第2款规定，如果不能提供服务的，供应商应有义务通知消费者并在30日内向消费者退款。户外活动有一定的风险，只能在特定的天气条件下进行，而天气可以在瞬间变化。如第7条第2款不适用，供应商可以等到事先规定日期实际到来之后才决定活动能否进行。在这么短的时间通知消费者对于供应商而言责任过于沉重，因为这样的话，供应商就需要不断对消费者给予无数次通知，以便消费者决定是取消还是维持之前预定的服务。

事先通知

第4条

(1) 须在任何远程合同达成之前适当时候向消费者提供下列信息：

(a) 供应商的身份及在合同要求提前支付价款时提供供应商的地

址；

(b) 商品和服务的主要特征；

(c) 商品或服务含税价格；

(d) 在适当时提供运费说明；

(e) 付款、交货及履行安排；

(f) 除非第 6 条第 3 款规定的情形,说明消费者有撤销权；

(g) 在并非以基础费率计算的情形,说明远程通讯的费用；

(h) 要约或价格有效的期间；

(i) 对于永久或不断提供商品或服务的情形,在适当时要说明合同的最短期间。

(2) 对于第 1 款规定的信息,须作清楚说明其商业目的,且须以清楚明白、适合于所使用远程通讯的任何方式提供,并应合理遵循有关原则,尤其是商业交易中的善意原则及保护那些根据成员国法律不能进行同意的未成年人及其他人的原则。

(3) 另外,在电话通话情形下,在与消费者通话一开始就应该明白无误地表明供应商身份及电话的商业性质。

1. 概述。像前言第 11 项说明的那样,使用远程通讯方式不得减少向消费者提供的信息。信息提供是欧盟消费者政策中的核心概念。它促成了有利于消费者的透明和信任。技术媒介也许还在供应商和消费者之间制造了新的距离。因此,第 4 条及第 5 条要求供应商在合同的不同阶段向消费者提供特定的信息。其目的一方面是为了保护消费者,使之避免作出不理智的决定,另一方面也是确保其接下来作出充分知晓相关信息的购买决定。两条规定彼此关联,确立了分为两个步骤的信息提供流程。第 4 条规定了缔约前须提供的信息。并没有规定最低期限,但消费者须有充足的时间去考虑相关要约。需提供的信息并不因供应商与消费者事先已经存在的合同关系而有所不同。提供相关信息的举证责任由供应商承担,这符合前言第 22 项的说明:"应用基于新技术的通讯方式时,消费者并无控制权;因此有必要规定应由供应商承担举证责任。"在比利时,这由 1991 年 7 月 14 日通过的比利时法律第 82 条第 1 款规定。指令对于不遵守规定的情形并没有规定任何处罚措施。消费者可以按照国内法律的有关规定寻求损害赔偿或根据不正当竞争法提起的诉求中对相关情形加以处理(Court of Appeals Hamm，26.8.2008 (Germany)；Supreme Court，20.05.08 (Austria))。

2. 在缔约前需要提供的特定信息(第 1 款)。(a) 身份。第 4 条第 1 款规定了须提供的信息清单。供应商身份信息(Court of Appeals Berlin，13.02.2007(Germany))对于以技术为媒介的通讯是至关重要的部分。这应当包括公司种类这种在承担责任方面对消费者可能很重要的信息(Supreme Court，08.07.08(Austria))。而在德国，还要求提供公司注册号或者类似的身份确认信息。另外，供应商需要提供消费者所在成员国代表的身份信息(请见《德国信息条例》第 1 条第 1 款第 2 项)。在缔约之前，仅在供应商要求缴纳预付款的情况下才提供其住所地址。在德国，根据《德国信息条例》第 1 条第 1 款第 1 至第 3 项的规定，需要提供完整的邮寄地址，仅仅提供邮政信箱地址并不足够(Cinema Filmkalender (Germany))；同样的情形也适用于奥地利，请见《奥地利消费者保护法》第 5c 条第 1 项的规定(OGH，08.07.03 (Austria))。在法国供应商须提供其电话号码、地址或者在其为法人的提供其注册的营业地址、并在其成立地址与之不一致的时候提供负责销售的营业场所地址，请见《法国消费者法典》L 121 – 18。(b) 主要特征。在网上，消费者不能亲身查验商品。有关商品或货物主要特征的信息应该帮助消费者作出购买决定，而其他的消息来源仅能提供有限的帮助。基于这种作用，应该确定所提供信息的范围。应该包括消费者在传统商业中可以合理获知的信息。(c) 价格。展示的价格须包括增值税(Supreme Court，05.10.05 (Germany))。另外，也要包括消费者所在国家的任何本地税收。如果没有披露其他收费，消费者可以拒绝付款。(d) 运费。如果有运费，则应提供相关信息。意大利一直在如此执行，请见第 185/99 号《意大利远程合同法令》第 3 条第 1 款 d 项。须对具体订单标明其具体运费。供应商提供"运输费用"已加入具体产品价格中的说明信息是不够的。(e) 付款、交付及履行安排。德语版本与"具体规定"相关，似乎就需要提供信息的详细程度确立了更高的标准。仅仅提供可能通过银行托收的方式进行支付的信息并不足够(*Kabelanschlussvertraege*（Germany))。然而，其他语言文本似乎规定的信息具体程度更低些。比如，仅仅提供一个交付的时间表就可以。(f)撤销权。缔约前须提交与撤销权有关的信息，仅表明权利存在即可。在德国，供应商通常须在缔约前向消费者提供撤销权和行使该权利的法律后果及影响的信息，请见《德国信息条例》第 1 条第 1 款第 10 项。在意大利，供应商总是需要告知撤销权及其例外情形，请见第 185/99 号《意大利远程合同法令》第 3 条第 1 款 g 项。实践中，更为稳妥的方式就是一并提供第 5 条所规定条件和程序方面的有关信息。(g)使用远程通讯方式的费用。增值服务提供商是通过诸如电话之类的远程通讯方式提供服务的，须提供所使用远程通讯方式费用超过基础费率时的有关费用信息。(h)要约或价格的有效期。欧洲法律仅仅要求提供相关期间的信息，具体时长将由各国国内法规定。(i)合同最短期间。须无限期或不断履行的合同依照前言第 10 项规定，须提供该等合同无限期或不断履行相关状态的信息。另外，需要说明最短期间。这可以是可能终止之前的确定时长或期间。

3. 提供信息的方式(第 2 款)。根据第 4 条第 2 款的规定，须以清楚明白的方式提供信息。这明显排除了以很小字体提供信息及提供自相矛盾和误导信息的情形。即使对一个并不太在意的消费者，提供方式也须引起其注意。所要求提供信息的方式也与提供信息的组成和范围有关。须在一处全部提供，且没有法学专业知识的人须能够理解。所提供的信息可以涵盖于一般条款及条件中，但须单独提供，以明确其性质，才能发挥其作用。在互联网上通过跳转链接提供信息可能会被另行对待。一方面，只要用户可以通过两次接连"点击"名为"联系人"及"基本信息"的跳转链接就可以取得相关信息，就已足够(Supreme Court, 20.07.2006（Germany))。如果要求需要在消费者下单前以展示相关信息的方式进行信息提供，就有些太过严格。这就要求插入载有相关信息的"强制性"附加网页，仅仅提供跳转链接的方式就是不足够的。虽然明确说明的跳转链接似乎是必要的，"联系人"之类的用语在这方面就可能并不十分明白，因为互联网用户对该项技术十分熟悉，互联网的特点就是一种快速、易于使用的媒介，提供跳转链接似乎就已经足够了。在这个意义上，这种要求就需要考虑到相关媒介的特点。因为一个在互联网上注意到相关商品销售的用户可能并没有传真机，变换沟通媒介就不那么适当(请见 Supreme Court, 08.07.2008(Austria))。在电话通话中，虽然阅读所有规定信息并不合情理，但还是须向消费者提供诸如按下某个按钮后获取录制信息的选择权。在德国，如果不需要预交价款时，通过电话通话向消费者提供信息毋须包括供应商地址，请见《德国信息条例》第 1 条第 3 款。根据前言第 8 项，远程合同所适用的语言仍然由各成员国的条例所决定。在意大利，如果使用的媒介允许个人通讯并且在消费者有要求时，根据第 185/99 号《意大利远程合同法令》第 4 条，提供信息时所使用的语言必须是意大利语，请见该法令第 3 条第 4 款的规定。另外，需要注意的是，所使用的语言如果与消费者使用的语言不同，对于其他诸如有关不公平商业条款和条件法律的消费者保护法律而言，就是不适当的。如果为专业人士提供特别产品，即使消费者并没有使用英语，英语也可以是合理适当的语言。须考虑未成年人保护的有关要求。

4. 电话通话中的其他信息(第 3 款)。对于电话通话而言，对通话开始时须提供的信息有更多的要求。其宗旨就是为了防止匿名或者隐蔽性、"猝不及防的电话"。在许多国家国内不公平竞争制度中都有相似的要求(*Telefonwerbung für Blindenware* (Germany))。需要注意的是，指令一开始就将选择权交给各成员国，由其选择禁止非请而至的商业电话。《隐私与电子通讯指令》第 13 条第 1 款针对电子邮件、传真及自动应答设备确立了"不选则无"原则。《不公平交易作法指令》附件 1 第 26 项中禁止"利用电话、传真、电子邮件或者其他远程媒介不断进行非请而至的推广，除非成员国国内法予以规定并在合理限度为履行合同义务所需"。《远程销售指令》规定，在通话开始时，须向消费者提供该次通话的商业性质，并应说明供应商的名称和种类。不得使用其他媒介提供信息(请见 Supreme Court, 08.07.2008(Austria); Supreme Court, 29.4.03(Austria))。即使消费者可以方便地上网获取相关信息,仅仅将有关信息放在网页上并不足够。在意大利,如果没有适当提供进一步的信息,合同甚至是无效、可撤销的,请见第185/99号《意大利远程合同法令》第3条第3款。

信息的书面确认

第5条

（1）在履行合同的过程中及时并最迟于不须向第三方交付的情形下,予以交付之时,消费者须收到对第1条第1款a项至f项规定信息的书面确认,或者收到消费者可以获得并读取的其他可持续保留介质进行的确认,除非该等信息在合同缔结之前已经以书面方式或者消费者可以获得并读取的其他可持续保留介质向消费者予以提供。

在任何情形下,须提供以下信息：

——行使第6条所规定撤销权之条件及程序的书面信息,包括第6条第3款第1项规定的情形,

——消费者可以提出任何申诉的、供应商营业地的地址,

——决定解除未规定有效期或有效期超过一年的合同。

（2）第1款规定并不适用于通过使用远程通讯方式而提供的服务,该等服务仅在一个场合提供并由远程通讯运营商收取费用。然而,在任何情形下,消费者须可以获知供应商处理任何投诉之营业场所的地址。

1. 在合同履行过程中提供信息（第1款）。（a）重复信息。第5款就是为了确保消费者获得必要信息,以决定是否行使第6条所规定的撤销权及在合同履行中的其他权利。该等信息没能在合同签订之前提供的,须在不迟于商品交付的履约进程中以透明的方式予以提供。对服务而言,该等信息应在履行伊始予以提供。指令并不禁止在合同签订之前提供该等信息。如果第5条规定的形式要求得以满足,则该等信息之提供可以与第4条规定的信息提供义务予以合并。第5条所规定提供信息的范围包括第4条第1款a项至f项规定的信息,但不包括第4条第1款最后三项信息。该等信息可以书面方式或者其他可持久保留的媒介提供。（b）其他信息。须提交

予消费者的信息还包括以下信息：第 6 条所规定撤销权的细节；这将意味着须说明撤销权的期间、行使方式及法律后果；消费者可以提起投诉的地址；售后服务及担保信息；这限于任何作出担保的细节；像德国实行该指令的做法那样，成员国立法机构可以将信息延展至法定担保的细节（请见《德国信息条例》第 1 条第 4 款第 1 项中的 3b 小项）；所提供服务超过一年或者没有明确终止日期的，如何取消合同的细节；诸如互联网接入、移动通讯或者有线电视服务提供均为这种情形。此处所列明的信息可能在订立合同之前并没有予以提供。该等信息须以书面的方式予以提供。虽然该等要求从字面上看来仅限于行使撤销权的条件和程序，该条款的目标也意味着也会适用进一步的要求。因此，就此而言，在可以持久保留的媒介上提供信息，并不满足消费者保护的要求。在德国，除了一般条款和条件外，还须进一步提供合同条款，请见《德国民法典》第 312c 条第 2 款第 1 项第 2 小项；在英国，除非合同双方另有约定，供应商应当以书面方式或以消费者可以获取并读取的可持续保留媒介通知消费者；只要消费者同意提供服务，消费者就不能根据《2000 年消费者保护（远程销售）法令》第 10 条的规定取消合同，请见《2000 年消费者保护（远程销售）法令》第 8 条第 3 款；在比利时，供应商须在首页以醒目的字体大写通知消费者其是否享有撤销权，请见 1991 年通过的比利时法令之第 79 条第 1 款第 2 项及第 3 项。

  2. 可持续保留的介质。对于要求信息须以其他可持续保留介质的方式予以提供的规定，该术语的涵义并不明确。前言第 13 项阐明："以特定电子科技手段发布的信息通常是暂时性的，消费者并没有收到可以持续保留的介质；因此，消费者须及时收到正常履行合同所必需信息的书面通知。"这就意味着，只要合同而言可能是必要的，消费者就可以在可持续保留介质上查看相关信息。消费者必须对该等介质具有控制权，以防止信息在事后被更改。消费者在硬盘或软盘上存储相关信息或将之打印都属于这种情形。可以肯定地说，计算机硬盘或者一张 CD-ROM 都是可持续保留介质（请见 German District Court Kleve，22.11.2002（Germany）；对消费者而言，不能要求其了解过多的技术专业知识。对于"pdf"文件是否属于可持续保留介质,颇多争议。虽然对电子邮件多有疑虑,但(计算机)传真及电子邮件也可能被认为是可持续保留的(对于英国的规定请见《2000年消费者保护(远程销售)法令》第10条第4款的规定:邮件、传真及电子邮件;对于德国的规定,请见 German District Court Kleve,22.11.2002(Germany);对于奥地利的规定(电子邮件就是可以持续保留的媒介)请见 Supreme Court,20.05.08(Austria))。既然诸如德国立法机关将电子邮件列为可持续保留介质,可能在技术而言并非总是如此。有些服务提供商,特别是免费邮件提供商,如果用户并不读取邮件,就不会在账户中永久保留电子邮件。在这种情况下,很难说电子邮件是可被持续保留介质。该规定的目的就是要使得消费者通过可持续保留介质的方式接受信息,这点在前言第13项的阐述中表露无遗,电子邮件通讯并不总能确保这一点。互联网网页通常不能被认为是可持续保留介质(German District Court Kleve,22.11.2002(Germany);Supreme Court,01.04.2009 (Austria))。然而,如果供应商可以确保并证明消费者将信息下载至其电脑硬盘中的话,将信息放置于网页上也可以是足够的,因为任何时候对之进行改动,都会被发现(请见 Court of Appeals Köln,3.8.2007 (Germany); Court of Appeals Berlin 18.7.2006 (Germany); Court of Appeals Naumburg,13.7.2007 (Germany))。如供应商要求接受信息确认回执的话,举证责任问题就减轻了。

3. 例外情形(第2款)。特定条件下通过使用远程通讯方式提供服务的,书面文件似乎并不适用,因此就其规定了一项对第1款要求的例外情形。这将包括对电子数据库的检索、增值电话服务,但须在其中一个场合存在信息的交换。在任何情形下,消费者须可以取得处理接受任何投诉的地址。将之在发票上进行说明即满足要求。这种情形下,不得就第5条规定的信息义务进行任何的豁免。

撤销权

第6条

(1)对于任何远程合同,消费者至少应该有七个工作日的期间撤销合同,同时不用支付任何罚金或给出任何理由。因为消费者行使其撤销权而可以向消费者收取的唯一费用就是退货的直接费用。

行使该项权利的期间应该依下列时点起算:

——对商品而言,履行第5条规定义务的,从消费者收取商品之日开始起算,

——对服务而言,履行第5条规定义务的,如在订立合同之后履行,则从合同订立之日起算。但该等期间不得超过下一项规定的三个月期间。

如果供应商没能履行第5条规定的义务,该等期间须为三个月。该等期间的起算点是:

——对商品而言,从消费者收取商品之日开始起算。

——对服务而言,从合同订立之日开始起算。

如果第5条规定的信息在三个月期间内得以提供,第1项所规定的七个工作日期间应当从提供之时开始起算。

(2) 消费者根据本条规定行使撤销权的,供应商应有义务退还消费者支付的款项而不收取任何费用。因消费者行使撤销权而向消费者唯一可以收取的费用就是退货所发生的直接费用。该等款项退还须尽快进行,在任何情况下须在30天内完成。

(3) 除非合同双方另有约定,对于以下合同,消费者不得行使第1款规定的撤销权:

——经消费者同意,在第1款规定的七个工作日期满前就已经履行服务提供义务的,

——所供应的商品或提供服务的价格是基于金融市场的波动而确定的,供应商对此无法控制,

——以消费者所提供规格供应商品或者为了消费者本身的需要而供应商品,基于其性质,不可能退货,或者会变质或过期的,

——消费者对供应的音像制品或者计算机软件予以启封的,

——供应报纸、期刊及杂志的,

——为博彩服务的。

（4）成员国应在其立法中作出规定，以确保：

——如果商品或服务的价格完全或部分系由供应商提供贷款予以支付的，或者

——如果商品或服务的价格完全或部分系由第三方按照第三方与供应商达成的协议提供贷款予以支付的，

如果消费者依据第1款的规定行使其合同撤销权的，贷款协议应予解除，且不用支付任何罚金。

成员国应决定解除贷款协议的具体规则。

1. 概述。像前言第14项阐述的那样，消费者在远程订约进程中不能对商品进行检验，也不能在订约前确定服务的性质。在第4条及第5条规定的信息提供义务之外，指令在第6条规定了严格的消费者保护机制。消费者可以在不提供理由并无须缴纳罚金的情况下撤销合同。这使得消费者可以像传统购物方式那样对商品进行检验。虽然担心消费者可能会利用这种权利找寻更低价格的商品，但是，其给供应商带来的好处也不能忽视。它可以有助于增强消费者对网络购物的信息。为此目的，无论合同工有效成立还是做出的要约，该权利都适用，但须根据成员国法律进行。

2. 撤销期（第1款）。(a) 商品。撤销期至少须为七天。大多数成员国都将之规定为七天，但这只是最低限度规定。对于星期六是否被算作一个工作日，就产生了进一步的分歧。成员国已经将该规定转化为具体规定各有差别的国内法。在英国，撤销期为七个工作日（即除星期六、星期日及公共假日之外的其他所有日期，请见《2000年消费者保护（远程销售）法令》第3条第1款及第11条第2款的规定）。在奥地利，撤销期为七个工作日，并且规定星期六并不是工作日（《奥地利消费者保护法》第5e条第2款）。意大利第185/1999号《远程合同法令》将该期间确定为十天，希腊也如此。德国则将此期间规定为两个星期（《德国民法典》第355条第1款）。德国和法国将该期间的起算日都规定为消费者实际接收货物之日；而芬兰、英国和比利时则将接收货物的第二天作为该期间的起算日。部分交付商品并不足够。如果第5条规定的义务没能履行，撤销期就是三个月，该等撤销期的起

算日也是消费者接收商品之日。在连续交付商品的情形下,如能检验商品质量,该期间应当自第一次部分交付之日起算(前言第10项)。这应该可以适用于百科全书类的商品。除了撤销期更长之外,供应商没有提供任何撤销权信息并不产生法律后果。如果在三个月期间内提供了相关信息,七个工作日的期间即时起算。指令中的规定也意味着:如果第5条规定的义务在三个月期间的最后一天得到履行,则撤销期从那一天开始起算。这就使得这种情形下的撤销期总长度为三个月又七天。指令的这一规定在成员国转换情况也有差别。例如,在德国,如果在合同订立完成后履行第5条规定义务的,撤销期为一个月(《德国民法典》第355条第2款第2项);撤销权"最晚"(即该义务在一个月之后却在六个月期限到期前得以履行的)在接受货物六个月后届满(请见《德国民法典》第355条第3款第2项);撤销权期间在义务没有履行的情形下并没有期限限制,请见《德国民法典》第355条第3款第3项(例如,在德国,撤销期随着订约后六个月期间的届满而届满(《德国民法典》第355条第3款第1项)。这就是最高期限,没有另外的七天,即使在该期间最后一天收到有关信息也是如此。)意大利的情形也是如此。在德国,该期间在消费者收到商品之前并不开始起算,而在奥地利,没有提供有关信息的,三个月的撤销期自接收货物的当天起算(《奥地利消费者保护法》第5e条第3款)。如果在这三个月期间内提供了有关信息,撤销期就是从提供信息之时起算的七个工作日。在英国,供应商没有在订约前后提供相关信息的,撤销期为三个月,自消费者接收商品之日起算(《2000年消费者保护(远程销售)条例》第11条第3款)。如果供应商在这三个月期间内提供了相关信息,撤销期就是七个工作日,从消费者接到相关信息之日起算。如果根本没有提供相关信息,撤销期就是三个月又七个工作日,自消费者接收货物之日起算。比利时也是同样的情况,请见比利时于1991年7月14日所颁布法令的第80条第1款。在意大利,供应商在消费者接收商品之后三个月内提供相关信息的,撤销期时长为十天;如果没有提供相关信息,撤销期时长三个月。发生的法律争议须遵循国际冲突规则法律解决。

(b) 服务。对服务而言,七个工作日期间自合同订立之日或在合同订立之后提供第 5 条所规定信息之日起算。在比利时,七个工作日期间自合同订立之日的次日或合同订立之后提供第 5 条规定信息之日的次日开始起算,请见利时于 1991 年 7 月 14 日所颁布法令的第 80 条第 1 款。通常,提供第 5 条规定信息之日的次日和开始给提供服务之日是重合的。成员国关于合同订立的规则并不相同,所以须适用成员国国内法律规定。第 5 条规定义务没有得到履行的,该期间时长三个月,从合同订立之日起算。然而,一个具体合同到底是商品销售合同还是服务提供合同,并不总是十分明确。例如,购买软件可以从网上购买,通过下载的方式进行,而不是交付硬盘或者 CD-ROM。如何对之进行分类这个问题还没有得到解决。对于消费者使用的标准软件而言,似乎在网上提供还是通过物理介质提供并无不同。因此,在线交付应该可以被看作购买商品的行为(Supreme Court,18.10.1989 (Germany))。

3. 行使撤销权。对于消费者行使撤销权的方式并没有进行具体规定。国内法对此没有规定的,由消费者决定如何行使该权利。消费者无需提供任何理由。当然,撤销合同的意图应当通过供应商可以理解的方式予以清除表达。退货就可以起到这一效果。前言第 14 项阐明:"由成员国决定行使合同撤销权之后的其他条件和安排"。导致成员国国内规则的不同似乎并不符合法律协同化的宗旨,并使共同市场中的供应商承受了信息提供的负担。例如,在德国,《德国民法典》第 355 条第 1 款第 2 项规定,消费者须以书面、其他可持续保留介质(更确切而言就是《德国民法典》第 126b 条规定的"文字形式")或以退货的方式表明其撤销合同的意图。英国也有类似的规定。在英国,以书面或者其他可持续保留介质的通知可以通过邮寄、传真或者电子邮件的方式交付(《2000 年消费者保护(远程合同)条例》第 10 条第 3 款及第 4 款)。另一方面,在意大利,第 185/99 号《意大利远程合同法令》第 5 条第 4 款还要求须以挂号信或电报、电传、传真及签收的方式向供应商营业地地址发送书面通知。虽然电报和电传也许就足以发送该通知,电子邮件却不无疑问。指令中并没有规定是否宣布撤销合同的通知须在撤销期最后一日送达。根据国内法的规定,证明供应商收到撤销通知的责任由消费者承担。这对消费者而言是个难点,因为供应商可能会对是否收到撤销通知有不同意见。基于消费者利益考虑,如果在那一天发出就已经足够。前言第 14 项也会被看做是"退货权"的依据,在供应商和消费者达成一致后,可以代替撤销权。

4. 费用(第 2 款)。如消费者形式撤销权,供应商有义务退还消费者支付的价款而不得收取任何费用。根据前言第 14 项的阐述,只能收取退货的直接费用。不得收取银行手续费或者就使用收取补偿费用。第 1 款明确指出,不得收取罚金。这也包括违约金。在声明解除合同之日起最长三十天内尽快退款。即使供应商也许会主张他们仅仅有义务退回货物本身的价款,但指令的相关规定意味着由消费者支付的首次送货费用也须返还(Supreme Court,01.10.2008(Germany))。相应的,在英国,亚马逊和 BOL 遵循了公平贸易局(OFT,Office of Fair Trading)对《远程销售条例》的解释,并且同意在其提供予顾客的退款中包括送货费用。指令并不禁止供应商收取预付款,这从第 4 条第 1 款 a)项中就可看出。然而,预付款须低于价格的 50%。指令中的条文并没有明确涉及顾客在退货前商品已经被使用或损坏的问题。然而,基于消费者保护的宗旨,消费者应可以在不受经济补偿的约束下行使撤销权。因此,基于此目的的任何规定在一些成员国不无疑问,并饱受争议。虽然指令似乎并没有留下多少空间要求消费者进行进一步补偿,但一定程度上,许多小型企业就要承担可观的管理费用。例如,根据德国法律,消费者行使撤销权的,供应商有权就商品使用而使其价值减少的部分要求补偿(《德国民法典》第 357 条第 3 款),但在订约时须将之告知顾客。另外,商品价值不超过 40 欧元的,消费者也许得承担退货费用;商品价值超过 40 欧元的,如消费者在行使撤销权时没有支付价款的,消费者可能也得承担退货费用,除非供应商所交付商品并非消费者订购的商品(请见《德国民法典》第 357 条第 2 款及第 3 款)并且属供应商履约不当的情形。在合同撤消后消费者仍然没有交付价款的,对其可以按比较高的费用计算。该项规定遭到了广泛的批评,认为其与指令不符。奥地利也存在类似的规定(请见《奥地利消费者保护法》第 5g 条第 1 款第 2 项)。奥地利法院判决认为这些规定与指令第6条相符(请见Supreme Court,27.09.05(Austria);Supreme Court,18.06.09(Austria))。目前,欧洲法院在 *Messner* 案中裁定,要求支付价值损失补偿的规定构成消费者行使撤销权的障碍。只是在基于非善意而行事的极端情形下,消费者才需要承担该等费用。由此导致的退款之差别可以非常可观,如汽车销售的情形就是这样。在法国,对于最长拖延三十天之后仍然没能退款的部分,则应产生按照当时有效法定利率产生的利息,请见《法国消费法典》第L121—2—1条。

5. 例外情形——情形及定义(第3款)。指令规定了特定种类合同不适用于撤销权的例外情形。在可能无理由撤销合同的情形下,向供应商退货不合理的,规定的例外情形旨在避免对消费者进行错误的诱导。作为一项例外条款,须作严格解释。供应商不应该对消费者撤销权进行不当妨碍。然而,双方当事人有权进行另外约定。但是,在此种情形下,应该采取措施,使得消费者知悉自己的这项权利。本条列明的情形对于信息技术合同来讲非常重要。(a)履行服务提供义务。消费者同意的情形下已经履行服务提供义务的,因很难将服务退回,不得行使撤销权(*Lottofonds*(Germany))。对于信息技术商品而言,对服务的定义起着很大的作用。如果通过互联网进行的软件交易被看成是商品买卖,则不适用例外情形。对于使用数据库而言,似乎对于是构成服务还是商品就存在极大的争议(*R-Gespräche*(Germany))。此时须遵循国内法。(b)根据市场波动决定的价格。在这种情形下,合同双方都承担了风险。这种例外情形在信息技术领域没有多少针对性。另外,第3条已经对金融服务进行了例外处理。(c)以消费者提供规格供应商品、为了消费者本身的需要而供应商品或不可能退货的商品。该例外情形涵盖广泛的、基于种种原因不能被退货的商品。以消费者提供规格提供的商品属于例外情形,就表明指令是针对标准商品而言的。该项例外情形适用于展示型软件。指令并不适用于根据制成的标准配件而组装的商品,如不同配置的手提电脑(依订购要求配置)(Spreme Court,19.03.03(Germany))。对于个人化的商品进行例外处理很重要,因为个人化是电子商务所供应商品的一个主流。然而,对于在标准商品上进行个性化改动而言，并不容易区分。难于将有关商品卖出而不蒙受全部或相当程度损失，就成为了关注的重点(Supreme Court, 19.03.03 (Germany))。《奥地利消费者保护法》第5f条将适用于例外情形的易于变质或过期的物品定义为"易于腐烂和有到期日的任何物品"。该等例外情形涵盖食物和花卉，但对于信息技术而言，针对性不强。基于其性质而不能退货所以适用于例外情形的物品适用于会变质的药品。虽然须对该项例外情形进行狭义解释，但在计算机软件被当做此处所说的商品处理的，该等例外情形也包括这些计算机软件。软件已经在买家的电脑中留下了同等质量的备份，不可能被退回。与交付软件被拆封的情形相比，在这种情形下，供应商的利益更容易受到损害。对于其他下载并存储于电脑存储系统的数码商品而言，同样的情形也适用。在这个意义上，数码商品也许可以与书籍区分开来，对使用者而言，后者仅能以质量逊于原件的方式予以复制。该等例外情形并不适用于内存条及主板等电脑配件。(d)启封后的录音制品及电脑软件。该等例外情形应仅限于启封的、以介质方式提供的封装录音制品及电脑软件。通常而言，压缩塑料薄膜包装被用来进行封装。在这种情形下，使用者可以制作拷贝并在退还存储媒介之后可以继续适用该商品。在这个意义上，对于那些不能退货的商品予以例外处理的情形而言，这又是一个特殊的例外情形。根据字面意思，选择由用户输入电脑BIOS密码的方式也许就不被认为是对电脑软件的开封行为，从而不能排除适用撤销权(District Court Frankfurt, 18.12.2002 (Germany))。然而，密码或其他保护机制也许都被同等地视为开封，虽然供应商为撤销权设置了障碍，它们构成消费者就接受货物作出的主动决定。(e)报纸、期刊和杂志。该例外情形适用于其对消费者吸引力随着时间的推移而消失的报纸，这是这些报纸与此项例外情形之外的书籍有所区别的原因。如果电子报纸("E-Zine")并不为a项所涵盖，则该等理由也同样适用。另外，它们也可以被认为是c项所规定的不可退货的商品。该等例外情形不适用于日历(请见 Cinema Filmkalender (Germany))。(f)博彩服务。其宗旨似乎是为了防止用户在没有中奖之后退回服务的行为。在很多情形下，a项就已经适用(Court of Appeals

Karlsruhe，27.03.2002（Germany）。在服务具有投机性质的情形下，总是可以适用《德国民法典》第 321d 条第 4 款第 4 项）。

6. 撤销有关的贷款协议（第 4 款）。贷款协议和远程合同糅合在一起的，指令规定，撤销相关贷款协议也不需要缴纳罚金。尤其是通过互联网达成的远程合同中，信用卡得到了广泛的使用，这就构成了有效行使撤销权的先决条件之一。这包括两种情形。为购买商品或服务的信用可能是由供应商自己提供的，也可能是由第三方基于其与供应商的合同而提供的。消费者可以选择向供应商还是第三方提出撤销合同的要求，但无须同时提出。银行和供应商须注意双方的信息核对。撤销期的细节规定适用于第 1 款。撤销贷款合同也不得收取罚金。虽然从字面上来看并不清楚，但消费者保护之宗旨意味着不得收取管理费或者使用补偿费，以避免为消费者行使撤销权设置障碍。

履行

第 7 条

（1）除非双方另有约定，供应商须自消费者将其订单发送予供应商次日最长三十日内履行订单。

（2）供应商由于消费者所订购商品或服务无货而未能履行其合同义务的，须告知消费者此种情形并须尽快退还消费者所支付的任何款项；在任何情况下，该等款项支付都须在三十日内完成。

（3）然而，成员国可以规定，如在订立合同之前或者在合同之中有规定的，供应商可以向消费者提供同等质量及价格的商品或服务。应当以清楚明白的方式将这种履约可能告知消费者。在这种情形下，行使撤销权后退回货物的费用由供应商负责，并且须将之告知予消费者。在这种情形下，该等商品或服务不得被认为是第 9 条所规定的被动推销。

1. 履约义务（第 1 款）。第 7 条将对远程合同订立过程中对消费者的保护扩展至合同履行阶段，因为还是存在着风险：消费者预先支付了价款却不能取得商品。第 1 款确立了供应商的履约义务。除非当事人同意延期，供应商应在 30 日内履行合同。可以另行约定的选择是由共同立场文件引入的。对于 30 日期间及其具体计算方式，尚存争议。该期间自消费者向供应商计算其订单的次日开始起算。合同在该日期依据成员国国内法应为有效。该规定似乎是基于一个理念：在广告被消费者接受之后就构成了一个要约。这在普通法国家却并不总是存在这样一个理念。然而，从该规定中可以得出结论：消费者没有义务接受要约。因此，该期间起算日不得早于合同有效成立日。对于要约和接受不一致的情形，成员国国内法也适用。也可以适用《电子商务指令》第 9 条至第 11 条的规定。第 10 条第 1 款 a 项至少要求对订立合同的采取的技术步骤进行清楚的描述。供应商在规定期间内未发货即违反其义务。由成员国国内法对相关法律后果进行规定。合同当事人可以另行约定，但须遵守第 93/14/EC 号《关于消费合同不公平条款指令》中规定的限制。

2. 不履行合同情形下的信息告知(第 2 款)。在不履行合同的情形下，[368] 指令旨在确保迅速退款。指令仅仅提到了在有关商品或服务无货情形下的不履行合同情形。在这种情形下，第 2 款要求供应商通知消费者并在 30 日期间内尽快将消费者支付的款项退回。该等义务并非可以由合同约定所处理。发生通知义务就开始了 30 日期间的起算。在供应商知晓其不能履约之时就是这种情形。退款之权利并不以消费者提出的具体诉求为依据。

3. 替代商品(第 3 款)。第 3 款为成员国提供了一种选择，在有关商品和服务缺货的情形下，供应商可以交付替代商品或服务。在有同等质量、同等价格的商品或服务的情形下，供应商就可以替代交货。英国在《2000 年消费者保护(远程销售)条例》第 7 条第 1 款 b 及 c 项中就运用了这种选择。替代商品不需要和原商品一致但须至少具有同等质量水平。对于低价商品或者品牌并不重要的商品而言，替代交付很容易。商品价格越高，替代商品是否被消费者接受，就越来越成为一个问题。这就需要在考虑双方利益的前提下，具体情形具体分析，进行判断。只有在合同签订前与消费者就其达成一致的前提下，才会允许进行替代交付。相应地，这就要求将替代交付的可能以清楚明白的方式进行告知。对于该等信息能否以标准条款进行告知，还是有一定争议。如果能像第 4 条第 2 款规定的那样，清楚而醒目地表明替代交付的可能，并且符合《消费合同中不公平条款指令》的规定，为了避免在订约过程中造成不合理的负担，这是允许的。对标准条款予以司法控制，也可以用来防止供应商滥用替代交付。进行替代交付的，第 6 条针对撤销权的规定也适用于新的交付。这也包括相应的信息要求。与第 6 条第 2 款的规定不同，返还替代交付货物的费用须由供应商负担。该项义务不得通过合同约定自行处理。替代交货权是基于供应商的利益而设置，这似乎不太公平。这也促使供应商查验交付予消费者商品的质量。关于这项规定的信息须告知消费者。供应替代商品或服务并不构成第 9 条禁止的被动推销。在这种情形下，消费者已经获得了完整的信息，至少其已经订购了同等的商品。

银行卡支付

第 8 条

成员国应当确保采取合理的措施使得消费者可以

——涉及本指令所涵盖远程合同相关支付卡欺诈使用的，可以取消支付，

——在欺诈使用的情形中，可以就已经支付的款项再次取得信用额或者取得退款。

1. 概述。本条规定要求成员国确保推行有效措施，保护消费者的支付卡不被欺诈性使用。通过远程通讯方式以信用卡支付的款项通常要求消费者提交与供应商有关的银行卡信息、信用卡号码及失效日期。供应商只能查验失效日期和信用卡号码是否一致。可以通过种种方式搜集银行卡的信息：盗取或复制卡片；盗取数据本身或者拦截消费者与供应商之间的通讯。这样，取得该等信息的任何人能够欺诈性地以信用卡所有人的名义订货。第 8 条所提供的保护仅限于远程合同及欺诈使用受害者的消费者。

2. 保护范围。第 8 条旨在确保消费者可以取消以欺诈手段达成的所有远程合同并以再次取得信用额度或者取得退款的方式重新取回相关款项。消费者可以基于如同从来没有订立合同那样的地位采取行动。因此，

由于消费者与供应商之间不存在合同关系，其应该可以将其诉求提交予金融公司。另外，第8条免除了消费者的举证责任：如果消费者根据第8条主张权利，发卡人须证明消费者的确订立了合同。然而，如果消费者自己导致其银行卡被滥用，消费者也可能会对发卡公司承担部分责任。

  3. 支付卡。支付卡系指所用可以用来履行消费者支付合同价款的银行卡（如万事顺转账金融卡）。然而，并不是所有的支付卡都适用于第8条的规定。该规定涵盖任何形式的信用卡，也涵盖所谓消费者卡，即为特定供应商所适用的特种支付卡。上述消费者卡基于信用卡或借记卡体系，可以在交易发生后计入消费者账户。本条规定并不适用于仅仅作为现金使用的支付卡，即使它们也可以用于远程合同。与第一种类的卡片不同，该等卡片通常是在交易前予以支付（预付卡、现金卡）；此时已经计入消费者账户，而不是在之后的合同行为发生时。应支付的价款仅仅从卡片自身进行扣款，因此，不能将该等支付与现金支付区别对待。

被动销售

第9条

  成员国应该采取必要措施

  ——禁止未经消费者事先订货而向消费者提供商品或服务并向其要求付款，

  ——对于未经订货而提供商品或货物的，免除消费者支付任何形式代价的义务，且消费者对之不作回应并不构成接受。

  1. 概述。该条规定采用了双层设计。一方面，成员国须禁止向消费者交付其并未订购的付费商品或服务。此处，供应商是成员国相关措施的实施对象。另一方面，对消费者提供面对高压推销手段的保护（前言第5项），尤其是在供应商强制执行其任何权利请求的情形中，特别是要明确规定，不回应并不构成同意。

  2. 禁止未经订购而提供商品或服务。（a）未经订货而提供。任何未经订货而进行交货，无论是有形商品还是无形服务，均属于第9条适用范围。

其核心特征就是未经订货而进行的交付。前言第 16 项对该术语进行举例说明，认为未经消费者事先要求或者明确同意而发送商品即可构成。因此，根据第 9 条，消费者事先的行为对于订货而言是必要的。事先的行为须构成特定的订单，这意味着消费者（例如为了获取信息）进行总括式的订货并被视为订单。如果消费者的确进行了订货，对其交付另外的商品仍然是禁止的。根据前言第 16 项的说明，第 9 条并不适用于替代交付的商品或提供的服务，这意味着，在这种情形下，在提供订购商品的替代商品时，已经规定了交付货物或提供服务的合同依据。(b) 措施。成员国可以自由选择第 9 条规定的方式，只要这种实施方式确保了指令的有效实施。一种可能的方式就是规定供应商失去了索回商品或任何款项支付的任何权利主张，例如《德国民法典》第 241a 条的规定。这将使得消费者处于一个更为有利的地位，以按照其意愿决定如何处置有关商品。也可以采取其他诸如刑事处罚和行政处罚形式的机制。

3. 免于支付对价。供应商无视该等禁止性规定的，消费者就有权得到保护。因此，消费者应当免于就所交付货物支付任何对价。在双方并没有达成任何合同的情形下尤其如此。如果消费者并不回应，这能被解释为（默示）同意。为了阻止滥用式行为，供应商诸如"打开包装即表明对条款的同意……"等语句被视为无效（经济与社会小组委员会报告，C019，p.113）。因此，任何试图为收取价款推行"压缩塑料薄膜包装"或"点击封装"协议是无效的。尽管有此项免除支付规定而支付价款的，消费者可以依据不当得利原则要求返还价款。

使用特定远程通讯方式的限制

第 10 条

(1) 供应商使用下列通讯方式的，须取得消费者事先同意：
——无人工干预的自动呼叫系统（自动呼叫机），
——传真机（传真）。
(2) 成员国应确保在使用第 1 款规定的其他远程通讯方式时，仅仅在消费者没有明确拒绝的方式方可进行个人通讯。

1. 概述。第 10 条对使用特定种类通讯手段进行了限制。第 9 条的规定针对未经订货而进行的交付。紧随其后,第 10 条并不是要对正在进行的谈判进程进行规制。其目的而是为了规制供应商在推销或订约的意图时采取非请而至的方式。第 10 条主要是规定了可以进行直接和个人联系的特定技术。由于其隐私可能会遭到严重侵犯,所以在供应商接触消费者时,为消费者提供了相当程度的保护。鉴于第 10 条在指令通过之后并没有进行修改,之后许多其他指令的规定已经对第 10 条的规定形成了一种制约。例如,《电信指令》第 12 条及《电子商务指令》第 7 条的规定,后者对非请而至通讯规定了一种普遍性的不选则有制度。

2. 事先的同意(第 1 款)。第 1 款规定了联系消费者的特定手段。而第 2 款则从另外一方面规定了任何可以进行个别通讯的手段。因此,在涉及需要消费者事先明确同意的情形下,第 1 款对第 2 款进行了某种变通,意味着对消费者需要声明他们愿意接受使用这些技术对其进行接触的规定,进行了某种变通。(a) 声讯系统。自动呼叫系统就是依次甚至是同时产生无数呼叫的设备,对消费者进行自动通话或者就只是播放广告信息的设备。声讯系统使得消费者可以在短时直接接触消费者而不用花费很高的成本。这些系统因此对于供应商而言非常有利,但是对于消费者来讲就十分冒昧:其唯一的选择就是挂断电话或者在遭遇重复呼叫的时候切断电话线。(b) 传真。另一种个别通讯手段就是使用传真机。在 a 项涉及对消费者的骚扰之外,除了切断电话线路,传真机占用了消费者自己需要补给的资源。例如纸张及硒鼓。

3. 没有明确拒绝。如果供应商利用了诸如信件、批量邮件、电子邮件、即时信息、短信等其他种类的个人远程通讯方式,只要消费者没有明确拒绝,指令就允许采用这些手段接触消费者。在接触之前须对明确拒绝进行宣告,因此就属于不选则有的分类。当然,供应商须提供精确的技术手段方便消费者拒绝,至少应该提供一个联系地址。在使用电子邮件时,供应商可以提供一个选择不接受电子邮件的跳转链接或者一个特别的回复地址(LG

11 August 1999（Germany））。一般而言，提供的联系方式须为适当，且供应商不能对之收费；例如，供应商不得就短信或者电话收费。然而，根据第14条，第10条仅仅是最低限度的协同规定，所以仍然允许成员国采取不选则无的规制措施。

司法或行政救济

第11条

（1）成员国应确保有足够有效的方式确保基于消费者利益而遵守本指令的规定。

（2）第1款所规定的方式，应该包括规定得到国内法认定的一家或几家下属机构可以根据国内法规定在法院或者有权行政机关提起诉讼或申请，以确保为实施本指令的国内法规定得到适用：

（a）公共机构或其代表；

（b）对于消费者保护具有合法利益的消费者组织；

（c）对诉讼或申请具有合法利益的专业团体。

（3）（a）成员国可以规定，供应商承担进行了信息事先告知、书面确认、遵守时间限制或消费者同意的举证责任。

（b）成员国应该采取必要措施确保供应商及通讯运营商在力所能及的情况下停止与根据本指令所采取措施不一致的做法。

（4）成员国可以规定，在成员国必须采取的方式之外，由自律组织主动监管对本指令规定的合规情形，并且可以通过该等组织解决纠纷，以确保对本指令规定的遵循。

1. 概述。本指令规定了给予消费者利益的保护措施。根据前言第20项的阐述，不遵守指令规定不但影响着竞争者及共同市场，也影响着消费者的利益。为了对消费者利益进行有效保护，成员国须对新权利及义务予以执行。因此，第11条规定了司法手段，尤其是将起诉权利赋予相关组织及机构，以促进可能的举证事项及自治。

2. 有效措施（第1款）。第11条第1款规定了成员国的一般性义务，须基于消费者的利益采取措施,确保本指令规定能够在实践中有效实施。成员国可以自主决定采取他们认为合适的措施,但须有效落实共同体法律。

3. 起诉权(第 2 款)。第 11 条第 2 款具体规定了有关组织在法院或者相关行政机构就供应商遵循本指令进行强制实施的特殊权利。第 11 条并不规定消费者根据民法诉讼的权利,而是确立了相关组织为了消费者利益及公共利益进行起诉的权利。另外,就其法律知识及资金实力而言,相关授权机构更有能力有效落实消费者保护的规定。《消费者权益保护之禁令的指令》第 4 条规定,成员国应当对相关适当机构进行登记并将之通报予委员会。(a) 合法起诉人。第 11 条第 2 款列明了合法的起诉人,即为公共机构、消费者组织及专业团体。根据《企业、研究中心及大学根据第七个框架项目参与及传播研究成果(2007—2011)之欧共体条例》,公共机构系指任何根据国内法成立的法律实体及国际组织。如果公共机构起诉,他们不用满足其他条件,就推定其具有公共利益;而私人组织仅仅在其对诉讼或申请具有合法利益的时候才允许提起诉讼或申请。因此,消费者组织在保护消费者利益时须具有合法利益,而专业团体仅仅需要诸如商业利益就可以提起诉讼。根据《消费者权益保护之禁令的指令》第 4 条规定进行登记的,该组织就具有推定的合法利益。然而,既然第 11 条第 2 款仅仅要求有关组织须具有合法利益,只要该团体可以主张其利益,则登记与否并不是前提条件。专业团体不必需要为了消费者权益行事,但其确保公平交易及竞争的利益可以算作提起诉讼或申请的足够正当理由。(b) 被告。被告就是没有遵守本指令规定的供应商。基于最佳法律效力(effet utile)目的,其每个辅助人的行为都要由供应商负责。(c) 诉讼的目的。根据前言第 20 项的说明,诉讼的目的并不是为了对原告进行补偿,而是要提供监督该指令适用的司法机制。消费者或竞争者可以基于民法起诉而获得可能的补偿。相反,第 11 条所规定有关机构或组织提起的诉讼仅仅是为了避免以后对指令的违反。这样,其起诉的先决条件就是有关行为未来可能会再次违反指令。否则,就可能导致滥用诉讼。然而,首次违反也许就已经为今后可能重犯的推定提供了依据。尽管如此,供应商还是有机会证明未来是不会违反相关规定的。

例如，供应商可以声明未来不再违反。如果该声明还伴有诸如违反后缴纳罚款等相关提供即时惩罚措施的机制，则该声明就已足够。

3. 其他必要规制（第 3 款）。第 11 条第 3 款规定了其他成员国法律需要规制的议题。(a) 举证责任。根据指令规定，供应商尚需满足若干条件。远程合同消费者依据指令提供予其的权利想提起诉讼的，通常须承担举证责任。第 11 条第 3 款 a 项规定了一种可能，使得成员国可以在特定情形下可以让供应商承担举证责任，例如：在确定是否进行事先信息告知或者取得消费者同意的情形中，就是如此。这些事实可以通过供应商很容易就得到证明，因此这种举证责任倒置是很适宜的。(b) 通讯服务提供商。订立远程合同的服务提供商和消费者都适用远程通讯技术。供应商经常委托其他方处理技术问题；至少他们会安装他们并不生产的通讯装置。这样，供应商对其业务的技术部分并没有十足的影响力。为了能够遵守指令中的规定，需要满足技术前提条件。因此，成员国也应该采取必要措施以便供应商和通讯运营商遵守本指令。

4. 自我监管（第 4 款）。在为有效落实指令规定而采用其他手段之外，成员国也可以规定自律机制，并将有关消费者保护的争议提交给诸如仲裁庭之类特别设立的自律机构加以解决。因此，第 11 条规定，将成员国国内争议解决限定于自律机制并不满足指令所规定的前提条件，但是成员国可以使情形将之纳入争议解决机制之中。

约束性

第 12 条

（1）消费者不得放弃将本指令规定转换为国内法规定后赋予自己的权利。

（2）合同准据法被选择为非成员国法律而合同与一个成员国或若干成员国具有最密切联系的，成员国应采取必要措施，确保消费者不会为此而失去本指令所提供保护。

1. 强制性的权利（第 1 款）。鉴于指令具有消费者保护文件的属性，毋庸置疑,消费者不得放弃该指令赋予其的权利。从字面而言,这仅仅涉及经过国内法转换所赋予的权利。根据 Francovich(ECJ)裁决,这似乎排除了因不当实施本指令可提出的权利主张。然而,该等排除并不符合欧盟基本法律的原则。将指令正确落实为国内法的,第 1 款强调消费者不得弃权。

2. 合同准据法选择(第2款)。第 2 款旨在确保向消费者所提供的保护不能因为将合同准据法选择为非成员国法律而被规避。该等规定与《消费合同中不公平条款的指令》第 12 条第 2 款的规定互相呼应。该规定仅限于合同准据法的选择。其前提就是合同与成员国具有最紧密联系。对于消费者住所在一成员国这一事实是否构成最紧密联系,尚存争议。例如,《荷兰1992 民法》第 6:247 条就作出了这种规定。也可以适用《罗马公约》第 5 条规定的各种情形。对于第 2 款规定的情形中应该适用哪一国法律这个问题,并没有进行规定。可以适用所选择国家的法律或者供应商营业地国家的法律。

共同体法律

第 13 条

(1) 没有具体的共同体法律规定对某种远程合同整体予以规制的,应该适用本指令的规定。

(2) 共同体法律仅就提供商品或服务的特定方面进行规定的,应就远程合同的该等方面适用这些规定,而不是本指令的规定。

1. 多重指令规定(第 1 款)。其宗旨就是将本指令的规定与其他第二级共同体法律的适用相协调。对各种远程合同予以体系化调整的指令及条例与那些仅仅适用远程合同某一方面的指令及条例是有区别的。所提供商品或服务系体系化地适用共同体法律,但其中对消费者所提供保护不及本条例规定的,就产生了第 1 款如何适用的问题。例如,《非人寿保险第三指令》仅仅涵盖人寿保险中很少部分的信息披露责任。第 97/7/EC 号指令中对于分时合同并没有规定合同订立的规则。然而,在这些情形中,第 1 款的适用就排除了这些情形中远程销售规则的适用,因为这些指令可能会被视为对相关种类合同进行的体系化规制。

2. 具体问题（第2款）。尽管面临着一些批评,第2款确立了一些实质性的区别。如果指令仅仅涵盖远程合同的具体问题,所排除适用的范围就仅限于在这些指令中作出不同规定的部分。然而,如果这些指令并没有确立《远程销售指令》所涵盖范围内的规则,后者就应优先适用。该问题当然就是在适用第1款的时候明确这些整体涵盖远程合同的指令为何。有疑问的话,就应该解决一个问题:立法者是否有意留下一些问题不予规制？与远程合同最为相关的规定就是《电子商务指令》第9条至第11条关于合同的规定。其中的范围更为狭窄:仅仅涵盖了以电子手段订立的合同。然而,无论第1款或第2款是否适用,其优先适用并非当然而然,因为《电子商务指令》是其后进行的立法项目,在其前言第11项已明确说明,包括《电子商务指令》在内的多个指令确立的消费者保护水平不得被改变。因此,诸如两个指令都可以适用的情形下,其所确立的信息披露责任都将会适用。实践中适用法律时,就产生了复杂及令人困惑的局面,也使得电子商务企业因过分的信息披露义务而承担了略显沉重的负担。

最低限度条款

第14条

成员国可以在本指令涵盖的范围内引入或维持与《共同体条约》相符的更严格规定,以确保在更高的水平上对消费者提供保护。该等规定应当包括在适当情形下可以为公众利益而在其领土范围以远程合同的方式销售特别是医药产品之类的特定商品或服务,并须遵守《共同体条约》的规定。

1. 概述。指令确定了最低标准。成员国可以自主出台更为严格的规定,以实现对消费者更为高水平的保护。该等规定须遵守欧盟基本法律诸如禁止歧视的规定,相关国内法规定须符合欧盟基本法律的基本原则(前言第24项;DocMorris（ECJ）)。成员国禁止销售特定商品或服务的,须符合公共利益。可以适用《欧共体条约》第28、30及49条以下的规定。第14条第二句话是否确定了确立更严格规则的唯一途径,尚存争议。这将导致除了按照第二句话予以禁止之外不可能进行其他形式的国内法规定。但是，这似乎与欧盟立法机构的意图不符。第二句主旨是为成员国根据欧盟案例法享有的自由裁量权提供例证（共同立场文件，OJ 1995 C 288/12）(Supreme Court，20.12.2001(Germany))。第一句规定唯一的实质性解释就是：提出确立更严格国内规定的独立理由。对于指令最低限度的规定，可以通过可能包括规格或更高标准的行为准则，对指令的相关规定予以补充（前言第18项）。

2. 与第10条的关系。就指令第10条而言，产生了一个特殊的问题。一些成员国就"冷不防来电"(cold calling)及其他形式非请而至的广告实施更严格的消费者保护制度（例如，请见 Supreme Court，25.1.2001 (Germany)； Supreme Court，20.12.2001(Germany))。这就产生了争议，因为第10条就立法形式而言确立了完全协同化制度，没有可能再实施更严格的国内法规定。欧洲法院裁定：禁止"冷不防来电"与《欧共体条约》第30条并不冲突，但强调，禁止是最后的选择(Alpine Investment (ECJ))。之后的指令解决了这一争议。《数据保护电信指令》(OJ 1998 L 24/1) 第12条规定了全面协同机制，但允许成员国选择采用不选则无及不选则有制度。《隐私与电子通讯指令》第13条第1款规定，电子邮件、传真及自动应答机应该适用不选则无原则。《不公平贸易做法指令》附件1第26项禁止"通过电话、传真、电子邮件或者其他远程载体进行持续及违反接收方意愿的要约邀请，除非根据国内法规定的情形，有正当理由履行合同义务"。

3. 医药产品。(a) 第二级共同体法律。具体规定了医药产品是禁止的对象。欧洲议会已经要求禁止远程销售处方医药产品(OJ 1993 C 431/73)。在最终文本中，第14条就规定了成员国在其领土推行禁止规定而享有的自由裁量权。前言第24项提到了第89/552/EEC号指令，后者在第14条禁止对处方药物在电视上进行广告。第92/28/EEC号指令将其适用范围扩展至其他媒体。对于非处方药物，欧盟第二级法律中间并不存在禁止性规定。第14条第2款规定，禁止分销医疗用品，除非依据第65/65号指令取得事先授权，对于医疗服务也是如此。第65/65号、92/26/EEC号及第 92/28/EEC 号指令均被基于同样目的的第 2001/83/EC 号指令（OJ 2002 L 311，67，the Community Code）所废除并予以取代。《远程销售指令》第 14 条第 2 款允许成员国将该等禁止性规定延伸至通过远程合同销售的货物。然而，该等禁止性规定仅仅适用于成员国各自的领土范围。成员国可以基于其自由裁量权自主决定是否对非处方药物进行规制。然而，这些规定不得限制共同体范围内的跨境销售。(b) *DocMorris* 案件。根据第 14 条第 1 款制定的国内法须符合《欧共体条约》的原则，即使共同体法律进行了穷尽式的协同化也是如此。在 *DocMorris* 案件中，欧洲法院须裁决，德国法禁止通过互联网销售医药用品及对之进行广告，这是否符合《欧共体条约》第 28 及 30 条规定。即使在出口国获得授权、而该等医药用品在进口国家并没有获得授权从而对之禁止销售的，欧洲法院认为符合共同体法律的要求。然而，禁止邮寄销售在进口国获得授权的产品，则更能阻止消费者从国外供应商购买商品，而对国内供应商的影响则没有那么大，欧洲法院认为这属于第 28 条的适用范围。根据《欧共体条约》第 30 条规定，欧洲法院裁定，由于消费者可以获得足够的医疗建议，且出口国政府机构已经进行了相应的监管，该等禁止性规定对于非处方药而言并非必要。对处方药而言，需要监管的必要性也许可以为禁止邮件销售提供了正当理由。同样的区分也适用于对这种医药用品进行广告的行为。

实施

第 15 条

（1）在本指令生效后三年内，成员国应当实施必要的有关法律、行政条例及行政规定以遵守本指令。须将该等法律措施通告予委员会。

（2）成员国采取第 1 款所规定法律措施的，须载明对本指令的援引，或者在其官方出版物上相应地说明该等援引。由成员国规定进行该等援引的程序。

（3）成员国须将其本指令涵盖范围内通过的国内法律规定文本通告予委员会。

（4）在本指令生效后的四年内，委员会应当向欧洲议会及理事会提交本指令的实施报告,并在适当的情形下随附对本指令的修改建议。

概述。本指令于1997年6月4日在官方杂志上出版,从而生效(也请见第18条)。因此,实施该指令的最后期限就是2000年6月4日。在国内法中进行援引旨在降低解释的难度。相关国内法文本会在数据库中存储并提供予公众。根据第4款规定须提交的报告(通告)已于2006年9月21日提交,〈eur-lex.europa.eu/LexUriServ/LexUriServ.do? uri = CELEX:52006DC0514:DE:NOT〉。

消费者信息告知

第16条

成员国须采取适当措施告知消费者对本指令予以转换的国内法律,并应在必要时鼓励专业团体告知消费者其行为准则。

概述。既然在欧洲民主国家,普遍将公布作为新法律生效的要件,第16条所建议的措施要比这一要求要多。然而,成员国不遵守该条款并不可能使得消费者在主张损害赔偿时处于不利地位。考虑到类似情形下欧洲法院的态度,潜在损害与违反该条规定的事实之间可能存在的因果链条是不完整的。成员国也应促使专业团体告知其行为准则。基于其辅助性质,告知消费者存在这些准则内容,也是同等重要的。

投诉体系

第17条

委员会须就在远程销售中建立有效手段处理消费者投诉的可行性进行研究。在本指令生效后的两年内,委员会应当向欧洲议会及理事会提交其研究结果的报告,并在适当时随附相关建议。

概述。处理消费者跨境投诉的有效手段对于共同体而言十分迫切(前言第21项)。第17条的规定使得委员会可以审视成员国根据第11条第4款所建立机制的有效性。第98/257/EC号委员会建议(OHJ 1998 L 115/31)就说明了在研究中审议成员国国内机制的相关标准。2000年3月10

日,委员会公布了向理事会及欧洲议会提交的《关于远程销售及比较广告所涉消费者投诉的报告(COM(2000)127final)》,在其中提及了其中的缺陷并说明了一些一般性的结论。

生效

第 18 条

本指令应自其在欧洲共同体官方杂志公布之日起生效。

概述。本指令于 1997 年 6 月 4 日公布于官方杂志(OJ 1997 L 144/19)之日生效。

适用方

第 19 条

本指令适用于成员国。

冷静期之协同

理事会及议会对于第 6 条第 1 款的声明

理事会及议会注意到,委员会将审议协同处理目前消费者保护法律项下冷静期计算方法的可能性和必要性,而该等法律尤其是指第 85/577/EEC 号 1985 年 12 月 20 日《关于营业地以外谈判达成合同中消费者保护的指令("门到门销售")》(1)OJ No. L 372, 31.12.1985, p.31。

概述。我们在对第 6 条的评述中已经证明,在各个成员国存在着冷静期计算诸多方面的差异。成员国中对"工作日"就有不同的定义。在德国,星期六是工作日,而英国法律的规定刚好相反。目前在欧盟法律中并不存在这个术语的定义。这可能就构成对远程销售规制进行协同时的障碍,目前这仅仅是通过本地间成文法法律冲突规则解决的。

涉及金融服务远程合同的消费者保护

委员会对于第 3 条第 1 款的声明

委员会认识到在金融服务远程合同中保护消费者的重要性,公布了名为"金融服务:达到消费者预期"的绿皮书。根据对绿皮书的反馈,委员会将审查将消费者保护融入金融服务政策的方式及可能的法律意义,并在必要时提交适当的建议。

概述。2002 年 9 月 23 日的第 2002/65/EC 号《消费金融服务远程销售指令》(OJ 2002 L271/16 of October 9 2002)于 2002 年 10 月 10 日生效。该指令须在两年内落实为国内法。

欧洲议会及欧盟理事会
第 2002/65/EC 号指令
(《远程销售金融服务指令》)

2002 年 9 月 23 日通过关于远程销售消费金融服务及修改第 90/619/EEC 号理事会指令集第 97/7/EC 号、第 98/27/EC 号指令之指令

欧洲议会及欧盟理事会

基于《建立欧洲共同体条约》之规定,尤其是其中第 47(2) 条、第 55 条及第 95 条之规定,

基于欧盟委员会提出的建议[①],

基于经济与社会小组委员会的意见[②],

根据《欧共体条约》第 251 条规定程序[③],

鉴于:

(1) 为实现单一市场的目标,重要的是要根据《欧共体条约》第 95 条、153 条的规定采取措施逐渐整合该市场,且该等措施须有助于对消费者进行高水平的保护。

(2) 无论对于消费者还是金融服务的提供商,远程销售金融服务将构成建成内部市场的主要成果之一。

[①] OJ C 385, 11 December 1998, p.10 and OJ C 177 E, 27 June 2000, p.21.
[②] OJ C 169, 16 Jane 1999, p.43.
[③] 欧洲议会 1999 年 5 月 5 日发布的意见(OJ C 279, 1 October 1993, p. 207)、欧盟理事会 2001 年 12 月 19 日作出的共同立场文件(OJ C 58 E, 5 March 2002, p. 32)及欧洲议会 2002 年 5 月 14 日作出的决定(尚未在官方杂志上公布),欧盟理事会 2002 年 6 月 10 日的决定(尚未在官方杂志上公布)。

(3) 在内部市场的架构下,基于消费者的利益,需要使其能够在最大范围内获得共同体内可以获得的金融服务,以便其可以按照其需要选择最好的金融服务。为了保障自由选择权这一核心的消费者权利,需要对消费者进行高水平保护,以便增强消费者对远程销售的信息。

(4) 对于内部市场的顺畅运作而言,至关重要的就是使得消费者能够与设立于其他成员国的供应商谈判并订立合同,无论该供应商是否也在消费者居住的成员国设有营业场所。

(5) 金融服务因其无形所以特别适合于远程销售,确立对远程销售金融服务的法律架构应该使得消费者对通过使用诸如电子商务等远程销售金融服务的手段增强信心。

(6) 本指令应当依据《共同体条约》及包括关于电子商务的第 2000/31/EC 号指令①在内的第二级法律予以适用。后者仅仅依其适用范围予以适用。

(7) 本指令旨在实现以上列明的目标,同时又不会影响共同体法律或成员国国内法律对服务自由进行规定的效力,或影响所适用的、符合共同体法律规定的成员国监管制度和/或成员国内授权或监督制度。

(8) 另外,在本指令中,尤其是合同准据法及/或者管辖法院任何合同条款相关信息的规定并不影响欧盟理事会 2000 年 12 月 22 日通过第 44/2001 号《民商事案件管辖权及判决承认与执行的指令》②或《1980 年关于合同义务适用法律的罗马公约》对消费者金融服务远程销售予以适用。

(9) 要实现金融服务行动计划规定的目标,就需要在特定领域对消费者提供更高水平的保护。这就意味着要进行更大程度的融合,尤其是在非经协同化的集合式投资基金、适用于投资服务及消费者信贷的行为规则更是如此。在以上融合未能实现之前,应该维持对消费者的高水平保护。

(10) 欧洲议会及欧盟理事会 1997 年 5 月 20 日发布第 97/7/EC 号《关于远程合同消费者保护之指令》③,规定了适用于供应商与消费者订立商品

---

① OJ L 178, 17 June 2000, p. 1.
② OJ L 12, 16 January 2001, p. 1.
③ OJ L 144, 4 June 1997, p. 19.

或服务远程合同的主要规则。然而,该指令并不涵盖金融服务。

(11) 鉴于委员会为了确定是否有需要在金融服务领域采取具体措施而进行了相关分析,委员会邀请所有利益相关方提交其意见,特别是涉及准备名为"金融服务:达到消费者预期"的绿皮书方面的意见。在此背景下进行的意见征询表明,有必要在该领域强化对消费者进行的保护。因此,委员会决定提交有关远程推销金融服务的特定建议。

(12) 就规制远程销售消费者金融服务而言,成员国通过彼此矛盾或不同的消费者保护规则,就会阻碍内部市场的运行及该市场中企业间的竞争。因此,有必要在该领域制定共同体层面上的公共规则,同时不削减成员国对消费者提供保护的总体水平。

(13) 本指令应确保对消费者提供高水平的保护,以确保金融服务的自由流动。成员国不得在协同领域制定与本指令不符的规定,除非本指令另行明确说明。

(14) 本指令涵盖所有可以远程提供的金融服务。然而,特定的金融服务适用于对该等金融服务仍然适用的共同体法律规定。尽管如此,还是应该制定适用于远程销售该等服务的原则。

(15) 远程谈判的合同涉及使用远程通讯方式,后者是作为远程销售或服务提供体系的一部分予以使用,而供应商和消费者并不同时在场。这些通讯方式的不断发展就要求确立有效原则,即使对那些尚未广泛应用的通讯方式也应予以适用。因此,远程合同就是远程进行要约、谈判及订立的合同。

(16) 涉及连续操作或一段时间内一系列独立操作的一项合同,也许会导致成员国法律对此产生不同的法律定位;但至关重要的是,本指令的规定应在所有成员国同等适用;为此目的,在具有相同性质的一系列连续操作或一段时间可被成为一个整体的一系列独立操作第一项操作发生之时,无论其是否为单项合同或连续进行、分别达成合同的标的,都有理由考虑适用本指令。

(17) "初始服务协议"可被认为系指诸如开立银行账户、获发信用卡、订立资产组合管理合同;"操作"可被认为系指诸如存款、从基金账户或银行账户中取款、用信用卡付账及在资产组合管理合同架构下进行的交易。在初始服务协议中加入新的元素,诸如可以在现有银行账户上使用电子支付工具等,并不构成一项"操作",而是本指令适用的新合同。而在原有集合式投资基金下认购新的单位就被认为是"具有相同性质的一系列连续操作"。

(18)通过涵盖金融服务提供商组织的服务提供体系,本指令旨在从其适用范围内排除严格而言仅仅是偶然为之、在订立合同的商业架构之外提供的服务。

(19)供应商是远程提供服务的人。但本指令也适用其中销售环节涉及中间方的情形。考虑到中间方涉及的性质和程度,本指令的有关规定应当适用于该等中间方,无论其法律地位为何。

(20)可持续保留介质尤其包括软盘、CD-ROM、DVD及消费者电脑中存储电子邮件的硬盘,但不包括互联网网页,除非该等网页满足对可持续保留介质定义所规定的标准。

(21)对远程通讯方式的使用不应该不当限制向客户所提供信息。为了保障透明度,本指令规定了在订立合同前确保向消费者提供适当信息的相关必要要求。消费者应当在订立合同之前,事先被告知对所销售服务进行正确评估的必要信息,以便在知情的情形下进行选择。供应商应当明确说明其要约的有效期间。

(22)本指令列明的信息包括对所有金融服务都适用的通常信息。对于诸如人寿保险单保险范围之类特定保险服务的信息要求,并不是仅仅在本指令中进行了规定。提供该等信息的,应当根据所适用有关共同体法律或符合共同体法律的成员国国内法的规定进行。

(23)为了实现对消费者的最有效保护,重要的是要让消费者充分知晓本指令的规定、本领域存在的行为规则及其具有撤销权这一事实。

(24)因消费者明确要求履行合同而不能行使撤销权的,供应商须将这一后果告知消费者。

(25)消费者权益不受非请而至提供服务的侵犯。非请而至提供服务的,消费者应不承担任何义务,不予回应并不能被解释为消费者表明其同意。然而,在成员国法律允许的情形下,该规则不应影响对双方当事人有效达成的合同进行默示续约。

（26）成员国应当采取适当措施有效保护不希望通过特定通讯方式或在特定时段予以联系的消费者。本指令不应影响根据共同体有关个人数据及隐私保护法律保护消费者的具体保障制度。

（27）为保护消费者权益，需要在成员国内在适当的情形下使用现有程序提供适当有效的投诉及救济程序，以解决供应商与消费者之间的潜在纠纷。

（28）成员国应当鼓励旨在进行庭外纠纷的公共或私人机构进行合作，以解决跨境纠纷。该等合作尤其要求消费者可以在其居住成员国内向非司法机构对在其他成员国设立的供应商进行投诉。建立 FIN-NET，为成员国使用跨境服务提供了更好的协助。

（29）本指令并不影响成员国根据共同体法律将本指令中的保护规定延伸适用于为经营而使用金融服务的非营利组织和个人。

（30）本指令也应当适用于成员国国内法将进行有约束力合同性声明的消费者也纳入其范围的情形。

（31）本指令关于供应商语言选择的规定，并不影响根据共同体法律所制定有关语言选择国内法的效力。

（32）共同体及成员国都根据《服务贸易总协定》（GATS）承诺允许消费者从境外购买银行及投资服务。《服务贸易总协定》使得成员国有权基于审慎理由采取包括保护投资者、存款人、投保人及金融服务提供商所提供金融服务对象在内的措施。该等措施不应超出确保消费者权益保护必要限度而进行限制性规定。

（33）因为本指令之通过，第 97/7/EC 号指令、欧洲议会及欧盟委员会于 1998 年 5 月 19 日发布第 98/27/EC 号《为保护消费者权益禁令之指令》[①]的适用范围、理事会 1990 年 11 月 8 日通过第 90/619/EEC 号《关于直

---

① OJ L 166, 11 June 1998, p. 51. 最后一次对该指令的修改是第 2000/31/EC 号指令（OJ L 178, July 17 2001, p. 1）。

接人寿保险法律、行政法规及行政条例进行协同、出台规定促进服务提供自由并对第 79/267/EEC 号指令予以修改的指令》关于取消期间的适用范围应进行调整。

（34）鉴于本指令的宗旨是确立远程销售消费金融服务的共同规则，这不可能由成员国自己有效实现，因此在共同体层面才可以更好地达成，共同体可以根据《共同体条约》第 5 条所确定的补充原则采取措施。根据同条规定确定的比例原则，本指令的规定不超过实现该等宗旨所必要的限度，

兹通过指令如下：

宗旨与适用范围

第 1 条

（1）本指令的宗旨就是对成员国涉及远程销售消费金融服务的法律、行政法规及行政条例进行协同化。

（2）金融服务合同由初始服务协议、之后在一定期间内进行的、基于相同属性的连续操作或一系列分别操作组成的，本指令规定仅仅适用于初始协议。

没有初始服务协议，但却在合同当事人之间存在一定期间内进行的、基于相同属性的连续操作或一系列分别操作的，第 3 条及第 4 条仅在第一次操作进行之时方可适用。

然而，如果具有同等性质的操作没有进行的时间超过一年的，接下来的那次操作将会被认为是新的一系列操作的首次，第 3 条及第 4 条则会得到适用。

1. 概述。本规定将指令的对象界定为金融服务的远程销售，为了在该领域进行内部市场（请见第 1 条第 1 款）整合，但对其适用范围进行了限制，以避免使得供应商负担过重（请见第 1 条第 2 款）。

2. 对象（第 1 款）。金融服务的无形性特别适用于远程销售，使用诸如电子商务在内的新技术对于供应商和消费者都是明智的。而不同成员国的不同规定可能会阻碍内部市场的顺利运作，就有必要对成员国有关消费金

融服务远程销售的法律、行政法规及部门规定之间的差异予以弥合，并在同时要考虑到金融服务的特殊性及对消费者提供高水平保护的要求。远程合同指令并不适用于金融服务的远程销售，而涉及金融服务指令中也不存在类似的消费者保护规定。因此，金融服务远程销售指令就采取旨在逐步整合该市场的措施。这就是为了让消费者不受歧视地在共同体内接受最大范围内的金融服务，同在其他成员国设立的供应商谈判并达成合同。该宗旨是为了增强消费者对远程销售的信心，并基于金融服务消费者和供应商的利益而促进欧盟内金融服务的远程销售。而供应商是否在消费者所在成员国设立则在所不问。

　　3. 适用范围（第2款）。（a）一般规则。通常而言，本指令适用于供应商基于其运营的有组织远程销售或服务提供体系而向消费者远程提供的所有金融服务，在合同订立之前及合同订立之时完全使用一种或多种远程通讯方式以订立合同（请见第2条）。（b）进一步限制。然而，第1条第2款规定对该等适用范围予以进一步限制，以照顾到金融服务的特殊性。在该市场中，对服务达成协议之后，基于同等性质的连续操作或分别进行的操作常常会在一段时间内得以进行。在这种情形下，该等规则仅仅适用于"初始协议"。这种解决方案使得供应商避免在与消费者订立初始协议之后就其每一项操作遵循有关规则。例如，供应商与消费者同意开立银行账户的，所有相关规则都仅适用于该协议，并不适用于之后诸如在该账户存取款等之后的操作。其他例证包括获发信用卡及订立资产组合管理合同。对其后的信用卡付款或资产组合管理合同架构下的交易，供应商就不必遵循该等规定。然而，指令中并没有对"初始协议"予以定义，总是很难确定一项合同是否构成新的服务协议，也很难确定一项操作是否属于之前总体服务协议框架下的操作。该等合同也许还构成一段时间内得以进行的、基于同等性质的连续操作或分别进行的操作中的首次操作，甚至并不存在"初始协议"。因此，很难界定是否对该操作适用规则。这样，就须设想两类情形：订立其他合同的情形和并不存在初始协议的情形。（c）其他合同。一方面，同等合同当事人可以决定对初始协议加入诸如在现有银行账户基础上允许适用电子支付手段的新规定。为了防止供应商利用此种情形通过更加广泛的规定或更加总体性的协议规避相关要求,有关规则适用于该等其他合同。同样,对合同关系中的关键要素进行修改,会导致其成为新的"初始协议",因此适用本指令。相反,仅仅基于服务的通常价格将服务价格予以标注,则仅仅构成初始协议的结果。(d)不存在初始协议。另一方面,也许在没有订立初始合同的情形下,于一定时间进行连续或者分别具有同等性质的操作。例如,开立银行账户的合同可能也会允许消费者申请一张免费的信用卡。该项操作会导致一定时间内产生连续或分别的、基于同等性质的操作(例如,支付操作),而双方当事人对于使用信用卡并没有订立初始协议。在这种情形下,第1条第2款的规定将第3条及第4条的适用范围限定于同等合同当事人进行的首次操作。因此,供应商在进行下次操作时无须提交所有信息。然而,同样的规定也确保消费者在一定时间内获知相关信息,以便得到高水平的消费者权益保护。如果基于同样性质的操作在超过一年的期间没有进行,则下一次操作可能会失去其透明度。因此,第3条及第4条适用于任何在新的操作系列中被视为首次的操作。这样,在上述情形中使用信用卡支付的,任何在最近使用信用卡后超过一年的期间又进行任何操作的,供应商须再次进行任何信息事先告知。最后,值得注意的是,第1条第2款并没有使用"合同"这个术语,这是因为:在几个成员国中,因金融服务而进行的一些行为被认为是履行合同,而在其他成员国则认为构成整个合同的组成部分。

定义

第2条

为此指令之目的:

(a)"远程合同"系指提供商与消费者基于供应商运营的有组织远程销售或服务提供体系订立的金融服务合同;其中,为了订立该合同,在订立合同之前及之时,供应商完全使用一种或多种远程通讯方式;

(b)"金融服务"系指具有银行、信贷、保险、个人年金、投资或支付性质的任何服务；

（c）"供应商"系指基于其业务或专业能力、作为合同提供商提供远程合同标的服务的任何自然人、公共或私有法人；

（d）"消费者"系指本指令所适用远程合同项下基于其行业、业务或执业目的之外而作出行为的任何自然人；

（e）"远程通讯方式"系指在供应商及消费者并不同时亲自在场的情形下，可以在有关当事人之间进行服务远程销售的任何技术手段；

（f）"可持续保留介质"系指可以使消费者存储向其个人提供信息、以便在今后一段足够长的时间内对之进行查看的任何介质，该等介质使得有关存储信息可以进行原封不动的复制；

（g）"运营商或远程通讯提供商"系指其行业、业务或专业涉及向供应商提供一种或多种远程通讯方式的任何主体，无论其性质为公共还是私有，自然人还是法人。

1. 概述。该条对若干重要定义进行了规定，以界定本指令的适用范围并实施其规定。像《远程合同指令》那样，该条的核心就是对"远程合同"（请见第2条a项）的定义。其后的定义主要是对该定义的外延进行明确（请见第2条b项至d项），但是也包括"可持续保存的媒介"这一重要定义，《远程合同指令》虽然实际使用了这一概念，但并没有对之予以明确界定。最后一项定义则涵盖中间技术服务商（请见第2条f项）。

2. 远程合同（a项）。核心定义"远程合同"就规定了正面界定本指令适用范围的四个元素。首先，合同必须针对"金融服务"（请见第2条b项）。其次，合同须包括"供应商"（请见第2条c项）及"消费者"（请见第2条d项）。另外，合同须是供应商所运营的、有组织远程销售或者服务提供体系的一部分。其依据就是要排除那些严格而言仅仅是偶然的、在为订立远程合同而建成任何商业体系之外所提供的服务。例如，该定义并不涉及供应商应特定消费者要求而有选择性地利用远程销售方法而订立的金融服务合同。然而，应该注意的是，并不禁止成员国通过国内立法将本指令有关规定推广适用于其本并不适用的远程销售方式，但需要明确，该国内立法并不构成本指令的落实,而是基于立法机关的独立构想(请见 Testa(ECJ))。最后,合同仅得通过一种或多种"远程通讯方式"进行谈判及订立(请见第 2 条 e 项)。

3. 金融服务(b 项)。"金融服务"之定义是基于一项重要标准,涵盖任何涉及银行、信贷、保险、个人年金、投资或支付的服务。其中就涉及以下行为:接受存款及其他需偿还的资金,放贷,金融租赁,资金转账,签发及管理支付票据,外汇服务,保证及承诺,证券保管及管理,保管箱业务,非人寿保险,投资性人寿保险,永续性健康保险,资本回购操作,个人年金计划及其接收涉及资金市场工具的转移或实施及相关服务之提供,可转让证券,可转让证券集合投资计划及其他集合工具计划,金融期货及期权或者外汇及利率工具。然而,这不仅仅是金融服务清单或者基于金融服务提供商资质的标准,借助这种宽泛的定义,尽管被《远程合同指令》排除在适用范围之外,但却能确保本指令有关消费者保护的特别规定能适用于向消费者远程提供的所有金融服务。

4. 供应商(c 项)。"供应商"定义明确指运营为订立远程合同为目的而具有组织化远程销售或服务提供体系的合同服务提供商。这就排除了所有谈判或订立金融服务合同的中间商、中介及代理人。须满足本规定所有要求的所有责任由合同服务提供商承担。有争议的,消费者可以对供应商在法院提起诉讼。供应商可以根据其与中间商的合同起诉中间商的,则属于从属性地位。最后,重要的是要注意:该定义涵盖基于其业务或专业能力行为的所有自然人、法人,这在《远程合同指令》中也有相似的明确规定。

5. 消费者(d 项)。"消费者"定义与当事人在订立合同时的行为目的密切相关。它涵盖基于行业、业务或执业目的之外而作出行为的任何自然人,这就与《远程合同指令》中"消费者"非常类似。然而,在某些情形下,很难确定特定消费者接受服务的实际目的。单一的金融服务可以在满足其非营利性目的之时由促进其商业利益。适用"金融服务主要用途"标准可能就是这一问题的解决方案。最后需要注意的是,并不禁止成员国将本指令规定的保护措施推广适用至非营利性组织及个人为了营业目的而使用金融服务的情形(请见 Testa(ECJ))。

6. 远程通讯方式(e项)。"远程通讯方式"之定义具有技术中立性。它与特定技术目前是否广泛应用并无关系。一项技术如能使供应商可以远程提出要约、谈判并订立合同,就足以成为一种远程通讯方式。换言之,在合同订立之前的期间或合同订立之时,供应商与消费者同时亲自在场的,该合同就不能被视为远程合同。供应商在登门拜访消费者住所后通过传真订立合同的,也是如此。

7. 可持续保留介质(f项)。"可持续保留"这项定义规定了三项标准,以确保消费者在收到向其个人发送的信息后可以自行保留。首先,该介质须使得消费者可以存储该等信息。如果消费者不用进行登记或者主动搜寻该信息就能存储所提供信息的,则通常认为就是可持续保留介质。其次,就其目的而言,介质须使得消费者之后可以查阅该等信息。换言之,供应商须确保消费者具有自主的必要手段,可以对介质上发给自己的信息予以解读。最后,介质须允许对该等信息进行原封不动的复制。可持续保留介质就包括软盘、CD-ROM、DVD及消费者存储电子邮件的电脑硬盘。但是,该等介质通常不包括互联网网站。大多数时候,网页上的信息并不是提供予消费者个人的。

8. 远程通讯方式运营商或供应商(g项)。最后一个定义针对技术服务运营商及提供商。其包括行业、业务及专业涉及向供应商提供一种或多种远程通讯方式的任何人。这些中间技术服务商使得在各方之间可以在订约前及订约时不用同时亲自在场而订立金融服务合同。

订立远程合同之前向消费者提供的信息

第3条

(1) 在消费者须遵守远程合同或要约之前,须及时向消费者提供以下有关信息:

1. 供应商

(a) 供应商的身份及主要业务,供应商成立的地址,及供应商与客户关系相关的任何地址；

（b）设立于消费者住所所在成员国的供应商代表身份，如该等代表存在，须说明该代表与客户关系相关的任何地址；

（c）如果与消费者进行交易的是供应商之外的任何专业人员，须提供该专业人员的身份，其与消费者往来的授权；该专业人员与客户关系相关的任何地址；

（d）供应商向行业登记体系及类似公开登记体系进行登记的，须提供供应商进行行业登记的登记体系、其登记号码或者在该登记体系保存的同等身份确认信息；

（e）供应商行为属于政府机构体系组成部分的，须说明该有关监管机构的具体情形；

2. 金融服务

（a）描述金融服务的主要特征；

（b）消费者为金融服务向提供商所支付的总价款，其中包括所有相关费用、收费及支出，所有通过提供商缴纳的税款，或在具体价款不能明确说明的时候提供价格计算的依据，以便消费者可以对之进行验证；

（c）如相关，以通知的方式说明金融服务与因其特征而具有特殊风险的金融工具有关，或者与将要执行的操作有关，或者其价格依供应商不可控制的金融市场之波动而确定，过去的表现并不能说明未来的情形；

（d）以通知的方式说明有可能存在其他税收及/或支出，对此供应商并没有予以支付或者收取；

（e）任何对所提供信息有效期的限制；

（f）支付及履行安排；

（g）对于使用远程通讯方式，如向消费者收取附加费用的，须说明任何具体的附加费用；

3. 远程合同

(a) 根据第 6 条规定是否存在撤销权,存在撤销权的,其有效期间及行使条件,包括不行使该权利的法律后果及基于第 7 条第 1 款规定消费者需要支付款项的信息;

(b) 金融服务系永久或不断提供的,远程合同的最短期间;

(c) 基于远程合同条款规定,当事人可能须提前或单方终止合同权利的任何信息,包括合同在该等情形下规定的罚金;

(d) 行使撤销权的实务说明,包括说明撤销通知须寄送的地址;

(e) 在订立远程合同之前,供应商据以同消费者建立法律关系的成员国法律或者其他国家的法律;

(f) 关于远程合同适用法律及/或管辖法院的任何条款;

(g) 合同条款及条件、本条规定须进行信息事先告知的表述语言,远程合同持续期间供应商在消费者同意的情形下承诺与消费者进行沟通的语言;

4. 救济手段

(a) 对远程合同一方当事人的消费者是否提供庭外投诉及救济机制,如是,可以使用该机制的方式;

(b) 提供有关保证金或其他补偿安排,这些保证金和补偿安排并不适用于欧洲议会及欧盟理事会 1994 年 5 月 30 日第 94/19/EC 号《担保性存款计划之指令》[1]和欧洲议会及欧盟理事会 1997 年 3 月 3 日发布的第 97/9/EC 号投资者补偿计划指令[2]。

(2) 第 1 款规定的信息须清楚说明其商业目的,并以任何适于所用远程通讯方式的方式清楚明白地予以提供,并对相关原则给予恰当考虑,尤其要考虑商业交易中善意原则及根据成员国立法对诸如未成年人等不能给予自己同意的主体予以保护的原则。

(3) 电话通讯的

---

[1] OJ L 135, 31 May 1994, p. 5.
[2] OJ L 84, 26 March 1997, p. 2.

(a) 供应商的身份及供应商电话呼叫的商业目的都须在与消费者通话开始时予以清楚说明；

(b) 消费者明确同意的,仅需要提供以下信息：

——与消费者进行联系人员的身份及其与供应商的关系,

——对相关金融服务主要特征进行描述,

——消费者须向供应商就金融服务支付的总款,包括通过供应商支付的所有税收,或者如不能精确说明价格的,提供计算价格的依据,以便消费者可以对之审核,

——以通知的形式说明可能存在非经供应商缴纳或收取的其他税收和/或费用,

——根据第6条规定是否存在撤销权,存在撤销权的,其有效期间及行使条件,包括不行使该权利的法律后果及基于第7条第1款规定消费者需要支付款项的信息。

供应商应告知消费者,消费者可以要求提供其他信息,并告知该等信息的特性。在任何情况下,供应商在其根据第5条规定履行义务时须提供完整信息。

(4) 在订立合同之前阶段需要告知消费者的合同义务信息,须符合订立远程合同后其推定适用法律所规定的合同义务。

1. 概述。本条规定构成了本指令所规定的消费者信息机制。为自主作出决定,消费者须在同供应商订立远程合同之前须收到透明信息。因此,第3条规定,供应商有义务在订立远程合同之前以与其所使用远程通讯方式相适应的方式(第3条第2款)告知消费者(第3条第1款),而对语音通讯手段则作了调整(第3条第3款),及其并不会因违反有关合同义务而承担责任(第3条第4款)。最后需要注意的是,所有这些信息都被《企业与消费者不公平商业作法指令》第7条视为"重大"信息,因此,不提供该等信息就会使之成为误导性的商业行为。

2. 供应商有义务事先提供信息(第1款)。(a) 一般规定。供应商须在缔约前的合理时间向消费者提供大量信息。既然金融服务可能意味着涉及

消费者的大笔资金,消费者就需要足够的信息,并在其收到有关信息的时候可以对之进行核实。(b)内容。第3条第1款强调供应商需要向消费者提供信息的种类。该等须事先提供的信息涵盖一般意义上的信息,适用于提供的所有金融服务(请见第3条第1款)。然而,为了避免使消费者迷失在大量信息之中,该等须提供的详细信息分为四类,分别涉及供应商(请见第3条第1款第1项)、金融服务(请见第3条第1款第2项)、远程合同(请见第3条第1款第3项)及救济方式(请见第3条第1款第4项)。(c)供应商提供服务的时间。对于供应商进行信息事先告知的确切时间,并没有予以规定。第3条第1款仅仅规定了"在消费者须遵守远程合同或要约之前,及时……"。因此,本条例的灵活性不仅仅体现在不同方式的远程通讯及其未来发展等方面,也体现于交易对消费者的影响之中。关键要确保消费者就金融服务做出决定时能受益于其事先获知的信息。因此,对于"及时"这个概念,需要在具体情形中进行具体分析。例如,订立金融服务合同之前,消费者基于合理需要须取得税务及法律意见的,在马上订立合同的时候才向消费者发送相关信息,就并不构成及时发送信息。即使考虑到不同成员国之间合同法的差异,指令并没有提及订立合同的时间,这也使得供应商无法在消费者提出要约后向其提供信息。(d)通讯手段。最后应注意到,在形式上并没有对提供信息作出要求。通常而言,供应商可以选择如何向消费者事先提供信息。例如,他们可以决定通过传真向消费者发送信息。然而,供应商对媒介的选择自由并非绝对,因为消费者有权行使权力更改所使用的远程通讯方式,但该权利与所提供金融服务性质不符的,就不能行使(请见第5条第3款)。

  3.涉及供应商的信息事先告知(第1款第1项)。须向消费者提供的第一类信息就涉及供应商(请见第2条c项)。它涵盖供应商的详细情形(请见第3条第1款第1项a小项),其代表的详细情形(请见第3条第1款第1项b小项),其中间服务商的详细情形(请见第3条第1款第1项c小项),其在公共登记体系的登记情形(请见第3条第1款第1项d小项)及其各自的监管机关(请见第3条第1款第1项e小项)。

4. 供应商的个人数据（第1款第1项a小项）。供应商须向消费者提供诸如其身份、主要业务及地址的个人数据。该等信息是为了促使消费者了解供应商在特定领域的的专业能力（或其欠缺），另外也使得消费者在必要的时候向供应商提起法律程序。

5. 供应商代表的数据（第1款第1项b小项）。供应商须就将其在消费者居所所在成员国的代表告知消费者。他们须说明其代表的名称及地址。存在该等代表的，该等信息使得消费者具有了与供应商进行联系的国家级联络点。

6. 供应商中间服务商的数据（第1款第1项c小项）。供应商须告知消费者在金融服务框架下与消费者进行交涉的、供应商之外的任何专业人员，例如代理、中介及其他中间服务商。他们必须说明自由执业中间人的身份及地址，并且说明其与消费者进行交涉的授权。该等信息使得消费者知晓以供应商名义或为供应商就订单进行或不进行某项行为的人员。

7. 供应商记载于公共登记体系中的数据（第1款第1项d小项）。供应商须告知消费者他们进行公共登记的公共登记体系（例如行业登记体系）。他们必须说明登记体系的名称、其登记号码或者类似身份确认方式。该等信息使得消费者可以核实该供应商是否存在及其身份是否明确。最后应当注意的是，《电子商务指令》也要求提供信息社会服务的供应商提供该等信息。

8. 供应商监管机构的数据（第1款第1项e小项）。供应商须告知消费者其有关监管机构，例如证券市场监管机关或金融行业监管机关。他们必须说明该等监管机构的详细情形。该等信息使得消费者可以获得进一步的信息，或者可以在供应商没能遵守其义务的情形下向监管机构发出警示。最后应该注意的是，《电子商务指令》也要求提供信息社会服务的供应商提供该等信息。

9. 涉及金融服务的信息事先告知（第1款第2项）。须向消费者提供的第二类信息就涉及金融服务（请见第2条b项）。该等信息也涵盖有关服务的主要特征（请见第3条第1款第2项a小项）、价格（请见第3条第1款第

2项b小项)、风险(请见第3条第1款第2项c小项)、适用于消费者的税收和费用(请见第3条第1款第2项d小项)、信息的有效期间(请见第3条第1款第2项e小项)、支付及履行安排(请见第3条第1款第2项f小项)及远程通讯费用(第3条第1款第2项g小项)。

10. 金融服务的主要特征(第3条第2项a小项)。供应商须向消费者说明金融服务的主要特征。须予以说明理性消费者就订立合同作出决定相关的所有特征。该等信息使得消费者可以核实该等金融服务是否最符合其需求。最后应该注意的是,《远程合同指令》也规定了类似的义务。

11. 金融服务的总款(第1款第2项b小项)。供应商须告知消费者该等金融服务所需要支付的总价款。须说明预定价格,该等预定价格须包括费用、收费及支出,并说明带消费者缴纳的所有税金,或至少说明价格的计算依据,以便消费者可以核实该等价格。该等信息是为了使得消费者可以对价格进行比较,并可以核实特定金融服务的总价款是否过高及其是否有能力支付。

12. 金融服务的潜在风险(第1款第2项c小项)。供应商须将若干金融服务的潜在风险告知消费者。他们须说明金融服务及因涉及其具体特征或者须完成操作的金融工具之间的联系。否则,他们须具体说明金融服务价格将基于其不能控制的金融市场波动而定,并明确指出,历史表现并不能说明未来表现。该等信息应使得消费者了解涉及具体金融服务的有关风险。最后应该注意的是,后面一种说明也许会对金融服务提供商基于其过去表现进行广告宣传的做法造成抑制,因为该等供应商必须说明,金融服务也许会表现不如预期。

13. 金融服务中发生的额外费用(第1款第2项d项)。供应商须告知消费者可能承担且供应商不会为其支付的所有税款及费用。他们必须列明在签订合同后直接发生须消费者承担的所有税项及费用。然而,应该注意的是,在这过程中,供应商并不被视为消费者的税务咨询人员。对这项信息的要求因此须作狭义解释。

14. 涉及金融服务信息的有效性(第1款第2项e小项)。供应商须告知消费者关于金融服务信息有效期间的任何限制。他们尤其须具体说明其要约的有效期。该等信息就是为了确保消费者在信息提供的整个期间从要约的条件获益。最后应该注意的是，对有效期的任何限制须符合适用于订立合同前所适用国内法的规定。

15. 涉及金融服务的安排（第 1 款第 2 项 f 小项）。供应商须告知消费者其支付及履行服务的安排。他们须说明有关方如何及何时履行其合同义务。该等信息是为了使得消费者在合同期间了解各方的相关义务。

16. 适用金融服务所适用的远程通讯费用（第 1 款第 2 项 g 小项）。供应商须告知消费者因为使用远程通讯方式而发生的任何具体额外费用。例如，该等费用包括通过传真收取信息的收费。该等信息是为了促使消费者了解远程通讯方式基础费率之外的任何支出，并使其可以比较不同供应商之间的价格。

17. 涉及远程合同而事先告知的信息项目（第 1 款第 3 项）。应该向消费者提供的第三类信息涉及远程合同（请见第 2 条 a 项）。该等信息涵盖是否存在撤销权的说明（请见第 3 条第 1 款第 3 项 a 小项）、合同的最短期间（请见第 3 条第 1 款第 3 项 b 小项）、是否有权终止合同（请见第 3 条第 1 款第 3 项 c 小项）、行使撤销权的实务指引（请见第 3 条第 1 款第 3 项 d 小项）、订立合同之前谈判阶段适用的法律（请见第 3 条第 1 款第 3 项 e 小项）、远程合同的适用法律（请见第 3 条第 1 款第 3 项 f 小项）及所适用的语言（请见第 3 条第 1 款第 3 项 g 小项）。

18. 是否存在远程合同的撤销权（第 1 款第 3 项 a 小项）。供应商须告知消费者对于远程合同是否存在撤销权（请见第 6 条）。他们须说明撤销的期间、行使该权利的条件、行使该权利的后果（请见第 7 条）及不行使该权利的后果。该等信息是为了让消费者了解这样一个事实：撤销权并不总是存在于任何合同之中，并告知在存在撤销权的情形下，行使该权利既要满足一定条件，也要承担一定后果。

19. 远程合同最短期间（第 1 款第 3 项 b 小项）。供应商须告知消费者所拟内容系不断履行义务的远程合同最短期间。他们需说明该等合同的最短期间。该等信息是为了使得消费者能够了解其需要履行合同义务的最短期间。

20. 终止合同的权利（第1款第3项c小项）。供应商须告知消费者各方可能提前或单方终止合同的任何权利，该等权利不受罚金协议不可执行的影响。他们须说明行使该等权利的条件及在该等情形下合同所规定的罚金。该等信息将使得消费者了解到这样一个事实：合同相关当事人可以在合同期内终止合同。

21. 行使远程合同撤销权（第1款第3项d小项）。供应商须告知消费者如何具体行使撤销权。他们须说明形式该权利的实务指引，比如撤销通知须送达的地址等。应该注意，与《远程合同指令》的规定不同，供应商可以自由决定通知的方式。"地址"这个概念因此就可以作广义解释。例如，供应商可以提供给消费者一个传真号及行使撤销权的标准通知表格。

22. 适用于订立合同前谈判阶段的法律（第1款第3项e小项）。供应商须告知消费者在订立合同前基于哪个成员国或其他国家的法律确立与消费者之间的关系。他们须说明自己认为在谈判阶段应该适用哪个国家的法律。然而，应当注意的是，该法律于实际有效适用于订立合同前谈判阶段的法律不同。该等信息仅仅向消费者说明供应商自己进行谈判时的法律依据。

23. 远程合同的适用法律及享有管辖权的法院（第1款第3项f小项）。就合同中任何关于远程合同适用法律及法院管辖权的条款，供应商须告知消费者。他们须说明：根据法律，哪一国的法律适用于合同及产生争议后哪一家法院具有管辖权。该等信息是为了让消费者知晓哪一成员国的法律将适用于合同及任何有关事项会被提交予哪一家法院，但该条款不得违反《管辖权及判决之承认和执行的条例》。应该置疑的是，消费者不同意供应商单方面选择的适用法律或管辖法院的，有权谈判以另行选择，也可以拒绝签订合同。

24. 远程合同的语言（第1款第3项g小项）。供应商须告知消费者在合同期间内提供信息及进行通讯的语言，但该等语言须消费者认可。他们须说明在合同订立之前使用的语言及在合同期间内供应商同消费者进行联系的语言。该等信息将使得消费者知晓可以使用的语言。消费者希望接收其他语言版本的信息的,不能要求供应商照此提供,其唯一的解决方式就是拒绝签订合同。最后需要注意的是,供应商也需要尊重根据共同体法律而由成员国所制定语言选择方面的国内法规定。

25. 涉及救济方式的事先告知信息项目(第1款第4项)。须向消费者提供的第四类信息涉及救济方式。其涵盖庭外投诉及解决机制(请见第3条第1款第4项a小项)及存在的补偿安排(请见第3条第1款第4项b小项)。然而,应当指出的是,并不要求事先提供有关通常法律程序的特定信息。

26. 庭外投诉及解决机制(第1款第4项a小项)。供应商须告知消费者可以就与远程合同有关事项提交解决的庭外投诉及解决机制。他们须声明是否存在该等机制及其使用方式。该等信息将使得消费者知晓可能比司法或者行政程序更便捷的解决机制。

27. 补偿安排的存在(第1款第4项b小项)。供应商须告知消费者并没有被《保证金计划指令》及《投资者补偿计划指令》所涵盖的保证基金或其他补偿安排。该等信息是为了使消费者知晓该等补偿安排的存在。

28. 信息事先告知(第2款)。(a)一般规定。提供缔约前信息须满足透明性的要求,以便增强消费者对远程销售的信息,并促成对之后的金融服务协议给予有法律约束力形式的同意。掩盖或隐瞒信息会导致对消费者的误导。(b)商业目的之通知。供应商须首先毫不含糊地说明事先提供信息的商业目的。他们须确保消费者知晓该等商业特征。例如,以消费者调查的形式来掩盖其商业目的的,就与之不符了。(c)明白准确。供应商还须以适当方式事先提供信息,以便一般消费者可以轻易地理解。他们应当确保不会提供含混、模糊及误导性的信息。(d)适当介质。供应商还须通过对所使用远程通讯方式而言属适当的方式事先传送信息,以便一般消费者可轻易发现并查看。他们须仅仅确保并不存在不可发现或读取的信息。例如,提供网页链接对于互联网而言是适当的,但该等网页须能在线查看,并且其字体能允许消费者在屏幕上进行阅读。然而,应当注意的是,并没有要求其引导消费者读完整个信息。(e)进一步要求。供应商最后须尊重商业交易中的诚信原则及对不具法律行为能力的人员进行保护所适用原则。

29. 通过电话进行信息事先告知的特定规则(第 3 款)。对与消费者通话开始之时(第 3 条第 3 款 a 项)及之后(第 3 条第 3 款 b 项)须向消费者告知的缔约前信息内容,电话通话的无形性需要通过特定规则予以规定。

30. 事先电话告知的初始信息项目(第 3 款 a 项)。供应商一旦通过电话向消费者远程销售金融服务,他们须非常明白地告知他们的身份及通话的商业目的。该等信息属强制性提供信息。其目的就是防止供应商隐瞒其通话的真实目的,或者仅仅在通话过程中才披露其真实目的。

31. 电话告知的后续信息事先告知项目(第 3 款 b 项)。(a)一般规定。在告知初始事前信息项目后,供应商就可以尝试取得消费者的同意,以便不用再向消费者提交一切订约前信息。(b)事先选择性提供有限信息。征得消费者同意的,供应商在通话中仅仅提供若干信息项目。他们需首先说明与消费者接触人员的身份,并说明其与该等人员诸如"雇主/雇员"的关系。他们还需描述金融服务的主要特征,或者,换言之,对理性消费者认为对其决定是否订立远程合同而言具有相关性的所有特征进行说明。之后,他须说明金融服务的总价款。然而,令人好奇的是,与第 3 条第 1 款第 2 项 b 小项的规定不同,此处并没有提及通过供应商缴纳的所有费用、收费及支出。对此,合理的一个解释就是,如要求对价格构成进行说明,因其结构目前而言非常复杂,对于通过电话运营金融服务而言,就负担过重了。如供应商不能在通话中提供准确的价格,他们就须提供计算价格的依据,以便消费者能对之进行核实。另一个需要提供的信息就涉及消费者须负担的、因订立合同而直接产生的其他税款或费用是否存在。供应商最后须告知消费者是否存在远程合同的撤销权(请见第 6 条)。他们须说明撤销期间、行使该权利的条件及行使该权利的后果(请见第 7 条)。然而,须注意的是,与第 3 条第 1 款第 3 项 a 小项不同,此处并没有明确提到不行使该权利的后果。(c)应要求提供进一步事前信息。即使消费者同意在电话通话中仅接收有限的事前信息,供应商也须告知可以应消费者要求提供的其他信息,并须对该等信息的性质向消费者进行说明。并不禁止供应商采取诸如邮件送交或在网站载明的方式向消费者提供该等信息。(d)强制要求寄送全部事前信息。在任何情形下,在以电话方式订立金融服务合同后,供应商应消费者要求即刻通过可持续保存手段向消费者提交事前信息的,他们须向消费者提供完整信息。

32. 信息事先告知与合同义务的相符性(第 4 款)。虽然在远程合同订立之前并不确定哪国的法律会得以适用,但合同所规定义务与事前信息中涉及合同的部分不一致的,就须告知消费者。因此,供应商须确保事前信息与因推定适用已订立远程合同准据法而产生的合同义务相一致。该义务与《电子商务指令》的同样安排相符,后者可以同等适用于通过电子手段订立的金融服务远程合同。其目的就是进行协同化,协同化不但针对所提供涉及金融服务合同核心内容的信息,包括消费者权利及其他对订立合同决定有决定性影响的所有其他因素,也针对之后需要告知消费者的合同义务。应当注意的是,第 3 条第 4 款并不涵盖其他信息项目。

其他信息要求

第 4 条

(1) 共同体有关金融服务法律中规定了第 3 条第 1 款列举以外的信息予以事先告知要求的,这些信息要求继续适用。

(2) 在进一步协同化之前,成员国可以持续适用或者通过对信息予以事先告知要求更为严格的规定,但该等规定须符合共同体法律。

(3) 成员国依据本条第 1 款及第 2 款通过国内法规定了第 3 条第 1 款所列举范围之外的信息事先告知要求的,须通报予委员会。委员会须在起草第 20 条第 2 款规定的报告时,对该等通报的国内规定予以考虑。

(4) 为了通过一切手段创设高水平的透明度,委员会应确保收到所通报国内法规定的信息可以供消费者和供应商查询。

(5) 欧洲议会及欧盟理事会 2007 年 11 月 13 日发布第 2007/64/EC 号

405 《关于内部市场支付服务指令(1)》也适用的,除第2项c至g小项、第3条a项、d项及e项、第4条b项之外,本指令第3条第1款须被该等指令第36、37、41及42条所替代。

  1. 概述。该规定涉及促使实现对远程购买金融服务予以最佳保护的目标。该指令并不阻止供应商为消费者的利益提供进一步信息而予以事先告知。其目的就是不但在成员国层级(请见第4条第2款)还要在共同体层级(请见第4条第1款及第5款)实现最高水平的信息事先告知,并通过通报成员国国内规定(请见第4条第3款)及通过欧盟委员会(第4条第4款)提高该等附加提供信息的透明度。最后应当注意的是,该等信息也被《不公平商业做法指令》认为是"重大的",其遗漏因此会导致商业做法变得具有误导性。

  2. 共同体法律要求提供的其他信息事先告知项目(第1款)。供应商须向消费者提供共同体针对特定金融服务所要求的、与该服务特征相关的其他信息。第4条第1款明确了现行行业法规与该指令之间的关联,并确定了累加适用原则。因此,供应商就不能仅仅提供第3条第1款所列明的信息事先告知就可以自我满足了。

  3. 国内法律所要求的其他信息事先告知项目(第2款)。虽然现行共同体行业法规没有规定但是国内法规定的、与特定金融服务特色相关的其他信息,供应商须向消费者全部予以提供。第4条第2款使得成员国可以自己决定填补远程金融服务消费者保护的缺漏之处。他们可以继续推行或者规定其他信息事先告知要求,以增强消费者保护。但前提是,该等国内规定须符合共同体法律。例如,针对质押贷款就远程向消费者提供金融服务,成员国可以规定其他信息事先告知要求。在这种情形下,供应商将不得不在订立质押贷款合同之前向消费者提供该等其他信息,直到在共同体层面上达至进一步协同化为止。

  4. 就其他信息要求向委员会进行通报(第3款)。就其要求提供第3条第1款所列之外信息予以事先告知的国内规定,成员国须向委员会进行通报。其目的就是为了防止成员国滥用其裁量权,并增强国内规定的透明性。

另外，该等通报对之后就该指令进行的审查具有借鉴意义，并在消费者与供应商就特定金融服务买卖面临问题的情形下，对必要的信息提供要求进行协同也有帮助。

5. 将其他信息要求通告予供应商与消费者（第 4 款）。欧盟委员会须在之后确保该等进一步要求提供的信息将会被提供予供应商和消费者，以供查阅。其目的就是为了就国内法规定实现透明化要求，以便这些其他信息事先告知要求能得到遵循。

6. 与支付服务相关的特定信息事先告知规则（第 5 款）。在消费者接受任何单一支付服务合同或要约约束之前，供应商须以通俗的语言及清楚易懂的方式告知消费者该等支付交易及其条件，并须以提出支付服务要约所在地成员国官方语言或者各方同意的任何其他语言进行表述。在针对金融服务潜在风险提供事前信息（请见第 3 条第 1 款第 2 项 c 小项）、金融服务过程中所产生的任何支出（请见第 3 条第 1 款第 2 项 d 小项）、有关金融服务信息的有效性（请见第 3 条第 1 款第 2 项 e 小项）、金融服务的相关安排（请见第 3 条第 1 款第 2 项 f 小项）、就金融服务使用远程通讯方式的费用（请见第 3 条第 1 款第 2 项 g 小项）、是否存在远程合同的撤销权（请见第 3 条第 1 款第 3 项 a 小项）、如何行使该等撤销权（请见第 3 条第 2 款第 3 项 d 小项）、适用合同订立前谈判阶段的法律（请见第 3 条第 1 款第 3 项 e 小项）及存在的补偿安排（请见第 3 条第 1 款第 4 项 a 小项）之外，供应商须将消费者作为支付服务用户向其提供特定事前信息。框架合同规定了支付交易的，供应商须及时就支付服务提供商、支付服务之使用、收费、利率及汇率、通讯、保障及纠错机制、框架合同的修改及终止、救济方式，向消费者提供详细的事前信息。框架合同并没有规定单一支付服务交易的，就须向消费者提供以便促使支付指令可以得以正确实施的信息说明或者信息特定说明、提供支付服务的最长履行期限、支付服务用户须向其支付服务提供商支付的所有费用、适用情形下应提供任何收费项目的金额构成，供应商须交付或提供查阅，并提供在合适的情形下适用于支付交易的实际汇率或参考汇率、及就框架合同须提供的任何其他相关信息及条件。应消费者要求，供应商须以纸质或其他可持续保留介质的方式提供该等信息及条件。

就合同条款及条件和信息事先告知予以通告

第5条

（1）在消费者接受任何远程合同或要约约束之前，就所有合同条款及条件和第3条第1款及第4条规定的信息，供应商须以纸质或其他可持续保留介质向消费者予以及时通告，以便其能查看。

（2）消费者要求使用远程通讯方式订立合同，而由于通讯手段不能向消费者提供合同条款及条件和符合第1款规定的信息的，供应商须在订立合同之后即刻履行其第1款中规定的义务。

（3）在合同关系存续期间的任何时候，消费者都有权要求收到纸质的合同条款和条件。另外，消费者有权变更所使用的远程通讯方式，除非这不符合订立合同的规定或者所提供金融服务的性质。

1. 概述。本规定使得指令所确立的消费者信息制度得以完整。就供应商、所提供服务、远程合同及救济方式提供相关的信息之外，法律条件也能够对消费者产生影响。然而，消费者很少仔细阅读这些具体条款，而这些条款通常在订立合同之后才能查阅，而其整体就确定了金融合同的条款。因此，重要的就是要促使消费者可以查阅这些信息。这样，第5条就规定了适用于以可持续保留介质对事前信息和合同条款及条件在合理时间内进行通告（请见第5条第1款）的规则，并对若干远程通讯方式进行了规则调整（请见第5条第2款），并规定了消费者在合同关系存续期间可以查看合同条款及条件的权利（请见第5条第3款）。

2. 供应商进行信息通告的义务（第1款）。(a) 一般规定。供应商须及时以可持续保留介质向消费者提供所有事先告知信息和合同条款及条件。鉴于大多数消费者在其收到该等信息之时并不总是花费时间进行审核，供应商就须确保在订立金融服务协议之前，消费者仍然可以查阅该等信息。(b) 内容。第5条第1款涉及所有事前信息（请见第3条第1款及第4条），但也涉及所有的合同条款及条件，无论其表现形式及同意方式如何。

它适用于个别谈判达成的合同,也适用于标准商业合同,即使口头达成的合同也适用。因此,金融协议的所有合同条款都应予以通告。(c) 通告时间。[408] 对于发送存储该等信息可持续保存介质的准确时间,并没有对之予以具体规定。第 5 条第 1 款仅仅规定了"在消费者须接受任何远程合同或要约约束之前,及时……"。因此,不但对于所应用的远程通讯方式及其未来发展而言,而且对于交易对消费者的影响来讲,都存在一定的灵活性。这就是为了确保消费者能从信息事先告知中受益,并使其就金融服务做出决定之时能知晓合同条款及条件。因此,"及时"这个概念应该在具体案件中进行具体分析。例如,对于税务及法律事项,消费者有理由在订立金融服务协议之前取得专业意见的,在马上要订立合同之时向消费者提交事前信息,就并不构成及时。即使考虑到不同成员国之间合同法的差异,指令并没有提及订立合同的时间,但这也使得供应商无法在消费者提出要约后向其提供信息。(d) 可持续保留介质。最后需要注意的是,对合理时间向消费者通告信息是有形式要求的。一般而言,供应商须以纸质或其他可持续保留介质提交信息(请见第 2 条 f 项)。目的就是为了确保该等信息能够为消费者所查看,因为消费者在收到信息的时候也许仅仅只是看一眼而已。例如,接到电子邮件时,消费者并不总是有时间去阅读全部合同条款及条件。因此,重要的是要使得消费者在之后可以查阅这些信息,以便判断该等金融服务是否最符合其需要。电子邮件存储到消费者电脑中以便使之可以在之后查阅该等信息并原封不动予以复制的,即满足了该等条件要求。相反,如果仅仅是将信息放置到消费者仅能通过打印获得副本的互联网址,供应商就没有满足该等要求。因此,供应商须确保消费者接到信息后可以在随后的时间进行查看并能原封不动地予以复制。

3. 通过电话及其他相似手段将信息予以通告的特定规则(第 2 款)。(a) 一般规定。只要合同是通过不能以可持续保留介质通告所有事前信息、合同条款及条件的远程通讯方式订立的,供应商就须在订立金融协议后即刻以可持续保留介质提供所有该等信息。(b) 条件。该等特定规定然而仅限于后一个特定情形之中。第 5 条第 2 款一方面要求存在不符的远程通讯方式，另一方面也要求消费者已经要求适用这种远程通讯方式。这样，该规定并不适用于电子商务（尤其是电子银行），因为运用互联网远程向消费者销售金融服务，使得供应商可以通过可持续保留介质通告信息。相反，对此的完美例证就是消费者通过电话订立汽车保险协议。在这种情形下，供应商须在订立合同之后即刻使用另一种通讯方式向消费者提供有关信息。(c) 通告时间。鉴于若干远程通讯方式不能以可持续保存介质实现对信息的通告，第5条第2款使得消费者可以"在订立合同之后即刻"将该等信息予以通告。此处的目的就是防止可持续保留介质的要求妨碍相关当事人之间订立合同。例如，消费者知道他们之后会以可持续保留介质的方式收到所有信息、合同条款及条件的，更愿意通过电话订立租车保险合同。

4. 消费者查看信息的权利（第3款）。(a) 一般规定。消费者可以要求提供商在合同关系存续期间提供查看合同条款及条件的机会。他们可以要求供应商通过纸质或其他方式通告该等信息。(b) 以纸质的方式通告。在合同开始生效及终止的任何时候，消费者可以要求供应商将所有合同条款及条件以纸质的方式予以通告，供应商必须履行该项义务。其目的就是使得消费者不用通过订立合同所用的远程通讯方式就可以阅读事先告知信息、合同条款及条件。例如，之前通过电子邮件的方式谈判并订立金融协议的消费者，之后不再使用个人电脑的，可以要求提供商以纸质方式提供该等信息。这里存在一个问题，怎么才能知道消费者在与供应商合同关系存续期间是否会提出类似的要求，即使他们仍然可以查看供应商以可持续保留介质方式所提供信息？也有必要申明的是，该指令并没有解决以纸质方式予以通告的费用问题。更为合理的观点就是考虑让供应商承担该等寄送费用，除非其已经以纸质方式将合同条款及条件通告予消费者。这将确保消费者并不会由于担心会承担印制及发送信息的费用而放弃其权利。最后，需要指出，该等权利在合同终止后失效。此时，消费者似乎并不需要保护，供应商如果还须无限期存储该等信息的话，则负担过重。(c) 通过其他方式予以通告。应消费者要求，供应商须就所有事前信息、合同条款及条件通过消费者所选择的远程通讯方式予以通告，除非这与订立合同的规定或所提供金融服务的特性不符。这样规定的宗旨就是为了让消费者可以使用一种通讯手段订立合同并要求供应商通过另一种远程通讯方式提供信息。例如，消费者可能通过互联网订立合同，在其后就希望以传真的方式收到合同条款及条件。最后应当注意的是，第5条第3款并没有赋予消费者可以要求供应商通过其他远程通讯方式履行合同的权利。

撤销权

第6条

（1）成员国须确保消费者须有十四天的期间不用支付罚金且无须提供任何理由而撤销合同。然而，涉及第90/619/EEC号指令所涵盖人寿保险远程合同及个人养老金操作的远程合同，该等期间应该被扩展到三十天。

撤销期的开始之日是：

——或者从远程合同订立之日开始，但是对于上述人寿保险，实现从消费者被告知远程合同已经订立之时开始起算，或者

——在远程合同订立之后消费者才收到根据第5条第1款或第2款提供的合同条款、条件及信息的，从收到该等合同条款、条件及信息之日起算。

成员国在撤销权之外，可以规定，涉及投资服务合同的，其于本款规定的期间内予以中止执行。

（2）撤销权并不适用于

（a）金融服务价格依据供应商不可控制的金融市场波动而确定，且该等波动也许会在撤销期内发生的，该等服务涉及：

——外汇，

——金融市场工具，

——可转让证券，

——集合式投资保证单元，

——金融期货合同，包括现金结算的同等工具，

——远期利率协议（FRAs），

——利率、货币及股权互换，

——获得或处理此处提及任何工具的期权,包括现金结算的同等工具。该类别尤其包括货币及利率期权。

(b) 旅行及行李保险单或期间少于一个月的类似短期保险单。

(c) 在消费者行使其撤销权之前就应消费者明示要求而由双方当事人全部履行的合同。

(3) 成员国可以规定撤销权不应适用于:

(a) 任何主要目的是为了取得或保留土地财产权、现有或将要建成建筑的财产权或者就是为了建筑装修的任何信贷,或者

(b) 通过不动产抵押或者与不动产有关权利担保的任何信贷,或者

(c) 消费者使用官方服务作出声明,但该等官员须确认消费者第5条第1款项下的权利已得到保证。

本款规定须不能影响消费者根据其所在成员国法律在本指令通过之时享有在一定时间予以考虑的权利。

(4) 有利用第3款所规定可能的成员国,须将之通告与委员会。

(5) 委员会应当将成员国通报的信息提供予欧洲议会及欧盟理事会,并须确保在消费者及供应商提出要求后也可以向其提供。

(6) 消费者行使撤销权的,应在相关最后期限到来之前按照收到的实务指引,并根据第3条第1款第3项d小项的规定,通过可以证明符合国内法律规定的方式,予以通知。以被通知人可以查看的纸质或其他可持续保留介质方式在最后期限到来之前发出的,就视为其已经遵守了最后期限的规定。

(7) 本条规定并不适用于根据第97/7/EC号指令第6条第4款或者欧洲议会及欧盟理事会2009年1月14日发布第2008/122/EC号《关于分时度假、长期度假产品转售及交换合同中对消费者予以保护的指令》第11条第2款和第3款规定条件解除的信贷协议。

在特定金融服务远程合同中附有涉及供应商提供服务或第三方基于供应商与其之间协议提供服务的其他远程合同的,如消费者依据第6条第1

款的规定行使撤销权的,该等其他合同也应被撤销且不用支付任何罚金。

(8)成员国有关远程合同规定时间之前对远程合同或消费者履行其合同义务的权利予以撤销、终止或认为不可强制执行的法律和行政法规,本条规定对之并不造成影响。无论终止合同的条件和法律效力,该等规定均可适用。

1. 概述。通过赋予撤销权的方式,该条款强化了对订立金融服务远程合同消费者的保护,从而在指令中将其作为需要特别考虑的问题予以规定。它将该等权利规定为一项基本原则(请见第6条第1款),之后列明了一个清单,规定了内容相当丰富的例外情形(请见第6条第2款),并允许成员国规定其他例外情形(第6条第3款)。前提就是须将之通告予委员会(请见第6条第4款),以确保该等信息能够为供应商和消费者所查看(请见第6条第5款)。另外,该条款也规定了行使该等权利的规则(请见第6条第6款)。最后进行了进一步规定,以明确根据其他共同体条例撤销信贷协议的情形(请见第6条第7款)及该等权利与成员国有关远程合同规定时间之前对远程合同或消费者履行期合同义务予以撤销、终止或认为不可强制执行的法律和行政法规之间的关系。

2. 消费者的撤销权(第1款)。(a)一般规定。消费者可以在固定期限内、无须支付罚金、不提供任何理由撤销合同。这种特殊权利使得消费者在冷静期期间可以改变想法,以便他们可以在愿意的情况下撤销合同。其目的就是防止消费者出于一时冲动而订立合同。实际上,与供应商相比,消费者通常处于一个脆弱的地位。他们并没有机会在订立合同之前熟悉金融服务的具体情形。因此,即使由于冷静期期间合同效力并不由供应商控制,供应商对此也会担心,但撤销权还是对合同关系进行了平衡。在该期间结束之前,消费者具有两个选择:继续承认协议或者从中解脱。(b)撤销期。因此,冷静期在本条得到了精确的界定。第6条第1款明确规定了如何确定该等期间的起始点及在其结束后如何操作。该条款首先确定了十四天的期间,涉及人寿保险及个人年金操作的远程合同的,该期间被延展到三十天。一般而言,该等期间须比远程合同指令所规定七个工作日的冷静期要长。

同时也要注意,三十天的期间与涉及人寿保险指令所规定冷静期的最长期限形成呼应。该条款确定了冷静期的开始时间。一般而言,就是远程合同的订立之日。然而,对于人寿保险远程合同,撤销期起算日只能是消费者被告知远程合同已经订立的时间,或者在订立合同之后消费者收到可持续保留介质的时间,其中载有供应商应该通告予消费者的所有事先告知信息及合同条款。(c)合同的可强制执行。最后应该注意的是,成员国可以规定涉及投资服务合同的,可于冷静期内予以中止执行。

3. 撤销权的范围(第2款)。为了使得供应商不会处于一个尴尬的境地,该指令将大量金融服务排除在消费者撤销权的适用范围之外。第6条第2款将这些例外情形总结为三个类别:依赖金融市场不受供应商控制的波动而确定其价格的金融服务(请见第6条第2款a小项)、有效期短于一个月的短期保险单(请见第6条第2款b小项)及应消费者明示要求而由双方订立的合同(请见第6条第2款c小项)。然而,需要指出的是,以远程合同的形式订立的信贷协议或者分时合同也被排除在消费者撤销权适用范围之外(请见第6条第7款)。

4. 强制性排除波动性价格的金融服务(第2款a项)。从消费者撤销权适用范围内排除的第一类金融服务就包括涉及外汇、金融市场工具、可转让证券、集合式投资保证单元、金融期货合同(包括同等以资金结算的工具)、远期利率合同(FRAs)、利率、货币及股权互换。它也涵盖依靠金融市场不受供应商控制的波动而影响其价格的任何其他服务及获取及处理该等工具的期权。相反,由供应商在合理考虑到金融市场波动而确定不同利率的信贷则有可能属于消费者撤销权的适用范围,因为此时供应商对利率的确定具有控制权。确定该等例外情形的目的就是防止消费者在不受供应商控制的金融市场波动不利于己的情形下撤销金融服务合同。要求供应商承担该等协议的全部风险是不公平的。最后还应注意到,《远程合同指令》也有类似规定,将其价格依据不受供应商控制的金融市场波动而确定的商品或服务提供合同也排除在外。

5. 将短期保险单强制排除在外(第2款b项)。从消费者撤销权适用范围内排除的第二类金融服务涉及"期间短于一个月"的保险单,诸如大多数旅游及行李保险单。其目的就是避免消费者在冷静期几乎涵盖保单有效期的情形下赋予消费者撤销权。没有规定此种例外情形的,消费者也许会在冷静期就要到期的情形下行使撤销权,以在该等日期之前享用免费保险合同。该等情形也使得供应商无法就保单取得法律的确定性保护,从而也会对消费者产生不利影响,因为在这种情形下,供应商或者迟疑于是否提供该等服务,或者会要求对提供该等服务设定更高的价格。

6. 将已履行合同强制排除在外(第2款c项)。从消费者撤销权适用范围排除的第三类金融服务涉及已完全履行的合同。在合同存续期间,消费者可以要求供应商履行合同义务。如果供应商履行其义务且金融服务协议得到全部履行,就没理由再维护消费者的撤销权。因此,有必要防止消费者就其已经享受的金融服务取得退款。另一方面,该等例外情形也会鼓励供应商在消费者提出要求时尽快履行合同义务。然而,"仅得在消费者许可的情形下方可开始履行合同(请见第7条第1款),"供应商并应告知消费者,合同由双方全部履行后,即使冷静期尚未结束,消费者也不能行使撤销权。

7. 成员国规定的其他例外情形(第3款)。(a)一般规则。该指令允许成员国将若干金融服务排除在消费者撤销权适用范围之外。第6条第3款将这些例外情形分为三类:与不动产有关的信贷(第6条第3款a小项),基于不动产担保权益而提供的信贷(第6条第3款b小项)及利用官员提供服务所作出的声明(请见第6条第3款c小项)。(b)审慎考虑的权利。应当注意到,成员国也可以保留消费者有审慎考虑时间的权利,而消费者居住地成员国在2002年9月23日之前通过法律规定了消费者可以有这种一定时间予以考虑的权利。在这种情形下,在审慎考虑期间结束之前,都可以认定消费者尚未对金融服务协议给予同意。

8. 可选择排除不动产信贷(第3款a小项)。成员国可以排除适用消费者撤销权的第一种金融服务就包括涉及不动产的所有信贷。它包括对于大多数消费者希望购买或取得土地财产权、现房或期房财产权或者在对建筑进行装修时必不可少的所有信贷。由于适用于不动产信贷的成员国国内法大不相同，成员国就对此有一定的裁量权。在这种情况下，例如成员国国内规定就可以在签订合同早于签署不动产权益相关公证书的情形下，在签署相关公证书后拒绝给予消费者撤销权。成员国也可以基于再融资信贷或者对不动产信贷特性的考虑而拒绝给予消费者撤销权。

9. 可选择排除担保信贷（第 3 款 b 小项）。成员国可以排除适用消费者撤销权的第二种金融服务就涉及通过不动产担保权益形式予以担保的信贷。例如，其就涵盖基于不动产抵押形式担保的信贷。其目的就是避免为一项债务提供或放弃担保的形式要求所带来的复杂局面。

10. 可选择排除使用官员服务而提供的声明（第 3 款 c 小项）。成员国可以排除适用消费者撤销权的第三种金融服务涉及消费者在特定权能证人面前作出的声明。如果一个官员可以担保就以可持续保留介质的方式通告信息事先告知、合同条款及条件而言供应商已对消费者权利予以尊重，就没有必要规定撤销权了。因此，有权在官员确认消费者确实可以通过可持续保存介质收到信息的，成员国就有权禁止消费者对该金融服务行使撤销权。然而，为了增加法律确定性而要求对所有金融服务在官员面前进行声明则是不可行的，因为该条件对于希望订立合同的当事人而言负担过于沉重。

11. 将其他例外情形通告予委员会（第 4 款）。成员国将任何并不属于第 6 条第 2 款规定清单中的金融服务排除适用消费者撤销权的，须将之通告予委员会。这是为了防止成员国滥用所赋予的裁量权，同时又基于对该指令在之后做出尽可能完善的审核而旨在增加透明度。另外，这种通告要求的目的，也是为了在消费者和供应商在买卖特定金融服务面临问题时，可以对进一步的信息予以核实。

12. 将其他例外情形通告予供应商和消费者（第 5 款）。欧盟委员会之后须向欧洲议会及欧盟理事会通告成员国就其他服务排除适用消费者撤销权的国内规定。须确保该等信息也向消费者和供应商予以提供。其目的就是对排除适用消费者撤销权的其他金融服务进行透明化处理。

13. 行使撤销权（第 6 款）。(a) 一般规定。与《远程合同指令》不同，该指令确立了行使撤销权的规定。消费者仅得在告知供应商其行使该权利意愿的前提下方可撤销金融服务合同。(b)通知时间。消费者须首先于冷静期内通知供应商（第6条第1款）。只要消费者发送的通知使用了可持续保留介质可以让供应商读取的，只要通知在最后期限届满前进行，就认定遵守了关于通知最后期限的规定。即使在撤销期届满后通知方才送达供应商的，也认为遵守了通知最后期限的规定。(c)通知的形式。消费者也须依照收到的实务指引告知供应商（请见第3条第1款第3项d小项）。(d)通知方式。消费者须通过证明符合国内法规定的方式通知供应商。如消费者不能证明发送通知的日期，他们就须受金融服务远程合同的约束。第6条第6款因此要求消费者承担一定审慎义务。另一方面，该规定也禁止供应商主导实务指引的从而实际造成对消费者证明其通知的阻碍。

14. 解除关键合同（第7款）。(a)一般规定。金融服务合同已经基于共同体规定而解除的，再规定消费者撤销权就没有意义了。因此，第6条第7款明确对几种合同排除适用消费者撤销权。(b)被解除的远程合同。消费者对非金融商品或服务的远程合同行使撤销权的，供应商或者第三方基于其与供应商之间的协议而提供的任何信贷，如全部或部分涵盖商品及服务价款的，根据《远程合同指令》第6条第4款也予以解除。在这种情形下，成员国自己决定解除该等信贷协议的具体规定。因此，就不存在撤销权了。(c)解除的分时合同。消费者对分时合同行使撤销权的，销售方或者第三方根据其与销售方订立的协议而提供的任何信贷协议全部或部分涵盖买卖价款的，根据《关于分时度假、长期度假产品转售及交换合同中对消费者予以保护的指令》第11条第2款和第3款规定对之予以解除。在该等情形下，成员国自己决定撤销信贷协议的具体规则。因此，并不存在撤销权。(d)解除金融服务远程合同。消费者对金融服务远程合同行使解除权（请见第6条第5款）导致其附带的、涉及供应商或第三方基于其与供应商之间协议而提供相关服务的任何其他合同也会被解除。在该等情形下，消费者并不会承担任何罚金。

15. 根据国内法规定而终结合同（第8款）。消费者撤销权并不适于根据国内法按规定而解除、终止、认定不可执行或全部履行的金融服务合同，无论终结合同的条件及法律效力为何。第 6 条第 8 款因此明确了成员国法律及法规与《远程销售消费金融服务指令》之间的联系。撤销权作为一个独立机制在合同撤销、终止及解除制度之外发挥作用。

在撤销之前对提供服务的付款

第 7 条

（1）消费者根据第 6 条第 1 款行使其撤销权的，仅需要无不当迟延地就供应商根据合同向其实际提供的服务支付价款。只有在消费者许可之后方才可以开始履行合同。所支付的价款不应：

——超出与合同全部价款而言已经提供服务部分的比例，

——在任何情况下可以被解释为罚金。

（2）成员国可以规定，消费者撤销保险合同的，无须支付任何金额。

（3）供应商不得基于第 1 款规定要求消费者支付任何款项，除非供应商能够证明已经就须支付款项按照第 3 条第 1 款第 3 项 a 小项的规定依法告知消费者。然而，在任何情况下，未经消费者事先要求而在第 6 条第 1 款规定的撤销期结束之前开始履行合同的，供应商都不能要求消费者进行该等支付。

（4）供应商须不迟于三十日内毫无不当迟延地将其按照远程合同规定收到的、第 1 款规定的款项之外的任何款项退还予消费者。该等期间应自供应商接到撤销通知之日起算。

（5）消费者须不迟于三十日内毫无不当迟延地将其从供应商处收到的任何款项和/或财物予以返还。该期间须自消费者发出其撤销通知之日起算。

1. 概述。消费者一旦行使撤销权，就使得之前消费者的同意归于无效。这使得合同在过去、现时或将来的法律效力归于乌有。该指令因此就消费者撤销之前当事人应履行的义务制定的相应规则。该等规则一方面涵盖在消费者撤销合同之前就所提供的任何服务进行支付（请见第 7 条第 1 款），并对保险合同的一些情形中（请见第 7 条第 2 款）或者供应商在滥用履行义务之时（请见第 7 条第 3 款）的潜在限制进行了规定。另一方面，该等规则也规定了要退回消费者无正当理由支付的价款(请见第7条第4款)及无正当理由接受的任何供应商资金或资产(请见第7条第5款)。

2. 消费者就撤销之前实际提供服务进行支付的义务(第1款)。(a)一般规定。消费者须就撤销前供应商依据合同提供的任何服务在合理时间内予以支付。与《远程合同指令》不同,消费者在要求供应商履行远程合同之时,并没有放弃撤销权。为在这种情形中进行补偿,该指令要求消费者为该等服务予以支付。其目的就是在撤销前已经提供服务且该等服务之提供需要消费者予以支付的情形下,对消费者和供应商的利益进行平衡。基于同样的原因,供应商仅得在消费者认可的情形下才可以履行合同,且其在冷静期结束之前,消费者可以自主决定不履行合同义务。(b)须支付的服务。消费者但须就根据金融服务协议并于撤销合同之前由供应商实际提供的服务予以支付。然而,"实际提供的服务"这一概念并没有得到界定。有说服力的看法就是就是认为其中肯定存在临时提供的服务。强行要求消费者对诸如起草或者管理合同的费用进行支付是不公平的。相反,在供应商于撤销以前向其提供服务的情形下,消费者须支付保险单确定的保险费。(c)须支付的价款。消费者须就所提供服务支付价款。该等金额无须由供应商根据时间来确定。然而,所支付全部金额不得超过"与合同全部价款而言已经提供服务部分的比例"。这样,如果消费者订立保险合同之后撤销该合同的,他们仍然须就在撤销前他们受益的保险期间支付相应的价款。需要注意的是,须支付的价款在任何情形下都不得被解释为罚金。(d)支付时间。消费者须毫无不当迟延地向供应商进行该等支付。然而,对于"不当迟延",并无定义。关键就仅需确保消费者尽可能地迅速向供应商予以支付。"不当迟延"概念因此须在具体情形中进行具体分析。

3. 可选择对保险合同进行限制(第2款)。该等条款使得成员国可以对保险合同排除适用消费者在撤销以前对已提供服务进行支付的义务。其目的就是对消费者提供最高水平的保护,而在国内规定中,可以在保险合同中予以该等限制。

4.对供应商履行滥用的强制性限制(第3款)。为了防止消费者处于无助地位,供应商就应支付金额没有事先告知信息(请见第3条第1款第3项a小项)或者其在履行其合同义务而未经消费者事先要求的,该指令就禁止要求消费者对撤销之前实际提供的服务予以支付。第7条第3款因此迫使供应商证明消费者已就行使撤销权的后果获得正当通知,并禁止供应商可以自主行动,在冷静期间履行其合同义务。

5.供应商就多余支付进行返还的义务(第4款)。(a)一般规定。供应商须返还根据远程合同向消费者收取的任何多余价款。其目的就是确保消费者不会为其还没有从供应商接受的服务而进行支付。(b)须返还的金额。供应商须扣减在撤销之前实际提供服务所应支付的价款后,返还其根据合同向消费者收取的所有金额。它也涵盖只要供应商并没有履行其义务而在消费者撤销金融服务协议后从消费者收取的金额。(c)返还时间。供应商须毫无不当迟延地在三十日内将该等金额退还予消费者。这就是为了确保供应商对收到撤销通知后三十日的最后期限予以正当考虑后尽快将从消费者就金融服务支付的预付款予以退还。因此,返还的具体时间要根据具体情形具体分析,但需要注意的是,消费者须在供应商收到撤销通知后最迟三十日内收到其退款。

6.消费者退还不当持有金额及资产的义务(第5款)。(a)一般规定。消费者须将其于撤销之前按照合同从供应商接收的任何资金或资产适时予以退还。其目的是为了避免消费者基于远程合同的架构意欲无偿从供应商取得相关资金及资产。(b)须退还的资金及资产。消费者须将其从供应商获得的任何东西退还。该要求涵盖供应商提供的所有资金及资产。对于收到该等资产是否根据远程合同,在所不问。(c)退还时间。消费者应最迟在三十日之内无不当迟延地将该等商品退还予供应商。这是为了确保在对发出撤销通知后三十日期限予以正当注意的情形下,消费者对供应商放弃其在无正当理由情形下所接受财产的所有权。因此,退还的精确时间须具体情形具体分析,并要考虑到供应商须最迟不晚于消费者发出撤销通知之后的三十日内取得该等资金及资产。

被动销售

第 9 条

鉴于欧洲议会及欧盟理事会于 2005 年 5 月 11 日发布的第 2005/29/EC 号《涉及内部市场有关企业与消费者之间不正当商业做法指令》禁止被动销售做法[1],成员国须采取必要措施,使得消费者无须对非请而至的供应支付任何对价,且不予回应并不构成同意。

供应商不得提供非请而至的服务。(a)一般规定。供应商不得未经消费者事先要求向其提供金融服务且在同时要求其进行支付。其中的目的就是打击诸如强势销售或被动销售的不公平做法。对于该等服务提供在交付之时是否立即要求支付还是延迟支付,在所不问。另外,消费者不予回应不得被解释为就服务提出要求或进行同意。任何与之不符的合同条款自始无效。通常而言,供应商向错误的消费者交付金融服务并在同时要求支付的,就违反了《涉及内部市场有关企业与消费者之间不正当商业做法指令》对扭曲消费者经济行为不公平商业做法而作出的一般禁止规定。然而,除非成员国进行更为严格的要求,专业人员所犯"明显错误"系勤勉的专业人员在同等情形下也会产生错误的,或者其进行交付或送交所对应的普通消费者或消费者群体并不会改变其相关于有关产品经济行为的,该等禁止性规定并不适用。然而,这都不能禁止供应商在不要求进行任何支付的前提下非请而至地进行交付。然而,在进行该等推销性要约活动时,消费者不承担任何义务。他们无须就该等非请而至的服务进行任何支付或退回任何资金和资产,即使供应商在事后提出该等支付或退回请求也是如此。(b)远程合同的默示延期。最后需要注意,成员国国内法对进行远程销售的金融服务协议予以默示延期的制度继续适用于默示延期合同项下提供的任何服务,该等服务不得被视为非请而至的服务。这对保险单而言非常有用:大多数合同都规定了默示延期条款。

---

[1] OJ L. 149,11 June 2005,p. 22.

非请而至的通讯

第 10 条

（1）供应商运用以下远程通讯技术时须要求取得消费者事先的同意：

(a) 没有人工干预的自动呼叫系统（自动呼叫机）；

(b) 传真机。

（2）成员国在允许通过第 1 款未提到的其他远程通讯方式进行个别通讯时，须确保：

(a) 除非取得有关消费者的同意，否则不能对之予以授权，或

(b) 仅得在消费者没有明确表示拒绝的情形下方可使用。

（3）第 1 款及第 2 款提到的措施不应造成消费者须承担费用。

1. 概述。商业通讯的自由流动是发展有关服务的重要工具（请见 Alpine Investment（ECJ），尤其对远程销售金融服务而言更是如此。然而，该等自由必须让步于有关远程通讯方式中保护个人数据及隐私的共同体法律。因此，该指令制定了适用于供应商向消费者发送非请而至通讯的规则。第 10 条涵盖以远程通讯方式发送的任何商业、个人及非请而至的通讯。对商业目的之要求并没有体现在条款行文之中，但是却可能从该指令的适用范围中得以看出（请见第 1 条第 2 款）。应当注意，欧盟委员会最初的建议中明确提到了该等通讯的商业性质，但是该等语句因为多余而在后来的文本中被删除。通讯的个别特性是一个技术要求，因为它提到了远程通讯方式。该标准包括所有点到点通讯并将之与一点到多点的通讯区分开来。这里的目的就是要避免施加诸如通讯个别化或个性化等更为严格的标准要求。然而，在媒体融合的前提下，未来个人及大众通讯之间的差别就难以明确了。通讯非请而至的特性就是认定消费者并没有对该等通讯给予同意。在这里，必要的标准就是供应商主动接触消费者。然而，这里并不考虑通讯内容。仅仅通过地址及电话进行通讯即构成非请而来的通讯。最后，使用远程通讯方式是必要的。该条件源自该指令的适用范围（请见第 1 条第 2 款）。最后应该指出的是，对远程通讯应用手段的认定非常关键，规则会因

之而又不同。对几个远程通讯方式规定了强制性制度（请见第 10 条第 1 款）而对于其他远程通讯方式则规定了二选一的选择性制度（请见第 10 条第 2 款）。然而，在任何情形下，消费者并不承担这些制度实施的成本（请见第 10 条第 3 款）。

2. 供应商不发送非请而至通讯的义务（第 1 款）。供应商不得未取得消费者事先同意的情形下发送商业通讯，此时应用的远程通讯方式就使得通讯成为个别通讯，自动呼叫或传真机就总是这样。这方面的目的就是保护消费者日常生活免受不断的骚扰。因此，对于自动呼叫机（请见第 10 条第 1 款 a 小项）及传真机（第 10 条第 1 款 b 小项）而言，就适用强制性的不选则无制度。

3. 自动呼叫机适用的强制性不选则无制度（第 1 款 a 小项）。供应商不得利用无人工干预的自动呼叫体系未经消费者事先允许而向其发送商业通讯。该等体系可能会打扰消费者的清静。

4. 传真机适用的强制性不选则无制度（第 1 款 b 小项）。供应商不得利用传真机未经消费者事先允许而向其发送商业通讯。其目的就是避免打扰消费者。由消费者承担传真打印支出、或者由于供应商发送非请而至通讯导致消费者无法通过电话与传真一体机接听电话，这都是不公平的。

5. 适用其他远程通讯方式的特定选择（第 2 款）。该条规定使得成员国可以就其他远程通讯方式选择适用不选则无制度（请见第 10 条第 2 款 a 小项）或不选则有制度（请见第 10 条第 2 款 b 小项）。然而，自由选择权并非绝对，尤其是《隐私与电子通讯指令》有要求的情形下更是如此。该指令就为直接营销目的而通过公共通讯网络发送的任何文字、人声、声音或图像信息规定了不选则无制度，该等信息在接收方收取之前可以存储于网络或接收方终端设备中。此处的例子就是电子邮件或者短信。然而，须指出的是，该规则并不适用于供应商在之前向消费者销售类似金融服务时获得消费者电子邮件联系信息的情形。在这种情形下，不选则有制度是可行的。

6. 可选择的不选则无制度（第 2 款 a 小项）。该指令使得向成员国可以授权仅在已经获得消费者允许的情形下采取通讯方式向消费者发送商业、个别及非请而至的通讯。显然,这阻止了供应商通过发送非请而至通讯的方式向消费者要求许可。如基于《数据保护指令》对之予以理解,该规定涵盖自主作出的、特定及知晓情况后对消费者意愿的表示,表示自己同意接受非请而至的通讯。例如,消费者可以通过在其向供应商发送在线或印制表格中作出适当勾选的方式予以允许。相反,事先勾选或隐藏的合同条款授权供应商及其商业伙伴发送商业通讯并不构成有效许可。最后应当注意,《电子商务指令》要求供应商在电子邮件中清楚第表明自己的身份,以说明商业信息的来源。因此,即使消费者已经允许其邮箱接收非请而至的通讯,他们仍然可以很方便地对他们接收的电子邮件进行屏蔽。

7. 可选择的不选则有制度(第2款b小项)。指令使得成员国仅可以在消费者没有明确拒绝的情形下授权使用通讯方式发送商业、个别及非请而至的通讯。该规定就推定存在消费者可以在不接受该等通讯的登记机制中自己登记。由于在登记时消费者确认了自己联系方式,可能会成为更多非请而至通讯的猎物,因此该等解决方式也具有另一种缺陷。然而,需要注意的是,《电子商务指令》迫使供应商对消费者自己做出不接受该等通讯的登记进行例行查询,并对其予以尊重。

8. 消费者有权就非请而至通讯的制度不承担费用(第3款)。消费者无须为供应商事先取得其许可的义务或者进行不选则有信息登记的费用进行支付。不得向消费者要求支付登记费;在事先予以允许或者明确拒绝都需要消费者支付费用的,须予以退还。例如,消费者以信件方式发送其许可或明确拒绝的,供应商也许须退还邮资。对于电话呼叫或者互联网连接费用,也适用相似的解决方式。

罚则

第11条

供应商没能遵守根据本指令所制定国内规定的,成员国须规定适当的罚则。

为此目的,成员国尤其可以规定消费者在任何时候、无须缴纳任何费用及罚金地解除合同。

该等罚则须有效、符合比例原则并具有威慑性。

罚则。(a)一般规定。就供应商未能履行远程销售消费者金融服务架构下义务的情形,该指令要求成员国须规定适当的罚则。然而,该等罚则并不详细。因此,成员国国内法条可以根据供应商不遵守规定的性质而规定民事、行政或刑事罚则。另外,也没有规定禁止这些罚则可以累加适用。第11条仅仅要求该等罚则须有效、符合比例原则及具有威慑力。(b)有效性。第一条检验标准就是看罚则的具体适用。供应商未能履行其义务的,须可以对其适用罚则并且对之会造成影响。相反,纯粹构想式或者无效的罚则不足以符合该指令的要求。(c)符合比例原则。第二项检验标准就是要确保罚则与供应商的违规行为是成比例的。供应商未能履行其义务的,罚则须与之相对应。例如,对于供应商未能履行其不发送非请而至通讯义务而言,惩戒式警告、正式警告、停业或罚款可能是符合比例原则的罚则。相反,对供应商未能遵守其须通过可持续保留介质通告合同条款及条件的义务而言,监禁则就太过极端了。(d)威慑性。第三条检验标准就是要核实该等罚则的威慑效力。该等标准就是为了揭示有关罚则是否能够阻止供应商违反其义务。威慑性罚则而言,最典型的例子就是在非请而至被提供服务的消费者可以被允许保留其收到的资金或资产。(e)目的。其目的就是要增强对消费者的保护。例如,供应商没有遵守本指令规定义务的,成员国可以赋予消费者在任何时候无须支付费用和罚金对远程合同予以解除的权利。该等独创性罚则通常被认为对消费者权益构成了充分的保障,因为消费者可以决定不行使该等权利而从有关金融服务中获益。

本指令条款的强制性质

第12条

(1)消费者不得放弃本指令赋予其的权利。

(2)成员国须采取必要措施,确保消费者不会因将非成员国法律选择为合同准据法而失去本指令所提供的保护,但是该等合同须与一个或多个成员国的领土具有密切联系。

1. 概述。与之前消费者保护领域有关指令的立法方式相同(其中请见《远程合同指令》及《消费合同不公平条款指令》),该指令规定了其条款的强制性质。无论当事人作了何种选择,该等条款都会适用。任何与之不一的合同条款就被认定是无效及可撤销的。而且消费者不得放弃其权利(请见第 12 条第 1 款)。最后,适用于金融服务远程合同的国内法不得剥夺消费者的权利(请见第 12 条第 2 款)。

2. 消费者不得放弃其权利(第 1 款)。在远程销售金融服务的架构中,成员国须确保赋予消费者的权利不得被该消费者所放弃。这样就可以使得消费者在权利排斥期或诉讼时效结束之前都可以对其权利进行主张。还需要注意的是,"确定无疑,与共同体保护消费者规定有偏差的案例法须作严格解释"(请见 Heininger (ECJ))。因此,消费者不得通过合同或者争议解决协议放弃其权利。然而,另一个问题是,法院是否能主动认定违反消费者权利? 合理的看法就是:只有成员国法院认识到自己可以自主认定是否符合指令的情形下,才能对消费者予以有效保护(请见有关合同不公平条款的 *Oceano*(ECJ)及 *Cofidis*(ECJ))。

3. 不得适用削减消费者保护的准据法(第 2 款)。成员国须确保所选择适用合同的法律并不会剥夺消费者享受该指令提供的保护,但消费者的主要住所须位于欧盟范围内。有必要要求其与欧盟成员国领土具有紧密联系。

司法及行政救济措施

第 13 条

(1) 成员国须确保通过足够有效的方式以确保为了消费者利益而遵循本指令。

(2) 第 1 款规定的方式须包括国内法律规定的下述机构可以根据国内法律向法院提起诉讼或向行政机构提起申诉的相关规定,以确保实施本指令的国内法规定得到适用:

(a) 公共机构或其代表；

(b) 对保护消费者而拥有合法利益的消费者组织；

(c) 专业团体在其行为中拥有合法利益。

(3) 成员国须采取必要措施，确保远程通讯运营商及供应商在可能的时候，由监管机构发布并通告予其的行政决定或措施所认定其做法与本指令相悖的，对之予以终止。

1. 概述。为了确保在远程销售金融服务中对消费者给予有效的高水平保护，成员国国内司法及行政机关须确保对该指令的遵守。连同普通司法及行政程序一起（请见第 13 条第 1 款），成员国必须提供能够对供应商发起集团诉讼的机会（请见第 13 条第 2 款）。另外，须确立对远程通讯方式运营商及供应商颁布禁令的事由（请见第 12 条第 3 款）。

2. 司法及行政救济方式（第 1 款）。成员国须确保存在使得消费者主张其在远程销售金融服务的架构下相关权利的司法及行政程序。消费者须拥有足够有效方式对供应商提起诉讼或申请。如没有将有关事项提交法院的程序规定的，则规定法官须原则上适用有效、符合比例原则的及威慑性的罚则就毫无意义。

3. 对供应商提起集团诉讼（第 2 款）。只要消费者的权利因为远程销售金融服务而受到损害，成员国须确保若干机构能有机会对供应商提起集团诉讼。对于集团诉讼的规则及公共机构（请见第 2 款 a 小项）、消费者保护组织（请见第 13 条第 2 款 b 小项）及专业团体中（请见第 13 条第 2 款 c 小项）哪一个或哪些机构有权发起诉讼，由成员国国内法规定。

4. 公共机构发起集团诉讼（第 2 款 a 小项）。成员国可以促使一家或多家公共机构或其代表能够对未能遵守其义务的供应商发起集团诉讼，从而保护消费者权益。

5. 消费者组织发起集团诉讼（第 2 款 b 小项）。成员国可以促使一家或多家消费者组织或其代表能够对未能遵守其义务的供应商发起集团诉讼，从而保护消费者权益，但该等消费者组织须对保护消费者拥有合法利益。

6. 专业团体发起集团诉讼（第2款）。成员国可以促使一家或多家专业团体或其代表能够对未能遵守其义务的供应商发起集团诉讼，但是该等专业团体须对保护消费者权益享有合法利益。

7. 对远程通讯运营商及供应商提起诉讼（第3款）。(a) 一般规定。成员国须规定针对远程通讯运营商及供应商规定禁令制度，以便终结供应商远程销售金融服务所使用的违法做法。这就使得供应商在履行其在该指令项下义务之前不能使用远程通讯方式，无论是否适用进一步的罚则。(b) 条件。然而，要采取该等措施，就需要在此之前作出有条件的决定，宣布供应商做法与指令不符，不具"可行性"。首先，将针对供应商作出司法裁决、行政决定或者由监管机构作出决定，确定供应商在远程销售金融服务的过程中未能履行其义务，并将之通知予供应商。之后，有必要判断使用远程通讯方式的运营商或提供商可以终结该等做法。然而，需要指出的是，第13条第3款并没有解决所需费用这个问题。

庭外救济方式

第14条

（1）成员国应当促进设立或发展足够有效的庭外投诉及救济程序，以解决涉及远程提供金融服务的消费者纠纷。

（2）成员国尤其须鼓励负责庭外争议解决的机构就解决涉及远程提供金融服务产生的跨境纠纷进行合作。

1. 概述。对于司法或行政程序而言，庭外救济方式为供应商和消费者都提供了可能是经济、简便及有效的替代选择。如果不在金融领域削弱电子商务的成长的话，它们至关重要。该指令因此要求成员国促进庭外程序的确立或发展（请见第14条第1款）并鼓励该等纠纷解决机构的跨境合作（请见第14条第2款）。

2. 庭外解决（第1款）。成员国须推进足够有效的方式解决消费者及金融服务提供商之间的争议，不论是否有详细的程序规定，争议解决机构须通过提议解决方案或将解决方案推介予当事人的方式主动介入。这就是要促进涉及远程销售金融服务争议的庭外解决。该等由独立第三方主导的庭外投诉及解决程序特别便于跨境纠纷。例如，成员国内的消费者可以通过在线填写表格的方式向争议解决机构提出投诉。而供应商可以在最终解决之前通过电子邮件来进行辩护。然而，鉴于庭外解决方式不允许通过欧洲法院去解释共同体条文规定，太多层级的庭外解决机制可能会损害该指令的统一解释。最后值得注意的事实是，消费者对争议解决机构的决定不满意的，在大多数程序中仍然可以将争议提交至法院。

3. 争议解决机构的跨境合作（第 2 款）。成员国应当鼓励其领土内设立的争议解决机构与其他国家领土内设立的争议解决机构合作解决跨境争议。这是为了在争议解决机构之间增强信息的流动，使之尽可能快速有效地处理跨境投诉。这也是以 FIN-NET 的建立为模板的，后者是一个庭外解决跨境金融争议的网络，将涵盖金融专业领域或处理一般性消费者纠纷的国内安排组合成了一个网络。

举证责任

第 15 条

在不影响第 7 条第 3 款效力的情形下，对于供应商通知消费者的义务、消费者同意订立合同及适当时其履行合同的情形，成员国可以规定由供应商承担举证责任。

任何合同条款或条件作出规定，应由消费者就本指令项下供应商全部或部分义务承担举证责任的，即为欧盟理事会 1993 年 4 月 5 日发布第 93/13/EEC 号《消费合同中不公平条款之指令》[①]所规定的不公平条款。

举证责任。（a）一般规定。就信息事先告知或同意金融服务及其履行，成员国可以规定供应商承担举证责任。然而，在任何情形下，供应商有义务证明在合同订立之前的阶段已经就行使撤销权的后果通过正当方式向消费者予以告知，以便要求消费者就撤销前就根据合同已经实际提

---

① OJ L 271, 9 October 2002, p. 16.

供的服务进行毫无不当迟延地支付。(b)合同中不公平条款。供应商不得在金融服务的远程合同中间加入条款,规定消费者就其在该指令项下的义务承担举证责任。第 15 条第 2 款明确规定,该等合同条款并没有经过个别谈判,须被视为违反了善意原则的要求。这是因为它打破了合同项下当事人权利义务的平衡,不利于消费者。在这种情形下,因此就可以适用《消费合同中不公平条款之指令》,该等条款对于消费者并无约束力。最后应该注意,本指令仅就被视为不公平的合同条款予以提示性的列明。因此,不能排除会通过另外的指令对不公平合同条款或条件的全部种类予以规定。

过渡措施

第 16 条

成员国未转换本指令并且其国内法律并没有就本指令所规定供应商义务进行规定的,对设立在该等成员国的供应商,其他成员国可以根据本指令制定相应的国内规则。

概述。对设立于并没有制定与指令相符规则的其他成员国的供应商,该指令允许已经实施其规定的成员国可以适用其自己的规定。其目的就是主要在过渡期间(请见第 21 条)为远程销售金融服务的消费者提供高水平的保护。

第 90/619/EC 号指令

第 17 条

第 90/619/EEC 号指令第 15 条第 1 款的第 1 项须被以下规定代替:

"1.每个成员国须规定,订立个人人寿保险合同的保单持有人须可以在三十日内解除合同,该等期间自保单持有人获得合同已经订立通知之时开始起算。"

概述。该等条款对人寿保险合同的解除期间的持续时间予以修改。因此,涉及直接人寿保险的该指令第 15 条第 1 款第 1 项将解除期间宽展到三十日,自保单持有人获得合同已经订立通知之时起算。然而,需要注意的是两个月后,该指令就被涉及人寿保险的指令所废除,从而使得目前保险单持有人可以在十三或十四日的期间内解除合同。

第 97/7/EC 号指令

第 18 条

第 97/7/EC 号指令由此也作如下修改:

(1) 第 3 条第 1 项的第 1 小项须被以下规定所替代

"—对于任何金融服务而言,适用欧洲议会及欧盟理事会 2002 年 9 月 23 日发布第 2002/65/EC 号《远程销售消费者金融服务并修改第 90/619/EC 号理事会指令和第 97/7/EC 号并第 98/27/EC 号指令之指令》[①]。"

(2) 附件 2 须删除。

概述(第 1 款及第 2 款)。该等条款修改了《远程合同指令》的适用范围,以纳入对金融服务新定义的考虑(请见第 2 条 b 项)。就金融服务而列明的非穷尽式清单被删除,因为已经运用了一项重大标准以规避该等概念。

第 98/27/EC 号指令

第 19 条

以下内容须加到第 98/27/EC 号指令附件中:

"11. 欧洲议会及欧盟理事会 2002 年 9 月 23 日日发布第 2002/65/EC 号《远程销售消费者金融服务并修改第 90/619/EC 号理事会指令和第 97/7/EC 号并第 98/27/EC 号指令之指令》[②]。"

概述。该规定将《保护消费者权益之禁令指令》的适用范围予以扩展,以便纳入金融服务的新定义(请见第 2 条 b 小项)。因此,就与共同体远程销售金融服务规则不一致的任何行为,根据本指令规定都被认为是违法行

---

① OJ L 95, 21 April 1993, p. 29.
② OJ L 271, 9 October 2002, p. 16.

为。成员国因此须指定有权法院或者行政机构，对任何根据法律合法建立的、对保护正寻求救济的消费者整体权益拥有合法利益的机构或组织提起的程序进行裁定。该等裁定应该具有正当的便捷性，在合适的时候可以通过简易程序进行，从而中止或禁止该等违法行为，或者采取本指令涵盖的其他措施。

审查

第20条

（1）本指令实施后，委员会须就金融服务的销售而审查内部市场在金融服务领域的运作。该等审查须旨在分析及详述消费者及供应商双方所面临或可能遇到的问题，尤其是基于信息及撤销权方面成员国之间法律规定出现差异而导致的问题。

（2）委员会须不迟于2006年4月9日向欧洲议会及欧盟理事会报告买卖金融服务的消费者和供应商所面临的问题，并在适当时候就修改及/或进一步协同涉及金融服务及或第3条所涵盖服务的共同体法律中有关信息及撤销权的规定提出建议。

1. 概述。制定本指令是为了将之契合到更为宏大的金融整合计划中。金融服务领域的内部市场将在增长及就业方面有相当的助益，并将有助于实现里斯本目标。进一步整合也涉及对远程销售金融服务共同体规则的有效实施进行监督。欧盟委员会因此须对在金融市场销售该等服务时内部市场的运作进行核查（请见第20条第1款），并须对当中出现的问题及可能的解决方案提交报告（请见第20条第2款）。

2. 审查（第1款）。（a）一般规定。欧盟委员会须就消费者和供应商都会在销售金融服务中遇到或可能遇到的困难进行调查。这就是要确保金融服务内部市场运转良好。（b）适用范围。审查不但涉及远程销售的金融服务，而且也涵盖供应商和消费者同时亲自在场而销售的金融服务。然而，对于供应商向消费者予以信息事先告知并将之连同合同条款及条件以可持续保留介质加以通告的义务、消费者撤销权方面成员国国内法之间的差异，则是特别强调的地方。

3. 报告问题及可能的解决方案(第 2 款)。(a) 一般规定。欧盟委员会须就寻求金融服务买卖的消费者及供应商都面对的问题提交报告。其目的就是在欧盟内部打破远程销售金融服务的壁垒。(b) 内容。该报告须指出暴露的任何问题,但也需要在适当的情形下给出建议。它可以就信息或撤销权规定方面的进一步协同化提出若干修改意见或建议。(c) 完成时间表。提交报告的截止期为 2006 年 4 月 9 日,即在该指令转换为成员国国内法的最后期限一年半过后。

转换为国内法

第 21 条

(1) 成员国须为遵守本指令而最迟在 2004 年 10 月 9 日之前实施必要的法律、行政法规及行政规定。之后须将之通告予委员会。

成员国采取该等措施的,应当在其中或所附带的官方出版物中载明对本指令的援引。由成员国确定进行该等援引的方式。

(2) 成员国须就其在本指令适用范围内制定的国内法律主体文本向委员会通报,同时还须提供表格,说明其制定的国内法规定如何反映了本指令的相关规定。

1. 概述。该指令规定了成员国须将之转换为国内法的标准条款。它对成员国施加了若干义务,以便确保其规定能得到有效及透明的实施(请见第 21 条第 1 款)及其能够在之后受到欧盟委员会的监督(请见第 21 条第 2 款)。

2. 转换(第 1 款)。(a) 一般规定。成员国须在正当期间内实施该指令并须立即将之通报予欧盟委员会。(b) 透明性要求。成员国须确保实施该指令的透明度,既要在对相应成员国国内法正式公布时向公民说明其对共同体规定的援引,也要立即向欧盟委员会作出通报。(c) 转换期间。成员国最迟须在该指令通过两年内实施该等共同体规定,也就是要在 2004 年 10 月 9 日完成对该指令的实施。

3. 委员会的监督（第 2 款）。成员国须就其在本指令适用范围内制定的国内法律主体文本向委员会通报，同时还须提供表格，说明其制定的国内法规定如何反映了本指令的相关规定。

生效

第 22 条

本指令须于其在欧洲共同体官方杂志公布之日生效。

1. 概述。该指令于 2002 年 10 月 9 日生效。

适用对象

第 23 条

本指令以成员国为其适用对象。

欧洲议会及欧盟理事会第1999/93/EC号指令
(《电子签名指令》)

1999年12月13日通过电子签名共同体架构指令

欧洲议会及欧盟理事会

基于《建立欧洲共同体条约》之规定,尤其是其中第47条第2款、第55条及第95条之规定,

基于欧盟委员会提出的建议[①],

基于经济与社会小组委员会的意见[②],

基于地区小组委员会的意见[③],

根据《欧盟条约》第251条规定程序

(1) 1997年4月16日,委员会向欧洲议会、欧盟理事会、经济与社会小组委员会和地区小组委员会提交《电子商务欧洲动议的通告》;

(2) 1997年10月8日,委员会向欧洲议会、理事会、经济与社会小组委员会和地区小组委员会提交《确保电子通讯安全及对其信心的通告——迈向欧洲数码签名及加密架构》;

(3) 1997年12月1日,理事会要求委员会就欧洲议会及欧盟理事会有关电子签名的指令尽快提出建议;

(4) "电子签名"及相关服务所进行的数据验证对于电子通讯及电子商

---

① OJ C 325, 523 October 1998, p. 5.
② OJ C 40, 15 February 1999, p. 29.
③ OJ C 93, 6 April 1999, p. 33.

务而言非常必要。对电子签名予以法律认可及对成员国证书服务提供商予以认证方面，成员国规定差异很大，可能对于电子通讯及电子商务的运用构成实质障碍；另一方面，建立适用于电子签名条件的清晰共同体架构将会增强对新技术方式的信心并使之能为更多的公众所接受；成员国立法机构不应阻碍内部市场商品及服务的自由流动。

（5）应该促进电子签名产品的通用性；根据《共同体条约》第14条的规定，内部市场构成一个不存在内部壁垒的领域，以确保商品的自由流动；特定于电子签名产品的核心要求必须予以满足，以便确保其在内部市场的自由流动，并培育对电子签名的信心，但不得影响理事会1994年12月19日发布第3381/94号《确立对两用商品出口管制的共同体制度之理事会指令》[①]及于1994年12月19日发布的第94/942/CFSP号《理事会涉及两用商品出口管制联合行动的理事会决定》[②]；

（6）本指令并不对涉及国内法有关公共政策及公共安全、提供信息保密服务方面的规定的适用进行协同化；

（7）内部市场确保了人员的自由流动，这导致欧盟成员国的公民及居民日益需要与其居住国以外的成员国国家机构进行交涉；电子通讯在这方面将会提供令人满意的服务；

（8）技术的高速发展及因特网的全球特质要求采取一种对基于电子手段的种种数据验证产品和服务都能适用的方式；

（9）电子签名将在大量不同场合及应用中进行使用，大范围催生了使用电子签名或与之相关的新服务和商品；对该等商品和服务的界定不应局限于证书的发放与管理，而也应该涵盖使用或者附加电子签名的任何其他服务与商品，例如：涉及电子签名的登记服务、时戳、号码簿服务、计算或咨询服务等；

[①] OJ L 367, December 1994, p. 1. Regulation as amended by Regulatioin (EC) No. 837/95 (OJ L 90, 21 April 1995, p. 1).

[②] OJ L OJ L 367, 367, December 1994, p. 8. Decision as last amended by Decision 99/193/CFSP(OJ L 73, 19 March 1999, p. 1).

(10) 内部市场使得证书服务提供商为了提高其竞争力而扩展其跨境活动,以便不论是否跨境,都能向消费者及企业以安全的方式提供信息交换及贸易的新机会;为了在共同体范围内推动在开放网络上提供证书服务,证书服务提供商应可以无须事先取得授权而自由提供其服务;事先授权不但是指有关证书服务提供商须在获准提供其证书服务之前取得成员国国家机构的允许,而且是指具有同等效力的其他任何措施;

(11) 自发认证体系旨在于更强大的层面上提供服务,可以为证书服务提供商提供合适的架构,使其进一步发展其业务,以达到市场的演进所要求其具有高水平的信任度、安全性及质量。该等体系应该鼓励在证书服务提供商之间发展最佳做法;证书服务提供商应该可以自主确定是否对之予以遵守并从该等认证体系中获益;

(12) 证书服务可以通过依照国内法设立的公共机构或法人、自然人予以提供;鉴于成员国不应禁止自发认证体系之外的证书服务提供商提供服务,应确保该等认证体系并不会削弱证书服务的竞争;

(13) 成员国可以决定其如何确保依照本指令规定进行监管;本指令并不禁止确立基于私人领域的监管体系;在适用的任何认证体系项下,本指令并不要求证书服务提供商有义务申请接受监管;

(14) 重要的是要平衡消费者与企业的需要;

(15) 附录3涵盖对安全签名创设工具的要求,以确保高级电子签名能发挥其功用;它并不涵盖该等工具运行的整个系统环境;内部市场的运作要求委员会及成员国迅速行动,指定机构负责评估安全签名工具是否符合附录3规定;为能满足市场需求,该等合规评估须及时并有效;

(16) 本指令在共同体推进电子签名的使用并对之予以法律认可;如使用电子签名仅仅限于基于特定数量参与者按照私法订立协议的体系,就不需要对之确立监管架构;只要国内法允许,当事人之间自主同意按照一定的条款及条件接受电子签名数据的,应予以尊重;该等体系所使用电子签名的法律效力及其在法律程序中的证据效力应得到认可;

(17) 本指令并不寻求对合同法相关国内法规定予以协同,尤其是对合同的成立及履行,或者涉及签名的非合同性质的形式要求而言更是如此。因此,电子签名法律效力的相关规定并不影响国内法在订立合同的形式规定或确定合同订立地规则的效力;

(18) 存储及复制签名生成数据可能会对电子签名的法律效力构成威胁;

(19) 电子签名将在国内及共同体官方机构内部、该等机构之间的通讯及其与公民和经营者之间在诸如公共采购、税务、社会保险、卫生及司法等系统内的通讯中予以使用;

(20) 与电子签名法律效力相关的协同化标准将会在共同体层面保持一个一致的法律框架;成员国国内法就手写签名的法律效力有不同的法律规定;鉴于证书可以用来确认进行电子签名人员的身份,基于合格证书的高级电子签名旨在实现更高的安全性;基于合格证书及由安全签名创设工具创设的高级电子签名仅得在满足手写签名的要求时方能被认为与手写签名具有同等的法律效力;

(21) 为促使对电子签名手段的广泛接受,须确保电子签名在所有成员国进行的法律程序中都能作为证据使用;对电子签名予以法律认可,应基于客观标准,而不能与有关证书服务提供商是否取得授权相关;成员国国内法则适用于可以使用电子文件及电子签名的法律问题;本指令并不影响成员国国内法院就是否符合本指令要求的问题做出裁决,也并不影响成员国对证据进行自由司法审查的规则;

(22) 证书服务提供商向公众提供服务的,就其责任须适用成员国国内法;

(23) 国际电子商务的发展要求进行涉及第三国的跨境安排;为确保其在全球层面的通用性,与第三国就证书服务相互承认而订立多边规则协定,可能大有裨益;

(24) 为增进用户对电子通讯及电子商务的信心,证书服务提供商须遵守数据保护法律及个人隐私的规定;

(25) 就证书中使用化名进行规定的,不应阻止成员国可以根据共同体

法律或国内法要求确定相关人的身份;

(26)须根据理事会1999年6月28日发布的第1999/468/EC号《行使赋予委员会实施权力程序之确立的指令》[①]制定为实施本指令所必需的措施;

(27)在其实施两年后,委员会将会对本指令进行审查,其目的之一就是确保法律环境下技术的演进或变迁不会对本指令所述目标的实现构成阻碍;委员会应对相关技术领域的影响进行检视,并就此向欧洲议会及欧盟理事会提交报告;

(28)根据《共同体条约》第5条确定的补充原则及比例原则,为电子签名及相关服务提供确立协同化法律架构这一目标,不可能通过成员国就能完全实现,因而通过共同体才能更好地达成;本指令并不会超越达成该等目的之必要,

特制定指令如下:

适用范围

第1条

本指令目的就是要促进电子签名的使用并促成其在法律上得以认可。本指令确立了电子签名及特定证书服务的法律架构,以便确保内部市场的正常运行。

本指令并不适用合同订立、效力或成员国国内法或共同体法律所规定形式要求的其他法律义务,也不影响成员国国内法或共同体法律关于文件使用的规定和限制。

1. 概述。欧洲议会及欧盟理事会第1999/93/EC号《共同体电子签名架构指令》于1999年12月13日制定。所谓《电子签名指令》于2000年1月19日生效,须由各成员国于2001年7月19日之前转换为国内法。该指令的依据就是企业设立的自由、提供服务的自由及与法律趋同相关的原则

[①] OJ L 184,17 July 1999,p. 23.

（请见《阿姆斯特丹条约》第47条第2款、第55条及第95条）。该指令基本是建立在以下原则之上的。(a) 法律认可。电子签名不能仅仅因其电子的形式就在法律上受到歧视。使用的签名产品及证书和服务提供商满足一套特定标准的，就可以自动作出推定：生成的任何电子签名和手写签名一样具有法律效力。(b) 自由流通。与电子签名有关的所有产品和服务都能够自由流通，仅仅受该等产品和服务来源国法律的管辖和监管。成员国不得要求提供电子签名相关服务须取得许可。(c) 法律责任。该指令进行了服务提供商的最低责任规定，服务提供商尤其要对其证书内容的有效性承担法律责任。这种处理方式确保了证书及证书服务在内部市场中的自由流动，培育了消费者信息，鼓励了运营商在不受限制及僵硬监管的前提下开发安全的体系及签名。(d) 技术中立架构。鉴于技术创新的步伐，该指令所规定对电子签名予以法律认可，并不对其所使用的技术进行区分。(e) 用户群体并不封闭。该指令涵盖旨在确认电子信息发送者身份而向公众进行的证书提供活动。然而，根据当事人自治及合同自由原则，它的确允许诸如公司内网或者金融系统适用私法协议；该等情形中，已经存在着信任关系，并没有对之予以监管的强烈需求。(f) 国际层面。为了促进电子商务全球市场的发展，该指令也规定了证书相互承认及双边和多边协定而与第三方进行合作的机制。

  2. 适用范围。该指令具有双重适用范围：它首先旨在促进电子签名的使用，其次就是为了促成其得到法律认可。因此，它确立了电子签名及特定证书服务的法律架构，以确保内部市场的正常运行。就第一个目标而言，第1条规定的相当审慎。该条例并没有规定就电子签名进行全面监管。相反，其目的仅仅是要"促进其使用"。该指令的意图也不是为了就电子签名的法律承认的全部问题予以涵盖。它仅仅是寻求"促成"。该指令第二个目的就是确立共同的欧洲法律架构，以避免该领域的法律在各成员国间出现分歧。架构并不涵盖所有种类的证书服务，而是仅仅涵盖"特定"种类的这种服务。该架构首先更关注证书发行人，对其他种类的证书服务提供商反而关注不多。(a) 并不影响形式规范。该指令并不涵盖涉及成员国国内法或共同体法律有关形式要求规定的法律问题。该指令在其前言第17项特别指出:"并不寻求对涉及合同法的国内法规定予以协同,尤其是对合同的成立及履行,或者涉及签名的非合同性质的形式要求而言更是如此。因此,涉及电子签名法律效力的规定并不影响国内法在订立合同的形式规定或确定合同订立地规范的效力。"因此,本指令并不影响诸如要求对特定种类合同采取纸质形式之类的成员国国内法规定。而消除以电子手段订立合同的法律障碍则是《电子商务指令》第9条规定的内容。(b)对文件使用规定并无影响。第1条进一步规定,该指令并不影响成员国国内法或共同体法律所规定使用文件的规则及限制。成员国法律中的许多条款都规定,在诸如税务申报、建筑许可等特定程序中须使用特别文件。有时候,法律还要求文件须在特定时间内以一定格式予以存档。只要这些法律并不允许使用电子文件,电子签名就不能在这些领域中得到应用。

3. 对指令的评估。(a)法律确定性之取得。该指令为达成其取得法律确定性的目标,通过对电子签名进行总括认可而进行:对电子签名予以法律认可需要通过成员国将该指令转换为其国内法。(b)市场接受显得迟缓。然而,对于其他促进电子签名及其相关服务使用的目标,也许在目前并没有实现。服务提供商对于开发多种应用的电子签名并没有多少兴趣,而是宁愿对自己的服务提供解决方案。因此,2010年电子签名市场仅仅由几个彼此孤立的电子签名应用领域构成,其中证书仅仅适用于单一的应用。这种缺乏技术兼容性的状况似乎就是电子签名被市场广泛接受的主要障碍。反过来,市场接受度的缺乏又使得服务提供商对开发新的、多应用电子签名兴趣不大。欧盟委员会已经承认,需要出台相互承认并且具有技术兼容性的签名解决方式,因此制定了一个行动计划,旨在提供全面及务实的架构,以实现电子签名的兼容。需要一个跨境通用及相互承认电子签名的解决方案,这也被欧盟成会员国、待加入国及欧洲自由贸易区国家负责电子政务政策的所有部长所确认。欧洲公共管理通用解决方案及其他欧洲通用性的做法应为该目标之达成发挥重要的作用。①

4. 信任名单。通过 2008 年"在统一市场为促进跨境提供公共服务就有关电子签名及电子身份的行动计划",欧盟委员会引入了简化电子签名技术确证及验证措施。对于基于合格证书的合格电子签名及高级电子签名,跨境使用的主要障碍就在于对来自于其他成员国的电子签名缺乏信任。目前,通常很难获得证书服务提供商目前状态的信息,也很难(就其高级或合格特性而)验证签名的质量。为了促进该等确证进程,委员会编纂了欧盟层面的"合格证书服务提供商监管信任名单"。② 另外,也开始更新电子签名产品公认标准列表。

定义

第 2 条

为本指令之目的:

(1) "电子签名"系指附于其他电子数据或与其相关联的、作为验证手段的电子数据;

(2) "高级电子签名"系指满足下列要求的电子签名:

 (a) 其仅仅与签名人相关联;

 (b) 其可以确定签名人身份;

 (c) 其创设使用了全部由签名人控制的方式;及

 (d) 它与其涉及的数据予以关联,以便反映该等数据之后发生的任何改变;

(3) "签名人"系指持有签名生成装置,其行为系基于自己或者以其所代表自然人、法人或实体的名义而进行的人;

(4) "签名生成数据"系指签名人为生成电子签名而使用的诸如代码或个人加密密钥等独有数据;

---

① 2009 年 11 月 18 日一致获批的《电子政务部长理事会决定》,第 26 项 d 小项。

② 欧盟委员会 2009 年 10 月 16 日通过《关于确立措施以通过欧洲议会及理事会第 2006/123/EC 号〈内部市场服务指令〉项下"统一联络点"推广电子程序使用的决定》。

(5)"签名生成装置"系指实施签名生成数据的个性化软件或硬件；

(6)"安全签名生成装置"系指满足附件3规定要求的签名生成装置；

(7)"签名验证数据"系指诸如代码或公共加密密钥等旨在验证电子签名的数据；

(8)"签名验证装置"系指实施签名验证数据的个性化软件或硬件；

(9)"证书"系指将签名数据与人予以连接并确认该人身份的电子证书；

(10)"合格证书"系指满足附件1所规定要求并系由满足附件2所规定要求的证书服务提供商所提供的证书；

(11)"证书服务提供商"系指核发证书或提供与电子数据有关其他服务的实体、法人或自然人；

(12)"电子签名产品"系指旨在由证书服务提供商为提供电子签名服务而使用或旨在用于电子签名生成或验证的硬件、软件或相关组件；

(13)"自发认证"系指应相关证书服务提供商的要求而作出的、规定提供证书提供服务权利及义务的任何许可，该等许可系由负责解释该等权利及义务并监督其遵循情况的机构作出；在收到有关机构作出的决定之前，该证书服务提供商不得行使基于该许可产生的权利。

1. 概述。本条款规定了本指令所使用的定义。该等定义仅在指令相关环境中使用，并不一定和科技术语相对应。虽然该等定义是以技术中立的方式进行，但是其间接提到了基于证书的公共加密密钥，也称为"数据签名"技术。的确，指令有关"高级电子签名"的概念就是与证书服务提供商合法证书相关的签名生成及确认数据，反映了科技上的双重密钥对，据此，公共密钥已由证书机构验证。

2. 电子签名(第1款)。指令界定的"数字签名"具有广泛的涵盖范围，并没有明确提及任何技术。指令在其前言第8项解释说："技术的高速发展及因特网的全球特质要求采取一种对基于电子手段的种种数据验证产品和服务都适用的方式。"合格电子签名的三个条件是：存在成体系的数据，该体系与其他数据关联，该体系对该等数据进行验证。对此，指令并没有作出任何进一步的界定，也没有进行解释，从而为宽泛的解释留下了空间。这就意味着，每一个电子验证都可以被视为电子签名，但是验证数据须依附于或在逻辑上与其他数据相关联。因此，生物统计技术验证方式就被认为是电子签名，基于对称加密的消息认证码（MAC）就是电子签名。诸如数据签名的公共密钥认证计划就是电子签名。本指令对电子签名进行的界定并没有排除电子邮件结尾输入的名称或者文件附带的签名扫描文本。指令将每一个电子认证方式都接纳为电子签名，不论其是否有法律效力，也不论签名人是否对文件内容进行了认可。通过这种宽泛的方式，本指令可以涵盖每一种认证，而不用处理欧盟成员国法律体系现存的法律差异。

3. 高级电子签名（第2款）。根据指令规定的定义，"高级电子签名"就是一种数据签名，仅仅与签名人相关联、可以确定签名人身份、其创设使用了全部由签名人控制的方式并与其涉及的数据予以关联，以便反映该等数据之后发生的任何改变。与现有其他法律文件或指引（如《联合国国际贸易法委员会电子签名示范法》、美国《电子签名法》）不同，指令并不认为签名人对内容的认可是电子签名的核心要素。因此，签名人的认可需要通过其他方式予以明确，例如，在签署文件中规定或者通过提及涵盖认可规定的"签名政策"进行明确。虽然法律界定是通过技术中立的方式予以进行，但是实践中主要是指基于数据签名技术或者也可称作是使用公共加密密钥的电子签名。在欧洲电子签名标准化动议（EESSI）确立的框架中，在ETSI技术规格（TS 101 733）中已经对高级电子签名模式进行了描述。它基于现有主导电子邮件及文件安全市场标准模式（即RFC 2630号互联网规格）。它也规定了如何使用时间戳或者信任文档服务以确保电子签名可以长时间保持有效，以便可以在日后产生争议时可以作为证据出示。

4. 签字人（第3款）。"签字人"被定义为"持有签名生成装置，其行为基于自己或者以其所代表自然人、法人或实体的名义进行的人"。指令在定义签字人时使用了"人"这个术语，而不是明确说明是"自然人"。因此，就签名有效性及效力问题，指令目前交由成员国根据其国内法决定电子签名是否应局限于自然人还是也可以包括法人。签名人就是持有该等装置并为创设签名而作出行为的人。可以以自己的名义、也可以以其所代表的自然人、法人或实体的名义予以签名。然而，考虑到指令对签名人的定义是：持有签名生成装置，其行为基于自己或者以其所代表自然人、法人或实体的名义进行的人；对于机器自身能否创设签名（例如在一种情境下），就让人怀疑。

5. 证书服务提供商（第11款）。证书服务提供商（CSP）就是指发放证书或者提供涉及电子签名其他服务的个人或实体。公共密钥基础设施（PKI）情境下的典型认证机关当然可以视为后一个证书服务提供商，但是，为了本指令的目的，登记机关、时间戳服务提供商、网络公证机构及电子档案服务提供商也是证书服务提供商，但是要与电子签名服务提供商具有关联。

6. 签名之创设与验证。"签名创设数据"系指诸如代码或个人加密密钥等签名人用之以创设电子签名的数据（第4款）。签名创设数据的典型例子就是在公共密钥环境下使用个人密钥。"签名验证数据"系指诸如代码或公共加密密钥等用于验证电子签名的数据（第7款）。在公共密钥环境下，公共密钥就会被视为签字验证数据。根据指令的定义，"签名创设装置"（第5款）系指实施签名生成数据的个性化软件或硬件。这个定义在作出相应少许修改后适用于签名认证装置。不仅用作存储个人签名密钥而且还能有效生成签名的智能卡就是签名生成装置的典型例子。其他可能的装置是智能笔、移动电话、掌上电脑或者电脑硬盘。如该等装置满足条例附件3所总结的特定安全要求，将会被视为安全签名生成装置（第6款）。签名生成装置及签名验证装置都属于"电子数据产品"（第12款）这一宽泛种类的组成部分。在界定电子签名产品时，指令又一次采用了更宽泛的方式：无论是存储个人签名密钥的智能卡，在诸如广受欢迎的网络浏览器及电子邮件程序中植入的电子签名程序，还是可以发挥签名功能的生物统计装置，都可以被视为电子签名产品。

7. 证书。"证书"系指将签名数据与人予以连接并确认该人身份的电子证书。ISO—ITU X.509 v3用于公共密钥验证的标准证书就是指令所规定的典型证书。需要指出的是，指令似乎也将其范围限定于人，无论是自然人和法人都适用，但并不试图纳入诸如用于EDI通讯电脑的机器证书。指令附件1所规定包含该等信息的证书是由符合附件2规定要求的证书服务提供商所发放的,就被称为"合格证书"。合格证书仅仅涉及指令第5条第1款规定条件下对电子数据予以法律认可之时方有意义。

市场准入

第3条

（1）成员国不应规定须事先取得授权后方可提供证书服务、

（2）在不影响第1款规定的前提下,成员国可以引入或维持自发认证体系,旨在提供更高水平的证书服务。该体系的所有相关条件须为客观、透明、符合比例原则且无歧视性。

成员国不得基于本指令适用范围内的原因而限制认证证书服务提供商的数目。

（3）每一个成员国须确保建立适当体系以便对设立于其领土内并发放合格证书的证书服务提供商进行监管。

（4）须由成员国指定的适当公共或私人机构认定安全签名生成装置是否符合附件3的要求。委员会须根据第9条规定的程序确定成员国决定是否指定有关机构时遵循的标准。

前段所述机构作出是否符合附件3规定要求的认定的,所有成员国须予以承认。

（5）根据第9条规定的程序,委员会可以在欧盟官方杂志上确定和出版电子签名产品公认标准的号码。电子签名产品满足这些标准的,成员国须推定已符合附加2之f项及附件3的要求。

（6）成员国及委员会应该通力合作,根据附件4所规定的安全签名认证推荐意见,并充分考虑消费者权益,以促进签名认证的发展和应用。

（7）成员国可以在满足其他要求的前提下在公共领域使用电子签名。该等其他要求须客观、透明、符合比例原则及无歧视性,且仅仅与所涉及应用的具体特点相关。该等要求不得构成为公民提供跨境服务的障碍。

1. 概述。本条规定和第4条一起提出了本指令的内部市场原则。该指令在本条规定了电子签名相关证书服务及产品有关的市场准入原则。(a)证书服务。证书服务市场准入原则系基于成员国须对声称向公众发放合格证书的证书服务予以监管的义务。证书服务的质量控制可以通过由公共或私人机构组织的自发认证体系予以增强。然而，成员国不得就证书服务设置任何许可义务计划。因此，成员国须确保证书服务提供商在其领土提供证书服务时遵守该指令，但不得以要求其获得事先授权的方式对其活动进行控制。这样，在开始提供服务之前，成员国立法机关须设法通过设置强制审查制度之外的方式行使这种控制权。(b)电子签名应用。对电子签名设计的应用，指令通过公开公认标准及可以指定合规评估机构的方法来促进质量提升机制的发展。然而，对于公共领域使用的电子签名应用，该等内部市场准入原则存在重要例外。

2. 证书服务的市场准入原则。本条前三款规定描述了用于确保证书服务的自由市场机制，同时又对向公众提供合格证书的证书服务予以质量控制。(a)不得要求事先授权(第1款)。成员国不得要求提供证书服务须取得事先授权。事先授权并不仅仅是指要求证书服务提供商在可以提供其服务之前须由国家机关决定发放的任何许可(最典型的是许可证)，也是指其他具有相同效力的任何措施。(b)自发认证(第2款)。然而，成员国可以为了高水平的证书服务而推行或维持自发认证体系。自发认证体系的目的就是促使服务提供商为满足认证体系的要求而提供高质量的服务。合规认证证明将有助于吸引潜在顾客。依据指令第2条第13款规定的定义，自发认证系指由公共或私人机构给予特定条件授予许可的自发进程，使得证书服务提供商可以因其提供证书服务而主张特定的权利和义务。仅仅在负责机构就证书服务提供商满足特定条件作出决定之后方可予以许可。然而，该等条件须为客观、透明、符合比例原则并且无歧视性。因此，将该等体系局限于设立于特定成员国的服务提供商而对设立于其他成员国的服务提供商予以排斥，就会违反指令的规定。另外，成员国不得限制认证证书服务提供商的数量。应当注意，指令所使用的"认证"应被解释为"认证"这一标准术语。"认证"这一术语在标准术语中仅仅用于评定服务或产品的指定特定机构(大多数情形下是实验室)。(c)监管机制(第3款)。成员国有义务设置监管机制以控制设立于其领土之内向公众发放合格证书的服务提供商。"公众"这一用语在指令中并没有予以界定,因此须根据其通常定义予以解释:为公众提供的服务就是向公众所有成员平等提供服务。不应被视为向"公共"提供的该服务的典型例子就是通过公司内部网络提供的服务及/或向封闭性用户群体提供的服务。这样,监管机制就得监督其领土内设立并宣称向公众发放合格证书的证书服务提供商是否满足了指令附件2所规定的要求,并对该等发放的证书是否符合指令附件1予以监督。指令并未排除建立由私有行业管理的监管机制。(d)公共行业例外(第7款)。公共领域使用电子签名的,成员国还可以要求它们须符合其他要求,但该等要求须为客观、透明、符合比例原则并无歧视性,且该等要求须仅仅涉及相关应用的特征。对于使用电子签名的公共领域应用,在公共行业内就可以要求实现更高水平的技术安全。典型事例就是基于社会保险或税收申报目的而实施增强型安全电子签名。然而,存在的风险就是成员国或者地方公共行业的举动会因为限制了公共领域高级签名的应用而削弱了指令的市场准入原则。成员国政府在通常为所有电子政务应用制定其他要求的,电子签名相关产品及服务市场中的竞争可能会受到严重影响。然而,委员会在该等情形下有足够的机会去介入,这并不仅仅是基于《电子签名指令》,而且也是适用欧洲竞争法,尤其是《欧盟条约》第86条的结果。

3. 签名应用的市场准入原则。对于电子签名生成及验证的应用,指令采取了不同的方式,更在于确保一个自由的内部市场,而不是为了证书服务提供商的利益。主要原则就是成员国有义务确保符合指令的电子签名产品可以在内部市场自由流通(第4条第2款)。然而,须满足特定于电子签名产品的核心要求,以便确保在内部市场的自由流动,并培育对于电子签名的信心(前言第5项)。为了确保该等产品最低限度的质量及通用性,指令采用了由成员国进行合规评估、公布公认标准及采取促进措施的机制。(a)合规评估(第4款)。指令允许成员国指定专门机构——通常是实验室及评估中心——认定安全签名生成装置是否符合指令附件3的要求。该等机构作出是否符合附件3要求的认定,须被所有成员国所认可。委员会就成员国在指定合规评估机构时可以使用的一些标准予以规定(第2000/709/EC号委员会决定)。(b)公布引用号码(第5款)。对于安全签名产品,委员会可以确定并公布该等产品广为认可标准的引用号码。符合所认可标准的产品就被认定符合证书服务提供商使用签名产品(即附件2f项)及安全签名生成装置(及附件3)的安全要求。直到2010年,仅有一种刊物用来援引广为接受的标准(欧盟委员会2003年7月14日通过(EC)第2003/511/EC《关于电子签名产品公布广为接受标准援引号码进行公布的委员会决定》)。(c)促进措施(第6款)。对签名验证装置并没有强制规定特定监管机制。然而,成员国及委员会有义务通力合作,根据附件4的推荐及基于消费者的利益促进签名验证装置的开发和使用。

内部市场原则

第4条

(1)每个成员国须对其领土内设立的证书服务提供商及其提供的服务适用其根据本指令所制定的国内规定。就本指令涵盖领域,成员国不得限制从其他成员国提供的证书服务。

(2)成员国须确保允许符合本指令规定的电子签名产品在内部市场自由流动。

1. 概述。内部市场原则系由本指令的第3条和第4条加以规定。对于证书服务,第4条规定,成员国对设立在其领土内的证书服务提供商仅得适用符合指令规定的法律。成员国不得限制从其他成员国提供证书服务。另外,它要求成员国确保符合指令规定的电子签名产品在内部市场能够自由流通。

2. 服务来源国原则。第4条就特定服务推行"来源国"原则。证书服务提供商须遵循其所设立国家(其"来源国")的规定。他们无须在提供服务时对所有欧洲国家的规定都予以考虑。只要他们遵循所设立国家的法律规定,其提供的服务就须被视为符合其经营所在所有成员国的法律规定。

在每一个成员国,从其他成员国提供服务的提供商在提供服务的时候应该享有与设立于该成员国提供商平等的机会,尤其是在该指令涵盖的领域更是如此。特别是监管或自发认证体系都不得对其他成员国设立提供商提供证书服务构成法律的或实际的限制。(a)设立。设立这个概念是由欧洲法院在《欧盟条约》第 43 条所保证设立自由及权利中间所发展出来的。在 *Gebhard* 案中,法院认为:"《共同体条约》中设立这个概念比较宽泛,使得共同体成员国的居民能够稳定而持久地参与其来源国之外成员国的经济生活,并从中获利,从而促进共同体内在自我雇佣人员层面实现经济及社会的互相渗透。"设立的核心要求似乎就是:固定也即稳定及永久的设立,无限期,自来源国之外的其他成员国,实际从事经济活动。"设立"的涵义应该与《欧盟条约》第 49 条所规定"服务提供"的概念对照理解。本质而言,其区别涉及在来源国之外成员国提供服务的临时性质。相关活动的临时性质不但须根据提供服务的时间长度来认定,而且也要根据其惯常性、周期性和持续性来认定。提供商还具有某种形式的基础设施并不必然意味着其服务已经摆脱了暂时性。(b)实际应用。证书服务提供商仅仅设立于一个成员国的,其将须遵循该成员国在指令适用范围内指定的法律规定。该等成员国的法律也将适用于向其他成员国提供的服务。例如:即使在其大多数服务系向其他成员国提供的情形下,设立于比利时的证书服务提供商也仍然适用比利时法律。即使比利时在指令适用范围内的法律规定相对而言宽松,其他成员国也不得限制该等比利时服务提供商提供服务。证书服务提供商设立于一个以上成员国的,将须遵循该等所有成员国的法律。

电子签名的法律效力

第 5 条

(1)成员国须确保基于合法证书并由安全签名生成装置所生成的高级电子签名:

(a)满足涉及电子形式数据签名的法律要求,与书面签名满足纸质数据要求的方式相一致;及

(b) 在法律程序中可以作为证据使用。

(2) 成员国须确保电子签名在法律程序中并不会仅仅因为如下原因而拒绝其作为证据使用的法律效力：

——以电子形式表示，或者

——并不基于合格证书，或者

——并不基于认证证书服务提供商发放的合格证书，或者

——并非由安全签名生成装置所生成。

1. 概述。第 5 条是指令的关键组成部分。该条规定对内部市场中电子签名可能的法律效力进行了总结。根据与电子签名有关的技术安全水平，第 5 条对电子签名两个层面上的法律确定性进行了规定。首先，不得否认不满足任何技术安全要求电子签名的法律效力。其次，满足最低技术安全要求的电子签名将与手写签名具有同样的效力。

2. 电子签名的法律认可（第 2 款）。作为一项基本原则，指令在第 5 条第 2 款规定，成员国不得仅仅因为签名的电子形式或附件 1 到附件 3 的要求未被满足而拒绝承认电子签名的法律效力或拒绝将之作为法律程序中的证据。本条的效力在于成员国既不能出台或维持监管措施，也不得对私有规则进行支持或授权，从而不会仅仅因为电子认证工具的电子形式或其不合格的性质而在法律上认为使用电子认证工具不当。这样，对电子签名予以总括接受的原则意味着成员国不得出台法律措施，使得仅仅基于其电子形式而禁止为了法律目的而使用电子验证工具。然而，这并不意味着电子签名与手写签名的法律效力一样。也并不影响有关法官自由审查证据的规定。

3. 一些电子签名在法律上的同等效力（第 1 款）。指令规定的第二条原则就是：成员国有义务规定特定种类的电子签名与手写签名具有同等法律效力（第 5 条第 1 款）。该等额外的保障仅对于满足一些最低安全要求的电子签名方为有效：仅仅是基于"合格"证书及由"安全"签名生成装置所生成的电子签名可以享受这种待遇。它们通常被称为"合格电子签名"。成员国须确保该等电子签名满足涉及电子形式数据签名的法律要求，与书面签

名满足纸质数据要求的方式相一致。该等签名须可以在法律程序中作为证据使用。需满足最低技术要求的条件就规定在"高级数据签名"的定义及指令附件1、附件2及附件3中。

4. 案例法。鉴于该指令仍然处于实施早期阶段，鉴于电子签名使用尚不普遍，要在成员国或欧盟层面讨论有关电子签名法律效力的可靠案例法，2010年时机并不成熟。只有在少数几个国家，电子签名的意义及有效性是由法院直接加以处理的。(a)德国。在德国，一家法院接到请求，要确定未经签名电子邮件的证据价值。德国法院裁定，不承认未经签名的电子邮件有遗嘱见证的效力。为此结论，德国法院最后考察了被告的知晓情况及动机，对于即使签名并没有物理性地附着于该等文件的情形下签名是否发挥其功用这个问题，发现该等因素的确是决定性的。类似的案例中，意大利最高法院裁决，除非相反证据存在，未经签名的电子文件构成所表述事实的完全证据。(b)希腊。在希腊，雅典一审法院确认，以电子信息（电子邮件）的形式向对方承认债务，对于债务人而言是有约束力的法律行为。在其裁决中，希腊法院同意，电子邮件地址满足了签名的法律功能（签名人独有身份，签名人及其电子邮件地址的独有联系），因此，可以被视为与手写签名等同的电子签名。在希腊法院看来，内在的安全问题（例如第三方对电脑及电子邮件系统进行侵入的风险）可能会对该等电子签名的法律认可造成阻碍，但不应被当然视为电子邮件（电子签名）的"弱点"，而是通常由信息接收人承担的一种风险。(c)荷兰。相反，对于同样的问题，荷兰法院却裁定，基于电子邮件通讯具有明显的安全风险（特别是开放系统中尤为如此），并不能赋予电子邮件信息任何法律价值。(d)立陶宛。同样，希腊及立陶宛法院都接到请求，就个人身份识别号码的代码在同支付卡一起使用时，就要求对其法律效力进行认定；在这种情形下，法院同意，在电子支付中使用的个人身份识别号码的代码可被视为与电子签名等同。(e)芬兰。在芬兰，其国内法院所处理的争议，涉及主要通过传真这种电子方式所传送文件（无论签名与否）是否具有证据效力及其法律效力的问题。芬兰法院处理的另一个问题，特定种类的文件（例如：上诉申请或者其他在诉讼程序中交换的文件）是否适于以电子方式予以传递。（f）爱沙尼亚。对于通过法庭程序使用或交换的文件价值,爱沙尼亚塔林地方行政法院做出了裁决,认为在数据签名文件在法庭程序中具有手写签名同等的效力。（g）英国。在同样的情形中,英国法院在一个裁决中以附带意见的方式认定,电脑生成传真中的电子签名就可以满足《破产法》就代理表决表格而言的要求。另外,英国上诉法院在最近的裁决中予以明确,判定合同是否具有约束力,并不仅仅与使用的是手写还是电子签名相关,而且还主要依据当事人的意图而进行判定。换言之,订立合同的所有必要因素也许会存在于电子邮件的往来之中,也许不会,但要依据当事方的真实意图予以判定。（h）西班牙。通过马德里初审法院的判决,西班牙明确了电子签名的法律价值。该裁定判定私人之间达成的电子合同无效,因为其并没有附带电子签名。（i）瑞典。在瑞典,最高行政法院裁定,在有关行政法律要求作出手写签名的,电子签名并不能足以使得一项行政法律行为有效。换言之,法院确认,瑞典电子签名法律的一般原则就是:电子签名可以被视为与手写签名等同,但通过电子手段进行的签名也须满足手写签名须符合的法律要求。通过该项裁决,法院并没有进一步认定电子签名应满足何等功能性要求以具有认证效力。

5. 未来的发展。通过2008年"在统一市场为促进跨境提供公共服务就有关电子签名及电子身份的行动计划",欧盟委员会在实践中引入了简化技术确证及电子签名验证的措施:(a)对于基于合格证书的合格电子签名及高级电子签名,对其跨境适用构成的主要障碍就是对源自其他成员国的电子签名缺乏信任。目前,经常很难获得证书服务提供商现状的有关信息,也很难(就其高级或合格的特性而)验证签名的质量。为了促进确证进程,欧盟委员会开始编制欧洲层面的"受监管证书服务提供商诚信名单"。该名单集中了目前及受监管证书服务提供商所有应提供的信息,以便促进基于合格证书签名的验证进程。另外,委员会将会进一步更新电子签名公认标准清单。(b)对于高级电子签名,成员国层面使用着不同安全层级的不同技术解决方案。与基于合格证书的合格电子签名及高级电子签名类似,主要的挑战就是接收方须能够轻易对高级电子签名予以确证,并对其法律价值或安全水平充满信心。为避免成员国层面的多重确证行为,欧盟委员会提议,将该等验证及确证职能交由即将集中化或分散化的确证服务机制进行。

法律责任

第 6 条

(1) 作为最低要求,向公众发放合格证书或者向公众担保该等证书的证书服务提供商,对在以下方面合理依赖该等证书的任何实体、法人或自然人造成损害的,成员国须确保该等证书服务提供商承担法律责任:

(a) 保证发放之时合格证书所记载所有信息的准确性及证书记载了所有合格证书须记载的细节这一事实;

(b) 保证在证书发放之时,合格证书所确定的签署人持有与证书所提供或所确定签字验证数据相对应的签名号生成数据;

(c) 保证在证书服务提供商生成签名生成数据及签名验证数据时,两种数据可以通过互补的方式予以使用,除非证书服务提供商证明其行为并无过失。

(2) 作为最低要求,对未能将证书失效登记而引发的损失,成员国须确保将证书作为合格证书向公众发放的证书服务提供商对合理依赖该等证书的任何实体、法人或自然人承担责任,除非证书服务提供商能证明其行为并无过失;

(3) 成员国须确保证书服务提供商可以在合格证书中说明证书使用的限制,但是该等限制对于第三方而言须是可以认可的。证书服务提供商对于超出限制使用合格证书而导致的损失不承担责任。

(4) 成员国须确保证书服务提供商可以在合格证书中对可以使用证书的交易价值进行限制并加以明确,但该等限制对第三方而言须是可以承认的。

证书服务提供商对超出该等最高限制而导致的损失不承担责任。

(5) 第 1 款至第 4 款的规定不得影响理事会 1993 年 4 月 5 日所发布第

93/13/EEC号《关于消费合同中不公平条款之指令》的效力。

1. 概述。本条款规定了提供合格证书的法律责任。合格电子签名中，认定法律责任的关键因素包括：证书是否系作为合格证书而发放，公布的要求及管理合格证书的事项。尽管指令法律责任的相关规定仅仅针对合格证书的管理及使用，但本条规定并不涵盖管理和使用电子签名产品的相关法律责任。对于产品责任，可以参见《产品责任指令》，其中引入了缺陷产品的客观责任原则。有缺陷动产的制造商无论是否具有过失，对个人造成身体健康或财产方面的损失的，须予以赔偿。基于证书服务而产生的法律责任并不像针对缺陷产品制作商那样是客观责任，相反，指令第6条允许证书服务提供商提出相反证据。发放证书的服务提供商因此可以去证明其管理合格证书的技术及组织体系方面并无过失。(a) 自发认证。为了对这种要求形成制衡，发放证书的服务提供商针对其运营采取相关做法和程序。对于证书服务提供商的该等做法和程序，一般会根据其设立地成员国接受的自发认证体系基于认证要求予以审核。证书服务提供商的总体地位通过自发认证进程得以加强。自发认证发放证书的服务提供商在发放合格证书时使用的程序质量进行验证。验证证书服务提供商是否遵守成员国（例如，比利时的SING in Belgium，德国的RegTP，荷兰的TTP.NL，英国的tScheme等）或其他被认可的商业或行业标准动议（例如EESSI，Identrust，CA所适用的WebTrust等）所确立涉及有关认证体系的适用标准，就需要进行自发认证。(b) 对合格证书的担保。要对证书合格性予以担保的，予以担保的证书服务提供商就像通过自己的设施由自己发送该等证书一样，也负有同等水平的法律责任。该条规定并不涉及证书是否通过作为担保人的证书服务提供商的设施而发送。仅仅通过诸如将在发放证书的服务提供商的根目录将担保人的个人密钥予以交叉签名方式进行担保这一行为，就足够认定其应予负责。须注意的是，本条规定并没有进一步就一般性的担保证书及其落实技术或组织方式予以更多的判定。在对该指令进行转换时，成员国可以在其认为适当的情形下引入其他措施。一般而言，就像对第7条第1款项下所描述设立于欧盟外第三国的证书服务提供商发送合格证书的情形那样,服务提供商在对设立在第三国证书服务提供商所发送证书提供担保时,就要承担法律责任。该等情形等下的担保也许还包括有法律约束力的声明或者为担保之目的而对第三方服务提供商所发放证书予以签名的行为。(c)公共证书。"公共"这一术语的意义涉及证书服务提供商对用户及依赖于证书的当事方所承担的法律责任。在使用电子签名的公开交易环境下,虽然依赖方并不一定要通过与证书服务提供商订立合同而发生联系,其对电子证书所记载信息的依赖还是一种合理的期待。该等证书也载有发放证书的证书服务提供商的签名,根据发放及认证条款或者证书服务提供商公开作出的认证做法声明获予发放的。仅仅将证书作为合法证书而发放这一行为,就可以确立证书服务提供商的法律责任,无须再行要求该等证书作为合格证书发挥其功能。有必要强调的是,为了认定证书是否作为合格证书发挥功能,也须审查使用该等合格证书的应用情形。然而,该指令并没有规定合格证书及其应用之间的兼容情形。提供电子商务服务及应用的条件一般而言是规定于《电子商务指令》之中的。(d)举证责任。对于其责任,证书服务提供商可以出示相反证据。第6条确立了一条评估证书服务提供商法律责任的规则,将举证责任倒置,允许证书服务提供商证明其行为并无过失。这也是《联合国国际贸易委员会电子签名示范法》所采取的方式,这种思路影响了该指令的起草。可以用来支持证书服务提供商或依赖方的论据包括适用在认证政策或发放证书的证书服务提供商认证做法声明中所明确的程序,在依赖证书之前对其有效性进行监督的义务,对经过合规批准及认证后电子签名产品的使用及其他证据。也可以引入对证书服务提供商自身的法律责任施加的其他限制,诸如规定可以使用证书进行交易的最高金额,所允许或授权交易的类型等等。显而易见,对发放合格证书的证书服务提供商重大过失的行为,不得主张责任限制。为了化解电子交易带来的风险,发放证书的服务提供商可以另外对其作为合格证书所发放的证书担保。须指出的是,第6条规定了对成员国的最低要求,意味着成员国可以推行进一步的措施,但在任何情况下,都不得推行比指令已经规定的证书服务提供商法律责任更为宽松的规定。(e)补充原则。该指令的规定并非基于对依赖方的合同责任和非合同责任进行的区分。很清楚,第 6 条有关法律责任的规定主要针对提供特定服务而言,即,主要针对合格证书。指令中规定法律责任的方式,限制了根据成员国合同或非合同法律责任规定的要求可能进行的解释。从欧盟法的角度,不对合同及非合同法律责任进行区分,可能与《欧盟条约》第 2 条规定的补充原则相冲突。也许可以主张:诸如根据成员国自身法律体系而处理的法律责任问题一般而言属于保留在成员国权限内的事项,因为试图对其予以规制,该指令就超越了条约限制。然而,既然该指令的架构性原则就是要对内部市场进行协同化,似乎很容易就可以对基于补充原则的主张进行反驳。(f) 竞争。也可能有人会主张,指令第 6 条的规定可能会妨碍设立于成员国的证书服务提供商与欧盟之外其他地区的服务提供商进行竞争,使之处于不利地位。然而,该等责任规定仅适用于合格证书的发放方,而基于欧盟电子通讯政策理念,该等服务是构筑信任的基石,且其针对大多数情况在欧盟内部交付或具有特定欧盟利益的特定应用。考虑到这些,也许就可以对这种主张予以反驳。另外,与欧盟标准相关联,为设立于欧盟的证书服务提供商提供了潜在的竞争优势,体现在市场准入、技术及组织活力等方面,都可以成为商业的动力并能确保其公平和无歧视。指令没有对所发放证书并非合格证书的证书服务提供商进行具体的法律责任规定。该等证书服务提供商的法律责任就依照成员国一般法律规定而确定。证书服务提供商可以在其与用户及在可能情形下同依赖方的合同安排中确定责任限制。在这种情形下,适用于一般条件的法律就可以用来认定有关条款是否系滥用条款。

2. 向公众发放作为合格证书的证书(第 1 款)。对于已向公众发放证书的认定,须对照指令前言第 16 项的规定予以审查,而后者已经在其范围中排除了向封闭用户群体所发放的证书。封闭用户群体是由诸如其成员、客户及其他人从事特定服务,例如:银行为与其客户或职员、下属人员之间的交易而发放的证书。要认定哪一个群体满足封闭用户群体的要求,取决于诸如可以进行交易的数目、用户(即用户及依赖方)总数、地理方位等条件。也须参考信息社会中交付证书服务及其他任何服务所适用的合同自治或当事人自治原则。《电子商务指令》对该等原则已予以声明。通常而言，只有在证书服务向公众提供的时候，才有对证书服务提供商法律责任进行立法规制的预期。合同法项下规制的服务，包括在封闭用户群体内部提供的服务，仍然不适用该指令。然而，在本指令当中，"公共"这一术语却值得进一步作出澄清。评估证书是否向公众发放的决定性因素包括证书所发放目标实体的集合、依赖方或者甚至是有关适用领域。

3. 或者向公众对该证书予以担保（第1款）。对于向公众就证书进行担保，指令将之与证书发放行为予以同等对待。证书服务提供商在第7条第1款规定情形中向在第三国设立证书服务提供商所发放证书进行担保的，须承担法律责任；该规定针对欧盟之外国家设立的证书服务提供商所发放的合格证书。这种情形下，担保也会包括具有法律约束力的声明或为担保之目的而在该等第三方服务提供商所有发放证书上进行签名的行为。交叉认证就是一种为证书提供担保的方式。

4. 对合理依赖的任何实体、法人或自然人造成的损失（第1款）。本条规定了证书服务提供商对所造成损失承担的法律责任。损失须明确、已得到证明且须与有关交易或者功能中所使用证书具有直接的关系。确定损失时，须对已告知依赖方的证书使用限制予以考虑。任何实体，无论是法人还是自然人，都可以判令证书服务提供商对之承担责任。虽然合格证书只可能向自然人发放，但在满足成员国法律的前提下，因为合格证书的依赖方也许就不一定仅限于潜在的证书用户或者适用客体，本条规定的法律责任可以针对法人或者其他实体。对证书的依赖须为合理，并尽可能与应用的使用条件相符。因其也在 ETSI TS 101 456 中得到主张，证书确证须在所有时间进行。（a）责任分配及限制。证书服务提供商作为证书发放方的责任是客观及完全的，即使其通过诸如外包服务的方式使用分合同提供服务，也是如此。要确定证书服务提供商的责任，就须基于证书是否作为合格证书发放及证书是否作为合格证书发挥功用或者进行使用。该条款的关键因素就是证书发放人的行为，而不是可能对发放证书的服务提供商提供必要功能服务的辅助性服务提供商。证书发放人就是在所发放合格证书上签名的实体。在公开交易的环境中,虽然依赖方并不一定与作为发放人的证书服务提供商具有合同联系,预期其会按照基于适用一般条款及条件基础上的发放条款接受合格证书的发条件。在指令之外,欧洲电信标准研究院 ETSI TS 101 456 号标准在对进行证书发放的证书服务提供商的政策要求中,要求所使用证书政策中所规定发放合格证书的条款须与该标准相符。证书政策是证书服务提供商对于合格证书之发送的技术、组织及法律事项的单方意图说明。也可以参照替代 RFC 2527 号标准的 RFC 3647 因特网工程行动小组(IETF)标准及国际电信联盟 Internet X. 509 号标准《公共密钥基础设施证书政策及证书做法架构》。符合 RFC 3647 定义的证书政策通常表现为证书发放的证书服务提供商所提供的证书政策或者证书做法声明。发放条件通常规定在发放人的证书政策中,该文件对于签名人及依赖方具有附带条件的约束力。对证书政策条件的限制也是基于包括理事会《消费合同不公平条款指令》及《远程合同指令》的消费者保护法律而产生的。有时候,证书服务提供商也会进行具体的消费者保护声明(如:GlobalSign)。

(b) 用户认可的证书政策。对于法律责任及可能的限制,有必要强调,证书政策须在任何时候都需向用户提交并经其许可。通过在用户协议中详细规定接受发放的证书服务提供商证书政策的条件,用户对证书政策予以遵守。但是,对于发放的证书服务提供商证书政策是否对依赖方有约束力这个问题,仍然没有予以回答。虽然该指令并没有作出任何援引,但是欧洲电信标准研究院 ETSI TS 101 456 号标准对证书管理机构签发合格证书的政策要求中,要求不得限制依赖方查看证书确证数据的能力。既然证书政策是单方意思表示,其法律效力可以视同一般性条款和条件的一部分,以便认定其对第三方即查看确证数据依赖方的适用性。在这方面,的确也适用基于消费者保护法律产生的其他限制。通过依赖方协议规定依赖方须毋庸置疑地接受证书政策的,依赖方也许就受到证书政策条款的约束。也可以通过风险降低计划、担保及其他方式设置其他限制。另外一个值得注意的事项就涉及将证书政策并入证书自身的方式。

但由于目前证书空间及其通常的载体(如智能卡)的限制可能很难将政策全文建议并入。实践而言,证书服务提供商通过统一资源定位符(Uniform Resource Locator)*提供其证书政策。为确保该政策的独特性,欧洲电信标准研究院 ETSI TS 101 456 号标准在对进行证书发放的证书服务提供商的政策要求中,强制要求在政策中载明对象标识符,以说明其符合 ETSI TS 101 456 所公布的、合格证书政策的特定要求。提供证书服务提供商也可以载入对象标识符以指明其证书政策。另外,诸如散列法之类的技术措施可以确保证书政策的完整性,使之不会被伪造。以援引的方式将法律条款并入证书也可以通过将统一资源定位符并入证书政策或证书做法声明的形式进行。通过使用电子签名以一定的角色、身份进行一定行为或代表某个实体的,就出现了特定的问题。在该等情形下,证书政策或证书做法声明须明确规定,该等角色可以通过证书政策或证书做法声明予以确定。另外,须予以说明诸如本人及代理任何一方的责任、责任限制和限额。证书服务提供商须记载证书政策的该等对象标识符及在证书政策延伸部分进行的醒目说明;证书做法声明须进一步解释如何满足了这些条件。为向依赖方及签署人予以正当通知,有必要通过在证书做法声明中载入统一资源定位符的方式,将证书政策与证书做法声明予以关联。

5. 发放时的准确性(第 1 款)。发放合格证书的证书服务提供商之责任与该等合格证书所载数据的准确性相关。证书服务提供商责任也与发放证书时登记数据的准确性相关。登记数据于之后失效的,证书用户通常基于证书政策有义务通知进行证书发放的证书服务提供商并随即要求吊销该等证书。由于发放证书是一个复杂的进程,在一些合格证书模式中,容易经常发生变更的数据与其他记载于证书的数据是分开的。即使使用外包代理的,证书服务提供商对数据的准确性仍然要承担法律责任。有时候,外包涉及登记服务为证书发放、管理及其他环节提供支持功能。在该等情形下,发

---

* 也称网页地址。——译注

放合格证书的证书服务提供商对依赖方所承担的责任涵盖该等外包代理进行的任何功能服务。

6. 合格证书中记载的所有信息(第 1 款)。合格证书问题就是内容问题,可以就每个应用或商业模式而个别进行认定。原则上,证书服务提供商不能因为没能认定证书记载信息的适当性而承担法律责任。因为这通常是诸如应用服务提供商等其他相关方的任务。应用服务提供商向最终用户提供服务的有关条件并予以处理。从登记阶段至将证书发放予最终用户的所有时候,证书服务提供商都要负责正确传输及记载所有数据元素,这意味着需要正确运营证书管理服务。须有适当保存的记录对合格证书之发放予以证实。证书内容须遵循 ETSI TS 101 862 号关于合格证书档案的欧洲标准所规定的指引,后者规定了合格证书的形式要求。

7. 对于证书记载合格证书所需记载所有细节的事实(第 1 款)。对于发放合格证书所规定的细节,在每个应用中进行个别认定。然而,需要清楚说明的是,对于证书中可能使用的每一个应用,进行证书发放的证书服务提供商不会就证书登载信息的适当性承担责任。证书所记载信息的适当性与证书服务提供商或其他应用背景下认定的证书服务用途有关。

8. 合格证书中身份经确认的签名人持有与证书所记载或确定签名验证数据相对应的签名生成数据(第 1 款)。要使用电子签名,签名人须生成并管理之后进行电子数据签名的密钥。电子签名通常是一种表明数据已获验证的方式。数据签名是电子签名的一种,它们采用了基于不对称加密的特定技术,被称为公共密钥加密。公共密钥加密依赖于公共密钥基础设施而建立的信任等级体系。基于公共密钥加密的电子签名使用的是密钥对。密钥对两个组成部分之间基于质数的独特数学关系,使得可以在知道密钥对一部分的情况下对另一部分进行验证。由于在数学上一方不可能从一个密钥推知另一个密钥,对密钥进行认证时通过向交易对方提供密钥公共部分,以在签署数据时对使用的相关私人密匙进行验证。与双方都使用单一密钥的对称加密不同,非对称加密中,交易方签署数据及验证所使用密钥时并不使用同一密钥。电子签名使用的其他技术包括使用生物统计方式,后者基于对人体特征的承认和测量。电子签名进程也会只用散列法的算法以确保数据的完整性。对于电子签名生成及验证所采用技术是否适当，指令采用了技术中立方式，以鼓励对在技术变迁条件下的通用性并对之保持开放态度。（a）风险评估。为确保电子签名选择了适当的方式，建议对现有应用的相关风险展开评估。进行风险评估之前，对于使用电子签名作为安全手段的系统，通过确定及量化其脆弱性而开展脆弱性评估。电子签名的风险大多涉及依赖方，其依赖电子签名评估电子签名签署后意思表示的拘束力。对于公共密钥加密而言，依赖方通常承受的风险就涉及密钥对确实属于签名人的保证及发放密钥对的可靠性。该等风险都可以通过适当使用数据证书也包括合格证书的方式予以降低。为了确保终端实体持有的签名生成数据与证书中所记载或确定签名验证数据相对应，证书服务提供商可以要求采取诸如终端实体申请人签署数据流的方式，将之发送予证书服务提供商予以验证。对此，通常的证书服务提供商应用及标准都作出了规定。例如，通过发放基于符合诸如 RFC2986 的 PKC♯10 格式的要求，证书服务提供商可以确定，所用来签署数据的私人密钥是否与用来验证私人密钥的、在和各证书上列明的公共密钥相匹配。

9. 证书服务提供商既生成签名生成数据又生成签名验证数据的，两种数据可以通过互为补充的方式进行使用（第 1 款）。除了对于验证的要求以外，证书服务提供商须证明签名生成数据（即私人密钥）与签名验证数据（即公共密钥）彼此补充的方式，以便有效生成电子签名。该等要求针对向最终用户提供了密钥对（即私人密钥和公共密钥）的证书服务提供商。该等要求对于既提供证书服务也提供有形令牌的供应商而言尤其具有意义。有形令牌包括诸如智能卡片或者有时可以用来安全生成密钥对并在其后对之予以安全存储的其他有形硬件装置。在商业实践中，大多数情形下，这两种需要审慎处理的功能被各自授予不同的组织，每个组织或者具有证书管理功能的专长，或者具有令牌管理的专长。涉及的种种组织也寻求通过适当的合同安排，降低与其专长对应的证书风险。然而，证书服务提供商作为证书的签发人，仍然对用户及依赖方承担责任。

10. 但证书服务提供商证明其没有过失的情形除外(第1款)。任何情形下,证书服务提供商可以提出相反证据免除其责任,即使提供生成数据及数据验证数据的情形下也是如此。该条规定并没有重申一般的归责条款,使得证书服务提供商可以通过举证责任倒置证明自己的无过失情形。也可以引入其他的限制,一边用来限制证书服务提供商自身的责任,例如对许可交易的金额上限及类型予以限制及作出其他规定。证书做法声明可以载明这些限制性规定。至于其所依据的证书做法声明框架的范围,就是通过证书服务提供商提供适当担保而确立的依赖及质量架构,可以确证在法庭将证书作为证据使用的能力。还有必要向交易方确保证书在法律程序中可获准得以采纳,并可以针对其所涉及的、包括签发的证书服务提供商、用户及依赖方构成有约束力的证据。指令所规定的合格电子签名确立了一个可证伪推定,从而对举证责任予以倒置。换言之,成员国法律授权的情形下,法院可以接受一个主张与手写签名具有同等合格地位的签名。对方可以证明该等签名并不满足合格签名的条件,因此可能在签署要求手写签名的文件时并不能提供足够的安全保障,从而导致交易蒙受风险。为了进一步回应可以作为证据的要求,有必要对电子签名在法庭上能否作为证据使用加以审查,这就是《电子商务指令》解决的事项之一。因此,只要满足生成及保存该等数据条件中的特定保证,电子数据可以被作为证据使用。对证书可靠性进行评估时,法院可以审查证书被错误或欺诈性签发的可能性,如果没有,法院就可以宣布其对所涉及当事方构成足够证据,但须符合所附带有效证书政策中确立的界限。

11. 对任何实体、法人或自然人造成损害的(第2款)。该等规定是基于第6条第1款对依赖方的定义而作出的。所谓依赖方,就是接收证书和可以借助证书所列公共密钥加以验证的电子签名并对其进行依赖的当事方。根据第6条第2款的规定,依赖方包括任何实体、法人或自然人。在公开电子交易中,依赖方包括用户及非用户,而在封闭性的电子交易中,用户也通常是依赖方。另外一个基于自然人为了非毁约目的而进行签署的能力的重要区别就是:合格证书的主体可以仅仅是自然人,但须符合成员国法律规定;然而,用户及依赖方可以是法人和自然人。

12. 谁能够进行合理依赖(第2款)。在对证书予以依赖的时候,依赖方在任何时候都应体现节制与合理性。该等规定引入的法定义务使得仅能依赖在当时情形下可以认为是合理的证书。虽然根据该规定,依赖方须一直要确证证书,可能仍然要求在对证书给予依赖之前获知其他信息。信息的其他元素包括诸如时间戳及与使用合格证书应用情形相关的其他交易元素。在对依赖方具有约束力的政策层面,依赖方签发的签名政策可以在这种情形下再次予以使用,以明确进一步的依赖要求。

13. 未能登记证书的撤销(第2款)。签发合格证书后,证书服务提供商的基本义务就是对可能的撤销及中止情形予以登记。撤销就是通过将之列入黑名单目录的做法使证书失去效力,而依赖方可对此进行查看。依赖方根据第6条第2款规定寻求对证书予以"合理依赖"的,有义务查看该等黑名单以确定证书的有效性。用户察觉合格证书相关风险的,有义务要求证书服务提供商将之予以撤销。其后,证书服务提供商也有义务将该等证书在诸如证书撤销清单等的黑名单目录中予以公布。第6条第2款规定了证书服务提供商的前提:"没能登记撤销情形。"ETSI TS 1010 456 标准要求证书撤销清单至少每24小时就要进行一次更新,而成员国的规定通常更为严格。需要强调,对登记撤销情形的最长期限,可能要在涉及应用特征及重要性方面加以指引。时间上非常重要的应用可能需要进行非常频繁甚至是实时的更新。另外,收集确证主张证据的条件对于现有使用合格证书的每一个具体应用也是非常必要的。

14. 使用该等证书的限制(第3款)。可以将合格证书作为通用型证书予以签发,使之可以适用于所有并在交易需要使用合格签名的所有情形下进行使用。但还是允许对使用合格证书的情形予以限定。对证书的限制可以与合格证书的签名人有关,或者与证书服务提供商相关。如果签名人是限制的首要受益方,这些限制很可能就会由基于特定目的而签发的合格证书引发。证书服务提供商也可以将限制附加在证书自身,使之限定于诸如签署电子收据等可以进行的交易类型;或者使之仅能用于诸如电子银行、公民和企业的电子政务应用等使用环境中。其他的限制可以是资金方面的，即像第6条第4款规定的那样涉及该等证书签署交易的最高金额限制。有时候，对于使用合格证书的限制也可能通过有关生成定制证书的协议予以实现。证书服务提供商在此时须对生成合格证书所要符合其使用的特别目的予以注意。

15. 但该等限制须可以被第三方所认知。对使用合格证书的任何限制，依赖方须能够予以认知。指令中使用了"第三方"这一术语，可以被理解为依赖方，后者在电子签名的情境下被广为使用。"可被认知"这个术语意味着虽然依赖方可能不一定认知、甚至不一定会对该等限制明确予以接受，只要使得依赖方能够获知该等使用限制就已足够。认知限制的能力通常与将该等限制通告予依赖方的方式相关。可以将限制以正确的方式载入证书，或者也可以像更经常使用情形中的那样，可将之载入规定证书签发条件的证书政策或证书做法声明之中。对限制予以登载也要满足对消费者进行保护的额外要求，尤其是醒目性及明确性之类的要求。（a）证书政策（证书政策或证书做法声明）。在公共密钥基础设施中，证书服务提供商通常使用政策登载证书的特定使用及依赖限制。限制随着证书政策（证书政策或证书做法声明）而成形，以登载对于用户及依赖方在内的使用者有约束力的限制。证书做法声明是证书服务提供商在签发证书时所采取做法的一种声明。证书做法限制是对证书服务提供商如何提供电子签名服务及其向用户和依赖方提供电子签名服务范围如何界定的一种综合论述。证书政策有时候可以与证书做法声明一同使用，以达成证书服务提供商所要实现的证书目标。证书做法声明通常被视为对"如何"实现安全目标的回答，而证书政策就是确立这些目标的文件，主要系由国际电信联盟通过ITU X.509标准规格及互联网工程行动小组通过RFC3647标范架构予以界定。使用证书政策和证书做法声明是向用户及依赖电子签名有关方传递其所要求的信息，以便评估支持数字签名的证书可信度有多高。通过提供管理证书运行所要求安全及程序方面的详细信息，政策在交易中变得极为重要。有时候，披露声明提炼出特定的政策重要议题，并实现了就适用条款进行通告而予以醒目通知的目的。例如：ETSI TS 101 456 就根据指令及美国律师协会（ABA）标范政策，对政策要求规定了予以协同的机制。（b）援引并入。对诸如证书政策或证书做法声明该等政策予以通告和提供，已经成为电子交易中一个特别重要的议题。数据证书可用空间的固有限制，决定了该等政策通常是在交易中通过援引并入，以进行传递和使用的。援引并入系指一项信息通过确认其要并入的信息，从而成为另一项信息的一部分，提供的信息使得接收方可以完整查看并获取所并入的信息，并在其中表达了要成为另一信息组成部分的意图。援引并入对于电子签名而言非常典型，因为签发证书的法律及政策条件不能涵盖于证书自身或者其存储介质（例如安全令牌）。将电子签名政策并入签名人与接收方之间的协议中，可以在使用电子签名的交易中说明使用该等政策的意图就足够。接收方接受签署方所签署文件，并默认其所依据政策规定的条件。实践中，要将政策并入签名人与接收方协议，也可以通过在当事方协议中明确应用该等政策，或接受签名文件并默认依据政策条件的方式，实现对政策进行的援引；虽然后者在争议出现的时候可能更受限制。（c）针对依赖方通过援引并入。特定政策框架如何能通过对依赖方具有约束力的方式并入协议，是另一个值得讨论的问题。将合同条款并入消费合同及将合同条款并入商事合同也许要遵循不同的规则。相对而言，在商事合同中通过援引予以合并比较直接，而对于消费合同而言，须遵循保护消费者法规定所规定的严格规则。通过政策所传递法律条款可执行的限制，是作为消费者保护法律的结果而适用的。在欧洲，有关消费者保护法律包括《消费合同中不公平条款之理事会指令》及《远程合同指令》，为了积极落实该等法律要求，服务提供商可以确立专用的消费者保护架构。目前存在着与政策运用和协同及与证书签发及依赖相关法律条款有关的问题。另一成员国的证书依赖方目前须具有足够的能力在对该等证书给予信任之前对适用的政策条件进行理解。有人建议对签发合格证书及其他类型证书的证书服务提供商所适用的法律条件进行存档（例如：ICC ETERMS Repository）。

16. 使用证书交易价值的金额限制（第 4 款）。有时候，通过第三方保险或自供保险而提供的签发人担保对限制提供了支持。金额限制的确可以被设定为零,但这极会影响依赖方对证书予以依赖的能力。

17. 不影响第 93/13/EEC 号理事会指令的效力(第 5 款)。指令保留了对消费者的特殊待遇,直接援引了《消费合同中不公平条款之理事会指令》。该项援引的范围就是要在电子签名领域确立适用消费者保护法律的依据。由于电子签名是电子通讯中信任制度的关键,在合格电子签名大规模使用的时候,就不可避免地要采用保护消费者的方式。严格责任通常与人身伤害有关,并不一定与经济损失相关。因此,在签发及管理合格证书时,像对缺陷产品消费者那样支持保留严格责任是没有根据的。信息安全的法律基础就是作为交易伙伴或消费者的交易方在其日常或者商业交易中须体现出的审慎法律义务。在一方出于诸如一定身份(例如医疗人员)或者一定行业(例如金融服务行业)等理由而进行一定行为的,也许会加重审慎义务。然而,在一些情形下,法律授权使用诸如电子签名等特定信息安全措施,以应对诸如个人数据进程或出具电子账单的情形下所面对的信息威胁。《消费合同中不公平条款之理事会指令》确立了诸如获得信息的权利及明确规定条款的要求等消费者权利。在种种应用环境下,应清楚明白地对条款予以规定。然而,在适用该等要求时,须考虑诸如公共密钥基础设施这种高度技术化环境所存在的固有影响。《消费合同中不公平条款之理事会指令》中诸如使用当地语言的其他要求,可由证书服务提供商更好地予以遵守。《消费合同中不公平条款之理事会指令》对于损坏的产品及有缺陷的服务规定了完全的商家责任,在原告是消费者而非商业伙伴的情形下,这可能会导致对证书服务提供商的责任作更严格的解释。然而,该等方式将偏离该指令所引入产生举证责任倒置的可证伪推定规则。(a)证书服务提供商有缺陷的算法。可能的责任情形就涉及使用缺陷算法生成证书服务提供商所签名的证书被发现具有设计缺陷。在公共密钥基础设施中,证书签发来自于证书等级内部,以确保证书有可信任的来源。证书等级使得最顶层所具有的特定保障和特征能够被低层级所承继,后者包括签发诸如合格证书在内的最终实体证书的层级。对于根据指令第 6 条签发和管理合格签名而言,在证书服务提供商签名层级这种等级最高层级所推定具有的算法缺陷,就没有多少意义。相反,在证书服务提供商为电子通讯提供信任度的审慎经营时,它涉及须体现出来的一般责任及审慎义务。如与《消费合同中不公平条款之理事会指令》发生冲突,《电子签名指令》会因为其在合格证书情形中规定的特定豁免情形而可能得以优先适用。"公共"这个术语的意义涉及证书服务提供商向电子签名用户及依赖方所承担的法律责任。虽然在公开交易环境中使用电子签名的依赖方并不一定与证书服务提供商具有合同上的联系,该依赖方却可以按其预期对证书服务提供商提供的电子证书和证书签发及使用所对应的相关签名予以合理依赖。值得指出的是,电子签名产品可以自由流动,仅仅需要满足证书服务提供商所设立国家的法律及监管要求即可。

国际层面

第 7 条

(1) 成员国须确保承认由设立于第三国的证书服务提供商向公众所签发作为合格证书的证书与设立于共同体内部的证书服务提供商所签发的证书具有同等效力,但

(a) 证书服务提供商满足本指令规定的要求,并且根据成员国设立的自发认证体系获得认证;或者

(b) 在共同体内设立的证书服务提供商满足本指令规定的要求,对该等证书提供担保;或者

(c) 证书或证书服务提供商根据共同体及第三国或国际组织间的双边或多边协议得到承认。

(2) 为了促进与第三国的跨境证书服务及对来源于第三国的高级电子签名予以法律认可,委员会须在适当时候提出建议,以实现适用于证书服务的标准及国际协定的有效实施。尤其在适当时候,就与第三国及国际组织进行双边或多边谈判的适当授权之事项,委员会须向理事会提交建议。理事会应当通过特定多数表决作出决定。

(3) 只要委员会获知共同体企业在第三国因市场准入问题而遭遇任何困难,就共同体企业在该等第三国的相当权益进行谈判的适当授权之事项,它都可以在必要时向理事会提交建议。理事会应当通过特定多数表决作出决定。

根据该款规定采取的措施并不影响共同体及成员国根据相关国际协定所负有的义务。

1. 概述(第 1 款)。为促进国际电子通讯的发展,指令也对涉及与非欧盟成员国进行合作的特定方面予以规定。该等合作基于对证书予以相互承认的原则,通过双边或多边协定予以实施。第 7 条的范围就确立了设立于欧盟之外证书服务提供商签发合格证书的基础,以便对之予以与设立于欧盟成员国的证书服务提供商所签发合格证书同等的法律承认。总体而言,指令已经符合题为"确保电子通讯安全及信任——迈向数据签名及加密的欧洲架构"的通告,该通告系由委员会于 1997 年 10 月发布。该通告突出强调电子网络安全性是威胁阻碍电子商务快速发展的主要障碍。因此,就在国际层面试图通过实施某种国际合作模式而解决安全问题。另外,通过认定第三国可以遵循指令采用的电子签名分类而自己生成并依赖合格证书并寻求将该等证书出口到欧盟成员国的方式,指令试图取得域外效力。目前,要对欧盟成员国之外设立的证书服务提供商签发的签名予以承认,其条件尚属空泛。对非在欧盟设立的证书服务提供提供服务的,可以对欧盟认可予以适用的条件进行进一步具体规定,这极其重要。电子商务则要求无论一个国家采用的法律体系及法律原则为何,须确保文件及交易是得到国际承认的。相互承认就意味着,根据该指令规定的电子签名自由流动原则,非欧盟成员国证书服务提供商交付的证书须与欧盟内签发证书经过相似的质量控制进程并具有同样的法律效力。非欧盟成员国可以履行与成员国的类似公共权力机关或者欧盟委员会达成的相互承认协定。第 7 条并没有具体说明承认设立于第三国证书服务提供商所签发合格证书的要求为何;它仅仅满足于对有关方的操作提出总体指引。就该等要求,可以与相关第三国达成协定,或者欧盟自己就可以做出规定。一旦被认为具有同等效力的话,欧盟之外第三国提供的证书服务就可以在欧盟内自由流动。

2. 根据自发认证体系予以认证（第 1 款）。为了使得证书在欧盟内可以自由流通，第三国的证书服务提供商须满足欧盟成员国自发认证的要求。指令承认，所有成员国的认证体系具有同等效力，因此选择最适当的体系，并不一定是当前最受关注的议题。已经存在第三国证书服务提供商根据成员国认证要求而成功取得认证的先例。

3. 为该证书提供担保（第 1 款）。对于第三国证书服务提供商而言，如果自己未取得认证，就要寻求设立于欧盟成员国内并符合该指令要求的证书服务提供商提供担保。在公共密钥基础设施内，对证书提供担保的通常方式就是寻求诸如交叉认证，即，将第三国没有设立于欧盟成员国的证书服务提供商的等级体系作为提供担保的证书服务提供商所形成等级体系的一部分。然而，确实存在更多对证书提供担保的模式。

4. 通过共同体与第三国之间或与国际组织间双边或多边协定予以承认（第 1 款）。第 7 条的另外一个影响就与世界贸易组织不歧视原则有关。不歧视原则就要求具有相当技术水准的电子签名也可以在欧盟得到承认。来自第三国电子签名的自由流动就可能会违反世界贸易组织规则，问题从而产生。根据世界贸易组织的规则，基于欧盟或其成员国与地第三国达成双边或多边的专门协议对电子签名予以承认可能是不足够的，可能须在世界贸易组织层面上达成一个协议才行。

数据保护

第 8 条

（1）成员国须确保证书服务提供商及负责认证及监管的国家机关遵守欧洲议会与理事会 1995 年 10 月 24 日发布第 95/46/EC 号《关于个人数据处理及其自由流动的个人权利保护指令》[①]。

（2）成员国须确保向公众签发证书的证书服务提供商仅可直接向数据

[①] OJ L 281, 23 November 1995, p. 31.

主体或在得到数据主体明确同意的情形下采集个人数据,且其限度仅是为了签发及维护该等证书目的之必要。没有得到数据主体明确同意的,不得为了其他任何目的而收集或处理数据。

(3) 在不影响成员国与化名相关法律的效力之前提下,成员国不得禁止证书服务提供商在证书中仅指明签名人的化名而不是其真实姓名。

1. 概述(第 1 款)。对欧盟而言,个人数据保护是一项核心政策目标。[472] 宏观而言,个人数据保护与隐私相关,后者已被《欧洲人权公约》第 8 条作为一项基本权利予以承认。而《欧洲基本权利宪章》第 7 条及第 8 条也就家庭及私人生活、住所、通讯及个人数据作出了规定。在有效执法及个人数据保护之间寻求平衡是一项棘手任务,在电子签名领域内寻求对电子签名使用个人的权利予以保障,是一个关注度很高的问题;在仅得由自然人使用的合格证书而言,尤为如此。除了文件、住所等比较明显的例外,现实世界中的身份特征及隐私规则已经逐渐被诸如电子邮件地址、数字签名等新的身份特征所替代。对数字证书中的数据构成予以清楚的了解,对于申请人而言非常关键,因为该等信息披露与个人数据方面的考虑息息相关。尚不能排除身份盗用的风险。滥用个人确证数据为特征的在线目录也可以成为一个风险。(a) 一般性的第 95/46/EC 号《数据保护指令》。1995 年,欧盟《数据保护指令》载入了安全处理个人数据的规定。数据保护指令旨在确保个人数据的自由流动。适用于数据安全义务的原则包括数据安全最大化及手段与目标相称的比例原则。一般性的《数据保护指令》第 17 条要求个人数据控制主体及处理主体须采取措施确保适当的安全水平,以应对数据处理及需要保护数据的性质所带来的风险。个人数据的控制主体及处理主体须采取适当的技术及组织措施保护个人数据,尤其在数据处理涉及到网络传输数据时,应免于因事故或违法原因而遭毁坏,或遭受意外损失、改变,未获授权的披露或查看及其他所有形式的违法数据处理。要为这些人士及诸如信息社会中服务提供商等组织所使用的网络及信息系统确立安全要求,该等规定就会产生影响。《数据保护指令》引入以下原则:无论数据在哪里及由谁予以存储或处理,在整个数据处理进行当中,包括数据传输过程中,必须确保数据安全;责任清晰及控制主体为数据安全承担最终之责任原则。(b)电子签名的数据保护要求。在电子签名的情形下,个人数据的控制主体及处理主体包括证书服务提供商及为依赖证书而存储个人数据的任何当事方。对个人数据处理的一个直接要求就是取得证书用户的同意,该等同意要么以用户协议的形式明确提供,要么通过用户协议引述的证书做法声明或证书政策规定的条件而默示提供。控制主体与处理主体之间须订立有约束力的协议并确立其各方的义务,这样,数据处理不同阶段的责任问题就得以解决。例如,如果审计之后发现了缺陷,控制主体就要为数据处理承担责任。控制主体也要确保处理主体具有必要的技巧和技术及组织手段,实现数据的安全。该指令的其他条款就采取有效措施履行数据安全义务规定了其他原则,这意味着成员国须规定通过行政措施、行政监管及制定民事和/或刑事责任的条款有效推行数据安全义务。(c)《服务贸易总协定》的要求。国际层面,世界贸易组织的《服务贸易总协定》(GATS)旨在公共领域推动服务自由化,使得国家政府可以更能够在适当情形下充分追究公司在提供信息社会服务时的责任。《服务贸易总协定》要求成员"采取必要措施确保遵守与该协定不相冲突的法律或行政法规,包括涉及个人数据处理及发布的个人隐私保护和保护个人记录和账户的有关事项"。针对欧盟数据保护框架所确立的要求是否被在第三国设立但却根据指令签发合格证书的证书服务提供商所遵守这一议题,《服务贸易总协定》提出了问题。该等证书服务提供商签发在欧盟流通的证书的,应当寻求满足《数据保护指令》的要求。(d)第97/66/EC号《电信数据保护指令》。此外,也适用其他要求。《电信指令》第5条也援引了保密要求,使得成员国有义务确保公共电信服务网络及公共电信服务的保密性。另外,为了使得《电信指令》第5条第4款的规定生效,要求公共服务及网络提供商采取适当组织措施保障其提供服务的安全性。该等要求对于不可解除的证书而言可能并不严格,但很清楚,总体上参与电子通讯的服务提供商在使用证书确保网络上通讯数据发送方及接收方真实性的,应该遵守该等要求。在考虑到技术发展水平、实施成本及与个人数据保护相关的风险,该等措施须确保与所体现风险相对应的适当安全水平。因此,网络运营商负有法律义务保护通讯免受不法干扰。泛欧电信服务的深化及跨境竞争进一步发展,都可能导致对这些规定达致进一步协同化。(e)设立于第三国的证书服务提供商。对于设立于第三国的证书服务提供商,有关规定涵盖将个人数据由成员国向服务提供商设立国予以输出。关键是该等服务提供商要确保:仅得在成员国数据保护有权机构许可的情形下,根据《数据保护指令》所许可的数据才能离开欧盟领土。第25、26条规定的出口规则予以授权,可禁止向未能提供足够保护水平的第三国出口个人数据。对于实施欧盟指令严格要求的实施程度是否足够,欧盟委员会保有为第三国设定标准的权能。包括数据主体予以同意、格式合同或条款等等在内的例外情形,使得一个自发但坚实的框架得以放松法律规定的严格监控,这有利于贸易伙伴。尤其是同美国而言,欧盟委员会已经订立并实施了"避风港协议",旨在监控个人数据由欧盟向外传输的条件。欧盟和美国在原则上都认同隐私保护这一目标,但是两者采取的方式的确有所不同。欧盟有赖于综合性的一般性《数据保护指令》及对电信及电子通讯做出的特定要求,而美国则采用了行业规定的方式,该方式依赖于法律、监管及自律的结合。为弥合分歧,欧盟委员会与美国商务部提出并构建了"避风港"架构,于2000年7月得以批准。(f)持续信息社会的保密性。《数据保护指令》的范例说明,虽然法律确立的架构促进了更广泛地接受和使用诸如电子签名领域的信息安全措施等技术保障手段,数据控制主体也许在实施该等指引时有些滞后。为个人数据保护而贯彻安全的方式及水平仅仅得到了有限关注。对于保密性的强调也着眼于全球范围内的信息安全。如果根据《欧盟条约》,隐私是"可持续信息社会发展"的元素之一,那么信息安全就是保障隐私的手段。在立法层面所给予信息安全要求的有限关注也许会对欧洲产业造成负面影响,因为在与其他关键市场的竞争者进行比较时,欧洲信息安全供应商也许会失去其竞争优势。与来自诸如美国或以色列这些世界其他地方的供应商进行比较时，在国内市场得到的有限支持也许会导致产业陷入落后境地。在欧洲内部市场所体现出对信息安全的有限关注度可能进一步威胁创新。另外，指令本可以对用户用于电子签名的私人密钥的存储条件予以规定。既适用于个人信息保护又适用于信息安全的一个关键要求就是：不得在用户控制的装置之外保存签字方的私人密钥。虽然该等要求在指令中并不明显，通过确保合格证书密钥仅仅在安全签名装置之上生成且从来不允许离开该装置，相关标准就可以确保该等要求得以落实。技术安全可以通过欧洲标准得以确保，而用户有责任确保进行安全保管。

2. 仅可直接由数据主体采集个人数据（第2款）。证书服务提供商的部分义务就是要为签发合格证书而确保个人数据采集进程的质量。在这方面，证书服务提供商可以依赖或授权直接从作为合格证书申请人的数据主体采集个人数据的登记服务提供商所提供的外部服务。无论个人数据是以何种方式予以收集的，签发合格证书的证书服务提供商仍然对数据主体就其所授权外包代理或由其职员采集数据的任何行为或疏失承担责任。本条另外的核心条件就是所采集的数据必须与其进程的目的相符。该进程就是签发合格证书，这样就禁止超出限度采集个人数据。最后，根据一般性的《数据保护指令》，在个人数据采集和处理的任何时候都需要取得数据主体明确表示的同意。很明显，该等要求适用于获发合格证书的相关自然人，其总是证书主体并可能是证书服务主体。

3. 化名的法律效力（第3款）。证书服务提供商可以使用化名以确定其证书用户的身份。这样，证书中使用化名的，证书服务提供商须保留与该个人身份的相关信息。另外也许还需要提供登记进程的有关记录来支持化名证书，但要满足成员国立法所确定的特定申请要求及期间，对于合格证书而言，后者一般是三十年。

小组委员会

第9条

(1) 委员会应当由"电子签名小组委员会"予以协助，下称"小组委员会"。

（2）应用该款规定的，须适用第1999/468/EC号决定之第4条及第7条的规定，并对其中第8条的规定予以考虑。

第1999/468/EC号决定第4条第3款确定的期间须被设定为三个月。

（3）小组委员会须制定其自身的程序规则。

1. 概述。指令引入小组委员会的概念，就包括合格证书标准工作在内的特定电子签名事项协助欧盟委员会。小组委员会系由对采用自发认证体系的证书服务提供商予以监管的成员国各自政府代表组成。第9条并没有规定任何其他当事方参与这种小组委员会程序。要在监管机关之间推进合作，就有必要付出更多的努力。但是，进行合作及监管成员国中所运营证书服务提供商的条件，尚待完全确定。（a）"共同监管"的方式。指令规定了在欧盟对电子签名进行监管的架构。指令的适用范围就是要确立一个通过公认标准予以进一步具体化的一般性架构。指令引入了"共同监管"方式，据此，法律就局限于相关产品的核心要求，公认标准须通过基于指令的技术规格发挥功能。另外，任何根据公认标准制造的产品须在欧盟官方杂志中予以援引。该等产品被推定符合该指令的要求。产品符合要求是一个自发进程，意味着仍然由制造商在不愿使用标准的情形下自我决定去证明其已经满足了标准的要求。（b）标准化进程，第9条小组委员会及《欧洲电子签名标准化动议》。欧洲标准组织（CEN/ISSSk及ETSI）应有关产业要求或为满足监管需要的情形下发布标准。在电子签名领域，根据指令第10条规定的要求将出台标准的要求通过第9条小组委员会提交予欧盟委员会。标准化进程的结果会反馈予在第9条委员会委任代表的成员国。作为对欧洲电子签名标准化要求的回应，欧洲信息通讯技术标准委员会在欧盟委员会的支持下，一直支持将EESSI项下产业及公共权力机关纳入共同行动架构的动议。EESSI寻求通过普通方式确定是否有必要为支持指令要求及监督工作项目予以落实而进行标准化活动。在欧洲电子信息标准研究院及欧洲标准委员会这两个也是签名标准化政策先驱者的支持下，欧洲电子签名标准化动议工作中的相当一部分都得到了处理。然而，尚需进行进一步努力及产业互动,以确保欧洲标准对使用电子签名交易的适用性及兼容性。在从 1999 年但在 2002 年并没完成的标准化现阶段,第 9 条小组委员会对法律及程序议题进行了界定,确保欧洲电子签名标准化动议的成果获得批准,并对欧盟委员会在电子签名领域的标准化事项提供协助。然而,根据指令第 3 条第 5 款的规定,欧洲电子签名标准化动议对第 9 条小组委员会提供协助,确保技术标准的制定并以标准化进程中可提交的文件对第 9 条小组委员会提供协助。(c) 发布标准及 2003 年 7 月 14 日委员会的决定。根据指令第 3 条第 5 款,委员会可以根据第 9 条规定的程序确立并发布电子签名产品公认标准的援引号。其系通过欧盟官方出版物发布。委员会决定公布的效果就是:电子签名产品满足该等标准的,成员国可以推定与指令附件 2(f) 项及附件 3 规定的要求相符合。2003 年 7 月 14 日,根据指令发布电子签名产品公认标准援引号的委员会决定进一步明确了该领域所适用欧洲标准的特定事项。该决定的适用范围系针对电子签名产品公认标准的援引号。在该决定于欧盟官方出版物公布之日后的两年内,委员会须对该决定的实施情形予以评估,并向第 9 条小组委员会进行报告。在该决定的附件中,所列明的公认标准可以被成员国视为满足本指令附件 2 所规定的要求。这些标准是 CWA 14167-1(2003 年 3 月)及 CWA 14167-2(2003 年 2 月),其将在下文予以援引。该附件也包括成员国视为与本指令附件 3 规定要求相符合的电子签名产品公认标准清单,其中就包括 CWA 14169(2002 年 3 月)。将在以下指令附件 1 到附件 3 的评述中对该等条款予以描述。

2. 小组委员会须制定自身的程序规则(第 3 款)。本指令第 9 条规定的小组委员会运作架构及行动清单尚待界定。考虑到小组委员会的核心作用,其他组织加入规则的相关透明度及开放性无疑将会改善小组委员会的运作。在第 9 条小组委员会经选择的运作及会议中,可以寻求促使主要市场主体参与,从而作为该等措施的一个方向。这也许十分必要。小组委员会就其决议程序已经采用了自己的规则手册,以增强透明度。

小组委员会的职责

第 10 条

小组委员会须根据第 9 条第 2 款规定的程序,明确本指令附件所规定的要求、第 3 条第 4 款所引述的标准及根据第 3 条第 5 款所确立并公布的电子签名产品公认标准。

概述。就自发认证情形下获授权对证书服务提供商予以认证的成员国机关而言,第 10 条针对的是第 9 条小组委员会的职责,其中就包括予以通知的义务。第 10 条针对姓名及地址规定的通知程序不但适用于进行监管及对证书服务提供商自发认证拥有职权的成员国机关,也适用于基于自发认证体系而在成员国进行运营的证书服务提供商自身。可以进一步将成员国机关或者其他有权机构纳入信息交换体系之中,以便获得相关信息了解其他成会员国的证书管理机构及其他成员国如何确保其满足指令要求而获得相关信息。附件 10 规定的职责包括对附件 1 至附件 4 及第 3 条第 4 款规定的要求予以澄清。另外,须根据第 3 条第 5 款的规定,就目前现有及公布的电子签名产品公认标准予以明确。拟定的国家监管及认证机制和体系交换信息,是为了确保服务和产品的兼容性,这在很大程度上都得以确定,并对公共领域应用可能须满足的其他要求进行了讨论。

通知

第 11 条

(1) 成员国须将以下事项通知予委员会及其他成员国:

(a) 有关国家自发认证体系的信息,包括第 3 条第 7 款所规定的其他要求;

(b) 负责认证和监管的国家机构及第 3 条第 4 款所规定机构的名称和住所;

(c) 所有经认证国内证书服务提供商的名称及住所。

(2) 根据第 1 款提供的任何信息及该等信息所发生的相关变化都须由

成员国进行尽快通知。

概述。第 11 条确立了成员国向委员会进行通知的义务。将会就自发认证体系相关负责机关和证书服务提供商监管机关的事项予以通知。另外,成员国有义务提供向公众签发合格证书的认证证书服务提供商的名称和住所。根据第 11 条的规定,并无义务就向公众签发合格证书的非认证证书服务提供商进行通知。也没有义务就其他种类的证书服务提供商进行通知。一方面,成员国可以引入自发认证体系,另一方面,他们也有义务对其各自国内设立的证书服务提供商予以监管。运作自发认证体系的组织通常须在遵守其管理体系的条件下进行操作。对于设立于成员国的证书服务提供商所负有的通知义务就可能存在问题,然而该提供商已经根据另外一个成员国的自发认证体系取得了认证。对于第 11 条第 1 款 b 项所规定的国家机构,事先推定每一成员国只有一个,这就出现了一个问题。该等规定也意味着该等机构可以是公共组织,而其在成员国中的义务并不清楚。来自于第三国或其他成员国而又在该成员国领土内设立或经营证书服务的证书服务提供商的,另一个问题就涉及国家机关提供的相关信息。通知应当包括任何及所有的证书服务提供商,无论他们是否来自于予以通知的成员国,只要他们受到该等成员国有权机构的监管即满足要求。

审查

第 12 条

(1) 委员会须对该指令的运作予以审查并最迟在 2003 年 7 月 19 日之前向欧洲议会及理事会提出报告。

(2) 该等审查须在其中评估在考虑技术、市场及法律发展状况的情形下本指令的适用范围是否需要修改。该报告须尤其要说明基于所得经验对协同化进程的评估。适当情形下须在该报告附带立法建议。

概述。2003 年,指令及之后的标准化成果被提交予委员会进行审查,结果认为其时并不需要采取进一步的立法措施。根据第 12 条的规定,为优化该指令而考虑的议题可以用来对其他事项予以考虑。(a) 移动环境下的电子签名。承认在移动交易环境下电子签名的使用。对于目前规定的要求是否涵盖移动应用的签名，目前电子签名的界定并不清晰。在第三代移动通讯网络要带来应用增长的预期下，努力对电子及移动环境的签名采取共同的法律应对方式，就极为重要。（b）附件4。对于附件4所规定要求进一步明确的议题仍然没有被界定。欧洲电子签名标准化动议在该领域尚未有任何成果，继续保持本条款有效，可能会导致混乱。（c）电子政务应用的要求。对于根据第3条第7款而适用于电子政务应用的要求，需要予以进一步的指导。在一些诸如德国的情形中，其趋势就是逐渐加强合格证书的要求，满足公共领域应用要求；而在其他诸如奥地利的情形中，证书服务提供商面临管理及操作公共密钥基础设施的相关高额成本带来的沉重压力，这使得其趋于简化合格证书的要求。这无疑会给内部市场带来风险，须在未来对指令可能进行修改时以某种方式予以考虑。（d）对象标识符登记。为努力创建公平竞争环境而规定另外的要求，就涉及取得设立于成员国的证书服务提供商的对象标识符。虽然存在标准，但相关签发机关有限，这使得目前的对象标识符登记成为证书服务提供商的一大挑战。如欧洲对此采取行动，将是个受到欢迎的方向。

附件1　合格证书的要求

合格证书须载明：

(a) 说明证书作为合格证书所签发；
(b) 说明证书服务提供商的身份及其设立所在成员国；
(c) 签名人的姓名和化名应照此说明；
(d) 就证书签发目的而言，如适当，载明签名人的特征；
(e) 与签名人所控制签名生成数据对应的签名验证数据；
(f) 说明证书有效期间的起始和终止；
(g) 证书的识别码；
(h) 签发的证书服务提供商的高级电子签名；
(i) 如适用，说明证书适用范围的限制；及

(j) 如适用，说明证书适用的交易金额限制。

附件 2　对签发合格证书的证书服务提供商的要求

证书服务提供商须：

(a) 证明其具有提供证书服务所必要的可靠度；

(b) 确保快速及安全目录服务和安全、及时撤销服务的运作；

(c) 确保可以准确认定所签发或撤销证书的日期及时间；

(d) 根据国内法规定的适当方式确认合格证书所发放对象的身份及适用时的任何特征；

(e) 雇佣具有提供服务所必需专业知识、经验及资格的人员，尤其是那些在管理层面具有能力、熟练掌握电子签名技术专业知识并熟知正当安全程序的人员；他们也须能够运用符合公认标准所要求的足够行政及管理程序；

(f) 使用防止被篡改保护的可靠系统及产品，确保其支持进程的技术及密码安全；

(g) 采取措施防止伪造证书，在证书服务提供商生成签名生成数据的情形下，确保该等数据生成进程中的保密性；

(h) 维持足够的资金来源，以在操作时符合本指令规定的要求，尤其是通过诸如获得适当保险的方式承担损害赔偿责任的风险；

(i) 在适当期间内记录所有实际合格证书的有关信息，尤其是为了法律程序而提供证书证据的目的。该等记录可以通过电子方式进行；

(j) 对于证书服务提供商提供核心管理服务的对象，不存储或复制该等人士的签名生成数据；

(k) 与寻求以证书支持其签名的人士达成合同关系之前，以可持续保存的通讯手段通知该等人士使用证书的确切条款和条件，包括其使用限制、自发认证体系的存在及投诉和争议解决程序。该等信息可以通过电子方式传输，须为书面且通过便于理解的语言进行。该等信息的相关部分应依赖该证书第三方的要求也须予以提供；

(1) 使用可靠系统以可验证的形式存储证书，以便：

——只有获得授权的人录入并修改，

——可以核查信息的真实性，

——只有在证书持有人同意的情形下才可以公开提供可提取的证书，及

——对该等安全要求构成不利影响的任何技术改动对于运营商而言均为一目了然。

附件 3　对安全签名生成装置的要求

(1) 安全签名生成装置须通过适当技术及程序手段进行，以至少确保：

（a）用作签名生成的签名生成数据仅可在实践中生成一次，且其保密性得到了合理保证；

（b）用作签名生成的签名生成数据在得到合理保证的情况下不得是衍生的，并保护签名不被目前技术所伪造；

（c）用作签名生成的签名生成数据可以得到合法签名人的可靠保护，不被其他人所使用。

(2) 在签名程序之前，安全签名生成装置不得改动需要签署的数据或者阻止将该等数据呈交签名人。

1. 概述。指令采用了技术中立的方式以使得更多技术可以参与其中，它并没有指明任何特定技术用作电子签名。然而，它的确试图通过附件隐含的意思及有关证书方面小心翼翼的规定，对大多数符合目前发展水平的技术加以涵盖。从附件的内容可已推知，指令认为不对称密码或公共密钥加密是欧洲电子签名的适当技术解决方案。对技术要求的进一步明确是通过基于指令附件的标准化进程而加以解决的，并对附件仅仅予以提及的次要事项予以回应。（a）充满活力的标准化进程。指令并没有对若干议题进行规定。为落实指令要求而要对技术标准予以明确，这就要在标准化进程中得以实现。指令已经连同标准化进程一起被共同监管这一术语所描述，该术语旨在为直接参与落实法律要求的各方提供比较宽松的空间。欧洲信息通讯技术标准委员会在欧盟委员会的支持下，推行一项动议，要将产业及

公共权力机关、专家及其他市场参与者汇聚在一起，形成欧洲电子签名标准化动议。该动议已经成为一项框架动议，支持了最大的全欧洲行动，在欧洲制定电子签名可靠标准。作为公共权力机关、产业及消费者保护组织的代表，欧洲电子签名标准化动议依托在 CEN/ISSS（欧洲标准化小组委员会/信息社会标准体系）及 ETSI（欧洲电信标准研究院）中欧洲标准组织，已经出台了电子签名标准。《欧洲电子签名标准化动议》选择对指令进行一种开放式的、基于共识及市场导向的落实方式。该等标准化行动的结果对于电子政务及商业中的众多应用都具有重要的价值。欧洲电子签名标准化动议制定的标准主要涵盖两个领域，即参考指令附件 2 就提供证书服务的质量及程序标准及涵盖附件 3 的产品兼容性技术标准。2004 年 12 月，欧洲电子签名标准化动议正式解散，其制定并维持电子签名标准的职权已经被转给另一项动议，名为"网络信息安全指导小组"，该小组获得了广泛授权，其中也包括信息安全标准方面的授权。(b) 应用的作用。标准要求缓慢地向应用倾斜，就可能使得另外的标准化成为必要，以满足诸如依据《电子账单指令》、《电子采购指令》及其他文件而有关身份管理及电子账单等事项的要求。例如：须清楚的是，是否存在不一定要满足《电子签名指令》项下所界定安全证书现有定义的特定政策及内容要求，就是这样一个事例。另外一个可能产生问题的可能，就是针对电子账单的组织签名。要明白，应用领域的功能性要求可以通过对目前电子签名标准进行审查予以补充，以确保其关联性及实用性。最佳做法是就不一定涉及特定标准化事项的实施情形加以处理的另一种有效方式。通过标准化也许可以进一步增强电子签名标准的兼容性。为进一步评估对《电子签名指令》所规定要求的该等落实情况，名为 EESSI 提交文件的标准化成果非常关键。基于该指令所制定的一些重要标准请见以下所列。(c) CEN CWA 14169"安全签名生成装置，'EAL 4+'版本"。该等 CWA 标准确立了安全签名生成装置的保护性档案，以便使之满足 4+级评估保证标准。该等 CWA 标准界定的保护档案系依据记载着签名生成数据(SCD)的安全签名生成装置及对应证书所涉及签名验证数据(SVD)的共同标准。将根据证明合规的必要性进行合规评估。评估保证标准在国际标准组织 ISO 15408 号标准所规定的共同标准中得以界定。要满足指令附件 3 规定的条件,关键要符合安全签名生成装置的要求。(d) CEN CWA 14167－1"管理电子签名证书可靠系统安全要求"。CWA14167"管理电子签名证书可信赖系统安全要求"目前由两部分组成,即第一部分:系统安全要求及第二部分:证书服务提供商签署操作密码模块—保护档案(MCSO－PP)。该等 CWA 标准与用于管理证书可靠系统的制作商及使用系统并寻求满足指令要求的其他方有关。证书服务提供商须运行提供所有核心功能的系统;如提供选择性服务,他们须满足 CWA 所认定的所有附加功能要求。(e) ETSI TS 101 456"签发合格证书的证书服务提供商的政策要求"。该标准规定了签发合格证书的证书服务提供商的政策要求。根据合格证书是否与安全签名生成装置一同使用,该政策有两种形态。(f) ETSI TS 101 862"合格证书档案"。该等标准规定了对 IETF RFC 3039 的参与,以便根据 ITU X.509 第三版标准,满足合格证书的档案要求。

欧盟委员会
2003年7月14日决定

根据欧洲议会及欧盟理事会
1999/93/EC号指令公布电子签名产品
公认标准援引号的决定

1. 前言

（1）1999/93/EC号指令附件2f项及附件3确立了安全电子签名产品的要求。

概述。该委员会决定针对指令附件2及附件3有关安全电子签名产品。电子签名产品就是在电子签名生命周期内使用的装置，并且包括诸如证书服务提供商使用的可靠系统、终端用户使用的安全签名生成装置等。在特定情形下，安全签名生成装置可以是诸如含有可以安全生成密钥对模块的智能卡。该等密钥对的公共密钥被发送予需要认证的证书服务提供商，证书返还予终端用户并被其以智能卡加以安全存储。对于证书服务提供商而言，针对其所使用装置及采用做法规定成套要求，是为了安全生成及管理其密钥对。指令附件2及附件3已针对该等体系的关键之处规定了重要目标，该等目标在之后欧洲电子签名标准化动议（EESSI）所制定标准化进程中发挥着影响力。参考标准被视为对于落实指令具有核心作用，其公布是基于指令的要求。采用EESSI标准或其他形式的"公认"标准仍然由参与电子签名相关活动的证书服务提供商自主决定。证书服务提供商选择不落实所述标准的，就须根据他们愿意使用的方式证明他们如何满足了指令所规定的要求。实践中，使用援引标准推动落实了种种有关应用领域的电子签名。因此，通过授予机关及产业，证明了援引标准的实践价值及公认度。

2. 前言

（2）考虑到当前技术发展水平，为产品生产及投入市场之需要起草技术规格的任务，须由标准化领域负责组织予以承担。

概述。前言 2 就技术标准间接提及《信息程序指令》，并针对承担标准化工作的组织职权进行了规定。在信息通讯技术标准委员会框架下运作的 EESSI 已经就所述标准的制定进行了协同。

3. 标准组织及 EESSI

（3）EESSI（欧洲电子签名标准化动议）中的 CEN（欧洲标准小组委员会）及 ETSI（欧洲电信标准研究院）为支持欧洲信息社会的发展提供了开放、包容及灵活的欧洲平台，以构筑共识。

概述。前言 3 提到了 CEN 及 ETSI，两者分别通过 ESIGN 及 ESI（电子签名动议）研讨会进行标准化工作。他们已经为电子签名产品开发了基于该指令附件规定要求的 CEN 研讨会协议（CWA）及 ETSI 技术规格（TS）。前言 3 继续提及了 EESSI 标准的类型。EESSI 另外也制定了更多的提交文件，其并不一定属于所述范围，例如，在着手推行或不推行有关标准前为了审核某一领域的目的而制定技术报告（TR）。

（4）本决定规定中的措施是根据"电子签名小组委员会"的意见而规定的。

概述。此处就提到了指令中第 9 条小组委员会的工作。对该领域所发布的标准予以批准，是该小组委员会的职责，该职责大部分都已完成。

第 1 条

电子签名产品公认标准援引号在附件中予以规定。

概述。该决定仅仅公布了援引号，而不是标准全文，公布后者仍然属于有关标准机构的职权范围。

第 2 条

委员会应当在其公布于欧盟官方出版物之日起的两年内对本决定的运作进行审核,并向根据第 1999/93/EC 号指令第 9 条第 1 款成立的小组委员会提出报告。

概述。在欧盟官方出版物公布 EESSI 标准,并不排除在其后认为必要的时候在官方出版物对其他标准予以正式援引的可能性。委员会在公布该决定后的两年内重新予以审议,以便掌握该等标准所引用技术发生的可能变化。本决定附件列明了电子签名产品公认标准,成员国须推定其符合指令附件 2 所规定要求。该等标准因此就由成员国负责自发认证体系的机关或者对签发合格证书的证书服务提供商予以监管的授权机关考虑。所列明的标准已经在指令附件介绍中予以简要描述。下列标准的前两个标准推定符合指令附件 2 的要求。第三个标准推定符合指令附件 3 规定的要求。所列明的标准是:CWA 14167-1:管理电子签名证书可靠系统的安全要求——第一部分:系统安全要求;CWA 14167-2:管理电子签名证书可靠系统安全要求——第二部分:证书服务提供商签署操作密码模块—保护档案(MCSO-PP)及 CWA 14169:安全签名生成装置。在 2010 年到 2011 年间,该等 CWA 将可能向欧洲规则(EN)进行升级。其工作将由协调化机构会同欧盟委员会在《电子签名标准化授权 M460》及由可能升级的第 2003/511/EC 指令所确定架构下予以进行。决定所援引的 CWA 由提供 EESSI 合规评估指引或实施指南的其他若干 CWA 作为支持。至于提供及使用(生成或验证)电子签名服务的其他关键方面,也已经主要通过 ETSI 技术标准予以进行了深度标准化。

欧盟委员会第 2000/709/EC 号决定
(《欧盟委员会关于报送机构最低标准的决定》)

2000 年 11 月 6 日成员国
根据欧洲议会及欧盟理事会
第 1999/93/EC 号《共同体电子签名架构指令》
第 3 条第 4 款规定确定
有关机构所应考虑的最低标准

欧盟委员会,

基于《建立欧洲共同体条约》之规定,

基于欧洲议会及欧盟理事会 1999 年 12 月 13 日发布第 1993/93/EC 号《共同体电子签名架构指令》[①],尤其是其中第 3 条第 4 款的规定,

鉴于:

(1) 1999 年 12 月 13 日,欧洲议会及欧盟理事会通过了第 1993/93/EC 号《共同体电子签名架构指令》。

(2) 第 1993/93/EC 号指令附件 3 规定了安全签名生成装置的要求。根据指令第 3 条第 4 款的规定,安全签名生成装置是否符合附件 3 规定的要求,须由成员国所指定公共或私人机构所认定,委员须确立标准,以便成员国认定是否应该指定某个机构进行合规评估。

(3) 委员会确立以上标准的,须与根据第 1999/93/EC 号指令第 9 条第

[①] OJ L 13, 19 January 2000, p. 12.

1款所成立的"电子签名小组委员会"进行协商后确定。

(4) 本决定中的措施系根据"电子签名小组委员会"的意见而规定,特制订本指令:

第 1 条

本决定目的就是确立标准,以便成员国认定是否指定某个国家机构负责对安全签名生成装置予以合规评估。

第 2 条

如果被指定机构所隶属组织从事的活动并非参与对安全签名生成装置是否符合第 1999/93/EC 号指令附件 3 所规定要求予以合规评估的,须在该组织内可以确定其机构身份。不同的活动之间须能够清楚进行区别。

第 3 条

机构及其职员不得参与可能与其职务所涉独立判断及道德相冲突的任何行为。该机构尤其须独立于参与各方。因此,该机构、其管理职员及其负责行使合规审查职责的职员不得是安全签名生成装置的设计商、生产商、供应商或安装人员,也不得是向公众签发证书的证书服务提供商,或者不能是任何该等当事方的授权代表。另外,他们须具有财政独立性,不能直接参与安全签名生成装置的设计、制造、营销或维护,也不得代表参与该等活动的当事方。这并不排除制作商与所指定机构进行技术信息交流的可能。

第 4 条

机构及其人员须能够以高度专业道德、可靠度及充分的技术能力来认定安全签名生成装置是否符合第 1999/93/EC 号指令附件 3 规定要求。

第 5 条

机构应当在其合规评估操作中贯彻透明原则,须记录所有有关该等操作的信息。所有利益相关方均须能够接受该机构提供的服务。机构运行的程序须通过非歧视的方式进行操作。

第 6 条

机构必须具有必要的职员和设施，以使其可以正确并迅速地进行与其职权相关的技术及行政工作。

第 7 条

承担合规评估工作的人员须具有：

——良好的技术和职业教育，尤其在电子签名技术及相关信息技术安全方面，

——对其进行合规评估要求的深入了解，对进行该等评估的足够经验。

第 8 条

须确保职员的公平地位。其薪水不得依据其进行合规评估的数量或该等合规评估的结果而确定。

第 9 条

机构必须有足够的、诸如办理适当保险的安排以处理因其活动而需要承担的法律责任。

第 10 条

机构必须有足够的安排以确保其实施第 1999/93/EC 号指令或为落实该指令的任何国内法规定时所获得信息的保密性，除非其相对方是作出指定机构成员国的有权机关。

第 11 条

所指定机构安排及另一方进行部分合规评估的，该机构须确保并能够

证明该另外一方对提供所涉服务足以胜任。被指定机构须对该等安排下进行的工作承担完全责任。最后决定仍然由被指定机构作出。

第 12 条

本决定系针对成员国作出。

1. 概述。在 2000 年 11 月 6 日作出的决定中，欧盟委员会确立了标准，以便成员国认定是否应该指定某个机构就安全签名生成装置对《电子签名指令》第 3 条第 4 款规定的合规情形进行审查。由成员国指定机构认定符合指令附件 3 规定要求的，须为其他各成员国所认可。换言之，只要涉及安全证书签名生成装置的合规问题，一个成员国宣布合规，就足以使得该装置在所有其他成员国进行分销。并无义务性合规评估。指令第 3 条第 4 款并没有明确规定提交安全签名生成装置以进行合规评估是一项义务。对此，可以在很大程度上根据其重点而做不同解释和解读。在政府机构看来，条款最重要的目标就是要保证在装置提交予合规评估机构的，该等机构须是真正"适当"的机构。因此，条款第二句规定就立即补充说，由委员会认定"适当"的涵义及在委员会 2000 年 11 月所确定的标准。欧洲立法机关试图避免合规评估机构为利益集团所操控或被成员国作为经济政策的工具而误用。仅仅在评估机构满足委员会决定所规定的所有技术、独立及专业要求的情况下，成员国才会自动认可这些机构做出的合规认定。然而，这并不意味着成员国不能认可满足附件 3 规定要求的其他安全签名生成装置。根据第 3 条第 5 款的规定，安全签名生成装置满足委员会在官方杂志所援引标准的，他们甚至应该在任何情况下都被推定符合这些要求。

2. 最低标准。委员会决定确立了一套成员国指定合规评估机构时须适用的标准。独立性。所指定的机构应当独立运作。如果被指定机构属于参与评估安全签名生成装置合规评估之外活动的组织，须在该组织内可以确定其机构身份。不同的活动之间须能够清楚进行区别（第 2 条）。另外，机构及其职员不得参与可能与其履行职责有关的独立判断及职业道德相冲突的任何行为。该机构与其职员应独立于所参与各方。因此，机构、其管理人员及负责合规评估职责的职员不得是安全签名生成装置的设计商、制造商、供应商或安装人员,不能是向公众签发证书的证书服务提供商,也不得是任何该等当事方的授权代表。这并不排除在制造商与该等指定机构间进行技术信息交流的可能(第 3 条)。另外,应当确保职员的公正地位。其薪水不得依据所进行合规评估的次数或该等合规评估的结果而定(第 8 条)。**称职**。职员不但需要独立,而且也要有能力正确完成合规评估。委员会决定明确说明认证机构及其职员须能够以高度专业道德、可靠度及充分的技术能力来认定是否合规(第 4 条)。另外,该机构必须具有必要的职员和设施,以使其可以正确并迅速地进行与其职权相关的技术及行政工作(第 6 条)。该决定明确承担合规评估工作的人员须具有:良好的技术和职业教育,尤其与电子签名技术及相关信息技术安全相关;对其进行合规评估要求的深入了解、对进行该等评估的足够经验(第 7 条)。**透明性**。被指定机构应当在合规评估操作中实现透明。因此,被指定机构应当在其合规评估操作中贯彻透明原则,须记录所有有关该等操作的信息。所有利益相关方均须能够接受该机构提供的服务。机构运行的程序须通过非歧视的方式进行操作(第 5 条)。**保密性**。委员会决定规定机构必须有足够的安排以确保其在执行职务时所获得信息的保密性,除非其相对方是进行机构指定成员国的有权机关(第 10 条)。**法律责任**。被指定机构应当为其活动负责。尤其当指定机构将合规评估一部分分包予另一方进行,它须确保并能够证明另一方对提供所涉服务足以胜任。被指定机构须对该等安排下进行的工作承担完全责任。最后决定仍然由被指定机构作出(第 11 条)。为了能够处理因其活动而需要承担的法律责任,被指定机构须有足够的、诸如办理适当保险的安排。

第三部分　公共领域信息指令

欧洲议会及欧盟理事会第 2003/98/EC 号指令
(《公共领域信息再次使用之指令》)

2003 年 11 月 17 日通过
关于公共领域信息再次使用之指令

欧洲议会及欧盟理事会

基于《建立欧洲共同体条约》之规定,尤其是其中第 95 条之规定,

基于欧盟委员会提出的建议[①],

基于经济与社会小组委员会的意见[②],

基于地区小组委员会的意见[③],

根据《欧盟条约》第 251 条规定程序[④],

鉴于:

(1)《条约》规定要建立内部市场及确保内部市场中竞争不会被扭曲的机制。对成员国利用公共领域信息的相关规则及做法予以协同化,有利于实现该等目标。

(2)向信息及知识社会的演进影响着共同体内每一个公民的生活,其方式就包括使得公民以新的方式接触并获得知识。

(3)数字内容在该等演进进程中扮演着重要的角色。内容生产使得近

---

① OJ C 227 E, 24 September 2002, p. 382.
② OJC 85, 8 April 2003, p. 25.
③ OJ C 73, 6 March 2003, p. 38.
④ 欧洲议会 2003 年 2 月 12 日通过的意见(尚未在官方杂志中公布),2003 年 5 月 26 日通过的理事会共同立场文件(OJ C 159 E, 8 July 2003, p.1)及欧洲议会 2003 年 9 月 25 日通过的立场文件(尚未在官方杂志中公布)。欧盟理事会 2003 年 10 月 27 日通过的决定。

年来涌现了大量的工作机会,且该等发展趋势仍然令人乐观。这些新增工作机会大多数来自于成长型小公司。

（4）公共领域收集、生成、重新生成并传播诸多活动领域中诸如社会、经济、地理、天气、旅游、商业、专利及教育信息在内的广泛信息。

（5）建立内部市场的一个基本宗旨就是要建立有助于共同体范围内服务发展的条件。公共领域信息是数据内容产品和服务的一个重要的基本原料,随着无线内容的发展,将会成为一个更为重要的内容来源。在这种情况下,实现跨境广大区域的覆盖,也至关重要。重新生成公共领域信息的可能性越大,其中就越会发挥欧洲公司的潜力,有助于经济增长及就业机会的涌现。

（6）就利用公共领域信息资源而言,成员国中的规定及实践之间存在着相当大的差距,这对发挥该关键性文件资源的全部经济潜力构成了障碍。就公共领域机构利用公共领域信息而言,其传统做法的演变各有不同。对此应予以考虑。因此,就公共领域文件的再利用而言,在成员国对成员国的规则及做法存有差异或者亟待澄清的情形下,内部市场的顺畅运作受到影响,共同体信息社会的正常发展受到阻碍,对之进行最低限度的协同,理所应当。

（7）另外,许多成员国本来就为了迎接技术挑战而在其国内层面开始进行了一些立法活动,如果没有在共同体层面达成最低限度的协同,这就会可能导致更为实质的差异。信息社会已经使得跨境利用信息的机会大为增加。而随着信息社会的进一步发展,法律上的差异和不确定性就会越来越严重。

（8）为了确保再次使用公共领域文件的条件能够公平、符合比例原则并且没有歧视性,就有必要确立有关该等公共领域信息再次使用条件的总体框架。公共领域机构为了行使其职责收集、生成、重新生成及发布文件。基于其他理由使用该等文件就构成了再次使用。成员国政策规定可以超出本指令规定的最低标准,以便使得可以进行再次使用,并使之变得更为普遍。

（9）本指令并没有规定再次使用有关文件的许可义务。对于是否授权再次使用的决定,将由成员国或者有关公共领域机构决定。本指令应当适用于公共领域机构许可、出售、发布、交换或提供信息时可以再次使用的文件。为避免交叉补贴,再次使用应涵盖组织自己内部就其公共职责范围之外的活动而对文件的进一步使用。公共职能之外具有代表性活动就包括生成并完全基于商业条件而提供文件,与他人在市场上进行竞争。"文件"之定义并不旨在涵盖计算机程序。本指令基于成员国现有的文件查看法律体系,并不改变查看文件的国内法规定。按照相关文件查看法律体系,公民或公司只能证明其拥有特别利益的情形下方可获得一项文件。对于此种情形,本指令并不适用。在共同体层面上,《欧洲基本权利宪章》第41条（有权要求良好行政）及第42条承认,任何欧盟公民及在成员国居住或者进行商业机构注册的任何自然人或法人都有权查看欧洲议会、欧盟理事会及委员会的文件。应当鼓励公共领域机构提供其所持有的任何文件以供再次使用。公共领域机构应当对文件的再次使用予以支持和鼓励,这些文件包括该等公共领域机构有权许可予以再次使用的、具有法律及行政措施之性质的官方文本。

（10）对"公共领域机构"及"适用公法的机构"之定义来自于与公共采购相关的指令（92/50/EEC①,93/36/EEC②,93/37/EEC③及98/4/EC④）。该等定义并不涵盖公共企业。

（11）根据信息社会的发展,本指令规定了"文件"这一术语的特定涵义。其涵盖公共领域机构所持有针对行为、事实或信息的任何陈述及该等行为、事实或信息的集成,无论其媒介为何（书面,电子形式存储或表现为声音、图像或音像录制品）。公共领域机构持有的文件就是该等公共领域机构

---

① OJ L. 209, 24 July 1992, p. 1. 指令最后被第 2001/78/EC 号欧盟委员会决定修改（OJ L 285, 29 October 2001, p.1）.
② OJ L. 199, 9 August 1993, p. 1. 指令最后被第 2001/78/EC 号欧盟委员会决定修改。
③ OJ L. 199, 9 August 1993, p. 54. 指令最后被第 2001/78/EC 号欧盟委员会决定修改。
④ OJ L 101, 1 April 1998, p.1.

有权授权其再次使用的文件。

（12）就再次使用要求予以答复的时限应当合理，与根据相关查阅文件的法律制度项下就提出查看相关文件要求所规定的时间相一致。适用于欧盟范围的合理时限将激发在整个欧洲领域出现新的信息集成产品和服务。只要针对再次使用的要求予以许可，公共领域机构应当在时间框架内提供该等文件，以便可以充分利用其全部的经济潜能。对于动态内容（例如数据流通）而言，这尤其重要，因其经济价值就取决于可以即时取得并实现惯常更新。使用许可证的，提供文件的时限可以成为许可证条款的组成部分。

（13）基于纸质文件数码化或为使之相互兼容而处理数码文件的需要，对之予以限定，从而增大重新利用的可能。因此，在可能或适当的情形下，公共领域机构应当通过电子手段以事先存在的格式或语言提供文件。对于要求从现存文件节选的要求，在该要求仅涉及简单处理的情形下，公共领域机构应当对之予以积极回应。然而，为满足该等要求需要进行不成比例的努力的，公共领域机构就不应有义务提供一项文件的节选部分。为了便于再次使用，在可能及合理的情形下，公共领域机构应当以不依赖于特定软件的形式提供其自有文件。在可能及适当的情形下，公共领域机构应当考虑到残疾人再次使用文件的可能。

（14）如要收费，其总收入不得超过收集、生成、重新生成及发布文件的总成本，在适用情形下，在对有关公共领域机构自身资金支持之需要予以正当考虑的基础上，还要有合理的投入回报。生成包括创设及核对，发布也可包括用户支持。符合相关公共领域机构所适用会计原则及相关成本核算方式的成本回收及合理投资回报构成收费的上限，禁止价格超出该上限。本指令规定的收费上限并不影响成员国或公共领域机构收取更低价格或不收取费用的权利。成员国并应鼓励公共领域机构提供文件时的收费不超过重新生成及发布文件所产生的边际成本。

（15）确保再次使用公共领域文件的条件清楚且公开，这是共同体信息市场发展的前提条件。因此，所有适用于再次使用文件的条件都应向潜在的用户予以公开。成员国应当鼓励在适当的情形下就现有文件创设线上索引,以鼓励并方便提出再次使用的请求。就影响其自身的决定或做法,再次使用文件的申请人应当获知可以进行救济的方式。这对于中小企业而言尤其重要,就与其他成员国公共领域机构进行互动及相关救济途径而言,它们可能对此并不熟悉。

（16）公共领域所保有的文件不仅涉及政治进程,而且也涉及法律及行政进程,使得公众普遍可以获得这些文件,是扩张知情权的基础手段,而知情权又是民主的基本原则。该等目标适用于每个层面的机构,无论是地方、国内还是国际都是如此。

（17）在一些情形下,可以在不经事先同意而予以许可的情形下而对文件进行再次使用。在其他情形下,会通过颁发许可的方式向被许可方再次使用的条件予以界定,涉及诸如法律责任、文件的正确利用、保证不予以改动及对来源予以明确等事项。如经公共领域机构许可对文件予以再次使用,许可条件应公平并透明。在这一方面,网上提供的标准许可也可以起很重要的作用。因此,成员国应该规定提供标准许可。

（18）如果主管机关决定不再提供某种文件以供再次使用,或者停止对该种文件予以更新,则应尽早并尽可能地以电子方式将该等决定予以公布。

（19）就与再次使用相匹配的种类而言,再次使用的条件不得具有歧视性。例如,这并不阻止公共领域机构为了履行公共职责而互相免费交换信息,而其他方对同等文件予以再次使用则须缴纳费用。这也并不阻止对商业及非商业再次使用制定不同的收费政策。

（20）公共领域机构应当在确立文件再次使用原则时对竞争规则予以尊重,尽可能避免其自身与私人合作伙伴之间达成排他性协议。然而,为了提供具有普遍经济利益的服务,有些情形下,再次使用特定公共领域文件的排他性权利可能实属必要。没有这种排他性权利,商业出版社就不会对该等信息予以公布,就是这样一个例证。

（21）根据欧洲议会及欧盟理事会 1995 年 10 月 24 日发布的第 95/46/

EC 号《关于个人数据处理及其自由流动的个人权利保护指令》[1]中保护个人数据的相关原则,本指令应得以实施并对该等原则予以完全遵守。

(22) 本指令并不影响第三方的知识产权。为避免疑义,"知识产权"该术语系仅指版权及其相关权利(包括以特定形式提供的保护)。本指令并不适用于诸如专利、注册设计及商标等知识产权所涵盖的文件。本指令并不影响公共领域机构知识产权的存在或持有,也并不限制通过本指令适用范围之外的方式对该等权利予以行使。本指令所规定的义务仅仅在符合知识产权保护国际条约规定的情形下方可适用,该等国际条约尤其系指《保护文学和艺术作品的伯尔尼公约》(《伯尔尼公约》)及《与贸易有关的知识产权协议》(《TRIPS 协议》)。然而,公共领域机构行使版权的方式应有助于再次使用。

(23) 帮助潜在再次使用方找到可以再次使用文件的工具及再次使用的条件能大大促进跨境利用公共领域文件。因此,成员国应确保采取可行措施帮助重新利用方寻找可以重新利用的文件。最好是可以通过网络加以查阅的主要文件(被大量再次使用或可能会被大量再次使用的文件)资产清单及与分散资产清单予以链接的门户站点就是这种可行措施的例证。

(24) 本指令并不影响欧洲议会及欧盟理事会 2001 年 5 月 22 日第 2001/29/EC 号《关于信息社会中版权及相关权利特定方面予以协同化的指令》[2]和欧洲议会及欧盟理事会 1996 年 3 月 11 日通过第 96/9/EC 号《关于数据库法律保护之指令》[3]。本指令规定了公共领域机构在允许对有关文件予以再次使用时可以在内部信息市场行使其知识产权的条件。

(25) 鉴于所建议行动宗旨就是要促进创设基于公共领域文件的共同体信息产品及服务,使私人公司更有效地跨境利用公共领域文件以提供增值信息产品及服务,限制对共同体市场的竞争造成扭曲;而这些宗旨不可能仅仅通过成员国予以充分实现,基于该等行动带有不可避免的共同体范围

---

[1] OJ L 281, 23 November 1995, p. 31.
[2] OJ L 167, 22 June 2001, p. 10.
[3] OJ L 77, 27 March 1996, p. 20.

及影响,该等宗旨在共同体层面方可更好地得以达成。因此,共同体可以根据《共同体条约》第5条规定的补充原则采取措施。根据该条规定的比例原则,本指令并不超越为达成该等宗旨之必需。本指令应实现最低限度的协同,以避免在成员国之间就公共领域文件再次使用问题出现进一步的分歧。

通过本指令如下:

第一章 一般条款

主题及指令适用范围

第1条

（1）就成员国公共机构持有现存文件之再次使用及促进其再次使用的可行措施,本指令确立了最低限度的一套规则。

（2）本指令不得适用于:

（a）按照成员国法律或其他有约束力规则的规定,或在不存在该等规定的时候根据有关成员国惯常行政做法,提供文件并不属于公共领域机构之公共职责的范畴;

（b）第三方持有知识产权的文件;

（c）根据成员国文件查看法律规定,根据下列理由,排除于可查看范围之外的文件:

——国家安全保护（即国家安全）,国防或公共安全,

——数据或商业秘密;

（d）公共广播电视服务机构及其下属机构及履行公共服务广播职责的其他组织或其下属机构持有的文件;

（e）教育及科研机构持有的文件,该等机构包括学校、大学、档案馆、图书馆及诸如在相关情形下为传输研究成果所建立组织的研究设施;

（f）诸如博物馆、图书馆、档案馆、乐团、歌剧团、芭蕾舞团及戏院等文化团体持有的文件。

（3）本指令基于成员国现有文件查看制度而确立，并不对之发生影响。对于公民或公司根据查看制度需要证明其对所查看文件具有特别利益的情形，本指令并不适用。

（4）本指令并不触及也不影响根据共同体及国内法律的规定就个人数据处理而对个人提供保护的水平，尤其并不改变第 95/46/EC 号指令所规定的义务和权利。

（5）仅在符合诸如《伯尔尼公约》及《TRIPS 协议》等国际知识产权保护协议规定的情形下，本指令所规定的义务方可适用。

1. 宗旨（第1款）。毫无疑问，实施使用和再次使用公共领域信息的欧洲法律制度，其基本出发点就是种种国家公共领域机构所持有大量信息和数据具有极高经济价值。无论是地理还是商业信息，无论是旅游、交通还是立法数据，都成为了商品。欧盟委员会于 2006 年进行了一项调查，预计欧盟公共领域信息的市场规模可以达到 270 亿欧元（MEPSIR 研究）。欧盟委员会坚持认为，如果将公共领域的信息作为原料，就可以基于此建立一个极有价值的信息产品及服务内部市场，这反过来又会促进对该等数据进行"增值性"的跨境使用。创设欧洲信息市场使得私人领域可以彻底受益于公共领域所保有数据的巨大经济潜力。另一方面，私人领域的活力不得被公共领域机构在欧洲信息市场上出售其自有信息所产生的不正当竞争行为所阻碍。这样，之所以寻求对公共领域信息予以监管，其核心理由就是在欧盟信息市场上消除对公平竞争的扭曲。由于不同成员国之间法律制度的不同，就会产生这种扭曲。只要建立了协同化的法律环境，允许私人领域从现有信息潜力中完全获益，公民就也会受益于广泛的信息产品和服务。在制定规则方面，第 1 条第 1 款的规定揭示了本指令的核心目标，就是要对欧盟成员国有关公共领域信息重新使用的法律制度及实践做法予以协同。为此目的，本指令规定了必要的最低限度规则，以便不会阻碍信息服务及产品领域内部市场的"良好运行"及"健康发展"。前言第 8 项明确指出，成员国可以超越该等最低标准，以促进更深度的再次使用。不幸的是，对于公共领域机构公共职责与其商业活动之间的界限，本指令并没有进行明确。因此，首个关于公共领域重新使用的欧洲监管架构并没有提供依据，以解决至关重要并常常引起激烈争论的议题：信息市场上的哪一种活动属于公共领域、哪一种活动属于私人领域？就本指令若干规定进行的评论中可以明确，在这个议题上不出台进一步的规定，会阻碍信息市场的健康运行。

2. 适用范围之限制（第 2 款）。就公共领域信息设计首个欧洲监管架构花费了大量的时间。第一步就是在 1989 年予以公布的所谓《协同增效指引》。其目的就在于增强私人领域在欧洲信息市场中的地位，限制公共领域机构供应原始数据方面的作用。然而，由于缺乏约束力，《协同增效指引》的作用有限。而欧盟委员会用了几乎十年的时间方才公布了《1998 年关于公共领域信息的绿皮书》，然后于 2002 年提出了指令建议稿。欧盟委员会再一次付出了极大努力，就信息发放及重新利用中公共及私人领域的各自角色、权利及义务赢取共识。不同组织之间的政治争斗及游说产生的结果就明显体现在最终指令文本所确定的实际使用范围之中。其中，监管欧洲信息市场的雄心壮志在相当程度上受到限制。监管制度的适用范围之中并不包括对私人领域而言具有极高利益的各种公共领域文件。举例来说，在这方面，教育、文化机构及公共广播电视服务机构就被排除在外。这样，博物馆就不用担心其所展示物品的海报、明信片、宣传手册及书籍在市场上受到竞争。排除于指令适用范围之外的另一类极具潜在价值的信息产品就是第三方持有知识产权的文件。令人遗憾的是，对于公共领域机构自身持有知识产权的文件，指令对其地位并没有做出规定。前言第 22 项指出，指令并不影响公共领域机构知识产权的存在或拥有，也并不限定以本指令规定界限之外的任何形式对该等权利予以行使。总览成员国相关法律制度，就会发现对公共领域机构所有权的规定各异。对于该等情形，指令并没有进行协同化。另一方面，如果公共领域机构可以基于其在相关文件中的版权而反对重新使用该等文件，这似乎就与指令的宗旨及其描述的宏伟蓝图发生冲突。然而，前言第 22 项仅仅申明，公共领域机构对其版权的行使方式应便于文件的重新利用。而第 1 条第 1 款(a)项则规定了对本指令适用范围及法律效果予以严格限制的最后一项例外情形:公共领域机构提供文件本身构成的活动并不能被视为其公共职责组成部分的,新的法律制度就不适用。从前言第 9 项来看,其中清楚说明:公共职能范围之外的典型活动就包括提供纯粹基于商业基础而生成并予以收费的文件并与信息市场中其他方予以竞争。换言之,就该等文件而言,公共领域机构无须遵循本指令确定的制度,而是要符合市场自身的法则。

3. 适用范围与《对指令的 2009 年审议》。对《对指令 2009 年的审议》核心重要性进行考察,就涉及本指令适用范围之公共广播电视服务的例外及文化、教育及研究机构的例外。就该征求文件予以反馈的若干方面,都强调对该等机构持有信息予以重新利用的潜力,并表达了其对扩展指令适用范围的支持。然而,大多数成员国连同利益有关方都主张,在目前阶段,由于行政成本及相关支出超出了可能的正面效果,不应扩展指令的适用范围。另一方面,该等机构所持有的材料中,很大一部分都涉及第三方持有的知识产权,因此在任何情况下都在指令适用范围之外。欧盟委员会决定目前并不对适用范围予以修改,但鼓励适用范围之外的领域所适用指令所确立的原则,尤其是透明、无歧视及没有排他性安排。在审议中,欧盟委员会进一步表达了其对公共领域作品和信息的关切。在之前的通告(COM(2008) 513 final)中,"将公共领域作品进行格式转换后提供查看的。换言之,一旦转换为数码形式并通过互联网提供查看的,公共领域作品应当保持其性质。"欧盟委员会对此强调了其重要性。然而,欧盟委员会发觉,文化机构中倾向于针对数码化公共领域材料之查看与再利用进行收费,这可能会使得数码化公共领域材料的私有化,从而产生负面影响。欧盟委员会提出它要密切关注这一领域的发展。最后,在审议中,欧盟委员会强调了公共财政所购买的科技信息应该对所有人广泛开放并供其使用,以最大程度地发挥其研究和创新效力。这种表述符合之前欧盟委员会的《数码时代科技信息的通告》(COM (2007) 56 final)。

4. 成员国的文件查看制度(第 3 款)。基于透明度要求而查看公共领域文件不同于将之作为商业或其他活动的原料而再次使用该等文件。虽然有时在实践中并不容易进行这种区分，此处讨论的指令涉及后一个问题。根本而言，这与信息自由毫无关联。信息自由是要求国家赋予公民及组织查看权，以便披露某种公共领域信息及文件。通常而言，所取得的信息将被用于个人非商业的目的。这种查看权的根本目的是为了确保政府对其公民的透明度、开放性及责任，这样就更具人权及透明原则的意义，而不是基于经济理由。基于透明原则进行文件查看与基于再次使用目的而进行文件查看，这两者之间的关系就是第 1 条第 3 款的规制对象。依其规定，《公共领域信息再次使用的指令》是基于目前成员国的文件查看制度，并不对之予以反对。本指令不得适用于公民或公司根据文件查看制度需要证明其拥有特别利益而对该等文件予以查看的情形。

5. 隐私权(第 4 款)。显而易见，就包含个人信息的(电子)政务文件种类而言，有关数据保护制度对其可被再次使用的范围有着很大影响。第 1 条第 4 款规定，信息再次使用制度不得侵害并在任何方面都不得影响根据共同体法及成员国法就个人数据处理而对个人提供的法律保护水准，尤其不得改变《数据保护指令》所规定的义务和权利。对于本指令是否允许再次使用包含个人数据的公共领域信息这一问题，就需要个案评估，在隐私权及公共查看权之间达至足够的平衡。这意味着，在具体事例中，对提供某种信息以供再次使用是否合法的这一问题，公共领域机构就不得不根据《数据保护指令》确定的标准予以研判。然后，在披露预期含有个人数据的信息时，公共领域机构将不得不尊重包括诸如知情权或拒绝披露权在内的数据主体的权利，尤其在该等数据是基于诸如直接营销等商业再次使用目的之情形下更应如此。2003 年 12 月，第 29 条工作方机制就公共领域信息之再次使用及个人数据保护出台意见(《再次使用意见》)。在出台之前的两个意见(《公共领域信息意见》及《个人数据意见》)之后，数据保护工作方机制 2003 年的文件旨在阐明在公共信息再次使用背景下《数据保护指令》完全适用的意义，并就如何在数据保护及公共领域信息再次使用之间达至平衡。2005 年 7 月，欧洲数据保护总监(EDPS)发布了《公众文件查看权与隐私、尊严及数据保护之间关系的背景文件》。欧洲数据保护总监背景文件试图为如何解释一项相关共同体法律提供指引,涉及的情形诸如考虑公布包含个人数据的一项文件、处理要求查看该等文件的请求或者处理披露一项文件后的申诉。最后,应当指出,虽然可能看起来奇怪,但增强公众查看权也许反而会使得数据保护原则更为有力。虽然个人数据并不是《再次使用指令》所监管的主要信息和文件,然而该等数据当然也会被要求予以再次使用。另外,通过促进含有个人数据公共领域文件的提供,从而加强使用个人数据的政府活动的主动透明性,公民和公共利益团体会能够持续对特定文件予以监督或者对政府对其个人数据的使用情形进行监督,这反过来也会使得数据保护原则更其有力。

6. 知识产权(第 5 款)。信息社会中一项最为重要的挑战就是发现必要的确定性因素及足够的手段,以确定自由查看与排他提供信息之间的界限;更确切地说,所涉及信息就是此处所讨论指令适用范围之内的那类公共领域信息。公共领域机构事实上垄断了其信息来源;这些机构运用其垄断地位在其履行公共职责过程中所生成数据集合中确定可供提取和再次使用数据须满足条件之时,其垄断地位显而易见。在这方面,知识产权为其提供了强大的支撑。具有讽刺意味的是,欧盟立法本身通过《数据库指令》中的特种权利规定而加强了这种信息垄断地位。该指令为并没有达到可以取得版权保护那种独创水平的数据库创设了新的绝对权利。因此,事实数据就基于数据库保护制度取得保护;毫无疑问,公共领域机构进行各种信息的采集(统计信息、环境数据、不动产及土地信息、个人及公司地址、车辆信息等)将会被视为数据库并因而会根据欧洲数据库保护方面的法律得到保护。基于这种情形,并考虑到《数据库指令》并没有在公共领域机构主张特种权利的情形下施加任何的限制,现有的监管架构对公共领域信息商业化提供了坚实的支撑。然而,指令并没有主要对知识产权问题作出规定。对于知识产权问题及相关方在公共领域信息再次使用领域内的权利和义务,本指令并没有将之作为一个主题予以明确处理。第 1 条第 5 款仅仅规定,本指令所规定义务之适用前提仅仅以符合尤其包括《伯尔尼公约》和《TRIPS 协定》等知识产权保护国际协定相关条款为限。前言第22项申明,"知识产权"这一术语仅指版权及其相关权利(包括特种形式的保护)。换言之,本指令并不适用涉及诸如专利、登记涉及及商标之类工业产权的文件。总览相关国际制度,就会发现是由每个国家自己决定是否为政府信息产品提供保护。例如,《伯尔尼公约》第2条第4款交由缔约国政府自主决定将具有立法、行政或法律性质的文本及其官方翻译排除于版权保护范围之外。因此,成员国间例外范围千差万别,该指令并不改变这种局面。

定义

第2条

为本指令之目的,适用以下定义:

(1)"公共领域机构"系指国家、地区或当地政府机关、适用公法的机构及该等一家或多家国家机关或者一家或多家该等适用公法的机构所组成的组合;

(2)"适用公法的机构"系指满足以下条件的任何机构:

(a) 其设立就是基于满足公众利益的特定目的,并不具有工业或商业性质;并且

(b) 具有法律主体资格;并且

(c) 在大部分情况下系由国家、地区或当地政府机关或其他适用公法的机构予以资助;或者接受这些机构的管理监督;或具有一个行政、管理或监督委员会,其半数以上的成员系由国家、地区或当地政府机关或其他适用公法的机构予以委任;

(3)"文件"系指

(a) 任何内容,无论其载体为何(书面、以电子形式存储或以声音、图像或声像录音制品存储);

(b) 该等内容的任何组成部分;

(4)"再次使用"系指人员或法人对公共领域机构所持有文件,基于生成该等文件的公共职责范围初始目的之外的商业或非商业目的对之予以利

用。公共领域机构间纯粹为了履行其公共职责而对文件进行交换,并不构成再次使用;

(5)"个人数据"系指第95/46/EC号指令第2条a项所界定的数据。

1. 公共领域机构(第1款及第2款)。像欧盟委员会多次主张的那样,本指令明确规定,公共领域信息是数码内容产品和服务重要的原材料,将会随着无线内容服务的发展而成为更为重要的内容来源。鉴于公共领域信息前景广阔,关键就是要清楚哪些是公共领域信息,哪些是私人领域信息,由此,"公共领域"与"公共领域机构"的准确范围也至关重要。如对考察欧盟各国情形进行考察,就会发现它们使用了不同的方式界定信息查看法律所适用机构的范围。例如,在英国,该法律仅适用于该法律所附明细表明确提及的机构。与之相反,匈牙利、西班牙及丹麦采取了一种极为开放的方式,规定开放公共机关持有的文件,同时并没有具体规定"公共权力机关"这个术语的范围。为了在这两种方式间达到平衡,其他诸如荷兰在内的该国家则列出了法律适用范围内的两种机构。为了在欧盟内种种路径间达至协同化,指令并没有采用机构主义(或法定主义)的方式,没有规定仅仅是相关法律及行政条例规定的机构具有公共领域的性质;相反,指令采取了功能主义的方式,规定公共领域涵盖所有享有国家职权或承担公共服务职责的机构。因此,第2条第1款就规定,在使用"公共领域机构"这一术语时,本指令系指适用公法的国家、地区或当地机关,也包括一家或多家该等机关成立的、适用公法的协会。然后,第2条第2款具体规定了第2条第1款所谓"适用公法的机构"具体意涵。对于该款所界定类型之中的该等机构,须至少为了满足属于公共利益需要的特定目的而设立,并不具有工商业性质。另外,该等机构的财政须主要由公共财政支付,或接受该等机构的监督。因此,指令将在市场条件下运作并适用私法及商法的公共企业排除在外。公共广播电视公司就是这方面的一个例证。最后还须注意的是,"公共领域机构"及"使用公法的机构"之定义来自于之前公共采购领域的欧盟指令(92/50/EEC;93/37/EEC及98/4/EC)。

2. 文件(第3款)。数据资源和电子媒体日益重要,其运用也日趋广泛，这都使得界定诸如"纸质"、"书面"及"文件"这种耳熟能详的术语面对着新的挑战。应该为这些术语的数码形态采用新的、独立的定义，还是更应该采用技术中立的定义呢？指令第 2 条第 3 款选择了后一种方式，对"文件"作了类型化的界定。该定义涵盖了对行为、事实或信息及该等行为、事实或信息总汇的任何陈述，不论其媒介为何（是写在纸上的、以电子形式存储的或者是声音、图像或视听制品），只要是由公共领域机构所持有。另外，前言第 9 项清楚地表明：电脑程序并不属于"文件"的范畴。最后，前言第 11 项规定，公共领域机构持有的某项文件就是公共领域机构有权授权对之进行再次使用的文件。

3. 再次使用的范畴（第 4 款）。公共领域机构日常收集、生成、再次生成及发布大量文件及信息，以履行其公共职责。此时就产生了一个关键性问题，这些使用情形中，哪些可以归于公共领域机构作为其日常活动而进行的使用，哪些种类的用途超出了正常使用的范畴，具有某种"营利"或"商业"的色彩。本指令并没有涉及通过公共领域信息获利的概念。相反，其中的关键术语是针对该等信息的"再次使用"。第 2 条第 4 款规定的概念清楚表明，基于特定机构职责范畴之外的活动而对文件进行的任何使用都构成再次使用。公共职责之外的活动通常就包括仅基于商业条件提供生成的文件并收费，与市场其他方进行竞争。为了避免交叉补贴，再次使用也包括在该组织自身内部对该等文件在其公共职责之外进行的其他使用。相关信息查看法律规定只有能证明对该等文件具有特别利益的公民或公司方可获得这些文件的，提供该等文件并不能构成本指令项下的再次使用。

4. 个人数据（第 5 款）。显而易见，对隐私及更为具体的数据予以保护，对含有个人信息的、可以再次使用的公共领域文件范畴会产生影响。出于这个理由，之前讨论的第 1 条第 4 款针对查看公共领域信息会产生个人数据保护问题的情形。与此相关的是，欧洲一审法院[*]在 *Bavarian Lager Company v European Commission*（T-194/04，2007 年 11 月 8 日）中裁

---

[*] 现已更名为欧洲一般法院。——译注

定,在保护个人数据与公共查看文件之间并不存在优先等级。这至少意味着一点:如果披露数据并不会损害所提及人士隐私的,不得拒绝提供包含该个人数据的文件(也请见欧洲人权法院 2009 年 4 月 14 日,*Társaság a Szabadságjogokért v. Hungary*)。为避免对"个人数据"的范畴形成争论,就规定本术语系由《数据保护指令》第 2 条 a 项所界定。这样,个人数据就可以被理解为"与身份确定或可确定自然人("数据主体")有关的任何信息"。鉴于《数据保护指令》对个人数据的宽泛定义,许多公共领域文件都潜在涉及个人数据。因此,公共领域所持有信息中包含的个人数据可能在人口、公司、车辆或者信用登记中发现。与此有关的还有医疗、用功或社会保险数据方面的信息。也可以适用《数据保护指令》第 2 条注释 2 对"个人数据"的解释。

指令的一般原则

第 3 条

允许公共领域机构对其持有文件予以再次使用的,成员国须确保根据第三章及第四章规定的条件可对其基于商业或非商业目的的再次使用。应尽可能地通过电子手段提供文件。

1. 概述。指令之宗旨是在整个欧盟为要求再次使用公共领域信息的公司确立最低限度的法律保障。因此,指令就规定了一些条件,以确立欧洲公共领域信息市场具有公平竞争的环境。在这个意义上,这个市场上的公平竞争及透明度就成了关键词,是指令第三章及第四章所规定条件的基础。之前,《电子欧洲通告》(eEurope Communicationis)就表达了建立公平及充满竞争的欧洲信息市场这一政治抱负。

2. 指令的影响。然而,纵观该指令,就会发现成员国在遵循欧盟宏伟的政治蓝图方面拥有相当程度的操作空间。首先,指令并没有规定允许文件再次使用的实际义务。因此,原则并非"默认开放"(即,除非明确定性为非公开的,应当公开所有公共领域信息)。虽然欧洲议会督促设定义务,欧盟委员会和欧盟理事会对之却予以拒绝。应该仅仅鼓励公共领域机构提供其持有的任何文件以供再次使用。换言之,最终由成员国或者相关公共领域机构决定是否允许其信息得到再次使用。其次,该指令仅限于规定再次使用公共领域信息的市场条件,但并不涉及同等重要的议题——查看该等信息。后者又是由成员国来自己决定的。然而,鉴于并没有在商业或非商业目的间对再次使用进行区分,该指令也许还是具有相当影响的。这意味着,只要提供一项文件是基于非商业目的,在同时也就可以基于商业目的而提供该文件。也许仅仅针对再次使用的条件才会进行区别对待。再者,考虑到公共领域机构在其日常活动之外的任何使用均构成再次使用(第2款),这也许对指令的实际适用范围具有相当程度的影响。

  3. 以电子形式提供。大多数欧盟成员国的公共领域都呈碎片化状态,这使得潜在客户很难明了其可以获得哪些信息并对之予以再次使用。如果引入相关机制,使得顾客可以确定相关信息而无须事先了解哪一个公共领域机构持有特定类型的数据,就可以改善这种状况。对此,电子手段就可能是相当重要的。因此,第3条督促成员国以电子手段提供文件。然而,将信息本身电子化仅仅是一个步骤。最令人激动的前景在于通过统一的起始点(一站式门户)找到并查看可供再次使用的所有公共领域信息数据。这种机制自身并不需要提供公共领域文件及信息。相反,它可以通过提供索引和信息源的方式帮助确定可供再次使用的文件及信息。

第二章 再次使用请求

再次使用请求的要件

第4条

（1）公共领域机构应尽可能地在适当情形下通过电子手段处理再次使用的请求并向申请人提供用于再次使用的文件，或者在需要许可的情形下，根据规定处理查看文件请求的时限，在合理期间内向申请人确定许可条件。

（2）没有时限或者没有确定有关及时提供文件的其他规定的，公共领域机构处理再次使用请求并向申请人提供相关文件的，或在需要取得许可情形下确定许可要约的，不得超过收到请求之日起的 20 个工作日。请求细致或复杂的，可以将该等时限延长 20 个工作日。在此种情形下，应当在最初提出请求之后的三个星期内通知申请人：需要更多的时间对其请求加以处理。

（3）作出拒绝决定的，公共领域机构须告知其拒绝申请人的理由，该等理由基于该成员国信息查看制度相关规定或根据该指令尤其是第 1 条第 2 款 a、b 及 c 项和第 3 条而制定的相关国内规定。如果拒绝决定是基于第 1 条第 2 款 b 项做出的，公共领域机构须在其中说明已知权利人的自然人或法人身份，或者是公共领域机构获权取得相关材料的许可人身份。

（4）任何拒绝决定须载明申请人可以对该决定提起复议或上诉的救济方式。

（5）不应要求第 1 条第 2 款 d、e、f 项下的公共领域机构遵循本条规定的要求。

1. 在合理期间处理再次使用请求（第 1 款）。在充满活力的信息市场中，利用特定信息的时机对于商业成功而言相当重要。例如，交通数据或天气预报的经济价值取决于是否可以及时获得该等信息，这一点十分关键。这又要求对公共领域机构须在时限内答复再次使用该等信息的请求予以关注。该指令第 4 条第 1 款规定该等时限须合理，符合成员国信息查看法律制度中对查看文件请求的同等时间规定。序言第 12 项明确提到，在可能及合适的情形下使用电子手段处理再次使用请求。一旦对再次使用请求予以许可，公共领域机构须按照可以完全利用其经济潜力的时限提供相关文件。需要许可的，须在合理期间确定授予申请人的许可。之后，及时提供所请求的文件可以是该许可条款的组成部分。

2. 未规定时限(第2款)。公共领域机构当然可能没能规定处理再次使用请求或确定许可条件的具体时限。没有时限或者没有确定有关及时提供文件的其他规定的,该指令规定了时限:不超过收到请求后之日起的20个工作日。对于细致或复杂的请求,可以将该等时限再延长20个工作日。在这种情形下,应当在最初提出请求之后的三个星期内通知申请人需要更多的时间对其请求加以处理。

3. 拒绝再次使用请求的决定(第3款)。基于种种利益可以阻止提供文件以供再次使用。如同之前论述的那样,第1条将各种信息从该指令的适用范围中予以排除,这意味着可以从根据该指令第1条第2款a,b及c项规定而制定的国内法规中提出拒绝的理由。然而,其他拒绝的理由也适用。例如,再次使用含有个人数据的文件可能会被认为不符合数据保护制度。因此,负责的公共领域和机构可以决定不予披露相关文件。在一些成员国,法律明确禁止对个人数据予以商业化利用。基于以上理由或者其他理由作出拒绝决定的,第4条第3款要求公共领域机构告知申请人拒绝的理由。拒绝决定是基于第三方持有所请求文件中知识产权这一主张的(第1条第2款b项),公共领域机构应当指明作为已知权利人的自然人或法人,或者是公共领域机构获权取得相关材料的许可人身份。

4. 救济方式(第4款)。作出决定对查看请求予以拒绝的,须载有申请人如希望对之提起复议或上诉的救济方式。前言第15项提到,说明可寻求救济方式的足够信息对于中小企业尤其重要,因为它们可能与其他成员国的公共领域机构进行交往并不熟悉,对相关的救济方式也不很知情。因此,第4款暗指成员国须就公共领域机构的决定设定或提供提起复议或上诉的正式程序。然而,对于程序的类型及其具体形态,指令并没有作出规定。这都由成员国决定。现有制度是否为私人领域建构了足够强大的地位去应对公共领域机构基于错误理由拒绝发布消息的情形,尚无定论。《2009年审查报告》表明特定的成员国(其中就包括法国和英国)已经设置了高效、经济及独立的纠纷解决机制，降低了提出诉求的门槛。

第三章　再次使用的条件

可提供的格式

第5条

（1）公共领域机构须在可能及适当的情形下以电子手段通过任何现有格式或语言提供其文件。这并不意味着公共领域机构为满足相关请求而有义务去创设或调整文件，也不意味着其有义务在简单操作之外付出不成比例的努力提供文件摘要。

（2）基于本指令，不得为了个人或私人领域机构再次使用特定种类的文件而要求公共领域机构继续生成该等文件。

1. 没有格式要求。第5条规定清楚表明了该指令宗旨就是为了促进信息服务及产品领域内部市场的良好运作及顺利发展，但同时又不能损害公共领域机构的利益。换言之，监管制度不得造成公共领域新的财政及行政负担。因此，公共领域机构并无义务承担额外工作以促进其信息的发布。仅仅要求它们在提供再次使用信息时遵循一定的规则和程序，但并不需要在损害其财政地位或增加其员工负荷的基础上主动推进。据此，第5条第1款使得公共领域机构自主决定提供文件或信息的格式或语言。同时，公共领域机构并无义务为了满足特定请求而生成或调整其文件。然而，在发布再次使用文件及信息过程中该指令的确推进了信息通讯技术（ICT）最新发展的应用：公共领域机构应当尽可能在适当的情形下以电子方式提供文件（前言第13项）。另外，前言第13项提及，为了促进文件的再次使用，公共领域机构还是要在可能及适当的情形下通过独立于应用软件的格式提供其自身文件，这意味着，这种格式并不依赖于某个特定应用软件的运用。个人或私人领域机构请求查看现有文件摘要的，负责机构并无义务在任何情况下对其提供文件摘要。虽然指令要求负责的公共领域机构对该等请求予以正面考虑,如提供摘要将使公共该领域机构付出过多努力的,则其并无义务提供。换言之,该指令赋予公共领域机构相当程度的自主权,主张要是对摘要的请求涉及的不仅仅是简单的操作,从而对之予以拒绝。申请人当然可以对该决定申请复议或进行上诉。根据第 4 条第 4 款的规定,拒绝提供摘要的决定须载明救济方式。最后,公共领域机构须在可能及适当的情形下考虑残疾人自己或为其利益而再次使用文件的可能性。

2. 终止提供(第 2 款)。如上论述,该指令所设置的监管制度明显是一项完善及有约束力的制度,为信息市场提供了完全利用潜在欧洲信息市场所有机会的重要工具。该指令并不对允许再次使用文件的方式予以要求,就是这样的例证。决定是否授权再次使用文件的权力属于成员国或者有关公共领域机构(前言第 9 项)。另外,第 1 条第 2 款明确规定了几项涵盖范围甚广的例外情形,其结果就导致大量的文件不会被提供而用于再次使用。最后,即实提供文件,也并非毫无限制。第 5 条第 2 款规定,不得要求公共领域机构继续生成特定种类的文件。因此,这些机构就可以自主决定停止提供之前为了再次使用而提供的信息。该指令仅仅要求停止提供再次使用特定信息或文件,或者停止对之予以更新的机构将其决定公之于众。然而,依赖获取这些信息的私人及公共领域机构的地位就比较弱小。这是因为终止提供信息的相关机关并无义务注意到通常在当事各方面所约定的义务,例如:在特定时限内予以事先通知的义务。该指令仅仅要求该机关尽早公开其决定。因此,它可以在任何时间不予以事先通知而停止发放信息,同时又不必考虑该等决定对依赖于该等信息的相关组织所造成的不利影响。最后,该指令规定,在公开这些决定的时候,相关机关须尽可能地通过电子方式进行(前言第 18 项)。

收费原则

第 6 条

如收费,则提供并准许再次使用文件的全部收入不得超过收集、生成、再次生成、发放的成本及允许其取得合理投资回报。收费应以成本为导向，涵盖适当会计期间，并根据适用于相关公共领域机构的会计准则加以计算。

1. 介绍。准许查看可在此利用公共领域信息的，比较棘手的当然就是对该等查看可以收取多少费用的问题。换言之，多少成本和费用可供收取？更重要的是，公共机构是否可以在特定情形下将"营利"因素考虑在内？涉及价值重大的政府机密的，可以主张该等收费应该基于竞争考虑，反映了市场价值。另外，有主张认为，基于其经济价值，公共领域信息是应对公共领域机构的预算赤字问题的高效工具。此外，公共领域可以通过利用信息资源而使其行政及预算资源最大化，这将使得该机构降低其向纳税人收取的费用。然而，将营利因素纳入其中是一项尴尬的策略，其理由就是公共领域信息是由公共领域机构在其履行公共职责中利用公共财政所收集。公共领域信息在其生成的时候就已经由公共财政予以支付，因此就属于公共所有。因此，对其的使用应该免费。再次，通过该等信息营利将会导致公共领域机构利用其地位取得了不正当的优势，并使其在履行公共职责时滥用其职权地位。对此，该指令力图有所作为。另外，在适用的情形下，竞争规则也能够发挥重要的辅助作用，例如它确保再次使用信息基于非歧视条件向市场所有潜在当事方开放，有助于释放再次使用的潜力。

2. 成本导向方式。出于确保公平竞争的理由，指令第 6 条采取了成本导向方式：收取的全部成本和费用不得超过生成、重新生成、发布所请求信息和文件的成本及公共领域信息再次使用。价格的举证责任由收取提供及再次使用费用的公共领域机构承担。换言之，指令并不允许公共领域机构将信息视为市场商品并将之用于商业目的。然而，前言第 14 项规定，在适用的情形下，公共领域机构可以在确定价格的时候对其自我收支平衡的要求予以适当考虑。对于生成开支，就包括创设、勘校及发布文件和信息的成本，也可能包括用户支持的费用。注意到任何过高的价格都要排除的前提下，前言第 14 项规定，费用的上限是由需要收回的成本及合理投资回报构成的，符合适用的会计准则及相关公共领域机构的相关成本核算方式。当然，关键问题是"合理投资回报"确切内容是什么。在计算投资成本时，必须及可以考虑的因素是什么？尽管如此，指令倾向于以最低成本发放及在此利用，因为它要求成员国鼓励公共领域机构以不超过重新生成及发放文件边际成本的费用提供文件。此外，该指令作出的规定并不禁止成员国或公共领域机构收取更低的费用或者予以免费提供。对指令通过后不同成员国公共领域机构定价政策的发展及相关负责公共领域机构对"免费"直至"合理投资回报"间所持立场进行考察，是很有意思的。然而，《指令2009年审查报告》并没有对之予以详述。它仅仅强调免费或仅收取边际成本的重要性，并提到《经合组织关于公共领域信息进一步公开及更有效利用的建议》，后者于2008年通过，也规定了价格及边际成本的条款（C(2008) 36，6/2008）。

3. 非歧视及透明的价格。公共领域机构确立适用于查看及再次使用条件应系非歧视及透明。这意味着不能够武断地确定价格，并须将价格清楚及明确地公布。另外，须指明确立价格时考虑的因素（请见第7条）。然而，明确及非歧视定价条件并不阻止信息在公共领域机构之间出于履行公共职责的需要而进行的免费交换，而第三方则须付费再次使用该等信息或文件。该等条件也不禁止针对商业性及非商业性的再次使用之间采取不同的收费政策（请见前言第19项）。对非歧视及透明价格及条件的企图予以认识，也许将会是指令实施之后最具挑战性的议题之一。理论而言，试图利用其自身文件和数据进行商业活动的公共领域机构能够并应当在第三方提出再次使用请求时给予相同条件并收取相同费用。然而，公共领域内部会计准则及做法可能会严重阻碍甚至阻止基于非歧视及透明价格的公平竞争。尤其是交叉补贴的现象可能使得公共领域机构很难做出客观决定，以确保符合指令所规定的规则及原则。

透明

第7条

对公共领域机构持有信息的任何适用条件及标准收费须事先确定，并在可能及适当的情形下以电子手段发布。在收到请求时，公共领域机构须说明其所公布收费的计算依据。相关公共领域机构也须说明在极端情形下计算费用所考虑的因素。公共领域机构须确保再次使用文件的申请人获知针对影响其自身的决定或做法的救济方式。

概述。如前所述，信息市场的透明是欧盟委员会的一项至关重要的抱负。有人主张，确保清楚公开的再次使用公共文件的条件是共同体信息市场发展的先决条件。因此，第7条规定了公布再次使用条件的义务。另外，须明确公司请求再次使用公共领域信息所适用的程序。此外，所有适用的条件及标准收费须予以事先明确，并不得基于个案确立。只要（潜在）再次使用者要求获知收费计算方面更为具体的信息，公共领域机构就有义务说明已公布收费的计算依据。最后，前言第15项提及可以推进透明度的另一手段；成员国应当鼓励设立所提供文件的索引并在适当情形下将之放置于网上，以支持及方便提出再次使用请求。当然，公共领域机构可能不会永远遵循以上透明度要求行事。因此，指令在第7条最后一句规定公共领域机构须确保再次使用文件的申请人获知针对影响其自身的决定或做法的救济方式，这是以默示的方式要求成员国提供救济方式。对于救济方式，请见第4条第4项评述。

许可申请

第8条

（1）公共领域机构可以不附加条件地允许再次使用文件，或者在合适情形下通过许可的方式附加针对相关事项的条件。该等条件不得不必要地限制再次使用的可能性，并不得用于限制竞争。

（2）在使用许可的成员国，成员国须确保适用于再次使用公共领域文件的标准许可通过数据格式提供并可以电子方式处理，且可以根据具体许可申请的要求加以调整。成员国须鼓励所有公共领域机构使用标准许可。

1. 无义务发放许可（第1款）。规定于第8条的许可制度是本指令所确立软性监管制度的另一个例证。其核心原则就是公共领域机构并无义务通过许可的形式针对再次使用保证特定议题或者施加条件。是否适用许可的决定应由相关公共领域机构作出。然而，相关方如不能就特定议题达成一致，看来就不可能形成一个公平、开放及透明的信息市场。从公共领域机构的角度来看，可以设想针对正确使用信息或文件、认可信息来源或者不能更改信息或文件这类议题达成合同保证。就其而言，试图再次使用信息的组织或公司希望公共领域机构保证获得的文件并不侵犯任何版权或其他知识产权。并且，该等公司或组织试图对特定信息进行商业利用的，明显倾向于许可规定了对该等信息进行惯常更新的保证（这对于实时信息而言尤其重要）。然而，如前所述，指令交由相关公共领域机构决定是否予以提供该等及其他条件和担保。指令唯一施加的条件就是涉及使用许可时应该如何的公正和透明。第 8 条第 1 款规定，许可所规定的条件不得不必要地限制再次使用的可能性，并不得用于限制竞争。

2. 标准许可（第 2 款）。使用许可并非必需，但一旦使用，就要求成员国确保提供用于再次使用公共领域文件的标准许可。可以在之后对该等标准合同予以调整，以满足再次使用情形下的特定要求。为了最方便地对提供的标准许可予以查看，指令规定，成员国须推进以电子格式提供许可（即将之放置于网上）。此外，成员国须确保该等标准许可能够以电子方式加以处理。

推进再次使用

第 9 条

成员国须确保提供实用性安排，方便搜索供再次使用的文件，该等安排诸如最好能通过互联网查看的物品清单、与分散式物品清单予以链接的门户网站。

1. 实用措施及安排。如前所述，指令设置了适用于再次使用公共领域文件之条件的总体架构。该等监管制度的核心宗旨就是确保再次使用该等信息而具有公平、适当及非歧视条件。然而，创设有利于共同体范围内服务发展的条件就要求不仅仅是一套法律规则了。尤其是跨越边境的宏大地理范围使得要创设一个在泛欧层面更多地再次使用公共领域信息的环境，这就要求引入其他机制促进欧洲公司利用信息市场潜力，而不仅仅是针对在国内层面上运营的公司。这就有必要至少引入便于跨境知晓供（潜在）再次使用的文件的手段。有助于潜在再次使用者找到供再次使用的文件并理解再次使用条件的实用措施可以很大程度上促进对公共领域文件的再次使用。因此，第9条就规定，成员国应确保提供实用安排，以帮助再次使用者搜索供再次使用的文件。在这个意义上，指令就提及了主要文件（指再次深度利用或有可能进行再次审读利用的文件）中最好能通过互联网查看的物品清单以及与分散式物品清单予以连接的门户网站作为这类实用安排的例证。然而，真正的全欧信息产品及服务市场所要求的不仅仅是目前监管架构与实用措施的结合。仍然存在主要的障碍（就像《2009年审查报告》中指出的那样），诸如语言障碍及缺少存储公共领域信息的共同指引及原则。

第四章　非歧视及公平贸易

非歧视

第10条

（1）适用于再次使用文件的任何条件须对相匹配领域的再次使用不具有歧视性。

（2）公共领域机构再次使用文件进行其公共职责范围以外商业活动的，须适用为其他方从事该等活动所提供文件而适用的收费及其他条件。

1. 再次使用的非歧视条件（第1款）。公共领域机构决定对其文件的再次使用施加条件的，该等条件须对于相匹配领域的再次使用不构成歧视。该等规则允许对不同种类的使用或用途实行不同的再次使用政策。例如，再次商业利用和再次非营利性使用就被认为是不相匹配领域中的再次使用。因此,第 10 条第 1 款并不阻止公共领域机构对商业利用收取费用而非营利机构可以免费使用同样的文件。

2. 公共领域机构的商业活动(第 2 款)。了解公共领域机构如何处理第 10 条第 2 款所规定条文的实际后果时很有意思的。如前所述,公共领域机构为了履行其公共职责收集、生成、再次生成并发布文件,但在同时也出于商业理由而对同样的文件进行使用。后一种类型的使用构成了本指令项下的再次使用。如同第 10 条第 2 款规定的那样,在同属于相匹配领域的情形下,适用该等再次使用的条件不得与适用于其他当事方的条件不同。实践中,这就意味着当事公共领域机构就须针对其已经持有的文件(因其对该等同等文件的收集是作为其公共职责的一部分予以进行的)制定再次使用条件并计算出再次使用费用。这就将公共领域机构置于一个非常困难的境地:既是监管者也是当事方。因此,了解公共领域机构如何在这方面安排了自身及其竞争对手的地位,是很有意思的。至少,它要求其要界定公共领域机构公共职责的范围,这就要使之须考虑经欧洲法院所解释的欧盟法律所确立的特定限度及标准(与之相关,"公共职责"这一术语与公共服务或为了普遍经济利益的服务密切相关)。实践中,为了第 10 条第 2 款确立的规则得以实施,关键在于,针对构成公共职责组成部分的使用、基于商业动机及活动进行的重新使用,须制定明确的指引。在《2009 年审议报告》中,欧盟委员会认为,似乎很难在公共领域机构的公共职责与市场行为间予以明确划分。成员国的事例表明,在一些情形下,界定公共职责的方式使得其涵盖了很广泛的活动,几乎覆盖了整个公共领域增值信息服务市场。"这种局面就会很容易导致交叉补贴。公共领域机构就利用其'原始'信息以比其竞争对手更优惠的方式提供增值服务。这种情形下,私人再使用者很难与公共领域机构进行竞争。"欧盟委员会强调,为了确保第 10 条第 2 款所规定的公平竞争及非歧视,公共领域机构利用其自身文件提供增值服务与其他再次使用者进行竞争的,就必须进行同等收费并适用其他的同等条件。欧盟委员会也强调了对公共领域机构公共职责与市场行为进行账户分立的重要性。另外,成员国也可以对公共领域机构的公共职责予以界定。

禁止排他安排

第11条

（1）即使一个或多个市场主体已经基于再次使用文件利用这增值产品，该等文件也须向市场上所有可能的当事方予以开放。持有文件的公共领域机构与第三方之间的合同与其他安排不得授予排他权利。

（2）然而，如果基于公共利益而需要通过排他权利提供服务的，授予该等排他权利的理由须经过惯常的审议，并且在任何情况下须每三年审议一次。本指令生效后确立的排他安排须透明及为公众所知。

（3）不符合第2款例外情形的现存排他安排应于合同终止之时或者在任何情形下下不迟于2008年12月31日予以终止。

1. 公开市场原则（第1款）公共领域机构至少对其数据和文件拥有实质的垄断。过去，当事机构利用这种地位对其信息资源进行着严密控制，或者与受其优待的私人领域伙伴达成排他安排。作为支撑该指令的核心原则，就是要实现公共领域信息资源的所有经济潜力，就得在该等信息市场实现竞争。因此，第11条第1款规定，公共领域机构制定其政策及相应的信息资源再次使用条件时须尊重相关竞争规则。另外，该等机构应当最大程度地避免与私人合作伙伴达成排他性协议。换言之，指令反映了欧洲竞争法律制度，不正当的排他安排以及对主导地位的可能滥用都违反了《建立欧洲共同体的条约》。因此，在公共领域机构与第三方之间的排他安排在原则上是禁止的。2009年12月，欧盟委员会通过合同招标，在该指令的框架内研究评估特定成员国公共领域机构达成的排他性协议。首批获选成员国（法国、德国、意大利、波兰、西班牙、奥地利、丹麦、比利时及捷克共和国）将成为2010年的研究对象。

2. 非排他性的例外（第2款）。然而，有时候对第11条第1款的一般性规则予以豁免是必不可少的。基于诸如为大众经济或社会利益而提供服务的一般公共利益考虑，再次使用的排他性安排也许是必要的。没有排他性权利,没有商业出版商会出版该等信息,这样就会引发该等情形出现。指令要求这种情形下的排他性安排须为透明及公开。并且,考虑到条约第 86 条的适用,该等排他性安排的正当化理由须接受定期审查。在任何情形下,须每三年对该等安排的合法性进行审查。

3. 现存排他安排(第 3 款)。目前,数不胜数的组织及公司从其再次使用数据中的优势地位中获得可观收入,并经常从特定的公共领域数据及文件中获取商业利益。鉴于本指令的宗旨,这些当事方将会失去其独占地位。然而,其利益却以第 11 条第 3 款的方式予以保护。他们与其公共领域伙伴之间的排他安排不需要在合同到期前终止,但最终也须在 2008 年 12 月 31 日之前终止。在《2009 年审议报告》中,欧盟委员会指出,有证据表明在成员国中间仍然有排他安排生效,并申明其将密切监督该等义务的履行。

第五章 最后条款

实施

第 12 条

成员国须于 2005 年 7 月 1 日实施符合本指令的法律、行政法规及政府规定。并须立即将之通知予欧盟委员会。成员国通过该等措施的,他们须载明对本指令的援引,或者须在其官方发布的时候加附该等援引。成员国须决定作出该等援引的方式。

1. 概述。成员国须在 2005 年 7 月 1 日前实施该指令,这就意味着他们须对其法律及其行政法规进行必要的修改,以使得该指令的条款生效。采取的实施措施须向欧盟委员会予以通知。

2. 转化。在该等评论定稿之时(2010 年初),尽管只有四个成员国满足了 2005 年 7 月 1 日之期限,所有成员国都实施了该指令。欧盟委员会已经向成员国提起了 18 起违反指令的诉讼,而欧洲法院也做出了没能实施该指令的四项裁决。对指令的审议表明，成员国以不同的方式对指令予以实施：其中，11个成员国（比利时、德国、希腊、西班牙、爱尔兰、意大利、塞浦路斯、卢森堡、马耳他、罗马尼亚及英国）制定了具体的再次使用法律措施；四个国家（丹麦、奥地利、斯洛文尼亚及瑞典）采用了具体针对再次利用的新措施与指令之前法律相结合的方式予以实施，而八个成员国（保加利亚、捷克、芬兰、法国、拉脱维亚、立陶宛、荷兰及葡萄牙）对其包括再次使用公共领域数据的文件查看法律架构进行了调整。最后，四个成员国（爱沙尼亚、匈牙利、波兰及斯洛伐克）仅就没有对再次使用进行具体规定的措施通知了欧盟委员会。

审议

第13条

（1）欧盟委员会须就本指令之适用于2008年7月1日之前进行审议，须将该等审议结果连同对该指令的修改建议一起通知予欧洲议会及欧盟理事会。

（2）该等审议尤其须解决指令的适用范围及法律效果问题，包括增加再次使用公共领域文件的限度，对具有法律及行政措施之性质的官方文本进行收费和再次使用适用相关原则的效果，还包括改善内部市场正常运作及欧洲服务行业发展的进一步的可能。

1. 概述。与许多其他欧盟指令一样，欧盟委员会须就该指令的是引用及是否需要调整的情形提交报告。除了对指令进行的一一般审议之外，该等审议还包括第13条第2款所列举的、具有特别重要意义和敏感度的议题。

2. 对公开信息市场"成功"与否进行评估。设计再次使用公共领域信息的欧洲监管架构所遇到的主要问题，似乎就是对使用及再次使用该等信息的氛围更为开放时所带来的实际影响认识不足。种种研究试图对查看及利用公共领域信息的不同收费模式所带来的经济影响进行评估，同时又竭力减轻公共领域机构在资源及行政力度方面所承受的负担。然而，仍然不清楚指令针对请求再次使用、收费规定的适用原则及透明度要求所带来的确切后果。因此,对于这些原则中间一些原则的必要性及适用范围,尚有激烈争论。这样,就信息的发布和再次使用,需要相当的时间对公共及私人领域的角色、权利及义务形成共识。最后,随着《公共领域信息再次使用之指令》的发布,欧盟的第一项立法步骤就是对其成员国国内政府所获取信息及数据所形成价值巨大的"市场"予以规制,就可以实现其目标。通过新的架构,鉴于20世纪80年代所通过名为《协同增效指引》(Synergy Guidelines)[524]的法律效果极为有限,欧盟希望在公共领域信息发展一个成熟行业时具有更为坚实的法律文件所构筑的基础。对该指令的审议报告于2008年7月1日发布,须说明新规则是否取得了实质的"成功"。如同第13条第2款规定的那样,该等审议尤其须解决指令的适用范围及法律效果问题,包括增加再次使用公共领域文件的限度,对具有法律及行政措施之性质的官方文本进行收费和再次使用适用相关原则的效果。另外,该等审议还须探讨括改善内部市场正常运作及欧洲服务行业发展的进一步的可能。

3. 审议。2009年5月7日,欧洲议会发布了其关于指令审议的通告(COM(2009)212 final)。向相关利益方及成员国予以咨询的结果及具体提交的意见请见〈ec.europa.eu/information_society/policy/psi/index_en.htm〉。针对指令的前景,通告认为其已经引入了促进欧盟范围内公共领域信息再次使用的基本条件。该等审议表明,指令通过后,情形得到改善。2008年的一项研究对指令在地理、气象及法律/行政这三个主要领域的影响予以评估,对衡量公共领域信息再次使用不同指标的监控结果体现了近年来市场的增长及所有三项领域中信息再次使用的增多(MICUS 12/2008)。允许对公共领域信息再次予以商业使用,这就打破了垄断,设定了公平交易条件,降低了价格,提高了透明度。然而,欧盟委员会也注意到,该指令的进展及实施情形在不同国家中不尽相同,且存在着巨大的障碍。这就包括:"公共领域机构不顾其对更高层面的经济及公私领域之间竞争造成危害而尝试最大程度地回收成本,诸如缺乏可用公共领域信息的信息及公共领域机构不能认识到经济前景的思维定势这些阻碍再次使用的实际议题。"在能够考虑其他立法措施以前,欧盟委员会主张,对不同的问题及成员国取得的进展,须予以监控和评估。欧盟委员会呼吁成员国现在集中精力:"促使指令能够得到完全及正确的实施和适用,终止排他性安排,采用许可及收费的模式促进公共领域信息的可用性及再次使用,确保再次使用自身文件的公共机构及其他再次使用者之间的平等条件,鼓励发展快速、经济的纠纷解决机制。"2012年将进行一次新的审议,须为指令的影响、效力和适用及可能必要的法律修改提出更多的论据。

生效

第14条

本指令须于其在欧盟官方杂志发布之日起生效。

概述。指令于其在欧盟官方杂志发布的2003年12月31日生效。相关信息、成员国内发展的新闻报道及与指令相关的所有事项,请见〈ec.europa.eu/information_society/policy/psi/news_archIVe/index_en.htm〉。

适用对象

第15条

本指令适用于成员国。

第四部分　其他相关指令

欧洲议会及欧盟理事会第 593/2008 号（EC）条例（《罗马Ⅰ条例》）

2008 年 6 月 17 日通过关于合同义务适用法律（罗马Ⅰ）之条例

引言

1. 历史背景。(a)《1968 年布鲁塞尔公约》。《罗马Ⅰ条例》源于《1968 年布鲁塞尔公约》，于 2008 年 6 月 17 日替代了《1980 年罗马公约》并于 2009 年 12 月 17 日生效。《1968 年布鲁塞尔公约》就若干特别管辖权选择进行了规定，使得诉讼中的原告可以在不同国家的特定法院间进行选择。这就意味着，在实践中，一方当事人更有可能选择一个成员国的法院而不是与权利主张具有最密切联系成员国的法院，这其中的缘由仅仅是因为前者的法律对其更为有利。(b) 渊源：《1980 年罗马公约》。为了降低原告选择对其最为有利成员国法院所带来的风险，成员国基于与《1948 年布鲁塞尔公约》同样的法律依据，于 1980 年签署了《罗马公约》。简言之，《罗马公约》规定了法律及管辖权自由选择原则。合同各方当事人有权自由选择合同整体或部分所适用的法律，并可自由选择纠纷享有管辖权的法院。基于双方同意，他们可以在任何时间改变合同所适用的法律。如果各方并没有明确进行法律选择，根据准据法原则，该合同就适用于其最密切联系国家的法律（履行合同当事方的惯常居所地或管理中心地、负责履行合同当事方的主要营业地或其他营业地）。对于和信息技术法律无关的案件（不动产合同及货物运输合同）适用特别规则。《罗马公约》就消费者保护进行了特别规定。

除非合同双方另有约定，消费合同适用消费者惯常居所所在国的法律。在任何情况下，法律选择不得将消费者置于不利地位或剥夺其所居住国对其更有利法律所提供的法律保护。该等规定被认为对于和法域之外的供应商达成电子商务合同的消费者而言意义重大。消费者保护规则以前并不适用于运输合同或于消费者惯常居住国之外的服务提供合同。《罗马公约》最终形成了《罗马Ⅰ条例》的基础。（c）1999年电子商务听证。当欧盟委员会就电子商务组织了一个名为"法律管辖权及适用法律"的公开听证会的时候，与信息技术法律相关的管辖权及民事和商事判决之承认和执行事项就变得十分突出。欧盟委员会收到了75件书面提交意见，其中就强调了在跨境电子商务交易的情形下合同义务所适用法律的共同体架构。（d）《2001年布鲁塞尔Ⅰ条例》。之后，1999年《阿姆斯特丹条约》对植根于共同体的国际私法提供了新的动力。基于《阿姆斯特丹条约》所提供的法律依据，共同体通过了所称的《布鲁塞尔Ⅰ条例》，取代了上述《1968年布鲁塞尔公约》。《2001年布鲁塞尔Ⅰ条例》简化了《1968年布鲁塞尔公约》的特别管辖规则。例如，根据《1980年罗马公约》，《2001年布鲁塞尔Ⅰ条例》就与合同有关的事项作了规定：一般而言，由所涉义务履行地法院对之予以处理。（e）迈向《罗马Ⅰ条例》：《2003年关于转换〈1980年罗马公约〉的绿皮书》。在建议制定《罗马Ⅰ条例》之前，成员国及其他欧盟机构就进行了大量的咨询，尤其是通过2003年1月14日发布《绿皮书》及2014年1月7日就该《绿皮书》进行的公开听证进行意见征询。对《绿皮书》予以反馈的主导意见证实，成员国倾向于将《罗马公约》转换为共同体条例，同时许多反馈方也强调须将《罗马公约》中某些条款予以更新，使之与时俱进。在《欧洲经济与社会小组委员会意见》及《欧洲议会决议》中，欧洲经济与社会小组委员会及欧洲议会最终倾向于把《公约》转换为共同体条例，并在同时对之进行更新。（f）《罗马Ⅱ条例》。2003年7月22日，欧盟委员会提出了关于非合同义务适用法律的条例（即所说的《罗马Ⅱ条例》，将另起一章论述）建议。这样，《1980年罗马公约》在彼时成为唯一一项仍然是以（弱约束力）国际条约形式而体现的共同体国际私法法律文件。欧盟委员会意识到，既然《布鲁塞尔Ⅰ条例》、

《罗马Ⅱ条例》及《1980年罗马公约》已经成为共同体民商事合同及非合同义务相关国际私法规则不可分割的组成部分，就不能再容忍这其中所体现的诸如强制执行力这类问题。因此，这种立法实践的目的是为了将《罗马公约》转化为《共同体条例》，以促进欧盟内部的民商事司法协助。(g)《罗马Ⅰ条例》。2005年12月15日，欧盟委员会推出了《〈罗马Ⅰ条例〉之建议》。由于《阿姆斯特丹条约》已经生效，法律冲突规则就要适用于《欧盟条约》第61条c项之规定。根据经《尼斯条约》所修改的《欧盟条约》第67条之规定，该指令须按照《欧盟条约》第251条规定的共同决定程序予以制定。《欧盟条约》第65条b项规定："民事司法协助领域的措施具有跨境效力，根据第67条规定且为了内部市场正常运作之必要而加以对待，应当包括：就法律及管辖权冲突而言，促进成员国所适用的法律冲突规则之间的协同化。"这样，在认定一项措施是否为内部市场正常运作之必要时，欧盟法律就具有了某种自主空间。对合同义务所涉冲突法规则进行协同就被认为属内部市场的正常运作所必需。2007年11月29日，就《罗马Ⅰ条例》文本达成一致，欧盟理事会于2008年6月6日制定了其共同立场文件。

2. 成员国之保留。构成《罗马Ⅰ条例》建议基石的《欧盟条约》第四部分并不适用于丹麦，这系丹麦所适用的议定书中做出的保留。这同样也不适用于爱尔兰和英国，除非这些国家依照条约议定书的规定行使其采用该项动议的权利。随后，爱尔兰和英国使用了采用权。这样，在欧盟，只有丹麦仍然适用《1980年罗马公约》。

3. 解释性备忘说明。根据解释性备忘说明，该《建议》并不希求创设性的法律规则，而是旨在将现有公约转化为欧盟法律文件。因此，《罗马Ⅰ条例》的目的就是在实质上符合《布鲁塞尔第一公约》及之前的《罗马Ⅱ条例》(《罗马Ⅰ条例》前言第7项)。任何修订都旨在促进《罗马公约》特定条款的现代化，使之更明晰，以增强法律的确定性，同时又不会引入新元素从而实质上改变现有法律情形。2007年11月21日，欧洲议会法律事务委员会发布了一项报告，建议对草案进行多项修改，该报告于2007年11月29日获投票通过，从而对《建议》进行了64项修改。许多这种修改实际上都是《建议》所主张"现代化"所产生的要求。《罗马Ⅰ条例》的立法进程对于最终通过法律文本及条例本身的解释具有一定的意义；由于一些修改旨在对《罗马公约》的特定条款予以现代化，使之更加明晰，以增强法律的确定性，同时又不会引入新元素从而实质上改变现有法律情形。然而，2005 年 12 月 15 日所通过文本进行的若干年修改在随后被撤回，而另一些则成为《罗马Ⅰ条例》的考虑因素。

4. 成员国国内法律体系直接适用的相关国际私法超国家条款。根据起草阶段的文件及立法进程，人们强烈希望将《罗马公约》作为欧盟法律的组成部分。

5. 概念。除去实质改动之外，《罗马公约》与《罗马Ⅰ条例》在法律性质上的明显区别使得有必要做出一些调整：出去那些纯粹的形式调整外，规定了欧盟架构所特有的条款：允许缔约成员国继续保留的条款（第 22 条），在通知程序后制定新冲突规则的条款（第 23 条）或《公约》的有限有效期（第 30 条）。同样地，《公约》所附的两个议定书涉及法院作出的解释，被视为非为必须，并没有被并入《罗马Ⅰ条例》之中。

6. 除外事项。其中，《罗马Ⅰ条例》并不适用于财政收入、海关或者行政法律事项。第 1 条第 2 款规定了更完备的条例除外事项清单，将在下文进行讨论。《罗马条例》也排除了对合同订立前义务的适用（前言第 10 项）。其理由就是：合同订立之前行为所产生的义务已经被《罗马Ⅱ条例》第 12 条所涵盖。这样的除外规定产生的问题就是，如何处理诸如《欧盟理事会与欧洲议会就〈远程合同指令〉第 6 条第 1 款所作说明》及《电子商务指令》所规定的缔约前信息披露义务？在该等情形下，如果当事人明显没有进行法律选择，对该等行为的解释应当符合所适用指令规定该等合同订立前义务所适用的法律，这样似乎比较合理。这也为《罗马Ⅰ条例》前言第 40 项所确认："如果其他法律文件规定的条款旨在使得内部市场正常运作，不能与本条例规定所指定法律共同适用的，则本条例不得影响该等其他文件之适用。本条例规定所指定准据法条款之适用不得限制从统一共同体法律文件所涵盖货物和服务的自由流动。后者包括欧洲议会及欧盟理事会 2000 年 6 月

8日发布的第2000/31/EC号《关于内部市场尤其包括电子商务在内的信息社会服务若干法律事项之指令》……"

7. 其对于欧洲信息技术法的关联性。《罗马Ⅰ条例》涉及对"民商事合同义务"之调整,而该等事项涵盖广泛。第1条第2款将许多协议列入其适用范围之外,许多排除在外的协议对于信息技术领域所适用的合同并不具有关联性。简言之,本指令所适用的信息技术或者电子商务协议在本评论引言中以"电子交易"所描述,也许还具有诸如《电子合同指令》及《远程合同指令》所规定的涵义。它们涵盖范围的合同领域甚广,这些合同兴许还是跨境合同:从电子支付交易到电子货币问题,涵盖涉及企业与顾客、企业与企业、企业与组织的电子商务交易;涵盖涉及信息技术产品或服务的国际许可协议:所有这一切都将适用《罗马Ⅰ条例》。

8. 生效。《罗马Ⅰ条例》适用于从2009年12月17日之日起订立的、其适用范围所涵盖的所有协议(《罗马Ⅰ条例》,第29条)。

条例条文

欧洲议会及欧盟理事会2008年6月17日发布的第593/2008号《关于合同义务适用法律(罗马Ⅰ)之条例》

欧洲议会及欧盟理事会,

  鉴于《建立欧洲共同体条约》,尤其是其中第67条第5款之规定,

  鉴于欧盟委员会提交的建议,

  鉴于欧洲经济与社会小组委员会的意见[①],

  根据《条约》第251条所规定程序[②],

  鉴于:

(1) 共同体已将其目标确定为维持并发展一个自由、安全及公平的区域。为逐步推进建立这样一个区域,共同体须采取措施进行具有跨境效力

[①] OJ C 318, 23.12.2006, p. 56.

[②] 欧洲议会与2007年11月29日发布的意见(尚未在官方杂志中发表)。

的民事司法合作，以满足内部市场正常运作之必须。

（2）根据《条约》第 65 条 b 项之规定，该等措施就包括协同成员国法律及管辖权冲突的规则。

（3）欧盟理事会于 1999 年 10 月 15 日至 16 日在坦佩雷举行会议，认同相互承认判决和其他司法机关裁决这一原则是民事司法合作的基石，并请求欧盟理事会和委员会制订计划、采取措施落实该原则。

（4）2000 年 11 月 30 日，欧盟理事会和委员会联合制订计划，采取措施落实民商事司法裁决相互承认的原则。计划列明了对法律冲突规则进行协同化的措施，这些措施促进了判决的相互承认。①

（5）欧盟理事会于 2004 年 11 月 5 日通过《海牙计划》，呼吁就合同义务之法律冲突规则（罗马Ⅰ条例）②采取积极的行动。

（6）为了内部市场的正常运作，为了增强诉讼结果的可预见性、所适用法律的确定性及判决的自由流动性，就需要成员国的冲突法规则指定同样的国内法律，无论提出诉讼的国家为何。

（7）本条例的实质适用范围及条款须符合欧盟理事会于 2000 年 12 月 22 日通过的（EC）第 44/2001 号《民商事管辖权及判决之承认与执行条例》③（《布鲁塞尔Ⅰ条例》）和欧洲议会及欧盟理事会于 2007 年 7 月 11 日通过的（EC）第 864/2007 号《非合同义务之适用法律条例》（《罗马Ⅱ条例》）④。

（8）家庭关系应当涵盖父母、婚姻关系、姻亲关系及旁系亲属。第 1 条第 2 款所规定具有婚姻关系及其他家庭关系相似效力之关系的，应当根据拥有管辖权法院的所在成员国之法律予以解释。

（9）汇票、支票和本票及其他流通票据项下的义务应当也涵盖提单项

---

① OJ C 12, 15.1.2001, p.1.
② OJ C 53, 3.3.2005, p.1.
③ OJ L 12, 16.1.2001, p.1. 对该条例最近的一次修改系由（EC）第 1791/2006 号条例（OJ L 363, 20.12.2006, p.1）作出。
④ OJ L 199, 31.7.2007, p.40.

下基于其流通属性所产生的义务。

（10）合同订立之前的交易所产生的义务适用（EC）第864/2007号条例第12条之规定。因此，该等义务应当从本条例的适用范围之内排除。

（11）当事人选择则准据法的自由应当是涉及合同义务之冲突规则体的支柱之一。

（12）当事人间达成协议，授权成员国的一家或多家法院或争议解决机构决定合同争议的，在决定法律选择是否得到明确证明时，这是要考虑的因素之一。

（13）本条例并不禁止当事人通过引述的方式将非国家法律制度或国际公约并入其合同之中。

（14）共同体通过适当法律文件制定包括标准条款在内的实体合同法规则的，该等法律文件可以规定当事方有权适用这些规则。

（15）已经进行法律选择且所有其他相关因素均位于所选择法律适用国以外某个国家的，该等法律选择不得削弱该国家不能通过合同加以变更之法律规定的适用。无论在进行该等法律选择的同时是否指定了法院或争议解决机构，均须适用该规则。鉴于较之《1980年关于合同义务适用法律之公约》①（"《罗马公约》"）第3条第3款的规定并无实质性改变，本条例之规定最大限度地与（EC）第864/2007号条例之第14条相一致。

（16）为了本条例所规定的总体宗旨，为了欧洲司法领域的法律确定性，冲突法规则应具有极高的可预见性。然而，法院应该拥有一定程度的自主权，以决定相关的最密切联系法律。

（17）只要涉及在没有做出法律选择情况下的准据法，对"提供服务"及"货物销售"进行解释的，只要该等提供服务及货物销售适用（EC）第44/2001号条例，应按照该等条例第5条规定的同等方式予以进行。虽然特许经营及发行合同也是服务合同，但它们适用于特定的规则。

（18）只要涉及在进行法律选择情形下的准据法，多边体系是指交易操

---

① OJ C 334, 30.12.2005, p.1.

作的场所,例如欧洲议会及欧盟理事会于 2004 年 4 月 21 日第 2004/39/EC 号《关于金融工具市场之指令》[①]中第 4 条规定的监管市场和多边交易机制,无论其是否依托于某个中心当事方。

(19) 未作法律选择的,应根据针对特定种类合同所制定规则判定准据法。不能将合同归于特定类型或其要素涵盖一种类型以上,就应对之适用须对合同进行特征履行一方具有惯常居所地国家的法律。合同由多种权利和义务构成,能够被归类于多种特定类型合同的,对该合同进行的特征履行应当根据其重心予以判定。

(20) 合同明显与第 4 条第 1 款或者第 2 款指定范围之外的国家具有更紧密联系的,特别条款(escape clause)应当规定:该等国家的法律应予以适用。为确定国家,应当考虑包括有关合同是否与其他单个或多个合同有紧密关系等因素。

(21) 未作法律选择的,准据法不能基于合同归于某一特定种类这一事实或有义务进行特征履行当事方惯常居所地而予以确定的,该合同应使用与其有最密切联系国家的法律。为确定该国家,应当考虑包括有关合同是否与其他单个或多个合同有紧密关系等因素。

(22) 对于货物运输合同之解释,并不会与《罗马公约》第 4 条第 4 款第 3 句有实质性的不同。因此,承租船合同及主旨在于运送货物的其他合同应当被视为货物运输合同。为本条例之目的,"托运人"这一术语系指与承运人订立运输合同的任何人,而"承运人"这一术语系指负责运送货物的合同一方,无论其自身是否进行运输。

(23) 对于与被视为弱势当事人订立的合同,该等当事人应当得到冲突规则的保护,后者应该比一般规则更倾向于保护该等当事人的利益。

(24) 通过对消费合同进行具体规定,冲突法规则应当可以降低通常意义上数额相对较小请求的争议解决成本,并且能够兼顾远程销售技术的发

---

① OJ L 145,30.4.2004,p.1. 该指令最近一次被第 2007/44/EC 号指令(OJ L 247,21.9.2007,p.1) 所修改。

展。鉴于欧盟理事会与欧盟委员会就(EC)第44/2001号条例第15条联合发布的声明中指出:"要适用第15条第1款c项的规定,企业行为系针对消费者居所地所在成员国或包括该成员国在内的多个成员国这一事实并不足够;该合同之订立也须在其行为框架中达成。"这样,要与(EC)第44/2001号条例的规定相一致,就需要规定具体所针对行为的概念,作为适用消费者保护规则的条件,同时也要求该等概念须在(EC)第44/2001号条例与本条例中进行协同一致的解释。该等声明也指出:"可以接入因特网网址这一事实并不能构成适用第15条的理由,即使该等因特网网址诱使远程合同之订立,即使合同可以通过任何方式予以远程订立。这样,网址所使用的语言或货币并不构成相关因素。"

(25)消费者应该受到其惯常居所地所在国家该等规则的保护,并不得通过协议对之予以变通,但该消费合同之订立是专业人员在该国家作为其营业或执业活动的结果而订立的。该等专业人员虽然没有在该消费者惯常居住地所在国从事其商业或执业活动,但通过任何方式将其活动针对该国家或包括该国家在内的若干国家,并进而订立合同的,也须保证对之提供同等的保护。

(26)为本条例之目的,诸如投资服务及专业人员向消费者提供的活动及从事服务之类在2004/39/EC号指令附件1A、B部分规定的金融服务、集合投资企业所发售的单位(无论是否适用欧盟理事会1985年12月20日发布的86/611/EEC号《关于涉及集合投资企业证券转让(UCITS)之法律、条例、行政法规的指令》[①]),应适用本条例第6条之规定。因此,对集合投资企业发行或公开募集可转让证券或对其认购及赎回进行规定的,应针对消费者,在所有方面约束发行人或发售人,但不应涵盖提供金融服务方面的规定。

(27)针对消费合同,应在一般的冲突法规则中规定若干例外情形。其

---

① OJ L 375,31.12.1985,p.3.该指令被欧洲议会及欧盟理事会第2005/1/EC号指令(OJ L 79,24.3.2005,p.9)进行了最新的修改。

中,一般的冲突法规则并不适用于不动产物权或其租赁的相关合同,除非该等合同涉及欧洲议会及欧盟理事会 1994 年 10 月 26 日通过第 94/47/EC 号《对购买不动产分时使用权合同特定方面买方予以保护的指令》①项下涵盖的分时使用不动产合同。

(28) 重要的是要保证适用于消费合同的一般冲突规则并不适用于金融工具中所体现的权利和义务,否则就会导致对每一个发行在外的金融工具适用不同国家的法律,这样就使之性质发生改变,阻碍了对其进行换手交易和发售。同样的,只要发行或者发售该等工具,出于保证发行或发售条款及条件一致性的需要,发行人或发售人与消费者之间建立的合同关系不一定要强制适用消费者惯常居住国的法律。对于第 4 条第 1 款 h 项规定的多边体系,也适用相同的理由,这样,应确保消费者惯常居住国的法律并不会干涉在该等体系内或与该等体系运营方之间达成合同所适用的规则。

(29) 为本条例之目的,就构成适用于可转让证券之发行、公开募集或公开收购竞购之条款及条件的权利及义务进行规定,就集合投资企业单位的认购及赎回进行规定,在第 10、11、12 条及第 13 条规定的事项之外,还应包括适用于包括超额认购情形下对证券或单位进行分配而规定的条款、撤回权及在募集情形下的类似事项,以确保约束发行人或发售人与消费者之间要约的所有相关合同事项均由一国法律所涵盖。

(30) 为了本条例之目的,金融工具及可转让证券系指 2004/39/EC 号指令第 4 条所规定的工具。

(31) 本条例的任何规定均不削弱由欧洲议会及欧盟理事会 1998 年 5 月 19 日所发布 98/26/EC 号《支付及证券结算系统中结算终局性的指令》第 2 条 a 项界定为系统的正式安排所进行的运营。

(32) 出于运输合同和保险合同的特定性质,应制定特定条款,以确保对旅客和保单持有人给予足够的保护。因此,对于这些特定的合同,第 6 条并不适用。

---

① OJ L 280, 29.10.1994, p.83.

(33) 并不涵盖高风险的保险合同涉及多个风险,其中至少一个风险存在于成员国境内并且至少有一个风险存在于第三国的,本条例有关保险合同的特别规定应仅仅适用于相关成员国境内存在的风险。

(34) 与个别雇佣合同相关的规则不得削弱工人所登记国家根据欧洲议会及欧盟理事会 1996 年 12 月 16 日所发布 96/71/EC 号《服务提供架构下公认登记的指令》所制定的强制适用规定。

(35) 不能通过协议予以变通或仅能为了雇员利益方可变通的规定,其赋予雇员的保护不得被剥夺。

(36) 对于个别雇佣合同,在另一个国家进行工作的,如果按照安排,该雇员在国外完成工作后会回国继续工作的,应被视为是暂时性的。与之前雇主或与之前雇主在同一公司集团内的雇主订立新雇佣合同的,不得否认雇员是在另外一个国家进行暂时性的工作。

(37) 对公共利益的考虑使得成员国的法院有合理的理由可能在特殊情形下适用基于公共政策的例外及强制适用的压倒性规定。应当将"强制适用的压倒性规定"这个概念与"不可通过协议变通的规定"加以区分,并进行严格解释。

(38) 在自发让与的情形下,"关系"这个术语应当清楚地表明:第 14 条第 1 款也适用于让与时让与人与受让人之间的财产问题,即使在其法律制度下该等问题应该由债法之外的领域予以涵盖。然而,"关系"这一术语不得被理解为与任何让与方与受让方之间存在的任何关系。它尤其不得涵盖自发让与或者合同代位清偿权项下的基础问题。该术语应当被严格限定于与有关自发让与及合同代位清偿权直接相关的议题。

(39) 为法律的确定性之考虑,应该对惯常居所进行清楚的界定,尤其针对公司及其他组织而言,无论是否具有法人资格,均须清楚界定。(EC)第 44/2001 号条例第 60 条第 1 款确定了三个标准。与之不同,冲突规则应当基于单一标准;否则,当事方就不能预见其时的适用法律为何。

(40) 应该避免出现若干法律文件对冲突法规则予以分散规定并于其中存在差异的情形。然而,本条例不得排除对于特定事项将合同义务涉及的冲突法规则并入共同体法律之中的可能。

为内部市场正常运转而作出规定的其他法律文件,如其不能与本条例所指定的法律共同适用,其法律效力不得被本条例所削弱。本条例规则所指定法律条款之适用不得限制共同体法律文件所规定的货物和服务流动自由,该等法律文件就包括欧洲议会及欧盟理事会 2000 年 6 月 8 日发布的 2000/31/EC 号《关于内部市场尤其包括电子商务在内的信息社会服务若干法律事项之指令》("《电子商务指令》")[①]。

(41) 须尊重成员国承担的国际义务。这就意味着本条例不得影响本指令通过之时成员国为缔约方的国际公约。为了使之更透明,欧盟委员会应基于成员国提供的信息,在欧盟官方杂志公布相关国际公约的名录。

(42) 欧盟委员会将就程序和条件事项向欧洲议会及欧盟理事会提出建议,以便使得成员国可以据此以自己的名义、在特殊情形下与第三国进行个别谈判并订立涉及行业问题及规定合同义务所适用法律的国际条约。

(43) 由于成员国自身难以全部实现本条例的宗旨,因此,基于本条例的规模及影响,在共同体的层面上更能对之予以实现。这样,根据《条约》第 5 条所规定的补充原则,共同体可以采取相关措施。根据本条规定的比例原则,本条例规定仅得以实现其宗旨为必需。

(44) 根据《欧洲联盟条约》及《建立欧洲共同体之条约》所附《关于英国及爱尔兰立场之议定书》第 1 条及第 2 条的规定,爱尔兰通告了其采纳及适用本条例的意愿。

(45) 根据《欧洲联盟条约》及《建立欧洲共同体之条约》所附《关于英国及爱尔兰立场之议定书》第 1 条及第 2 条的规定,在不对该议定书第 4 条的规定造成影响的前提下,英国拒绝采纳本条例,并不受其约束,也不会受其适用。

(46) 根据《欧洲联盟条约》及《建立欧洲共同体之条约》所附《关于丹麦立场之议定书》第 1 条及第 2 条的规定,丹麦拒绝采纳本条例,并不受其约

[①] OJ L 178,17.7.2000,p.1.

束,也不会受其适用。

通过本条例如下:

第一章 适用范围

实质范围

第1条

(1)本条例应适用于存在法律冲突的民商事合同义务。但财政、海关及行政事务尤其不适用。

(2)本条例并不适用于下列事项:

(a)不影响第13条规定的情形下,涉及第三人权利能力和行为能力的问题;

(b)基于家庭关系的义务及适用于该等关系的法律所认定具有同等效力的关系,包括扶养义务;

(c)基于婚姻财产制度的义务及适用于该等关系的法律所认定与婚姻、遗嘱及继承具有同等效力关系的财产制度;

(d)汇票、支票和本票及其他流通票据项下的义务,该等义务须基于该等票据的流通特性;

(e)仲裁协议和法院选择协议;

(f)适用于公司及其他无论是否具有法人资格的法律而产生的问题,如公司通过登记或其他手段设立公司及其他无论是否具有法人资格的机构,公司及该等机构的行为能力,其内部组织及清算,其管理人员及成员对公司或该等组织债务的责任;

(g)对第三人而言,本人、公司或无论是否具有法人资格的机构是否对代理人的行为承担责任的问题;

(h)信托的组成及委托方、受托方和受益方之间的关系;

(i) 订立合同之前的交易所导致的义务;

(j) 欧洲议会及欧盟理事会 2002 年 11 月 5 日通过第 2002/83/EC 号《人寿保险指令》第 2 条规定企业之外的组织进行经营而产生的保险合同。其目的是为了在企业或企业集团、行会或商人团体所属雇佣人员或自雇人员因职业病或工作中的意外事件发生死亡、恢复、瘫痪或行动受限而提供福利。

(3) 本条例不得适用于证据及程序事项,但这不影响第 18 条规定的效力。

(4) 在本条例中,术语"成员国"系指本条例所适用的成员国。然而,在第 3 条第 4 款及第 7 条中,该术语系指所有成员国。

1. 对于信息技术法而言的适用范围(第 1 款)。《罗马Ⅰ条例》的适用范围是"民商事合同义务",这就足够涵盖《电子商务指令》、《远程合同指令》及根据《欧洲议会及欧盟理事会关于消费者权利之建议》制定指令所适用的合同,但是并不涵盖合同前义务。《电子商务指令》明确指出,它并不谋求建立涉及冲突法的国际私法之外的规则,也不试图规定法院管辖权(前言第 23 项)。《电子商务指令》第 1 条第 4 款的规定足够宽泛,可指适用《电子商务指令》之后制定的涉及国际私法规则的法律文件,如《罗马Ⅱ条例》和《罗马Ⅰ条例》,这两个条例共同有效并决定着根据《电子商务指令》承担合同义务所适用的法律。相反,《远程合同指令》第 12 条则寻求确保消费合同中对准据法的选择并不会剥夺《远程合同指令》赋予消费者的权利。在这个意义上,必须参照《罗马Ⅰ条例》前言第 25 项,其中也对远程合同消费者提供了更为广泛的保护。《远程合同指令》第 12 条第 2 款规定成员国必须确保消费者不会因为将非成员国法律选择为合同准据法而失去该指令所赋予的权利。与之相比,《罗马Ⅰ条例》前言第 25 项则把责任归于同消费者订立合同的商家:"消费者应该受到其惯常居所地所在国家该等规则的保护,并不得通过协议对之予以变通,但该消费合同之订立是专业人员在该国家作为其营业或执业活动的结果而订立的。该等专业人员虽然没有在该消费者惯常居住地所在国从事其营业或执业活动,但通过任何方式将其活动针对该国家或包括该国家在内的若干国家,并进而订立合同的,也须保证对之提供同等的保护。"换言之,消费者享有其惯常居所地国家法律所赋予的权利。这也与《远程合同指令》第12条第1款的规定建立了联系,其中规定,不能因为将指令转换为国内法而使得消费者可以放弃赋予自己的权利。

2. 除外事项(第1款)。《罗马Ⅰ条例》不适用于财政、海关或行政事项。这就意味着,对于诸如国际软件许可增值税在内的电子商务交易及相关问题,必须而且只能寻求一般冲突法规则加以解决。

3. 除外事项(第2款)。除外事项旨在统一《罗马Ⅰ条例》与《布鲁塞尔Ⅰ条例》的适用范围,以体现欧盟理事会和欧洲议会对于拟议中《罗马Ⅱ条例》建议所做的工作。大多数除外事项,尤其是a项到d项,f项及h项,看起来与欧洲信息技术合同并无具体关联。下面就对信息技术法相关除外事项作一讨论。

4. 仲裁(第2款e项到f项)。从对《绿皮书》的反馈来看,大多数意见都认为仲裁协议已经由国际法律体系进行的完美的处理,而法院选择条款所适用的法律问题最终应由《布鲁塞尔Ⅰ条例》所解决。这样,第1条e项就确认将仲裁协议及法院选择协议排除在外。第1条f项将第1条第2款e项及《公约》第1条第2款f项的公司法部分糅合在一起。《公约》第1条f项第一句已被删除,因为第7条已经对代理进行了具体规定。

5. 代理适用的法律(第2款g项)。第1条第2款g项规定:"对第三人而言,本人、公司或无论是否具有法人资格的机构是否对代理人的行为承担责任的问题。"这也许与独立或没有人工干预的计算机系统独立操作这种智能代理相关。虽然一般认为在起草《罗马Ⅰ条例》时,并没有考虑这个议题,但根据《罗马Ⅰ条例》第25条的规定,本人是否对代理人行为承担责任的规则也可能仍然被另一个国际公约所涵盖,即《1978年关于代理适用法律之海牙公约》,该公约在荷兰依然有效。

6. 合同前义务(第2款i项)。第1条第2款i项提出了对合同前义务进行规制的具体规则,根据参与者的描述,这确认了欧盟大多数国家的法律体系作出的分析,同时也承认了欧洲法院在有关《布鲁塞尔Ⅰ条例》第5条第 1 款判决中的限制性概念：为国际私法之目的，它们将被视为侵权/违法事项而适用《罗马Ⅱ条例》。将合同前关系所适用法律选择由《罗马Ⅱ条例》规制，这可以在诸如 *Tacconi* 案（ECJ 17 September 2002，C-334/00）之类有关《布鲁塞尔Ⅰ条例》第 5 条的案例法中找到依据。

普遍适用

第 2 条

无论是否为成员国法律，本条例规定的任何法律都应得到适用。

概述。对《罗马Ⅱ条例》草案的讨论表明，本条例第 2 条关于普遍适用的题名可能会使人感到迷惑不解。因此，为了清晰地描述，就对之予以修改，并将《罗马Ⅰ条例》的适用范围加以扩展，不限于欧盟成员国的领土范围。这就意味着，适用国际私法会导致适用欧盟之外国家的法律（当事人也可以根据第 3 条的规定自由选择该等法律）。

第二章 统一规则

自由选择权

第 3 条

（1）合同应适用当事人选择的法律。合同条款或具体情形须能清楚明白地证明该等选择。当事人可选择合同整体或部分所适用的法律。

（2）当事方可在任何时候决定合同适用之前所适用法律之外的法律，无论之前所适用法律是基于根据本条规定当事人之前的选择还是本条例中其他的规定。合同订立之后对适用法律作出任何修改，不得影响其基于第 11 条的形式有效性，也不能对第三方权利造成不利影响。

（3）进行法律选择之时相关情形的所有其他因素均位于所选择国家以外的其他国家，当事人进行的法律选择不得影响其他国家不得通过协议变通之法律条文的适用。

（4）进行法律选择之时相关情形的所有其他因素均位于一个或多个成员国，当事人选择该等成员国之外国家法律的，不得影响当事人不得通过协议加以变通的共同体法律条款及适当情形下法院地成员国对其进行的实施。

（5）对于适用法律的选择，应当基于第 10、11 及 13 条的规定判定是否存在当事人的同意及其有效性。

1. 基本规则：自由选择权继续有效（第 1 款）。尤其是对当事方为企业的诸如涵盖电子市场或电子数据交换的欧洲信息技术及远程合同而言，《罗马Ⅰ条例》尊重选择合同适用法律的自由，并将之确定为《罗马Ⅰ条例》的基石之一（请见前言第 11 项），这很有助益。可以推断，这也适用于企业与政府间的欧洲信息技术及远程合同。然而，对于企业与消费者之间的欧洲信息技术及远程合同而言，下文将要讨论的《罗马Ⅰ条例》第 6 条的特别规定可能优先于这种自由选择权。该条规定第 1 款也允许进行不完全的法律选择。尚不清楚合同适用法律也可以来自于"具体情形"的规定是如何与《罗马Ⅰ条例》第 4 条规定的知识产权特定冲突规则进行比较的。法庭须审议当事人隐含的真意，而不是纯属假定的意愿：该规定建议对当事人的行为进行考察，并寻求对法院选择的影响予以确定，以加强法律的可预见性。应当注意，欧盟委员会 2005 年 12 月 15 日的建议稿提出了若干修改建议，随即又予以撤回，其中就是：(1) 当事人选择成员国法院拥有管辖权的，就将之默认为选择了该成员国的法律作为合同适用法律；(2) 共同体或国际层面所认可的、合同当事人有选择适用合同义务实体法原则的自由。

2. 选择非成员国法律的自由（第 2 款）。为进一步强化当事人意愿这一《1980 年罗马公约》核心原则的法律效果，第 2 款授权当事人选择非成员国的法律作为合同适用法律。其中用语也允许选择国际统一司法委员会通则、《欧洲合同法通则》或将来可能出现的可选择共同体文件。反之，诸如可能根据《电子商务指令》第 14 条所起草的庭外救济程序这些适用于电子商务的商人习惯法或自律准则，就排除于第 2 款规定的适用范围之外。后两者被认为不够精确,自律准则也不足以得到国际社会的承认。与《联合国国际货物销售合同公约》第7条第2款的规定相似,这规定表明,合同法特定部分不能由相关的非国家法律制度予以明确解决的,应予以采取的措施。

3. 法律强制性规定(第3款)。不得通过选择适用另一国法律体系中的法律而对法律的强制性原则予以规避。这是国际私法规则的古老原则。在消费合同之外,很难预见该条款对欧洲信息技术或远程合同会有何种确切影响。

4. 欺诈性的法律选择(第4款及第5款)。该条款解决了欺诈性的法律规避。其中,所说法律不单是指符合第8条定义的有约束力国际规定,而且也指一国法律体系中强制性国内法规定。第5款旨在防止对共同体法律进行欺诈性规避。

未进行法律选择时适用的法律

第4条

(1) 没有根据第3条规定选择合同适用法律,同时又不会影响第5条至第8条规定的法律效力的,须按照以下方式判定合同准据法:

(a) 货物买卖合同应适用买方惯常居所地国家法律;

(b) 服务提供合同应适用服务提供方惯常居所地国家法律;

(c) 涉及不动产物权或不动产租赁的合同应适用不动产所在地国家法律;

(d) 尽管有c项之规定,订立不动产租赁合同是为了个人临时用途且期间持续不超过六个月的,应适用不动产所有人惯常居所国家法律,但该租赁人系为自然人并在同一国家拥有惯常居所;

(e) 许可合同应适用被许可方惯常居所地国家的法律;

(f) 发行合同应适用发行人惯常居所地国家的法律;

(g) 通过拍卖进行货物销售的合同应适用可确定拍卖进行地国家的法律;

(h) 根据非自主裁量规则及同一法律,聚合多个第三方买卖的第

2004/39/EC号指令第4条第1款第17项所定义金融工具多边系统中订立合同的,应适用该法律。

(2)合同未由第1款涵盖,或合同元素涵盖第1款从a至h项规定的多个情形的,合同应适用负有特征履行义务当事方惯常居所地国家的法律。

(3)具体情形清楚表明,合同无疑与第1款或第2款规定之外的国家有更密切联系的,该国的法律应予以适用。

(4)不能根据第1款或第2款规定确定合同准据法的,该合同应适用与其具有最密切联系国家的法律。

1. 概述。《罗马公约》的规则所确定的准据法就是合同特征义务履行方惯常居所所在地国家的法律,通过将简单的推定转化为确定的规则,同时废除了除外条款,就使之得到了保留和延伸,提高了法律确定性。既然文件的基石就是自由选择权,欧盟委员会就认为,未选择的,合同所适用法律应尽可能地明确和可以预见,以便当事人可以决定是否行使选择权。前言第17项至21项就对《罗马Ⅰ条例》的这一核心条款提供了解释性备忘。

2. 主要规则(第1款)。属于第1款规定协议范围之一的,该协议的适用法律将由参考该款规定予以认定。

3. 对不同种类信息技术合同的相关性(第1款a项至h项)。第4条第1款a项、b项也与电子商务合同相关。更多适用合同货物(a项)或服务(b项)特征义务履行方惯常居住地国家的法律。对于不同种类合同的解决方案,仅仅是在第4条第1款e项(许可协议)及f项(发行协议)的建议提供了讨论的基础,并促使成员国法院就特征履行的认定事宜作出了判决。共同体法律寻求对被许可方和发行人作为弱势一方进行保护,这就产生了《罗马Ⅰ条例》的解决方案。第4条第1款g项对线上拍卖具有特别的意义:如能确定,拍卖发生地国家的法律须适用于协议。因此,所适用国家法律是拍卖组织者所在地国家法律优先,还是拍卖组织者主机所在地国家法律优先,这种早有讨论的问题很难在此得到清晰的答案;并且,"如能确定"这种话似乎使得这种不确定性更其严重,而不是相反。最后,对于根据涉及金融工具聚合的若干购买或购买意向的多边系统而签订的协议,有专门性的规则予以处理(请见《金融工具指令》)。

4. 特征履行(第2款)。第4条第2款保留了特征履行的标准,针对的是(1)第4条第1款没有规定特别规则的合同,及(2)难于归类的复杂合同或者可被认为是当事人双方都进行特征履行的双务合同。理论而言,本规则也可能与信息技术合同相关。特别是对于混合式信息技术合同(例如国际外包协议),由第1款所适用类别确定部分所适用法律、并根据第4条第2款确定协议剩余部分适用法律,还是参照第4条第2款的规定确定整个协议的适用法律?这是个问题。为了解决这一问题,前言第19项规定,合同由多种权利和义务构成、能够被归类于多种特定类型合同的,对该合同进行的特征履行应当根据其重心予以判定。

5. 主要规则的例外情形(第3款)。如果可以断定,协议明显与第4条第1款或第2款规定以外的国家具有更密切的联系,本款则规定在当事人之间的协议适用该其他国家的法律(参见前言第20项)。为确定该等国家,应当考虑包括所涉合同与另外的合同是否具有十分紧密联系这一问题在内的因素。该条款旨在与《罗马Ⅱ条例》第4条第3款之相对应条款建立紧密的关联。

6. 补充条款:最密切联系(第4款)。不能被归入第4条第1款或第2款所规定类型的合同的,合同的关联性将根据本节规定予以确定。

运输合同

第5条

(1)货物运输合同没有按照第3条的规定选择准据法的,适用承运人惯常居所地国家法律,但收货地、交货地或者发货人惯常居所也须位于该国家境内。如果不符合这一要求,则适用双方同意的交货地所在国家法律。

(2)旅客运输合同没有按照本条第2款的规定选择准据法的,适用旅客惯常居所地国家的法律,但出发地和目的地都须位于该国家境内。如果不符合这一要求,则适用承运人惯常居所地国家法律。

合同双方可以根据第3条的规定只能选择下列国家的法律作为旅客运

输合同的准据法：

(a) 旅客惯常居所在国家；或

(b) 承运人惯常居所地国家；或

(c) 承运人中心管理地所在国家；或

(d) 出发地国家；或

(e) 目的地国家。

(3) 没有进行法律选择的，如具体情形清楚表明合同明显与第 1 款或第 2 款规定以外的国家具有更密切的联系，则适用该其他国家的法律。

概述。除此之外，该条款也适用于在线预订的旅客运输合同，该规定对于信息技术法并无特别意义，此处不再赘述。也请见以下第 6 条第 4 款 b 项。

消费合同

第 6 条

(1) 不影响第 5 条和第 7 条效力的前提下，出于可被视为其营业或执业目的之外的自然人（消费者）与另一个为实现其营业或执业目的的当事方（专业人员）达成的合同适用消费者具有惯常居所地国家的法律。但是该专业人员：

(a) 也在该消费者惯常居所地国家从事其营业或执业活动，或

(b) 通过任何方式将其活动指向该国家或包括该国家在内的若干国家，且该合同是在该等活动的范围之内。

(2) 尽管有第 1 款的规定，合同双方可以根据第 3 条的规定选择适用满足第 1 款要求国家的法律。然而，该等法律选择不得导致消费者依照相关法律而不能由协议进行削弱的条款所给予的保护被剥夺，而在不进行法律选择时，该等条款将会基于第 1 款的规定得以适用。

(3) 第 1 款 a 项或 b 项规定的要求未能满足的，须根据第 3 条及第 4 条的规定确定消费者与专业人员间合同的适用法律。

(4) 第 1 款及第 2 款的规定不适用于：

(a) 仅在消费者惯常居所地以外国家向消费者所提供服务的服务提供合同；

(b) 1990 年 6 月 13 日通过的第 90/314/EEC 号《关于旅游套餐、度假套餐及游览产品套餐的欧盟理事会指令》所规定旅游套餐合同范畴之外的运输合同；

(c) 第 94/47/EC 号指令所规定基于分时安排的不动产使用权合同之外的不动产物权或租赁合同；

(d) 只要所涉活动并不构成提供金融服务，构成金融工具的权利和义务、构成适用于向公众募集及公开收购流通证券之条款及条件的权利和义务，及对集合投资企业份额进行的认购及赎回；

(e) 第 4 条第 1 款 h 项适用范围中系统种类内部所达成的合同。

1. 概述及与信息技术法的相关性。保护消费者的特别规则从来没有多少争议性。这在前言第 23 项得以体现。而第 23 项规定，在弱势合同当事人达成的协议，冲突法规则应当保护弱势当事人，比一般规则而言，更倾向于保护他们的利益。在这种情形下，一般规则就是第 4 条确立对没有做法律选择所适用法律的规则。在前言第 24 项，《罗马 I 条例》针对消费合同增列了特别考虑：(1) 对于通常的小额诉求而言，冲突法规则应当使之可能降低纠纷解决成本，并且明确规定，(2) 冲突法规则应当考虑到诸如《远程合同指令》及《1980 年消费者权利建议书》所规定远程售卖技术的发展。在稍早《1980 年罗马公约》所采取的解决方式下，其通常采用混合式解决方案，据此，适用于专业人员的法律及适用于消费者的有关法律强制规定平行适用，在就绿皮书进行反馈时，这遭到了广泛批评。据欧盟委员会看来，一旦发生纠纷，这种复杂的解决方式就必然导致额外的程序成本，鉴于消费者的诉求金额会很小，就显得更其牵强。为了避免出现这种混合适用的局面，摆在欧盟立法机关面前的就有两个可能的解决方案：或者完全采用专业人员的适用法律，或者完全采用消费者的适用法律——但是只有后者才符合《条约》的要求，可以向消费者提供高水平的保护。

2. 消费者惯常居所地国家法律（第 1 款）。基于对绿皮书所反馈大多数意见的要求,通过已经规定于《布鲁塞尔Ⅰ条例》第15条的所针对行为标准,本条第2款第2段代替了《1980年罗马公约》第5条第2款及第4款b项的条件。要保持与《布鲁塞尔Ⅰ条例》的一致,须做到以下两点:(1)作为适用消费者保护规则的条件,须援引"所针对行为"这一概念,并且,(2)该概念须在《罗马Ⅰ条例》及《布鲁塞尔公约》之中进行一致的解释,并且要考虑欧盟理事会及欧盟委员会就《布鲁塞尔Ⅰ条例》第15条发布的联合声明所说:"企业将其活动针对消费者住所地国家或者包括该成员国在内的若干成员国,并不构成适用第15条第1款c项的足够条件;也须在其活动的框架下达成合同。"该声明也说明:"仅仅基于可以查看互联网网站这一事实对于适用第15条而言并不足够,即使有因素表明该网址推动了远程合同以任何方式实际达成。在这个意义上,网站所使用的语言或货币并不构成相关因素。"这对信息技术法而言,尤其相关。声明中所说的网站并不一定是交互性的网站,而可以是邀请买方发送旨在达成远程合同的订单。另一方面,网站向全球潜在客户提供信息,但要实际签订合同的,就将之介绍予当地批发商或代理;该网站的目的并不在于订立远程合同。然而,在提醒欧盟立法机构这并不尽然的同时,该宣言也说明了《布鲁塞尔Ⅰ条例》中进行法律选择的理由,还提供了一个还算公平的结果:参照消费者惯常居所地国家法律。这在前言第25项就已经得到体现。而前言第25项也规定,专业人员虽然没有在该消费者惯常居住地所在国从事其营业或执业活动,但通过任何方式将其活动针对该国家或包括该国家在内的若干国家,并进而订立合同,也须保证对之提供"同等保护"(系指消费者惯常居所地国家法律所提供的保护)。作为该等考虑所导致的结果,第6条第1款规定的冲突法规则仅仅适用消费者惯常居所地国家的法律,然而这也不影响专业人员起草其合同的实质操作空间。对于当事人可以自由拟订的其他条款,当事人拟订合同的自由作为一项原则继续有效;因此,合同适用哪一方当事人所在国家的法律,其实并不重要。

  3. 保护选择自由及消费者的特别规则(第2款)。第6条第2款也许是最为复杂的一条规定。它明确了适用特别规则的条件。第1段提醒消费者的缔约对方(欧洲法院相当具体地予以界定的概念)是专业人员。因此,第6条第2款的目的就是向作为弱势当事人的消费者提供一种选择:与消费者惯常居所地国家比较而言,专业人员所在国家法律可以向消费者提供更好保护的,消费者就拥有选择权。即使如今消费者保护的相关在线信息越来越易于获取,对于消费者而言仍然不那么简单。因此,为了保护与专业人员相对的弱势当事方,该条款也规定,该等法律选择不得导致消费者依照相关法律而不能由协议进行削弱的条款所给予的保护被剥夺,而在不进行法律选择时,该等条款将会基于第6条第1款的规定得以适用。

4. 补充条款(第3款)。第6条第1款或第2款的规定都没有导致法律选择的,应适用《罗马Ⅰ条例》第3条及第4条确定的规则。

5. 第6条的除外事项(第4款)。起初,《罗马Ⅰ条例》规定了适用特别规则的合同清单;之后却被删除。因此,其实质适用范围已经扩展到与消费者订立的一切合同。在最终文本,共有五类除外事项重新出现在第6条第4款,第6条第4款尤其可能与在线合同相关,例如消费者在其所在国预订服务,而该服务系自海外提供。

保险合同

第7条

(1) 无论所涵盖风险是否位于成员国境内,本条规定适用于第2款所规定的合同,也适用于涵盖成员国境内风险的所有其他保险合同。本条规定并不适用于再保险合同。

(2) 保险合同涵盖1973年7月24日第73/239/EEC号《协同关于从事及进行人寿保险外直销保险之法律、条例及行政法令的第一理事会指令》第5条d项所界定大宗风险的,应该适用当事人根据本条例第3条所选择的法律。

当事人并没有选择所适用法律的,保险合同应适用保险人具有惯常居所地国家的法律。如所有情形清楚表明合同明显与另一国家具有更密切联系的,适用另一国家的法律。

(3) 对第 2 款规定合同之外的保险合同,当事人根据第 3 条的规定仅能选择下列法律:

(a) 订立合同之时风险所在任何成员国的法律;

(b) 保险单持有人惯常居所地国家法律;

(c) 对于人寿保险,保险单持有人国籍所在成员国的法律;

(d) 保险合同涵盖风险限于某个成员国所发生事件而非风险所在成员国的事件,则应适用该成员国的法律;

(e) 本款规定项下合同的保险单持有人从事营业或执业活动,或自由职业,且保险合同涵盖与该等活动相关的一项或多项风险位于不同成员国的,任何有关成员国的法律或保险单持有人惯常居所地国家的法律。

在 a、b 或 e 项列明的情形下,所规定成员国就保险合同所适用法律赋予了更大自由的,当事方可以享用这种优厚待遇。

当事人没有根据本款规定选择适用法律的,该合同应适用合同订立时风险所在成员国的法律。

(4) 保险合同涵盖某个成员国要求购买保险的风险的,应适用下列另外的规则:

(a) 只有符合规定购买义务的成员国所规定涉及该等保险的具体条款得到满足的情形下,保险合同方能符合购买保险的义务。风险所在成员国与规定购买保险义务成员国的法律存在冲突的,以后者的法律为准;

(b) 通过对第 2 款及第 3 款进行变通的方式,成员国可以规定:保险合同适用规定购买保险义务成员国的法律。

(5) 为第 3 款第 3 段及第 4 款之目的,合同所涵盖风险位于不同成员国的,该合同应被视为由仅与一个成员国相关的若干合同组成。

(6) 为本条之目的,应根据 1988 年 6 月 22 日第 88/357/EEC 号《协同关于从事及进行人寿保险外直销保险之法律、条例及行政法令及就促进有效行使服务自由的第二理事会指令》第 2 条 d 项的规定认定风险所在国家;

并且,针对人寿保险,风险所在国家应为基于第 2002/83/EC 号指令第 1 条第 1 款 g 项规定负有义务的国家。

概述。即使在一些成员国,可能或将可能通过在线的方式订立保险合同,该条规定对于信息技术法而言无甚关联,因此在此处不再赘述。

个别雇佣合同

第 8 条

(1) 个别雇佣合同应适用当事人根据第 3 条规定选择的法律。然而,该等法律选择不得导致雇员依照相关法律而不能由协议进行削弱的条款所给予的保护被剥夺,而在不进行法律选择时,该等条款将会基于本条第 2 款、第 3 款及第 4 款的规定得以适用。

(2) 当事人并没有选择适用于个别雇佣合同的,该合同应适用雇员为履行合同而惯常工作地国家法律;或者在该地不存在时,应适用雇员为履行合同惯常工作的出发地国家法律。雇员临时在另一国受雇的,并不视惯常工作地国家随之而改变。

(3) 不能根据第 2 款规定认定适用法律的,合同应适用雇员受雇营业地国家的法律。

(4) 整体情形来看,合同与第 2 款或第 3 款所指国家之外的国家有更密切联系的,应适用该国家法律。

概述。该条款与信息技术法无特别关联,在此不再赘述。

压倒性强制条款

第 9 条

(1) 压倒性强制条款系指对该等条款的遵守对于一个国家诸如政治、社会或经济组织等公共利益之保障至关重要,在其适用范围内的任何情形下均得适用,无论根据本条例有无其他法律适用于有关合同。

(2) 本条例并不对法院地法中压倒性强制条款的适用构成任何限制。

（3）必须履行或已经履行合同义务的履行地国家法律中的压倒性强制条款可以有效，只要该等压倒性强制条款使得合同之履行归于无效。在考虑是否承认该等条款的效力时，应考虑其性质、目的及适用与否的后果。

1. 概述。首先，压倒性强制条款这个概念应当与"不得通过协议变通的条款"区别开来；并按照《罗马Ⅰ条例》前言第37项所述那样，进行严格的解释。对压倒性强制条款的适用也要审慎处理，这也是《罗马公约》所规定的情形，只不过现在成文化了。对公共利益的考虑使得成员国法院在特殊情形下基于公共政策及压倒性强制条款而适用例外规定。

2. 对压倒性强制条款的界定（第1款）。第1款拟界定压倒性强制条款，以满足基于欧洲法院 *Arblade* 判决（ECJ 23 November 1999，C-369/96 and C-376/96）所制定第8条规定的宗旨。该判决第31项认为，将国内法律条款归于强制条款的法律并不意味着可以免于遵守《欧盟条约》的规定：该等国内法律所依据的理由仅得在满足《条约》所明确规定自由的例外情形下方可考虑。然而，成文化的界定并不构成其在《罗马公约》项下适用原则的更新。

3. 法院地法（第2款）。也应不加限制地适用管辖法院地的压倒性强制条款，《罗马公约》第7条第2款也作了相同的规定。

4. 必须履行或已经履行合同义务的履行地国家法律中的压倒性强制条款（第3款）。第9条第3款明确规定了法院可以决定是否应适用其他成员国的压倒性强制条款。对绿皮书的反馈已经使得包括对《罗马公约》第7条第1款予以保留国家之类提及外国强制条款的决定予以明确，这使得该等规则的效力似乎得以确认；特别需要提出，《布鲁塞尔Ⅰ条例》有时还提出了管辖权之外的其他理由；法庭能够对具有密切联系的其他成员国压倒性强制条款予以尊重，欧盟委员会认为这在"欧洲司法领域"极为重要。

同意及实质有效性

第 10 条

（1）针对合同的存在及合同或其任何条款的有效性，适用在合同或其条款有效情形下按照本条例所确定的准据法。

（2）然而，如相关情形表明，根据第 1 款规定的法律确定一方当事人行为效力实属不合理，一方当事人为了证明其并没有给予同意，可以基于其惯常居所地国家的法律提出主张。

1. 拟制存在（第 1 款）。合同条款是否有效，要根据其所组成合同所适用的准据法予以认定。对此，并无意外之处。合同是否存在这一问题，也须根据本条例所规定的适用法律予以认定；这基本就意味着会根据第 4 条所确立的冲突法规则确定所适用的准据法。

2. 合理性测试（第 2 款）。该例外条款并不局限于"弱势当事人"。任何一方当事人，无论是消费者还是专业人士，都可以主张：根据第 10 条第 1 款所适用法律而认定基于其行为效力所达成合同是否存在及有效，不合情理。在该等情形下，应适用当事人所主张其惯常居所地国家的法律。

形式有效

第 11 条

（1）合同由签订之时位于同一国家的人或其代理人达成的，如符合根据本条例所确定实质适用法律或订立地国家法律规定的形式要求，就在形式上有效。

（2）合同由签订之时位于不同国家的人或其代理人达成的，如符合根据本条例所确定实质适用法律、订立之时任一当事人或其代理人所在国家法律或订立之时任一当事人惯常居住地国家法律所规定的形式要求，就在形式上有效。

（3）旨在就有关现存或拟议中合同产生法律效力的单方行为，符合根据本条例所确定合同实质适用或将实质适用法律所规定形式要求的，或满足该行为完成地国家法律、行为人进行行为之时惯常居所地国家法律形式要求的,就在形式上有效。

(4) 本条第1、2、3款并不适用于第6条适用范围内的合同。对于该等合同,应适用消费者惯常居所地国家的法律。

(5) 尽管有第1款至第4款的规定,合同标的是不动产物权或不动产租赁权的,应适用该财产所在地国家法律的形式要求,而根据该法律:

(a) 无论合同成立地国家及合同适用法律为何,该等要求均应适用;且

(b) 不得通过协议对该等要求加以变通。

1. 概述。尤其在远程合同日益增多的情形下,委员会认为,《罗马公约》有关合同形式有效性的规制过于严苛。为了便于合同或单边行为获得法律效力,尤其通过第11条第2款规定了相关连接因素,以作备选。

2. 主要规则的例外情形(第2款)。该条款与《罗马公约》第9条不同,系基于2005年12月15日的建议书(请见第3.3.6项)予以规定。从第11条第2款的行文中可以看出,合同的形式有效性可以通过三种方式实现:(i)满足《罗马Ⅰ条例》所确定合同实质适用法律所规定的形式要求(行为地法);(ii)符合合同订立时任一当事人或其代理人所在国家法律;(iii)符合合同订立时任一当事人惯常居所地国家法律。从字面规定来看,并不要求同时满足该等要求。最后一种方式是基于建议书所作的规定。对于消费合同,须援引《罗马Ⅰ条例》第6条的规定,该规定在认定形式有效性时更有可能得到适用。如何解决针对形式有效性的不同要求就是实践中可能出现的问题,这就交由成员国落实一项欧盟指令时的自主裁量权予以确定。所能意识到信息技术法领域的一个例证就是成员国国内法根据《电子商务指令》第9条处理合同所出现的不同之处,例如:《罗马Ⅰ条例》第14条第3款就权利请求上设定的保证权利进行让与所作出的规定。成员国就《电子商务指令》作出保留的,该等保留可能通过在另一成员国适用第11条第2款(iii)项的规定而予以规避。第23条的确没有对之提供相应的解决方案。

3. 消费合同(第4款)。第6条第1款是否实质性地比第11条第2款

(iii)项提出了更严格的有效性要求？对此并没有答案。

所适用法律的适用范围

第 12 条

（1）基于本条例所确定的合同适用法应当具体适用于合同的下列事项：

（a）解释；

（b）履行；

（c）在程序法所赋予法院权限的范围内，全部或部分违约的后果，包括按照法律规则对损失的估算；

（d）使得义务归于消灭的种种方式及诉讼时效；

（e）合同无效的法律后果。

（2）涉及履约形式及瑕疵履行情形下所应采取措施的，应对履约地国家法律予以考虑。

概述。本条款对信息技术法并无特别关联。在此不做赘述。

无行为能力

第 13 条

合同由位于同一国家的人达成的，根据该国法律拥有行为能力的自然人可以根据另一国家的法律主张其无行为能力，但只能在合同另一方当事人在合同订立之时注意到或由于疏失而并没有注意到该等无行为能力情形。

概述。该条款对信息技术法并无特别关联。在此不做赘述。

主动让与及合同继受

第 14 条

（1）对其他人（债权人）的权利请求进行主动让与及合同继受的，让与人与被让与人之间的关系应适用根据本条例适用于让与人与被让与人之间合同的法律。

（2）适用于被让与或被继受权利主张的法律应决定其可让与性、被让与人与债务人之间的关系,可以对债务人主张该等让与或继受的条件及债务人的义务是否已经得到履行等事项。

(3) 本条规定的让与概念涵盖直接的权利主张让与通过担保、保证或其他在权利主张上设立的担保权益而对权利主张进行的转移。

概述。在实施《电子商务指令》之后,让与是否能以电子形式进行,在成员国中仍然是一个亟待解决的问题。例如,在荷兰,通过了新的立法来促进电子让与(*Wijziging van enige bepalingen van het Wetboek van Burgerlijke Rechtsvordering en het Burgerlijk Wetboek teneinde naast het in deze bepalingen gestelde vereiste van schriftelijkheid ook ruimte te bieden aan de ontwikkelingen op het gebied van het elektronisch verkeer*,第 31 358 号建议)。除此之外,本条规定与信息技术法关联性不大,在此不再赘述。

法定继受

第 15 条

一人(债权人)对另一人(债务人)可以主张合同权利,且第三人有义务满足债权人要求或在履行该义务之时实际满足债权人要求的,对于第三人是否可以对债务人行使债权人根据其与债务人之间关系所适用法律而对债务人拥有的权利及其范围,须根据第三人为满足债权人要求而负有该等义务所适用的法律而进行。

概述。本条款与信息技术法无特别关联,在此不再赘述。

多重责任

第 16 条

债权人就同一权利主张可以向多个债务人提出且债务人之一已经全部或部分对该等权利主张予以满足的,适用于债务人对债权人所承担义务的法律也适用于该债务人向其他债务人提起追溯的权利。其他债务人可以依据其对债权人所能主张的抗辩,但须符合其对债权人承担义务所适用法律能够许可的限度。

概述。字面规定原本并不想与《罗马公约》第 13 条第 2 款有所不同,并且符合《罗马 II 条例》第 20 条的规定;但是进行了澄清式的修改,以体现同等机制,以便通过两个不同的规定涵盖继受与多重债权人,并以更简单的规定呈现涉及多重债权人的冲突规则。该条款的最后一句明确了债务人享有特殊保护的情形,与《罗马公约》相比,新意十足。

抵消

第 17 条

当事方未就抵销权达成一致的,对一方提出的抵销权主张所适用的法律适用于抵消。

概述。本条规定对于信息技术法并无特别关联,在此不再赘述。

举证责任

第 18 条

(1) 根据本条例而适用于合同义务的法律,在其规定了法律推定或者确定举证责任规则的范围内适用于合同义务。

(2) 旨在产生法律效力的合同或行为,可以通过任何法院地国家法律或第 11 条规定,以确定合同或行为形式有效的法律所认可的任何证明方式加以证明,但该等证明方式可以为法院所实施。

概述。本条规定不需要进一步解释,《解释性备忘》并没有对之进行说明。

第三章 其他条款

惯常居所

第 19 条

(1) 为本条例之目的,公司及其他无论是否具有法人资格的机构的惯常居所应为其管理中心所在地。

自然人营业过程中的惯常居所系其主要营业地。

（2）合同是在分支机构、代理处或者其他设立机构的运行过程中达成的，或者根据合同规定，履约系由分支机构、代理处或者其他设立机构负责的，该等分支机构、代理处或者其他设立机构的所在地即被视为其惯常居所地。

（3）为确定惯常居所地之目的，时间方面的关联点即为订立合同之时。

1. 管理中心所在地仍然有效（第1款）。公司及其他机构的惯常居所符合《罗马公约》的规定。然而，这没有解决法学著述中所提出电子商务交易中是否可以援引主要服务器所在地国家法律这一问题，而《电子商务指令》意义上的信息服务提供商借助主要服务器才能提供其商品或服务。

2. 分支机构、代表处（第2款）。然而，与第19条第1款不同，第2款规定了备选式的冲突法规则：合同是在分支机构、代理处或者其他设立机构的运行过程中达成的，或者根据合同规定，履约系由分支机构、代理处或者其他设立机构负责的，该等分支机构、代理处或者其他设立机构的所在地即被视为其惯常居所地。在电子商务交易而言，尤其对于消费者与企业之间的电子商务交易而言，就消费者希望与之达成合同的公司来讲，其身份或实体并不总是十分清楚。

反致之排除

第20条

适用本条例所规定任何国家的法律意味着适用该国家的有效法律规则，但除非本条例另有规定，并不适用该国家的国际私法规则。

适用范围。该等自我解释的条款明确排除了本条例所涵盖的范围还包括反致。根据该款规定，所使用的法律意味着仅仅是实体法，而并不可能是该国家国内法院所适用的国际私法原则。

法院地的公共政策

第 21 条

本条例所规定对任何国家法律条款的适用,仅得在该等适用与法院地国公共政策明显不符的情形下予以排除。

适用范围。该等例外条款经常可见于旨在协同国际私法规则的其他法律文件当中,如《罗马Ⅱ条例》第 26 条及《罗马公约》第 16 条。请注意"明显不符"这一用词,这表明法院在试图排除适用该等条款时有严格的责任约束:仅得在特别的例外情形下方可进行。

具有多个法律体系的国家

第 22 条

(1)一个国家有多个领土单元组成,且每个领土单元对合同义务都有自己的法律规则;在这种情形下,每个领土单元应被视为一个国家,以根据本条例确定适用法律。

(2)成员国不同领土单元就合同义务规定自己法律规则的,不得被要求适用本条例来解决仅仅是该等单元间的法律冲突。

1. 若干领土单元(第 1 款)。成员国由若干具有自己合同义务实体法律的领土单元构成的,《罗马Ⅰ条例》也适用于该等领土单元间的法律冲突,以便确保法律的可预见性和确定性,并确保欧盟规则在所有法律冲突情形下都得到统一适用。

2. 内部适用(第 2 款)。然而,第 22 条第 2 款明确,领土单位之间的冲突并不在《罗马Ⅰ条例》的适用范围之内。对该等情形适用冲突法规则属于国内法问题。

与共同体法律其他条款的关系

第 23 条

除第 7 条的规定之外,条例不得对共同体法律条款中有关具体事项规定合同义务冲突法条款的适用造成不利影响。

共同体法律。和《罗马公约》第 20 条的规定一样,第 23 条对与共同体其他法律条款的关系进行了认定。在前一稿的建议中,该条款更为明确,包括一款规定,其涵盖了共同体就附件一列明具体领域所发布第二等级法律文件中冲突法规则;还规定了一项旨在确保与欧盟合同法项目背景下所可能的备选法律文件相一致的条款,并规定了适用于所建议条例与促进内部市场顺利运行规则之间关系的一项条款。很明显,该规定对于题为"信息技术法精要"的本书内容的所有共同体法律都有关联。

与《罗马公约》之间的关系

第 24 条

(1) 本条例应在成员国替代《罗马公约》,除非成员国的领土属于《公约》适用范围而根据《条约》第 299 条的规定并不适用本条例。

(2) 在本条例替代《罗马公约》规定的情形下,对《公约》的任何援引都视为对本条例的援引。

概述。本条款的效力在于在丹麦之外的成员国替代《罗马公约》。

与现有国际条约的关系

第 25 条

(1) 一个或多个成员国在本条例制定之时成为缔约方的国际公约规定了合同义务冲突规则的,其适用不得遭受本条例的不利影响。

(2) 然而,在成员国之间,两个或多个成员国达成的排他性国家公约涉及本条例所调整事项的,优先适用本条例。

1. 修订。建议中规定了若干修改。该等修改的目的在于在通过公布成员国为缔约方国际公约的方式提高现行法律文本透明度的同时,于遵守成员国国际义务与建立真正欧洲司法领域之间达至平衡。

2. 基本规则(第 1 款)。第 25 条第 1 款规定了国际公约优先于所建议条例适用的基本原则。但在达成合同之时所有实质方面均位于一个或多个成员国的情势下,就存在例外情形。这就共存这两个并行的体系:对批准公约的成员国适用公约规定,而在其他情形适用所拟定的条例;这不利于内部市场的顺利运作。

3. 双边公约(第2款)。第25条第2款具体援引了新成员国间达成的双边公约。

公约清单

第26条

(1) 在2009年6月17日之前,成员国须向委员会通告第25条第1款规定的公约。在此之后,成员国应向委员会通告其对该等公约的任何退出行为。

(2) 收到第1款规定通告之后的六个月之内,委员会应当在欧盟官方杂志中公布:

(a) 第1款所规定公约的清单;

(b) 第1款所规定的退出行为。

概述。本条款并不需要进行进一步解释,《解释性备忘》也未对之说明。

复查条款

第27条

(1) 2013年6月17日之前,委员会应当就本条例的适用向欧洲议会、欧盟理事会及欧洲经济与社会小组委员会提交报告。在合理情形下,该报告应附有修改本条例的建议。报告应包括:

(a) 保险合同法律适用研究及对所要通过条款影响力进行的可能评估;及

(b) 对第6条适用的评估,特别对于消费者保护领域共同体法律一致性的评估。

(2) 2010年6月17日之前,就针对第三方权利主张之让与或继受有效性的问题及所让与或继受权利主张优先于他人权利的问题,委员会应向欧洲议会、理事会及欧洲经济与社会小组委员会提交报告。在合理情形下,该报告应附有修改本条例的建议及对所要通过条款影响力的评估。

概述。无须对本条款进行更多解释,《解释性备忘》也未对之描述。

适用时间

第 28 条

本条例应适用于 2009 年 12 月 17 日后达成的合同。

第四章 最后条款

生效及适用

第 29 条

本条例应于其在欧盟官方杂志出版之日后的第二十日生效。

除第 26 条应自 2009 年 6 月 17 日得以适用之外,本条例应自 2009 年 12 月 17 日得以适用。

根据《建立欧洲共同体条约》,本条例应整体直接适用于成员国。

2008 年 6 月 17 日于斯特拉斯堡通过本条例。

欧洲议会及欧盟理事会第 864/2007 号(EC)条例
(《罗马 II 条例》)

2007 年 7 月 11 日通过关于非合同义务适用法律(罗马 II)之条例

引言

1. 历史背景。(a)《1968 年布鲁塞尔公约》。和《罗马 I 条例》一样，《罗马 II 条例》来源于《1968 年布鲁塞尔公约》。《1968 年布鲁塞尔公约》规定了若干管辖权选择条款，使得诉讼程序中的原告可以在不同国家选择所规定的法院。(b)《1999 年阿姆斯特丹条约》。1998 年 2 月，委员会就非合同义务适用法律公约草案向成员国发出问卷。当时就确定了成员国都支持的非合同义务适用法律之法律文件的原则。同时，委员会资助了格劳秀斯项目，研究就非合同义务适用法律制定欧洲公约的可行性，最终经过不懈努力，完成了一个条例的草案起草。《阿姆斯特丹条约》于 1999 年 5 月 1 日生效，在《欧洲共同体条约》第 61 条 c 项所规定委员会制定条例的权限下，实现在民事领域进行合作。1998 年 12 月 3 日，在其正要生效之前，就在自由、安全与司法领域如何最好地实施《阿姆斯特丹条约》的相关规定，司法与内部事务理事会通过了行动计划，该行动计划第 40 段确立了"b) 就非合同义务法律适用制定法律文件"的法律依据。理事会临时的"罗马 II"工作方机制继续在整个 1999 年举行会议，审议草案。对于若干冲突规则就达成了初步的共识，反映在条例建议之中。(c) 1999 年电子商务听证会。1999 年 12 月 4 日及 5 日，委员会就电子商务的管辖权及适用法律举行公开听证，这使得民商事管辖权及判决之承认与执行对信息技术法的意义日益凸显。该听证会收到75件书面建议，该等建议基于电子商务交易通常具有的跨境性质，强调了有必要确立非合同义务适用法律的共同体架构。(d)《2001年布鲁塞尔Ⅰ条例》。《阿姆斯特丹条约》进一步规定了共同体制定所谓《布鲁塞尔Ⅰ条例》以取代上述《1968年布鲁塞尔公约》的法律依据。《2001年布鲁塞尔Ⅰ条例》简化了《1968年公约》项下的管辖权规则。就像《布鲁塞尔公约》规定的那样，取代其的《布鲁塞尔Ⅰ条例》规定了若干选择条款，使得权利请求方可以选择其所青睐的法院，这样就依然隐含着一种可能：程序中的一方当事人会主要因为适用法律对其更有利而选择一个成员国管辖的管辖权。然而，在通过《布鲁塞尔Ⅰ条例》之前，委员会和理事会2000年11月30日就实施相互承认民商事裁决原则的措施而联合发布了规划，其中已经说明：涉及协同冲突法规则的措施会有助于判决的相互承认，因此对于无须中间审查措施而实现判决自由流通的长远目标而言极为重要。(e)迈向《罗马Ⅱ条例》。2002年5月3日，委员会开始就《罗马Ⅱ条例》草案建议稿征询意见。委员会收到了大约80项书面回复建议。书面征询程序之后，2003年1月7日在布鲁塞尔召开了公开听证会。2003年7月22日，委员会呈交其《罗马Ⅱ条例》建议稿。根据经《尼斯条约》修改后《欧共体条约》第67条的规定，该条例应经过《欧盟条约》第251条规定的共同决定程序而制定。(f)《罗马Ⅰ条例》。同时，2005年12月5日，委员会提出了《罗马Ⅰ条例》的建议稿；最终，这个建议稿比《罗马Ⅱ条例》还要充满争议。(g)《罗马Ⅱ条例》的更多立法进程。经过对2003年7月22日最初建议的讨论，列出了五十多项修改之处。2006年2月21日，委员会提出了《修改建议》，对原稿的前言进行了修改，并且在《罗马Ⅱ条例》中规定了更多的例外事项，例如对侵犯隐私权及人格权情形规定的例外。然而，之后欧洲议会于2007年提出了一系列的修改，这使得建议须经过协商程序。经过三读之后，《罗马Ⅱ条例》于2008年6月17日得以通过。

2. 结构。《罗马Ⅱ条例》共有七章。《罗马Ⅱ条例》的核心内容规定于第4条至第14条（第二章至第4章），其中第4条规定了确定非合同义务事项适用法律的基本规则(损害结果发生地法),之后第5条至第9条规定了一系列涉及侵权的特殊规则,并在第10条之第13条规定了其他合同之外的责任形式。最后,就是一条压倒性规则:根据该条款规定的条件,在存在以下就会讨论的两种例外情形(第6条第3款规定的不正当竞争及第8条第3款规定的知识产权)的前提下,当事方将可以自主同意选择适用其非合同义务的适用法律(第14条)。第15条至第22条(第五章)主要涉及之前各章所规定所有事项适用的共同规则。第23条至第28条(第六章)涉及《罗马Ⅱ条例》与共同体法律、国际条约的关系。最后,第29条至第32条(第七章)涉及《罗马Ⅱ条例》的适用时间范围,并规定了诸如其生效等事项。

3. 成员国的保留。《欧盟条约》的第四部分构成《罗马Ⅱ条例》建议事项的基础。但基于适用于丹麦的议定书,这并不适用于丹麦。同时,除非爱尔兰和英国根据条约所附议定书的规定行使选择权,将之列入该等动议,这两个国家也不适用该部分规定。之后,爱尔兰和英国行使了其选择权,这样丹麦就成为《罗马Ⅱ公约》不予适用的唯一成员国。

4.《解释性备忘》。根据解释性备忘,建议的目的是为了协同成员国非合同义务冲突法规则,并以此扩展了民商事领域国际私法的协同范围,使之超出了《罗马Ⅰ条例》及《1980年罗马公约》。冲突法规则协同旨在协同确定非合同义务适用法律的规则。建议使得冲突方专注于研究一套唯一的冲突规则,这应该能降低诉讼成本,并通过提高冲突所致结果的可预见性来增强法律的确定性。这对于在信息技术法中至关重要的诸如产品责任或环境责任等非合同义务而言尤其相关。尽管原则相同,但在成员国之间还存在着重大差异。征询意见的过程中提到的、对于信息技术法律而言也直接相关但没有(必然)转化为《条例》草案的事项是:严格责任与归因责任(attributable liability)之间的界限;对间接损失及第三方损失的赔偿;进行超出所遭受实际损失的赔偿(惩罚性赔偿和惩戒性赔偿);未成年人的法律责任;诉讼时效。委员会为其建议而分析的非合同义务主要议题之一就是侵权行为发生地法,按照该等原则,侵权行为或违法行为适用于该行为发生地的法律。虽然表面看来该原则为大多数成员国所采用,但根据《解释性备忘》,在"复杂"的侵权或违法情形下,损害情形及产生损失的地点会横跨若干法域,适用该规则就显得很有问题。委员会的调查揭示,对跨境非合同义务适用侵权行为发生地法规则时,在各国存在着差异。某些国家仍然采用了传统的解决方式,适用损害事件发生地国家的法律,也出现了适用损害产生地国家法律的趋向。欧洲法院曾裁定,损害事件发生地与损害发生地并不一致的,原告可以选择在任一地向被告提起诉讼。大多数成员国采用了将不同冲突法规则糅合在一起的解决方式,有时这会变得复杂,因此需要对之予以协同。

5. 直接适用于成员国国内法律体系的国际私法超国家条款。从其准备文件及立法过程来看,存在着使得《罗马公约》成为共同体法律的强烈愿望。

6. 排除事项。根据第1条第1款的规定,《罗马Ⅱ条例》并不适用于财政、海关或行政事项,也不适用于国家行使其权力的行为或不作为(主权行为)而产生的国家责任;同时,根据第1条第2款的规定,也不适用该款所列明的诸多非合同义务。就信息技术法而言,《罗马Ⅱ条例》第1条第2款g项的规定尤其具有相关的意义:侵犯隐私及人格权而产生的非合同义务,包括诽谤在内,即使在当初是想把它们纳入适用范围之中,也明确被《罗马Ⅱ条例》排除于适用范围之外。

7. 对欧洲信息技术法的相关性。《罗马Ⅱ条例》的相关度体现在其对跨境信息技术非合同义务的适用:技术外包或电子商务交易,尤其是网站载有的违法内容,违反商业通讯及非请而至的商业通讯(《电子商务指令》第6条及第7条)所产生的非合同义务,违反各种信息提供业务(《电子商务指令》第10条及《远程合同指令》第4条)而产生的非合同义务,及对中间服务商责任的相关规定(《电子商务指令》第12条至第14条)。《罗马Ⅱ条例》前言第35项强调,其并不妨碍旨在促进货物自由流动的电子商务条例既存规定的适用。相反,《罗马Ⅱ条例》在其适用范围中排除了违反《数据保护指令》或《隐私及电子通讯指令》而产生的非合同义务(第2条g项)。

8. 生效。《罗马Ⅱ条例》于 2009 年 1 月 11 日生效（而第 29 条一特定条款提前一年生效）。

条例条文

欧洲议会及欧盟理事会第 864/2007 号(EC)条例
2007 年 7 月 11 日发布关于非合同义务适用法律(罗马Ⅱ)之条例
(罗马Ⅱ条例)
欧洲议会及欧盟理事会
鉴于《建立欧洲共同体条约》及其中第 61 条 c 项及第 67 条的规定，
鉴于委员会提交的建议，
鉴于欧洲经济与社会小组委员会的意见[①]，
根据协商小组委员会 2007 年 6 月 25 日批准的联合文本[②]，遵照《条约》第 251 条规定的程序行事，
鉴于：

(1) 共同体已经设立了自己的目标：保持并发展自由、安全及司法区域。为了逐步建立该等区域，在内部市场正常运行所需要的限度内，需要就具有跨境影响的民事司法合作采取措施。

(2) 根据《条约》第 65 条 b 项，该等措施就包括推动成员国有关冲突法及管辖权所适用规则能够实现彼此兼容。

(3) 在欧盟理事会 1999 年 10 月 15 日至 16 日于坦佩雷召开的会议上，认可了司法机关判决及其他裁决相互认可的原则，将之作为民事司法合作的基石，并呼吁理事会和委员会通过行动计划，落实相互承认原则。

(4) 2000 年 11 月 30 日，理事会通过了落实民商事裁决相互承认原则

[①] OJ C 241, 28.9.2004, p.1.
[②] 欧洲议会 2005 年 7 月 6 日的意见（OJ C 157 E, 6.7.2006, p 371），理事会 2006 年 9 月 25 日的共同立场文件（OJC 289 E, 28.11.2006, p.68）及欧洲议会 2007 年 1 月 18 日的立场文件（尚未在《官方杂志》中发布）。欧洲议会 2007 年 7 月 10 日的立法决定及理事会 2007 年 6 月 28 日的决定。

的理事会及委员会联合行动计划①。该计划提出了涉及冲突法规则协同的措施,以促进判决的相互承认。

(5) 欧盟理事会 2004 年 11 月 5 日通过的《海牙计划》②要求就非合同义务冲突法规则(罗马Ⅱ)采取积极行动。

(6) 为了提高诉讼结果的可预见性及在适用法律、判决的自由流动方面的稳定性,内部市场正常运作就需要成员国冲突法规则指向同一国家的法律而无论提起诉讼的法院位于哪个国家。

(7) 本条例的实体适用范围及规定须符合欧盟理事会 2000 年 12 月 22 日(EC)第 44/2001 号《民商事管辖权及司法判决承认与执行条例》③(布鲁塞尔Ⅰ)及涉及合同义务适用法律的法律文件。

(8) 无论管辖的法院或仲裁庭性质如何,都适用本条例。

(9) 基于共同体法律的权利主张,应包括向代表国家行事的官员及针对包括公开委任官员责任在内的公共权力机关行为责任所提出的权利主张。因此,该等事项应当从本条例的适用范围排除。

(10) 家庭关系应当涵盖父母、配偶、姻亲及旁系亲属。第 1 条第 2 款所称的关系与配偶及其他家庭关系有类似的法律效果,应根据法院所在地成员国的法律予以解释。

(11) 不同成员国对于非合同义务的定义有所不同。因此,为本条例之目的,非合同义务应被理解为一个独立概念。本指令规定的冲突法规则也应涵盖严格责任所产生的非合同义务。

(12) 所适用法律也应该涵盖承担侵权或违法责任之行为能力的问题。无论所指定法律为何,适用同一规则,可以避免扭曲共同体内诉讼各方的竞争。

(13) 无论所指定法律为何,适用同一规则,可以避免扭曲共同体内诉

---

① OJ C 12,15.1.2001,p.1.
② OJ C 53,3.3.2005,p.1.
③ OJ L 12,16.1.2001,p 1. 该条例最近为(EC) No.1791/2006 号条例所修改(OJ L 363, 20. 12.2006, p.1)。

讼各方的竞争。

(14) 对于司法区域而言，法律确定性的要求及在具体案件中达至公平尤为关键。本条例规定了实现该等目标而言最为合适的联接因素。因此，本条例不但规定了一般规则，也规定了具体规则；并在特定条款中，规定了"例外条款"，这样，在所有相关情形清楚表明该侵权或违法行为与另一国家有更密切联系的，则就不适用该等规则。该套规则就这样创立了一个充满弹性的架构。它也同样使得管辖法院以适当的方式处理具体案件。

(15) 几乎在所有成员国都将侵权行为发生地原则作为处理非合同义务的基本解决方案。但是在案件相关构成因素分布在若干国家的情形下，对该原则的实际应用就有所差异。这种情形使得适用法并不那么确定。

(16) 统一规则应当增强法院裁决的可预期性，确保在被主张承担责任的当事人与承担损失的当事人之间的利益实现合理平衡。与直接损失发生地国家（lex loci domni）的联接点在被主张承担责任的当事人与承担损失的当事人之间的利益实现了合理平衡，也反映了对民事责任的当代解决方式及严格责任体系的发展。

(17) 无论间接后果产生于哪一个或哪些国家，适用法律应当根据损害发生地确定。相应地，在人身损害及财产损失的案件中，损害发生地国应为遭受损害地国家或财产被侵害地国家。

(18) 本条例的一般规则应为第 4 条第 1 款规定的损失发生地国家（lex loci domni）规则。而第 4 条第 2 款则应被视为这一一般规则的例外规定：当事人在同一国家拥有惯常居所的，就创设了一个特别的连接点。而第 4 条第 3 款应该理解为第 4 条第 1 款及第 2 款规定的例外情形：所有相关情形表明侵权及违法行为明显与另一国家更具有密切联系的案件。

(19) 对于特殊的侵权或违反行为，一般规则并没有在相关利益间实现合理平衡的，应该对此规定特别规则。

(20) 产品责任的冲突法规则应能满足在当代高科技社会中合理分布风险、保护消费者健康、激励创新、确保竞争不被扭曲并促进贸易等诸多目的。创设一个连接因素的串联体系，并辅以预见性条款，就构成应对这些目标的平衡解决方案。需要考虑的第一个因素就是蒙受损失者在损害发生时其惯常居所地所在国的法律,但产品须在该国得到推销。产品并没在该国得到推销的,就使得串联线路上其他因素得以被考虑,同时,并不影响第4条第2款的效力及明显与另一国家具有更密切联系的可能性。

(21) 第6条的特别规则并不构成第4条第1款所规定一般原则的例外情形,而是对之的一种澄清。就不正当竞争而言,冲突法规则应能保护竞争者、消费者及一般公众,并能确保市场经济能正常运行。对受到或可能受到影响的竞争关系及消费者整体利益所在地国家的法律予以连接,一般可以满足这些目标的要求。

(22) 第6条第3款规定的基于竞争限制所产生的非合同义务应涵盖对国内及共同体竞争法的违反。适用该等非合同义务的法律应为影响或可能影响的市场所在国家的法律。受到影响或可能受到影响的市场位于多个国家的,权利请求方在特定情形下应能够选择基于法院所在地国家的法律提出权利请求。

(23) 为本条例之目的,限制竞争这一概念应涵盖被禁止的企业间协议、企业协会的决定及协同做法,其目的或者效果就是在成员国内或内部市场内阻止、限制或扭曲竞争;这一概念也涵盖在成员国或内部市场内被禁止的滥用主导地位;该等协议、决定、协同做法或滥用行为系为《条约》第81、82条或成员国法律所禁止。

(24) "环境损害"的意义应被理解为对诸如水、土地或空气自然资源进行的不利改变,损害了该等自然资源为另一种自然资源或公众而产生的功用,或损害了生物多样性。

(25) 就环境损害而言,《条约》第174条规定应基于审慎原则、预防性行动原则、源头纠正优先原则及谁污染谁付费原则对之予以高水平保护,这为有利于遭受损失方利益而采取的区分原则提供了十足的正当性。至于寻求补偿一方何时行使适用法律选择权这一问题,应根据法院所在地法予以认定。

(26) 侵犯知识产权的,仍应适用得到普遍认可的保护地法原则。为本条例之目的,"知识产权"这一术语的意义应被解释为诸如版权、相关权利、数据库保护特别权利及工业产权等权利。

(27) 对于行业行动的确切定义,诸如罢工和抵制,在成员国间各有不同,适用每个成员国的国内规则。因此,本指令就将之作为一般原则予以推定,适用行业行动发生地国家的法律,旨在保护工人和雇员的权益。

(28) 第 9 条规定的行业行动特别规则并不影响根据国内法采取该等行业行动的条件,也不影响成员国法律所规定工会或者代表组织的法律地位。

(29) 侵权或违法行为之外诸如不当得利、无因管理及缔约过失行为造成损失的,应针对特别规则制定条款。

(30) 为本条例之目的,缔约过失系一独立概念,并不一定通过国内法的规定予以解释。它应包括对披露义务的违反及对合同谈判进程的破坏。第 12 条仅涵盖与合同订立前交易有直接关联的非合同义务。因此,合同谈判进程中当事人一方遭受人身伤害的,应适用本条例第 4 条或者其他相关规定。

(31) 为尊重当事人自治原则,为增强法律确定性,应使当事人可以选择非合同义务的适用法律。对该等选择的表述或证明应参照案件具体情形而具有合理的确定性。确定存在协议的,法院须尊重当事人的意愿。应针对选择设定特定的跳进,以便对弱势当事方给予相应保护。

(32) 公共利益考虑就使得成员国法院有正当的理由在极个别情形下基于公共政策及压倒性的强制性规定适用相关例外规定。尤其适用本条例规定条款会导致非补偿性的、过分的示范性赔偿或惩罚性赔偿的,基于案件具体情形及法院所在地国家法律体系,会被认为与法院地公共政策(ordre public)相悖。

(33) 根据目前有关道路交通事故受害人所获补偿的国内规则,事故发生于受害人惯常居所地之外国家的,要量化对人身损害的赔偿,有管辖权的法院应当考虑该特定受害人所有实际情形,尤其包括其实际损失及康复治疗与医疗护理的费用。

（34）为在各方间实现合理平衡，即使非合同义务适用另一个国家的法律，也须在合理情形下考虑有害行为发生地国家所施行的安全及行为规则。"安全及行为规则"这一术语应被解释为系指所有与安全及行为相关的规定，例如，包括事故所涉及的道路安全规则。

（35）应避免冲突法规则分布于若干法律文件并且该等规则彼此有差异的情形。然而，本条例并不排除就具体事项将非合同义务的规则纳入共同体法律规定之中。本条例不得影响规定旨在促进内部市场正常运作之规范的其他法律文件得以适用，但该等条款不能与本条例规则所指定法律共同适用。适用本条例规则所指定适用法条文，不得限制由诸如欧洲议会及欧盟理事会 2000 年 6 月 8 日发布第 2000/31/EC 号《关于内部市场尤其包括电子商务在内的信息社会服务若干法律事项之指令》(《电子商务指令》)之类共同体法律文件规制的货物与服务的自由流动。①

（36）尊重成员国所承担国际义务就意味着本条例不得影响本条例通过之时一个或多个成员国为缔约方的国际公约。为使得该等规则更易于获得，委员会应当给予成员国提供的信息在《欧盟官方杂志》中公布相关公约的名录。

（37）有关成员国有权在个别及特别情形下以自己名义与第三国谈判并缔结涉及个别领域事项之公约，其中包括了非合同义务适用法律规定的，就其程序及条件，欧盟委员会将向欧洲议会及欧盟理事会提交相关建议。

（38）既然本条例的目标不能通过成员国完全达成，因此，基于本条例的规模及影响，最好在共同体层面予以实现；这样，共同体可以根据《条约》第 5 条规定补充原则采取相关措施。根据该条规定的比例原则，本条例并没有超出实现该等目标的必要。

（39）根据《欧盟条约》及《建立欧洲共同体条约》之英国及爱尔兰立场议定书的第 3 条，英国和爱尔兰参与本条例的制定及适用。

（40）根据《欧盟条约》及《建立欧洲共同体条约》之丹麦立场议定书的第 1 条和第 2 条，丹麦并不参与本条例之制定，并不受其适用的约束，

---

① OJ L 178, 17.7.2000, p.1.

通过本条例如下:

第一章 适用范围

实质范围

第1条

(1) 涉及法律冲突的,本条例应适用于民商事非合同义务。但其并不适用于具体的财政、海关或行政事务,也不适用于国家行使其权力时行为或者不作为(主权行为)而产生的法律责任。

(2) 下列情形须排除于本条例适用范围之外:

(a) 家庭关系及相关适用法律视为具有与家庭关系有类似效果的关系(包括扶养义务)而产生的非合同义务;

(b) 基于婚姻财产制度、相关适用法律视为具有与婚姻具有相似效果的财产制度、遗嘱及继承;

(c) 汇票、支票及本票和其他流通票据项下基于其流通特性产生的非合同义务;

(d) 基于公司法及有关其他无论是否具有法人资格的组织的法律,就诸如公司及其他无论是否具有法人资格的组织以登记或其他方式设立、法律行为能力、内部组织或终止事项、管理人员及成员为公司或组织义务所承担的责任及在对会计文件进行法定审计的会计对公司或其成员所承担个人责任所产生的非合同义务;

(e) 自发设立信托的委托人、受托人及收益人三者间关系所产生的非合同义务;

(f) 基于核损害而产生的非合同义务;

(g) 基于包括诽谤在内的侵犯隐私权及人格权而产生的非合同义务。

(3) 本条例不适用于证据及程序事项,同时并不影响第21、22条的效力。

(4) 为本条例之目的,"成员国"应指丹麦之外的任何成员国。

1. 信息技术法而言的适用范围(第1款)。《罗马Ⅱ条例》的适用范围足够宽泛,能涵盖《电子商务指令》、《远程合同指令》及尚待通过的《消费者权利建议》所适用的非合同义务。《电子商务指令》明确指出,其并不旨在就涉及冲突法规则的国际私法设立新的规则,也不涉及法院管辖权(前言第23项)。《电子商务指令》第1条第4款范围广,其提及适用诸如《罗马Ⅱ条例》在内的、在《电子商务指令》通过后制定的法律文件。

2. 条例的实质适用范围(第1款)。条例涵盖民商事非合同义务,第2款列示事项除外。条例适用一切涉及法律冲突的情形,后者系指单一或多种因素指向适用若干法律体系的情形。应当注意,《罗马Ⅱ条例》在两类情形中作了区分,具体而言就是区分了基于侵权(或违法)事由产生的非合同义务及并非基于侵权事由产生的非合同义务。在一些法域,后一种类型又被称为"准违法"或"准合同",中包括诸如不当得利、无权代理或无因管理之类《罗马Ⅱ条例》也予以规定的原则。在合同义务与基于侵权或违法行为的义务进行的区分,并非在所有成员国都为一致。因此,存在着在具体纠纷中应适用哪个法律文件的担忧,例如在缔约前责任、缔约过失责任或者债权人使得债务人相关交易因违反其利益而宣告无效的情形中,就是如此。根据《布鲁塞尔公约》第5条第1款及第3款的规定,欧洲法院有机会得以裁决:较之合同案件而言,侵权或违法案件属于遗留问题,须根据严格的条件加以界定(1983年3月22日作出判决的 *Martin Peters* 案;1992年6月17日作出判决的 *Jacob Handte* 案及2002年9月17日作出判决的 *Meccaniche Tacconi* 案)。委员会认为,对于《罗马Ⅱ条例》适用范围的解释,法院将继续扮演着重要的角色。

3. 除外事项(第2款及第3款)。以下论题可能会导致非合同义务的产生,而又排除于《罗马Ⅱ条例》适用范围之外;除非另有说明,这通常是因为相关事项在成员国之间尚未实现协同化:(a) 家庭及类似关系,由于该等义务极少导致侵权或违法行为,能举出来损害赔偿的例子就是扶养义务下迟延给付所致;(b) 婚姻财产制度及继承;(c) 汇票、支票和本票及其他流通票据,在该等票据项下的义务是基于其流通特质而产生的;该条除外事项系全文来自《罗马公约》第 1 条第 2 款 c 项,并基于同样的理由:具体而言,《条例》并非处理该等义务的恰当法律文件,而是由 1930 年 6 月 7 日及 1931 年 3 月 19 日的《日内瓦公约》处理该等事项的主要部分,且成员国对该等义务的处理并非一致;(d) 管理人员及成员对诸如公司或其他公司实体的债务承担个人法律责任;负责进行法定审计人员的个人法律责任;这一问题并不能与适用于公司及其他实体的法律分割开来;(e) 信托委托人、受托人与受益人:信托属于特别制度,因此被《罗马公约》和《罗马Ⅱ条例》排除适用;(f) 核损害:之所以将之排除在外,是因为其涉及重大的经济和国家利益,还因为成员国致力于在国际核责任机制层面采取对核损害予以赔偿,而该等核责任机制是由以下国际条约所确立:1969 年 7 月 29 日的《巴黎公约》,1963 年 1 月 31 日的《布鲁塞尔补充公约》,1963 年 5 月 21 日的《维也纳公约》,1997 年 9 月 12 日的《补充补偿公约》及 1988 年 9 月 21 日的《协定书》;及(g) 对隐私权的侵犯及包括诽谤在内的对人格权的侵犯,该等事项原先在其适用范围之内,然而在《修改后的建议》中将之列入除外事项。该除外事项起初仅限于媒体的侵权行为,但由于对于"媒体"的定义并没达成一致,最终的除外事项就变得宽泛。须基于《罗马Ⅰ条例》第 30 条第 2 款看待该等例外事项,前者规定了委员会就对隐私权及人格权的侵犯进行调查。在最初的建议中,《罗马公约》第 1 条第 2 款 h 项规定的除外事项涉及证据规则及程序,并没有列入其中。委员会主张,第 11 条清楚表明,在存在所述排除事项的前提下,该等规则属于法院所在地国家法律处理事项。因此,其与《罗马Ⅱ条例》排除在外的非合同义务清单格格不入。但在《修改后的建议》中,又将之添列其中。

非合同义务

第 2 条

(1) 为本条例之目的,损害赔偿须涵盖基于侵权或违法行为、不当得利、无因管理或缔约过失责任所产生的后果。

（2）本指令也须适用于可能产生的非合同义务。

（3）本条例所作述任何：

（a）产生损失的情形应包括可能产生损失的情形；及

（b）损失须包括可能产生的损失。

1. 适用范围。本条款在《修改后的建议》中得以添加，从字面来看，其明显是作为解释性条款发挥功用的。

2. 对损失的宽泛定义（第1款）。本条款明确了诸如缔约前义务所导致的损失——例如缔约过错责任——属于《罗马II条例》的适用范围。

3. 扩展至可能产生的非合同义务（第2款）。本条款明确了《罗马II条例》也适用于可能产生非合同义务的情形。在一些法域，本条款就意味着有可能遭受损失的一方当事人可以对可能导致其损失的一方获得禁令的救济（也请见《布鲁塞尔I条例》）。尚不清楚原告证明该等可能性的举证责任有多大，这将从国内法予以规定。

4. 明显扩展至由于非合同义务而可能产生的损失（第3款）。英文文本显示，本条款的第一部分似乎并不完整。这可能是由于损失的可能性首先是由该条例在第4条第1款中作为核心条款予以界定的。《〈修改后的建议〉之解释性注释》清楚地表明，与第4条第1款共同解读的话，该条款现时规定的是未来的损失。

普遍适用

第3条

无论其是否是成员国的法律，本条例所规定的任何法律均须得到适用。

适用范围。第3条（最初是第2条）规定，统一的冲突法规则能够指定欧盟任何成员国的法律或第三方的法律。这是一个已经体现在于海牙会议上缔结的《罗马公约》及成员国法律之中的有关法律冲突原则。就认可和执行规则而言，成员国法院作出的所有判决，属于《布鲁塞尔I条例》适用范围内的，均可以适用承认与执行的简化机制；因此，判决依据的法律是成员国法律还是第三国法律,意义并不突出。就管辖权规则而言,被告惯常居所在共同体领土之外的,也适用《布鲁塞尔Ⅰ条例》:这适用于纠纷符合专属管辖权规则的情形(《布鲁塞尔Ⅰ条例》第22条),适用于法院管辖权系基于管辖权条款而进行的情形(《布鲁塞尔Ⅰ条例》第23条),适用于被告答辩的情形(第24条),也适用于未决诉讼规则适用的情形(第27条)。由这些条款可得知,《布鲁塞尔Ⅰ条例》既适用于共同体内的情形,也适用于涉及共同体外因素的情形。因此,即使并不是纯粹的共同体内部案件,《罗马Ⅱ条例》也试图为共同体诉讼当事方规定平等的待遇。这样,所建议条例的普适性符合法律稳定性的要求,也符合共同体立法透明化的责任。

第二章 侵权/违法行为

一般规则

第4条

（1）除非本条例另有规定,基于侵权或违法行为所产生非合同义务的适用法律应为损害发生地国家的法律,无论造成损害事件发生地及该事件所导致间接后果地所在国家为何。

（2）然而,被指称负责的当事方与遭受损失的当事方在损害发生时惯常居所处于同一个国家的,应适用该国法律。

（3）一个案件的所有方面清楚表明,侵权行为或违法行为明显与第1款或第2款所规定国家以外的国家具有更密切联系的,应适用该国家的法律。明显与另一国家具有的更紧密联系可以基于当时方之间既存关系的、与有关侵权或违法行为密切关联的具体情形,例如合同。

1. 适用范围。就基于侵权或违反行为所产生非合同义务的适用法律,第4条规定了一般规则。它涵盖了所有相关义务,因此后面的条文就没有规定具体规则。委员会之所以确认了侵权行为发生地国家原则,就是为了增强法律的确定性,并在各方的正当权益间找寻平衡。

2. 一般规则:损失结果发生地原则(第1款)。第4条第1款将直接损失发生地法律(*lex loci damni*)作为基本原则。在大多数情况下,这与受害方惯常居所地国家法律相对应。如存在非直接损失的情形中,遭受非直接损失的地点对于认定准据法没有意义。例如,发生交通事故的情形下,直接损失发生地就是碰撞发生地,而不论在另一个国家发生了经济或非物质的损失(这也被基于《布鲁塞尔Ⅰ公约》案例法中于1995年9月19日作出的判决 Marinari v. Lloyds Bank 所证实)。在若干国家遭受损失的,须基于一种分配模式适用所有相关国家的法律(这在德国法中也被成为"Mosaikbetrachtung"(即"马赛克印象"))。《罗马Ⅱ条例》体现了成员国冲突法规则的最新发展。虽然若干成员国缺少成文法的情形使之难以提供明确的答案,在提出建议之时,包括英国及法国在内的许多成员国都以成文法的形式确立了与损失发生地国家的联系。因此,这一核心条款需要在所适用的不同法律体系中寻求合理的平衡。这样,第4条第1款就是一种饱受批评的妥协,旨在于所发生损失与所适用法律之间确立客观的联系。然而,后边各款规定了特定情形,据此,适用一般规则被认为是不恰当的。

3. 特别规则:惯常居所地法律(第2款)。第4条第2款引入了特殊规则,须承担责任的当事方与遭受损失的当事方在损害发生时惯常居住于同一个国家的,应适用该国法律。这几乎是被所有成员国实际采用的方式,或者通过特别规则进行,或者通过规定法院所适用的相关连接点规则来解决。

4. 一般的例外情形(第3款)。与《罗马公约》第4条第5款类似,第3款是一款一般的例外规定,旨在保持一定的灵活性,使得法院可以适用反映情势重心的法律。《罗马公约》是通过设定一般原则开始的,与之相关的经验揭示:一些成员国法院倾向于首先适用例外条款,之后再寻求最能符合最直接标准的法律,而不是一开始就从这些一般原则开始。为了澄清该条款规定的就是一般规则的例外,第4条第3款要求该义务须与另一国家"明显具有更密切联系"。第4条第3款于是就允许法院可以由诸如当事方已经受到既存关系的约束这样的事实加以指引。在认定是否有在严格规则所指定国家之外存在明显具有更密切联系另一个国家的,这是一个可以考虑的因素。但是,适用于既存关系的法律并不自动适用,对于认定非合同义务及既存关系适用法律间是否存在实质联系这个问题,法院具有一定的自由考量权。该条款字面上说既存关系可以由与相关非合同义务具有密切联系的合同组成。相关同等当事方之间,有合同义务与非合同义务混存情形的,这种解决方式就是适用的。例如,在涉及多个法域的劳务外包交易中,供应方被指称有过错的,可能(部分)会被定性为或视为非合同义务(可以举出的例子就如:虽然对个人数据丢失进行了责任免除,在具体情形下可能仍然会被视为侵权)。《解释性备忘》也认为规定足够灵活,使得法院可以考虑合同前谈判的破裂或无效协议的因素。对于一项义务被认为是一个成员国内所产生的合同性义务、在另一个成员国中该项义务则被认为是非合同义务的,一般的例外规定也旨在减少法律冲突。然而,对于由消费或雇佣合同构成的既存关系,如由合同所规定的法律选择条款倾向于选择消费者惯常居所地、雇佣合同惯常履行地或在极个别情形下雇员雇佣地之外的法律,则第二连接机制不能实际上剥夺本应适用法律为弱势方所提供的保护。

产品责任

第 5 条

(1) 在不影响第 4 条第 2 款效力的情形下,基于产品造成损失所产生非合同义务所适用的法律应为:

(a) 产品在损失发生时遭受损失当事方惯常居所地所在国家推销的,适用该国法律;或者,不满足该条件的;

(b) 产品在获得产品的国家进行推销的,适用该国法律;或者,不满足该条件的;

(c) 产品在损失发生的国家进行推销的,适用该国法律。

然而,在被指称的负责方不能合理预期该产品或该类型产品在按照 (a)、(b)、(c) 项规定所适用法律的当事国中进行推销的,应适用该负责当事方惯常所在地国家法律。

(2)案件所有情形清楚表明侵权或违法行为与第1款所规定国家之外的国家具有明显更密切联系的,应适用该其他国家的法律。与其他国家具有的明显更密切联系,尤其可以基于诸如与有关侵权或违法行为具有密切联系的合同等当事方的既存关系予以确立。

1. 适用范围及与信息技术法的关联度。这涉及欧盟法中的严格责任。对于产品及有缺陷产品的定义,将适用《产品责任指令》第2条和第6条的规定。尽管已经在成员国法律中对《产品责任指令》予以落实,由于成员国根据该指令的规定可以作出某种选择,所以并没有实现对产品责任法的协同化。《产品责任指令》并没有影响成员国法律在过错责任方面的规定,仅仅涵盖损害赔偿的某些方面。《罗马Ⅱ条例》第5条所规定规定特殊规则的适用范围比该指令要宽广。它还涵盖并不源于《产品责任指令》而纯粹基于产品责任的国内规定而提起的诉讼。《罗马Ⅱ条例》第5条规定的冲突规则规定了与第4条不一致的情形。该条款与信息技术法的关联就在于可能存在缺陷的信息科技产品;对于软件是否可被视为产品责任法中的产品,国内法对此的规定并不一致,所以信息科技产品主要是指硬件产品。

2. 产品责任主张的法律冲突(第1款)。在其《〈罗马Ⅱ条例〉解释性备忘》中,委员会主张,产品责任冲突规则也须体现潜在联接因素的广泛性(制造商总部,制造地,起始推销地,受害者购买产品的地点,受害者的惯常居所地),这在国际贸易、旅游及欧盟内部人员和货物流动的背景下显得愈加突出。因此,委员会认为,鉴于其中涉及的多方利益,仅仅援引直接损失发生地就并不足够。在一些成员国曾施行的《1973年海牙公约》要求,如果要适用一个国家的法律,则在该国须存在若干连接因素,委员会也选择对其他备用连接点进行了规定。基于以下因素,《1973年海牙公约》对适用于制造商、生产商、供应商及维修商的责任所适用的法律予以认定,无论他们是分别承担责任还是按照复杂的方式共同承担责任:损失的地点,受害者的惯常居所地,制造商或生产商的主要营业地,购买商品的地点。根据《罗马Ⅱ条例》第28条的规定,对于条例生效之时批准《海牙公约》的成员国而言,该公约依旧有效。很明显,《罗马Ⅱ条例》第5条第1款采取了与《1973年海牙公约》所不同的方式。虽然承认诉讼标的内在的具体限制,委员会还是引入了一系列的步骤以确定产品责任诉讼中的准据法。其主要规则就是:产品在损失发生时遭受损失当事方惯常居所地所在国家予以分销的,适用该国法律(第5条第1款(c)项)。第一步不能产生可援引连接点的,例如消费者系从国外购买相关产品的,则适用产品购买地国家的法律(第5条第1款(b)项)。根据《解释性备忘》,委员会考虑了两种情形:其一,消费者从国外购得合法推销的产品,而该产品也在其惯常居所地推销的,第5条第1款(b)项适用;其二,消费者从国外购得的产品并没有在其惯常居所地进行合法推销的,须将消费者惯常居所地作为连接点(第4条)。这就需要一个补充规则。在委员会征询意见过程中讨论的两个连接因素就是遭受损失的地点及被指称对该等损失负责的当事方之惯常居所地。消费品的大范围流动就意味着将遭受损失的地点作为连接点不再符合法律确定性的要求,也不利于对受害人的保护,因此,委员会就选择了第二种解决方式。

3. 产品责任法项下"被指称负责的当事方"之概念(第1款最后部分)。根据《解释性备忘》,该等概念并不限于制成产品的制造商。根据《产品责任指令》第3条第2款的规定,该等概念延展至其组成部分或商品的生产商,甚至还及与中间商或零售商。在特定情形下,将产品进口到共同体的任何人都被认为像生产商那样对产品的安全性负责。

4. 第4条的一般规则(第2款)。尽管规定了这些步骤,第5条第1款也规定了根据第4条第3款规定的一般例外情形的适用而确定的连接点。根据《解释性备忘》,第5条第1款更多的情况下并不希望将《罗马Ⅱ条例》第4条第2款弃之不顾,由于还存在着其他选择,该规定并没有简化事项。然而,第5条第1款并没有再次援引第4条第2款,而是在最后的段落中对第4条第3款进行了清楚的援引。

不正当竞争及对自由竞争的限制

第6条

(1) 基于不正当竞争而产生的非合同义务所适用的法律应为竞争关系

或消费者整体利益受到或可能受到影响的国家的法律。

（2）不正当竞争行为仅仅影响特定竞争者利益的，应适用第 4 条的规定。

（3）（a）基于对竞争的限制而产生的非合同义务所适用法律应为受影响或可能受影响的市场所在国。

（b）受影响或可能受影响的市场处于一个以上国家的，寻求损失赔偿的一方在被告住所提起诉讼的，可以转而基于法院所在国的法律提起权利请求，但在该成员国内的市场受到竞争限制的直接并实质影响，而该等限制竞争导致了请求权所依据的非合同义务的产生；依据管辖权的适用规则，权利请求人在该法院向一个以上的被告提起诉讼的，如对每一个被告提出的权利请求时所依据的竞争限制情形也对该法院所在成员国的市场构成了直接和实质的影响，则权利请求人可以选择基于该法院所在国的法律提出权利请求。

（4）本条规定的适用法律不得通过根据第 14 条达成的协议予以变通。

1. 适用范围及与信息技术法的相关度。《罗马Ⅱ条例》第 6 条规定了基于不正当竞争或限制竞争所产生损失予以赔偿之诉讼的自动连接点。不正当竞争系诸如下之行为：误导性广告、对产品进行不法捆绑、破坏竞争者的交付过程、对竞争者的人员予以挖角、联合抵制、冒用商标等，这些也会发生在信息技术行业。竞争法旨在为竞争者（水平层面）及一般消费者和公众（垂直层面）提供保护。水平层面既体现在反不正当竞争行为之中，也体现在限制竞争行为之中。后者就延伸到对竞争法的违反，无论是涉及欧盟层面还是成员国国内层面，例如滥用市场支配地位及施加纵向限制等。后一种水平层面的反竞争行为更可能影响消费者的利益（垂直层面）。第 6 条涉及在一般市场中不公平竞争的潜在负面影响对竞争者利益的影响及对广泛及模糊的消费者利益的影响（而不是影响具体某个消费者的利益）。对具体消费者利益的保护由诸多其他欧盟指令加以保护，包括《保护消费者权益的禁令之指令》。第 6 条也适用于消费者协会提出禁令之诉，这符合欧盟有关《布鲁塞尔公约》的案例法（*Henkel*，2002 年 10 月 1 日作出判决）。根据《解释性备忘》,对成员国国际私法的比较分析解释了一个广泛的共识:适用竞争行为所扭曲市场的所在国法律。该规则系通过侵权行为地法一般原则或建立特定联接(奥地利、荷兰、西班牙)而得来的,也呼应了学界著述及国际竞争法联盟在1992年决议(1992年阿姆斯特丹大会通过的决议,发布于《国际竞争法联盟评论》1992年(第168期),第51页)中就广告事宜作出的详尽推荐意见。

2. 不正当竞争诉讼请求的法律冲突(第1款)。第6条规定的连接点是其领土内竞争关系或消费者整体利益受到或可能受到影响的国家的法律。这就是竞争者竭尽全力追求消费者青睐的市场。由于该规则通常指定的是规制其经济环境的法律,这种解决方式就呼应了受害人的预期。委员会认为该规则也确保了对相关市场所有参与方予以平等对待。虽然《罗马Ⅱ条例》第4条规定的一般规则或多或少导致对适用法律作出同样的连接,由于使用冲突法规则不一定会导致同样的结论,所以委员会认为仍然有必要引入特别规则。

3. 法律冲突及水平层面(第2款)。第6条第2款的对象是针对某个具体竞争对手的不正当竞争行为,例如:对竞争对手的雇员进行不正当的挖角,腐败,工业间谍,披露商业秘密或者引诱违约。这并没有完全排除该等行为可能也对既定市场造成负面影响,但这均为须视为主要具有双边后果的情形。基于此,委员会认为由遭受损失一方根据国内法的发展援引第4条规定的一般规则是公平的。

4. 法律冲突及限制竞争(第3款)。在三读中予以修改的《修改后建议》导致了适用于基于限制竞争所产生非合同义务重叠适用的冲突规范,使之与不正当竞争行为予以区分。该条款包括产生该等义务的可能性。根据第3款(a)项的规定,主要适用的冲突规范就是损失发生地原则,由于该条款指向了市场(可能)遭受影响的国家,该规范也称为市场规范。第3款(b)项紧接着就不同国家的若干市场可能遭受影响的情形而规定了所适用的冲突规范。不管被告是否是一个,主张遭受非合同义务影响的当事方可以选择法院,但他须证明其提起诉讼国家的市场受到了直接且实质的影响。

《解释性备忘》并没有就须如何满足这一标准提供任何的意见。因此,可以预料,该标准需要在案例法中得到进一步的发展。

5. 强制性法律(第 4 款)。为避免公司试图以合同的方式规避该等冲突规范的适用,委员会在《修改后建议》中规定,该条款为强制性法律。

环境损害

第 7 条

基于环境损害或者其导致人或物遭受损失的非合同义务,适用法律应为按照第 4 条第 1 款所认定的法律,除非寻求损害赔偿的人选择将其主张按照造成损害的事件所在地国家而提出。

适用范围及其对信息技术法的相关性。该条款看上去与信息技术法无关。但还须稍加说明。第 7 条规定了与环境破坏有关的民事责任特别规范。该规范既涵盖对人对物的损害,也涵盖对生态环境本身的损害,但这些都须为人力导致。在环境责任领域,成员国就法律冲突所采用的解决方案存在着很大的差异。可以适用法院地法及从事危险行为所在地法,这通常也是国际条约选择的解决方式。最为普遍的适用规范是遭受损失地法或者是最有利于受害人法原则的一种变体。第 7 条建议的统一规范将适用《罗马Ⅱ条例》第 4 条第 1 款所规定一般规范作为首要解决方式,即适用遭受损害地法,但又允许受害人选择造成损害发生事件地法。

侵犯知识产权

第 8 条

(1) 由于侵犯知识产权而产生非合同义务的适用法律应为所主张受保护所在国家的法律。

(2) 由于侵犯了共同体一体化知识产权而产生非合同义务的,基于在共同体法律文件调整范围以外的任何理由,所适用法律应为从事该侵权行为所在国家的法律。

(3) 本条规定的适用法律不得由基于第 14 条的协议予以规避。

1. 适用范围及其与信息技术法的关联性。第8条就侵犯知识产权而产生的非合同义务进行了特别规定。因此也涵盖诸如命令就销售渠道提供信息、索取或主张赔偿(如所适用的知识产权法律并没有予以规定的)等事项在内的补充请求。根据前言第14项的说明,知识产权这一术语系指版权、邻接权、对数据库的特别保护权利及工业产权。这一规定对愿意对其知识产权进行保护的信息技术产品及服务提供商均息息相关。

2. 适用范围(第1款)。在委员会的征询过程中,如何处理知识产权问题就成了讨论极其激烈的一个议题。许多反馈意见都主张适用普遍认可的"保护地法原则"(*lex loci protectionis*),这意味着适用主张获得保护国家的法律,诸如《伯尔尼公约》和《巴黎公约》也采用这种方式。该规范也被称为"地域原则",使得每一国家都可以就侵犯其领土内有效的知识产权适用自己的法律:仿冒工业产权由专利颁布国或者商标或实用新型注册国的法律予以调整;而在版权法案件中,法院会适用侵权行为所在地国家的法律。这种解决方式就确认了在每一个国家所持有的权利都是彼此独立的。委员会认为,《罗马Ⅱ条例》第4条第1款规定的一般规范与知识产权领域的特殊要求并不匹配。为了避免法律上的不稳定情形,委员会在两种方式上可以选择:或者将该议题从所建议条例的适用范围中排除,这可以在第1条中明示排除侵犯知识产权的情形,就直接援引第28条的规定,后者保留了目前国际条约的效力;或者规定特别规范。委员会选择了第二种方式。就侵犯国内法律或者国际公约所赋予知识产权的情形,第8条第1款重申了保护地法原则。

3. 侵犯共同体一体化知识产权的法律冲突(第2款)。第2款涉及对诸如共同体商标、共同体涉和实用新型(如仍然适用)及共同体专利等共同体一体化权利的侵犯,此时选择保护地法,就指向了共同体整体的法律,共同体一体化法律就直接调整《罗马Ⅱ条例》所涵盖的非合同义务,但对于非共同体侵权事项及实体法律,就根据第1款规定的规范适用国内法。

4. 强制性法律(第3款)。为了避免公司试图以合同的方式规避该等冲突规范的适用,委员会在《修改后建议》中规定,该条款为强制性法律。

行业行动

第9条

不影响第4条第2款效力的情形下,就其作为一个工人、雇主或者代表其职业权益组织对正在进行或已经完成的行业行动所造成损失而承担责任所产生的非合同义务,其实用法律因为将要采取或者已经采取行业行动所在国家的法律。

该条款对信息技术法无特别关联,在此不再赘述。

第三章 不当得利,无因管理及缔约过失

概述及与信息技术法的相关性。本章针对的是侵权或不法行为意外原因所导致的非合同义务。在跨境电子商务的背景下也可以找到与信息技术法相关的例子:付款错误,或者有关方提供的服务使得另一方避免遭受人身伤害或财产损失。委员会推出建议之时,提到实体法律和冲突规范在大多数成员国还处于飞速发展之中。第三章的宗旨更像是一对矛盾体:为三种特定的法律原则规定具体规范,同时又给成员国法院留下足够的灵活性,使之能按照其国内法体系对规范予以调整。

不当得利

第10条

(1) 诸如收到错付款项之类的不当得利导致了非合同义务,如其涉及当事人间诸如合同或侵权行为等情形而产生的既存关系的,且该等既存关系与不当得利有密切联系,则应适用该等关系所适用的法律。

(2) 不能基于第1款规定而认定适用法律,且在造成不当得利事件发生时,当事人双方在同一国家拥有惯常居所的,应适用该国家的法律。

(3) 不能基于第1款及第2款的规定认定适用法律,应适用不当得利

发生地国家的法律。

（4）案件所有情形均清楚表明，不当得利造成的非合同义务与第1款、第2款及第3款所规定国家之外的国家具有明显更密切联系的，应适用该国家的法律。

1. 适用范围及其与信息技术法的相关性。消费者在线订购产品、对之付款而又没有与服务提供商订立合同，而服务提供商主张不存在合同而不交付产品的，本条款或许相关。和其他条款一样，《罗马Ⅱ条例》规定了多层架构，在最后一款规定了特别条款。

2. 不当得利的冲突规范（第1款）。第10条第1款规定的一般规范就是：调整基础关系的法律也解决不当得利主张适用哪国法律这样一个问题。然而，该规定要求在合同与（所主张的）不当得利之间须有密切联系。这可能意味着，与合同条款没有直接联系的错误支付可能不会被认为与该等合同具有密切联系，在这种情形下，须适用第10条第2款的规定。

3. 特别条款第一种：惯常居所地（第2款）。第10条第1款所规定连接规范不能解决问题的，就须适用第10条第2款的规定，原告与被告的惯常居所地均在同一国家的，则适用该国法律。通过网站进行的在线交易中，发送方和接收方并不总是关注对方的居所地，此时，就很难通过这种规定进行认定。

4. 特别条款第二种：不当得利发生地所在国（第3款）。第1款及第2款规定的步骤一及步骤二没有效果的，则适用不当得利发生地国家的法律。这还是很难得以认定，尤其是在通过线上实施的交易中，发送方和接收方并不总是关注对方的居所。

5. 特别条款：案件的情形（第4款）。通过在《罗马Ⅱ条例》项下作出了某种不同寻常的规定，委员会规定了一个兜底条款：如果步骤一到步骤三都没有结果的，法院必须分析案件的情形并认定所适用法律。

6. 与第11条比较的第10条。虽然不当得利与无因管理被分别予以规定，冲突规范的操作却几乎是同步的。

无因管理

第 11 条

（1）无正当授权而对另一人的事务从事某项行为而产生的非合同义务涉及诸如合同或侵权行为等当事人之间既存关系，该既存关系与非合同义务具有密切联系的，应适用该等既存关系所适用的法律。

（2）基于第 1 款的规定不能认定适用法律，且当事人在造成损失的事件发生时在同一国家拥有惯常居所的，适用该国家的法律。

（3）基于第 1 款或第 2 款的规定不能认定适用法律的，应适用从事有关行为所在国家的法律。

（4）案件的所有情形清楚表明，基于无正当授权而对另一人的事务从事某项行为所产生的非合同义务，与第 1 款、第 2 款及第 3 款所规定国家之外的其他国家具有明显更密切联系的，应适用该等其他国家的法律。

概述。该条款与信息技术法无特别关联，故在此不再赘述。

缔约过失

第 12 条

（1）基于合同订立之前交易所产生非合同义务，无论合同是否实际得以订立，应适用合同所适用的法律或者如果订立合同本应适用的法律。

（2）不能基于第 1 款规定而认定适用法律的，则应

　　（a）适用损失发生地国家的法律，无论导致损失产生的事件位于哪个国家，无论该事件发生后在哪个或哪些国家引起了间接影响；或

　　（b）适用致使损失产生的事件发生时当事人同时拥有惯常居所地所在国家的法律；或

　　（c）在案件所有情形清楚表明，订约前交易所导致的非合同义务与（a）、（b）两项所规定国家之外的其他国家具有明显更密切联系的，适用该其他国家的法律。

1. 适用范围（第 1 款）。缔约过失条款也称为合同前责任条款，对于合同

订立之前交易所产生的非合同义务而言,这也许是最为棘手的条款之一。能注意到的第一个例子就是谈判的破裂。《罗马Ⅱ条例》前言第 30 项确认,何为合同前责任这一概念属于国内法问题,须由国内法院予以解释。然而,案例法却确认,涉及合同前责任的冲突规范并非合同法问题,更像是一个《布鲁塞尔Ⅰ条例》第 5 条第 3 款所称的合同外责任,这就是为什么该议题从《罗马Ⅰ条例》予以排除的原因。于是,第 12 条就规定了"适用合同所适用的法律或者如果订立合同本应适用的"法律。实践中应该对此如何操作? 除非有意向书或者类似的法律文件对谈判予以限定,就不存在文件说明合同本应适用何种法律,因此,更合理的做法就是对具体情形予以考察;但是,该主要规范也存在着一种例外情形(第 12 条第 2 款)。首先,原告必须提供当事方确实在就合同进行谈判的某种证据,说明其意图订立合同。但是,跨境交易存在的问题就是:法律选择并不明确,对于就其谈判未能达成最终交易之合同所作出的法律选择,是否在此后适用于非合同义务? 尚存未定之论。在电子商务交易中,消费者进入网站,进行交易,提供支付信息,即使相关款项从其账户划走,却从未有签订合同,这种理论上的合同适用何国法律呢? 因为这一条款是后面增添的,委员会的《解释性备忘》对这一难题并未予以澄清,但是学者著述中的共同意见认为,将根据《罗马Ⅰ条例》的有关规范确立适用法律。

2. 特别规范(第 2 款)。不能基于第 12 条第 1 款确立适用法律并非不可能之情形。因此,第 12 条第 2 款可能与实践更为相关。该条款在适用范围上与《罗马Ⅱ条例》第 4 条的规定非常相似。它确立了三种选择型(而非重叠型)冲突规范:(a) 损失发生地法,(b) 当事人同时拥有惯常居所地所在国家的法律,或者(c) 种种情形清楚表明其与一国具有密切联系的该国法律。对于最后一种可能,最好的例子就是具有同一国籍的双方当事人在国外谈判的情形。

第 8 条的适用性

第 13 条

为本章之目的,第 8 条应适用于侵犯知识产权所产生的非合同义务。

适用范围。本条款是在三读之后加入的。一旦加入了知识产权条款,感觉就必然要澄清:侵犯知识产权所产生任何非合同义务情形要适用《罗马Ⅱ条例》第8条的规定。但是,这也许会对第四章第14条进行援引,而根据《解释性备忘》,第14条不得适用于侵犯知识产权的情形。

第四章　意思自治

意思自治

第14条

(1) 当事方可以同意将非合同义务适用其所选择的法律:

(a) 在导致损失产生的事件发生后通过订立协议的方式进行;或者

(b) 所有当事方均从事商业活动的,在产生损失的事件发生前可以通过自由谈判而订立的协议进行。

该等法律选择应该通过案件之情形加以合理确定地表达和证明,不得对第三方的权利造成不利影响。

(2) 产生损失的事件发生时所有情势相关因素均位于所选择国家之外一个国家的,当事方所选择的法律不得妨碍另外国家不得通过协议规避之法律规定的适用。

(3) 产生损失的事件发生时所有情势相关因素位于一个或多个成员国境内,而当事方选择的适用法律并非该成员国法律的,对于合适情形下由法院地所在成员国实施且不得通过协议加以规避的共同体法律条款,该等法律选择不得妨碍该等条款的适用。

1. 适用范围(第1款)。第1款使得当事人可以在纠纷发生后选择非合同义务的适用法律,但涉及知识产权(第8条第3款)或不正当竞争(第6条第4款)诉求的除外,委员会认为在这种情形下,意思自治并不适宜。因此,在《罗马Ⅱ条例》中,选择法律的自由是外延极为宽泛的冲突规范。除去以上述及的例外条款,无论是由侵权、不法行为或者《罗马Ⅱ条例》规定的其他行为导致,当事人就其非合同义务选择适用法律均为有效。根据第14条第1款的规定,该等法律选择可以在(所指称)的非合同义务产生之前进行,也可以在事实发生之后进行。但是,第14条第1款b项规定,本条款意义上的事先选择法律须在从事商业活动的当事人之间通过自由谈判达成的协议方能进行。对于两个从事商业活动的企业来讲,这如何适用于电子交易环境?答案并不十分清楚。最后,从第14条第1款最后部分的规定可以推断,法律选择无须明示,这与《罗马公约》第3条的规定相类似。第14条第1款进一步明确,当事方的法律选择不得影响第三方的权利。其中,明显的例证就是保险人对被保险人可支付的损害赔偿予以赔付的义务。

2. 对意思自治的限制:强制性规定(第2款)。第2款对意思自治进行了限制。在某种程度上,它与《罗马公约》第3条第3款类似,适用于有关情境发生于所选择国家之外的国家。当事方所作法律选择并不归于无效,但是第14条第2款要求其不得妨碍冲突法规范适用时本该适用有关法律强制规定的效力,但其又并没有将之像第16条那样称为优先的强制性规则。根据《解释性说明》,其中差异就是:第14条所称系国内公共政策规则,对此当事人不得通过合同加以规避,尤其是针对那些旨在保护弱势方的规则泽。国内公共政策规则不一定在国际层面上就是强制性的。

3. 对意思自治的限制:欧洲共同体法的强制性规定(第3款)。当事人也不得以合同的形式排除适用欧洲共同体法的强制性规定。例如在国内法中施行的条例及指令。第14条第3款的目标与第14条第2款相同。

第五章　共同规范

适用法律的适用范围

第15条

本条例项下非合同义务的适用法律尤其应适用于:

（a）责任的依据及范围，包括认定须对其行为负责的当事方；

（b）责任豁免的依据，对责任的任何限制及对责任的分割；

（c）损害或所主张救济方式的存在、性质及评估；

（d）在程序法所赋予权力的范围内，法院就制止或终止伤害或损失或确保给予补偿的措施；

（e）针对主张损失赔偿或救济的权利是否被以包括继承的方式得以转移的问题；

（f）有权就遭受的个人损失得到赔偿的人；

（h）使得义务终结的方式及时效规则，包括设计诉讼时效的开始、中断和中止的规则。

1. 适用范围。《罗马Ⅱ条例》第15条界定了根据之前条款所确立冲突规范而认定的适用法律的适用范围。虽然《罗马Ⅱ条例》并不涉及举证规则（例如请见第21条），但它还是将之列入需要该适用法律解决的问题。在提出建议稿之时，成员国在这个问题上并无完全一致的规定：虽然诸如责任之条件这类特定问题一般由所适用法律调节，其他诸如诉讼时效、举证责任、损失赔偿措施等事项可能就由法院地法加以调整。根据《罗马公约》第10条的规定，第15条也相应地列出了由实际指定法律所解决的问题，并赋予所指定法律极为广泛的功能。第15条基本上对《罗马公约》第10条照单全收，仅仅是在细节上做了一些改动。由于其在条款开头以"尤其"一词加以限定，所以该条款并非穷尽式的规定。

2. 责任的依据及范围（a项）。第15条a项涉及责任的固有构成部分。然而，根据《解释性备忘》可推知，该条款并不涉及确立非合同义务的法律依据（例如：侵权、不当得利等），而更涉及为了使责任成立所需要满足的条件，即所说的固有问题。尤其与下列问题相关：责任性质（严格责任还是过错责任）；对过错的界定，包括对不作为是否构成过错的问题；导致损失产生的事件及损失之间的因果关系；潜在的责任方；等等。"责任范围"系指法律对责任所规定的限制，包括该等责任的最大程度及对所补偿损失负有责任每一方的责任分割。该等用于也包括共同责任人的责任分割。

3. 责任免除依据(b项)。这就是责任的外在因素。免于承担责任的依据包括不可抗力；无可避免的情形；第三方过错及受害人过错。该等概念也包括配偶间不能诉讼的情形及涉及特定种类人士时对加害方的责任排除。

4. 损害或所主张救济方式的存在、性质及评估(c项)。第15条c项同d项及f项一起聚焦于损失这个概念。第15条c项旨在认定可能须予以补偿的损失，例如人身伤害、财产损失、精神伤害及环境损害、金融损失或机会丧失。

5. 程序法所赋予法院的权限(d项)。第15条d项与损害赔偿的形式有关，涉及诸如是否能通过支付损害赔偿的方式对损害予以修复，诸如中间禁令等制止及停止损害的方式——虽然没有实际规定法院有义务裁令实施不为法院地程序法所知的措施。按理说，由于《罗马Ⅱ条例》已说明其目的不在于规制国内民事程序法，这可被视为至少要对国内民事法律施加某种影响的一种有趣尝试。

6. 赔偿权是否可以被让与或继承的问题(D项)。本项规定一目了然，规定的就是谁有权提出损害赔偿请求的问题。在继承的案件中，适用法律调整着受害人的继承人是否能提起诉讼以就受害人所遭受的损害取得赔偿这一问题。在让与案件中，适用法律解决着权利主张能否被让与及让与人与债务人之间关系的问题。对于让与，《罗马公约》第12条第2款正好调整着同样的问题。

7. 有权就遭受个人损失而提出损害赔偿的人(f项)。这个概念尤其涉及"直接受害人"之外的人是否可以基于在受害人遭受损失后"连锁反应"的理由就遭受的损失提出损害赔偿。该等损失可能是非物质的，比如惊吓所导致的痛苦和折磨，或者逝者的幼子女或配偶遭受的那种经济孙淑。

8. 为他人行为所承担的责任(g项)。这个概念涉及适用于替代责任的法律规定。它涵盖父母对其幼子女及本人对其代理人承担的责任。

9. 使得义务终结的方式及时效规则，包括设计诉讼时效的开始、中断和中止的规则(h)。适用法律调整在未能行使权利后法律确定的失效情形。它包括权利可能灭失及诉讼时效的开始、终止及中止。由于各成员国规定诉讼失效的法律个并不相同，因此，通过《罗马Ⅱ条例》的规定提供某种形式的协同就成为一种尝试。

压倒性的强制规定

第 16 条

对于法院地法规定中那些无论非合同义务的适用法律为何均须强制适用的条款,本条例不得限制其适用。

概述。首先,压倒性强制法律规定应与"不得通过合同规避的规定"区别开来,且应按照《罗马Ⅱ条例》前言第 37 项所述,进行更为严格的解释。在适用压倒性强制法律规定的时候应该满足更多的限制,这也是《罗马公约》的要求,但在这里才在成文法中得以表述。对公共利益的考虑使得成员国法院可以在个别情形下适用基于公共政策及压倒性强制法律规定的例外情形。就像《罗马Ⅰ条例》第 9 条的规定那样,该条款严格按照《罗马公约》的对应条款起草,并考虑到了欧洲法院在 *Arblde* (ECJ C-369/96 and C-376/96, 23 November 1999) 案件中的判决,后者确立了压倒性强制规则(也成为公共秩序法律)的概念,认为压倒性强制规则是"对遵守被认为对保护有关成员国政治、社会或经济秩序至关重要的规则,以至于需要要求在该成员国领土范围内的所有人及发生的所有法律关系予以遵守"。这样,就与《罗马Ⅱ条例》第 26 条规定的法院地公共政策例外情形进行了区别。

安全及行为规范

第 17 条

衡量被主张负责方的行为时,在遵照事实及适当的情形下,须考虑产生相关责任事件发生地点及时间有效的安全及行为规范。

概述。本条款与信息技术法无特别关联,在此不再赘述。

对责任方的保险人直接提起诉讼

第 18 条

符合非合同义务或者保险合同之适用法律规定的,遭受损失的一方可以直接向须支付损害赔偿责任方的保险人直接提起诉讼。

适用范围及其与信息技术法的关联性。失败的跨境信息技术或外包项目中，供应方已经获得了涵盖其履行信息技术提供或外包合同项下义务保险的，如供应方对客户承担额外合同责任，且保险人位于供应商履约地、非合同责任发生地或者供应方和客户双方都拥有惯常居所地之外的国家，本条款具有特别的关联性。因此，第 18 条规定，客户可以直接向供应方的保险人提起诉讼，但唯有以下法律也作此规定：(i) 非合同义务适用法律（依照非合同义务的法律依据及/或具体情形，可以通过不同的方式对此予以认定）或(ii) 保险合同适用法律。由于供应方通常不愿意提交其保险合同的文本，后一种要求并不非常实用，尚需观察它是否使得客户可以获得适用法律的相关说明；同样的理由，并不确定保险人是否会主动提交与其客户（供应方）所订立保险合同的副本。客户不得不排除万难，从保险人处获得有关副本，这可能使其陷入"第 22 条军规"的窘境。对于该权利主张应适用什么法律？在此种情形下，可能向供应方提出请求更为容易。

代位求偿

第 19 条

一方当事人（债权人）对另一方当事人（债务人）拥有非合同义务请求权，第三方有义务对债权人予以清偿或实际已对债权人予以清偿从而履行其义务的，对第三方是否有权对债务人行使债权人根据适用于其与债务人关系的法律而对债务人拥有的权利及其范围，应基于第三方对债权人的清偿义务所适用法律予以认定。

适用范围。该事项已经规定在《罗马公约》第 13 条之中。对于让与事项（这已经在《罗马Ⅱ条例》中作为实体事项规定于第 15 条 e 项中，称之为"转让"）。转让和让与并非在所有法域都具有相同的涵义），《罗马公约》第 12 条明确规定其也适用于非合同义务；与之不同，《罗马公约》第 13 条并没有针对代位求偿作出相同的规定。因此，有必要在《罗马Ⅱ条例》中予以特别规定，该规定几乎与《罗马公约》第 13 条的规定一模一样。然而，第 19 条的规定仅涉及债权人与债务人之间的关系,并不涵盖代位求偿的其他相关议题。

多种责任

第 20 条

债权人对若干针对同一权利请求承担责任的若干债务人拥有请求权,且债务人之一已经全部或部分对该权利请求予以清偿的,针对债务人要求从其他债务人取得清偿的问题,应当由债务人所承担对债权人非合同义务的适用法律来调整。

概述。虽然《罗马Ⅰ条例》进行了澄清式的修改,以体现同样的做法,以便通过两个独立的条款就代位求偿和多个债务人分别作出规定,并将涉及多个债务人的冲突规范以更直白的语言进行了规定,本条字面规定并不试图与《罗马公约》第 13 条第 2 款产生差异,且《罗马Ⅰ条例》第 16 条也作了相同的规定。最后一句明确了债务人享有特别保护的情形,这与《罗马公约》相比,别具新意。

形式有效性

第 21 条

旨在产生法律效力且涉及非合同义务的单方行为应具有形上的效力,但须满足有关非合同义务适用法律或行为发生地所在国法律规定的形式要件。

概述。基于很明显的理由,就适用范围而言,该条款与《罗马Ⅰ条例》第 11 条就形式有效性所作的规定大不相同。该条款项下的例子包括知识产权侵权通知所适用法律或涉及合同让与通知的适用法律(也请见以下第 22 条第 2 款的规定)。

举证责任

第 22 条

(1) 本条例项下调整非合同义务的法律在适用于非合同义务时,其范围涵盖它所规定作出法律推定或认定举证责任的规则。

(2) 对于旨在取得法律效力的行为,可以通过法院地法或第 21 条所规定确认其形式有效的任何法律所认可的任何形式加以证明,但该等举证形式须可以由法院进行操作。

1. 适用范围(第 1 款)。这一重要的条款系在审议阶段后期加入,涉及了民事诉讼程序的核心规则之一:举证责任。第 1 款规定,调整非合同义务的法律可以延伸适用于举证责任,但仅仅在该法律规定了作出法律推定或让认定举证责任规则的时候才可适用。因此其并不涉及民事诉讼法中举证责任的核心原则。

2. 旨在产生法律效力的行为(第 2 款)。第 22 条第 2 款对应这《罗马 II 条例》的第 21 条。它规定了另一项证据规则。第 21 条项下所适用的法律也应调整旨在产生法律效力的证据如何可以向法院提交这一问题。

第六章　其他条款

惯常居所

第 23 条

(1) 为本条例之目的,对于公司及其他无论是否具有法人资格的机构,其惯常居所地因为管理中心所在地。

在分支机构、代理处或其他任何设立机构营运过程中,导致损失的事件发生或损失产生的,分支机构、代理处或其他任何所设立机构的所在地应被视为惯常居所地。

(2) 为本条例之目的,在从事其行业行为过程中自然人的惯常居所地应为其主要经营地。

1. 管理中心所在地继续适用(第 1 款)。公司及其他机构的惯常居所符合《罗马公约》的规定。公司在其他成员国拥有分支机构、代理处或其他设立机构的,就适用于该等分支机构、代理处或其他所设立机构的惯常居所地法。公司从事电子交易的,该规定意义重大;鉴于条款的适用对象及网站的抬头均为其法域以外的实体(常常位于欧盟境外),此时消费者通常通过网站与当地分支机构订立合同。在该等情形下,存在非合同义务的,消费者按理将会诉诸国内法。然而,该条款并没有解决法学论著中提出的问题:电子商务交易中是否也可以援引《电子商务指令》意义上的信息服务提供商借以销售其商品或服务的主服务器所在地法律?

2. 自然人的例外情形(第2款)。反之,一人企业将不会适用第23条第1款所规定的分支机构、代理处或设立机构的规范;试图对该自然人提起诉讼的,须通过该自然人主要经营地的法院进行。因此,该规范的宗旨在于保护小企业的合法利益。

反致之排除

第24条

适用本条例规定任何国家的法律,系指适用该国国际私法规范之外的有效法律规范。

1. 适用范围。本条款在条例明确将反致排除在条例适用范围之外。根据本条规定,适用法仅指实体法,而不可能是国内法院所适用的国际私法原则。

具有多个法律体系的国家

第25条

(1) 国家由若干领土单位构成,每一领土单位就非合同义务有其自身法律规定的,为根据本条例确定适用法律的目的,每一领土单位均应被视为一个国家。

(2) 对于由若干就非合同义务有其自身法律规定的领土单位所构成的成员国,不得仅仅就领土单位法律冲突事宜要求适用本条例。

1. 若干领土单位(第1款)。国家由若干领土单位构成,每一领土单位就非合同义务有其自身法律规定的,《罗马Ⅱ条例》也适用于该等领土单位之间的法律冲突,以便确保法律及所有冲突情形统一适用欧洲规则的可预见性及确定性。

2. 内部适用(第2款)。然而,第2款清楚规定,该等领土单位之间的冲突排除于《罗马Ⅱ条例》适用范围之外。对该等情形适用冲突规范属于国内法事宜。

法院地公共政策

第26条

只有在适用本条例所认定任何国家的法律规定与法院地公共政策明显不符的情形下,才拒绝适用该国法律。

范围。该等例外情形通常在旨在对国际私法规范予以协同的其他法律文件中出现,如《罗马Ⅰ条例》第21条及《罗马公约》第16条的规定。请注意"明显不符"这一用词,这表明法院要不予适用该等条款时相对较严格的举证责任——仅仅在极端情形中才可以这么做。

与共同体法律其他规定的关系

第27条

共同体法相关条款就特定事项的非合同义务规定冲突规范的,本条例不得妨碍其得以适用。

1. 共同体法。如同《罗马公约》第20条的规定,第27条界定了与其他共同体法相关条款的关系。在建议(及《罗马Ⅰ条例》)中,该条款更为具体,包括就附件1所列明具体领域中共同体第二级级立法文件中冲突规范进行的一项规定、在欧洲合同法项目背景下确保与可能可选法律文件一致性的一小项规定及适用所建议条例与促进内部市场顺利运作之规范之间关系的一小项规定。很明显,对于构成本书《欧洲简明信息技术法》的所有共同体法律及特别是《电子商务指令》而言,该条例具有相关性。

2. 与《电子商务指令》的关系。本条款已经被修改。在建议稿被摆在桌面上时,第2款规定,《罗马Ⅱ条例》不得妨碍将提供服务或商品适用服务提供商(注:此处非《电子商务指令》所使用的术语"信息服务提供商",因此该条款旨在涵盖更广泛的内容)设立地国家法律的法律文件得以适用。这个条款使得其与《电子商务指令》第3条第1款规定的来源地国原则产生了争议,也产生了一个问题:在《电子商务指令》第1条第4款已经作了规定的情形下,这种条款如何能与第27条(当时的第23条)发生联系?来源国原则对于非合同义务所产生的议题可能密切关联——请对此联系一下网站载有信息所适用的监管要求(无论是否具有行业监管性质);是否应将之弃之一旁,还是应该对之予以加强?妥协的结果使得以前建议的第2款在之后《罗马Ⅱ条例》的文本中被放弃,是在前言第35项提及了《电子商务指令》:"本条例不得影响规定旨在促进内部市场正常运作之规范的其他法律文件得以适用,但该等条款不能与本条例规范所指定法律共同适用。"因此,《罗马Ⅱ条例》并没有对《电子商务指令》之中规定并在国内法律得以实施的来源国原则造成影响。

与既存国际公约的关系

第28条

(1)对于本条例通过之时一个或多个成员国为缔约方的、规定了涉及非合同义务冲突规范的国际公约,本条例不得影响其适用。

(2)然而,对于完全由两个或多个成员国达成的公约而言,公约与本条例涉及事项相关的,则本条例在成员国之间优先适用。

1. 修改。《建议稿》包括了许多修改条款。所建议修改条款的目的就是在通过公布成员国为缔约方的公约从而增强有效法律透明度的同时,在遵守成员国国际义务及建立真正欧洲司法区域的目标之间寻求平衡。

2. 基本规范(第1款)。第1款规定了国际条约优先使用于所建议条例的基本规范。但订立合同之时,相关情形的所有实体元素位于一个或多个成员国境内的,就存在例外情形。适用成员国已经批准公约的规范及在其他情形下适用所建议公约的平行体制不利于内部市场的良好运作。

3. 双边公约(第 2 款)。第 2 款就新成员国间达成的双边公约进行了具体规定。

第七章 最后条款

公约清单

第 29 条

(1) 在 2008 年 7 月 11 日之前,成员国须将第 28 条第 1 款规定的公约向委员会予以通报。在该日期之后,成员国须就其退出该等公约的一切情形向委员会予以通报。

(2) 在收到下列文件后的六个月之内,委员会须在《欧盟官方杂志》上将之予以公布:

(i) 第 1 款所规定的公约清单;

(ii) 第 1 款所规定的退出情形。

概述。无须对本条款进行进一步解释,《解释性备忘》也没有对之进行说明。

审议条款

第 30 条

(1) 委员会须不迟于 2011 年 8 月 20 日向欧洲议会、理事会及欧洲经济与社会小组委员会提交有关本条例适用情况的报告。如有必要,该报告应当随附对本条例进行调整的建议。该报告须包括:

(i) 对不同法域以不同方式处理外国法效果、成员国法院根据本条例实际适用外国法的范围进行的研究;

(ii) 就 1971 年《关于交通事故适用法律的海牙公约》而言,对条例第 28 条效果进行的研究。

(2)委员会须不迟于2008年12月3日向欧洲议会、欧盟理事会及欧洲经济与社会小组委员会提交因侵犯隐私及人格权所致非合同义务适用法律之情形作出的研究,中间须考虑出版自由及媒体言论自由的规范,并对涉及欧洲议会及欧盟理事会1995年10月24日发布95/46/EC号《关于个人数据处理及自由流动的个人权利保护指令》[①]之法律冲突问题予以考虑。

1. 审议(第1款)。无须对本条款进行进一步解释,《解释性备忘》也没有对之进行说明。

2. 侵犯隐私权及人格权(第2款)。如同在第1条第2款g项规定的那样,《罗马Ⅱ条例》并没有对侵犯隐私权及人格权进行规定,而这在原先建议稿中是纳入构想的。对于适用诸如"人格"及"媒体"的有关概念,模糊不清。2009年2月,就因侵犯隐私及人格权所致非合同义务适用法律,巴斯克地区大学公布了对27个成员国的最终研究结果。除了定性调查之外,该研究就包括针对法院在27个成员国中所提交案件进行的量化调查。研究的主要成果是:成员国间侵犯隐私及人格权的法律冲突规范仍然具有很大的差异。这项研究表明,许多国家采用侵权行为地原则,而一些国家则采用了双重可诉原则。研究结论认为,即使对于侵权行为原则,各成员国国内法院对其进行的司法解释也有很大差异。考虑到对侵犯隐私及人格权适用损害发生地原则在政治上并不可行,该项研究建议采取另一种方案,并倾向于建议委员会就该议题起草一项指令。之后,《2009年汉堡宣言》(EPC,25 June 2009)提出了一项声明,将记者报道自由与知识产权保护延伸到了新的条文规定,尤其涉及了在线发表的问题;然而,同时并未解决人格权问题。因此,对于委员会在将来解决这一问题,尚需时日。

及时适用

第31条

本指令应适用于在其生效后导致损失产生的事件。

---

① OJ L 281,23.11.1995,p. 31.

无溯及力。第 31 条规定,条例仅在其生效后方可适用,意味着其只有在 2009 年 1 月 11 日之后方可适用(请见第 32 条的规定),并不具有溯及力。

适用日期

第 32 条

本条例自 2009 年 1 月 11 日起得以适用,第 29 条除外;后者自 2008 年 7 月 11 日起得以适用。

本条例整体具有约束力,根据《建立欧洲共同体的条约》的规定直接适用于成员国。

1. 先于适用。第 29 条先于适用情形涉及要求国内政府就该等成员国成为缔约国一方的公约向委员会予以通报(《罗马Ⅱ条例》第 28 条第 1 款)。

2. 直接适用。根据《欧盟条约》,《罗马Ⅱ条例》整体具有约束力,并直接适用于成员国。如前所述,《罗马Ⅱ条例》并不适用于丹麦。

信息技术领域的竞争法
《欧盟运行条约》第 101、102 及 106 条
(之前《欧盟条约》第 81、82 及 86 条)

引言

1. 介绍。欧盟竞争法与信息技术行业有明显的关联。而创新是该行业成长及可持续发展的推动力。《欧盟运行条约》(TFEU) 中无数条款均与信息技术行业有直接的关系。中间就规定了调整内部市场竞争关系的三个主要条款。《欧盟运行条约》第 107 条(之前《欧盟条约》第 87 条)表面看来与信息技术行业并无直接关系,因此本书并不对之进行讨论。

2. 综述的目的。本简要综述就是为了讨论对《欧盟运行条约》第 101 条(之前《欧盟条约》第 81 条)、102 条(之前《欧盟条约》第 82 条)及 106 条(之前《欧盟条约》第 86 条)的若干应用,该等应用影响着信息技术公司。与其他欧洲法的出版物不同,本综述既不能构成也不能替代对竞争法的辅助性综述。本综述也并不在于对欧盟竞争法议题进行系统性分析,更不会基于信息技术法的背景而对该等重要的条约条款进行全面的历史背景分析。最后,本章目的并不是对于竞争法与诸如电子通讯监管架构之类行业监管之间的关系进行深入分析。

3. 信息技术行业的竞争及案例法。影响信息技术行业及/或在内部市场信息技术交易之中发生的案例日益增长。后文会对其中一些案例进行引述。不应忘记,该等条款项下的许多案例都事关其他市场。虽然本书旨在对影响信息技术行业的竞争法议题进行简要综述,其不可避免地也会涉及通讯及媒体行业;在这些行业就存在大量案例。而且,尤其因为这些业务继续发生融合,该等裁决对信息技术行业而言极有意义。

4. 条款适用范围。《欧盟运行条约》第 101 条禁止限制竞争的协议、协同行为及企业协会的决定。《欧盟运行条约》第 102 条禁止企业滥用支配地位。这样，其对于信息技术产业就具有与其他竞争性产业同样的意义。《欧盟运行条约》第 106 条涉及授予特殊或独占权利，因此，对于传统上处于垄断形态并与信息技术产业进行融合的视听、媒体及电信等行业而言，更具关联。本书将对之予以简要论述。

5. 对贸易的影响。"对贸易的影响"这一概念是认定欧盟竞争法规则是否也适用于信息技术公司的管辖依据。在适用这些规则的新体系而言，这尤其重要：国内法院和竞争执法机构有义务对能够影响成员国间贸易的所有协议和做法适用欧盟竞争法规则。对于如何认定一般而言不会实质影响成员国间贸易的协议，《2004 年委员会指引》的一项规则进行了说明。该等指引并不旨在穷尽一切可能。其目的在于对适用"对贸易的影响"这一概念规定方法，并对其适用于经常发生的情形提供指导。指引归纳了案例法，认为对欧盟内部跨境贸易的影响须为实质性的影响，方可适用欧盟法。该等概念将在《欧盟运行条约》第 101 条项下第 6 项评述中予以讨论。而《欧盟运行条约》第 106 条（之前的《欧盟条约》第 86 条）却没有要求达到实质程度，这反映了在这种情形下并无必要在国内法和欧盟法之间进行选择。该等指引虽然并无法律约束力，却提供了一种指引，以引导成员国国内法院及监管机关适用《欧盟运行条约》第 101、102 条规定的"对贸易的影响"这一概念。在《2004 年委员会指引》公布之后，欧盟委员会竞争事务专员就其 2005 年至 2008 年间执行《欧盟条约》第 82 条（《欧盟运行条约》第 102 条）的一些优先事项进行了一次审议。2005 年 12 月，就解决委员会可能如何根据《欧盟条约》第 82 条（《欧盟运行条约》第 102 条）的规定进行调查这一问题出版了若干工作文件之后，委员会出版了《竞争事务专员讨论文件》，就具有主导企业滥用行为可能实际或潜在妨碍竞争者在该市场进行竞争的情形，规定了可能的原则。然而，该项委员会文件并未涉及掠夺式或歧视性滥用；也没有考虑对《欧盟条约》第 82 条（现《欧盟运行条约》第 102 条）和《欧盟条约》第 86 条（现《欧盟运行条约》第 106 条）予以一并适用的情形。

2008年公布的委员会通告对之或多或少地进行了弥补,就限制竞争的所称滥用规定了其执行《欧盟条约》第82条(现《欧盟运行条约》第102条)的优先选择。之后,2009年委员会的竞争事务专员通告则正式通过了2008年委员会通告草案。

禁止限制竞争的协议、协同行动及协会决定

第101条

(1) 下述因与内部市场不符而予以禁止:企业之间的所有合同、企业协会的所有决定及所有协同行动,其可能会对成员国间贸易造成影响,且其目标就是在内部市场对竞争予以禁止、限制或扭曲,尤其是:

(a) 直接或间接固定购买或销售价格或其他交易条件;

(b) 对产量、销售量、技术发展或投资进行限制或控制;

(c) 分割市场或原料供应来源;

(d) 与其他方的同等交易采用不同的交易条件,使之在竞争中处于不利地位

(e) 订立合同以其他方接受附加义务为前提条件,而该等附加义务基于其性质或者根据商业做法与该等合同没有关联。

(2) 根据本条规定而予以禁止的任何协议或决定自动无效。

(3) 然而,在下列情形下,可以宣告第1款的规定并不适用:

——企业间任何协议或任何类型的协议;

——企业协会的任何决定或任何类型的决定;

——任何协同行动或任何类型的协同行动,

有助于改善产品的生产或分销,或推动技术或经济发展;同时又使得消费能够分享由此所带来的收益,且并不

(a) 对有关企业施加于实现这些目的并非必要的限制;

(b) 使得该等企业有机会就有关产品的实质部分消除竞争。

1. 导论及条文编码。《欧盟运行条约》第101条禁止企业间达成消除竞争的协议。第101条在《欧盟条约》1997年整合版中编订为第81条。而

在此之前,其为《欧洲经济共同体条约》(《1975年罗马条约》)第85条;因此,在案例及著述中提及该等条款,可以使用该等条目编码。

2. 适用范围。《欧盟运行条约》第101条第1款延伸适用于可能对成员国间贸易造成影响并适用于信息技术公司的三类安排。它们是:(i)企业间协议;(ii)企业协会的决定,及(iii)一家或多家企业间的协同行动。作为适用第101条的前提条件,该等协议、决定或协同行动须在目的或效果而言是在内部市场上对竞争予以阻止、限制或扭曲。《欧盟运行条约》第101条适用在范围上而言极其广泛。因其目的在于阻止、限制或扭曲竞争,在诸如第101条第3款所规定例外或豁免情形之外的多种安排大概仍然能可以满足对成员国贸易造成(不利)影响的要求。"对贸易造成影响"这一概念已经在介绍说明中的第5项注释中予以说明。

3. 第101条项下的事例(第1款)。由于其广泛的适用范围,第101条的这一部分就通常适用的安排种类进行了某种形式的明确。《欧盟运行条约》第101条第1款以非穷尽的方式所规定的五项事例是协议、决定或协同行为:(a)直接或间接固定购买或销售价格或其他交易条件;(b)对产量、销售量、技术发展或投资进行限制或控制;(c)分割市场或原料供应来源;(d)与其他方的同等交易采用不同的交易条件,使之在竞争中处于不利地位;(e)订立合同以其他方接受附加义务为前提条件,而该等附加义务基于其性质或者根据商业做法与该等合同没有关联。案例法表明,这些事例也适用于信息技术企业,因此可以作为特定市场分析的一部分予以解释和适用。通常,审议所针对的做法涉及《欧盟运行条约》第101条所规定事例的混合体;例如:软件生产商在限制其缔约对方进行技术改进的同时也参与了价格固定。

4. 所规定事例对于信息技术行业的意义(第1款)。在《欧盟运行条约》第101条第1款的竞争法实践中,对纵向及横向安排作了区分。在信息产业领域,也常常使用诸如生产商与批发商或零售商之间的批发及供应协议等纵向协议,往往是对产品组合及服务进行批发;在横向协议中也是如此,例如合作式的高科技联合安排。横向协议可能会产生纵向影响,反之亦然。(a)纵向限制。通常认为纵向限制比横向限制(因为这种安排涉及直接的竞争对手)的危害要小。纵向限制可以表现为多种形式。例如,在信息产业行业,高新产品的生产商常常会订立协议,其主要内容就规定,产品仅得向一个或限定数量的买方出售,其方式或是独家批发合同或是选择批发安排,不一而足。没理由相信包括但不限于固定价格、限制技术改进、分割原料供应来源、适用不同交易条件或者附加义务等第101条第1款所规定事例也不会为信息技术公司通过纵向协议的方式予以适用。电信领域的一个案件就在移动领域批发层面对称价格固定方式进行了说明,请见以下第5、第6项。(b)横向限制。横向限制就是实际或潜在竞争者之间就彼此之间竞争的方式达成的协议。因此,例如,旨在取得研究效能及发展效率的技术合资企业如果影响或限制了处于同样交易层面上当事方之间的竞争,也许仍然存疑,例如对商标使用的限制。

5. 对协同行动的解释(第1款第3项)。第101条第1款第3项禁止协同行动。何为《欧盟运行条约》第101条第1款规定的协同行动?对之有许多讨论。在一件电信案件中,荷兰工商行政高等法院(College van Beroep voor het Bedrijfsleven)就何为协同行动向普通法院(之前的初审法院,"CFI", T-Mobile Netherlands BV and Others v. Raad vaan Bestuur van de Nederlandse Mededingingsautoriteit (CFI))提出请求,要求发表意见。行政高等法院提出了以下问题:(i)评估一项协同行动是否具有阻止、限制或扭曲共同市场竞争的目的,须采取哪种标准?(ii)《欧盟条约》第81条(现《欧盟运行条约》第101条)是否可以被解释具有这样的意义:国内法院适用该条款的,证明协同行动与市场行为具有因果关系的证据须根据国内法规定进行采纳和评估,但该等规定与适用类似国内行为的规定相比并不严苛,且其并不造成无法或很难行使欧盟所赋予权利?并且,(iii)适用《欧盟条约》第81条(现《欧盟运行条约》第101条)规定的,即使协同行动实属孤立事件而从事该等行动的企业仍然活跃于该市场,协同行动与市场行为总是存在着推定的因果关系?还是仅仅在协同行动在比较长的期间内以一定频率实际发生的才存在因果关系?(Opinion Advocate General Kokott,

T-Mobile and Others, 19 February 2009) 总体而言,根据总法律顾问的意见,必须根据具体案件的具体情形处理反竞争的问题。根据案例法,反竞争推定的发展标准是协同行动的内容(其中请见:*IAZ International Belgium and Others*；*Beef Industry Development Society and Barry Brothers*) 及目的(*Miller*；*CRAM and Rheinzink*；*General Motors*),但必须符合的限制条款就是:有关当事人的意图至多是一种说明,而非决定性因素。也须考虑发生协同行动的经济及法律背景。总法律顾问认为,在对具体案件特定法律及经济背景予以考虑的前提下,协同行动能在个案中导致共同市场竞争被阻止、限制或扭曲的,就足以对之予以认定。在这个意义上,无论实施对竞争的阻止、限制或扭曲还是在协同行动与零售价格之间的直接联系,都非决定性因素。该等反竞争效果是否及在何种程度上产生影响,至多能在认定罚款的数额及涉及损害赔偿时具有意义(总法律顾问在英国航空一案中对第 82 条发表了类似的意见,请见其中第 68－74 项)。在对举证责任(将在以下第 8 项评论中予以讨论)作出裁定外,初审法院(现在的普通法院)采纳了总顾问的意见,认为:根据其内容及目标,并考虑其法律及经济背景,协同行动在具体案件中能够阻止、限制或扭曲共同市场中竞争的,该等协同行动就具有《欧盟条约》第 81 条(目前的《欧盟运行条约》第 101 条)项下规定的反竞争目的。不必再考察对竞争是否存在实际的阻止、限制或扭曲,也无须证明在协同行动与消费价格之间是否有直接联系。竞争对手间交换信息,如该等交换消除了涉及参与企业意图作出行为的不确定性,则具有反竞争目的的色彩;只要参与协同行动的企业仍然活跃于相关市场,就推定在协同行动及该市场上企业的行为间存在因果联系,即使该协同行动仅仅是参与企业举行一次会议之后的结果也是如此(*T-Mobile Netherlands BV and Others v Raad van Bestuur van de Nederlandse Meededingingsautoreit* (CFI, now the General Court))。

6. 实质性及最低限度(第 1 款及第 2 款)。未认定欧盟法是否适用的目的而采取的实质性概念并不完全等同于"对屑事法律不以为意"或"裁判官不干涉琐事"理论。对贸易造成影响这一标准就包含了量化因素,将欧盟法的管辖权限定于能够产生一定程度影响的协议及做法。尤其可以通过参考有关产品市场中有关企业的地位及重要程度对实质性予以评估。对实质性的评估有赖于每个具体案件的具体情形,具体而言就是协议及做法的性质,所涵盖产品的性质及有关企业的市场地位——在对高科技公司之间横向及纵向安排进行评估时,这几乎肯定会起作用。在《2001年委员会关于最低限度的通知》中,欧盟委员会说明,中小企业之间的协议很少会对成员国间的贸易造成实质性影响(请见以下第12项评论)。在欧盟委员会看来,同时满足若干条件的,协议原则上并不能对成员国间贸易造成实质影响。该等条件在《2001年委员会关于最低限度的通知》第二部分进行了罗列。对与其竞争对手达成合作协议的成长型信息技术小企业而言,最低限度例外情形很可能具有关联度。

7. 法律后果(第2款)。《欧盟运行条约》第101条第2款使得被禁止的协议无效,因此不可执行。另外,委员会可以对违反《欧盟运行条约》第101条的企业予以罚款。

8. 举证责任(第2款)。(a) 基本规则。第1/2003号理事会条例(实施《欧盟运行条约》第101、102条的措施之一,请见《欧盟运行条约》第103条(原《欧盟条约》第83条);该条例取代了第17/62号条例)第2条规定,违反《欧盟运行条约》第101条(原《欧盟条约》第81条)或《欧盟运行条约》第102条(原《欧盟条约》第82条)的,原告承担举证责任;而该等举证责任也延伸至对违反该等条款情形提出诉求的监管机构。第1/2003号理事会条例规定:"为适用条约第81、82条而进行的任何国内或共同体程序中,对违反第81条第1款及第82条的举证责任,应由对该等违反情形提出诉求的当事方或者有权机关承担。"2009年由欧盟委员会竞争专员发出的通告对此予以确认。(b) 与国内竞争法的关系。第1/2003号理事会条例前言第5项就证据法的特定国内法规定创设立一项例外情形。按此规定,条例不得影响证据标准的国内规则,也不能影响成员国国内竞争法实施机关和法院就认定案件相关事实所具有的义务,但该等规则和义务须与共同体法律普遍原则相符。第1/2003号条例第3条调整《欧盟运行条约》第101条与国内竞争法的关系。首先,依其规定,成员国竞争法实施机关或国内法院就《欧盟运行条约》第101条规定的协议、企业协会决定或协同行动适用国内竞争法的,如果可能对该条规定的成员国间贸易造成影响的,他们也应对该等协议、决定或协同行动适用第101条。第二,适用国内竞争法,不得禁止那些虽然可能会对成员国间贸易造成影响但并不构成《欧盟运行条约》第101条第1款所规定竞争限制的协议、决定或协同行动。应将第3条与《罗马Ⅱ条例》的规定共同进行解读,具体而言就是与《罗马Ⅱ条例》第6条涉及不正当竞争的条款与第22条,后者规定调整非合同义务的法律规定了设定法律推定或举证责任认定的,应当适用非合同义务事项。总的说来,适用国内竞争法不得排除欧盟法的规定,但是国内法院根据国内证据法可以自由适用《欧盟运行条约》第101条(及第102条)的规定,但须遵守共同体法的原则。在方才第5项评述所讨论的案件(T-Mobile Netherlands BV and Others v Raad van Bestuur van de Nederlandse Meededingingsautoreit (CFI))中,欧洲初审法院裁定,审查协同行动与参与该行动企业之市场行为之间是否存在因果关系,这是为确定《欧盟条约》第81条第1款所规定协同行动必须存在的联系,除非另有证据——而这是由有关企业去采信,都要求国内法院适用初审法院案例法所确定的推定因果关系。据此,他们仍然活跃于该市场的,就推定该等企业考虑到了与其竞争对手所交换的信息。根据总法律顾问的意见,国内法院须考虑的重要法律原则包括:同等原则(证据标准的国内原则不得比国内竞争法类似程序中的要严苛)及有效原则(证据标准的国内原则不得在实践中使得条约中的竞争法条款不能或者极难执行)。

9. 罚款(第2款)。欧盟委员会能够对其认定违反《欧盟运行条约》第101条或因滥用支配地位而违反《欧盟运行条约》第102条的情形予以罚款。根据2009年1月27日欧洲普通法院院长发布的命令(Intel(CFI)),欧盟委员会于2009年5月13日对以及被控违反条约禁止规定的一家公司处以史上(系指在此日期之前的期间)最高额罚款。英特尔这家位于美国的芯片制造商,因为向愿意只销售采用英特尔芯片的个人电脑及其他信息技术产品的媒体连锁商店提供极为优惠的折扣,而被命令支付10.6亿欧元的罚款(Intel(Commission Decision))。针对欧洲初审法院(现欧洲普通法院)在基础裁决中认定的违法情形,还可上诉。

10. 豁免——适用范围(第3款)。就特定的协议,第101条第3款规定了可能的合法理由,否则就为第101条第1款所禁止。首先,第101条第3款规定,第101条第1款中所有三种类型的协议(即协议、决定或协同行动)可能会具备豁免情形。该款规定继续设定了免于适用第101条第1款规定的安排所要满足的条件:首先,该等安排须有助于改善产品的生产或分销,或推动技术或经济发展;同时又使得消费能够分享由此所带来的收益。其次,该款规定要求相关安排并不(i)对有关企业施加于实现这些目的并非必要的限制;或(ii)使该等企业有机会就有关产品的实质部分消除竞争。[615]第1/2003号理事会条例规定,《欧盟条约》第81条第1款(《欧盟运行条约》第101条第1款)的禁止性规定并不适用于满足《欧盟条约》第81条第3款(《欧盟运行条约》第101条第3款)所规定条件的任何协议;并基于此,没有必要就该协议向有关机关进行通报或者就不予适用《欧盟条约》第81条第1款(《欧盟运行条约》第101条第1款)进行任何宣告。根据《欧盟运行条约》第101条第3款的规定,欧盟委员会有权给予所谓的集体豁免,以下就集体豁免的许多情形予以讨论。

11. 根据《欧盟运行条约》第101条第3款就不同类型协议的决定(第3款)。就合同安排或协同行动是否被《欧盟运行条约》第101条第1款所禁止还是被《欧盟运行条约》第101条第3款所豁免这个问题,通过了许多决定对之予以处理。与典型的纵向协议相比,在日益融合的信息技术、通讯及媒体产业中存在的大量横向联合形态,其已经根据第1/2003号理事会条例的规定履行了通报程序,其中大多数涉及电信产业的联合形态。因为它们进一步揭示了欧盟委员会对信息技术及通讯领域联合形态的看法,所以将对许多这种联合形态作简短论述。(a)协同联合。1994年,欧盟委员会接到要求批准协同联合,其目的就是在55个国家内拥有并运营唯一的骨干通讯网络(BT/MCI(Commission Decision))。委员会认定该协同联合构成对《欧盟条约》第 81 条第 1 款(现《欧盟运行条约》第 101 条第 1 款)的违反,因为其消除了英国电信与 MCI(均为创始公司)之间的潜在竞争。然而,欧盟委员会还是给予了七年的豁免,其理由如下:欧盟委员会认为,(i)合资企业将改善电信服务的提供水准,促进欧盟的经济发展;(ii)有益于消费者福利;及(iii)该等联合将对既存的电信联合形式提供另一种切实可行的选择。(b) Atlas 及 Phoenix 合资企业。在 1996 年 Atlas 与 Phoenix/Global One 的决定中,欧盟委员会也对所通报的合资企业给予的批准附带了条件;Atlas 合资企业旨在就提供数据和增值企业通讯服务进行欧洲联合;Phoenix 联合则更进一步,旨在实现 Atlas 与美国 Sprint 公司在全球范围内的联合。该合资企业也瞄准了 Atlas 联合体相同的市场。自 1996 年 7 月 17 日开始,给予的批准有效期是五年。(c) Unisource 及 Uniworld 联合体。在 1997 年对 Unisourse 及 Uniworld 给予的批准中,对于影响力波及到欧盟境外的联合体,欧盟委员会再次重申了其支持的理由。(d) Worldcom/MCI 合并。1999 年的 Worldcom/MCI 决定(合并,最终得以通过)值得予以特别关注。两家电信运营商都提供深度互联网服务;欧盟委员会的决定包括对该等服务的深入分析。在对网络等级体系予以考虑后,欧盟委员会得出结论:位于网络等级体系中顶级位置的普遍互联网接入市场构成互联网市场中一个独立及狭小的市场。欧盟委员会担心合并后的公司在提供顶级互联网接入的市场中会占据持久的支配地位。于是欧盟委员会就拟议中的合并提出了严重关切,这就需要剥离 MCI 的互联网业务。一旦这个义务及其他义务得到满足,就通过该等合并;该合并也最终这样通过。(e)美国在线/时代华纳合并案。2000 年的美国在线/时代华纳决定涉及旨在建立第一个纵向整合互联网内容提供商的企业合并,在当事人作出若干妥协后得以通过。对于信息技术领域希望通过建立包括纵向安排在内的合作体系而在新兴市场快速取得市场份额的当事方而言,该决定颇具意义。(f)其他合资企业和联合体。不完全统计,信息技术或日益融合的产业中的其他决定包括:1994 年 MSG Media Services 决定(计划在 Deutsche Bundespost Telecom, Bertelsmann AG 及 Taurus Beteiligungs AG 之间设立合资企业,最终其豁免请求被拒);1996 年 Nordic Satellite Distribution 决定(有关卫星/宽带分销网络的合资企业,豁免请求被拒绝);1996 年 RTL-Veronica-Endemol 决定(涉及荷兰节目提供/广播电视业务的合资企业,豁免请求被拒绝);1996 年 Bertelsmann/CLT 决定(付费电视,给予豁免);1999 年 Bertelsmann/Kirch/Premiere 及 Deutsche Telecom/Beta Research 决定(数字电视业务,豁免请求被拒绝)及 2000 年的 MCI Worldcom/Sprint(合并,被禁止)。

12. 集体豁免(第3款)。(a)目的。集体豁免的目的是为了对特定群体的措施予以豁免,即使这将违反《欧盟运行条约》第 101 条第 1 款规定的禁止事项。该等豁免系事先以法律的形式授予。因此,如前所述,对于那些属于集体豁免对象并符合其中规定条件的安排,不用提供通报。存在当然禁止性限制的协议不能借助集体豁免而受益,也不大会满足《欧盟运行条约》第 101 条第 3 款规定的条件,而后者会使之与竞争规则相符,请见以下第 12 项评论 b 小项所作论述。对此,由于 2000 年及 2010 年的《纵向限制指引》清楚表明,在具体案件中,当事人可以提交证据,证明其协议能够或可能具有的效能要大于其带来的负面影响。(b)当然禁止性限制。非竞争对手之间的协议规定了一个或多个下列当然禁止性限制(或规定了一项与该等限制之一具有相同效果的义务)的,下文将讨论的纵向协议集体豁免条例所提供的自动豁免将不会适用于整个协议。概言之,以下限制可以得以区分为当然禁止性限制:(i)对一方决定其自身价格的能力进行限制。换言之,虽然最低销售价格及推荐价格通常可被接受,但不能协议达成最低或固定价格;(ii)一般而言的区域及客户限制。然而,虽然禁止买方/分销商在为供应商所保留或对另一买方/分销商予以授权的某一区域内主动寻找客户(也称为"主动销售")或客户群体,但不能限制被动销售(此种情形下,分销商可以回应其并没有主动争取的个别客户所提出的请求);(iii)在选择性分销体系内部对区域及客户销售予以限制,其中基于既定的标准选择买方。然而,供应方可以在选择性分销体系内部限制分销商,其中就包括使之不能向未获得授权的经销商进行销售;或者(iv)对零部件销售予以限制。然而,可以禁止买方向供应方的竞争对手销售零部件;不得禁止供应方向最终用户、维修服务提供商或买方其他售后服务提供商销售零部件。

13. 1999 及 2010 年《纵向协议集体豁免条例》。《纵向协议集体豁免条例》使得竞争对手间的协议可以获益于集体豁免,但须满足特定的情形,即,该等协议中没有规定或涉及当然禁止性限制。(a)《1999 年纵向协议集体豁免》。该集体豁免及相关的委员会通告替代了之前纵向分销安排的集体豁免,并适用于也会与信息技术领域相关的纵向协议:包括非竞争对手(即,那些并不在协议标的产品市场进行竞争的经营者)之间的分销(独家及选择性)、连锁经营、供应及代理协议。(b)《2010 年纵向协议集体豁免》。《2010 年纵向协议集体豁免》的出台于 2010 年 6 月 1 日生效,并有一年的过渡期。自此之后,《1999 年纵向协议集体豁免》就被补充并替代。(机动车领域还有一个单独的《纵向协议集体豁免》,不属于本书讨论范围。)与《1999 年纵向协议集体豁免》相同,《2010 年纵向协议集体豁免》适用于生产商、批发商及零售商,其影响着线上及线下的供应及分销。就信息技术领域而言,《2010 年纵向协议集体豁免》与《1999 年纵向协议集体豁免》的主要区别是:(i) 规定纵向协议涉及的每一当事方市场份额均须在 30% 限额以下,为了计算分销商/买方的市场份额,下游市场的份额是决定性因素;还有,(ii) 它特别解决了针对在线销售所施加的纵向限制。这将会在第 13 项评述的 d 小项中予以讨论。(c) 涉及信息技术行业选择性分销的当然禁止性限制。对于选择性分销,《纵向协议集体豁免》通过举例的方式,允许生产商基于特定标准选择其分销商,并禁止向未经授权的分销商进行销售。这种选择性分销体系经常在信息技术领域得到运用,软件生产商希望控制其分销渠道,并对其产品的分销商施加诸如支持及未获或系统整合方面的限制。对能获得《欧盟运行条约》第 101 条第 3 款(原《欧洲经济共同体条约》第 85 条第 3 款)项下豁免的选择性分销体系,1984 年 IBM 决定可被视为对其所规定标准的一个衡量尺度。而且,在软件选择性分销协议项下,分销商应有权向内部市场范围内的其他授权分销商及任何最终用户主动销售(许可)该等软件。就其可以销售地域及对象的自由作出任何其他的限制,都属于当然禁止性限制,因为《欧盟运行条约》第101条第1款所禁止。(d) 在线销售:《2010年纵向协议集体豁免》。互联网使得分销商可以接触不同的客户,其行为也得以扩展到不同的地区;对分销商使用互联网作出总括性的限制会被视为当然禁止性限制。然而,与线下世界相同,供应商可以建立排他性或选择性分销网络,这使之可将主动销售限定于规定的地域或客户群体,并使之可以就利用互联网网址销售其产品作出质量标准的要求。《2010年纵向协议集体豁免指引》就制造商可以限制其分销商在线销售业务的限度而对当然禁止性性质作了更进一步的解释。根据2010年的指南,对被动销售的限制仍然被认为是当然禁止性限制。涉及在线销售的当然禁止性限制有:(i) 分销商有义务自动将其区域以外的客户予以重新安排;(ii) 客户信用卡表明的地址并不在分销商区域之内的,有义务终止与消费者通过互联网进行的交易;(iii) 对通过互联网进行销售占总体销售的比例进行限制;及(iv) 施加阻止分销商使用互联网的义务,例如要求经销商对在线销售的产品支付更高购买价格(这应被视为双重价格)。(e) 全国层面的质量标准。在全国层面,对分销体系内通过互联网进行的销售适用质量标准,成为了法国 Fabre 案的讨论议题。该案涉及在线销售某种化妆品,这虽然与某一选择性分销体系相悖,但是并不认为违法。1996年,法国竞争理事会认定,选择性分销体系中规定排除通过邮寄订购方式订购软件的条款,因有效消除了价格竞争,故违反竞争法。

14.《技术转让集体豁免条例》。对信息技术法来说,在技术使用及分享方面最为相关的豁免就是《2004年技术转让集体豁免条例》及其附带的欧盟委员会指引。(a) 使用范围。2004年条例适用于有关专利、专有技术、软件版权及该三者权利混合体的许可协议。为了适用该条例,有关技术转让须为了商品或服务的生产或供应而予以使用。(b) 竞争对手间与非竞争对手间协议的区别。2004年条例对竞争对手与非竞争对手间的协议予以区分。这样做的理由就是:竞争对手间协议的潜在反竞争影响要比非竞争对手之间的协议严重。(c) 市场份额门槛。一旦认定协议主题事项为2004年条例所涵盖,接下来要检验协议当事方是否达到了特定的市场份额门槛。

对市场份额进行评估,既涉及相关科技市场,也涉及相关产品市场。为了适用集体豁免,竞争对手的合并市场份额不得超过其在受影响的相关技术市场及产品市场中20%的份额;对于非竞争对手而言,其各自的市场份额不得超过受影响相关技术市场及产品市场中的30%。该等市场份额由当事方自己作出评估。协议当事人一方跨越了市场份额门槛及协议在集体豁免范围之外的,2004年条例规定了两年的宽限期;因为在该条例适用范围之内的协议有效期,市场份额一直处于变动之中,这并不当然使得2004年条例不予适用。(d)技术转让中的当然禁止性限制。技术转让协议如果通过了市场门槛检测,之后尚须审查该等协议是否含有当然禁止性条款。就竞争对手及非竞争对手之间的协议,2004年条例都对欧盟委员会所认为的当然禁止性限制作了综述。对于技术转让,竞争对手之间协议的当然禁止性条款包括:(i)转售价格维持;(ii)互惠性产出/产量限额;(iii)利用限制;及(iv)例外情形除外,对当事方之间市场或客户的分配作出某种规定。除转售价格维持之外,非竞争者间的当然禁止性限制包括对选择性分销体系的限制及对被动销售的限制——例外情形除外。(e)排他情形。在当然禁止性限制之外,2004年条例规定了限制。当然禁止性限制将有关协议排除在该条例适用范围之外;与此不同,如果技术转让协议包含排他限制,这就使得该条款不能受益于2004年条例授予的集体豁免,但该等限制对竞争可能带来的限制须具体案件具体分析。该等条款被视为具有反竞争性质且可以从有关协议分割的,那么其他条款很可能继续具有完全的法律效力。以下条款是2004年条例所规定的排他限制:(i)要求被许可人就其基于所许可技术所作的改进/新式应用向许可人予以转让或予以独家许可;(2)不得异议条款。然而,条款规定被许可人对所许可知识产权有效性提出异议就使得合同终止的,是可以允许的;并且,对非竞争对手而言:除非如此会导致向第三方披露予被许可专有技术的,限制被许可人进行研究及开发或利用其自身技术的也属于排他限制;需要注意的是,该条款对于竞争对手之间的协议就成了当然禁止性限制。(f)《技术转让集体豁免条例》的例外情形及其后果。虽然使用单独的特定集体豁免,纯粹的研究开发协议并不适用2004

年条例。而且,多方协议也被排除在2004年条例之外。2004年条例适用范围之外的协议并不必然违法。须对之进行具体分析。如果判定技术转让合同对竞争构成限制而仍然有效的,该等限制基于效率理由而获得正当性;例如,如(i)改善产品(或服务)的生产和分销,或促进技术或经济的发展;(ii)使消费者从中分享到相当的收益;(iii)并不对竞争构成不必要的限制,也不会使得有关市场的实质竞争归于消失。协议当事方控制技术之外,尚有四项或更多被独立控制的技术构成被许可技术的有效替代的,欧盟委员会就认为技术转让协议并不会损害竞争(请见2004年条例第131段)。为了能使之根据《欧盟运行条约》第101条第3款的规定取得豁免,该等与之竞争的技术须能以与之相当的成本向用户提供,并须能在商业上予以替代。

15.《2001年欧盟委员会关于合并通过的通告》及《2005年欧盟委员会附加限制通告》。《2001年欧盟委员会通告》涉及基于合并通过而具有正当性的性质,《2005年欧盟委员会通告》则详细论述了可能在合并或集中的过程中取得正当性的附加限制。这两则通告都援引了《2004年欧盟合并条例》,并对附加限制这一概念予以解释。在对一般限制予以讨论之后,也提到了那些与信息技术领域相关的合并或集中所导致的附加限制。它们包括:非竞争条款(《2005年欧盟委员会通告》第三部分B项,第18段至第26段),特定的许可协议(《2005年欧盟委员会通告》第三部分B项,第27段至第31段),采购及供应义务(《2005年欧盟委员会通告》第三部分C项,第32段至第35段);同样,这些限制也在合资企业协议的主题下得以讨论(《2005年欧jel委员会通告》通告第4部分A项第36段至第41段的不竞争义务,《2005年欧盟委员会通告》第4部分B项第42、43段的许可协议,《2005年欧盟委员会通告》第4部分C项第44段的采购及供应义务)。必须与交易有直接关系,且属必要,就是通过合同确定的附加限制所适用的标准。对该等标准是予以客观适用的。2000年Celestica/IBM决定(《欧盟委员会决定》)就是信息技术领域必要附加限制的一个例子:当事方同意在之前的经济实体分立后继续维持供应。

16.《2001年欧盟委员会最低限度通告》。由于不为《欧盟运行条约》第

101条第1款(当时的《欧盟条约》第81条第1款)所禁止的限制协议具有的反竞争效果非常轻微,《欧盟运行条约》第101条第1款(当时的《欧盟条约》第81条第1款)因此并不适用(法律(裁判官)不干涉琐事原则)。所以,在以上介绍说明中简要描述的该通告就欧盟委员会认为所适用的法律作出了解释。该通告的主要目的是规定市场份额的最低门槛;处于门槛以下的公司,就不适用《欧盟运行条约》第101条第1款。该通告后来又通过对市场份额进行的解释予以补充,例如《2010年纵向协议集体豁免》所进行的解释。

禁止滥用市场支配地位

第102条

只要可能对成员国之间贸易造成影响且与内部市场不符,一家或多家企业对其在内部市场或内部市场实质部分支配地位的任何滥用应当予以禁止。

具体而言,该等滥用情形体现在:

(a) 直接或间接地设定不公平的购买或销售价格或其他不公平的贸易条件;

(b) 限制产量、市场或技术发展且对消费者不利;

(c) 就同等交易对其他交易方适用不同条件,以至于将之置于不利竞争地位;

(d) 将其他方接受附加义务作为达成合同的先决条件,而基于其性质或者根据商业惯例,该等附加义务与合同内容没有关联。

1. 介绍及条文编号。《欧盟运行条约》第102条禁止滥用市场支配地位的情形,只要该等滥用情形会对成员国国间贸易造成影响。《欧盟运行条约》第102条在《欧盟条约》1997年的合并文本中被编号为第82条。而在此之前,它被编号为《欧洲经济共同体条约》(《1957年罗马条约》)第86条;因此,案例法及著述中引述该条款时可能会对该等编号进行引述。

2. 适用范围。《欧盟运行条约》第102条(原《欧盟条约》第102条)禁止具有市场支配地位的滥用行为。要适用《欧盟运行条约》第102条,须满足若干条件。如前所述,原则上由原告承担举证责任,证明该等条件已经得到满足。简言之,须予以满足的条件是:(i)在被指称的做法发生后,企业须在一个或多个相关市场具有《欧盟运行条约》第102条所规定的市场支配地位;(ii)企业须已滥用该等市场支配地位;(iii)企业的行为须对成员国间贸易造成或可能造成影响;(iv)并无正当理由使得企业可以消除其做法的滥用性质。在条文规定中并不能找到最后一项条件,这是案例法得出的结论。《欧盟运行条约》102条并不界定何为滥用做法。《欧盟运行条约》第102条规定的滥用做法事例清单也没有实现清楚的界定,因为该等清单是非穷尽的。清单上出现了不同的标准(直接或间接;事关消费者权益或者不是;等等),抽象概括而言,该等标准看起来也不一致。许多案件中,欧盟委员会及/或法院的决定及/或裁决基于《欧盟运行条约》第102条(原《欧盟条约》第102条)整体,而不是援引其中的特定款项。

3. 滥用市场支配地位及信息技术法。对于在不同或者重合的市场领域进行竞争的信息技术公司而言,因为也要像其他企业那样满足《欧盟运行条约》第102条规定的条件,因此该条款颇具意义。《欧洲经济共同体条约》第86条(现《欧盟运行条约》第102条)项下第一个重要案件(Commercial Solvents (Court of Justice, formerly the European Court of Justice, "ECJ"))基本上判定具有市场支配地位的企业不得在下游产品市场拒绝交易。在United Brands裁决中,对欧盟委员会认为UBC公司拒绝向其丹麦一个分销商供应金吉达香蕉构成非法拒绝供应、因此违反了《欧洲经济共同体条约》第86条(现《欧盟运行条约》第102条)的决定,欧洲法院予以支持。该等拒绝须通过客观的理由取得合法的地位,但是欧洲法院(现法院)并没有在UBC案件中发现该等理由。在Telemarketing裁决中,一家具有特定市场支配地位的企业,没有任何客观必要的情况下,将"可能由其他企业作为其业务的组成部分而在邻近但独立市场所从事的附属业务",保留给自己或同属一个企业集团的另一个企业,"可能会消除其他企业所能带来的所有竞争";欧洲法院就此澄清,这就构成该条款所规定的滥用市场支配权

(也请见 RTT 案)。《欧盟条约》第 82 条(现《欧盟运行条约》第 102 条)项下最有名的案例之一就是 Magill 案,该案涉及提供知识产权——在本案中就是电视节目数据——的使用权。在 Magill 案之前,案例法都认定,拒绝许可本身不能构成《欧洲经济共同体条约》第 86 条规定的滥用市场支配地位(CICRAV 及 Volvo 案,两个案件都涉及汽车零部件)。在 Magill 案中,欧盟委员会发现英国及爱尔兰电视台(基于版权法,其时基本上对于其电视节目指南的出版拥有垄断权)拒绝向 Magill 提供美洲节目表构成了《欧盟运行条约》第 102 条项下所规定的滥用市场支配地位。收到 Magill 的投诉后,欧盟委员会命令电视台基于非歧视原则提供所请求的数据(Magill (ECJ))。在一些人看来,无论是否事关核心设施理论的适用,尽管案情特定(电视台被认定具有节目信息的垄断权),欧洲法院在 Magill 案中正确地适用了拒绝销售理论。该案中并不存在替代产品,拒绝销售也无法提供正当理由。通常认为 Magill 裁决与 Oscar Brunner (ECJ)裁决一脉相承,虽然 Oscar Brunner 裁决是基于核心设施议题作出,而 Magill 案并非如此(Oscar Brunner (ECJ)是欧盟竞争法与版权法律互动的一个重要案例,欧洲法院裁定:即使同时是拥有市场支配地位的企业,知识产权人许可权人的拒绝本身并不构成滥用市场支配地位;但是,在极个别情形下,知识产权人行使自己的独占权可能会涉及滥用)。与此相关,在思考何为信息技术领域内滥用市场支配地位的问题是,与此相关的问题就是核心设施究竟为何。例如,在网络设施及在线音乐商店就是如此;在试图对该等问题进行回答时,须对相关事实进行审慎评估。

4.《欧盟运行条约》第 102 条所规定滥用市场支配地位的事例。以下就对《欧盟运行条约》第 102 条具体规定为构成滥用市场支配地位的四种情形进行简要评述。(a) 过高/掠夺性定价。处理掠夺性定价的第一个案例就是 *Engineering and Chemical Suppliers（Epsom and Gloucester）Ltd v. Akzo Nobel Chemie UK Ltd*（也请见 *Tetra Pak international SA v. EC Commission*,及 *Compagnie Maritime Belge NV and Dafra-Lines v Commission of the European Communities*）。与信息技术相关,在涉及高

速互联网接入的案件(France Télécom SA)中,法院就裁定,因具有市场支配地位的企业定价低于成本的特定水平,从而存在使申请人丧失回收损失的可能,并不构成确定该等定价政策属于滥用市场支配地位的先决条件。然而,其并未禁止欧盟委员会在评估相关做法是否属于滥用情形时将是否存在回收损失的可能性作为相关因素加以考虑;此时,诸如定价低于平均可变成本的情形下,这将有助于排除经济上的正当性,而非消除竞争;或者,虽然定价低于平均总成本但高于平均可变成本的,这将促成认定存在消除竞争的计划。而且,不可能回收损失并不成为阻止具有市场支配地位的企业加强其市场地位的充足理由;尤其由于相关企业的存在而致竞争已然削弱的市场之中,在其一个或多个竞争对手退出市场后,竞争程度更加削弱,而消费者也因为可供其选择的进一步受限而承担了损失。诸如具有在批发市场支配地位的企业利用该等支配地位将零售价格设定于成本以下的情形中,掠夺性定价问题就是一个很令人担心的问题;该问题惯常根据所实施的电子通讯监管架构进行的国内市场分析加以解决(也请见以下论述《1998年接入通告》的第5项评述)。(b)消费者福利。虽然在大多数欧盟政策文件中,将消费者福利引述为主要政策目标,普通法院(原初审法院)仅仅在两个案件中适用了消费者福利这一概念(GlaxoSmithKline Servies (CFI)及 Microsoft (CFI));而欧洲法院就根本没有对提交予其的案件适用这一概念。而且,欧盟委员会竞争事务局未能说明在适用《欧盟运行条约》第102条的情形下如何对这一目标予以解读。在著述中,经常采用经济分析的方法来解释消费者福利:通常被认为是消费者红利,是所有消费者红利的总和,但是竞争法案例中消费者福利的范围尚待确定。在信息技术领域,由于消费者福利被一再描述为该领域的基本考虑对象,适用消费者福利时却缺乏统一、一以贯之的审查标准,这令人不无遗憾。(c)价格歧视及其他歧视条件。该领域中一个基本案例(Hoffman-La Roche & Co., AG)涉及罗氏公司对其22家采购商所采用的忠诚回馈、独家交易及特定要求制度。在该案中,欧洲法院裁定,有关安排构成《欧洲经济共同体条约》第86条(现《欧盟运行条约》第102条)规定的滥用市场支配地位,其理由就是,罗氏公司使用这种方式加强了其本已具有支配性的市场地位,因此损害了消费者福利。另一个涉及价格歧视的重要案例是 Nederlandsche Banden-Industrue Michelin。简言之,该事项其中就有赖于《欧盟条约》第 82 条及第 86 条是否禁止国内规定授权组织体育赛事并因此签订赞助、广告及保险合同的法人对授权组织该等赛事的申请予以同意,且并不施加之前该法人承担的任何限制、任何义务及通过的任何审查。该等权利因此可能使得持有该等权利的企业拒绝其他运营商进入相关市场,或者通过偏向自己组织或自己参与组织的赛事而扭曲竞争。(d) 售后市场。《欧盟运行条约》第 102 条项下经常处理的另一个议题就是提供"售后"产品或服务。信息技术领域的主要事例就是将一项软件产品捆绑于诸如系统软件或强制提供软件支持维护的情形。适用于信息技术及电信领域的诸多特征,虽然也可以适用于企业,但更多却涉及消费者:锁定一个客户(例如,客户持有手机的 SIM 卡被锁定)可能具有的反竞争效果;转向另一服务提供商或产品(例如,希望更换宽带接入提供商的客户)的成本;生产商或供应商处于多个市场之中,而其在主要市场中的支配地位可能会对附属市场产生不利影响(例如,销售 MP3 播放器大获成功的公司将该播放器与在线商店绑定在一起,可能就具有对通过商店所销售的产品收取过高价格的动机);向边缘消费者提供信息的质量——经常并不清楚其主体采购会导致实质的辅助成本(例如,购买耳机的客户可能并没有意识到其升级及/或应用的成本);还有,主要市场的竞争程度可能会对辅助市场的竞争造成影响(例如,是因为顾客通常更愿意购买绑定的产品或服务)。该等情形并不必然导致滥用市场支配地位的事先推定。该等滥用情形是否存在,尚须对大量的事实予以分析。涉及售后市场的两个案例(Eurofix Ltd and Bauco Ltd 及 Pelikan/Kyocera (Commission Decision))裁定,在上游市场存在支配地位的,那么首先要确认的就是:其与下游市场存在密切联系,以便认定主要市场的竞争(缺乏)是否能对企业在辅助市场的行为构成约束。在 2009 年 5 月 20 日的决定(Hewlet-Packard (Commission Decision))中,欧盟委员会虽然援引了 Pelikan/Kyocera 决定,但却拒绝了市场参与方 2006 年提起的申诉,该申诉指称诸如惠普和利盟等公司就墨盒供应(相关市场)违反了《欧盟条约》第81、82条(现《欧盟运行条约》第101条及第102条)的规定。申诉的基础就是主张存在市场共同支配地位。根据《2004年欧盟委员会程序条例》第7条第2款的规定,欧盟委员会得出结论,并无足够理由对该等申诉予以支持。(d)搭售。向顾客出售商品的条件就是使其购买另一件不同的商品(搭售商品),或者将商品销售与另外的商品或者服务予以捆绑,构成搭售做法;由于其目的就是迫使顾客在主要产品或服务之外购买相关产品或服务,所以欧盟委员会认为这种做法在《欧盟运行条约》第102条项下不无疑问。在以上有关售后的论述中描述了一些案例,两者不无重合之处。其中的竞争法议题就是:在一个市场具有支配地位的企业是否可以将其支配地位延伸到另一个市场中去,以使之能够在第二个市场中收取超越竞争水平的价格。欧盟委员会的决定及案例法都持有的立场是:禁止具有市场支配地位的企业所采取搭售做法。在这方面的最著名案例(*Tetra Pak II*(Commission Decision))中,欧洲初审法院(现在的普通法院)就涉及有关维护、维修及零部件供应的合同条款作出了说明:"该等……条款本身可能就被视为滥用情形,因为具体而言,其目的就是使得机器及纸盒的销售以接受诸如维修及零部件提供的其他类型服务为前提。"(也请见:*Eurofix Ltd and Bauco Ltd*)

5. 微软。在此将专门讨论业经充分曝光的微软裁决,其理由就是该等裁决对信息技术领域而言尤具意义,争议的焦点之一就有赖于互操作这一重要议题的结果。通过介绍的方式,2007年初审法院(现普通法院)的判决就涉及《欧盟条约》第82条(现《欧盟运行条约》第102条)的一系列法律问题进行了论述,该等问题包括:延伸,拒绝给予许可及搭售;而欧盟委员会2009年的裁决则涉及信息技术领域的其他滥用情形。该等案件的渊源可追溯到1993年。(a)渊源——视窗搭售。1993年,Novell指控微软通过反竞争手法将其竞争对手阻挡于市场之外,构成了滥用市场支配地位。一开始,Novell将其诉求集中于微软所采用的许可措施。基本而言,微软要求所有供应商就其销售的硬件支付微软操作系统的许可费,无论该等硬件是否实际装有视窗系统。微软与市场各方达成和解,就此终止了其采取的一些许可措施。(b)进一步申诉——缺乏接口信息。1998年,Sun Microsystems 基于《欧盟条约》第82条(现《欧盟运行条约》第102)条的规定对微软提出进一步的申诉。起先,Sun Microsytems 的诉求集中于 Windows NT 一些接口披露不足的问题。然而,欧盟委员会随后将调查范围延伸至微软如何将流媒体技术整合到了视窗系统内。(c) 2003年欧盟委员会裁决及后续发展。2003年,欧盟委员会命令微软向其客户及经销商提供未安装 Windows Media Player 版本的视窗系统,并为与之相竞争的网络软件提供必要的信息,使之与微软桌面与服务器实现完全的互动。之后,因微软未遵守命令,欧盟委员会(*Microsoft* (Commission Decision))于2004年3月对微软罚款 4.97 亿欧元。其时,在 Intel 裁决之前,这是有史以来《欧盟条约》第82条项下额度最高的一项罚款。欧盟委员会还就微软向其竞争对手披露服所要求的服务器信息规定了120天的期限,就微软须提供一款没有 Windows Media Player 版本的视窗系统规定了90天的期限。为了遵守第1项要求,微软发布了自己部分软件(Windows Server 2003 service pack 1)的源代码,但并没有说明规范。另外,所发布代码的对象仅限于其工作组服务器协议计划的成员。微软也于2004年7月缴付了罚款,但随即就欧盟委员会的裁决提起上诉。(d) 2007年初审法院判决。初审法院于2007年9月17日作出判决(*Microsoft* (CFI),现普通法院),驳回了微软对2004年裁决的上诉。初审法院支持了4.97亿欧元的罚款,维持了对互操作及捆绑 Media Player 所作出的要求。然而,初审法院推翻了委员会认为独立监督受托人对未来公司内部架构具有无限知情权的裁定。2007年10月22日,微软宣布将遵守该判决,不再就裁定提起上诉,并在规定上诉期届满之日的2007年11月17日也没有实际提起上诉。微软也宣布了发布服务器信息的商业条件。互操作信息也单独向竞争对手以一次缴费的方式提供。(e)(进一步)执行欧盟委员会命令。欧盟委员会于2004年已经裁令的罚款(前文已经进行了讨论,请见c项)之外,欧盟委员会发现微软并没有遵守其2004年的命令,于是在2006年7月26日向微软加征2.805亿欧元的罚款,系2005年12月16日至2006年6月20日每日150万欧元计算的总额。2008年2月27日,欧盟委员会因微软没能遵守其2004年命令而加征8.99亿欧元的罚款。2008年5月9日,微软向欧洲初审法院提起上诉,要求推翻8.99亿欧元的罚款。(f) 2007年后的进一步调查。2008年及2009年,欧盟委员会宣布对微软进行进一步调查。2008年5月,欧盟委员会宣布,将对微软产品Office Open Document的格式支持进行调查;2009年1月,欧盟委员会宣布,将对微软将视窗操作系统与Internet Explorer的捆绑进行调查,因为欧盟委员会认为这种捆绑将实质性地损害浏览器之间的竞争,从而损害创新、因限制消费者的选择而损害消费者福利。2009年12月16日,就微软公司提供选择菜单而使得最终用户可以使用竞争对手服务器的体系,欧盟委员会予以认可。(g) 与信息技术领域的相关系。总的来说,该等裁决的重要性就体现在欧洲初审法院对欧盟委员会裁决如下方面的支持:(1) 微软拒绝向竞争对手提供必要的互操作信息,使之无法在工作组服务器操作系统市场与之进行有效竞争,及(2) 对信息技术的捆绑可能构成对《欧盟条约》第82条(《欧盟运行条约》第102条)的违反。

6. 举证责任。对于举证责任,请见以上《欧盟运行条约》第101条第4项的评述。

7.《欧盟委员会1998年就在电信领域接入协议适用竞争规则的通告》。在案例法之外,一些政策文件也深入揭示了欧盟委员会是如何考虑《欧盟运行条约》第102条项下(被指称)的市场支配地位的。欧盟委员会已经不断地强调,竞争法在推动信息技术及电信领域向前发展的方面所起的作用。《1995年绿皮书》就是一个重要的例证;其中规定,具有市场支配地位的运营商控制着瓶颈设施的,要维持市场公平,就只能更严格地审视其是否符合《欧盟条约》所规定的竞争规则。欧盟委员会其时的目标在《1998年接入通告》中得到了强化。至于宏大的欧盟电信产业监管架构所带来的重要影响,则不在本书讨论范围之内。只要说它们的目的及继续发挥的作用就是要消除竞争的法律阻碍,就已足够。《1998年接入通告》将掠夺性定价作了如下描述:"其中,具有市场支配地位的公司以低于成本的价格于相当长的时间内销售货物或服务,意图阻碍市场进入或者使得竞争对手无力继续经营,使自己进一步扩张其市场权力并在之后积累利润的,就发生了掠夺性定价。该等不公平的低价违反了(第102条的)规定。例如,该问题可以发生于不同电信基础网络间的竞争背景下,其中具有市场支配地位的运营商可能倾向于就接入制定不公平的低价,以便消除其他(新兴)基础提供商的竞争。"

特殊或独占权利

第106条

(1) 对于公共企业及成员国授予特殊或独占权利的企业,成员国不得采取与条约中规则相冲突的任何措施或维持其法律效力。该等规则尤其是指第18条及第101至109条所规定的规则。

(2) 授权经营具有普遍经济意义或具有财政收入专营性质服务的企业,只要适用条约之中的规则不会在法律上及实践中阻碍其获委派职责的履行,就须遵守条约中规定的该等规则,尤其须遵守其中的竞争规则。其对贸易的影响不得与联盟的利益相冲突。

(3) 欧盟委员会须确保适用本条规定,并在必要时对向成员国发出指令或作出决定。

1. 条文编号。该条规定在《欧盟条约》1997年合并版本中被编为第86条。而在《欧洲经济共同体条约》(《1957年罗马条约》)中被编为第90条。

2. 适用范围(第1款)。《欧盟运行条约》第106条规定,对公共企业及成员国授予特殊或独占权利的企业适用竞争法规则。它适用于成员国,确保《欧盟条约》其他地方所规定自由贸易、非歧视及竞争法规则的效力。第106条第1款禁止通过适用公共企业的国内规定基于国籍的理由进行歧视。其也被解读为禁止成员国创设或维持与相关企业滥用市场支配地位效果具有同等效果的特殊或独占权利。虽然欧盟的信息技术公司通常主张,欧盟委员会应当对美国或者其他国家同的政府扶持采取更为咄咄逼人的措施,并应在追求普遍利益政策目标时考虑到信息技术公司的利益,但该条规定涉及后一种政策领域,且至多对那些诸如电信及视听媒体领域与信息技术产业融合而在以前属于国家垄断的领域具有关联性。

3. 具有普遍经济利益的服务(第2款)。第106条第2款的规定构成了本条的核心。其适用于公共企业及国家赋予特殊或独占权利的企业。它就违反尤其是包括《欧盟运行条约》第101条及第102条(之前的《欧盟条约》第81、82条)在内的竞争法规则的情形规定了可能的正当性理由,但是该等情形须就其所被授予经营具有普遍经济利益服务(公共服务)或产生财政收入的垄断(财政垄断)之情形而言须符合比例原则。也请见《2003年关于普遍经济利益的绿皮书》,之后的《2005年关于普遍经济利益的白皮书》、《2007年关于普遍经济利益的通告》及《2007年〈欧盟运行条约〉关于普遍经济利益服务的附加议定书》。欧盟委员会就普遍经济利益服务所采取的方式仍然在讨论之中。以上文件可基本得出如下体现于欧盟委员会在普遍经济利益服务领域行业政策中的原则,但仅有a项及b项提及的政策被涵盖于2007年《欧盟运行条约》附加议定书中:(a)使得公共权力机关能够贴近公民运行。在符合补充原则的前提下,欧盟普遍经济利益服务的政策是基于不同程度的行动及运用各种文件。(b)在竞争性公开市场中实现公共服务目标。公开竞争性的内部市场及发展高质、可获得及可承受的普遍利益服务。(c)确保一致性及普遍可获取。公民及企业在成员国领土范围内可获取可承受、高质量普遍利益服务,这对于促进欧盟社会及领土的向心力是很关键的。(d)维持高水准的质量及安全。服务质量及保证欧盟范围内的最低安全水平被认为是重要的政策目标。(e)确保消费者及用户权利。欧盟委员会倾向聚焦于欧盟范围内可获取服务——尤其是跨境服务、可承受服务、物质上的安全、保障及可靠性、延续性、高质量、选择权、透明度及可获取提供商和监管机构的信息。(f)对服务的监督及评估。在欧盟内维持及发展高质量、可获取、可承受及高效的普遍利益服务,体系化的评估及监督被视为是至关重要的。(g)尊重服务及背景的多样性。由于不同经济、社会或文化背景所产生用户及消费者的不同需求和偏好,须维持多样化的服务。(h)增强透明度。公共权力机关应当能够行使其职责。(i)提供法律确定性。欧盟委员会正在着力继续一个项目,以就提供普遍利益服务而适用共同体法律提高法律确定性。

4. 执行(第3款)。第106条第3款授权欧盟委员会执行这些条款。

欧洲议会及欧盟理事会第 2009/110/EC 号指令

2009 年 9 月 16 日通过对电子货币机构业务之从事、经营及审慎监管并修改第 2005/60/EC 号、2006/48/EC 号指令和废止第 2000/46/EC 号指令之指令

欧洲议会及欧盟理事会,

鉴于《建立欧洲共同体条约》,尤其是其中第 47 条第 2 款第 1 句及第 3 句规定及第 95 条的规定,

鉴于欧盟委员会提交的建议,

鉴于欧洲经济与社会小组委员会的意见[①],

鉴于欧洲中央银行的意见[②],

根据条约第 251 条规定程序[③],

鉴于:

(1) 欧洲议会及欧盟理事会 2000 年 9 月 18 日通过第 2000/46/EC 号《对电子货币机构业务之从事、经营及审慎监管之指令》[④],以应对新型预付电子支付产品的兴起,旨在创立强化内部市场的清晰法律架构,同时并确保

[①] 2009 年 2 月 26 日的意见(尚未在《官方杂志》中公布)。
[②] OJ C 30, 6.2.2009, p.1.
[③] 欧洲议会 2009 年 4 月 24 日通过的意见(尚未在《官方杂志》中公布)及 2009 年 7 月 27 日通过的理事会决定。
[④] OJ L 275, 27.10.2000, p. 39.

足够水平的审慎监管。

(2) 对第 2000/46/EC 号指令进行审议时,由于其中一些条款被认为阻碍了电子货币服务真正统一市场的形成及易于应用服务的发展,欧盟委员会强调了须对该指令进行修改的需要。

(3) 欧洲议会及欧盟理事会于 2007 年 11 月 13 日发布的第 2007/64/EC 号《内部市场支付服务指令》[①]已然确立了紧跟时代而又内在统一的支付服务法律架构,其中就包括支付机构这种新型支付服务提供商予以审慎要求的国内规定予以协同。

(4) 为了消除市场准入障碍,促进电子货币业务的从事及开展,须审议电子货币机构所适用的规则,以确保所有支付服务提供商能够公平竞争。

(5) 对发放电子货币的支付服务机构适用本指令予以限制是适当的。本指令不应适用于特定预付工具的储值,而因为该等预付工具使得电子货币持有人只能在电子货币发行人的处所或通过与专业发行人达成的直接商业合同而建立起来的有限服务提供商网络内部购买商品或服务,或是因为其只能用来购得范围有限的商品或服务,所以其设计宗旨就在于解决仅仅能通过有限方式进行使用的具体需求。无论销售点的地理位置如何,如果一件工具仅能在特定商户或连锁商户购买商品及服务,或仅能购买范围有限的商品或服务,则其应被视为在该等有限的网络内部进行使用。该等工具可以包括购物卡、加油卡、会员卡、公共交通卡、餐券或服务券(例如儿童护理券,或对职员的雇佣予以补贴,使之可以进行诸如清扫、熨烫或园艺工作的社会或服务项目券),为了使得该等工具能够实现社会法律所确定的目标,其有时会适用特定的税务或者劳动法法律架构。这些特定目的工具发展成为一般目的工具的,就不再享受本指令适用豁免。能够在列名商户购物的工具不应享受本指令适用豁免,因为该等工具是针对不断增长的服务提供商网络而进行的典型设计。

(6) 用来购买数码商品或服务的货币有价物不适用本指令是合理的;

---

① OJ L 319, 5.12.2007, p. 1.

其中,基于商品或服务的性质,运营商通过诸如接入、搜索或发行设施等形式的方式增加了该等货币的内在价值,但有关商品或服务智能通过诸如移动电话或电脑之类的数码设备予以使用,且电信、数码或信息技术运营商在支付服务用户和商品及服务提供商之间担任的并不仅仅是一个中间人的角色。此时,移动电话或其他数码网络用户直接向网络运营商付款,在网络用户和所提供商品或服务的第三方供应商之间,并不存在直接的债权债务关系。

(7) 引入电子货币的清晰概念以使之实现技术中立化是合适的。该等概念应涵盖电子货币发行人以收取资金而发行预付储值有价物的所有情形;因为第三方接受其进行的支付,所以可以为了支付目的使用该等有价物。

(8) 电子货币的概念应能涵盖无论是通过电子货币持有人掌握的支付设备,还是远程存储于服务器并由电子货币持有人通过电子货币的特定账户而管理的电子货币。该定义范围应足够广泛,避免阻碍科技创新,且不仅涵盖目前市场上提供的所有电子货币产品,也涵盖未来能够开发出的那些产品。

(9) 应当审查审慎监管电子货币机构的制度并使之更能紧密契合该等机构所面临的风险。也应使得该制度与第 2007/47/EC 号指令项下适用于支付机构的审慎监管制度相一致。在这个意义上,在与本指令的规定不冲突的前提下,第 2007/64/EC 号指令应准用于电子货币机构。因此,第 2007/64/EC 号指令规定的"支付机构"须被解读为对电子货币机构的规定;对"支付服务机构"的规定须被解读为对支付服务及发行电子货币活动的规定;对"本指令"的规定须被解读为对 2007/64/EC 号指令及本指令的规定;对第 2007/64/EC 号指令第二章的规定须被解读为对第 2007/64/EC 号指令第二章及本指令第二章的规定;对第 2007/64/EC 号指令第 6 条的规定须被解读为对本指令第 4 条的规定;对第 2007/64/EC 号指令第 7 条第 1 款的规定须被解读为对本指令第 5 条第 1 款的规定;对第 2007/64/EC 号指令第 7 条第 2 款的规定须被解读为对本指令第 5 条第 6 款的规定,对第 2007/64/EC 号指令第 8 条的规定须被解读为对本指令第 5 条第 2 款至第 5 款的规定；对第 2007/64/EC 号指令第 9 条的规定须被解读为对本指令第 7 条的规定；对第 2007/64/EC 号指令第 16 条第 1 款的规定应被解读为对本指令第 6 条第 1 款 c 项至 e 项的规定；对第 2007/64/EC 号指令第 26 条的规定须被解读为对本指令第 9 条的规定。

（10）电子货币机构通过代表自己的自然人或法人，按照其相关营业模式的要求，根据包括向公众销售或转售电子货币产品的方式，以提供向消费者发行电子货币的方式，或提供应消费者要求对电子货币进行赎回的方式，或为消费者电子货币产品充值的方式，从而对电子货币予以发行，已众所周知。电子货币机构不得通过代理发行电子货币，尽管如此，应该允许它们通过代理提供第 2007/64/EC 号指令附件中列明的支付服务，前提就是须满足该指令第 17 条所规定的条件。

（11）须在制度中作出初始资本混合运营资本的规定，以确保适当水平的消费者保护及电子货币机构良好审慎的运行。鉴于电子货币的特定性，须规定另外计算运营资本的方法。应当保留完全的监管裁量权，以确保在处理相同风险时平等对待所有支付服务提供商，还应当维护能考虑特定电子货币机构的特定商业处境的计算方法。另外，应当对电子货币机构作出规定，要求其于自己其他业务活动资金之外单独保管电子货币持有人的资金。电子货币机构也应遵守有效的反洗钱及反恐金融规定。

（12）支付体系运营并非由特定种类的机构所独享。然而，重要的是要承认，就支付机构而言，也可能由电子货币机构来运营支付体系。

（13）基于其特定性质，电子货币是作为有限支付的钱币及银行票据的一种替代，而非储蓄手段，所以，发放电子货币并不构成欧洲议会及欧盟理事会 2006 年 6 月 14 日所发布第 2006/48/EC 号《贷款机构业务从事与经营指令》[①]所规定的存款活动。不得允许电子货币机构从其为发放电子货币目的而收到或持有的资金中发放贷款。而且，不得允许电子货币发行人

---

① OJ L 177, 30.6.2006, p.1.

发放利息或其他权益，除非该等权益并非与电子货币持有人持有电子货币的期限相关。向电子货币机构授予及维持授权的前提条件中应包括审慎要件，该等要求须与该等机构在其在从事任何其他业务活动之外涉及电子货币发放的业务经营过程中所面临的风险相匹配。

（14）然而，有必要在电子货币机构及贷款机构间就电子货币的发放保持一个公平的竞争环境，以确保更广泛的机构为了电子货币持有人的利益就同一服务展开竞争。实现这一目标，应该要利用电子货币机构审慎监管制度中相对宽松的特性来平衡适用于贷款机构尤其是在保障电子货币持有人资金安全方面更为严格的规定。鉴于在保障方面的重要性，有必要提前告知有关负责机关诸如改变保障方式、改变保障资金所存储贷款机构，或者改变对保障资金予以保险或担保的保险企业或贷款机构之类的重大变化。

（15）总部位于共同体境外的电子货币机构的分支机构所适用规则应在所有成员国具有相似性。重要的是规定，该等规则不得比总部位于另一个成员国的电子货币机构之分支机构所适用的规则提供更为优厚的待遇。共同体应能够与第三国签订协议，使总部位于共同体境外的电子机构之分支机构能够在共同体境内享有同等的待遇。总部位于共同体外的电子机构之分支机构不应根据条约第43条的规定在其设立国之外的成员国享受设立自由，也不应根据条约第49条第2款的规定享受提供服务的自由。

（16）就电子货币发放数量有限的机构而言，允许成员国豁免适用本指令特定条款，是适当的。受益于此种豁免情形的机构不得根据本指令而享有设立自由或者提供服务自由，且其不得作为支付体系的成员而间接享有这些自由。然而，有必要登记包括享受豁免机构在内的提供电子货币服务实体的详细情形。为此目的，成员国应将该等实体录入电子货币机构的登记簿。

（17）为审慎起见，成员国应确保只有获得正当授权或根据本指令取得豁免的电子货币机构、根据第2006/48/EC号指令获得授权的贷款机构、根据成员国法律规定有权发放电子货币的邮政直接转账机构、第2006/48/EC号之指令第2条所规定的机构、欧洲中央银行、并非以货币监管部门或其他公共权力机关身份而进行活动的成员国中央银行及以公共权力机关的身份进行活动的成员国或其地区或当地机关,方可发放电子货币。

（18）为使电子货币持有人保持信心,电子货币须可被赎回。可赎回性并不意味着发放电子货币而收到的资金应被视为存款或第2006/48/EC号指令意义上的其他需偿还资金。不可能达成触发赎回的最低门槛的,应在任何时候都能够以书面价格赎回。一般而言,赎回是不收费的。然而,在本指令作出正当规定的情形中,可以要求支付符合比例并基于成本的费用,但不得影响成员国税收或社会事务的法律,或妨碍诸如反洗钱及反恐金融规范、涉及防止及调查犯罪所采取旨在冻结资金的任何行动或任何特定措施之类的其他有关共同体或成员国法律项下电子货币发行人承担的任何义务。

（19）应由电子货币持有人决定是否进行庭外申诉及救济程序。因此,在本指令的背景下,第2007/64/EC号指令应得到准适用,但不得妨碍本指令规定的适用。因此,第2007/64/EC号指令所规定的"支付服务提供商"须被解读为对电子货币发行商的规定;而对"支付服务用户"的规定须被解读为对电子货币持有人的规定;对2007/64/EC号指令第三章及第四章的援引须被解读为被对本指令第三章的援引。

（20）第1999/468/EC号欧盟理事会决定规定了欧盟委员会行使所授予实施职权的程序[①],应根据该决定采取实施本指令的必要措施。

（21）特别应授权欧盟委员会制定有关实施条文,以便能考虑到通货膨胀或技术及市场的发展,最终确保统一适用本指令项下的豁免情形。既然该等措施是普遍适用的,旨在对本指令非核心内容进行修改,须根据第1999/468/EC号决定第5a条规定的审查监管架构予以采用。

（22）须审查本指令的有效运作。欧盟委员会因此应有义务在本指令过渡期届满之日三年以后提交报告。成员国应当就本指令一些条款的适用向欧盟委员会提交相关信息。

[①] OJ L 184, 17.7.1999, p.23.

（23）为了法律的确定性，应作出过渡安排，以确保根据成员国为转换第 2000/46/EC 号指令所制定国内法而从事业务的电子货币机构能够继续于特定期间内在有关成员国继续从事其业务活动。对于可以享受第 2000/46/EC 号指令所规定豁免情形的电子货币机构而言，该等期间应更长。

（24）就适用于第 2007/64/EC 号指令第 34 及 53 条变通规定而发放的电子货币，本指令进行了新的界定。因此，应对欧洲议会信欧盟理事会 2005 年 10 月 26 日发布的第 2005/60/EC 号《制止基于洗钱及资助恐怖分子目的而使用金融体系的指令》[①] 所规定的电子货币机构客户尽职调查制度进行相应的修改。

（25）根据第 2006/48/EC 号指令，虽然电子货币机构既不能向公众吸收存款，也不能从其接收的公众资金发放贷款，但其仍被视为贷款机构。基于本指令所引入的制度，为确保电子货币机构不被视为贷款机构，对第 2006/48/EC 号指令中贷款机构的定义加以修改就是合理之举。然而，贷款机构应当继续能够发行电子货币并在共同体范围从事该项业务，但须进行相互认可，并接受根据共同体银行领域所适用的系统审慎监管制度。作为选择之一，贷款机构应当可以通过子公司来进行这种活动；然而，为了维持一个平等竞争的环境，应适用本指令规定的审慎监管制度，而不是适用第 2006/48/EC 号指令规定的制度。

（26）本指令的规定替代第 2000/46/EC 号指令中的所有对应条款。因此，第 2000/46/EC 号指令就被替代了。

（27）由于本指令的目标需要对不同成员国法律体系中现存的不同规则进行协同，不能通过成员国得以完全实现，因此在共同体层面上才能得到更好的实现；这样，共同体可以根据条约第 5 条所确定的补充原则采取措施。根据该条规定确立的比例原则，本指令的规定以实现这种目标的必要为限。

---

① OJ L 309, 25.11.2005, p.15.

(28) 根据《更优立法组织间协议》①第 34 点的规定,鼓励成员国为了自身及共同体的利益而就本指令及转换措施之间的关系准备尽可能详尽的说明图表,并将其公之于众,

制定本指令如下:

1. 背景。第 2006/46/EC 号指令。考虑到与信息技术革命相关的电子货币日益得到广泛适用及新兴支付工具的出现,欧洲议会及欧盟理事会 2000 年 9 月 18 日通过第 2000/46/EC 号《对电子货币机构业务之从事、经营及审慎监管之指令》(以下简称第 2000/46/EC 号指令)。该指令对"电子货币"及"电子货币机构"进行了界定。这些概念都是通过第 2000/46/EC 号指令确立的特定审慎制度予以调整的。鉴于与发行电子货币相关的风险,该体系是脱胎于(也被允许发行电子货币的)贷款机构的审慎制度。无论如何,该等服务的特质使得欧洲立法者相信,确立贷款机构那样严格的审慎监管制度并非必要。因此,根据第 2006/46/EC 号指令,电子货币机构适用于更为简化的制度。然而,为了"在电子货币机构及其他发放电子货币的机构之间维持一个平等的竞争环境,以此为了电子货币持有人的利益在更广泛的机构间确保公平的竞争"(第 2006/46/EC 号指令前言第 12 项),第 2006/46/EC 号指令的条文更为严格(对于该指令的评述,请见《欧洲信息技术法精要(第一版)》)。

2. 新指令的目的。欧盟委员会于 2005 年开始的审查表明,在电子货币市场,进入市场的后来者并不像以前预期的那样多,电子货币的规模也没有实现快速增长。② 第 2000/46/EC 号指令的一些规定就是导致这一情形的原因。该等评估一方面主要强调涉及指令适用范围及电子货币定义的法律确定性,另一方面则主要强调了涉及服务风险的过分审慎要求。鉴于有必要对第 2000/46/EC 号指令进行修改,并且通过了第 2007/64/EC 号《内部市场支付服务指令》,为弥补第 2000/46/EC 号指令的薄弱之处,通过电

---

① OJ C 321,31.12.2003,p. 1.
② 请见《关于〈电子货币指令〉(2000/46/EC)的委员会工作文件》(19.07.2006,SEC(2006) 1049)。

子货币的新指令,继续对支付服务的法律架构予以现代化,就颇为水到渠成了。因此,欧洲议会及欧盟理事会 2009 年 9 月 16 日通过第 2009/110/EC 号《对电子货币机构业务之从事、经营及审慎监管并修改第 2005/60/EC 号、2006/48/EC 号指令和废止第 2000/46/EC 号指令之指令》(以下简称"指令")。该指令的新架构及所进行的深度修改都使得第 2000/46/EC 号指令不得不退出历史舞台并被取而代之。[639]

3. 法律依据。两项指令的法律依据在逻辑上非常相似:被条约第 47 条第 2 款所规定的"神圣"设立自由。该指令也援引了法律的趋同化(条约第 95 条)。也遵循了条约第 251 条规定的共同决定程序。

第一章 适用范围及定义

第 1 条

客体及适用范围

(1) 本指令规定从事发行电子货币行为的规则,为此目的,成员国须承认下述种类的电子货币发行人:

(a) 第 2006/48/EC 号指令第 4 条第 1 项界定的贷款机构包括国内法所界定且符合该指令第 4 条第 3 项所规定的贷款机构分支机构,但根据该指令,该分支机构须位于共同体境内而其总部位于共同体境外;

(b) 本指令第 2 条第 1 项所界定的电子货币机构包括本指令第 8 条及国内法所规定的电子货币机构分支机构,但该分支机构须位于共同体境内而其总部位于共同体境外;

(c) 根据国内法有权发行电子货币的邮局转账机构;

(d) 欧洲中央银行及成员国中央银行,并没有以货币监管机关或其他公共机关的身份进行活动;

(c) 以其公共权力机关身份进行活动的成员国或其地区或本地机关。

(2) 本指令第二章规定了从事、经营电子货币机构业务及其审慎监管的规则。

(3) 成员国可以使得第 2006/48/EC 号指令第 2 条规定的机构豁免适用本指令第二章的全部或部分条款,但该条第 1 项及第 2 项所规定的机构除外。

(4) 本指令并不适用于第 2007/64/EC 号指令第 4 条 k 项所特别豁免工具所存储的资金价值。

(5) 本指令并不适用于为进行第 2007/64/EC 号指令第 3 条第 1 款所豁免支付交易的资金价值。

1. 概述。两个主要因素决定了指令的适用范围:一方面是"电子货币"的定义(这在第 2 条第 2 款得以界定),另一方面就是"电子货币发行人"(这在第 2 条第 3 款得以界定)。须对第 1 条及第 2 条予以共同解读,以对该等概念予以精确界定。第 2 条规定的是一般性概念。而第 1 条进一步规定了五种电子货币发行人(正面而言);也规定了对指令适用范围的限制,并且将一些电子货币的适用情形明确予以排除(负面而言)。

2. 正面适用范围。第 2000/46/EC 号指令仅适用于"电子货币机构"(第 1 条第 1 款),但本指令却不仅对电子货币机构也就其他四种电子货币发行人而"规定从事电子货币发行业务的规则"。如果说指令第二章对于从事和经营电子货币机构业务及其审慎监管予以要求,则电子货币的任何发行人都须遵守有关发行及可赎回性的第三章。指令明确规定,a 类贷款机构可以发行电子货币,即:"业务系接受公众存款或其他须偿还资金并且以其自身名义发放贷款的企业。"(该定义符合欧洲议会及欧盟理事会 2006 年 6 月 14 日所发布第 2006/48/EC 号《贷款机构业务从事与经营指令》(以下简称"第 2006/48/EC 号指令")第 4 条第 1 款的规定。)根据成员国国内法的规定,位于共同体内的,即使其总部位于共同体境外,根据第 2006/48/EC 号指令的规定,分支机构也可以被视为贷款机构并且根据该指令的规定发放电子货币。第2006/48/EC号指令将分支机构界定为"构成贷款机构法律上非独立部分的营业地,直接从事贷款机构固有业务的全部或部分"。指令第二章授权发行电子货币的法人系另一类电子货币发行人:b类电子货币发行人。与贷款机构的情形相同,位于共同体境内的分支机构,总部位于共同体境外的,仍然使用该指令(也请见指令第8条的规定)。以下也可以被视为电子货币发行人:根据成员国国内法规定有权发行电子货币的邮局转账机构(c类);非以公共权力机关身份从事活动的欧洲中央银行及成员国中央银行(d类)及作为公共权力机关从事活动的成员国或其地区或本地机关(e类)。成员国中央银行及邮局转账机构均排除于第2006/46/EC号监管制度之外(第1条第2款)。而且,一些诸如比利时Institut de réescompte et de Garantie、西班牙Instituto de Crédito Oficial或英国National Savings Bank等机构(规定于第2006/46/EC号指令第2条)也被视为电子货币发行人,并被成员国豁免适用指令第二章的全部或部分规定(第1条第3款)。

3. 负面适用范围。两种本可以被视为第2条第2款意义上电子货币的应用情形被排除在指令适用范围之外。首先,指令并不适用于第2007/64/EC号指令第4条k项所特别豁免工具所存储的资金价值(指令第1条第4款)。该最后一款规定了"基于仅可被用于在发行人所使用处所内部或在服务提供商有限网络内部或对于有限范围的商品或服务同发行人达成商业协议购买商品或服务的工具"。该等工具之设计就是为了解决仅能以有限方式使用的精确需要。指令前言第5项列举了该等服务的若干例子:购物卡,会员卡,公共交通卡及儿童照料卡等。之所以将之从指令适用范围中予以排除,系与工具的特定目的密切相关。因此,如果其设计用途是要进行更为广泛的应用并且是满足一般目的,指令将予以适用。第2项除外情形涉及用于通过电信、数码或信息技术装置而进行支付交易的资金价值。如果提到第2007/64/EC号指令的指令第1条第5款(请见指令前言第6项)所规定的三个要件得以满足,则这种支付交易也属于两项指令的负面适用范围。第1项要件:支付交易须通过电信、数码或信息技术的任何装置进行(例如,利用手机或移动支付进行的支付）。第 2 项要件：所购买的商品或服务系通过电信、数码或信息技术装置予以交付或将予以交付（诸如铃声、音乐或电子杂志）。第 3 项要件：电信、数码或信息技术运营商不仅仅是支付服务用户与商品和服务提供商之间的中介。运营商在该等商品或服务加入内在价值的（例如，其形式为接入、搜索或发行设施），即满足这一要件。第 2007/54/EC 号指令的目标就是在运营商被视为非支付服务提供商时排除其适用；这时，该运营商不会被视为支付服务提供商。就指令而言，目的是相似的：运营商仅仅安排向第三方提供商付款并被视为中介的，须遵守电子货币法律架构。

定义

第 2 条

基于本指令之目的，须适用以下定义：

(1)"电子货币机构"系指根据第二章规定获授权发行电子货币的法人；

(2)"电子货币"系指包括以包括磁性方式在内的电子方式存储的资金价值，基于进行第 2007/64/EC 号指令第 4 条第 5 项所界定支付交易的目的而收到资金时所发放，体现对发行人的权利要求，并须为电子货币发行人之外的自然人或法人所接受。

(3)"电子货币发行人"系指第 1 条第 1 款所提到的实体、根据第 1 条第 3 款取得豁免的机构及根据第 9 条规定取得豁免的法人。

(4)"电子货币发行在外平均量"系指涉及前六个公历月的每一个公历日结束之时所发行电子货币的金融债务平均值，在每一个公历月的第一个公历日进行计算，并适用于该公历月。

1. 概述。指令第 2 条规定了四项定义："电子货币机构"、"电子货币"、"电子货币发行人"及"电子货币发行在外平均量"。第 2000/46/EC 号指令也对前两项术语予以界定，但内涵不同。

2. 电子货币。为对之更好地予以理解，须区分"电子货币"定义的四个部分。首先，须为"以包括磁性方式在内的电子方式存储的资金价值"。信息技术架构中的法律定义须符合技术中立原则（请见前言第 7 项、第 8 项）。在该领域，技术创新飞速发展。因此，如果一项法律文件引用的是其制定时一项具体的技术手段，可以有相当的把握预期该支付手段将不再被使用且会在不远的将来成为明日黄花。为了避免对法律文件进行不断的修改，定义必须保持中立。可以想见若干种类的电子存储方式。电子货币可以存储于诸如芯片卡、个人电脑存储器或者移动电话芯片之类电子货币持有人所拥有的设备中。电子货币也可以通过持有人管理的虚拟钱包远程存储于服务器上。第二，资金价值"收到资金时所发放，体现为对发行人的权利要求"。根据第 2000/46/EC 号指令前言第 3 项的描述："电子货币可以被视为钱币或银行本票的电子替代。"（也请见本指令前言第 13 项）。在钱币和银行本票而言，资金价值和物理支撑（钱币的铸造金属，银行本票所用的纸张）的内在价值之间并无关联。因此，电子货币可以被视为诚信货币（与经典货币相反）。其体现为一种权利主张，并在任何时候都可以就其资金价值予以交换。电子货币在收到持有人或第三方向电子货币发行人银行账户进行的资金转移之时，无论是否通过实际存款的方式进行，均须予以发放。第三，电子货币系"基于支付交易的目的"予以发放（根据第 2007/64/EC 号指令第 4 条第 5 款的规定）。支付交易系指："由支付方或接受支付方所发起的资金发放、转移或支取行为，无论支付方与接受支付方之间的基础关系为何。"第 4，对发行人权利主张所体现的资金价值"须为电子货币发行人之外的自然人或法人所接受"。零售商卡及公司卡因此就因为其限定于发行人经销店中而被排除适用指令。该要件可以与上述涉及第 2007/64/EC 号指令第 4 条 k 项予以特别豁免的工具所存储的资金价值（指令第 1 条第 4 款）的适用范围排除情形进行联系。

3. 电子货币发行人。第 2000/46/EC 号指令仅仅对"电子货币机构"予以界定。本指令也对"电子货币发行人"予以界定。这可以是第 1 条第 1 款所指实体：贷款机构、电子货币机构、邮局转账机构、不以货币监管机关或其他公共权力机关身份活动的欧洲中央银行及成员国中央银行、以公共权力机关身份活动的成员国或其地区或本地机关(请见第 1 条)。它也可以是根据第 1 条第 3 款取得豁免的机构(例如比利时的 Institut de réescompte et de Garantie) 及根据第 9 条规定取得豁免的法人。目前并没有提到最后一种机构。由于第 1 条规定的原因,如同在其下解释的那样,成员国可以确立对第 3、4、5 及 7 条所规定要件,对一些法人进行可以选择的全部或部分予以适用豁免。

4. 电子货币机构。任何"根据第二章规定获授权发行电子货币的法人"能够获得电子货币机构的资格。将在下文详细论述第二章所确定从事和经营电子货币机构业务极其审慎监管的要件和程序。

5. 电子货币发行在外平均量。指令也对"电子货币发行在外平均量"予以技术界定。该平均量将会决定电子货币机构为其电子货币发行活动准备的自有资金(指令第 5 条第 3 款)或将决定哪一个法人能够获得第 9 条规定的选择性豁免。

第二章　从事、经营电子货币机构业务及其审慎监管的要件

一般审慎规则

第 3 条

(1) 不影响本指令效力的情形下,准适用第 2007/64/EC 号指令第 5 条、第 10 条至第 15 条、第 17 条第 7 款及第 18 条至第 25 条。

(2) 在其就所发行电子货币而收取的资金采取的保障措施进行任何实质改动时,电子货币机构须事先通知有关机关。

(3) 任何自然人或法人决定直接或间接收购或处置电子货币机构中 2006/48/EC 号指令第 4 条第 11 项所规定的资格股权,或进一步直接或间接地增加或减少该等资格股权,导致持有的股本份额或投票权比例将达到、

超过或低于20%、30%或50%的，或者使得该电子货币机构成为或不再是其子公司的，须于进行该等收购、处置、增加或减少之前就其意图向有关机关进行通报。

拟议中的收购方须向有关机关提交说明其拟收购股权的份额及第2006/48/EC号指令中第19a条第4款规定的相关信息。

以上第2项所规定人士施加的影响力可能会对机构审慎及合理的管理造成损害的，有关机关须明示其反对意见或者采取其他适当措施阻止这一情形继续恶化。该等措施可以包括禁令、对董事或经理进行处罚，或者对有关股东或成员所持有股权的投票权予以行使中止。

自然人或法人未遵守其在本款项下义务未予以信息事先告知的，须对其采取相似措施。

不顾有关机关反对仍坚持购得股权的，无论是否进行了任何其他处罚，该等机关须命令收购方中止行使其投票权、投票无效或可能取消该等投票权。

对于从事第6条第1款e项列举活动中一项或多项的电子货币机构，成员国可以豁免或允许其有关机关就本款规定的全部或部分义务予以适用豁免。

(4) 成员国须允许电子货币机构通过代表自己的自然人或法人发行并赎回电子货币。电子货币机构希望通过与该等自然人或法人签约的方式在另一成员国发行电子货币的，须遵守第2007/64/EC号指令第25条所规定的程序。

(5) 尽管有第4款的规定，电子货币机构不得通过代理发行电子货币。电子货币机构须仅得在其满足第2007/64/EC号指令第17条所规定条件的情形下方可被允许通过代理提供第6条第1款a项规定的支付服务。

1. 与第2007/64/EC号指令保持一致。第2007/64/EC号指令为创立欧盟范围内统一支付市场提供了法律基础。它就支付服务提供商开拓了新的类型，即"支付机构"。这些支付机构并不被允许发行电子货币，适用特定的审慎体制。指令审查了之前所列举电子货币机构所适用的审慎监管体制，并对这些机构所面临的风险进行更加贴近的一体化处理。考虑到对第2007/64/EC号指令的实施，特别是支付机构所适用审慎体制的要求，为了避免出现不一致的情形,指令对电子货币就电子货币机构规定了完备的法律及审慎架构,与适用于支付服务的架构一致。因此,第 3 条第 1 款规定,根据第 2007/64/EC 号指令适用于支付机构的审慎监管机构须适用于电子货币机构。

2. 授权机制。第 2007/64/EC 号指令建立的机制意味着对所有电子货币机构发放单一许可。该授权机制须符合若干要件(请见评述注解 2 之 a 项);第 3 条及对第 2007/64/EC 号指令中一些条款予以些许变通后也建立了通知制度(请见评述注解 2 之 b 项),规定了授予、拒绝、限制及撤销规则(请见评述注解 2 之 c 项)并确立了会计及法定审计制度(请见评述注解 2 之 d 项)。(a) 要件。有五项要件得以列明。首先,有关机关在对申请予以审查之后整体评估意见属正面的,须基于随申请提交的信息及证据予以授权(请大致参考第 2007/64/EC 号指令第 5 条)。该等信息及证据如下所示:(a) 运营计划;(b) 商业计划;(c) 表明电子货币银行具有初始资本的证据;(d) 描述根据第 7 条规定为支付服务用户及电子货币持有人资金安全所采取的保障措施,并说明电子货币机构在该等保障措施发生任何实质变更之前须通知有关机关;(e) 描述申请人的治理安排及内控机制,该等安排及机制须符合比例原则、适当并足够有效;(f) 描述申请人为了遵守第 2005/60/EC 号指令及(EC)第 1781/2006 号条例所确立涉及洗钱及恐怖主义融资方面义务而确立的内控机制;(g) 描述申请人的组织架构,如适用,则包括对拟运用代理及分支机构的描述、外包安排的描述及其参与国内或国际制度体系情形的描述;(h) 直接或间接持有申请人第 2006/48/EC 号指令所规定意义上的资格股权之人士的身份、其股权份额及其合法持有的证据;[①](i) 负责电子货币机构管理的董事及认识的身份,并提交表明其声誉良好、具备适当知识和经验的证据;(j) 如适用,说明法定审计人员及

[①] 在这个意义上,任何自然人或法人决定直接或间接收购或处置电子货币机构中的资格股权,或进一步直接或间接地增加或减少该等资格股权,须在此之前就其意图向有关机关进行通报(第 3 条第 3 款)。**然而,从事电子货币发行业务之外业务活动的电子货币机构可以免于遵守该信息通报要求。**

审计事务所的身份;(k)申请人的法律地位及章程及(l)申请人总部的地址。就该等信息及证据的准确性所发生的变化,电子货币机构须毫无不当迟延地向有关负责机关进行报告。对于没能履行该等信息事先告知义务的自然人或法人,须针对董事或经理适用禁令或处罚,或中止其行使投票权。第二,授权仅得给予在成员国设立的法人。根据成员国国内法,要求电子货币机构登记有办公机构的,其总部须位于其登记机构所在的成员国境内(大致参考第2007/64/EC号指令第10条的规定)。第3项要件规定,仅得在电子货币机构就其支付服务及电子货币发行业务具有强有力内部治理安排的,方可给予其授权。该等安排包括界定明确的清晰组织架构、透明及内在一致的责任分工,其所面对或可能名对风险的确定、管理、监督和报告,及包括合理行政及会计程序在内的有效内控制度(大致参考第2007/64/EC号指令第10条的规定)。第4项要件要求在电子货币机构及其他自然人或法人之间存在任何联系的情形下(第2006/48/EC号指令第4条第46款对之进行了界定),仅得在此种情形并不妨碍其监管职能有效行使的条件下方给予授权(大致参考第2007/64/EC号指令第10条第7款的规定)。第5项及最后一项要件规定,电子货币机构与之具有紧密联系的一个或多个自然人或法人所适用第三国法律、行政法规或行政规定的,或电子货币机构在实施该等法律、行政法规或行政规定有困难的,仅得在此种情形并不妨碍其有效行使其监管职责的情形下方给予授权(大致参考第2007/64/EC号指令第10条第7款的规定)。(b)通知。收到申请之日的三个月之内,有关机关应就是否给予或拒绝授权的情形通知申请人。只要拒绝授权,就须说明其理由(大致参考第2007/64/EC号指令第11条的规定)。(c)拒绝、给予授权,提出额外要求,授权的具体监管及撤销。拒绝授权。申请人没能满足所描述要件要求的,或有关机关认为持有资格股权之股东或成员并不适格的,就拒绝给予授权(大致参考第2007/64/EC号指令第10条第6款的规定)。给予授权。已给予授权的,应允许电子货币机构在整个共同体提供支付服务及发行电子货币。此时,享受指令第9条所规定豁免的所有或授权电子货币机构、其代理及分支机构、自然人或法人及其代理或分支机构,须在成员国全国公共登记体系中予以列明(大致参考第 2007/64/EC 号指令第 13 条的规定)。额外的要求。电子货币机构同时也从事其他业务活动的,有关机关可以要求其就支付服务及发行电子货币而建立单独实体。电子货币机构的该等其他活动会损害或者可能会损害电子货币机构的财务稳健性或有关机关监督电子货币机构是否遵守其义务之能力的,则适用这种规定(大致参考第 2007/64/EC 号指令第 10 条第 5 款的规定)。特定监管。决定对电子货币机构中资格股权予以收购或处置,或予以增加或减少股权的自然人或法人所施加的影响力对机构的审慎及合理运营造成危害的,有关机关须表示反对或采取合理措施以消除该种情形(指令第 3 条第 3 款)。该等措施可以包括禁令,对董事或经理进行处罚,或者中止有关股东或成员对所持有股权行使投票权。不顾有关机关反对而收购股权的,该等机关须规定,对收购方中止行使投票权、已投票无效或可以宣布该等投票无效。撤销授权。有关机关仅得在以下情形方可撤销授权:(a) 12 个月内并没有使用该授权的,明示放弃授权或停止从事业务 6 个月以上的;(b) 通过不实称述或其他任何不合规手段取得授权的;(c) 不再遵守给予授权之条件的;(d) 允许其继续从事支付服务业务会威胁支付体系的稳定的;或(e) 属于成员国国内法所规定撤销授权的其他情形的(大致参考第 2007/64/EC 号指令第 12 条的规定)。(d) 会计及法定审计。通过对第 78/660/EEC 号指令、第 83/349/EEC 号指令、第 86/635/EEC 号指令、第(EC) 1606/2002 号条例、第 2006/43/EC 号指令及第 2006/48/EC 号指令进行援引,第 2007/64/EC 号指令规定了会计及法定审计(大致参考第 2007/64/EC 号指令第 15 条的规定)。

3. 运营系统。就发行电子货币所规定的体系具有两个特征。(a) 外包。允许电子货币机构通过自然人或法人以其名义发行电子货币、应客户要求赎回电子货币或对客户电子货币产品予以充值(指令第 3 条第 4 款)。然而,电子货币机构不得通过代理发行电子货币(指令第 3 条第 5 款)。然而,满足第 2007/64/EC 号指令第 17 条所规定条件的,应允许他们通过代理提供第 2007/64/EC 号指令附件所列明的支付服务。依靠第三方来提供运营功能的,电子货币机构须采取合理措施,确保第三方遵守其须遵守的所有要求(大致参考第 2007/64/EC 号指令第 18 条的规定)。而且,对于其所予以外包的雇员、任何代理、分支机构或实体所从事的行为,电子货币机构仍须承担责任。(b)保存记录。要求电子货币机构对所有合适的记录至少保存五年(大致参考第 2007/64/EC 号指令第 19 条的规定)。

4. 有关负责权力机关。指令界定了负责对电子货币机构给予授权及进行审慎监管并对采取的监管措施提出若干指导意见的有关权力机关(大致参考第 2007/64/EC 号指令第 18 条及以下的规定)。(a)权力机关。机关可以是成员国国内法所认可的机构或者国内法明确授权的公共权力机关。其须确保对经济组织的独立性,并避免产生利益冲突。其须具备为履行其义务所需要的所有职权。(b)监管。有关机关行使控制权,须符合比例原则,足够,并与电子货币机构所面临的风险相匹配。有关权力机关可以为了消除所发现的违法及导致该等违法情形的原因而制定或实施处罚或相关措施。除此之外,他们有权采取措施,确保有充足的资本提供电子支付服务,尤其在非支付服务活动损害或可能损害电子货币机构财政稳健性的情形下更需如此。正在或曾经为有关权力机关工作的所有人士及专家受其保守执业秘密制度的约束。

初始资本

649

第 4 条

成员国须要求电子货币机构在获得授权之时持有由第 2006/48/EC 号指令第 57 条 a、b 项所规定项目所组成的初始资本,金额不得少于 350000 欧元。

1. 初始资本的定义。通过援引第 2006/48/EC 号指令第 57 条 a、b 项的规定,电子货币机构初始资本得到了界定。该等条款第 1 项就规定了非合并的自有资金首先须由第 86/635/EEC 号指令第 22 条就银行及其他金融机构年度账户及合并项目所规定的资本所组成。无论其实际名目为何,这就意味着根据有关机构的法律架构而被成员国国内法视为股东或其他所有者认购并已缴足的股权资本。它也由累计优先股份之外的所有股份溢价账户组成。根据所援引第2项条款的规定,初始资本一方面由第86/635/EEC号指令第23条规定的公积金组成,即(a)第78/660/EEC号指令第9条所列示全部种类的公积金(诸如法定公积金或成员国国内法要求提取的自有股份公积金、章程规定的公积金及其他公积金)及(b)成员国规定的、对具有第78/660/EEC号指令未涵盖法律架构的贷款机构实属必要的其他任何公积金。另一方面,初始资本也由适用最终损益而产生的利润及损失组成。

2. 减少初始资本。本指令所规定的审慎监管制度比第2000/46/EC号指令规定的制度要来得宽松。初始资本要求从100万欧元降至35万欧元。前一个金额被认为过分且与服务带来的风险不成比例。而且,如此之高的初始资本要求被视对小企业构成极大阻碍,使得机构放弃申请成为电子货币机构的授权。

自有资金

第5条

(1) 第2006/48/EC号指令第57至61条、第63条、64条及66条规定的电子货币机构自有资金不得低于本条第2款至第5款或本指令第4条所要求的金额中较高的金额。

(2) 对于第6条第1款a项所提及并未与发行电子货币有关的活动,须根据第2007/64/EC号指令第8条第1款及第2款所规定三种方式之一(A、B或C)对电子货币机构自有资金要求予以计算。由有关负责机关根据国内法律规定认定合适的方式。

对于发行电子货币的活动,须根据第3款所规定的方式D计算电子货币机构自有资金的要求。

电子货币机构持有的自有资金须在任何时候至少与达到上述第一段及第二段所规定的金额。

(3) 方式D:电子货币机构就其发行电子货币的业务而持有的自有资

金须至少达到其电子货币发行在外平均额度的2%。

（4）电子货币机构从事第6条第1款a项所规定与发行电子货币无关的任何业务或第6条第1款b项至e项所规定任何业务的，如果电子货币发行在外额度并不能事先得知的，有关机关须允许电子货币机构基于用于电子货币发行而推定的典型比例计算其自有资金的要求，惟该等典型比例须基于历史数据进行的合理估算，且满足有关机关的要求。电子货币机构的营业期间并不足够的，须基于其商业计划所体现的电子货币发行在外估算量计算其自有资金要求，而该等商业计划在有关机关要求调整时须予以修改。

（5）基于对电子货币机构风险管理进程、风险损失数据库及内部控制机制进行的评估，有关负责机关可以要求电子货币机构持有自有资金的额度比适用第2款规定相关方式所产生的额度上浮至多20%，或较适用第2款规定相关方式所产生的额度下浮至多20%。

（6）成员国须采取必要措施，制止多次使用支取自有资金的因素：

（a）电子货币机构与另一电子货币机构、贷款机构、支付机构、投资公司、资产管理公司或保险公司或再保险公司属于同一集团的；

（b）电子货币机构从事发行电子货币之外的业务的。

（7）第2006/48/EC号指令第69条规定的条件得到满足的，对根据第2006/48/EC号指令规定而涵盖于控股贷款机构合并监管体系之内的电子货币机构，成员国或其有关机关可以选择适用本条第2款及第3款的规定。

1. 定义。第2000/46/EC号指令规定，电子货币机构自有资金须在任何时候都与目前资金或前六个月与发行在外电子货币财务负债总额平均值两者中高者等额或高于其2%的额度，且在任何情形下均不得低于初始资本额。为界定自有资金，指令援引了第2006/48/EC号指令的定义。该定义应用并界定了可以涵盖于评估范围内的项目。指令规定，电子货币机构自有资金不得低于三种参考值中的最高值：第1项参考值就是初始资本，其他两项系电子货币机构业务活动的功能。根据该等体系，初始资本系该三项参考值中最高值时，其自有资金额不得低于35万欧元。否则，自有资金不得低于基于考虑到电子货币机构性质及风险状况的计算方法而决定的数额。因此，对于与发行电子货币无关的业务活动，该等业务活动属于第2007/64/EC号指令附件中所描述业务活动的，在任何时候自有资金须至少等额于根据第2007/64/EC号指令所规定的方式之一所计算的数额。涉及发行电子货币业务活动的，自有资金须至少是电子货币发行在外平均值的2%。

2. 变通情形。然而，业务活动属于指令第6条第1款所列举情形的，如果不能事先决定电子货币发行在外数额的，基于推定用于发行电子货币的典型比例而计算自有资金。而且，主要从事该等业务活动的该等机构营业期间不足以用来计算的，就参考诸如其商业计划中规定的电子货币发行在外的预估量。该条款替代了第2000/46/EC号指令第4条第3款所制定针对新设机构自有资金进行特定要求的体系。

3. 豁免。指令也引入了豁免规定。首先，尽管具有将较高额度确定为初始资本额的情形，有关机关可以要求电子货币机构持有自由资金额比所认定的金额上浮或下浮最多20%。其次，满足特定情形并且成员国予以选择的前提下，根据第2006/48/EC号指令规定而涵盖于控股贷款机构合并监管体系之内的电子货币机构，也许只能遵守其自有资金不得低于初始资本额35万欧元的规定。

业务活动

第6条

(1) 在发行电子货币之外，电子货币机构须有权从事任何下列活动：

(a) 提供第2007/64/EC号指令附件所列的支付服务；

(b) 满足第2007/64/EC号指令第16条第3款及第5款规定条件的，授予涉及该指令附件第4、5或7项规定支付服务的贷款；

(c) 就发行电子货币提供运营服务或与之密切联系的附带服务，或提供a项所述及的支付服务；

(d) 不影响第2007/64/EC号指令第28条规定情形下操作该指令

第 4 条第 6 项所界定支付系统；

（e）适用共同体及国内法的情形下发行电子货币之外的其他业务活动。

对于前款 b 项述及的贷款，不得为发放电子货币收取并按照第 7 条第 1 款规定保存的资金之中予以发放。

（2）电子货币机构不得吸收公众存款或其他第 2006/48/EC 号指令第 5 条所规定须偿还的资金。

（3）电子货币机构从电子货币持有人接收的任何资金须毫不迟延地兑换为电子货币。该等资金不得构成存款或其他第 2006/48/EC 号指令第 5 条所规定从公众接收的须补偿资金。

（4）第 2007/64/EC 号指令第 16 条第 2 款及第 4 款的规定须适用于本条第 1 款 a 项述及业务活动而接收到的资金，该等业务活动与发行电子货币业务活动并无关系。

1. 有关业务活动。根据第 2000/46/EC 号指令第 1 条第 4 款的规定，禁止电子货币机构在电子货币发行及其密切联系服务之外从事任何其他业务。该业务限制并不符合支付机构的非限定规制方式，根据这一方式，第 2007/64/EC 号指令规定可以从事非支付服务业务。因此，根据指令规定，电子货币机构可以从事发行电子货币之外的业务活动。这样，在发行电子货币之外，电子货币机构可以提供诸如第 2007/64/EC 号指令附件所列示的任何支付服务，这些服务是(a) 使资金注入支付账户的服务及操作支付账户所需的所有操作；(b) 使得从支付账户中可以提取现金及操作支付账户所需的所有操作；(c) 任何汇款服务；(d) 实施支付交易，包括就支付账户上资金通过用户支付服务提供商或其他支付服务提供商进行转移；(e) 支付服务用户信用额内涵盖的资金；(f) 发行及/或购得支付工具；(g) 支付方许可实施支付交易是通过仅仅作为支付服务用户与货物和服务提供商之间中介的电信、信息技术体系或网络运营商而实施支付交易。在特定条件下，企业有权就涉及该等最后三种支付服务而发放贷款。电子货币机构也获授权就相关发行电子货币或支付服务而从事运营服务及密切相关附属服务。

其也可以通过正式和标准安排及支付交易之处理、清算及/或结算的共同规则而运营被界定为资金转移体系的支付体系。

2. 收到的资金。从公众处收取的所有资金应当予以毫不迟延地兑换为电子货币,并且在任何情形下均不构成存款或须偿还的资金。在任何情况下,均不得通过该等资金发放贷款。在任何情形下,电子货币机构不得吸收公众存款或其他须偿还的资金。

保障要求

第 7 条

(1) 成员国须要求电子货币机构根据第 2007/64/EC 号指令第 9 条第 1 款及第 2 款的规定保障其就兑换其发行电子货币而收取的资金。收到通过支付工具的形式予以支付的,在贷记于支付机构支付账户或根据第 2007/64/EC 号指令所规定实施时间要求向电子货币机构以其他方式予以提供之前,在适用的情形下,无需对之予以保障。在任何情形下,在发行电子货币之后,该等资金应该按照该指令第 4 条第 27 项的规定得到优于五个工作日的保障。

(2) 为了第 1 款之目的,安全及低风险资产属于欧洲议会及理事会 2006 年 6 月 14 日通过的第 2006/49/EC 号《关于投资公司及贷款机构资本充足性的指令》附件 1 第 14 项图表 1 所规定的种类之一。其中,特定的风险资本收费不得高于 1.6%,但排除该附件第 15 项界定的其他合格项目。

为了第 1 款之目的,安全及低风险资产也可以是可转让证券集合投资企业中的份额(UCITS),该企业仅投资于前段规定的资产。

在个别具有充足正当理由的情形下,有关机关可以在对前两段所具体规定财产的安全、成熟度、价值或其他风险因素进行评估的基础上,认定该等财产中哪些并不构成第 1 款所规定的安全及低风险资产。

(3) 第 2007/64/EC 号指令第 9 条须适用于电子货币机构从事该指令第 6 条第 1 款所述及与电子货币发行无关联业务的情形。

(4) 为了第 1 款与第 3 款之目的,成员国或其有关机关可以根据国内法律决定电子货币机构保障资金所使用的方式。

概述。以支付机构进行支付的形式而收到的资金须自发行电子货币之后五日内对其进行贷记或以其他方式向电子货币机构提供之时开始予以保障。对该等资金予以保护是通过第 2007/64/EC 则规定的两种方式进行的。第一种方式就是采取措施，确保该等资金在任何时候都不会与作为持有资金受益人的支付服务用户及电子货币持有人之外任何自然人或法人的资金予以混同；而且，在其尚未交付予收款人或者转移予另一支付服务提供商及/或电子货币机构的，其须存储于贷款机构一个单独账户中，或者投资于第 7 条第 2 款所规定安全、流动风险低的资产。除此之外，该等资金须不受电子货币机构其他债权人权利主张的影响，尤其在失去清偿能力的情形下更是如此。可以选择的第二种保障方式意味着该等资金被一张保单或其他类似担保所涵盖，其金额等同于在该等保单或其他类似担保不存在情形下可以分离出的金额。

与第三国之间的关系

第 8 条

（1）对总部并不在共同体的电子货币机构，在其分支机构从事或经营其业务时，成员国不得对之适用导致其获得比总部在共同体内部的电子货币机构更为优厚待遇的法律条文。

（2）对总部位于欧盟境外所有电子货币机构分支机构的批准，有关机关须将之通报予欧盟委员会。

（3）不影响第 1 款法律效力的情形下，共同体可以通过与一个或多个第三国达成协议的方式，对总部在共同体境外的电子货币机构分支机构，同意适用相关条款，确保其在共同体范围内获得同等待遇。

概述。第 8 条适用的原则就是：不得给予成立于共同体境外的经营者更为优惠的待遇。因此，成员国不得对总部位于共同体境外的电子后壁机构分支机构更为宽松的规则。然而，该条规定第 3 款强调，可以与第三国达成协议，确保总部位于共同体境外的电子货币机构分支机构在共同体范围内都能确保得到同等的待遇。

选择性豁免

第 9 条

（1）成员国可以豁免适用或者允许其有关机关豁免适用本指令第 3、4、5、7 条所规定程序和条件的全部或部分，其中，第 2007/64/EC 号指令第 20、22、23 及 24 条除外；并且允许法人在同时满足以下要件时可以登记为电子货币机构：

（a）全部业务活动产生的电子货币发行在外平均量并不超过成员国规定的限度，并在任何其情形下都不会超过 500 万欧元；并且

（b）负责业务管理或运营的自然人没有被定罪为涉及洗钱或资助恐怖主义或其他金融犯罪的罪名。

电子货币机构从事任何第 6 条第 1 款 a 项所述及与电子货币发行无关活动的，或者从事任何第 6 条第 1 款 b 项所述及活动并且电子货币发行在外数额在事先无法确知的，有关机关须基于发行电子货币所推定使用的典型比例而允许该电子货币机构适用前一段 a 项的规定，但是该等典型比例可以基于历史数据予以合理预测且符合有关机关的要求。电子货币机构业务经营期间没能达到足够长度时，对该等要件进行评估，须基于其业务计划所体现的电子货币发行在外数额预测，该等预测应有关机关要求可以进行任何调整。

成员国也可以规定，满足支付工具最大存储值或电子货币所存储消费者支付账户最大存储值的情形下，给予本条规定项下选择性豁免。

仅得在第 2007/64/EC 号指令第 26 条所规定条件得到满足的情形下，根据本款规定登记的法人方才可以根据本条规定提供与所发行电子货币无关的支付服务。

（2）根据第 1 款规定登记的法人须有义务将其总部设立于其实际经营业务的成员国。

（3）根据第 1 款规定登记的法人须视为电子货币机构。然而，其并不

适用第 2007/64/EC 号指令第 10 条第 9 款及第 25 条的规定。

（4）成员国可以规定根据第 1 款登记的法人仅得从事第 6 条第 1 款所列举的业务活动。

（5）第 1 款述及的法人须：

（a）就其与第 1 款规定条件相关情形发生的任何改变向有关机关予以通告；并且

（b）至少每年在有关机关具体规定的日期报告电子货币发行在外的平均额度。

（6）成员国须采取必要措施以确保在不再符合第 1 款、第 2 款及第 4 款所规定条件的情形下，有关法人须根据第 3 条的规定在 30 个公历日内寻求授权。没有在该等期间内寻求授权的任何该等法人须根据第 10 条的规定被禁止发行电子货币。

（7）成员国须确保其有关机关拥有足够的人员以核查本条规定的要件持续得到遵守的情形。

（8）本条规定并不适用于第 2005/60/EC 号指令的规定或者国内反洗钱规定。

（9）成员国利用第 1 款所规定豁免情形的，须在 2011 年 4 月 30 日之前向欧盟委员会予以通告。成员国须就其后发生的变动毫不迟延地向欧盟委员会予以通告。另外，成员国须向欧盟委员会告知相关法人的数目，并每年告知每一公历年 12 月 31 日第 1 款所述及电子货币发行在外的总量。

1. 给予选择性豁免的要件。为了使得电子货币机构更方便地满足入门要件，已使得电子货币豁免制度与第 2007/64/EC 号指令第 26 条确定的制度相一致。指令规定，成员国或其有关机关可以允许法人登记为电子货币机构，而无须遵守一般的审慎规则、初始资本规则及自有资金和保障要求规则。指令对这种豁免情形规定了两个明确条件。然而，第 9 条规定的字里行间也存在着其他要件要求。首先，豁免有赖于管理或业务经营人员并没有被定罪为进行过洗钱、资助恐怖主义或其他金融犯罪。其次，电子货币机构的业务经营活动须产生了限定数额的电子货币发行在外数量。然而，对于事先无法获知电子货币发行在外数量的,存在着变通机制。满足该等要件就使得法人被视为电子货币机构。然而,其并不优先于涉及欧盟范围内的协议有效性规则、有权设立企业的制度及自由提供服务的制度。成员国也可以要求仅得在支付工具或支付账户中存储限额数额的情形下方才适用选择性豁免,并且可以限定电子货币机构将从事活动的范围。除此之外,基于选择性豁免制度而登记的电子货币机构,仅得在包括其自己承担全部责任的代理在内的任何有关人员在之前 12 个月所执行支付交易的平均额并没有超过每月 300 万欧元的情形下,方可提供与电子货币无关的支付服务。该等要求须基于其业务计划中支付交易的预测总额予以评估,除非有关机关要求对该等计划进行调整。

2. 法律后果。首先,基于选择性豁免制度而登记为电子货币机构的任何法人须遵守若干义务:其须在其从事其业务的成员国拥有总部,其须就可能影响其遵守要件的任何情势变迁进行通告,并须就其电子货币发行在外平均量进行报告。第 2007/64/EC 号指令中涉及有关权力机关及诸如该等权力机关之确定、其执业秘密、在法院对该等机关决定进行申诉的权利及不同成员国有关机构间进行信息交换及合作规则的所有规定,均继续适用。指令也列举了对成员国承担的义务。

第三章　电子货币之发行及可赎回性

禁止发行电子货币

第 10 条

不影响第 18 条效力的情形下,成员国须禁止并非电子货币发行人的自然人或法人发行电子货币。

1. 原则。由于与电子货币发行的相关风险及在第二章所建立的相应审慎制度,自然人或法人非为指令所规定贷款机构、电子货币机构、邮政转账机构、欧洲中央银行及没有以财政监管机构或其他公共权力机关身份行事的国家中央银行及成员国或其以公共权力机关身份行事的地区或本地机关(请见第 1 条规定)的,禁止其从事该等业务行为。也应禁止受益于第 1 条第 3 款或第 9 条的人从事电子货币的发行。

2. 例外情形。过渡条款。须不迟于 2011 年 4 月 30 日落实该指令。同时,如果若干电子机构根据第 2000/46/EC 号指令从事业务活动,就制定过渡条款(第 18 条)。这是第 10 条所述禁止规则唯一的例外情形。

发行及赎回

第 11 条

(1)成员国须确保电子货币发行人在收到资金时以票面价格发行电子货币。

(2)成员国须确保在电子货币持有人提出请求时,电子发行人在任何时候都以票面价格赎回所持有电子货币的货币价格。

(3)电子货币发行人与电子货币持有人间的合同须清楚并醒目地规定赎回的条件,包括所涉及的任何费用,并且规定,在电子货币持有人接受任何合同或要约约束之前,须将该等条件告知予其。

(4)唯有在合同中根据第 3 款予以规定且符合下列情形时,方可对赎回收取费用:

(a)在合同终止之前提出赎回请求的;

(b)合同规定了终止日期的,电子货币持有人在此日期之前终止合同的;或者

(c)合同终止超过一年以后提起赎回要求的。

任何这样的费用须符合比例原则,并且与电子货币发行人实际发生的成本相当。

(5)合同终止前提出赎回请求的,电子货币持有人可以要求对电子货币予以全部或部分赎回。

（6）合同终止之日或之后的一年内，电子货币持有人要求赎回的：

(a) 须赎回持有电子货币的货币总值；或

(b) 电子货币机构从事第 6 条第 1 款 e 项所列举业务活动的一项或多项，且事先对用于电子货币的资金比例并不知情的，须赎回电子货币持有人所要求的所有资金。

（7）尽管有第 4 款、第 5 款及第 6 款的规定，消费者以外电子货币接受方的赎回权利须遵从电子货币发行人与该当事方间合同的规定。

1. 概述。电子货币发行导致了三个行为人的介入——电子货币发行人、电子货币持有人及接受电子货币方，并形成了一种三角合同关系。的确，合同是在(1)电子货币发行人与(电子货币发行所针对的)电子货币持有人、(2)电子货币持有人与电子货币接受方(例如，系指通过电子商务网站销售货物的商家)之间及(3)电子货币接受方及电子货币发行人(为了电子货币赎回之目的)达成的。条例第 11 条主要规定了电子货币发行人与电子货币持有人之间合同关系所须遵循的规则。其涉及收到资金后的电子货币发行(第 11 条第 1 款)及赎回原则(第 11 条第 2 款至第 6 款)。第 11 条第 7 款涉及电子货币接受方与电子货币发行人之间的关系。值得强调的是，"电子货币持有人"的具体定义并没有在对定义进行规定的指令第 2 条予以明确。在被视为消费者(并未在其营业、业务或执业进程中做出行为)或专业人员(在其营业、业务或执业进程中做出行为)的持有人之间并没有进行区分。然而，第 11 条第 7 款仅仅适用于发行人及电子货币接受方之间的合同关系，其中该接受方并非消费者(指令中对"消费者"并无定义)。

2. 收到资金时以面值发行电子货币。在对电子货币进行界定时，第 2000/46/EC 号指令规定，所收到的资金额不得少于所发行货币的货币价值。该等要件并不能在本指令的定义中得以体现。问题就是，是否能知道电子货币发行人是否也能创造(电子)货币(而不仅仅是对之予以发行)？因为第 11 条第 1 款，本指令对这个问题的答案仍然是否定的。因此，电子货币发行人被禁止发行比收到资金更多的货币价值。

3. 电子货币发行人与电子货币持有人之间的合同关系。电子货币被界定为存储的货币价值,体现为对发行人为了进行支付交易为目的而在收到资金后发行的权利主张(请见指令第 2 款规定)。主张货币价值的可赎回性,换言之电子货币的可赎回性,可由持有者在任何时候基于面值提出请求。指令这一核心原则旨在维持持有人对电子货币的信心,具体规定于第 11 条第 2 款。第 11 条第 3 款清楚说明了须在电子货币发行人与电子货币持有人之间的合同以清楚及醒目的方式予以规定的核心信息:赎回条件,其中须说明涉及的任何收费。由于该等条件对持有人所给予认可而产生的影响,在其接受任何合同或要约约束之前,须予以告知。该等信息不必以书面方式告知,也不是根据之前指令所通常使用术语那样表述于书面形式或其他现成可查看并可持续保留介质之上。对此,我们可以表示遗憾。另外,本来可以要求披露其他信息。例如,对于发行人的身份或者争议解决的法庭外诉求及救济程序。通常而言,赎回系免费进行,不可能再协商确定赎回的最低门槛。无论如何,如果指令所规定的要件得以满足,可以对赎回予以收费(请见第 11 条第 4 款)。首先,根据第 11 条第 3 款的规定,必须在合同中对这种可能性加以规定。其次,当时的假定必须符合以下三种情形之一:赎回系于合同终止前提出;合同规定了终止日期而电子货币持有人在该日期之前对合同予以终止;或者赎回系于合同终止之日后超过一年的时间提起。第三,电子货币发行人不得随意收取费用:其须符合比例原则并与电子货币发行人实际发生的成本相匹配。另外,在指令前言第 18 项已述及,该等规则"不得影响成员国税收或社会事务的法律,或妨碍诸如反洗钱及反恐金融规范、涉及防止及调查犯罪所采取旨在冻结资金的任何行动或任何特定措施之类的其他有关共同体或成员国法律项下电子货币发行人承担的任何义务"。对于合同终止之时并未提出赎回请求之情形,也制定了相关规则。在此之前,电子货币持有人可以提出全部或部分赎回要求(第 11 条第 5 款)。换言之,其不必等到合同规定的期间就可以提出请求。在该日期或之后一年内,"(a)须赎回持有电子货币的货币总值;或(b)电子货币机构从事第 6 条第 1 款 e 项所列举业务活动的一项或多项,且事先对用于电子货币的资金比例并不知情的,须赎回电子货币持有人所要求的所有资金"(第11条第6款)。

4. 电子货币发行人与电子货币支付接受方之间的合同关系。指令第11条第7款极其含混不清。的确,这是一个未经界定的当事方在文件中被第一次提及:"接受电子货币的非消费者当事方。"理论而言,该当事方系在向电子货币持有人提供商品或服务时接受持有人以电子货币形式进行支付的一方。在支付交易之后,该商户将向电子货币发行人提出请求以便进行赎回。赎回条件(特别是收费)并不适用第11条第4款、第5款及第6款所规定的规则,赎回权利应由合同安排决定。

利息之禁止

第12条

成员国须禁止对电子货币持有人于持有电子货币期间支付利息或任何其他有关的利益。

概述。电子货币可以由其持有人持有相当长的时间。无论如何,电子货币之发行及其存储不得被视为可以产生某种回报或利益的存款。条文清楚地说明了对利息的禁止规定。

庭外申诉及争议解决程序

第13条

不影响本指令效力的前提下,第2007/64/EC号指令第四部分第五章须变通适用于电子货币发行人因该部分而发生的义务。

概述。当事人之间发生争议的,就争议解决方式的具体做法而言,庭外申诉及救济程序可以具有很大的作用。的确,该等程序更快捷、简单、经济。对于本指令所涵盖的多个其他问题而言,第13条就指向了第2007/64/EC号指令就庭外申诉及争议解决程序方面的规定(第80条至第83条)。其须适用于涉及电子货币发行人的争议。

第四章 最后条款及实施措施

实施措施

第 14 条

（1）为考虑到通货膨胀或技术及市场发展状况，欧盟委员会可以采取更新本指令规定所必需的措施。该等措施旨在修改本指令的非关键部分，须严格根据第 15 条第 2 款所述及监管程序予以采纳。

（2）欧盟委员会可以采取措施确保第 1 条第 4 款及第 5 款所述及例外情形得到统一的适用。该等措施旨在修改本指令的非关键部分，须严格根据第 15 条第 2 款所述及监管程序予以采纳。

概述。基于指令所涉主题，在不远的将来就得对有些内容进行修改。在第二章有关审慎制度的内容里，规定了许多数额；另外，也可能会发生技术创新及涌现新的商业模式（请见第 14 条第 1 款）。如果需要对非关键内容予以修改，以弥补这一缺陷（例如，根据通货膨胀情形调整数额），就要授予欧盟委员会实施职权，以采取相关措施。第 2 条第 2 款所规定本来被视为电子货币的两项具体应用通过第 1 条第 4 款及第 5 款从指令的适用范围予以排除（这被称为假定情形，也被排除于第 2007/64/EC 号指令的适用范围之外）。欧盟委员会也获得授权，确保被视为非关键内容的该等例外情形能够得到统一适用（请见第 14 条第 2 款）。在这两种情形中，都需要遵循第 15 条第 2 款规定的程序。

小组委员会程序

第 15 条

（1）欧盟委员会须由根据第 2007/64/EC 号指令第 85 条规定所设立支付小组委员会所协助。

(2) 述及本款规定的,考虑到第1999/468/EC号决定第8条的规定,须适用该指令第5a条第1款至第4款及第7条的规定。

1. 支付小组委员会。遵照第2007/64/EC号指令第85条的规定,委员会须得到支付小组委员会的协助。在电子货币架构下,考虑到第1条第4款及第5款述及通货膨胀或技术及市场发展情形,如果要采取措施对本指令有关规定进行更新(请见第14条),则欧盟委员会也需要该小组委员会的协助。上述指令并没有就小组委员会的组成或职能规则做出规定。

2. 授予欧盟委员会的实施职权。第1999/468/EC号决定就行使所授予欧盟委员会实施职权而规定了相关程序。第5a条严格规定了监管程序(在此架构中尤其就小组委员会的组成及严格协助监管程序进行了规定)。拟议实施措施超越了该基本文件中所规定职权的(在这种情形下,即指指令第14条),欧洲议会可以通过决议,欧盟委员会须对该拟议措施予以重新审查(第8条)。

完全协同化

第16条

(1) 不影响第1条第3款、第3条第3款第6小段、第5条第7款、第7条第4款、第9条及第18条第2款效力的前提下,只要本指令作出了协同化的规定,成员国不得保留或制定与本指令规定不一致的条款。

(2) 成员国须确保电子货币发行人不会对实施本指令规定或与之相对应国内法规定进行变通而损害电子货币持有人的权益,除非其中做了明确相反的规定。

概述。考虑到电子货币的性质,共同体范围内的解决办法更为合适。相应地,补充原则就要求对电子货币之提供而在欧盟内创设一个完全协同化的单一市场。这意味着,成员国不得在其国内法中维持或制定与指令所述规定不一的规定。成员国也须采取措施,确保电子货币的法律架构在电子货币发行人中间得到遵守,且不会以损害电子货币持有人权益的方式对之予以变通。

重新审查

第 17 条

在 2012 年 11 月 1 日之前,欧盟委员会须向欧洲议会、欧盟理事会、欧洲经济与社会小组委员会及欧洲央行提供报告,说明本指令的实施情形及其影响,尤其说明电子货币机构审慎要件的应用,并在适当情形下提出修改建议。

概述。欧盟委员会在 2005 年所进行的评估表明,第 2000/46/EC 号指令中某些条款已然有若干缺陷,这可能会阻碍电子货币市场的兴起。尤其在该评估完成后,通过了本指令。该程序相当重要:由于第 17 条的规定,在过渡迟延期过后的 18 个月内,须提交该报告。

过渡规定

第 18 条

(1)成员国须允许于 2011 年 4 月 30 日之前根据总部所在成员国落实第 2000/46/EC 号指令的法律从事业务活动的电子货币机构在该成员国继续从事,或在另一成员国基于第 2000/46/EC 号指令所规定相互认可安排而继续从事其业务活动,并无须根据本指令第 3 条之规定获取授权,也无须遵守本指令第二章所规定或述及的其他条文。

成员国须要求该等电子货币机构向相关机关提交所有相关信息,以便后者可以在 2011 年 10 月 30 日之前对电子货币机构是否遵守本指令所规定要件之情形进行评估;而且,如其并未遵守,使得后者可以对应采取何种措施确保该等要件得以遵守或是否可以撤销授权进行评估。

遵守规定的电子货币机构须获得授权,登记在册,并要求其遵守第二章的规定。在 2011 年 10 月 30 日前,电子货币机构并未遵守本指令所规定要件的,禁止其发行电子货币。

(2)有关机关就电子货币机构遵守第 3 条、第 4 条及第 5 条的规定已经取得证据的,成员国可以规定该等电子货币机构自动取得第 3 条所规定的授权和登记。在给予授权之前,有关机关须告知该有关电子货币机构。

（3）成员国须允许于 2011 年 4 月 30 日之前根据成员国落实第 2000/46/EC 号指令的法律从事业务活动的电子货币机构在该成员国基于第 2000/46/EC 号指令所规定继续从事其业务活动直至 2012 年 4 月 30 日,并无需根据本指令第 3 条之规定获取授权,也无需遵守本指令第二章所规定或述及的其他条文。该等期间内,电子货币机构既没有获得授权也没有根据第 9 条规定取得豁免的,禁止发行电子货币。

1. 概述。2011 年之前根据第 2000/46/EC 号指令开始从事业务活动的电子货币机构须至少在 2011 年 10 月 30 日之前提交所有的相关信息,确认其确实遵守了本指令所规定要件。没有遵守该等要件的,禁止其发行电子货币,并可能面临其授权被撤销的局面。

2. 例外情形。电子货币机构(a) 从事第 2000/46/EC 号指令第 1 条第 3 款 a 项所述及业务活动之全部所产生涉及发行在外电子货币金融债务总量通常并不超过 500 万欧元并在任何情形下都不会超过 600 万欧元的;或者(b) 所发行电子货币作为一种支付方式仅仅被从事涉及已发行或已分销电子货币经营或其他附随职能机构的子公司、母公司或该等母公司之任何其他子公司所接受的;或者(c) 所发行电子货币作为支付而仅被限定数量企业所接受,基于其位于同一办公地点、其他限定的本地区域或其与该电子货币机构紧密的资金或业务联系,该等企业可以清楚将之予以鉴别,并于 2011 年 4 月 30 日就开始从事其业务活动的,须遵守本指令规定,直至 2012 年 4 月 30 日。否则,将禁止其发行电子货币。

修改第 2005/60/EC 号指令

第 19 条

兹对第 2005/60/EC 号指令进行以下修改：

（1）第 3 条第 2 款 a 项被以下条文替代：

"(a) 贷款机构之外的企业从事包括货币兑换业务在内于第 2006/48/EC 号指令附件 1 第 2 项至第 12 项及第 14 项和第 15 项所囊括的

一项或多项业务经营的;"

(2) 第 11 条第 5 款 d 项被以下条文替代:

"(d) 欧洲议会及欧盟理事会 2009 年 9 月 16 日发布第 2009/110/EC 号《对电子货币机构业务之从事、经营及审慎监管之指令》[①]第 2 条第 2 项所界定的电子货币,如不能重新充值,以电子形式存储于该装置的最高不得高于 350 欧元;如可以重新充值,一个公历年内可交易总额不得高于 2500 欧元,除非根据第 2009/110/EC 号指令第 11 条的规定,在电子货币持有人提出请求的情形下,在同一个公历年里赎回金额是 1000 欧元或以上。就国内支付交易而言,成员国或其有关机关可以将本项所述及 250 欧元的金额进行提高,最高不得超过 500 欧元。"

概述。第 2000/60/EC 号指令旨在阻止适用金融系统洗钱或者资助恐怖主义。考虑到对电子货币的新定义,就须对该指令进行修改。其尤其适用于金融机构(第 2 条),即,根据新的第 3 条第 2 款 a 项:"贷款机构之外的企业从事包括货币兑换业务在内于第 2006/48/EC 号指令附件 1 第 2 项至第 12 项及第 14 项和第 15 项所囊括的一项或多项业务经营的。"第 2006/48/EC 号指令附件 1 第 15 项述及发行电子货币的业务活动。对于第 2005/60/EC 号指令的目的而言,其所涵盖的机构及人士须采取顾客尽职调查措施。就本指令界定的电子货币而言,在不超越某些限制的前提下(请见新的 d 项,规定于第 2005/60/EC 号指令第 11 条第 5 款),若干特定情形下,接受顾客尽职调查简化措施。

对第 2006/48/EC 号指令的修改

第 20 条

兹对第 2006/48/EC 号指令作出如下修改:

(1) 对第 4 条作出修改如下:

(a) 第 1 项由以下内容代替:

---

① OJ L 267, 10.10.2009, p.7.

"1.'贷款机构'系指从事吸收公众存款或其他需偿还资金并以其自己名义发放贷款之业务的机构;"

(b) 第 5 项由以下内容代替:

"5.'金融机构'系指贷款机构之外、主营业务是股权收购或经营附件 1 第 2 项至第 12 项及第 15 项所列举业务的企业。"

(2) 以下项须加入附件 1:

"15.发行电子货币。"

概述。在本指令出台之前,基于第 2006/48/EC 号指令第 4 条第 1 款 b 项的规定,第 2000/46/EC 号指令意义上的电子货币机构被视为贷款机构(即使其既不能吸收公众存款,也不能将收取的公共资金发放贷款)。如前所述,在新指令中,对"电子货币机构"的定义进行了修改。所引入的"电子货币发行人"这个定义其中就涵盖"贷款机构"及"电子货币机构"。因此,电子货币机构不再被视为贷款机构,从而对第 2006/48/EC 号指令项下的"贷款机构"定义进行了相应修改。然而,如同在前言第 25 项所述:"贷款机构应当继续能够发行电子货币并在共同体范围从事该项业务,但须进行相互认可,并接受根据共同体银行领域所适用的系统审慎监管制度。作为选择之一,贷款机构应当可以通过子公司来进行这种活动;然而,为了维持一个平等竞争的环境,应适用本指令规定的审慎监管制度,而不是适用第 2006/48/EC 号指令规定的制度。"这样,发行电子货币这一额外的业务活动就被加入第 2006/48/EC 号指令的附件 1 当中。作为最新的一项指令,本指令述及附件 1 所列举的业务活动,也适用电子货币的发行。

废止

第 21 条

不影响本指令第 18 条第 1 款及第 3 款规定的前提下,第 2000/46/EC 号指令自 2011 年 4 月 30 日起予以废止。

对所废止指令进行的任何援引都被解释为对本指令的援引。

概述。与 2000/46/EC 号指令相比,该指令引入了一个完整的新架构。

另外，许多条文都得到了修改。因此，从逻辑角度而言，最好的解决办法就是替代第 2000/46/EC 号指令。因此，在不影响过渡条款(第 18 条)效力的前提下，应对之予以废止。

落实

第 22 条

(1) 成员国须不迟于 2011 年 4 月 30 日制定并公布为遵守本指令所必需的法律、行政法规及行政规定。并须将该等措施的文本文件立即通告予欧盟委员会。

其须从 2011 年 4 月 30 日起适用该等措施。

成员国制定该等措施的，其须规定对本指令所进行的援引，或这在其公开出版之时附有该等援引。进行该等援引的方式须由成员国进行规定。

(2) 就本指令涵盖范围所制定国内法主要条款的文本文件，成员国须将之通告予欧盟委员会。

生效

第 23 条

本指令须自其在欧盟官方杂志公布之后的第 20 日生效。

概述。本指令于 2009 年 10 月 30 日生效。

适用对象

第 24 条

本指令适用于各个成员国。

欧洲议会及欧盟理事会
第 98/84/EC 号指令(《条件存取指令》)

1998 年 11 月 20 日通过基于或构成条件存取服务的法律保护指令

欧洲议会及欧盟理事会,

考虑到《建立欧洲共同体条约》,尤其是其中第 57 条第 2 款、第 66 条及第 100a 条的规定,

考虑到欧盟委员会的建议[①],考虑到经济与社会小组委员会的意见[②],

根据《条约》第 189b 条规定的程序采取行动[③],

(1) 鉴于《条约》所规定共同体的目标就包括在欧洲民众间创立一个空前紧密的联盟并确保经济及社会的进步,其手段就是消除对之予以分割的障碍;

(2) 鉴于从个体的角度而言,跨境提供广播电视及信息社会服务可能有助于言论自由作为一项基本权利释放完全的效能;而从集体的角度而言,其有助于实现《条约》所规定的目标;

(3) 鉴于《条约》规定了通常为有偿服务的流动自由;鉴于该权利在适用于广播电视及信息社会服务时也是共同体法律中更为宽泛原则的具体宣

[①] OJ C 314, 16 October 1997, p. 7 and OJ C 203, 30 June 1998, p. 12.
[②] OJ C 129, 27 April 1998, p. 16.
[③] 欧洲议会 1998 年 4 月 30 日的意见(OJ C 152, 18 May 1998, p 59),欧盟理事会 1998 年 6 月 29 日的共同立场文件(OJ C 262, 19 August 1998, p. 34)及欧洲议会 1998 年 10 月 8 日的决定(OJ C 328, 26 October 1998)。欧盟理事会 1998 年 11 月 9 日的决定。

示,具体而言就是《欧洲人权及基本自由保护公约》第10条奉为圭臬的言论自由;鉴于该条规定明确承认公民跨越国境接收及传播信息的权利,并鉴于对该等权利进行任何限制均须基于对其他值得予以进行法律保护的合法利益所进行的适当考虑;

(4) 鉴于欧盟委员会基于《内部市场加密服务法律保护之绿皮书》进行了广泛的意见征询;鉴于该等意见征询的结果确认了共同体有必要通过法律文件对其补偿依赖于条件存取的所有该等服务确保进行法律保护;

(5) 鉴于欧洲议会在其1997年5月13日通过关于绿皮书的决议[①]中要求欧盟委员会提交涵盖所有加密服务并涉及使用加密手段以确保费用获得支付的指令建议稿,并同意这应当包括通过电子手段远程、应服务接收方个体请求而提供的广播电视服务及信息社会服务;

(6) 鉴于数据技术提供的机遇通过在更为广泛的范围内发展《条约》第59及60条所规定服务,从而提供了增强消费者选择权并促进文化多样性的潜能;鉴于该等服务的可行性会常常依赖于使用条件存取的方式,使得服务提供商可以取得其报偿;鉴于因此针对使得可以免费享用其服务的非法装置,对服务提供商所提供法律保护就看起来实属必要,以便确保该等服务在经济上属于可行;

(7) 鉴于该等议题的重要性已被欧盟委员会《关于电子商务之欧洲动议的通告》所承认;

(8) 鉴于根据《条约》第7a条的规定,内部市场须由没有内部边界的领域所构成,其中服务和商品的自由流动得到保证;鉴于《条约》第128条第4款要求共同体在《条约》其他条款下采取行动时须将文化因素考虑其中;鉴于基于《条约》第130条第3款的规定,共同体须通过其致力的政策和行为,促进其产业竞争力所需必要条件的创设;

(9) 鉴于为确保被视为具有公共利益的若干广播电视服务不会采用条件存取方式,本指令并不妨碍在未来可能出台的共同体或成员国国内规定;

---

① OJ C 167, 2 June 1997, p. 31.

（10）鉴于本指令并不影响共同体就新服务采取任何进一步行动的文化因素；

（11）鉴于成员国之间涉及基于或由条件存取所构成服务的国内法规则存在着差异，条件存取会对服务及商品自由流动构成阻碍；

（12）鉴于适用《条约》并不足以消除该等内部市场中的障碍；鉴于因此在成员国之间通过提供同等水平的保护才可以消除这些障碍；鉴于这就意味着对有关非法装置商业活动的国内规则进行协同化；

（13）鉴于似乎有必要确保提供适当的法律保护手段，针对为了直接或间接获取经济利益而将促使或帮助未经授权而规避旨在保护合法服务提供商获取报偿之技术手段的非法装置，制止其投入市场；

（14）鉴于该等涉及非法装置的商业活动包括涵盖所有形式为推广该等商品及服务的广告、直销、赞助、促销及公关活动；

（15）鉴于该等商业活动会损害那些因非法装置来源而受其误导的消费者的利益；鉴于为了打击这种消费欺诈，就需提供高水平的消费者保护；鉴于《条约》第129a条第1款规定，共同体应当通过其根据《条约》第100a条规定采取措施，促进实现对消费者的高水平保护；

（16）因此，鉴于理事会1989年10月3日通过第89/552/EEC号《对成员国就从事电视播送业务活动所通过法律、行政条例或行政措施所规定特定条款进行协同之指令》[①]创立一个单一视听区域的法律架构应当参照本指令规定的条件存取技术予以补充，以便至少可以确保跨境广播电视提供商可以得到同等对待而无论其营业场所在何处；

（17）鉴于根据欧盟理事会1995年6月29日《关于内部市场共同体法律统一适用及对违反共同体法律所采取处罚措施的决定》[②]，成员国须采取措施确保共同体法律如同成员国国内法一样得到同等效力及范围的正确适用。

---

① OJ L 298，17 October 1989，p. 23. 欧洲议会及欧盟理事会以第97/36/EC号指令对之予以修订（OJ L 202，30 July 1997，p. 60）。

② OJ C 188，22 July 1995，p. 1.

（18）鉴于根据《条约》第5条规定，成员国有义务采取一切适当措施确保共同体法律得到有效实施，尤其确保所选择的法律处罚措施有效、具有威慑力并符合比例原则，且救济方式适当；

（19）鉴于对成员国法律、行政法规及行政规定的协同化应限定于为实现内部市场目标所必需，并应符合《条约》第3b条第3款所规定的比例原则。

（20）鉴于对非法装置的批发就包括通过任何方式进行的转移并将该等装置投入市场，以便在共同体内外进行流通。

（21）鉴于本指令并不妨碍适用可能禁止私人持有非法装置的任何国内规定，也不妨碍适用共同体竞争规则及适用共同体涉及知识产权的共同体规则；

（22）鉴于涉及商业侵权行为的处罚及救济，国内法律可以规定该等活动须以对有关装置系非法这一事实知情为前提；

（23）鉴于本指令规定的处罚及救济方式并不妨碍成员国国内法可能规定的任何其他处罚或救济条文得以适用，例如一般的禁止性措施或对非法装置的扣押；鉴于成员国并无义务对本指令所涵盖侵权行为规定刑事处罚措施；鉴于成员国对损害赔偿之诉的规定须符合其国内立法与司法体系的要求；

（24）鉴于本指令并不妨碍并非在所协同领域之国内法律规定的适用，例如包括符合第89/552/EEC号指令的未成年人保护规定，或者涉及公共政策或公共安全的国内规定，

在此制定本指令如下：

适用范围

第1条

本指令目标就是在成员国间针对进行无授权接入受保护服务的非法装置而作出的规定进行协同化。

1. 概述。欧盟委员会总是希望通过一项指令适用以上列明的目标，而

对于通过一项指令来实现本指令的目标,经济与社会小组委员会请求通过一项条例进行调整,这样所有的成员国就会直接受其约束,并且会实现更为有效的协同。另外,也可以避免对所建议措施转换为国内法的漫长进程(请见《保护基于条件存取服务的意见》,第 17 页)。第 1 条总结了该指令的目标,即在欧盟成员国中提供一致的保护,打击使得用户绕过必需条件而接入特定服务的非法装置。本指令背后的意图就是落实欧盟内部市场。由于各个成员国间相关的国内法形式存在的差异,服务和货物的自由流动可能会受到阻碍。由于《条约》本身并不足以消除这些障碍,只能通过对成员国所提供保护水平进行协同的方式来实现这一目标(请见前言第 12 项)。其先决条件就是对涉及有关非法装置商业活动的所有国内法予以协同(请见前言第 13 项)。这样,成员国须就打击在市场投放非法装置提供适当形式的法律保护。而该等装置为了直接或间接的经济利益,使得或帮助对旨在确保合法服务能够获得支付的技术措施加以非法规避(请见前言第 13 项)。

2. 与《信息社会服务中版权的指令》进行区分。《条件存取指令》与《信息社会服务中版权的指令》第 6 条第 2 款相重合。两项法规均调整禁止使得保护性技术措施被规避的准备行为。《条件存取指令》可以如同在《信息社会服务中版权的指令》那样对数字权利管理体系进行保护。因为两项指令具有不同的法律要求并产生不同的法律后果,就须明确它们是如何互相发生联系的。欧洲立法机构已经承认了这一问题的存在,并认为其根源在于两项指令一起的互相适应性(请见《条件存取指令》前言第 21 项及《信息社会服务中版权的指令》前言第 60 项及第 9 条)。然而,两项指令的出发点就不同:根据法律规定,《信息社会服务中版权的指令》第 6 条所述及技术措施须只能构成版权保护,但不得构成对系统的接入。然而,无论是从法律还是技术的角度来说,将《信息社会服务中版权的指令》第 6 条所规定技术措施仅仅限定于版权保护几乎是不可能的。因此,《信息社会服务中版权的指令》第 5 条所规定例外情形及限制就有被《条件存取指令》所废止的危险。这是因为,在后者并不存在例外情形。这样,有一方用技术措施保护其作品且不愿第三方有机会对其作品进行合法复制、而根据《信息社会服务中版权的指令》第三方是可以进行这些所有行为的,此时就可以宣称其作品得到了《条件存取指令》的保护。结果就导致对《信息社会服务中版权的指令》采取了主要实施方式,而使得《条件存取指令》仅得以辅助实施的方式进行。只要对立法者的设想进行考察,就会明显发现这并不是恰当的实施方式。鉴于立法机关已经声明:需要两项指令相伴相生地予以通过,其中一方不可被仅仅视为另一方的补充(请见《关于落实欧洲议会及欧盟理事会 1998 年 11 月 20 日通过第 98/84/EC 号〈基于或构成条件存取服务的法律保护指令〉的报告》(COM(2003)198),第 22 页)。因此,就提出了其他的标准以将这两项指令区分开来。对之进行区别的第一个可能选择就是将之适用于保护对象。在这种情形下,对于《条件存取指令》而言,保护对象并不是信息社会的内容,而是服务自身。该服务可能包括知识产权,但这并不是一个压倒性的条件。这样,《条件存取指令》的目标就是保护服务提供商的利益,以便确保其提供服务接入后能够获得报偿。另一方面,《信息社会服务中版权的指令》将保护创造者或开发者的知识产权。这就意味着:首先,在应该绕过数字权利管理体系的时候,会适用《条件存取指令》;仅仅在第二个步骤,当采取所有权行动的时候,《信息社会服务中版权的指令》方才有意义。只有可能在内容接入与内容使用之间区分的情形下,该等区别才有意义。随着电视、电信与信息技术的不断融合,是否还有可能对内容接入与内容使用进行区分,不无疑问。因此,这种区别失去了意义。进行该等区分的另一个选择就是将每项指令与其所保护的适用对象予以紧密联系。这样,就通过《信息社会服务中版权的指令》对创造者予以保护,而通过《条件存取指令》对内容提供商予以保护。经济角度而言,在受保护的适用对象间进行区分毫无作用。其理由就是:很多时候,在创造者与数字权利管理体系运营者之间存在着合同。因此,运营者对其自己服务的间接保护就是为了保护创造者的利益,原因就是:前者依赖着后者的内容。这样,经济角度而言,《条件存取指令》也保护着创造者的利益。因此,对两项指令进行区分的这个标准也不可行。毕竟,可以说是两项指令都保护数字权利管理环节。另外,两项指令间存在着那么多的经济互动,这样,即使出发点不同,他们也不得不相伴相生地得到适用。

定义

第 2 条

为本指令之目的：

(a) 被保护服务系指为了报偿并基于条件存取而提供的任何下列服务：

——由第 87/552/EEC 号指令第 1 条 a 项界定的电视广播，

——广播，即通过线缆或包括卫星在内的无线方式对旨在由公众收听的广播节目进行任何形式的传输，

——欧洲议会及欧盟理事会 1998 年 6 月 22 日通过第 98/34/EC 号《技术标准、规范及信息社会服务规则领域信息提供程序的指令》[①]第 1 条第 2 款所确定的信息社会服务，或自身就被视为一项服务的、向以上述及服务所提供的条件存取；

(b) 条件存取系指通过任何技术措施和/或安排而使得事先个别授权成为对所保护服务进行无形接入的先决条件；

(c) 条件存取装置系其设计或调试成为以无形方式接入被保护服务的任何设备或软件；

(d) 关联服务系指安装、保养或替换条件存取装置及提供与其或被保护提供相关的商业通讯服务；

(e) 非法装置系指未取得事先授权而被设计或调试成为以无形方式接入被保护服务的任何设备或软件；

(f) 本指令所协同的领域系指与第 4 条具体规定侵权行为相关的任何规定。

1. 被保护服务(a 项)。所有形式的互动式在线服务均由《信息社会版

[①] OJ L 204, 21 July 1998, p 37. 后被第 98/48/EC 号指令所修改(OJ L 217, 5 August 1998, p. 18)。

权及相关权利协同化指令》(在第1条第2款得以界定)予以保护,而传统的电视及广播电视服务是由《条件存取指令》提供保护。通过《条约》第50条,"服务"已经得到了认可,因此服务:"须被视为《条约》所规定的'服务,通常是基于报偿而提供的'服务',只要其并未由涉及商品、资本及人员流动自由的条款所调整。"《条件存取指令》保护内容服务,而不管其所使用传播方式的技术特征为何。然而,该服务须使用一定形式的条件存取,以便取得该指令的保护,其须采取能够使得服务提供商获得报偿支付的方式(请见《保护基于条件存取服务的第一次报告》,第9页;《落实欧洲议会及欧盟理事会1998年11月20日第98/84/EC号〈基于或构成条件存取服务的法律保护指令〉的第二次报告》(SEC(2008)2506),第8页;《保护基于条件存取服务的建议》,第14页)。其报偿可以体现为预订(例如,在各方同意的期间观看特定频道的全部提供节目)或者费用支付(例如,观看某部电影)。通过这种向提供商直接付款的方式,确保了该服务的经济活力(请见前言第6项;也请见《保护基于条件存取服务的第一次报告》,第7页)。这甚至还涵盖商业模式;因接受方付款向其提供特定服务,但这并不包括条件存取保护措施所保护的辅助服务(例如,原碟片合法所有人可以下载的附赠音频)。在支付与条件存取服务间没有联系的,《条件存取指令》并不对之提供法律保护(请见《保护基于条件存取服务的第一次报告》,第7页)。《条件存取保护指令》所提供的保护甚至还及于对其所控制条件存取服务内容并无经济利益的条件存取服务提供商(请见《保护基于条件存取服务的第一次报告》,第7页)。

2. 条件存取(b项)。指令仅仅适用于a项所列服务系基于符合b项所规定条件存取技术而提供的情形中。根据b项规定,"条件存取"系指在使用条件存取确保服务提供商获得付款的情况下,将以无形方式对被保护服务进行的存取基于事先个别授权的任何技术措施或安排(请见《保护基于条件存取服务的第一次报告》,第9页;《保护基于条件存取服务的建议》,第14页)。另外,条件存取技术也可以用来为诸多不同利益服务:例如,保护个人信息。指令没有列举特定技术,而是在更高的层次上通过技术中立的方式运用了功能界定的办法加以设计。这应该提供了一个坚实的法律架构,并实现了最大程度的法律保障(请见《保护基于条件存取服务的第一次报告》,第 7 页)。因此,指令涵盖的并不仅仅是诸如付费电视这种加密的条件存取技术,它也涵盖未经服务提供商事先同意而拒绝接入服务的其他技术,例如要求输入用户名和密码、通过互联网提供支付服务的系统(请见《保护基于条件存取服务的第一次报告》,第 7 页)。

3. 条件存取装置(c 项)。条件存取的定义就涵盖装置解码器、机顶盒、智能卡及自身或通过与其他所需装置联合使用以便通过智能形式接收服务的任何其他设备或软件。没有这些装置,可能会接收到这种服务,但其仅仅采用了加密形式,无法识别(请见《保护基于条件存取服务的建议》,第 14 页)。

4. 相关服务(d 项)。指令第 4 条及第 5 条并不对相关服务提供法律保护。然而,根据指令第 4 条 b 项的规定,基于商业目的安装、保养或替代非法装置就构成了侵权行为。虽然指令并没有对相关服务直接提供法律保护,为了促进欧盟内部市场的发展及该等相关行为的自由流动,第 3 条第 2 款的规定还是使之收益(请见《保护基于条件存取服务的建议》,第 14 页)。根据《内部市场商业通讯绿皮书》的描述,"商业通讯"这一术语涵盖"旨在向最终消费者和/或发行商推广商品、服务或者公司或组织形象而采取的所有形式的通讯"。

5. 非法装置(e 项)。装置的设计或调整是为了在未得到服务提供商许可的情形下促进可以读取的方式对被保护服务进行接入时,该等装置均系非法。非法装置的典型事例就是诸如智能卡之类特别的硬件装置和或软件程序,其开发就是为了绕过条件存取所提供的保护(请见《保护基于条件存取服务的第一次报告》,第 8 页)。本指令所称"非法装置"绕过了条件存取对一项服务的保护,而《信息社会服务中版权的指令》所称"装置、产品或部件"却对未得到权利人许可的内容使用予以许可。然而,该等技术保护措施是很类似的。因此,只要接入服务及使用内容未得到权利人许可,《信息社会服务中版权的指令》也许会令规避这两项指令之一的技术措施归于非法。装置属于法律中立的,换言之,虽其并非为促进对被保护服务的接入而设计或调试,却也可能被一般智识的用户轻易转化成为非法装置的,并不适用该条例(请见《保护基于条件存取服务的第一次报告》,第8页)。然而,对于既可能是基于合法用途、也可能是不加更改地用于对被保护服务规避的其他装置,对其的处理不无疑问。在这些情形下,该等装置须被视为非法。否则,仅仅基于将装置予以合法使用的可能,也许会规避对本指令的适用。然而,英国高等法院衡平法庭在初始裁决程序中提出了一个问题:仅仅在特定情形下,基于为了存取被保护服务而使用该装置的有限授权,售出由服务提供商制作或许可制作的装置,如果被服务提供商授权范围以外的人或通过授权范围以外的方式,用来存取该等被保护服务的,是否就成为了"非法装置"(ECJ 17 September 2008)? 对该问题的回答将会对欧盟委员会该如何处理所谓"灰色市场"(即,通过邮箱地址的方式进行合法的预订)的问题产生极大的影响(请见《保护基于条件存取服务的第二次报告》,第13页)。

6. 本指令所协同的领域。这项定义界定了指令——尤其是其第4条——所处理成员国法规的范围。版权及相关权利并不属于指令协同的范围。该指令所采取措施的保护利益就是服务提供商获取的报偿。即使如此,从经济的角度来看,权利人肯定会从该等措施中获益;这种间接效果及其利益仍然清晰可见。同样的推理也适用于《条件存取指令》产生的工业产权问题(《保护基于条件存取服务的第一次报告》,第15页)。

内部市场原则

第3条

(1) 每个成员国须采取必要的措施,阻止在其领土上从事第4条列举的活动,并规定第5条所确立的处罚和救济方式。

(2) 在不影响第1款效力的情形下,成员国不得基于本指令协同范围内的理由而:

(a) 限制自另一成员国提供被保护服务或相关服务;或者

(b) 限制条件存取装置的自由流通。

1. 概述。第 3 条指导成员国采取必要的措施就整个欧盟范围内的非法装置采取必要的措施并对之规定处罚措施，以确保提供等同的保护。然而，如同该项原则来源于欧盟内部市场的一般适应性原则，该条规定就可以被视为权宜之计（请见《保护基于条件存取服务的意见》，第 18 页）。因此，欧洲各民族更紧密地联合在一起，并破除将之予以分割的藩篱以保护经济和社会的进步，就成为《条约》所规定欧洲共同体宗旨的组成部分。广播电视服务及信息社会服务可以通过不可阻挡的方式实现这一目标（请见《保护基于条件存取服务指令的建议》，第 7 页）。

2. 概述（第 1 款）。为实现第 3 条第 1 款所规定的目标，根据《欧盟条约》第 10 条的规定，成员国须采取必要措施确保共同体法律能够有效得以实施。这就意味着，一方面，国内法措施须有效禁止第 4 条所述及措施并有效实施条例第 5 条所规定的处罚措施。另一方面，措施须足够适当，确保没有违反共同体法律中的相匹配原则。因此，法律协同化应被精简为必要的方式以便实现欧盟内部市场的目标（请见前言第 18 项及第 19 项）。

3. 服务自由及商品流动自由（第 2 款）。第 1 款调整成员国须采取措施针对非法装置在欧洲范围内实现几乎一致的保护，而第 2 款则分别禁止采取措施，而该等促使阻碍来自其他成员国的服务及条件存取装置的自由流动。这是对《条约》项下基本自由的一种援引，特别是《欧盟条约》第 49 条规定的服务自由及《欧盟条约》第 23 至 31 条所确立的商品流动自由。

4. 与《电子商务指令》第 3 条进行的比较。第 3 条的规定与《电子商务指令》类似，后者涉及内部市场的规定。两项指令均有助于内部市场的整合，移除了贸易壁垒。需要注意的是，按照指令的字面规定，这种整合只在指令所协同领域方为可能，而两项指令在此方面有所不同。根据本指令第 2 条 f 项的规定，本指令仅调整与第 4 条所列举侵权活动相一致的事实，而《电子商务指令》的协同范围就其实质而言更为广泛。与本指令适用范围不同，《电子商务指令》的协同领域并非通过正面的方式予以界定，而仅仅是通过明显的负面清单方式予以确定。在本指令中，协同范围也是由指令本身予以界定的。然而，根据《电子商务指令》第 2 条 h 项的规定，其协同范围几乎无所不包。它仅仅在两个方面受到限制：首先，《电子商务指令》第 2 条 h 项 ii 小项规定，协同领域并不包括非经电子方式提供的服务；其次，第 3 条第 3 款将其与《电子商务指令》附件 1 联系起来，规定《电子商务指令》第 3 条第 1 款及第 2 款并不适用于该附件所列举领域，诸如版权、邻接权及涉及消费合同的合同义务。由于两项指令都针对信息社会服务，这种适用范围的重合就使得两者间的相互关系出现了问题。如果两项指令均适用于一种情形的，由于本指令与《电子商务指令》比较而言具有更为具体的适用范围，其须得到适用。即使《电子商务指令》出台更晚，即使本指令并未得到《电子商务指令》附件的豁免，出于特别法优于普通法的原则，这一事实也不会有丝毫改变。然而，不能就此说本指令优先适用于《电子商务指令》。如果一种情形适用本指令，但其法律结果并非有效，这就不能豁免适用《电子商务指令》。由于排除适用《电子商务指令》会导致"来源国原则"的失效，会导致对商品流动自由构成阻碍，就仍然适用《电子商务指令》。另外，立法机关可以在收到请求时根据本指令的规定而阻止《电子商务指令》的适用。

侵权活动

第 4 条

成员国须在其领土范围禁止下列所有的行为：

(a) 基于商业目的而制造、进口、分销、销售、租赁或持有非法装置；

(b) 基于商业目的而安装、维护或更换非法装置；

(c) 运用商业通讯推广非法装置。

1. 概述。针对与有助于或使得能够规避条件存取服务的非法装置有关的活动，第 4 条要求成员国采取措施予以制止。第 3 条 e 款对该等非法装置进行了界定。该条 a 项至 c 项对侵权活动予以列举。与《信息社会中版权的指令》第 6 条第 1 款不同，本条规定仅仅禁止非法交易活动，而不是规避行为本身。这个法律保护的概念旨在阻止最终用户有机会获得非法装置（请见《保护基于条件存取服务的第一次报告》，第 8 页）。另外，禁止性规定仅适用于追求商业目的的行为。指令并没有对商业活动予以明确界定。

欧盟委员会通过对前言第13项的考虑对该术语进行了解释，使用了"直接和间接获取经济利益"这样的描述（请见《保护基于条件存取服务的第一次报告》，第8页，脚注9）。这种解释可能具有误导性，因为个人制作并持有非法装置也可能会间接获取经济利益。鉴于欧盟委员会建议初稿（《保护基于条件存取服务的建议》）并未使用"直接和间接获取经济利益"一语，在一读过程中，为了将侵权行为活动的定义延展至该等商业性质活动之外，在立法过程中就加入了这一语句（请见 A-4-0136/1988 号文件，第23项修改及第11段），被《欧盟理事会共同立场文件》（08710/1/1998 号文件，第34页）及《欧盟委员会建议修正稿》（COM（1998）332 final）拒绝。因此，指令并不涵盖任何非商业性活动。商业目的推定之所以成立，就要求相关活动之进行须有营利目的。另外，《实施知识产权的指令》将具有商业规模的行为界定为以直接或间接经济或商业优势之目的而从事的行为。这通常就排除了最终消费者基于善意而进行的行为（请见《实施知识产权的指令》前言第14项）。然而，对于可能禁止私人持有非法装置的国内法律规定，并不受该等规定的影响（请见前言第21项）。本条项下的行为并不要求须为故意。然而，基于前言第22项，成员国可以就该等行为制定处罚措施及救济方式。该等活动之进行须对有关装置系非法这一事实知情或有合理理由知情。虽然《条件存取指令》与《信息社会服务中版权的指令》之间互为补充（请见前言第21项），实践中，由于两项指令所调整服务的融合态势，本条所禁止的若干行为也为《信息社会服务中版权的指令》第6条所涵盖。因此，一项技术措施既阻止了对服务予以非授权的接入，也可能会阻止对受到知识产权保护的作品予以接入（请见第1条）。这样，两项指令间的冲突就产生了具体的问题，构成了对版权的限制（请见《信息社会服务中版权的指令》第1条和第6条）。

2. 制造、进口、分销、销售、租赁或持有（a 项）；安装、维护或更换（b 项）。第4条 a 项和 b 项所列举的行为涵盖了非法装置从最初的制造到该等装置的售后维护及维修的整个生产及分销利润链。因此，对非法装置的分销就涵盖通过任何手段进行对该等装置进行转让并将之投入市场在共同体内外进行流通的行为(请见前言第20项)。本条仅仅涉及基于商业目的而从事的行为(请见第1项评论)。

3. 推广非法装置(c项)。第4条c项禁止使用商业通讯推广非法装置。"商业通讯"这一用语涵盖了对该等产品及服务所采取的所有形式的广告、直接营销、赞助、销售推广及公关推广(请见前言第14项)。根据《电子商务指令》第2条第1款的规定,以独立方式使用的域名、电子邮件及产品和服务及其他相关信息自身并不构成商业通讯(请见《电子商务指令》第2条)。

处罚及救济

第5条

(1)处罚须有效、具有威慑性并就侵权行为的潜在影响而言符合比例原则。

(2)成员国须采取必要措施确保受保护服务的提供商在其利益遭受发生于其领土范围内第4条所具体规定侵权行为的影响时,能够得到适当的救济,这包括提出损害赔偿之诉并获得禁令或其他禁止性措施的保护,并在适当情形下在商业渠道之外申请处置非法装置。

1. 最佳法律效力规则(第1款)。该款规定是《欧盟条约》第10条所规定"最佳法律效力"规则的进一步发展(请见前言第18项;《保护基于条件存取服务的建议》,第20页),虽然《欧盟条约》第10条规定共同体法律须总体有效,但第5条第1款就指令的适用范围又予以明确强调。另外,前言第17项所述及作为《欧盟条约最终法案》附件的《关于实施共同体法的第19项宣言》中,就纳入欧盟制度及法律体系从而将共同体法律规则转化为国内法律的方式,明确由每一个成员国自己决定。然而,成员国采取的措施须使得欧洲法律的达到与成员国自己规则达到同等有效的程度。因此,须制定威慑性的处罚,维护竞争条件并追求共同体法律所规定的总体利益(请见《共同体法律决议》)。须根据侵权行为活动的影响,在考虑其潜在危害的情形下制定处罚措施。

2. 概述(第2款)。第5条第2款要求成员国有义务实施旨在为被保护服务提供商提供法律手段的措施。鉴于经济与社会理事会在其《加密服务绿皮书》中要求在诸如就侵入所采取的措施、禁令及预防性民事措施之外，进一步采取刑事措施(请见C 129，第16页)，欧盟委员会与欧盟理事会却拒绝在指令中对之制定刑事措施。然而，成员国可以自主选择引入刑事处罚措施(请回见前言第23项)。除意大利、葡萄牙之外的大多数成员国均选择制定了刑事处罚措施(请见《保护基于条件存取服务的第一次报告》，第12页)。另外，指令并没有排除成员国采取诸如一般禁止措施或收缴非法装置等其他处罚措施及救济方式(请见前言第23项)。对于收缴措施，起初考虑在第5条采用"扣押非法装置"的用语，但最终没有这样作出规定，而是加入了"在商业渠道之外……处置非法装置"的语句。其原因就是：欧盟理事会考虑到，在一些成员国的法律体系中，是将"扣押"作为刑事处罚措施来看待的(请见《二读推荐意见》，第A-4-0325/98，第8页)。

实施

第6条

(1) 成员国须于2000年5月28日之前实施必要的法律、行政法规及行政规定，以遵守本指令的要求。其并须将之向欧盟委员会立即作出通报。

成员国通过该等措施的，其须载有对本指令进行的援引，或者其在正式公布之时连同该等援引一并公布。进行该等援引的方式由成员国决定。

(2) 成员国须将其在本指令协同领域所制定的国内法规定文本向欧盟委员会进行通告。

1. 概述(第1款)。第1款为成员国通过国内法实施该指令确定了一年半的期限。然而，在2000年5月28日，在限定期间结束时，仅有几个成员国实施了该指令，这就触发了《条约》第226条所规定的程序。最终，欧盟委员会不得不对希腊和西班牙提起诉讼(*Kingdom of Spain* (ECJ); Greece：Case C-219/02; Commission Press Release IP/02/455 of 22 March2002)。然而，根据《保护基于条件存取服务的第一次报告》的描述，仍然缺乏评估成员国是否遵守指令相关条款的一些必要信息。自此，在欧盟委员会与相关国家间就开始了双边磋商。比利时和西班牙在欧盟委员会发布公告之时还没有在其国内法中实施该协议（请见《保护基于条件存取服务的第一次报告》，第 11 页，图表二）。成员国通过国内法实施指令的方式各不相同：一些国家在将信息社会服务及条件存取服务嵌入其互联网犯罪或其他相关立法之中的同时，将传统广播电视服务整合并入了媒体法（请见《保护基于条件存取服务的第一次报告》，第 11 页）。其他国家则将所有服务均纳入刑法典或某以特定法律的一条规定或一套规定之中（请见《保护基于条件存取服务的第一次报告》，第 11 页）。指令针对盗版仅仅提供了最低水平的保护（最低限度协同化），并赋予成员国广泛的灵活空间，使之可以制定自己的国内反盗版规则。这样，若干成员国扩展了对被保护服务、侵权行为、处罚及救济进行的界定。相当多的成员国既不要求对条件存取进行明确的适用，也不强调对服务提供商给予报偿。这些国家就未经授权或许可接入的所有服务都提供了保护措施（《保护基于条件存取服务的第一次报告》，第 13 页）。少数国家允许个人使用及/或私人持有非法装置。一些成员国既对诸如公开裁决或罚没利润之类的具体条文予以明确规定，也对诸如就利润损失或利润转移进行损害赔偿之类的救济方式也作了明确规定。几个成员国将电信监管机构或特别服务监管机构作为国家监管机构，授权其监督市场并执行法律。

2. 概述（第 2 款）。该款规定，成员国有义务就其实施指令的所有法令向欧盟委员会予以通报。

报告

第 7 条

不迟于本指令生效之日起的三年内，并在其后每两年，欧盟委员会须就本指令之实施向欧洲议会、欧盟理事会及经济和社会小组委员会提交报告，并在适当情形下附加其尤其就第 2 条所规定定义而提供的建议，以便对之进行调整，使之能适应技术和经济的发展，并体现欧盟委员会开展意见征询所取得的成果。

1. 概述。本条规定为指令考虑到了一个足够有效的审议程序，以便能适应市场和技术的飞速发展态势，免得指令在新技术面前变得过时。因此，指令应当针对非法装置总是提供有效保护（请见欧盟委员会《根据〈欧盟条约〉第189b条第2款d项的规定对欧盟委员会根据〈欧盟条约〉第189a第2款所提交建议予以修改的意见》，第3页）。在这些报告中，须调查盗版发展态势和指令在单一成员国中的实施及执行情况，以评估指令是否得到有效实施或者是否为了打击非法装置而须对指令进行修改（请见《保护基于条件存取服务的第一次报告》，第2页）。

2. 第一次报告。2003年4月24日，指令实施情况的第一次报告得以发布，该报告涵盖指令于1989年11月通过以来直到2002年底这段期间。报告对实施指令中的问题予以明确。另外，报告表明，须对成员国层次的执法进行整合，联合行动是有效打击盗版的工具（请见《保护基于条件存取服务的第一次报告》，第2页）。报告得出结论，21世纪的知识经济将比以往更要倚重电子支付服务，盗版对之会造成损害。因此，对于实现经整合后达致共同市场及在2010年成为最具活力及竞争力之经济体这一目标而言，至关重要的是就盗版为电子支付体系提供法律保护（请见《保护基于条件存取服务的第一次报告》，第2页）。然而，报告并没有进一步提出对指令进行修改的要求；相反，其提出了征询及评估建议，旨在促使欧盟委员会就与成员国及产业界进行紧密合作而确定值得进一步研究的若干议题。这些议题包括：需要在实施适用于所有种类盗版、伪造行为的法律架构时，注重实施的平衡性及内在一致性；在共同体层面需要取得共识的议题；通过互联网分销密码及非法装置的议题。

3. 第二次报告。2008年10月6日，欧盟委员会发布了其第二次报告（《落实欧洲议会及欧盟理事会1998年11月20日第98/84/EC号〈基于或构成条件存取服务的法律保护指令〉的第二次报告》）。基于2007年就指令影响力进行一项研究、2008年2月至4月间公开征询意见及与产业界直接沟通所得到的反馈，构成了报告的基础（请见《保护基于条件存取服务的第二次报告》,第6页)。到目前为止,在共同体范围内仅就商业活动方面进行了协同。指令对"被保护服务"这一概念进行的界定涵盖了电视或广播电视服务的新兴业态,诸如:视频点播,移动电视及在线流媒体等;但这些形态的发行使用了条件存取体系,确保该等服务可以得到付款(请见《保护基于条件存取服务的第二次报告》,第8页)。针对流动自由,欧盟委员会认为,尽管所确立的共同体框架是为了促进基于条件存取服务统一市场的发展,但就完全合法的跨境服务而言,进展缓慢(请见《保护基于条件存取服务的第二次报告》,第12页)。为促进条例的适用,为解决目前技术形态的融合问题,欧盟委员会在2008年9月30日前已经设立了一个条件存取专家小组,由成员国专家组成;该专家小组也可以授权一个特定的工作方处理所谓"灰色市场"的议题(请见《保护基于条件存取服务的第二次报告》,第13页)。提出的另一项建议就是让欧盟理事会代表欧盟批准《对基于或构成条件存取的服务进行法律保护的欧洲公约》,以便将对条件存取服务提供的法律保护延伸到国际层面(《保护基于条件存取服务的第二次报告》,第14页)。

生效

第8条

本指令自其发布于《欧盟官方杂志》之日起生效。

概述。第8条是一项标准条款,规定了生效日期。其源于《欧盟条约》第254条第2款,其中规定:以成员国为适用对象的指令须在《欧盟官方杂志》上予以发布,并在其中确定的日期予以生效;没有对日期予以确定的,则在发布日后的第20日生效。对于本指令,立法机关认定:指令生效的最早日期应为发布于《欧盟官方杂志》之日,即,1998年11月28日。

适用对象

第9条

本指令适用于成员国。

概述。 指令第 9 条仅仅是重复了《欧盟条约》第 249 条第 3 款的规定。总体而言,只有成员国才能成为指令的适用对象。因为第 9 条被定为一般性条款,其并不适用于单一成员国,而是欧盟所有成员国。这意味着,遵照第 9 条的规定,公民个人或国家机关并不直接适用指令,不可能对公民个人直接适用指令。

欧洲议会及欧盟理事会第 98/48/EC 号指令
(《技术标准及规范领域信息提供指令》)

1998 年 7 月 20 日通过修改第 98/34/EC 号
《技术标准、规范及信息社会服务规则领域
信息提供程序的指令》的指令

欧洲议会及欧盟理事会,

考虑到《建立欧洲共同体条约》,尤其是其中第 100a 条及第 213 条的规定,

考虑到欧盟委员会的建议[1],

考虑到经济与社会小组委员会的意见[2],

根据《条约》第 189b 条规定的程序采取行动[3],

(1) 鉴于为促进内部市场的顺利运行,对于未来适用于信息社会服务的成员国国内法规则及条例,应该通过修改第 98/34/EC 号指令[4]最大程度地确保其透明度;

(2) 鉴于《条约》第 59 条和第 60 条规定能够的服务范围广泛、种类各异,而应个人要求以电子方式远程建立的信息社会所带来的机会将对之会

---

[1] OJ No. C 307, 16 October 1996, p. 11 and OJ C 65, 28 February 1998, p. 12.

[2] OJ No. C 158, 26 May 1997, p. 1.

[3] 欧洲议会 1997 年 5 月 16 日的意见(OJ No. C 167, 2 June 1997, p. 238),欧盟理事会 1998 年 1 月 26 日的共同立场文件(OJ No. C 62, 26 February 1998, p. 48)及欧洲议会 1998 年 5 月 14 日的决定(OJ No. C 167, 1 June 1998)。欧盟理事会 1998 年 6 月 29 日的决定。

[4] OJ No. L 204, 21 July 1998, p. 37.

助益颇多。

（3）鉴于构成内部市场无边界的区域使得该等服务之提供商为了增强其竞争力而发展其跨境业务活动，这样就使得公民可以有新的机会传送及接收信息而不受边界的影响，也使得消费者可以通过新的方式获得商品和服务；

（4）鉴于扩展第 98/34/EC 号指令的适用范围不应阻止成员国考虑信息社会到来所必然带来不同的社会、社会性及文化的意义；鉴于特别在适用该指令就信息社会服务所制定程序规则时，不得影响成员国根据共同体法律尤其可能在视听领域制定的文化政策，其中反映了其语言多样性、具体的国家和地域特征及其文化遗产；鉴于在任何情形下，发展信息社会应确保欧洲公民能够正当获取数字环境中所提供的欧洲文化遗产；

（5）鉴于第 98/34/EC 号指令并不适用于涉及诸如宪法规定的关于言论自由及特别是出版自由等国内法基本权利规则；鉴于其也并不旨在适用于一般刑法问题；而且，鉴于其并不适用于由国际私法调整的、贷款机构之间的协议，尤其不适用于贷款机构间完成支付的协议；

（6）鉴于欧盟理事会已然强调了需要在共同体层面建立一个清晰稳定的法律架构，以促进信息社会的发展；鉴于特别是包括《条约》及第二级立法中确立所确立原则在内的调整内部市场的共同体法及规则，已经为该等服务的发展建立了基本的法律架构；

（7）鉴于可以对现存国内法规定及目前适用于服务的条例进行调整，使之能从中体现新兴信息社会服务，要么确保对总体利益予以更好保护，要么对该等规定及条例在与其追求目标不相称的情形下对之予以简化；

（8）鉴于如果不在共同体层面对之进行协同，则在成员国层面必然进行的监管活动可能会限制服务自由流动及迁移自由，这进一步导致内部市场的碎片化、过度监管及监管冲突；

（9）鉴于为了确保对信息社会发展过程中涉及的总体利益目标进行真切和有效的保护，在对该等新兴服务进程中，对具有高度跨境意义的活动所产生的问题，就有必要在共同体层面采取协同化的方式予以解决；

（10）鉴于在电信服务的情形中，在共同体层面已然进行了协同化，或者在一些情况下采用了相互承认的安排；而且，鉴于现有共同体立法就技术发展及提供新兴服务规定了调整的空间，由于电信服务将会属于第98/34/EC号指令第10条第1款或第1条第5项所规定豁免情形的范围，大多数成员国涉及电信服务监管的法律并不适用本指令作出的通告规定；然而，鉴于成员国特定国内规定特别针对并不适用共同体法律的事项可能会影响信息社会服务的自由流动，在这种情形下，必须对之予以通报；

（11）然而，鉴于就其他仍然为人所知不多的信息社会领域，由于对新兴服务将采取的形式或其性质了解并非足够，在成员国国内层面就该领域也不存在具体的监管活动，在当前阶段基于内部市场对之采取协同化的必要性及具体内容都无法界定，这样，在共同体实体法层面通过深度或事无巨细的协同化对国内规则及监管法律予以协同化处理，就是不成熟的做法。

（12）因此，鉴于有必要保持内部市场的顺畅运作并规定信息提供程序，就规则及监管法律的新草案进行征询及行政合作，以规避碎片化的风险；鉴于该等程序其中将有助于确保《条约》及尤其是其中第52条、第59条得以有效适用，并在必要时发觉在共同体层面对总体利益进行保护的任何需要；另外，鉴于该等信息程序可能改善《条例》的适用，就基于内部市场考虑而出台具有严格必要性并符合比例原则的共同体法律及对总体利益目标给予保护而言，这使得紧迫性有所降低；最后，鉴于这项程序将使得企业更加有效地利用内部市场所带来的便利；

（13）鉴于第98/34/EC号指令追求同样的目标并鉴于就实现该等目标而言作为一项极为全面的程序十分有效；鉴于在实施该指令进程中所获得的经验，并且其中规定的程序可以适用于关于信息社会服务的规则草案；鉴于其规定的程序目前在成员国主管机关中已经得以确立；

（14）另外，鉴于根据《条约》第7a条规定，内部市场构成一个无内部边界区域，其中确保了商品、服务及资本的自由流动；而且，鉴于第98/34/EC号指令仅仅规定了行政合作程序，而没有规定实体规则协同化；

（15）因此，鉴于旨在将之适用于信息社会服务的规则及条例草案而对第98/34/EC号指令进行修改，就该等服务的法律架构而言，属于最佳方

案,有效满足了内部市场对透明度的要求;

（16）鉴于尤其对于可能在未来得以发展的规则,应当作出通知的规定;鉴于远程以电子方式并应服务接收方个人请求而提供的服务(信息社会服务),就其多样化及未来增长的角度,极有可能必然产生最大规模的新式规则及条例;鉴于就涉及该等服务规则及条例草案进行通知而言,须制定相应的规定;

（17）鉴于从事并经营可以通过上述方式进行服务活动的具体规则应当因此而予以通告,即使其被并入更具一般性目的的规则及条例也应如此;然而,鉴于就并不包含具体针对该等服务任何条文的一般性条例而言,并不需要作出通知;

（18）鉴于"从事并经营……服务活动的……规则"系指规定涉及信息社会服务要件的规则,例如涉及服务提供商、服务及服务接收方和涉及可以通过电子方式应服务接收方个人请求而远程提供经济活动的规则;鉴于因此涵盖诸如设立服务提供商的规则,尤其是有关授权或许可安排的规则;鉴于即使成为更为一般性条例的一部分,而具体针对信息社会服务的规定须被视为该等规则;鉴于在另一方面,直接及个别涉及特定具体接收方的措施(诸如电信许可等)并不在涵盖范围之内;

（19）鉴于根据欧洲法院所解释《条约》第60条的规定,"服务"系指通常为获取回报而提供的服务;鉴于在国家尤其在其社会、文化、教育领域之类的职权范围内从事获得经济回报之目的以外行为的,就没有这一特征;鉴于涉及该等活动的国内规定并非由《条约》第60条确立定义所涵盖,因此并不属于本指令适用范围;

（20）鉴于本指令并不妨碍欧盟理事会1989年10月3日第89/552/EEC号《对成员国就从事电视广播业务活动所通过法律、行政条例或行政措施所规定特定条款进行协同之指令》[①]的适用范围,后者被欧洲议会及欧

[①] OJ No. L 298, 17 October 1989, p. 23. 欧洲议会及欧盟理事会以第97/36/EC号指令对之予以修订(OJ L 202, 30 July 1997, p. 60)。

盟理事会第 97/36/EC 号指令①所修改,或者今后会作出其他修改。

(21) 鉴于在任何情况下,本指令并不涵盖旨在将共同体指令内容转化为有效法律或已经交由特定审查而等待通过之国内规定草案;鉴于其因此既不涵盖由第 97/36/EC 号指令修改或经过未来任何修改的第 89/552/EEC 号指令,也不涵盖欧洲议会及欧盟理事会 1997 年 4 月 10 日通过第 97/13/EC 号《电信服务一般授权及个别许可共同法律架构的指令》②项下随后通过对之予以转换的国内规则及条例。

(22) 另外,鉴于涉及信息社会服务的国内规则及条例可能立即得到通过的极端情形下,应对之作出规定;而且,鉴于仅仅基于与诸如事先并不知情且其来源并不会导致有关成员国主管机关采取任何行动的重大及意外情形相关的理由,使之成为可能也具有重要的意义,使得其不会损害本指令所固有的事先征询及行政合作的目标。

(23) 鉴于唯有一项服务规则草案属于欧盟委员会已经提交予欧盟理事会进行审议的一项指令、条例或据决定之建议稿的适用范围时,成员国推迟通过该决议草案达 12 个月是适当的;而涉及理事会共同立场文件的,可以推迟 18 个月;鉴于惟有该国内规则草案与欧盟委员会建议稿有实质冲突的情形下,欧盟委员会可以对有关成员国施加这种冻结义务;

(24) 鉴于本指令所确立在共同体层面提供信息及举行征询的法律架构之界定,是共同体一贯并有效参与在内部市场环境中涉及信息社会服务的监管层面的一项前提条件;

(25) 鉴于在第 98/34/EC 号指令项下,其中第 5 条所规定小组委员会应该举行会议审议涉及信息社会服务问题,是适当的;

(26) 鉴于基于相同理由,应该当注意的是,只要一项国内措施根据另一项共同体法令也被要求在起草环节进行通知的,有关成员国可以根据该其他法令作出单一的通告,说明该等通告也构成本指令项下的一项通告;

---

① OJ No. L 202, 30 July 1997, p. 1.
② OJ L 117, 7 May 1997, p. 15.

(27)鉴于欧盟委员会将定期调查信息社会领域新兴服务在市场中的发展状况,特别是其在电信、信息技术及媒体之间融合架构下的发展,并在必要时,发起动议,对规则进行及时的调整,以便鼓励新兴服务在欧洲的发展,

通过本指令如下:

定义

第1条

为本指令之目的,须采用以下定义:

(1)"产品":任何工业生产的产品及任何农产品,也包括渔业产品;

(2)"服务":任何信息社会服务,即,通常以获得报偿为目的应服务接收方个人要求通过电子方式远距离提供的任何服务。

为本定义之目的:

——"远距离":系指在当事人并非同时在场的情形下提供的服务,

——"通过电子方式":系指服务之开始发送及其最终接收均通过数据处理(包括数字压缩)及存储电子设备完全以有线、无线、光电子或其他电磁方式进行传递、输送和接收,

——"应服务接收方个别要求":系指服务是通过应个别要求的数据传递而予以提供的。

就本指令所不涵盖服务的说明清单,请见附件5。

本指令不得适用于:

——无线广播电视服务,

——第89/552/EEC号指令第1条a项涵盖的电视广播电视服务。

(3)"技术规格":一项文件中描述的规格规定了产品所必需的特性,例如质量水平、性能、安全性或体积,还包括产品销售所采用的名称、术语、标志、测试及实验方式、包装、标识或标签说明及合规评估程序。

"技术规格"这一术语也涵盖对产品特性产生影响的生产方式及过程,该等产品包括《条约》第38条第1款所规定农产品、供人类及动物食用的产

品、第 65/65/EEC 号指令第 1 条所界定医药产品及其他产品；

（4）"其他要件"：技术规格之外，具体而言为保护消费者或环境之目的，而对产品规定的要件，其影响了产品投入市场后的使用周期，例如使用、循环使用、再次使用或处理条件，而该等条件须实质性地影响了产品构成及其性质或对其进行的营销；

（5）"服务规则"：一般意义上涉及第 2 项所规定从事及经营业务活动的要件，具体而言包括涉及服务提供方、服务及服务接收方的规定，不包括并非具体针对该项所界定服务的任何规则。

本指令不得适用于涉及由第 90/387/EEC 号指令所界定电信服务领域内共同体法律所涵盖的事项。

本指令不得适用于涉及本指令附件 4 进行非穷尽列举的金融服务领域内共同体法律所涵盖的事项。

第 8 条第 3 款除外，本指令不得适用于第 93/22/EEC 号指令所规定监管市场制定或为其制定的规则，也不适用于为该等市场进行或结算功能的其他市场或组织所制定或为其制定的规则。

为本定义之目的：

——就其理由及运作部分的说明，所有或部分具体规定的具体目标就是为了通过明确及有针对性的方式对信息社会服务进行监管的，该规则须被视为具体针对信息社会服务，

——规则仅仅间接或偶尔对信息社会服务构成影响的，不得被视为具体针对信息社会服务的规则。

（6）"标准"：系指公认的标准化组织所批准重复或持续应用的技术规格，遵守该等技术规范非为强制要求并属于以下情形之一：

——国际标准：国际标准化组织所通过并公之于众的标准，

——欧洲标准：欧洲标准化组织化通过并公之于众的标准，

——国家标准：国家标准化组织通过并公之于众的标准。

（7）"标准程序"：公认的标准化机构列明实施标准化工作事项的工作程序；

(8)"标准草案":载有涉及特定议题之技术规格的文件,预期会按照国家标准程序、在该文件准备工作结束及向公众公开征询意见及监督后予以通过;

(9)"欧洲标准化组织":附件1所述及的组织;

(10)"国家标准化组织":附件2所述及的组织;

(11)"技术规范":技术规格及其他服务要件或规则,包括在销售、服务提供、设立服务运营商、在成员国部分地区或全国予以使用所必须遵守的相关法律上或事实上的行政规定,以及除第10条规定之外禁止产品制造、进口、销售或使用,或者禁止服务提供或使用,或者禁止作为服务提供方予以设立的成员国法律、行政法规或行政规定。

事实上的技术规范包括:

——成员国法律、行政法规或行政规定,要么述及技术规格,要么述及其他服务要件或规则,要么述及对技术规格予以描述的执业守则或行为守则,要么述及其他服务要件或规则,而对之的遵守就推定遵守了上述法律、行政法规或行政规定之中所规定义务;

——公共权力机关作为缔约一方的自主协议,其基于总体利益规定了对技术规格或其他服务要件或规则的遵守,公共采购投标规格除外;

——与影响产品或服务消费的有关财政或金融措施相关服务的技术规格、其他要件或规则,鼓励遵守该等服务技术规格、其他要件或规则;并不涵盖国家社会保障服务体系相关服务的技术规格、其他要件或规则。

这构成了成员国指定权力机关所规定的技术规范,记录于基于第5条所述及小组委员会架构而通过欧盟委员会于1999年8月5日起草的清单之中。

该清单的修改须适用同样的程序。

(12)"技术规范草案":服务技术规范或其他要件或规则的文本,包括基于制定或最终将之作为技术规范而制定的行政规定,文本处于准备阶段,可能还会进行实质性修改。

本指令不得适用于成员国基于《条约》认为出于保护尤其是工人在内人

员的目的而在使用产品时采取的必要措施,但该等措施不得对产品构成影响。

1. 概述。保护欧洲内部市场所涉及最棘手问题之一,就是如何避免引入的国家标准及技术规范构成欧洲产品和服务自由流动的新障碍。已经采取的解决方案就是在领域通过新的规范措施或标准之前,于成员国与欧盟委员会之间建立互相通报信息及征询意见的机制。《技术标准及规范领域信息提供指令》引入的解决方式在当时极具革命性,因为它对成员国进行监管的主权权利自动进行了实质性削减。在其实施的头15年中,不得不对《技术标准及规范领域信息提供指令》进行了多次修改,最终就有必要出台一个合并文本草案,以吸收所有这些条文修改。《信息社会服务技术标准、规范及规则领域信息提供程序的指令》就对之予以合并。充满悖论的是,作为其中最为重要的修改,在这次合并之后随即出台了《修改〈废止《信息社会服务技术标准及规范领域信息提供指令》的指令〉的指令》,将信息提供及征询程序延展适用于"信息社会服务"领域。在本处评述中,因此述及了欧盟委员会发表的非正式合并文本,也涵盖了后一个指令所进行的修改。在制定国家技术规范及标准之前进行欧洲层面上独有的信息提供及征询进程之外,因其规定了在其他共同体文件中重复使用的、诸如"信息社会服务"或"标准"在内的一系列概念,所以在此评述的指令内容也非常重要。该等概念也催生了欧洲法院意义重大的相关案例法(例如"技术规范"这一概念)。

2. 产品(第1款)。须对该术语进行最广泛意义上的解释,既包含工业产品,也包含农业产品。其核心指向《条约》货物自由流动条文中所适用的相同概念。在这个意义上,欧洲法院将直接界定为:"可以用金钱来衡量其价值并因此可以成为商业交易标的的产品。"欧洲法院判定,无论是否可以再生,因其不能成为商业交易标的,废品不能被视为产品(*Commission/Italy*(ECJ),C-7168)。产品无须是日用品。它可以是针对特定有限使用群体的产品,例如交警部门所使用的酒精测试仪(*Lemmens*(ECJ))。

3. 信息社会服务(第2款)。(a)定义。"信息社会服务"(之后就被《电子商务指令》所采纳)的概念被界定为:"应服务接收方个人要求通过电子方式远距离通常以获得报偿为目的而提供的任何服务。"如同在经欧洲法院案例法所阐释《条约》条文项下《修改〈废止〈信息社会服务技术标准及规范领域信息提供指令〉的指令》的指令》前言第 19 项所描述的那样,"服务"系指"通常为获取回报而提供的服务"。欧洲法院解释道:"报偿的关键特征就是其构成了有关服务的对价。"(*Wirth/Landeshauptstadt Hannover* (ECJ))。前言第 19 项也进一步认为:"鉴于在国家尤其在其社会、文化、教育领域之类的职权范围内从事获得经济回报目的外行为的,就没有这一特征。"例如,就将国家提供的系列服务排除在外:义务教育或医疗服务,政府部门发放许可证及文件,与国防相关的措施,民事保护,维持法律与秩序,与进行民事、行事、行政及税务司法相关的活动及类似活动。重要的是强调,指令并不要求提供服务的对象进行付款。全部通过广告进行融资的活动获取了报偿,因此也构成服务。(b) 信息服务的特征。三种特征一起构成了信息社会服务种类特征:远距离提供,以电子方式提供,应服务接收方个别要求而提供。这三个特征合在一起对信息社会服务与其他经济活动进行了区分。服务提供如缺少任何一项特征,该活动就不能被视为信息社会服务。为涵盖服务的说明性清单请见指令附件 5。根据定义,"远距离"系指"在当事人并非同时在场的情形下提供的服务"。(c) 远距离。"远距离"这一概念也用于《远程销售指令》,涉及诸如服务通过远程通讯技术予以提供的情形,其特征就是:当事人(即服务提供商及接受方)并非同时亲身在场。远程提供服务的具体情形就包括:在线信息服务(即电子报纸及杂志);电子图书馆;在线数据库;在线搜索引擎;从私人教育中心向家中学生提供的在线教育服务(即互动课程,虚拟大学及学校,对学生和家长提供的指导服务,等等);远程监控活动(即远程健康检查或者监控中心对居所或办公场所进行的在线监控);在线消费服务(即互动远程购物,对产品和服务进行信息展示及评估,低价搜索,等等)。非为远程提供服务并因此没有(被附件 5)所涵盖的情形是:在医生诊所运用电子设备且患者亲自在场的医疗检查;顾客在商店现场通过电子目录进行咨询;顾客亲自在旅行代理处通过电脑预订机票(旅行代理处为顾客所提供的服务并非远程进行);向视频游戏室中亲自在场的顾客提供电子游戏。(d) 通过电子方式。根据第 1 条第 2 款第 2 项第 2 小项的规定,"通过电子方式"系指:"服务之开始发送及其最终接收均通过数据处理(包括数字压缩)及存储电子设备完全以有线、无线、光电子或其他电磁方式进行传递、输送和接收。"通过该定义,指令旨在涵盖其组成部分在电子网络中予以传递、输送及接受的服务。该服务须自其起始点至目的点通过电信渠道(述及《电子通讯网络与服务共同架构之框架指令》第 1 条第 2 款 a 项所对"电子通讯网络"予以定义时引用的有线、无线、光电子或其他电磁方式)予以传送。通过电子手段所提供服务的具体情形有:通过互联网提供的在线娱乐服务(即视频游戏点播,音乐点播,视频点播,赛事点播,博彩及竞猜,考古遗址、纪念碑及博物馆虚拟游览,等等);互联网读取服务(即电子邮件,论坛,文件传输,聊天会议);在线确证服务(即认证,注册,交友及验证服务,等等);在线电信服务(即涉及数据处理及存储的视频会议,电话及传真服务,等等)。没有通过(附件 5 所列举)电子方式提供服务的情形具体包括:即使通过电子装置进行但却具有物质内容的服务(即自动取钞或取票机),即使在出入口设置电子装置监控车辆出入及/或确保收费,对公路网络及停车场的进入;线下服务(即分发 CD-ROMS 或存储于盘上的软件);并非通过电子数据存储及处理体系而提供的服务(即通过传统方式(即时)提供的语音电话及传真服务,通过语音电话及传真提供的服务,医生或律师电话咨询,通过电话或传真进行的直销)。(e) 应个别要求。根据第 1 条第 1 款第 2 项第 3 小项的规定,"应服务接收方个别要求"系指"服务是通过应个别要求的数据传递而予以提供的"。因此,该定义所涵盖服务就是对其接收方个别请求进行回应而提供的。这种互动性特点为信息社会服务所特有,将其与无须接收方提出要求而予以发行、本指令涵盖范围之外的其他服务区别开来。这就是为什么第 1 条第 2 款规定指令并不适用于最后由《无边界电视指令》所修改的《从事电视广播活动指令》第 1 条 a 项所涵盖的无线广播电视服务及电视广播电视服务。应个别请求所提供并为"信息社会服务"这一概念所涵盖的具体服务包括:在线服务(即订购飞机票、火车票及旅馆房间;订购博物馆及剧院门票;旅游信息提供;租车预订,等等);向企业提供在线服务(即就供货、存货、发货、合同及账目提供信息、管理及协助,等等);在线代理服务(即不动产、广告、营销、公关、就业代理、婚介所、拍卖,等等);在线专业服务(即律师、咨询、税务咨询、会计师、翻译、计算机科学家及软件设计师、工程师、设计师、时装设计师、心理咨询师、医生,等等。也由诸如接入数据库、数据及文件管理、咨询、诊断、计划和项目及设计准备、信息和地址及工作的个性搜索及挑选等服务构成);在线金融服务(即保险及银行业服务(尤指互联网银行及电子支付)、投资及中间商业务)。非经个别请求而提供因而并非由"信息社会服务"这一概念所涵盖的服务主要通过同时为不限定数额的接收方传送数据而提供的(一点向多点传送),包括电视所播送的文字信息(附件5)。共同体法官在2005年的一项判决中认定"付费观看"服务是通过向公众进行电视节目播映且并非应个别请求提供,因此系电视广播电视服务,并非指令所涵盖范畴(*Mediakabel BV/Commissariaat voor de Media*(ECJ))。

4. 技术规格(第3款)。须对本概念作为一个非常类型化的术语来解释。技术规格界定了"产品所必需的特性"。该定义中所述及的事例(质量水平,性能,安全或体积,等等)并非穷尽式的。其他诸如组成、形状、重量、包装、展示及等等特性也可以作为补充。规格可以满足多个目标的要求(例如:消费者保护,环境,公共健康和安全,生产标准,改进质量,商业交易的公平性,公共秩序之维护)。法院也认定,只要国内法律要求确定包装的规定并不要求须对该等等包装予以标注或加注标签,且看上去并不一定要对该等产品或包装进行如此描述,因为其并非规定了产品所需特性,所以并不构成技术规格(Sapod Audic/Eco-Emballages (ECJ))。另一方面,在2007年一项判决(*Schwibbert*(ECJ))中,法院裁决,为在意大利销售形象艺术作品压缩光碟而需要在其上粘贴独特标志的义务须被视为一项技术规格。规格应当于其后对产品、有关生产方式或过程造成影响,其中特别排除并不对产品构成影响的、涉及工作组织的规范(例如与建筑工地安全措施相关的规范)。测试及实验方式被成为技术规范的事例,涵盖为评估特定产品特性而所使用技术及科学方法。其中也提到的合规评估程序系指确保产品符合特定要求的程序。国内合规认证体系的多样性及差异性可能会造成以同样方式交易规格适用于该产品的技术壁垒。在 2005 年一项判决中，欧洲法院确认，技术规范对共同体内部贸易可能造成的影响并不构成界定指令适用范围的标准(Lars Erik Staffan Lindbergh (ECJ))。

5. 其他要件(第 4 款)。该术语涵盖在其自全部使用期间直至其所产生废品的管理或处理阶段这个生命周期可以施加于产品的要件。该条文规定，这种类型的要件原则上是为了消费者或环境保护的目的而提出的。这些就是两种基本需要，在极端情形下，可能为成员国通过施加贸易禁令或限制从而偏离货物自由流动原则的做法提供正当理由。这种"使用、循环使用、再次使用或处理产品"被称之为"其他要件"，指向最为重要的具体情形。为了能成为够格的"其他要件"。该等条件须极有可能对产品的组成、性质或销售造成影响。因此，涉及医疗废弃物或寻求对包装确立回收或再次利用体系，甚至是对诸如废弃电池予以单独收集的监管措施，预期会载有属于"其他要件"的规定。

6. 服务规则(第 5 款)。(a) 适用范围。该术语述及从事及经营(信息社会)服务活动的规则，该等服务活动包括诸如涉及服务提供方、服务及服务接收方，以及涉及应服务接收方个别要求而可以通过电子方式能够远程进行的经济活动(《修改〈废止《信息社会服务技术标准及规范领域信息提供指令》的指令〉的指令》，前言第 19 项)。相应地，设立服务提供方，尤其是与授权或许可安排相关的规则也被包含在内。从"服务规则"中排除在外的是"直接及个别涉及特定具体接收方"的规则(《修改〈废止《信息社会服务技术标准及规范领域信息提供指令》的指令〉的指令》，前言第 18 项)，而非所规定的抽象及一般化要件。相关情形就是在具体案件中的行政决定或司法裁决，向一家或多家特定运营商或者服务提供商授予许可。同样，自然人或法人的私法行为或签订的合同，在成员国并非当事一方的情形下，并非指令的涵盖范围。可能会构成"服务规则"的具体情形规定于第 98/48/EC 号《技术规范领域信息提供程序运作的指令》(第 98/48/EC 号指令)之中。因此，以下情形就令人瞩目地被视为"服务规则"：涉及从事活动的措施(例如：

法律草案确立了为取得许可的义务及为其发放所进行的安排）；涉及经营在线业务活动条件的措施（例如：禁止就特定行为进行商业推广或以某种形式进行广告宣传的法令草案）；涉及在线服务提供商的措施（例如：涉及在线税务咨询师的条例草案）；涉及提供在线服务的措施（例如：涉及提供在线设计师服务程序的法律草案）；涉及在线服务接收方的措施（例如：有关参与互联网特定竞猜游戏的条例草案）。即使规则是一个更为普遍条例的组成部分，该规则也须对信息社会服务有具体的针对性。第1条第5款最后一项规定："就其理由及运作部分的说明，所有或部分具体规定的具体目标就是为了通过明确及有针对性的方式对信息社会服务进行监管的，该规则须被视为具体针对信息社会服务。"规则仅仅间接或偶尔对信息社会服务构成影响的，不得被视为具体针对信息社会服务的规则。例如，一项国内规定使得如果只有事先取得政府授权的人才被允许经营安全公司，即使一些安全公司是通过在线网络提供其服务的，也不会被认为是具体针对信息社会服务的规则。由以上可知，指令所涵盖的不仅仅是其整体针对着信息社会服务的监管文件（例如：电子签名法），而且也涵盖其中仅有一项或几项特别条款涉及该等服务的条例（例如：针对色情的法律中载有一有关色情网站的特别规定）。在后一种情形中，须将整个草案向欧盟委员会提出通告，并在合适情形下附有对评估技术规范草案适用范围实属必要的其他任何条文。规范草案仅仅间接及偶然涉及信息社会服务的，如其涉及一般的经济活动，且没有考虑到提供在线服务的典型技术规程，则并不被视为"服务规范"（例如：要求在通过包括电子邮件在内的任何通讯方式提供安全咨询服务是须获取许可的法律草案）。与之对应，非由上述第98/48/EC号指令所描述及涵盖的措施具体包括：保护未成年人的法律通则；有关新闻出版业所有权体系的法律；隐私保护法律；有关适用于音乐作品及税务安排的条例；规定或修改适用于人文教育职业一般性安排的条例。第1条第5款第2项规定："本指令不得适用于涉及由第90/387/EEC号指令所界定电信服务领域内共同体法律所涵盖的事项。"《提供开放网络指令》已被《电子通讯网络及服务共同架构指令》第26条所废止。(b) 与电子通讯服务的关系。似乎对"电子通讯服务"这个新概念适用第1条第5款第2项所规定除外事项是非常合乎逻辑的。《电子通讯网络及服务共同架构指令》第2条c项对之予以确认，明确排除了其对信息社会服务的适用，并将"电子通讯服务"界定为："通常基于报偿而提供的服务，该服务就是全部或主要在电子通讯网络上进行信号传输，包括在广播电视网络中提供的电信服务及传输服务，但是提供利用电子通信网络及服务所所传输内容的服务或对其进行编辑控制的服务排除在外。"这就并不包括指令第1条所界定的信息社会服务，其并非全部或主要在电子通讯网络上进行信号传播。（c）金融服务。对于就涉及电信服务领域协同化事项的条例所规定的例外情形，第1条第5款第3项规定："本指令不得适用于涉及本指令附件4进行非穷尽列举的金融服务领域内共同体法律所涵盖的事项。"在指令适用范围中规定这种例外情形的原因大同小异，就是因为该等规则是共同体已经足够成熟的法律架构中的组成部分。从这一具体例外情形的规定中可以看出，未来一项国内法律是为了实施某件法律并系这种类型的相关问题，属于共同体金融服务指令所调整范围的，即使其具体针对的是在线金融服务，也无须进行通告。附件6所提供的非穷尽式金融服务清单纯粹是指引性的，其以极其简要的方式将有关服务分为主要的三种类型：银行业、投资及保险服务。第6条所述及涵盖范围以外的具体规范情形包括：就运营商及互联网金融活动而对"投资服务"及"投资企业"进行界定的法律草案；关于发行电子货币的贷款机构存款保证金制度的条例草案；就会计、审慎及统计信息而规定在线保险运营商义务的法令草案。就金融服务而言，第1条第5款第4项规定了另一项具体的豁免情形："第8条第3款除外，本指令不得适用于第93/22/EEC号指令所规定被监管市场制定或为其制定的规则，也不适用于为该等市场进行清算或结算功能的其他市场或组织所制定或为其制定的规则。"该项例外的理由就是需要针对情势变幻莫测而又极具移动性及流动性的金融市场在线服务制定监管法令。这项例外规定就导致被监管市场制定或为其制定的规则、为该等市场进行清算或结算功能的其他市场或组织所制定或为其制定的规则，均不适用事先通知义务（当然也不适用条例其他诸如"中止"期间的规定)。为了至少实现最小程度的透明化,该等规则须履行的唯一义务就是"事后"通知,即,在成员国根据第8条第3款规定在国家层面制定法律之后予以通知;如同第1条第5款第4项指出的那样,第8条第3款是指令唯一适用于该等规则的条款。因此,具体针对涉及监管市场或其他市场及机构在线服务的条例并不需要在起草阶段进行报告,而仅仅是在其在国家层面确定予以通过后进行报告。比如:关于证券交易所交易及结算计算机化的条例草案;涉及证券交易所中用于电子交易清算行体系的法令草案;涉及证券交易所之外金融市场上所买卖证券进行电子交易提供及达成的条例草案。

7. 标准,标准草案,标准程序及标准化组织(第6项至第8项)。"标准"这一概念须与"技术规范"区别开来,而后者由第1条第9款进行了界定。这种情形下,标准就被界定为满足四项要件方能取得标准之地位的技术规格。(a)公认的组织。首先,其须由"公认的标准化组织所批准"。有关组织无论是国家的(例如法国的AFNOR,德国的DIN或者英国的BSI)、欧洲的(CEN(欧洲标准化小组委员会),Cenelec(欧洲电子技术标准小组委员会及ETSI(欧洲电信标准研究院)),还是国际性(ISO(国际标准化组织))或联合国组织(ECE(欧洲经济委员会))),须要么由公共权力机关通过批准或者立法或立法文件的方式、要么由经济组织自身通过正式或非正式的方式予以认可。该等组织可以通过诸如启动投票程序等手段对标准予以批准。(b)持续应用。其次,标准是为了进行"重复或持续应用"。这一特征形成了标准与无论是公共或私人进行采购的规格之间的基本区别。标准可以被应用于数个合同中予以引述,而这也是其功用所在;而采购人希望适用于产品的规格条件(采购规格),在招标通知书中系作为标准所规定准则的补充要求。应用标准中的持续性概念述及标准适应新技术进步的需要。持续应用标准也推定现存标准要进行不断更新。已经过时的标准因此将被取消并被新标准代替,而后者将体现最新的技术进步。(c)非强制性。第三,标准并非强制性遵守。标准的自发性质将之与强制适用的技术规范区分开来。这来源于相关文件准备的原则及方式。准备文件就是在所有相关方之间提议、自发参与及达成共识的结果。该等相关方包括产业界人士，科学家，消费者协会，环保组织，专业贸易协会等。(d) 公之于众。第四，标准必须予以公之于众。一个文件之运用如果依赖于对之有兴趣者的意愿，最后这个标准似乎就显而易见了。然而，因为它也暗示了公众必须知晓标准的存在并且其文本能够随时提供，所以也是一项很重要的要件。因此，无论是国家、欧洲还是国际标准化组织，都会公开出版其标准并将之销售予公众。标准的这一定义与 ISO 及 UNECE 的定义稍稍有些不同：后两者的定义更强调标准的经济作用，并且更强调其是共识的结果这一事实，这就符合大多数方的利益并不断地调整适应科学技术进步的需要。该等不同来自于这样一个事实：指令主要是从消除贸易壁垒的角度来看待标准的。(e) 三种标准。指令进一步将其定义建立在地理类型标准之上，将之根据标准出台组织运行规模分为三种标准：国际标准，欧洲标准和国家标准。在这三个层面的标准间存在着一定联系：国际标准可以被采纳为欧洲标准，而欧洲标准须被国家标准化组织采纳为国家标准。在国家层面，"标准程序"(第1条第7款)系经与经济行业专家紧密合作而准备完成的，后者对标准准备工作极具兴趣。在欧洲和国际层面，这种合作系在该等组织不同成员代表间进行。国家标准化组织的标准程序得应要求送交欧盟委员会。"标准草案"(第1条第8款)并不仅仅是开始标准化工作的意图，而是标准准备工作进程中非常具体的一个环节，是文件最终通过之前的最后一个环节。在这个环节，标准尚未通过，但却包含了所有预想的技术规格，这使得其可以轻易地找出潜在的贸易壁垒。一共有三个欧洲标准化组织，都在指令附件 1 中得以列式：CEN、Cenelec 及 ETSI。附件 2 述及的国家标准化组织就是欧盟成员国中的机构(在本书写作之时，为了能涵盖"新"成员国的机构，附件 2 仍然有待出台)。根据允许所有经济及社会相关方自愿参与工作的程序，国家标准化机构负责准备并公布标准。

8. 技术规范，技术规范草案(第 11 款)。(a) 适用范围。这是指令中最为困难的一个概念，欧洲法院在其判决中对之进行了多次阐明和解释。概念规定了规范文本类型的信息，而其须根据指令确立的信息提供程序予以提供。合格的技术规范要求技术规格或"其他"要件必须满足以下条件:首先,其须为"强制性"的(该特征系公共权力机关准备文件所固有,适用本指令,构成技术规范与标准的基本差异,而后者系由私人机构所准备,其核心就是自愿参与);其次,其须对成员国或其中很大部分之工业产品及农产品或信息社会服务的销售或使用造成影响。技术规范系有成员国中央政府,或欧盟委员会在指令常务小组委员会架构下所准备清单列明的成员国机关之一提起的,须根据指令规定提交技术规范通知。由地方政府提起的技术规范并不适用指令(但是,这种情形并不适用诸如比利时或德国这种联邦国家地区政府所提出的规范文本)。在 CIA 安全案中,欧洲法院认为,如果依据一项规定,只有事先取得根据行政条例所规定程序作出的批准后,才能对有关产品进行销售,则对该等规定的归类有赖于其在国内法之中的效力。如根据国内法,该等规定仅仅是使得含有约束有关方规定的行政条例得以通过的依据,那么其自身对个体并无法律效力,该等规定并不构成指令所规定的技术规范。然而,如果其要求有关企业就其设备事先申请批准,即使拟议中的行政规定尚待通过,也必须将之归类为技术规范。(b) 具有约束力之特性。技术规范或其他要件的约束力之特性也许来自于两种方式的授权:首先,相关公共机关直接发布或来自于其授权的措施,强制要求遵守该等技术规范或其他措施的,就是"依法"具有约束力。例如,法令就果酱及被保存水果进行小规模生产的条件予以规定的,将会被视为"依法"具有强制力的技术规范。同样,这也适用于依据法令禁止使用塑料瓶对矿泉水进行销售的情形,等等;其次,技术规范并非由相关国家正式且具约束力之行为予以规定,但相关国家支持对其予以遵守的,则具有"事实"的约束力。因为它们对贸易可能具有相似的影响,这些措施被视为等同于具有约束力的规范。(c) 事实标准的具体情形。第 1 条第 11 款就列举了三种最为重要且最常出现的三种事实技术规范。第一个例子涉及法律、行政法规及行政规定。所述及的法律、行政法规及行政规定系由国家机关制定,其中引述了通常非国家组织(例如:国家标准化组织)所规定的技术规格或其他要件,其表面非为强制(标准、执业守则或行为守则),但由于其使得产品或服务可以被推定为符合上述措施规定,就鼓励遵守该等技术规格或其他要件。如果保险相关法律对遵守特定非强制标准的产品用户,因为已经推定该等产品符合要件,而免除其证明遵守强制性要求的责任,就是这样获得鼓励的情形。第二个例子涉及协议。经济组织间达成协议,确立了特定产品的技术规格或其他要件,因其在私人领域发起,所以严格而言并不具有约束力。然而,国家成为该等协议其中一项协议的签署方的,其就被视为事实技术规范。由于该等协议已经成为国家监管政策的组成部分,所以该种情形日益常见。成员国通常基于环境保护的理由对其予以运用:减少污染车辆废气排放或者将有害物质排放入水体,推广使用特定种类的包装,等等。就立法目的实施必要措施时,该等协议使其具有了更大的弹性。有关产业的自发参与也确保其能最终得以落实。如果该等协议属于该指令的适用范围,国家就不得不参与。要使得公共权力机关能够履行自己承担的信息提供义务,并在指令规定的信息提供程序框架下对欧盟委员会或成员国的意见予以考虑,该国家就必须成为合同签字方。只要公共权力机关并没有实际参与自发认证体系,仅是容忍乃至甚至是推动或促进在商业网址引入该体系并不导致根据指令进行通知的义务。第 1 条第 11 款第 2 项之第 3 小项引述的财政或金融措施,系国家公共权力机关在成员国财政立法所追求传统目标之外而制定的措施。其被视为实施国家决策最为有效的工具,尤其是针对保护环境及消费者的情形下更是如此,因为基本而言,其旨在就具体产品或(信息社会)服务影响消费者的行为。有关措施种类尤其包括通过给予金融支持(例如对购买特定加热电电器或使用诸如风能等替代能源给予补贴)或抑制购买(例如在建筑工业中,对于使用特定材料的情形排除资助)的方式,设法鼓励购买满足特定规格的产品。其也涵盖通过鼓励遵守指令所规定的"其他要件"从而可能影响消费的财政或金融措施(例如在建立存放系统的情形下,对特定产品包装的生态保护税予以豁免;在建立回收及再生系统的情形下,对特定产品的生态保护税予以豁免)。指令并不涵盖成员国整体的财政或金融立法;其仅仅针对与目的在与改变消费者行为的财政或金融措施有关的技术规格或"其他要件"。严格说来,财政或金融措施并不构成欧盟委员会或成员国审查的对象,而仅仅是可能构成贸易壁垒的技术规格或其他要件的一个方面。应当强调的是,指令的这种规定并不涵盖根据《条约》有关政府资助规定对特定企业或产品予以扶持而实施的财政或金融措施,该等措施是《条约》所规定特定程序的适用对象。与国家社会保障体系相关的措施也被排除在外(例如规定只有进行特定种类包装方可报销医药的行政条例)。(d) 技术规范的影响。欧洲法院已经在多个案件中都强调了技术规范对产品或服务的商业化或使用所产生影响的重要性。例如:规定某种产品(石棉)在空气中最大集结值的规则并非涉及产品自身的要件,因此并不是指令所规定意义上的技术规范,欧洲法院就作出了这样的判决(*Commission/Italy* (ECJ) C-279/94)。在另一个案件中,法院判定,在产品标签中要求就所提及信息使用一种或多种特定语言的措施而定,自身并非需要进行通知的技术规范(*Colim* (ECJ))。换言之,仅仅规定在产品标签提及特定信息之义务的措施被视为技术规范,而具体规定提供信息所使用语言的条文则不是。措施要对产品有直接的影响力,这很重要。禁止使用某种特定自动游戏机进行竞猜游戏的国内规定可以构成技术规范,但该禁令的范围仅允许对产品予以边际使用,或者可能对产品的组成、性质或销售构成重要影响(*Lars Erik Staffan Lindbergh* (ECJ))。同在竞猜领域,*Commission v Hellenic Republic* (2006)判决裁定,国内措施禁止在赌场之外的公共或私人处所使用包括计算机游戏在内的所有电动、电子机械及电子游戏,禁止在提供互联网服务的企业电脑上运行游戏,并且使得该等企业之运营须获发特别授权方可进行,此时,这种措施就须被视为第98/34/EC号指令规定意义上的技术规范。法院进一步认定,一项措施要求在特定环境下须设置特定装置(鞋只清洁装置),该要求与所涉产品(猪)并不相关,因此并非技术规范(*Snellers* (ECJ))。调整广播电视公司商业广告一项国内措施所涉案件中,法院作出了相似的裁决(*Van der Burg* (ECJ))。一项国内监管文件其中规定,要取得许可就某项职业从事执业活动,须满足特定条件,这并不被视为技术规范(*Canal Satélite Digital SL* (ECJ))。对于相关商店停止营业的国内条例,也是相同的情形。该等规则并未规定商品的技术规格或(信息社会)服务的规则,因此,根据指令规定,无须予以报告。相反,一项条例规定了适用于就衡量特定产品质量所进行测试的具体规则,就构成技术规范(*CIA Security International*（ECJ）)。例如:法院确认,国内条文要求用于清洁耳朵的棉球仅能以可生物降解的原料制作的,就构成技术规范(*Lidl italia Srl/Comune di Stradella*（ECJ）)。欧洲法院裁定,对现有技术规范适用范围予以扩展的,须被视为指令所适用的新技术规范(*Commission/Germany*（ECJ）,C-317/92)。然而,指令在适用范围中却排除了指令第 10 条具体规定的、符合其所规定技术规范定义的特定技术规范和其他要件及服务规则,尤其在其符合共同体法令或仅限于实施欧洲法院判决的情形中更是如此。共同体法令与技术规范之间须有直接联系,并在决定是否发出技术规范通知时依照保留给成员国的自由裁量空间而定。共同体法令具有一般性的特征而由成员国选择具体措施的,将须就该等措施发出通知(*Unilever*（ECJ）)。由于本指令仅就解码器规定了一般性规则,并没有就具体行政措施进行规定,所以国内规定要求对解码器进行登记并在对之进行分销前取得事先批准,以将《无国界电视指令》转换为国内法,则有义务就此规定予以通告(*Canal Satélite Digital SL*（ECJ）)。

9. 为了被视为技术规范(第12款)。技术规范必须在准备阶段得以对文本进行"实质改动"。指令就技术规范领域所确立的信息提供程序规定,在审查完毕其所收到的草案后,欧盟委员会可以要求成员国对其认为与内部市场规则不符的表述进行修改。由成员国根据其立法进程的性质决定其技术规范草案在哪一个阶段应提交予欧盟委员会,只要仍然可以对之进行修改即可。

10. 人员保护(最后一款)。使用产品时,为人员(特别是雇员)保护之必须所采取措施的,不适用指令。例如:诸如穿戴保护服装的义务、对超过特定时限的产品进行操作的限制等等情形下,无须进行通告。相反,监管条文具体规定了保护性服装的要件,涵盖产品技术规范,因此适用指令。

新标准化提议之透明性

第 2 条

（1）附件 2 所述国家组织通过将新议题纳入其标准程序的方式决定对标准予以准备或修改时，应向欧盟委员会及附件 1 和附件 2 所述及的标准化组织告知该等新议题，除非其为国际或欧洲标准的原文或同等转换形式。

（2）第 1 款所述及信息须尤其说明有关标准是否

——并非等同地对国际标准予以转换；

——将会是新的国家标准；或者

——将对国家标准进行修改。

在征询第 5 条述及小组委员会意见后，为了促进对其进行评估，就该等信息的合并陈述、计划及适用于信息陈述的标准，欧盟委员会可以制定相关规则。

（3）欧盟委员会可以要求将全部或部分标准程序向其予以通告。

其须向成员国提供该等信息，其形式会使得不同程序得以评估和比较。

（4）在适当情形下，欧盟委员会须基于成员国的通告对附件 2 予以修改。

（5）欧盟理事会基于欧盟委员会的建议决定对附件 1 的任何修改。

1. 概述（第 1 款）。第 2 条首先规定，标准领域信息提供程序局限于国家标准化组织计划发起的新工作，该工作尚处于非常早的阶段，以便不同成员国的利益相关行业参与其中，并表达出自己供参考的意见。无论其目标是确立一项新标准还是对现有标准进行修改，该等行动以须按照指令规定予以通告；但该等拟议中的标准并非是对国际或欧洲标准进行原文转换或同等转换的结果。原因很简单：只有"纯粹"的国家标准才可能构成内部市场正常运行的壁垒。原则上讲，国际或欧洲标准并不会损害共同体内部货物的自由流动。

2. 原文转换或同等转换（第 2 款）。原文转换系指国家标准将国际或欧洲标准文本全部采纳。通常欧洲标准就是这样被采纳为种种国家标准的。产品按照一个成员国的国家标准予以生产而被视为不经过修改就符合另一成员国的国家标准,因此就实现了国家标准的协同化。同等转换意味着,与欧洲标准比较而言,国家标准存在着某种技术上的不同,这原则上不会构成货物自由流动的壁垒,对此,在特定过渡期间,成员国获授权保留该等国家标准。随同欧洲标准同时准备的就是协同化文件;对于国家标准化组织而言,将之采纳为国家标准的一部分,协同化文件就体现了较少的限制。虽然其在国家层面须以公开其名称及索引号的同时,撤销与之相冲突的国家标准来使之生效,标准化组织自主保留或公开协同化文件议题相关的国家标准,只要其内容在技术上等同就可以。

3. 实施。实践中,涉及标准的信息提供程序性从 1985 年 1 月 1 日开始实施。就其责任领域中的新标准草案而言,通过每年与欧盟委员会达成的合同,欧洲标准化组织负责程序的技术运作。从 1992 年以来,欧盟委员会在合同中间就信息质量加入了两条规定;据此规定,欧洲标准化组织首先就确保通告之精准、明确及可靠性而清楚界定了必须的内部规则,其次则为其中心秘书处对其所收到信息进行质量监督而配备了必要资源。国家标准化组织负责向欧洲组织中心秘书处进行日常信息的通告,后者对之予以核对、处理并将之储存于数据库。之后,结果按领域分类,每月登记,并在欧盟委员会相关部门(企业局)之外,分发予欧洲标准化组织的成员,供其审查并发表意见。公布登记信息及向国家成员予以分发,就确保了指令项下所通过信息的透明性。关键在于国家标准化组织通过尽可能广泛地发放登记信息而向成员进行意见征询。尤其是产业界之类的相关方在实践中仅有较短的时间做出反馈。

4. 有关标准草案性质的信息(第 2 款)。(a) 目的。国家标准化组织提供新标准草案的细节信息已经成为确保透明度并促进对通告予以审查的目标。其直接产生于前一款的规定。列明的三种标准实际上就是那些不能对应于"国际标准的原文或同等转换"并须因此而根据指令予以通告的标准。首先,新的国家标准草案也许载有可能构成货物自由流动壁垒的技术规格,但该标准的使用须得到限制。这只能通过对该等规格分别进行审查才能确定。其次,转换国际标准(ISO 或者 IEC)的国家标准可以不等同于原文件,因为这种转换严格而言并不具有强制性,且国家标准化组织认为技术规格对于其市场不具相关性的,可以自己决定对之进行修改。在这种情形下,建议就已转换标准与国际标准不同部分,对之进行评估。最后,为了对国家标准进行调整,使之能反映技术进步的要求,可以对之进行修改。这样,对草案的通报就使得有机会审查该等修改(增加、修正或移除特定技术规格)对共同体内部贸易是否具有形成技术壁垒的新风险。(b)鼓励标准化。另外,在进行该等生产的进程中,国家标准化组织、欧洲标准化组织及欧盟委员会认为拟议中的修改值得在欧洲层面上设立一个新主题进行研究的,其可以建议准备一个欧洲标准。在标准化领域,指令的宗旨就是确保国家动议的透明性,但其也有鼓励欧洲标准化发展的作用。虽然标准领域信息提供程序的操作已经以合同的形式委托予欧洲标准化组织(CEN、CENELEC 及 ETSI)予以实施,欧盟委员会自身也可以对其正常运作予以监督,尤其可以保留建议欧洲标准化组织确立展示所收集信息的方式,以便确保其更易于运行。然而,所制定的规范不能由欧盟委员会单方面予以认定。其首先须征求常务小组委员会的意见,后者的组成、作用及运作由指令第 5 条予以规定。

6. 了解国家标准程序(第 3 款)。第 2 条第 3 款规定,不仅必须告知欧盟委员会新的国家动议,而且还要使得欧盟委员会能够了解国家及欧洲标准化组织的所有该标准程序。为了满足这一要求,国家及欧洲标准化组织不再按照指令开头规定而就技术该标准及规范领域所设立的信息提供义务那样承担信息提供义务,不再每年就其标准程序进行通告,但是在欧盟委员会提出要求的,他们须就其标准程序的全部或部分予以通告。欧盟委员会在此起着信息交流所的作用,将该等信息转交予成员国。

7. 更新国家标准化组织清单(第 4 款)。第 2 条第 4 款规定,欧盟委员会有权更新指令附件 2 列示的国家标准化组织清单。该等更新之进行有赖于成员国向欧盟委员会提供必要信息。

8. 更新欧洲标准化组织清单(第 5 款)。第 2 条第 5 款规定,与附件 2

不同,附件1列示了官方认可的欧洲标准化组织清单,其并非完全在欧盟委员会的职权涵盖范围内,还需要欧洲部长理事会应欧盟委员会的建议作出决定。例如:指令附件1于1992年得到修改,以便将ETSI加入到欧洲标准化组织清单中。

国家标准草案之通告

第3条

须应要求向附件1及附件2述及的标准化组织及欧盟委员会提供所有的标准草案;有关机构就该等标准化组织及欧盟委员会涉及草案的任何意见采取行动的,应对其予以告知。

概述。该条规定,只要根据第2条的规定就各个国家新标准草案准备情形告知国家标准化组织、欧洲标准化组织及欧盟委员会的,后三者就有权要求成员国标准化组织提交其进行通告的任何标准草案。成员国标准化组织必须满足这一请求。第3条也规定向所有就这些草案之一提出意见的当事方提供信息的义务:是否对草案进行修改、撤销草案或者提出对之予以保留的正当理由。

国家标准化组织的义务

第4条

(1) 成员国须采取所有必要步骤,确保其标准化组织:

——根据第2条及第3条的规定予以信息通告,

——公布标准草案,其方式使之也可以获得设立于其他成员国有关方的意见,

——赋予附件2所述及其他组织就所计划活动被动或(通过派遣观察员)主动参与的权利,

——不拒绝根据欧洲标准化组织规定的规则在欧洲层面对其工作计划中的议题进行讨论,并就此不采取任何可能影响有关决定的行为。

(2) 成员国尤其保持克制,不会通过援引与第2条、第3条及本条第1

款规定相冲突的国家标准而采取任何行动对之予以认可、批准或使用。

概述。(a) 第4条就标准领域的信息提供程序规定了成员国的义务。虽然指令必须由作为其适用对象的成员国转换为内国法，但是，只要实现了所追求的目标，转换方式是由成员国所选择的。因此，该义务事关结果，而非过程。另外，由于大多数国家标准化组织具有私人机构的地位，这一事实就压缩了国家机关对之予以命令的余地。这就解释了为什么指令在这方面采取了极具弹性的语言（"采取所有必要步骤，确保……"）。依照该条规定，每一成员国须采取其认为必要的一切手段（公开信、协议、监管措施，等等）确保其所有的标准新议题编入年度工作计划中时，其标准化组织的确在事实上对之进行了通告；在另一成员国、欧洲标准化组织或欧盟委员会提出要求时，提供所要求的任何标准草案，并告知就标准草案的任何意见所采取的措施。(b) 公众质询。每一成员国须进一步确保其标准化组织向欧盟全境各方提供了对国家标准草案发表意见的机会。这相当于将其他成员国纳入了自己延展后的公众质询当中，在国家层面，后者是在标准起草过程完成后、于生效及标准信息提供程序得以组织以前的关键步骤。最后，成员国须确保其标准化组织并不拒绝根据欧洲标准化组织制定的规则在欧洲层面讨论其标准化议题，或者其并不会采取可能危及欧洲动议的行动。第4条第2款规定，成员国应当保持克制，不进行任何行为对违反第2条、第3条及第4条第1款所制定的国家标准予以认可、批准或使用。

常务小组委员会

第5条

须设立由成员国代表组成的、可以要求专家或顾问予以协助的常务小组委员会；其主席须为欧盟委员会之代表。

小组委员会须制定自己的程序规则。

概述。第5条及第6条规定了常务小组委员会的组成及作用。指令在多处规定中提及该小组委员会。鉴于两项条文就这样具有密切联系，就将之与第6条合并在一起予以评述。

第 6 条

（1）小组委员会须每年至少与附件1、附件2所列示标准机构的代表举行两次会议。

小组委员会在举行会议时须具有一定的结构，以便对信息社会服务问题予以审议。

（2）欧盟委员会须向小组委员会提交实施及适用指令所规定程序的报告，并须提交旨在消除现存或可预见贸易壁垒的建议。

（3）小组委员会须对第2款述及的通告及建议发表意见，并可以就此向欧盟委员会提出以下具体建议：

——要求欧洲标准机构在给定时限内制定欧洲标准；

——为了避免贸易壁垒的风险，必要时确保起初涉及的成员国在彼此之间就采取适当措施作出决定；

——采取所有必要措施；

——确定看来有必要予以协同化的领域，并在出现有关情形时在给定领域进行适当协同化。

（4）发生如下情形，欧盟委员会须征求小组委员会的意见：

（a）在对附件1及附件2（第2条第1款）所列清单进行任何修改之前；

（b）就信息合并陈述及标准计划（第2条第2款）之原则和陈述制定规则时；

（c）为了本指令所规定信息的交换能得以施行而决定采用的实际系统及对其所作的任何修改；

（d）审议本指令所建立系统的运作；

（e）第3款第1项所述及标准机构的要求。

（5）欧盟委员会可就其收到的任何技术规范初稿征询小组委员会的意见。

（6）有关实施本指令的任何问题可以应小组委员会主席或成员国的要求提交予小组委员会。

(7) 须对小组委员会的程序及所提交予其的信息予以保密。

然而,在采取必要审慎措施的前提下,小组委员会及国家机关可以征询专家意见,无论其来自于自然人还是法人,其中也包括私人领域人士提供的意见。

(8) 就服务规则而言,欧盟委员会和小组委员会可以征询产业界或学界自然人或法人的意见,并在可能的情形下也向有能力就任何服务规则草案的社会及社会学宗旨和后果发表意见的代表机构征询意见,并在接到要求时对其建议进行考虑。

1. 概述(第5条及第6条)。第5条及第6条规定了常务小组委员会的组成及作用,指令的多个条文对小组委员会都有提及。小组委员会由成员国国家机关代表组成,其主席由欧盟委员会代表担任。它也是指令的一个征询机构,职权范围涵盖标准及技术规范,其对所有问题进行讨论的焦点都涉及指令的实施。因此,在监督程序操作及审查通告所提出政策议题时,小组委员会都起着很大的作用。

2. 操作规则(第5条及第6条第1款、第2款及第7款)。既然指令规定小组委员会须自身制定其程序规则,成员国及欧盟委员会已就常务小组委员会操作规则达成一致。指令所确定的规则仅仅就是与欧洲及国家标准机构每年举行两次会议,并保证对向其提供的信息及其程序进行予以保密。然而,可这种审慎义务并不禁止小组委员会及国家机关利用私人领域自然人或法人的专业技能,后者能够就所通告草案予以审查并出具意见。由于成员国国家机关并不总是具有必要的知识和资源来履行其职务,所以该等意见实际上不可或缺。为了审查信息服务议题,常务小组委员会以一定的组织结构举行会议,以便相关方都能参加会议(第6条第1款第2句)对于信息社会服务规则,欧盟委员会及常务小组委员会可以向产业界、学界及有能力就任何规则草案之社会学宗旨及其后果发表意见的代表机构咨询。实践中,常务小组委员会差不多一年举行五次会议,由欧盟委员会召集。每两年,欧盟委员会就其将向欧洲议会及欧洲经济与社会小组委员会提交的指令适用结果向常务小组委员会提交报告。

3. 职权(第 6 条第 3 款至第 6 款)。常务小组委员会具有一般职权,这与指令的两个方面一致,其特定职权也限定于这两个方面。(a)一般职权。就"一般职权"而言,作为一个咨询机构,应主席或成员国要求,涉及指令实施的任何问题都可以提交予常务小组委员会。另外,欧盟委员会须就包括实践中对所使用信息交换系统的选择在内的特定问题征询常务小组委员会的意见。小组委员会就欧盟委员会为限制现有或潜在贸易壁垒所提出的建议发表意见。例如,其可以要求欧盟委员会鼓励成员国之间进行对话,以便彼此发现解决办法。鼓励该等对话符合指令的精神,就是要寻求以预防而不是强迫的方式从源头上对壁垒予以消除。(b)特定职权。就常务小组委员会"标准程序项下的特定职权"而言,就对指令附件所列示欧洲或国家标准化组织清单进行的任何修改及国家及欧洲标准计划的呈交形式,欧盟委员会须征询常务小组委员会的意见。欧盟委员会为了准备协同化的欧洲标准,就其计划授予 CEN、Celelec 或 ETSI 的委托文件草案,须征询常务小组委员会的意见。这其中就涉及"新思维"指令所调整领域标准,对公共合同领域共同体法律予以支持的标准及其他领域的标准,以促进欧洲经济整合。[716] 在给予标准化组织授权之前,通过在就其欧洲层面进行标准化工作的意义及时间进程向小组委员会咨询成员国意见的方式,欧盟委员会总是要确保该等授权委托取得成员国的政治支持。(c)常务小组委员会。在"新思维"指令项下,在常务小组委员会进行讨论之前,要将授权委托文件草案提交予主管相关领域的小组委员会。常务小组委员会进行正面反馈之后,欧盟委员会才会邀请欧洲标准化组织在给定的期间起草一项或多项标准。在此期间,成员国将采取所有必要措施确保其各自的标准化组织不会再行针对同样的领域起草或制定标准(指令第 7 条)。国家机关参与授权这一事实的效果就是:使之也参与到欧洲标准化工作中来。因此,它们就有动力推进标准化组织的工作,并尽其所能消除完整适用欧洲标准时可能出现的任何阻碍。常务小组委员会也对所授权委托工作的进程予以审查,对指令架构下涉及标准化的所有问题予以讨论。只要涉及"技术规范程序项下的特定职权",常务小组委员会会议就使得欧盟委员会各部门及成员国就适用指令"技术规范"部分的所有层面交换意见。常务小组委员会可以特别要求欧盟委员会确定有必要对国家立法予以协同的领域,并在欧洲层面接受有关动议(共同体立法文件建议的准备)。其起草的清单系针对技术范围为指令适用范围所涵盖的国家机关,而非中央政府;并且,其还审查对指令进行修改的草案。小组委员会也成为一个讨论诸多议题的论坛:从以电子邮件进行信息交换所遇到的技术问题到指令中程序竞合所产生的问题及其他共同体法令所规定的通告程序,或者为了对提出的特定问题找出解决办法而列入议程的、已予以通告的特定技术规范草案。在小组委员会之外,成员国内部组织所谓"打包"会议在必要的情形下在负责起草的国家机关代表与欧盟委员会部门代表之间建立直接的联系。这些会议也提供了与负责适用指令的成员国中央单位代表予以接触的机会,以便解决适用信息提供程序中遇到的问题,并找到办法,以了结欧盟委员会基于未经通告的国内条例而提起的侵犯欧盟法之诉。

尊重欧洲标准化进程

第7条

(1) 成员国须采取一切适当措施,确保在第6条第3款第1项所述及准备欧洲标准的过程中或在其批准之后,其标准化组织并不采取任何行为损害拟议的协同化进程,尤其确保其并不会公布与现有欧洲标准不完全一致并涉及相关领域的新的或经修改的国家标准。

(2) 对于应公共权力机关要求,标准机构起草技术规范或为了制定特定产品技术规范的目的而起草产品标准的,不适用第1款的规定。

对于前项述及的所有要求,成员国须根据第8条第1款的规定,以技术规范草案的形式将之通告予欧盟委员会,并须说明制定该等技术规范的理由。

1. 原则(第1款)。在及时发现并制止国际标准及技术规范出现不一致的情形之外,第7条阐释了指令的宗旨之一就是促进并保护为欧洲标准化进行的努力。一旦欧盟委员会要求欧洲标准化组织开发一项欧洲标准,标准化进程就得到了保护,以免国家动议与之产生冲突。由于成员国各个标准化组织具有种种不同的地位,这就使得指令不会就成员国应采取的措施进行更为精确的规定,所以对成员国的这项义务,其规定也极具弹性。在任何情形下,这些措施都应确保国家标准化组织并不会采取任何措施损害欧洲标准化进程。他们尤其不得公布与现有欧洲标准不完全一致并涉及相关领域的新的或经修改的国家标准。

2. 豁免情形(第2款)。一些国家标准化组织应公共权力机关的要求,起草技术规范或为起草特定产品或服务的技术规范而起草其标准。在该等情形下,第7条第1款所规定程序并不适用,但是成员国须根据第8条第1款的规定,以技术规范草案的形式将之通告予欧盟委员会。这种解决方式使得可以进行更好的"源头"控制,并能够避免在适用标准程序与技术规范所适用程序时出现双重通知的情形。

技术规范草案之通告

第8条

(1) 在遵守第10条规定的前提下,成员国须将任何技术规范立即通报予欧盟委员会,除非其仅仅是对国际或欧洲标准进行全文转换,此时提供有关标准的信息即可;如没有在草案中明确说明制定该等技术规范实属必要的理由,成员国也必须向欧盟委员会提交该等说明。

适当的情形下,除非在事先通告中已经提交,对基本及直接涉及基本法律或监管文件的文本规定加以了解,对于评估技术规范草案的影响而言实属必要的,成员国须同时对之提交通告。

如成员国对草案进行了修改,从而实质性改变了其适用范围、缩短了之前拟订的实施时间表、加入了规格或要件要求或使之更具限制性的,须根据上述条件再次就草案进行通告。

尤其是,当草案基于公共健康、消费者保护或环境的理由,寻求限制化学物质的销售和使用、限制准备工作或产品时,成员国也须提交总结或参考文件,说明涉及该相关物质、准备工作或产品的全部信息,并在存在已知替代物或替代方式相关信息的情形下对之进行说明,而且,就该等措施对公共健康、消费者保护及环境保护的影响提出通告;同时,在涉及已知物质时根据(EEC)第793/93号条例第10条第4款,或在涉及新物质时根据第67/548/EEC号指令第3条第2款所述及的化学物质风险评估一般原则,作出适当的风险分析。

欧盟委员会须就其所收到草案及所有文件向其他成员国立即进行通知;其也可以将该草案提交第5条规定的小组委员会征求其意见,并在适当时候提交予负责相关领域的小组委员会以征求其意见。

对于第1条第11项第2小项第3分项所述及的技术规范或其他要件或者服务规则,欧盟委员会或成员国出具建议或详细意见,仅涉及贸易壁垒,或就服务规则而言,仅涉及服务自由流动或服务运营商自由设立的壁垒,而不涉及措施的财政或金融层面。

(2)对提交技术规范草案的成员国,欧盟委员会和成员国可以提供建议;该成员国应在其后准备技术规范的进程中尽可能地对该等建议予以考虑。

(3)成员国须就技术规范的最终文本向欧盟委员会毫不迟延地予以通告。

(4)依据本条规定提供的信息不具保密性,除非进行通告的成员国作此请求。任何保密请求须有理由支持。

这种情形下,如果采取了必要审慎措施的,第5条规定的小组委员会及国家机关可以寻求私人领域自然人或法人的专业意见。

(5)技术规范草案是若干措施组成部分的,如果依据另一项共同体法令的规定,该等措施在起草阶段就须向欧盟委员会予以通告的,成员国可以根据该另一项共同体法令进行第1款所规定的通告,但是要在其中正式说明:该等通告也构成为本指令之目的而进行的通告。

欧盟委员会未能按照本指令的规定对技术规范草案予以反馈的,不应妨碍其根据另一共同体法令所可能做出的决定。

1.概述。成员国计划制定的任何技术规范草案须"立即"向欧盟委员会予以通告。就"技术规范草案"这一概念而言,可参考对第 1 条进行的第 7、第 8 项评述。(a) 直接影响。该条款具有直接效力。它不仅语言清楚、概念准确,而且更是确保欧盟委员会及成员国及时获知某成员国的技术规范草案,使之能够做出足够的反馈,旨在消除或削弱贸易壁垒。欧洲法院明确裁决:"对第 83/189 号指令第 8 条及第 9 条(其内容与此处加以评论的指令第 8 条类似)进行解释,其意涵使得个体可以据此在国内法院提出诉讼,后者必须拒绝适用为根据指令作出通告的技术规范。"(CIA Security International (ECJ))该项裁决产生的效果就是:未通过措施对个体而言不可执行。如果个体成功证明技术规范并未按照指令规定正确予以通告,国内法院必须判决该技术规范仍然不可适用。在后一项判决(Lemmens (ECJ))中,欧洲法院作出阐述,认为在该等情形中,仅得在该规范就未能满足该技术规范的产品之商业化及使用而形成壁垒时,方不适用相关技术规范。法院在 2002 年 Sapod Audic/Eco-Emballages SA 案判决中又一次阐明:国内法院有责任拒绝适用未通告规定,且所适用的、诸如合同无效或不可执行之处罚,须适用国内法。"然而,该等结论需满足一个条件:所适用国内法规则不能比适用类似国内行为的法律规则更严格,并且其规定不能在实践中使得共同体法律所赋予的权利无法得以行使。"(Sapod Audic/Eco-Emballages (ECJ))(b) 通告。并不见得会对未满足非通告要求之产品的任何使用都造成影响。实践中,由成员国决定在新技术规范起草阶段的哪一个环节予以通告。鉴于中止期间(第 9 条)的适用,成员国经常会在文本大致确定之时马上就草案提出通告。通常会要求其提交技术规范草案的全部文本。只在规范仅仅是对国际或欧洲标准的文本进行转换时,成员国才可以不用就全部文本进行通告,而向欧盟委员会提交对该等标准的引述即可。欧洲法院指出,对于企业在登记文件中列明其装置、设备及解码器并就该等产品事先取得种类批准的义务,不能描述为成员国为遵守共同体有效法令所采取的措施。因此,该等措施须作为第 98/34 号指令规定程序的一部分予以通告。在所涉案件中,有关议题是第 95/47/EC 号《传输电视信号之标准使用的指令》,其中就条件存取服务提供商义务及所租赁或采购设备特点进行了规定,但交由成员国选择适当的行政程序(Canal Satélite digital SL (ECJ))。在草案文本之外,成员国须告知欧盟委员会其有必要制定该技术规范的理由。然而,很可能这些理由已由规范文本予以说明。为使欧盟委员会及其他成员国能够评估技术规范草案可能造成的影响,也有必要就正确理解新规范法律背景所必须的基本法律或监管文件之规定予以通告。通告之后对技术规范文本进行实质性修改的,尤其如果对草案的改动造成其适用范围的实质改变、之前所拟定进行实施所需时间表的缩短、规格或要件之增加或后者限制性更大的,成员国还须再次作出通告。(c)公共健康及消费者保护。基于公共健康、消费者保护或环境保护之理由,成员国为了限制某项物质的销售或使用、进行某种准备或化学产品而起草技术规范的,第8条第1款第4项就此规定了成员国的义务。就草案文本及其制定理由进行通告之外,成员国尚须向欧盟委员会提供进一步的信息。为履行该义务,他们还须提交总结或参考文件,说明涉及该相关物质、准备工作或化学产品的全部事实,并说明任何已知替代物或替代方式、措施可预见的影响及风险分析的结论。在这方面,指令明确规定,必须根据共同体两项法令规定的一般原则进行该等分析。这两项法令是:涉及现有物质的,是1993年3月23日第79/3/93/EEC号理事会指令;涉及新物质的,是《危险物质分类、包装及标签说明指令》,该指令被《修改〈危险物质分类、包装及标签说明指令〉的第7指令》所修改。在制定规范规定的国内程序终止时,成员国必须向欧盟委员会提交技术规范的最终文本(第8条第3款)。这样,欧盟委员会就能够审视成员国是否遵守了程序项下自己承担的所有义务,并在适当情形下采取一切必要的措施。因此,如果成员国无视欧盟委员会或其他成员国就规范草案所发表的详细意见,通过了有关文本,则欧盟委员会可以发起《条约》第130l条规定的侵犯欧盟法之诉。欧盟委员会向提起通告的成员国出具详细意见而后者无视之的,有关详细意见就构成了正式通知函件。这有利于加速侵犯欧盟法之诉的进行。成员国自己也可以根据《条约》第130m条的规定将有关事项提交欧盟委员会,以便欧盟委员会向欧洲法院对其认为未履行义务的成员国提起侵犯欧盟法之诉。

2. 欧盟委员会的角色。欧盟委员会就国家技术规范新草案得到通告的,须将提出通告成员国提交的所有信息都送交予所有其他成员国(该草案将同时送交基于其特定或横向责任而与所通告技术规范相关的欧盟委员会部门)。这种信息通告使得所有成员国完全参与到指令所规定的监督程序之中,并使得内部市场中所有的营利运营商都有机会就国家立法表述其意见(除非提出通告的成员国基于正当理由,要求其所通报予欧盟委员会的信息对营利运营商严格保密)。指令并规定欧盟委员会向常务小组委员会或"负责相关领域的小组委员会"提交该草案,供其发表意见。这都是负责具体产业指令的小组委员会,如第 91/263/EEC 号指令为电子通讯领域所建立的 ACTE 小组委员会,《游艇指令》(2)所建立的游艇小组委员会。实践中,欧盟委员会负责管理技术规范领域的信息提供程序。包括对所通报项目进行反馈在内的整个程序奠基于欧盟委员会所建立的电子数据交换系统。欧盟委员会收集的所有信息,都在所谓的技术规范信息系统(TRis)中予以处理,并通过公共网址予以提供(请见〈europa. eu/int/comm./enterprise.tris/〉)。任何个体也可以通过订阅邮件列表的方式以接收特定领域新通告的更新。

3. 建议通告(第2款)。欧盟委员会及成员国可以向就技术规范草案进行通报的成员国提交建议或详细意见。所通报文本虽然以共同体法为依据,却因其解释而产生问题或需要对其实施安排进行进一步说明的,就发出建议。参照共同体法律一般原则及已经实施的相关政策,也可以对措施进行整体评估,或就共同体层面将要制定的法令而告知成员国其未来的义务。第8条第1款最后规定:就技术规范或其他要件或者服务规则出具建议或详细意见,仅涉及贸易壁垒,或就服务规则而言,仅涉及服务自由流动或服务运营商自由设立的壁垒,而不涉及措施的财政或金融层面。这样就保留了成员国的财政权力。进行通报的成员国并无正式义务回应所接到的建议。然而,实践中,成员国常常自愿为之。指令规定:成员国须"尽可能地"对建议予以考虑。在该阶段,侵犯欧洲法之诉进程尚未开始,且信息交换仅涉及技术规范草案。

4. 信息之可获取(第4款)。第8条第4款规定:除非成员国明确作出保密要求,对成员国所提供的信息及通报不予保密,并在任何情形下就此要求说明其理由。第98/48号指令述及可获取信息的来源,尤其是:《欧盟官方杂志》C系列每周予以公布的信息,其中载明了所通报国家草案的名称,最初三个月中止期间届满的日期,接受成员国紧急提出要求的情形;《欧盟官方杂志》C系列每年公布的信息,其中载明了所收到通报的数量、对其进行的反馈及因未能遵守指令中的服务相关规定而发起侵犯欧洲法之诉的数目;可以从成员国中央单位获取的信息,后者就是就国家法律草案向欧盟委员会进行通报的机构;就未能遵守指令特定规定及尤其因为违反进行事先通报义务而发起侵犯欧洲法之诉的进程中,欧盟委员会定期进行的信息发布;第11条所规定就指令运作准备的普通或特别报告;尤其涉及信息社会服务部分的,《对〈技术标准及规范领域信息提供的指令〉进行修改的指令》第3条所规定的该等报告。目前为止,最佳的信息来源就是欧盟委员会的专门网站,在那里可以浏览系统化的全部相关信息(〈europa.eu.int/comm./enterprise/tris/about/index_en.htm〉)。

5. 与其他通报规则合并(第5款)。根据指令规定,成员国已经根据另一项共同体法令对技术规范草案予以通报的,无须对之再行通报。这种情形下,须指出有关通报也满足指令的目的。出现通报程序竞合,就会有若干共同体指令要求成员国就其特定领域的立法意图向欧盟委员会予以通报,即,在起草阶段就同样的文本进行通报,指令的这一规定旨在减少申报环节。然而,成员国并不能免于遵守每一个共同体法令所规定的具体义务。作出在若干共同体程序均为有效的正式通报后,就基于其所援引的每一个共同体文件对国家草案本身予以审查,并将之作为每一项程序中欧盟委员会所发表意见的对象。因此,欧盟委员会没有对该等文本予以反馈的,不得预判根据其他共同体法令而可能作出的任何决定。就其国家草案发出通报通知时,基于适用于草案所涵盖领域的共同体法律文本所规定的信息,成员国负责说明其所依据的所有程序。成员国须在进行通报时明确指出其提交草案所希望依据的程序。草案针对事项系由特定程序专属涵盖的,不适用指令所规定的程序。否则,特定程序不能涵盖的部分将由欧盟委员会根据指令规定予以审查,而对于剩余部分,适用特定程序。

中止期间

第 9 条

（1）欧盟委员会收到第 8 条第 1 款所述及通报之日起,成员国须推迟三个月通过技术规范草案。

（2）成员国须推迟

——四个月通过技术规范草案,须以第 1 条第 11 项第 2 小项第 2 分项所规定自发协议的方式实现,

——六个月通过其他任何技术规范草案（服务规则草案除外）,但不得影响第 3 款、第 4 款及第 5 款规定的效力,自欧盟委员会收到第 8 条第 1 款所规定通报之日起算,如果欧盟委员会及另一成员国在该日期之后的三个月内出具详细意见,其大概意思是说拟议中的措施可能会对内部市场货物自由流动构成壁垒,

——四个月通过任何服务规则,但不得影响第 4 款及第 5 款规定的效力,自欧盟委员会接到第 8 条第 1 款所规定通报之日起算,如果欧盟委员会及另一成员国在该日期之后的三个月内出具详细意见,其大概意思是说拟议中的措施可能会对内部市场服务自由流动或服务提供商的自由设立构成壁垒,

就服务规则而言,欧盟委员会或成员国出具的详细意见不得影响尤其是视听领域的任何文化政策措施,对此成员国可以根据共同体法律在考虑其语言多样性、特定国家及地区特色以及其文化传承的基础上予以制定。

有关成员国须就其拟就该等意见所采取的行动向欧盟委员会予以报告。欧盟委员会须就此反馈给出意见。

就服务规则而言,有关成员国须在适当情形下说明对详细意见不予考虑的原因。

（3）涉及服务的规则草案除外,如果欧盟委员会及在接到第 8 条第 1 款所规定通报之日后的三个月内宣布,其拟按照《条约》第 189 条的规定,就

同样的事项而建议或制定一项指令、条例或决定的,成员国须自欧盟委员会接到通告之日起算推迟十二个月通过技术规范草案。

(4) 如果欧盟委员会在接到第8条第1款所规定通报之日后的三个月内宣布,发现技术规范草案涉及其按照《条约》第189条规定所提交予欧盟理事会的指令、条例或决定建议稿所涵盖的事项,成员国须自欧盟委员会接到通告之日起算推迟十二个月通过技术规范草案。

(5) 如果欧盟理事会在第3款及第4款规定的中止期间内通过了共同立场文件,该等期间须在满足第6款规定的前提下延展至18个月。

(6) 下列情形下,第3款、第4款及第5款所规定的义务到期:

——欧盟委员会通知成员国,其不再计划通过一项有约束力的共同体法令,

——欧盟委员会或欧盟理事会已经通过了一项具有约束力的法令。

(7) 第1款至第5款不适用于下列情形:

——发生了有关公共健康及安全保护、动物保护或植物保育的严重突发事件,情况紧急,基于服务规则及公共政策,尤其是保护未成年人的要求,成员国有义务在很短的时间完成对技术规范的准备,使之能迅速通过而不进行任何意见征询,或者

——发生了有关保护金融体系安全及完整,尤其是保护储户、投资人及被保险人的重大事件,情况紧急,成员国有义务立即制定并实施金融服务规则。

在按照第8条规定进行的通告中,成员国应该说明其采取紧急措施的理由。欧盟委员会须立即就该通告发表意见。发生对该程序滥用情形时,须对之采取适当行动。欧盟委员会须将相关情形随时告知欧洲议会。

1. 概述。本条规定涉及成员国就技术规范草案发出通告后须予以考虑的时限。该等事项通常被称之为中止期间。该等期间内,严格禁止相关成员国通过规范草案,其起始日期就是欧盟委员会收到草案及其他所要求的所有文件之日。然而,成员国不能利用通告义务及三个月的中止期间,将之作为其推迟转换欧盟指令的正当理由(Commission/France n(ECJ))。

2. 初始中止期间（第1款）。初始中止期间时长三个月。为使欧盟委员会及其他成员国可以对所通报文本草案进行审查、并在必要时予以反馈，这被认为是所必需的时长。根据所通报文本的性质及其所收到反馈的种类，提出通报的成员国尚须遵守不同时长的附加中止期间。在初始中止期间的三个月内没有反馈的，或反馈仅限于指令第8条第2款所规定的建议，则有关成员国可以继续行动，通过技术规则草案。

3. 出具详细意见情形下的附加中止期间（第2款）。详细意见涉及自发协议的，第9条规定，成员国应该遵守四个月的中止期间。换言之，在这种情形下，仅仅在初始中止期间的基础上增加了一个月，以免该措施丧失其效果，而该措施的有效性被视为是对立法的一个有益替换方案。服务规则除外，详细意见针对其他所有草案的，中止期间延长至六个月。就服务规则而言，欧盟委员会或成员国出具的详细意见不得影响尤其是视听领域的任何文化政策措施，该等措施涉和语言多样性、特定国家和地区特色及其文化遗产。初始中止期间的三个月内，只要发出通告的成员国接到详细意见，就必须告知欧盟委员会其拟采取的行动，或者说明其对详细意见不予考虑的理由。之后，就成员国在其反馈中说明的拟采取行动，欧盟委员会将对之予以评价。无论该详细意见是由另一成员国还是欧盟委员会出具，不影响欧盟委员会与通报成员国之间的信息交流。

4. 准备共同体立法草案之时的附加中止期间（第3款至第6款）。第9条第3款、第4款及第5款规定了期间非常长的中止期间，这是由于欧盟委员会审查所通报草案后对之予以阻止的结果。该等反馈行为仅得由欧盟委员会作出，旨在阻止草拟中的技术规范对共同体层面已经进行的立法进程造成负面影响。在这些情形中，中止期间时长从十二个月到十八个月不等。然而，当拟议或进行中的共同体立法行为无疾而终或导致共同体法令得以出台的，该期间可能提前届满。

5. 紧急情形（第7款）。如果有诸如自然灾害或瘟疫之类的紧急及意外事件发生，为了对之予以应对，成员国有义务准备立即制定技术规范。此时，不适用遵守中止期间的义务。（a）紧急情形的可能原因。为保护储户、投资人及被保险人,成员国制定或实施金融服务规则的,就可以援用紧急情况的规定。对于一般的服务规则而言,紧急事由也可以涉及公共政策,尤其是保护未成年人的公共政策。但是法院(合乎逻辑地)作出补充:为快速而直接应对社会问题而通过国家立法的需要并不能动摇通报义务(Commission v Hellenic Republic(ECJ),C-65/05)。另外,极端情形并不能免除成员国告知欧盟委员会其计划措施及说明其紧急要求之正当理由的义务。就紧急情形而进行的豁免仅涉及第9条第1款至第5款,与第8条无关(Commission/Italy(ECJ),C-289/94)。使用紧急程序是否正当,欧盟委员会须对之进行评估并尽快出具意见。成员国无视欧盟委员会所作评估的,对其可以提出侵犯欧洲法之诉。重要的是,要强调对公共政策这一概念进行严格解释,不能在没有共同体机构监督的情形下由每一成员国单方决定(Regina/Pierre Bouchereau(ECJ))。(b) 公共政策之范围。欧洲法院已作出解释,认为援引公共政策须有正当的总体利益理由,其前提就是:存在真实及足够严重的威胁,危及社会根本利益之一,并须根据法律基本原则、尤其是基本权利及言论自由的基本原则进行解释(Elliniki Radiophonia Tileorassi AE(ERT))。另外,法院认为,公共政策不得涉及经济目的(Commission/Germany,C-317/92(ECJ))、具有行政色彩的考虑(Commission/Germany,C-205/84(ECJ))、文化政策之宗旨(Commission/Germany,C-317/92(ECJ))或保护消费者的考虑(Kohl/Rinigelhan)。更加宽泛而言,应当指出,在任何情形下,紧急事由均须由严重且意外的事件引发。如同《修改〈废除《技术标准及规范领域信息提供指令》的指令〉的指令》前言第22项阐述的那样,唯有"无法预知,且起因无法归结于有关成员国政府的任何行为"时,豁免始为正当。

豁免情形

第10条

(1) 第8条及第9条并不适用于那些成员国法律、条例及行政规定,其

使得

（2）成员国：

——遵守有约束力的共同体法令,据此技术规范及服务规则得以通过,

——履行国际协定义务,据此共同体共同技术规范或服务规则得以通过,

——适用有约束力的共同体法令所规定的保障条款,

——适用第92/59/EEC号指令第8条第1款,

——局限于实施欧洲法院的判决,

——依据欧盟委员会要求,为了消除贸易壁垒或服务规则所涉及的服务自由流动或服务运营商自由设立所遇到的障碍,仅仅是对第1条第11款规定的技术规范进行修改。

（3）第9条并不适用于成员国禁止生产的法律、条例及行政规定,只要其并不构成对产品自由流动的壁垒。

（4）第9条第3款至第6款并不适用于第1条第11款第2项第2小项所述及的自发协议。

（5）第9条并不适用于第1条第11款第2项第3小项所述及的技术规范、其他要件或服务规则。

概述。本条款规定了适用于就国家技术规范草案（第8条）予以通报的义务。它就遵守第9条所规定中止期间规定了例外情形。成员国应指令要求通过同样一套规则,则同时消除了贸易壁垒及成员国法律之间的差异,不再需要指令所规定的程序。其中的逻辑与国际协定相同:该协定规定的条文具体且没有产生差异可能的,成员国实施了统一的一套规则,原则上不会产生贸易壁垒。共同体法令或国际协定是由措施予以实施的情形下,或者须转换的统一规定需要通过纯粹国内法渊源的措施予以实施的,成员国之间就可能会存在差异。根据共同体指令依据《条约》第95条规定的保障条款,成员国不必就临时措施草案向欧盟委员会予以通报。该条款规定:"适当情形下,协同化措施……须规定授权成员国基于一个或多个第30条所规定经济之外的理由采取临时措施,但须适用共同体监督程序。"该等经济之外的理由可以涉及:公共道德,保护人类健康和生命及动植物保护,保

护具有艺术或考古价值的国家珍宝或保护工商业产权。另外,就涉及一般产品安全而适用指令第8条第1款的国家技术规范草案,成员国也不必予以通报。该条款规定:"由于某一产品或产品批次给消费者健康带来了严重并迫切的威胁,成员国制定或决定制定紧急措施,针对该产品或产品批次在其领土上的销售或使用,予以禁止、限制或施加特别条件;此时,须就此直接通报欧盟委员会,除非该条款之制定系针对其他共同体法令中在类似程序中规定的该等义务。"成员国只是为了实施并不涉及技术规范通报议题的欧洲法院判决而采取国内措施的,无须就此予以通报。欧洲法院的判决系为了确保共同体法律得以遵守,因此须立即执行。基于同样的理由,应欧盟委员会之要求(例如,基于《条约》第28条而要求规定相互认可条款的),为了消除贸易壁垒,成员国所采取国内措施的唯一功能就是对技术规范予以修改的,由于该等措施正好就符合《条约》之宗旨,所以无须予以通报。根据第10条第3款的规定,中止期间并不适用于成员国根据其国内合法有效的程序禁止在其领土范围内进行制造某产品。当然,仅得在该等禁止措施并不阻碍产品自由流动的前提下,该等豁免才有效。第10条第4款进一步规定,在共同体层面发起立法程序时推迟通过技术规范草案的义务并不适用于"公共权力机关作为缔约一方的自主协议,按其规定,基于总体利益,须遵守公共采购规格之外的技术规范、其他要件或服务规则"。最后,指令第10条第5款规定,第9条并不适用于第1条第11款第2项第3小项所述及的技术规范或其他要件,即具体指"通过鼓励遵守与财政或金融措施相关联的服务规则、从而影响服务消费的情形"。财政及金融措施的具体情形就包括税收优惠、税收、对接受特定服务或通过特定程序提供服务给予补贴。中止期间不适用于与财政或金融措施相关联规则,并不影响欧盟委员会及成员国根据第8条第1款的规定,就"可能构成贸易壁垒且并不属于措施财政或金融层面"的议题给予建议或出具详细意见。简言之,对于财政或金融措施有关联的规则,须在其起草环节进行通报,可能会导致有相关论据支持的评价或意见,但对于相关国家而言,并不会触发中止期间,因此可以在进行通报后,立即在国内法中间对该规则予以通过。

就指令适用情形予以报告

第 11 条

欧盟委员会须向欧洲议会、欧盟理事会及经济与社会小组委员会就指令适用结果每两年报告一次。每年须在《欧洲共同体官方杂志》上公布根据本指令向欧洲标准化组织予以授权的标准化工作清单及所收到通报的数目。

自 1999 年 8 月 5 日起,不迟于两年届满之时,欧盟委员会须向欧洲议会及欧盟理事会提交对第 98/34/EC 号指令的评估报告,尤其是针对第 1 条第 2 项述及服务之技术和市场发展情形进行的说明。自上述日期起算,不迟于三年届满之时,欧坚持四项基本原则委员会须在必要情形下向欧洲议会及欧盟理事会提出建议,拟对所述指令进行修改。

为此目的,欧盟委员会须对成员国向其通报的任何意见予以考虑。

概述。本条规定所述及欧盟委员会的报告在下列网址予以公布:〈europa.eu.int/comm/enterprise/tris/about/index_en.htm〉。在本书写作之时,已经公布了三项报告,涵盖了 1992 年到 2002 年期间。报告就信息及征询程序,尤其是遇到的困难及使得程序运行更为有效及富有效率的救济方式,提供了饶有兴味的信息。最后一项报告涵盖 1999 年至 2002 年期间,其中记载了涉及信息社会服务领域系统适用相关数据。

对指令的援引

第 12 条

成员国通过技术规范的,须载有对本指令进行的援引,或者在正式发布时附有该等援引信息。进行该等援引的方式由成员国规定。

概述。本条规定要求成员国在每一个技术规范文本中载有对本指令进行的援引,或在正式发布时通过以另行文本附加于技术规范的方式进行援引。对援引的具体行文由成员国自主裁量而定。公布技术规范时对指令进行的援引并不一定意味着该技术规范是遵照指令规定予以发布的。其主要作用在于作为公民及公司的路标,使其能够核查技术规范是否遵照指令予以正确通报。援引指令的义务仅仅涉及新通过的国家技术规范。

最终条文

第 13 条

（1）附件 3A 部分所列示的指令及决定在此予以废止,但并不影响附件 3B 部分所规定成员国于所述指令截止日期以前将之予以转换的义务。

（2）对被废止指令及决定的援引须被解释为对本指令进行的援引,须根据附件 4 规定的关联表进行解释。

（3）为了能在 1999 年 8 月 5 日以前对有关信息社会服务方面的条文规定予以遵守,成员国须实施必要的条例及行政规定。并须就此直接通报欧盟委员会。

成员国通过该等措施的,在其中须载有对第 98/48/EC 号指令进行援引的规定,或在其正式发布时随附该等援引。作出援引的方式须由成员国予以规定。

（4）成员国在第 98/48/EC 号指令涵盖的领域通过国内法律的,须将其主要条款通报予欧盟委员会。

概述。《技术标准及规范领域信息提供指令》系于 1983 年 3 月 28 日通过,于 1984 年 3 月 31 日生效。最先被于 1989 年 1 月 1 日生效的《修改〈技术标准及规范领域信息提供指令〉的第一号指令》予以修改。其后被于 1995 年 7 月 1 日生效的《修改〈技术标准及规范领域信息提供指令〉的第二号指令》予以修改。这三项指令随后被《废止〈技术标准及规范领域信息提供指令〉的指令》所编纂（并废止）。该指令又被《修改〈废止《技术标准及规范领域信息提供指令》的指令〉的指令》所修改,后者扩展了信息提供程序,使之涵盖了信息社会服务。附件 3A 部分列示了被废止指令及欧盟委员会决定的清单。附件 3B 部分则列示了转换被废止指令的截止日期。废止指令并不意味着成员国转换该等指令的义务（包括目前就该等义务而进行的法律诉讼）也归于消失。因此该清单仍然具有法律意义。

第 14 条

第 98/34/EC 号指令自其在《欧洲共同体官方杂志》上公布之日（公布于 1998 年 7 月 21 日）起的第 20 日生效。

第 98/48/EC 号指令于其在《欧洲共同体官方杂志》上公布之日（公布于 1998 年 8 月 5 日）生效。

第 15 条

第 98/34/EC 号指令及第 98/48/EC 号指令系以成员国作为适用对象。

第五部分 附录

指令清单

第一部分 数据保护指令

欧洲议会及欧盟理事会 1995 年 10 月 24 日通过第 95/46/EC 号《关于个人数据处理及自由流动的个人权利保护指令》(《个人数据保护指令》) OJ No. L 281/31，23 November 1995

欧洲议会及欧盟理事会 2002 年 7 月 12 日通过第 2002/58/EC 号《关于电子通讯领域个人数据处理及隐私权保护指令》(《隐私与电子通讯指令》) OJ No. L 201/37，1 July 2002

第 2006/24/EC 号《关于在因提供公共电子通讯服务或公共通讯网络而产生或处理数据之留存及对第 2002/58/EC 号指令进行修改的指令》(《数据留存指令》)

《欧洲联盟运行条约》

第二部分 电子商务指令

欧洲议会及欧盟理事会 2000 年 6 月 8 日通过第 2000/31/EC 号《关于内部市场尤其包括电子商务在内的信息社会服务若干法律事项之指令》(《电子商务指令》) OJ No. L 178/1，17 July 2000

欧洲议会及欧盟理事 1997 年 5 月 20 日通过第 97/7/EC 号《关于远程合同消费者保护之指令》(《远程合同指令》) OJ No. L 144/1，4 June 1997

欧洲议会及欧盟理事会 2002 年 9 月 23 日通过第 2002/65/EC 号《关于远程销售消费金融服务及修改第 90/619/EEC 号理事会指令及第 97/7/EC 号、第 98/27/EC 号指令之指令》(《远程销售金融服务指令》) OJ No. L 271/16, 9 October 2002

欧洲议会及欧盟理事会 1999 年 12 月 13 日通过第 1999/93/EC 号《电子签名共同体架构指令》(《电子签名指令》) OJ No. L 13/12, 19 January 2000

欧盟委员会 2003 年 7 月 14 日通过《根据欧洲议会及欧盟理事会 1999/93/EC 号指令公布电子签名产品公认标准援引号的决定》

欧盟委员会 2000 年 11 月 6 日通过《成员国根据欧洲议会及欧盟理事会第 1999/93/EC 号〈共同体电子签名架构指令〉第 3 条第 4 款规定确定有关机构所应考虑的最低标准》(《欧盟委员会关于报送机构最低标准的决定》) OJ No. L 289/42, 16 November 2000

第三部分　公共领域信息指令

欧洲议会及欧盟理事会 2003 年 11 月 17 日通过第 2003/98/EC 号《关于公共领域信息再次使用之指令》(《公共领域信息再次使用之指令》) OJ No. L 345/90, 31 December 2003

第四部分　其他相关指令

欧洲议会及欧盟理事会 2008 年 6 月 17 日通过第 2008/593/EC 号《关于合同义务适用法律(罗马Ⅰ)之条例》(《罗马Ⅰ条例》)

欧洲议会及欧盟理事会 2007 年 7 月 11 日通过第 2007/864/EC 号《关于非合同义务适用法律(罗马Ⅱ)之条例》(《罗马Ⅱ条例》)

信息技术领域的竞争法《欧盟运行条约》第 101、102 及 106 条

欧洲议会及欧盟理事会 2009 年 9 月 16 日通过第 2009/110/EC 号《对电子货币机构业务之从事、经营及审慎监管并修改第 2005/60/EC 号、2006/48/EC 号指令和废止第 2000/46/EC 号指令之指令》

欧洲议会及欧盟理事会 1998 年 11 月 20 日通过第 98/84/EC 号《基于或构成条件存取服务的法律保护指令》(《条件存取指令》) OJ No. L 320/54, 28 November 1998

欧洲议会及欧盟理事会 1998 年 7 月 20 日通过第 98/48/EC 号《修改第 98/34/EC 号〈信息社会服务技术标准、规范及规则领域信息提供程序的指令〉的指令》(《技术标准及规范领域信息提供指令》) OJ No. L 217/18, 5 August 1998

外文缩写对照表

ABA	美国律师协会 American Bar Association
ADR	争议解决替代方式 Alternative Dispute Resolution
AG	地方法院 Amtsgericht
BGB	《德国民法典》Bürgerliches Gesetzbuch（German Civil Code）
BGBl	（奥地利/德国）《联邦法律公报》Bundesgesetzblatt（Austrian/German Law Gazette）
BGH	德国联邦最高法院 Bundesgerichtshof（German Supreme Court）
BT Drs.	《联邦议会文件》Bundestags-Drucksache（German parliamentary materials）
CR	《计算机与法》Computer und Recht
CSP	认证服务提供商 Certification Service Provider
DMCA	《数字千年版权法》Digital Millennium Copyright Act
ECJ	欧盟法院 European Court of Justice
ECR	《欧盟法院报告》European Court of Justice Report
EESSI	《欧洲电子签名标准化动议》European Electronic Signature Standardisation Initiative
GATS	《服务贸易总协定》General Agreement on Trade in Services
GATT	《关税贸易总协定》General Agreement on Tariffs and Trade

GBDe	全球电子商务商业对话	Global Business Dialogue on electronic commerce
GRUR	《工业产权与著作权评论》	Gewerblicher Rechtsschutz und Urheberrecht
ICANN	互联网名称与数字地址分配机构	Internet Corporation for Assignment of Names and Numbers
ICC	国际商会	International Chamber of Commerce
IDA	政府间数据交换（欧盟项目）	Interchange Data between Administrations（EU project）
INHOPE	欧洲互联网热线服务提供商协会	Internet Hotliine Providers in Europe Association
ISP	互联网服务提供商	Internet Service Provider
LAB	法律咨询委员会	Legal Advisory Board
LG	德国地区法院	Landgericht（German District Court）
MAC	信息鉴别码	Message Authentication Codes
ODR	在线争议解决	Online Dispute Resolution
OECD	经济合作与发展组织	Organisation for Economic Co-operation and Development
OJ	《欧盟官方杂志》	Official Journal of European Communities
OJ L	《欧盟官方杂志（法律版）》	Official Journal of European Communities（Legislation）
OLG	德国上诉法院	Oberlandesgericht（German Appeals Court）
PSI	公共领域信息	Public Sector Information
PKI	公共密钥设施	Public Key Infrastructure
TTP	可信任第三方	Trusted Third Party
IWF	互联网观察基金会	Internet Watch Foundation

UKLaG	《不作为之诉法》Unterlassungsklagengesetz
UNCITRAL	联合国国际贸易法委员会 United Nations Commission on International Trade Law
UWG	《反不正当竞争法》Gesetz Gegen den unlauteren Wettbewerb
WIPO	世界知识产权组织 World Intellectual Property Organisation
Working Party	95/46/EC 号指令第 29 条就处理个人数据而设立的个人保护工作方 Working Party on the Protection of Individuals with regard to the Processing Personal Data instituted by Article 29 of the Directive 95/46/EC
WP	工作文件 Working Paper
WTO	世界贸易组织 World Trade Organisation
WWW	万维网 World Wide Web

参考文献

1. 欧盟法律

条例

《1999年纵向协议集体豁免》	欧盟委员会1999年12月29日通过(EC)第2790/1999号《对纵向协议及协同做法类型适用〈条约〉第81条第3款的欧盟委员会条例》(OJ L 336/31,29 December 1999)
《2003年欧盟理事会条例》	欧盟理事会2002年12月16日通过第1/2003号《实施〈条约〉第81、82条竞争法规则的理事会条例》(OJ L 1/1,4 January 2003)
《2004年欧盟合并条例》	欧盟理事会2004年1月20日通过(EC)第139/2004号《企业集中监管条例》(《欧盟合并条例》)(OJ L 24/1,29 January 2004)
《2004年欧盟委员会程序条例》	《欧盟委员会根据〈条例〉第81、82条程序操作条例》(OJ L 123/18,27 April 2004)

《2004年技术转让集体豁免条例》	欧盟委员会2004年4月27日通过(EC)第772/2004号《对技术转让协议类型适用〈条约〉第81条第3款的欧盟委员会条例》(OJ L 123/11, 27 April 2004)
《2010纵向协议集体豁免条例》	欧盟委员会2010年4月20日通过第330/2010号《对纵向协议及协同做法类型适用〈欧盟运行条约〉第101条第3款的欧盟委员会条例》(OJ L 102/1, 23 April 2010)
《2010汽车纵向协议集体豁免条例》	欧盟委员会第461/2010号《对汽车领域纵向协议及协同做法类型适用〈欧盟运行条约〉第101条第3款的欧盟委员会条例》
《布鲁塞尔Ⅰ条例》	2000年12月22日通过(CE)第44/2001号欧盟理事会条例(OJ L 12, 16 January 2001, p. 1)

指令

《〈年度会计条约报表〉指令》	第四次理事会1978年7月25日通过第78/660/EEC号《基于〈特定种类公司年度会计报表条约〉第54条第3款g项的指令》(OJ No. 222/11, 14 August 1978)
《年度及合并会计报表指令》	理事会1986年12月8日通过第86/635/EEC号《银行及其他金融机构年度及合并会计报表的指令》(OJ No. L 372/1, 1 December 1986)

《经修改的贷款机构法典化指令》	欧洲议会及欧盟理事会 2000 年 9 月 28 日通过第 2000/28/EC 号《修改 2000/12/EC 号〈贷款机构从事及经营业务指令〉的指令》(OJ No. L 275/37,27 October 2000)
《视听媒体服务指令》	欧洲议会及欧盟理事会 2007 年 12 月 11 日通过第 2007/65/号《修改第 89/552/EEC 号〈对成员国就从事电视播送业务活动所通过法律、行政条例或行政措施所规定特定条款进行协调之指令〉的指令》
《1997 年授权指令》	欧洲议会及欧盟理事会 1997 年 4 月 10 日通过第 97/13/EC 号《电信服务一般授权及个别许可共同法律架构的指令》(OJ 1997 L 117, p. 15)
《资本充足指令》	欧洲议会及欧盟理事会 1993 年 3 月 15 日通过第 93/6/EEC《关于投资公司及贷款机构资本充足性的指令》(OJ No. L 141/1, 11 June 1993) 最近被第 98/33/EC 号指令 (OJ No. L 204/29, 21 July 1998) 所修改
《2002 欧盟委员会指令》	欧盟委员会 2002 年 9 月 1 日通过第 2002/77/EC 号《电子通讯网络及服务市场竞争指令》(OJ L 249/21, 17 September 2000)
《信息社会版权指令》	欧洲议会及欧盟理事会 2001 年 5 月 22 日通过第 2001/29/EC 号《关于信息社会中版权及相关权利特定方面予以协调化的指令》(OJ No. L 167, 22 June 2001)

《数据保护指令》	欧洲议会及欧盟理事会1995年10月24日的95/46/EC号《关于个人数据处理及自由流动的个人权利保护指令》(OJ No. L 281/31, 23 November 1995)
《担保存款计划指令》	欧洲议会与欧盟理事会1994年5月30日通过第94/19/EC号《担保性存款计划之指令》(OJ No. L 135, 31 May 1994)
《高等教育证书指令》	理事会1988年12月21日通过第89/48/EEC号《对为期至少三年的职业教育和培训获发高等教育证书进行承认的一般体系之指令》(OJ No. L 19/16, 24 January 1989)(由第05/36/EC号指令废止)
《烟草产品之广告与赞助指令》	欧洲议会及欧盟理事会1998年7月6日通过第98/43/EC号《就烟草产品之广告与赞助而在内部市场架构下对成员国法律、条例及行政规定进行协调化之指令》(OJ No. L 213/9, 30 July 1998)
《电信服务授权及许可指令》	欧洲议会及欧盟理事会1997年4月10日通过第97/13/EC号《电信服务领域一般授权及个别许可的共同架构指令》(OJ No. L 117/15, 7 May 1997)
《电子通讯网络及服务共同监管架构指令》	欧洲议会及欧盟理事会2002年3月7日第2002/21/EC号《关于电子通讯网络及服务的共同监管架构指令》(OJ No. L 108/33, 24 April 2002)

《人寿保险指令》	欧洲议会及欧盟理事会 2002 年 11 月 5 日通过第 2002/83/EC 号《人寿保险指令》(OJ No. L 345/1, 19 December 2002)
《保障协调指令》	第二次理事会 1976 年 12 月 13 日《对成员国就成立公开有限责任公司及其资本维持和变更而要求〈条约〉第 58 条第 2 款规定的公司为了保护其成员及其他方利益所采取保障措施进行协调以使之同等化的指令》(OJ No. 26/1, 13 January 1977)
《欧盟内部市场邮政服务发展指令》	欧洲议会及欧盟理事会 1997 年 12 月 15 日通过第 97/67/EC 号《关于共同体内部市场邮政服务发展的指令》(OJ No. L 15/14, 21 January 1998)
《远程合同指令》	欧洲议会及欧盟理事会 1997 年 5 月 20 日通过第 2000/31/EC 号《关于远程合同消费者保护之指令——欧盟理事会及欧洲议会就第 6 条第 1 款所作声明——欧盟委员会就第 3 条第 1 款第 1 项所作声明》(OJ No. L 144/1, 4 June 1997)
《远程销售金融服务的指令》	欧洲议会及欧盟理事会 2002 年 9 月 23 日通过第 2002/65/EC 号《关于远程销售消费金融服务及修改第 90/619/EEC 号理事会指令及第 97/7/EC 号、第 98/27/EC 号指令之指令》(OJ No. L 271/16, 9 October 2002)

《电子商务指令》	欧洲议会及欧盟理事会 2000 年 6 月 8 日通过第 2000/31/EC 号《关于内部市场尤其包括电子商务在内的信息社会服务若干法律事项之指令》(OJ No. L 178/1，17 July 2000)
《电子签名指令》	欧洲议会及欧盟理事会 1999 年 12 月 13 日通过第 1999/93/EC 号《电子签名共同体架构指令》(OJ No. L 13/12，19 January 2000)
《实施知识产权的指令》	欧洲议会及欧盟理事会 2004 年 4 月 21 日通过第 2004/39/EC 号《实施知识产权的指令》,2008 年 3 月 11 日得以被修改（2008/10/EC）
《保护消费者权益的禁令之指令》	欧洲议会及欧盟理事会 1998 年 5 月 19 日通过第 98/27/EC 号《为保护消费者权益而核发禁令之指令》(OJ No. L 166/51，11 June 1998)
《数据库合法保护指令》	欧洲议会及欧盟理事会 1996 年 3 月 11 日通过第 96/9/EC 号《关于数据库法律保护之指令》(OJ No. L 77/20，27 March 1996)
《误导及比较广告指令》	理事会 1984 年 9 月 10 日通过第 84/450/EEC 号《涉及误导及比较广告的指令》(OJ No. L 250/17，19 September 1984)
《旅游套餐、度假套餐及游览套餐之指令》	理事会 1990 年 6 月 13 日通过第 90/314/EEC 号《旅游套餐、度假套餐及游览套餐之指令》(OJ No. L 158/59，23 June 1990)
《条件存取指令》	欧洲议会及欧盟理事会 1998 年 11 月 20 日通过第 98/84/EC 号《基于或构成条件存取服务的法律保护指令》(OJ No. L 320/54，28 November 1998)

《隐私与电子通讯指令》	欧洲议会及欧盟理事会 2002 年 7 月 12 日通过第 2002/58/EC 号《关于在电子通讯领域个人数据处理及隐私权保护指令》(OJ No. L 201/37, 1 July 2002)
《授予公共服务合同程序的指令》	理事会 1992 年 6 月 18 日通过的 92/50/EEC 号《关于对授予公共服务合同程序予以协调的指令》(OJ No. L 209/1, 24 July 1992)
《技术标准、规范及信息社会服务规则领域信息提供程序的指令》	欧洲议会及欧共同体理事会 1998 年 6 月 22 日通过第 98/34/EC 号《技术标准、规范及信息社会服务规则领域信息提供程序的指令》(OJ L 204/37, 21 July 1998)
《〈欧洲经济共同体条约〉第 85 条项下程序的决定》	委员会 1988 年 12 月 12 日通过的第 89/44/EEC 号《涉及〈欧洲经济共同体条约〉第 85 条项下程序的决定》(IV/27.393 and IV.27/394—Ne Book Agreement) (OJ No. L 22/12, 26 January 1989)
《产品责任指令》	理事会 1985 年 7 月 25 日通过第 85/374/EEC 号《关于协调涉及缺陷产品之相关法律、条例及行政规定之指令》(OJ No. L 210/29, 7 August 1985) 该指令后被欧洲议会及欧盟理事会 1999 年 5 月 10 日通过第 1999/34/EC 号《修改第 85/374/EEC 号〈关于协调涉及缺陷产品之相关法律、条例及行政规定之指令〉的指令》(OJ No. L 141/20, 4 June 1999)号指令予以修改

《购买不动产分时使用权的指令》	欧洲议会及欧盟理事会1994年10月26日通过第94/47/EC号《对购买不动产分时使用权合同特定方面买方予以保护的指令》(OJ No. L 280/83，29 October 1994)
《从事电视播送业务活动的指令》	理事会1989年10月3日通过第89/552/EEC号《对成员国就从事电视播送业务活动所通过法律、行政条例或行政措施所规定特定条款进行协调之指令》(OJ No. L 298/23，17 October 1989)
《承认职业教育和培训的指令》	理事会1992年6月18日通过第92/51/EEC号《对职业教育和培训予以承认的第二种一般体系以对第89/48/EC号指令进行补充的指令》(OJ No. L 209/25，24 July 1992)
《直接人寿保险指令》	理事会1990年11月8日通过第90/619/EEC号《关于直接人寿保险法律、行政法规及行政条例进行协调、出台规定促进服务提供自由并对第79/267/EEC号指令予以修改的指令》(OJ No. L 330/50，29 November 1990，为第2002/83/EC号指令所废止)
《公共领域信息再利用指令》	欧洲议会及欧盟理事会2003年11月17日通过第2003/98/EC号《关于公共领域信息再次使用之指令》(OJ No. L 345/90，31 December 2003)
《偿债能力比率指令》	理事会1989年12月18日通过第89/647/EEC号《贷款机构偿债能力比率指令》(OJ No. L 386/14，30 December 1989)

《电子货币机构监管指令》	欧洲议会及欧盟理事会 2000 年 9 月 18 日通过第 2000/46/EC 号《对电子货币机构业务之从事、经营及审慎监管之指令》(OJ No. L 275/39, 27 October 2000)
《拓扑图和半导体产品指令》	理事会 1986 年 12 月 16 日通过第 87/54/EEC 号《半导体产品拓扑图法律保护指令》(OJ No. L 24/36, 27 January 1987)
《消费合同中不公平条款指令》	理事会 1993 年 4 月 5 日通过第 93/13/EEC 号《关于消费者合同不公平条款指令》(OJ No. L 95/29, 21 April 1993)
《发布公共合同通知使用标准形式的指令》	2001 年 9 月 13 日通过第 2001/78/EC 号《修改第 93/36/EEC 号指令附件 4、第 93/37/EEC 理事会指令附件 4、附件 5、附件 6、被第 97/52/EC 号指令所修改第 92/50/EEC 号附件 3 和附件 4、被第 98/4/EC 号指令所修改第 93/38/EEC 号附件 12 至附件 15、附件 17 及附件 18 的指令》(OJ No. L 285/1, 29 October 2001)
《技术标准及规范领域信息提供指令》	欧洲议会及欧盟理事会 1998 年 7 月 20 日通过第 98/48/EC 号《修改第 98/34/EC 号〈信息社会服务技术标准、规范及规则领域信息提供程序的指令〉的指令》(OJ No. L 217/18, 5 August 1998)
《电子发票指令》	2001 年 12 月 20 日通过的第 2001/115/EC 号《为了对就增值税发票所规定条件进行简化、现代化并协同化而修改第 77/388/EEC 号指令》(OJ No. L 15/24, 17 January 2002)

《反洗钱指令》	理事会 1991 年 6 月 10 日通过第 91/308/EEC 号《制止利用金融体系洗钱的指令》(OJ No. L 166/77，28 June 1991)
《公共采购新指令》	欧洲议会及欧盟理事会 2004 年 3 月 31 日通过第 2004/18/EC 号《协同授予公共工程合同、公共供应合同及公共服务合同程序的指令》(OJ No. L 134/14，30 April 2004)
《提供开放网络指令》	欧盟理事会 1990 年 6 月 28 日通过第 90/387/EC 号《通过提供开放网络的方式建立内部电信市场的指令》
《信息提供程序指令》	理事会 1983 年 3 月 28 日通过第 83/189/EEC 号《技术标准及规范领域信息提供程序指令》(OJ No. L 109/8，26 April 1983)
《采购指令》	欧洲议会及欧盟理事会 1998 年 2 月 16 日通过第 98/4/EC 号《协调水务、能源、交通及电信领域经营企业采购程序的指令》(OJ No. L 101/1，1 April 1998)
《专业资格指令》	欧洲议会及欧盟理事会第 2005/36/EC 号《承认专业资格的指令》(OJ No. L 255/22，30 September 2005)
《R&TTE 指令》	欧洲议会及欧盟理事会 1999 年 3 月 9 日通过第 1999/5/EC《关于无线设备及电信终端设备相互合规承认的指令》(OJ No. L 91/10，7 April 1999)

《人寿保险第二指令》	理事会1990年11月8日通过第90/619/EEC号《关于直接人寿保险法律、行政法规及行政条例进行协调、出台规定促进服务提供自由并对第79/267/EEC号指令予以修改的指令》(OJ No. L 330/50, 29 November 1990)
《非人寿保险第二指令》	理事会1988年6月22日通过第88/357/EEC号《协调关于从事及进行人寿保险外直销保险之法律、条例及行政法令及就促进有效行使服务自由的第二理事会指令》(OJ No. L 172/1, 4 July 1988)
《电信指令》	欧洲议会及欧盟理事会于1997年12月15日通过第97/66/EC号关于电信领域个人数据处理及隐私权保护指令》(OJ Np. L 24/1, 30 January 1998)
《无边界电视指令》	1989年10月3日通过第89/552/EEC号《关于就从事电视播送业务活动对成员国法律、条例及行政行为规定条款予以协调的理事会指令》(OJ No. L 202/60, 30 July 1997)
《人寿保险第三指令》	理事会1992年11月10日通过第92/96/EEC号《关于直接人寿保险法律、行政法规及行政条例进行协调、出台规定促进服务提供自由并对第79/267/EEC号指令予以修改的指令》(OJ No. L 360/1, 9 November 1992)

《非人寿保险第三指令》	理事会1992年6月18日通过第92/49/EEC号《协调关于从事及进行人寿保险外直销保险之法律、条例及行政法令及就第73/239/EEC号指令予以修改的理事会指令》(OJ No. L 281/1, 11 August 1992),最后被第95/26/EC号(OJ No. L 168, 18 July 1995)指令予以修改
《UCITS指令》	理事会1985年12月20日通过第85/611/EEC号《对可转让证券进行组合投资(UCITS)企业相关法律、法规及行政规定予以协同的指令》(OJ No. L 375/3, 31 January 1986),最后被第95/26/EC号(OJ No. L 168/7, 18 July 1995)指令予以修改
《不公平商业做法指令》	欧洲议会及欧盟理事会2005年5月11日通过第2005/29/EC号《涉及内部市场有关企业与消费者之间不正当商业做法指令及修改欧洲议会及欧盟理事会第84/450/EEC号指令、第97/7/EC号指令、第98/27/EC号指令和2002/65/EC号指令及欧洲议会及欧盟理事会(EC)第2006/2004号条例的指令》(OJ No. L 149/22, 11 June 2005)
《普遍服务指令》	欧洲议会及欧盟理事会1998年2月26日通过第98/10/EC号《对语音电话提供开放网络并在竞争环境中提供普遍服务的指令》(OJ No. L 101/24, 1 April 1991)

《公共事业指令》	欧洲议会及欧盟理事会 2004 年 3 月 31 日通过第 2004/17/EC 号《协同水务、能源、交通及邮政服务领域企业采购程序的指令》(OJ No. L 134/1, 30 April 2004)

建议

《〈数据保护指令〉修改建议》	《对理事会〈个人数据处理的个人权利保护指令〉的修改建议》(COM（92）422 final SYN 287, 15 October 1992)
《对条件存取服务予以保护的修改建议》	《对欧洲议会及欧盟理事会〈基于或构成条件存取服务予以法律保护的指令〉的修改草案》(COM（1998）332 final)
《对〈基于或构成条件存取服务的予以保护指令〉的建议》	《对欧洲议会及欧盟理事会〈基于或构成条件存取服务予以法律保护的指令〉的草案》(COM（1997）356 final)
《〈内部市场支付服务指令〉建议》	《对欧洲议会及欧盟理事会〈内部市场支付服务指令及修改第 97/7/E 号指令、第 2000/12/EC 号指令及第 2000/65/EC 号指令〉的草案》(COM（2005）603 final)
《〈个人数据处理的个人权利保护指令基本架构指令〉建议》	《〈个人数据处理的个人权利保护指令基本架构指令〉建议》(COM（90）314 final SYN 187, 13 September 1990)
《贷款机构建议》	《对欧洲议会及欧盟理事会〈从事并经营贷款机构业务的指令〉的建议》(COM（2004）486, Vol. I, 14 July 2004)

《公共领域信息再利用指令建议》　《对欧洲议会及欧盟理事会〈公共领域信息再次使用及商业开发指令〉的建议》(COM (2002) 207 final 5 June 2002)

裁决及决定

AOL/Time Warner (Commission Decision)	AOL/Time Warner, Commission Decision (EC), 11 October 2000, case no. COMP/M.1845
Atlas (Commission Decision)	Atlas, Commission Decision (EC), case no. IV/35.337, [1996] OJ L 239/23
Beef Industry Development Society and Barry Brother (ECJ)	Beef Industry Development Society and Barry Brother, ECJ 20 November 2008, case no. C-209/07 [2008] ECR I-0000
Bertelsmann/CLT (Commission Decision)	Bertelsmann/CLT, Commission Decision (EC), case no. IV/M.779, [1996] OJ C 364/3
Bertelsmann/Kirch/Premiere (Commission Decision)	Bertelsmann/Kirch/Premiere, Commission Decision (EC), case no. IV/M.993 [1999] OJ L 53/1
BT/MCI (Commission Decision)	BT/MCI, Commission Decision (EC) of 27 July 1994, case no. IV/34.857, OJ L 223/36
Celestica/IBM (Commission Decision)	Celestica/IBM, Commission Decision (EC), 25 February 2000, case no. COMP/M.1841

《关于电子签名产品公布广为接受标准援引号码进行公布的委员会决定》	欧盟委员会2003年7月14日通过(EC)第2003/511/EC《关于根据欧洲议会及欧盟理事会第1993/93/EC号指令就电子签名产品公布广为接受标准援引号码进行公布的委员会决定》(OJ No. L 175/45, 15 July 2003)
《欧洲数据保护专员职责规范及一般条件的委员会决定》	欧洲议会、欧盟理事会及欧盟委员会2002年7月1日通过(EC)第1247/2002号《欧洲数据保护专员职责规范及一般条件的委员会决定》(OJ No. L 183/1, 12 July 2002)
第2002/16/EC号委员会决定	欧盟委员会2001年12月27日通过《根据第95/46/EC号指令就向设立于第三国数据处理方转移个人数据的委员会决定》
欧盟委员会C(2004)5271号决定	欧盟委员会2004年12月27日通过《就向第三国转移个人数据标准合同条款引入替代条款而修改第2001/497/EC号决定的决定》
《批准与美国签订〈航空乘客姓名记录(PNR)协定〉的理事会决定》	欧盟理事会2004年5月17日通过第2004/496号《欧洲共同体与美利坚合众国关于向美国国土安全部、海关及边境保护局转移航空乘客姓名记录(PNR)达成协定的理事会决定》(OJ No. L 183/83, 20 May 2004)
《欧盟委员会职权的理事会决定》	理事会1999年6月28日通过第1999/468/EC号《就行使授予欧盟委员会的实施职权而制定程序的理事会决定》(OJ No. L 184/23, 17 July 1999)
《程序标准规则的理事会决定》	第1999/468/EC号《程序标准规则的理事会决定》(OJ No. L 38/3, 6 February 2001)

《关于竞争的理事会条例》	欧盟理事会 2002 年 12 月 16 日通过第 1/2003 号《实施〈条约〉第 81 条、82 条所规定竞争规则的理事会条例》(OJ No. L 1/1, 4 January 2003)
《消费者保护的理事会条例》	理事会 1989 年 11 月 9 日通过的《重新启动消费者保护政策的未来优先事项之条例》(OJ No. L 294, 22 November 1989)
《民商事案件管辖权及判决承认与执行的指令》	欧盟理事会 2000 年 12 月 22 日通过第 44/2001 号《民商事案件管辖权及判决承认与执行的指令》(OJ No. L 12, 16 January 2001)
《理事会合并条例》	欧盟理事会 2004 年 1 月 20 日通过第 139/24 号《企业间集中监管理事会条例》(OJ No. L 24/1, 29 January 2004)
《公众可查看欧盟机构文件的理事会条例》	欧洲议会及欧盟理事会 2001 年 5 月 30 日通过第 139/2004 号《公共可查看欧洲议会、欧盟理事会及欧盟委员会文件的理事会条例》(OJ No. L 145/43, 31 May 2001)
《企业、研究中心及大学参与传播研究成果或以其为目的而参与之规则的理事会条例》	欧洲议会及欧盟理事会 2002 年 12 月 16 日通过第 2321/2002 号《为了实施欧洲共同体第 6 次框架计划(2002—2006)而就企业、研究中心及大学参与传播研究成果或以其为目的而参与而制定规则的理事会条例》(OJ No. L 355/23, 30 December 2002)
《共同体法律的理事会决议》	欧盟理事会 1995 年 6 月 29 日通过《有效统一适用共同体法律及内部市场内违反共同体法律所适用处罚的理事会决议》(OJ No. C 188, 22 July 1995)

Deutshce Telecom / Beta Reserch（Commission Decision）	Deutshce Telecom /Beta Reserch，Commission Decision（EC），case no. IV/M.1027［1999］OJ L 53/31
《DP框架决定》	欧盟理事会2008年11月27日通过第2008/977/JHA号《对刑事领域警察与司法合作框架下所处理个人数据予以保护的理事会框架决定》
《框架决定草案》	欧盟理事会应法国、爱尔兰、瑞典及英国动议于2004年4月28日提交的《框架决定草案》
General Motors（ECJ）	General Motors ECJ 6 April 2006，case C-551/03，［2006］ECR I-3173
HP and others（Commission Decision）	HP and others，Commission Decision（EC）of 20 May 2009，case no. COMP/C－3/39，391. EFIM，C 2009，4125
IBM（Commission Decision）	IBM，Commission Decision（EC）84/233/EEC of 18 April 1984 relating to a proceeding under Article 85 of the EEC Treaty，case no. IV/30.849，OJ L118/24，4 May 1984，1984 2 ［CLMR］342
Intel（Commission Decision）	Intel，Commission Decision（EC）of 13 May 2009，case no. COMP/C-3/37.990
MCI/WorldCom/Sprint（Commission Decision）	MCI/WorldCom/Sprint，Commission Decision（EC），28 June 2000，case no. COMP/M.1741

Microsoft (Commission Decision)	*Microsoft*, Commission Decision (EC), 24 March 2004, relating to a proceeding under Article 82 of the EC Treaty, case no. COMP/C-3/37.792
MSG Media Services (Commission Decision)	*MSG Media Services*, Commission Decision (EC) 1994/922/EC, case no. IV/M. 469, [1994] OJ L 364/1
Nordic Satellite Distribution (Commission Decision)	*Nordic Satellite Distribution*, Commission Decision (EC) 1996/177/EC, case no. IV/M. 490, [1996] OJ L 53/20
Phoenix/Global One (Commission Decision)	*Phoenix/Global One*, Commission Decision (EC) case no. IV/35.617, [1996] OJ 239/57
RTL-Veronica-Endemol (Commission Decision)	*RTL-Veronica-Endemol* Commission Decision (EC) 1996/346/EC, case no. IV/M. 553, [1996] OJ L 134/32
Tetra Pak II (CFI)	*Tetra Pak II*, CFI, decision following Commission Decision 92/163 relating to a proceeding pursuant to Article 86 of the EEC Treaty, case no. IV/31043 *Tetra Pak II* [1991] OJ L 72/1
《1999年 UMTS 决定》	欧洲议会及欧盟理事会1999年12月14日通过第128/1999号《协同在共同体引入第三代移动及无线通讯系统(UMTS)的决定》(OJ 1999 L 17, p. 1)

Unisource（Commission Decision）	*Unisource*, Commission Decision（EC）, case no. IV/35.830［1997］OJ 318/1
Uniworld（Commission Decision）	*Uniworld*, Commission Decision（EC）, case no. IV/35.738［1997］OJ L 318/24
WorldCom/MCI（Commission Decision）	*WorldCom/MCI*, Commission Decision（EC）, case no. IV/M. 1069［1999］OJ L 116/1
Yves Saint-Laurent v Commission（CFI）	*Yves Saint-Laurent v Commission*, CFI Decision 12 December 1996, case no. T19/92

推荐意见

《消费争议之委员会推荐意见》	欧盟委员会 1998 年 3 月 30 日通过第 98/257/EC 号《适用于负责消费纠纷庭外解决机构原则的委员会推荐意见》（OJ No. L 115/31, 17 April, 1998）
《电子支付工具交易之委员会推荐意见》	欧盟委员会 1997 年 7 月 30 日通过第 97/489/EC 号《电子支付工具教育及尤其是发行人与持有人之间关系的委员会推荐意见》（OJ No. L 208/52, 2 August, 1997）
《视听及信息服务理事会推荐意见》	欧盟理事会 1998 年 9 月 24 日通过第 98/560/EC 号《以推进旨在对未成年人及人类尊严进行相当及有效水平保护而实现欧洲视听及信息服务产业竞争力发展的理事会推荐意见》（OJ No. L 270/48, 7 October 1998）

《电子支付推荐意见》	欧盟委员会1997年7月30日第97/489/EC号《电子支付工具教育及尤其是发行人与持有人之间关系的委员会推荐意见》(OJ No. L 208, 2 August 1997)
《保护条件存取服务推荐意见》	欧洲议会第A4-0325/98号《旨在就基于或构成条件存取服务进行法律保护通过欧洲议会及欧盟理事会指令而对欧盟理事会共同立场文件进行二读的欧洲议会推荐意见》(OJ No. C 328/155, 26 October 1998)

通告

《2001年委员会通告》	《欧盟委员会就公共服务广播适用国家资助规则的通告》(OJ C 320/5, 15 November 2001)
《2005年关于总体利益的白皮书》	欧盟委员会2004年5月12日提交予欧洲议会、欧盟理事会、欧洲经济和社会小组委员会及地区小组委员会《题为"总体利益服务的白皮书"的委员会通告》(COM (2004), 374 final)
《2007年委员会通告》	欧盟委员会提交予欧洲议会、欧盟理事会、欧洲经济和社会小组委员会及地区小组委员会《随附于〈二十一世纪欧洲统一市场的通告〉、包括总体利益社会服务在内的总体利益服务——"欧洲新承诺"的委员会通告》(COM 2007, 725 (final), Brussels, 20 November 2007)
《2008年委员会通告》	欧盟委员会《就主动企业排他滥用行为适用〈条例〉第82条规定的优先实施事项指引的委员会通告》(Brussels, 3 December 2007)

《2009年委员会通告》	欧盟委员会《就主动企业排他滥用行为适用〈条例〉第82条规定的优先实施事项指引的委员会通告》(OJ C 45/7, 24 February 2009)
《〈电子商务指令〉第3条第4款至第6款的委员会通告》	欧盟委员会《就金融服务适用〈电子商务指令〉第3条第4款至第6款的委员会通告》(COM (2003) 259 final, 14 May 2003)
《扩大消费者使用争议解决替代方式渠道的委员会通告》	欧盟委员会《扩大消费者使用争议解决替代方式渠道的委员会通告》(COM (2001) 161 final, 4 April 2001)
《电子欧洲通告》	欧盟委员会提交予欧洲议会、欧盟理事会、欧洲经济和社会小组委员会及地区小组委员会《就创建利用公共领域信息架构的电子欧洲2002的委员会通告》(COM(2001), 607 final, 23 October 2001)
《电子商务通告》	欧盟委员会提交予欧盟理事会及欧洲议会《电子商务及金融服务的委员会通告》(COM (2001) 66 final, 2 February 2001)

数据保护工作方文件

《2002年关于向美国转移旅客仓单信息的意见》	第6/2002号《关于航空公司向美国转移旅客仓单及其他数据的意见》(WP 66, adopted 24 October 2002)
《2003年关于向美国转移旅客仓单信息的意见》	第4/2003号《确保美国对转移旅客数据给予一定水平保护的意见》(WP 78, adopted 13 June 2003)

《候选成员国参与工作方会议的决定》	第1/2001号《候选成员国数据保护监管机关代表参与第29条数据保护工作方会议的决定》（WP 52，adopted 13 December 2001）
《执行宣言》	《第29条数据保护工作方执行事务宣言》（WP 101，adopted 14 November，2004）
《隐私权的未来》	2009年12月1日《第29条工作方就欧盟委员会关于保护个人数据基础权利法律架构所进行征询的联合意见》
《对欧盟委员会指令制定〈隐私与电子通讯指令〉建议的意见》	2000年7月12日通过第7/2000号《对欧盟委员会建议欧洲议会及欧盟理事会制定〈电子通讯领域个人数据处理及隐私权保护指令〉的建议的意见》（(COM) 2000 385，WP 36，2 November 2002）
《FEDMA行为守则之意见》	第29条工作方《FEDMA行为守则之意见》（WP 77，adopted 12 June 2003）
《个人数据意见》	第5/2001号《关于欧洲巡查员在就第713/98/IJH号投诉向欧盟委员会提出家建议后向欧洲议会所提交特别报告的意见》（WP 44，adopted on 17 May 2001）
《公共领域信息意见》	第3/99号《公共领域信息及个人数据保护》（WP 20，adopted 3 May 1999）

《为防范及打击犯罪留存通讯往来数据的意见》	第 9/2004 号《为防范、调查、侦查及起诉包括恐怖主义犯罪在内的犯罪行为而对提供公共通讯服务所处理及留存的数据或对公共通讯网络现有的数据进行存储的架构决定草案所提出的意见》[法国、爱尔兰、瑞士和英国提出的建议（Document of the Council 8958/04 of April 2004）]（WP 999，November 2004）
《对非请而至通讯的意见》	第 5/2004 号《对第 2002/58/EC 号指令第 13 条规定项下基于营销目的非请而至通讯的意见》（WP 98，27 February 2004）
《对数据保护与媒体的推荐意见》	第 1/97 号《对数据保护法与媒体的推荐意见》（WP 1，adopted 25 February 1997）
《程序规则》	工作方 1996 年 9 月 11 日举行会议时通过的《程序规则》（XV/D/503/96）
《战略文件》	《第 29 条数据保护工作方战略文件》（WP 98，29 September 2004）
《非欧盟网站处理个人数据所使用法律的工作文件》	《就欧盟境外网站处理因特网上个人数据时国际范围内认定所适用欧盟数据保护法的工作文件》（WP 56，adopted 30 May 2002）
《黑名单工作文件》	2002 年 10 月 3 日通过《第 29 条工作方黑名单》
《确立标范核对清单的工作文件》	2005 年 4 月 14 日通过《就批准约束性公司规则而确立标范核对清单应用的工作文件》
《行为守则未来工作之工作文件》	《工作方考虑共同体行为守则程序的工作文件》（WP 13，adopted 10 September 1998）

《合作程序工作文件》	2005年4月14日通过《就"约束性公司规则"所产生足够保障发表共同意见设立合作程序的工作文件》
《停业商人数据库工作文件》	2005年1月11日通过《对停业商人数据库的第29条工作方指引》
《首次共同执法行为工作文件》	2007年6月20日通过《第29条工作方文件:第1/2007号〈首次共同执法行为:评估及未来步骤的报告〉》
《第12号工作文件》	《向第三国转移个人数据而适用〈欧盟数据保护指令〉第25条、26条》(WP 12,adopted 24 July 1998)
《第18号工作文件》	第2/99号《电信监听中对隐私予以尊重的推荐意见》(WP 18,adopted 3 May 1999)
《第25号工作文件》	第3/99号《对电信法律架构进行一般审查的意见》(WP 29,adopted 3 February 1999)第2/2000号《为执法目的而由互联网服务提供商保留通讯数据的推荐意见》(WP 25,adopted 7 September 1999)
《第29号工作文件》	第2/2000号《为执法目的而由互联网服务提供商保留通讯数据的推荐意见》(WP 29,adopted 7 September 2000)
《第33号工作文件》	第5/2000号《就反向或多标准搜索服务适用公共号码簿的意见》(WP 33,adopted 13 July 2000)

《第 36 号工作文件》	第 7/2000 号《就欧盟委员会 2000 年 7 月 12 日提交对欧洲议会及欧盟理事会〈电子通讯领域个人数据处理及保护的指令〉的意见》（COM（2000）385，WP 36，adopted 2 November 2000）
《第 56 号工作文件》	《就欧盟境外网站处理因特网上个人数据时国际范围内认定所适用欧盟数据保护法的工作文件》（WP 56，5035/01/EN/final）
《第 57 号工作文件》	《对 CEN/ISSS〈欧洲隐私标准化报告〉的意见》（WP 57，adopted 30 May 2002）
《第 58 号工作文件》	第 2/2002 号《关于在电信终端设备中适用特有身份确定设置的意见：以 IPv6 为例》（WP 58，adopted 30 May 2002）
《第 64 号工作文件》	第 5/2002 号《关于欧洲数据保护专员在卡迪夫国际会议（2002 年 9 月 9—10 日）就电信通讯数据进行系统性强制留存的意见》（WP 64，adopted 11 October 2002）
《第 69 号工作文件》	第 1/2003 号《关于为收取账单目的而存储通讯数据的意见》（29 January 2003）
《第 74 号工作文件》	《关于个人数据向第三国转移的工作文件：对有约束的国际数据转移公司内部规则适用〈欧盟数据保护指令〉第 26 条第 2 款的规定》（WP 74，adopted 3 June 2003）
《第 76 号工作文件》	第 2/2003 号《对人名查询簿适用数据保护原则》（WP 76，adopted 13 June 2003）

《第 102 号工作文件》	《就批准约束性公司规则而确立适用的标范核对清单》（WP 102，adopted 25 November 2004）
《第 107 号工作文件》	《就"约束性公司规则"所产生足够保障发表共同意见设立合作程序的工作文件》（WP 107，adopted 14 April 2005）
《第 108 号工作文件》	《就批准约束性公司规则而确立适用标范核对清单的工作文件》（WP 108，adopted 14 April 2005）
《第 114 号工作文件》	《对 1995 年 10 月 24 日通过第 95/46/EC 号指令第 26 条第 1 款进行统一解释的工作文件》（WP 114，adopted 25 November 2005）
《第 119 号工作文件》	第 3/2006 号《对欧洲议会及欧盟理事会第 2006/24/EC 号〈关于因提供公共电子通讯服务或公共通讯网络而产生或处理数据之留存及对第 2002/58/EC 号指令进行修改的指令〉的意见》（25 March 2006）
《第 131 号工作文件》	2007 年 2 月 15 日通过《关于电子健康记录中涉及健康的个人数据处理的工作文件》
《第 133 号工作文件》	第 1/2007 号《对有约束力的公司个人数据转移规则所适用标准的推荐意见》（WP 133，adopted 10 January 2007）
《第 136 号工作文件》	第 4/2007 号《对个人数据概念的意见》
《第 153 号工作文件》	《对有约束力的公司规则所规定内容及原则的图表工作文件》（WP 153，adopted 24 June 2008）
《第 154 号工作文件》	《对有约束力的公司规则规定结构框架的工作文件》（WP 154，adopted 24 June 2008）

《第 155 号工作文件》	《对有约束力的公司规则常见问题的工作文件》（WP 155 rev. 04，adopted 24 June 2008，revised and adopted 8 June 2009）
《第 161 号工作文件》	第 3/2009 号《对根据第 95/46/EC 号指令向第三国所设立数据处理主体转移个人数据之合同标准条款的委员会决定草案的意见》（WP 161，adopted 5 March 2009）
《第 163 号工作文件》	第 5/2009 号《对在线社交网络的意见》（01189/09/EN）
《第 168 号工作文件》	2009 年 12 月 1 日通过《隐私权的未来：就欧盟委员会关于保护个人数据基础权利法律架构所进行征询的联合意见》
《第 169 号工作文件》	第 1/2010 号《对数据控制主体及处理主体的意见》

其他欧盟文件

《1995年绿皮书》	《对电信基础设施及有线电视网络进行自由化的绿皮书——第二部分:在欧盟提供电信基础设施的共同方式》(COM (94) 682, 25 January 1995)
《1997年融合绿皮书》	《关于电信、媒体及信息技术领域融合及〈朝向信息社会方式前进的条例〉影响力的绿皮书》(COM (97) 623, 3 December 1997)
《1998年接入通知》	《就电信领域接入协议使用竞争规则的委员会通知》(98/C, OJ C 265/2, 22 August 1998)
《2000年指引》	《纵向限制指引的委员会通知》(OJ C 291/1, 13 October 2000)
《2001年基于合并许可正当理由进行限制的委员会通知》	《对集中予以直接相关及必要限制的委员会通知》(OJ C 188/03, 4 July 2001)
《2001年委员会关于最低限度的通知》	《关于〈建立欧洲共同体条约〉第81条第1款项下并不实质限制竞争且微不足道的合同(de minimis)的委员会通知》(OJ C 368/07, 22 December 2001)
《2003年绿皮书》	欧盟委员会2003年5月21日通过《关于总体利益服务绿皮书》(COM (2003), 270 final) (OJ C/76 of 25 March 2004)
《2004年委员会指引》	《关于〈条约〉(文本与欧洲经济区相关)第81、82条对贸易影响这一概念的指引》(OJ C/ 101, 27 April 2004)

《2005年委员会通知》	《对集中予以直接相关及必要限制的委员会通知》（2005/C 56/03，OJ C 56/24，5 March 2005）
《2005年就排他滥用情形适用〈条约〉第82条规定的竞争总局通论文件》	《就可能损害竞争对手实际或潜在市场竞争力的企业滥用行为规定可能执行原则的委员会文件》
《2010年指引》	《纵向限制的委员会通知》（OJ C 130/1，19 May 2010）
《〈个人数据自动处理公约〉附加议定书》	《〈个人数据自动处理公约〉有关监管机关及跨境数据流的附加议定书》（Strasbourg，8 November 2001，European Treaty Series, No. 181）
《基本权利宪章》	《欧洲联盟基本权利宪章》（OJ 2007 C 303）
《关于〈电子商务指令〉第3条第4款至第6款的委员会通告》	《就金融服务适用〈电子商务指令〉第3条第4款至第6款的委员会通告》（COM（2003）259 final，14 May 2003）
《委员会就实施〈数据保护指令〉的第一次报告》	《委员会报告：就实施第96/46/EC号〈数据保护指令〉的第一次报告》（COM（2003）265（01），15 May 2003）
委员会通告	欧盟委员会于2007年3月7日于布鲁塞尔通过《关于跟进工作计划以更好地实施欧洲议会与欧盟理事会〈数据保护指令〉的通告》（COM（2007）87 final）
理事会共同立场文件	欧盟理事会2008年6月6日通过的理事会共同立场文件

《有关视听及信息服务的理事会推荐意见》	欧盟理事会 1998 年 9 月 24 日通过第 98/560/EC 号《以推进旨在对未成年人及人类尊严进行相当及有效水平保护而实现欧洲视听及信息服务产业竞争力发展的理事会推荐意见》(OJ No. L 270/48, 7 October 1998)
《网络空间犯罪公约》	欧洲委员会(ETS No. 185)
ECHR	《保护人权及基本自由的欧洲公约》((ETS No. 5) 1950)
《〈电子商务指令〉第一次欧盟委员会报告》	《欧盟委员会向欧洲议会、欧盟理事会及欧洲经济与社会小组委员会就适用欧洲议会及欧盟理事会 2000 年 6 月 8 日通过第 200031/EC 号〈关于内部市场尤其包括电子商务在内的信息社会服务若干法律事项之指令〉(〈电子商务指令〉)而提交的第一次报告》(COM (2003) 702 (01))
欧洲经济与社会小组委员会意见	《欧洲经济与社会小组委员会就〈《1980 年关于合同之债适用法律的罗马公约》转换为共同体法律文件并将予以现代化的绿皮书〉的意见》(INT/176, 29 January 2004)
EDPS 背景文件	《欧洲数据保护专员背景文件——对公众提供文件及数据保护:良好做法指引》(No. 1 July 2005)
欧盟比较研究	《对 27 个成员国侵犯隐私及人格权所产生非合同债务适用法律情形的比较研究》(JLS/2007/C4/028)

欧洲议会决议	《关于欧盟民事程序予以协调化进行展望的欧洲议会决议》(COM (2002) 654 — COM (2002) 746 — C5 — 0201/2003 — 2003/2087 (ini), A5-0041/2004)
《欧洲个人数据自动化处理公约》	1981年1月28日通过并于1999年6月15日予以修改的《欧洲个人数据自动化处理个人权利保护公约》
欧洲数据保护专员政策文件	2005年3月18日《作为共同体机构的欧洲数据保护专员关于立法建议及相关文件的政策文件》
第83/1999号欧洲经济区小组委员会决定	欧洲经济区小组委员会1999年6月25日通过第83/1999号《就〈欧洲经济区协定〉第37项议定书及附件6的修改决定》
欧洲议会报告	2004年4月24日于布鲁塞尔《关于〈实施第95/46/EC号《数据保护指令》第一次报告〉的报告》(COM (2003) 265 — C5 - 0375/2003 — 2003/2153 (INI), A5-0104/2004, final)
《适用〈电子商务指令〉的第一次报告》	《适用欧洲议会及欧盟理事会2000年6月8日通过第2000/31/EC号〈关于内部市场尤其包括电子商务在内的信息社会服务若干法律事项之指令〉(〈电子商务指令〉)的第一次报告》(COM (2003) 702 final, 21 November 2003)
《内部市场商业通讯绿皮书》	《内部市场商业通讯欧盟委员会绿皮书》(COM (1996) 192)
《〈罗马公约〉转换绿皮书》	2001年1月3日《〈1980年关于合同之债适用法律的罗马公约〉转换为共同体法律文件并将予以现代化的绿皮书》

《加密服务绿皮书》	《对内部市场加密服务是否需要共同体采取行动而进行意见征询的欧盟委员会绿皮书》(COM (1996) 76 final)
《公共领域信息绿皮书》	《信息社会公共领域信息绿皮书——公共领域信息：欧洲的核心资源》(COM (1998) 585，17 June 2002)
《实施执行委员会决定的机构间协议》	《实施欧盟理事会 1999 年 6 月 28 日第 1999/468/EC 号〈就行使赋予欧盟委员会实施职权而进行程序规定的决定〉而在欧洲议会及欧盟委员会之间签订的协议》(OJ No. L 256/19，10 October 2000)
法律报告	《欧洲议会法律事务小组委员会就〈欧洲议会及欧盟理事会就合同之债适用法律条例(罗马Ⅰ)建议稿〉报告草案之若干修改建议》》(COM (2005) 0650)
国际工作小组备忘录	《基于 1990 年 11 月 12 日工作小组讨论欧盟委员会就 ISDN 中个人数据及隐私权保护的建议稿所做备忘录》，见：柏林数据保护专员(编)：《电信及媒体数据保护：数据保护的材料》(14, 1993，74)
国家联络点(第 19 条第 2 款)名单	根据第 19 条第 2 款规定所建立的国家电子联络点名单：〈ec.europa.eu/internalnmarket/e-commerce/contact-points-19-2_en.htm〉
国家联络点(第 19 条第 4 款)名单	根据第 19 条第 4 款规定所建立的国家电子联络点名单：〈ec.europa.eu/internalnmarket/e-commerce/contact-points-19-4_en.htm〉

《保护基于条件存取服务的意见》	《欧洲经济与社会小组委员会就待欧洲议会与欧盟理事会通过〈基于或构成条件存取服务的法律保护指令〉建议的意见》(OJ No. C 129, 27 April 1998)
Pelikan/Kyocera (European Commission)	*Pelikan/Kyocera*, European Commission XXVth Report on Competition Policy 1995, Point 87
《〈罗马 II 条例〉之建议》	2003 年 7 月 22 日《关于欧洲议会及欧盟理事会〈非合同之债适用法律的条例〉(罗马 II)的建议》(COM (2003) 427 final)
《消费者权利建议》	2008 年 10 月 8 日《关于欧洲议会及欧盟理事会〈消费者权利条例〉的建议》(COM (2008) 614 final)
《〈罗马 I 条例〉之建议》	2005 年 12 月 15 日《关于欧洲议会及欧盟理事会〈合同之债适用法律的条例〉(罗马 I)的建议》(COM (2005) 650 final 2005/0261)
《〈欧盟运行条约〉第 36 项议定书》	《附录于〈欧盟条约〉及〈欧盟运行条约〉的第 36 号议定书》(OJ C 115 of 9 May 2008)
《涉及协助欧盟委员会行使其实施职权规定的小组委员会条文的条例》	欧洲议会及欧盟理事会于 2003 年 9 月 29 日通过(EC)第 1882/2003 号《就涉及根据〈欧盟条约〉第 251 条所规定协助欧盟委员会行使其实施职权的小组委员会条文进行调整以符合第 1999/468/EC 号决定的条例》(OJ No. L 284/1, 31 October 2003)

《保护基于条件存取服务的报告》	欧盟委员会向欧盟理事会、欧洲议会及欧洲经济与社会小组委员会提交《实施欧洲议会与欧盟理事会1998年11月20日第98/84/EC号〈基于或构成条件存取服务的法律保护指令〉的报告》(COM (2003) 198 final)
《〈罗马Ⅱ条例〉建议修改稿》	2006年2月21日通过《关于欧洲议会及欧盟理事会〈非合同之债适用法律的条例〉(罗马Ⅱ)建议修改稿》(COM (2006) 83 final)
《协同指引》	《欧盟委员会关于提高公共及私人领域信息市场协同性指引》(布鲁塞尔,1989)
《罗马Ⅰ》文本	2007年11月29日《就〈罗马Ⅰ〉文本而达成的协议》(IP/2007/1872)
《关于建立〈欧洲宪法〉的条约》	《关于建立〈欧洲宪法〉的条约》(OJ No. C 310/1, 16 December 2004)

其他国际及国家文件

《伯尔尼公约》	1971年7月24日《保护文字与艺术作品伯尔尼公约》
CWA 14167-1	CWA 14167-1,《管理电子签名认证可信系统之安全要求——第一部分:系统安全要求》(2003年3月)
CWA 14167-2	CWA 14167-2,《管理电子签名认证可信系统之安全要求——第二部分:认证服务提供商签名操作密码模块——保护概述(MCSO-PP)》(2002年3月)

CWA 14169	CWA 14169,《安全签名生成装置》(2002 年 3 月)
ETSI TS 101 456	ETSI TS 101 456 V 1.3.1,《认证服务提供商发放合格证书政策要求》(欧洲电信标准研究院,2004)
ETSI TS 101 862	ETSI TS 101 862 V 1.3.1,《合格证书概述》(欧洲电信标准研究院,2004)
《关贸总协定》	《1994 年关税与贸易总协定(GATT)》
IETF RFC 3647	IETF RFC 3647《2003 年因特网(X.509)公共核心设施——证书政策及认证做法框架》
经合组织指引	理事会 1980 年 9 月 23 日《理事会关于隐私保护及跨境个人数据流动指引的经合组织推荐意见》
RTF 3647	《2003 年因特网(X.509)公共核心设施——证书政策及认证做法框架》
《联合国国际贸易法委员会电子商务示范法》	1996 年 12 月 16 日《联合国国际贸易法委员会电子商务示范法》
《联合国国际贸易法委员会电子签名示范法》	2001 年 7 月 15 日《联合国国际贸易法委员会电子签名示范法》
联合国指引	1990 年 12 月 4 日《个人数据通过计算机予以处理文件的联合国指引》

2. 欧洲法院案例法

(略)

3. 国家法律

奥地利

《奥地利数据保护法》	《奥地利联邦个人数据保护法》（Bundesgesetz über den Schutzpersonenbezogener Daten）(Datenschutzgesetz 2000，DSG 2000)（BGBI，Ⅰ No. 165/1999，最后一次被 BGBI. Ⅰ No. 136/2001 修改）
《奥地利电子商务法》	2001 年 12 月 21 日的《联邦电子商务及合法交易特定法律议题法》(《2001 年电子商务法》)（BGBI.［2001］Ⅰ 1997）
《奥地利电子政务法》	《联邦促进公共机关电子往来管理法》(《电子政府法》)（BGBI Ⅰ No. 10/2004）
《奥地利标准化进程通报条例》	《标准及示范条例》（BGBI Ⅱ 2004/312）

比利时

《比利时数据保护法》	1998 年 12 月 11 日通过《修改 1992 年 12 月 8 日〈个人数据处理隐私保护法〉的法律》
《比利时隐私法》	经 1998 年 12 月 11 日《实施第 95/46/EC 号指令法》与 2003 年 2 月 26 日法律修改后的、1992 年 12 月 8 日《个人数据处理隐私保护法》

丹麦

《丹麦数据保护法》　2000 年 5 月 31 日通过《个人数据处理法》,2000 年 6 月 2 日发布于 Lovtident

芬兰

《芬兰数据保护法》　《个人数据法》,523/1999
《芬兰信息社会法》　《芬兰提供信息社会服务法》(No. 458/2002)

法国

《法国数据保护法》　经 2004 年 8 月 6 日《个人信息处理之个人权利保护法》修改的 1978 年 1 月 6 日第 78-17 号《数据处理、数据归档及个人自由法》

《法国电子数据处理、数据归档及个人自由法》　1978 年 1 月 6 日第 78-17 号《数据处理、数据归档及个人自由法》(Journal official du 7.1.1978 et rectificatif au JO du 25.1.1978)

德国

《民法典》　1996 年 8 月 2 日《民法典》(RGBL. p. 195),(2 January 2002 BGBI. I, p 42),最后被 2004 年 12 月 1 日通过的《修改金融服务远程合同规定法》(BGBI. I 2004,3102) 所修改

《德国联邦数据保护法》(BT-Drs. 14/2658)　2000 年 2 月 9 日通过《德国联邦数据保护法》(联邦议会文件 14/2658),最后修改于 2003 年 1 月 14 日(BGBI. I 2003,66)

希腊

《希腊数据保护法》	经第 3471/2006 号法律修改的第 2472/1997 号《个人信息处理之个人权利保护法》
《希腊个人权利保护法》	经第 2819/2000 号及 2915/2001 号法律（分别公布于 2000 年 3 月 15 日 84A 号及 2001 年 3 月 19 日 109A 官方文告）所修改的第 2472/1997 号《个人信息处理之个人权利保护法》

冰岛

《冰岛数据保护法》	最后 2003 年 3 月 14 日生效的第 46/2003 号法律修改的第 77/2000 号《个人信息处理及保护法》

爱尔兰

《爱尔兰数据保护法》	2003 年 4 月 10 日签署的《2003 年数据保护（修改）法》
《爱尔兰数据保护法》	被《2003 年数据保护（修改）法》所修改的《1998 年数据保护法》

意大利

《意大利数据保护法》	2003 年 1 月 10 日以第 160 号立法令颁布的《意大利个人数据保护法典》(OJ 29 July 2003, No. 174, Standard Supplement No. 123)

《意大利远程合同法令》	1999年5月22日第185号《意大利远程合同法令》
《意大利电子商务法》	第70/2003号《电子商务法令》

卢森堡

2000年8月14日法律	2000年8月14日通过《就实施第1999/93/EC号〈电子签名共同体架构指令〉、〈信息社会服务若干法律事项之指令〉及1997/7/EC号〈关于金融服务之外的产品及服务远程合同消费者保护之指令〉而对〈民法典〉、〈新民事诉讼法典〉、〈商法典〉及〈刑法典〉中涉及电子商务的部分予以修改的法令》

荷兰

《民法典》	《1991年民法典》
《荷兰数据保护法》	经2001年4月5日法令(Bulletin of Acts, Orders and Decrees 581 and 584)、2001年12月12日法令(Bulletin of Acts, Orders and Decrees 664)及2002年2月7日法令(Bulletin of Acts, Orders and Decrees 148)所修改的2000年7月6日《个人数据保护规则法令》(《荷兰个人数据保护法》)(Bulletin of Acts, Orders and Decrees 302)

挪威

《挪威个人数据法》	2000年4月14日第31号《个人数据处理法》（《个人数据法》）

葡萄牙

《葡萄牙个人数据保护法》	1998年10月26日通过第67/98号《个人数据保护法》（将欧洲议会及欧盟理事会1995年10月24日的95/46/EC号《关于个人数据处理及自由流动的个人权利保护指令》转化为葡萄牙法律体系的一部分）

西班牙

《西班牙数据保护机关指引》	数据保护局2000年12月1日发布第1/2000号《国际数据流动规则指引》（BOE 201，16 December 2000）
《西班牙统一法》	1999年12月13日通过第15/1999《个人数据保护统一法》

瑞典

《瑞典个人数据法令》	1998年9月3日通过《个人数据法令》（1998：1191）
《瑞典个人数据保护法》	SFS 1998：204 of aa29 April 1998 and Regulation SFS 1998：1191 of 3 September 1998

《瑞典个人数据法》	1998 年 4 月 29 日通过《个人数据法》(1998：2004)

英国

《电子商务监管法》	《2002 年电子商务监管法》(《2002 年电子商务（欧盟指令）条例》) (SI No. 2013 of 21 August 2002)
《英国数据保护法》	《1998 年英国数据保护法》
《英国电子商务法》	《2002 年电子商务监管法》(《2002 年电子商务（欧盟指令）条例》) (SI No. 2013 of 21 August 2002)
《英国金融服务法》	《2002 年电子商务指令（金融服务及市场）条例》(《2002 年金融服务及市场法（被管制业务活动）（修正案）》) (No. 2 Order 2002 (SI 2002/1776))
《2000 年英国调查权力监管法》	2000 年 10 月 24 日生效的《2000 年英国调查权力监管法(RIP)》

美国

《美国数字千年版权法》	《1988 年美国数字千年版权法》(17 USC § 512)
《美国电子签名法》	2000 年 10 月 1 日《全球及国内商业之电子签名法》

4. 国家案例法

（略）

5. 欧洲人权法院案例法

（略）

6. 国际条约及公约

《1968 年布鲁塞尔公约》	不时予以修订的 1968 年 9 月 27 日《民商事管辖权及判决承认与执行布鲁塞尔公约》(OJ L 299 of 31.12.1972，p.32)
《1973 年海牙公约》	1973 年 10 月 2 日于海牙缔结的《产品责任法律适用公约》
《1978 年代理适用法律海牙公约》	1978 年 3 月 14 日与海牙缔结的《代理适用法律公约》
《伯尔尼公约》	1886 年 9 月 9 日缔结的《保护文字及艺术作品伯尔尼公约》
《巴黎公约》	1883 年 3 月 20 日缔结的《保护工业产权巴黎公约》

《罗马公约》	《合同之债适用法律罗马公约》(Convention 80/934/ECC，OJ L 266 of 9 October 1980)
《维也纳公约》	1980 年 4 月 11 日《联合国国际货物销售合同公约》(CISG)

相关网址

1. 国际组织

亚太经合组织	〈www.apec.org/〉
欧洲消费者联盟	〈www.beuc.org〉
商业软件联盟	〈www.bsa.org〉
欧洲委员会	〈www.coe.int〉
欧盟委员会——数据保护部门	〈europa. eu. int/comm./justice_home/fsj/privacy/〉
电子隐私信息中心	〈www.epic.org〉
电子边疆基金会(EEF)	〈www.eff.org〉
欧洲电子商务组织(ECE)	〈ec.europe.com〉
欧盟法院	〈europa.eu.int/cj/en/index.htm〉
FEDMA(欧洲直销协会联盟)	〈www.fedma.org〉
FTC(联邦贸易委员会)	〈www.ftc.gov〉
GEBDe(全球电子商务商业对话组织)	〈www.gbd.org〉
电信数据保护国际工作组	〈www. datenschutz-berlin. de/doc/int/iwgdpt/dns_en.htm〉

ICANN（互联网名称与数字地址分配机构）	⟨www.icann.org⟩
ICC（国际商会）	⟨www.iccwbo.org⟩
ITU（国际电信联盟）	⟨www.itu.int⟩
互联网协会	⟨www.isoc.org⟩
OECD	⟨www.oecd.org⟩
隐私理事会	⟨www.privacycouncil.com⟩
TABD（跨大西洋商业对话组织）	⟨tabd.com⟩
UNCITRAL（联合国国际贸易法委员会）	⟨www.uncitral.org/uncitral/en/index.html⟩
联合国	⟨www.un.org⟩
WIPO（国际知识产权组织）	⟨www.wipo.int⟩
WTO（世界贸易组织）	⟨www.wto.org⟩

2. 欧洲数据保护机关

欧洲数据保护专员	⟨www.edps.eu.int⟩

奥地利

奥地利数据保护委员会	⟨www.dsk.gov.at⟩

比利时

隐私保护委员会	⟨www.privacy.gov.at⟩

保加利亚

个人数据保护委员会 〈www.cpdp.bg〉

克罗地亚

内阁欧洲整合部 〈www.azop.hr〉

塞浦路斯

个人数据保护委员办公室 〈www.dataprotection.gov.cy〉

捷克共和国

个人数据保护办公室主席 〈www.uoou.cz/eng/index.php3〉

丹麦

数据保护局 〈www.datailsynet.dk〉

爱沙尼亚

爱沙尼亚数据保护管理局 〈www.dp.gov.ce〉

芬兰

数据保护巡视员 〈www.tietosuoja.fi〉

法国

国家信息与自由委员会 〈www.cnil.fr〉

格鲁吉亚

格鲁吉亚国家信息技术部　　　　　〈georgia-gateway.org〉

德国

数据保护与信息自由联邦委员会　　〈www.bfd.bund.de〉

　　在德国，联邦各州（Länder）负责对私人领域进行监督。各州机关可见本网址所列名录。

希腊

希腊数据保护机关　　　　　　　　〈www.dpa.gr〉

匈牙利

数据保护与信息自由议会委员会　　〈www.obh.hu〉

爱尔兰

数据保护邦委员会　　　　　　　　〈www.dataprivacy.ie〉

冰岛

冰岛数据保护委员会　　　　　　　〈www.personuvernd.is〉

意大利

数据与隐私保护委员会　　　　　　〈www.garanteprivacy.it〉

拉脱维亚

国家数据管理局 〈www.dvi.gov.lv〉

列支敦士登

数据保护局 〈www.lds.llv.li〉

立陶宛

国家数据保护管理局 〈www.is.lt/dsinsp/〉

卢森堡

国家数据保护委员会 〈www.cnpd.lu〉

马耳他

数据保护委员会办公室 〈www.dataprotection.gov.mt〉

摩尔多瓦

摩尔多瓦共和国信息技术局 〈www.moldava.com〉

荷兰

数据保护局 〈www.cbpweb.nl〉

挪威

数据管理局 〈www.datailsynet.no〉

波兰

个人数据保护管理总局 〈www.giodo.gov.pl〉

葡萄牙

葡萄牙数据保护局 〈www.cnpd.pt〉

罗马尼亚

人民顾问（罗马尼亚巡视员） 〈www.avp.ro〉

俄罗斯联邦

俄罗斯联邦信息技术及通讯部 〈English.minsvyas.ru〉

瑞典

数据管理局 〈www.datainspektionen.se〉

瑞士

联邦数据保护局 〈www.edsb.ch〉

斯洛伐克

个人数据保护主席办公室 〈www.dataprotection.gov.sk〉

斯洛文尼亚

人权巡视员 〈www.varuh-rs.si〉

西班牙

西班牙数据保护局 ⟨www.agpd.es⟩

土耳其

司法部 ⟨www.adalet.gov.tr⟩

英国

信息委员 ⟨www.dataprotection.gov.uk⟩

索　　引

A

abuse of right doctrine　权利滥用学说，58

abuse of dominant positions　滥用主导地位，521

abusive performance　履行义务滥用，418，419

access　查看或接入

 and exploitation　查看或接入及利用，523

 regimes　查看或接入制度，320，327，422，497，501，504，511

 to personal data　查看或接入个人数据，85，86，178，183，189，409

accreditation　认证，288，309，437，446－448，450，455－456，469－471，476，478，479，482，487，493，705

accuracy　准确性，25，53，79，103，160，164，181，217，256，454，461，646，709

activities　活动，业务活动，17，20－24，30，37，42－48，57，62，77，80，86，93，94，105，112，123，130，136，139，142，147，148，151－154，159，162，175，177，185，200，206，234，267，282，284－287，290，291，294，300，301，317，327，332，334，336，436，449，476，485，490－493，496，519，520，535，547，551，623，634，637，644，648，650－652，654－661，664－667，670－675，678－682，687，688，690，712

address　地址，6，18，35，67，71，74，95，96，102，105，128，154，159，163，165，171，180，181，183，187，199－201，219，222，226，227，234，251－253，274，299，310，311，314，318，325，333，334，346，353－360，363，369，372，373，394，395，398，401，452，455，456，466，473，482，485，523，524，555，559，597，600，604，608，618，628，632，641，646，661，685

adequate　足够

 level of protection　足够保护水平，28，92，112－120，122，123，127，144，173，211，276，474，536

admissibility of a data transfer　数据转移的适当性，120

advance payment　预付款，364

advanced electronic signature　高级电子签名，437，438，442，444，451，452，454，469，481

affiliate without legal personality　没有法律主体资格的附属部门，39，40h

agents　代理，36，48，123，327，352，

392,398,460,461,475,539,541,549,554,555,595,634,645—648,657,696
ambulance services 急救服务,216
anonymity 匿名,35,164,210,260
anti-piracy rules 反盗版规则,684
applicable law 适用法律,39,41,125,211,220,221,317,542
apportionment of liability 责任分配,459
appropriate 适当
    contractual clauses 适当合同条款,119,122
    redress to injured parties 适当救济受害方,123
safeguards 保障,24,28,50,52,53,70,72,99,103,88
arrangements 安排,21,52,84,112,167,228,240—241,272—275,304,332,345,346,353,355,363,394,395,399,400,402,406,438,458,463,491,493,500,504,518—519,521—522,524,610,612—617,637,645,646,653,690,700,701,722
art. 9 Committee 第9条小组委员会,476—478
Article 29 Working Party 第29条工作方机制,13—14,16—18,33,34,37,45—46,48,63,83—85,95,108,111,112,137,138,148,155,189,230,240,254,264,505
assessment body 评估机构,449,492
assets lists 资产清单,500,518—519
asymmetric cryptography 不对称加密,462,483
audio and visual data 视听数据,16
authority of the data controller 控制主体授权,85,205
authorization of the competent Member States 有权成员国的授权,122
automated decision-making 自动决定,84,85,108
automatic 自动
    means 自动手段或方式,32,42,75,224,
    processing 自动处理,2,9—12,20,23,25,30,35,50,51,89,114—115,131,134,150,236

B

balance of interests 利益平衡,51,57,58
basic information 基本信息,66,67,345
bilateral contract between a Member State and a third country 欧盟一个成员国与第三国之间的双边协定,118
binding 有约束力的
    corporate rules 有约束力的公司内部规章,16,122—124,127,137,142
    register of prohibited data transfer 有约束力的禁止数据转移登记,177
blacklist 黑名单,84,101,464,465
block-blocking option 阻断—阻断功能,211
blocking button 阻止键,210

body governed by public law 适用公法的机构, 497, 506, 508
branches 分支机构, 126, 231, 302, 635, 640, 646, 647, 655
broadcasting services 广播电视服务, 160, 177, 181, 286, 300, 501, 669, 670, 675, 678, 685, 692, 698, 701
brokers 中间商或中间人, 392, 398, 698
burden of proof 举证责任, 190, 346, 349, 350, 354, 369, 372, 374, 428—429, 457, 463, 468, 515, 558, 594, 599, 612—614, 621, 627

C

caching 高速缓冲存储器, 163, 196, 201, 290, 291, 328—331
calling 呼叫
 and connected line identification 呼叫及接通线路号码或接通线路身份确认, 160, 164, 207, 211, 212
 line identification 呼叫线路身份确认或线路号码, 164, 165, 207—211, 214, 217, 230
 subscribers 呼叫方用户, 206—208, 210, 211, 215, 216
 users 呼叫方使用者, 206—208, 210, 211
cancel 撤销或解除, 98, 117, 325, 353, 357, 358, 363, 369, 424, 430
cancellation 撤销或解除
 of the essential contract 撤销或解除关键合同, 416

period 撤销或解除期, 361, 366, 430
case law 案例法, 14—15, 34, 45, 53, 109—110, 136, 147, 155, 269, 277, 278, 282, 286, 290, 295, 301, 308, 309, 377, 425, 452—453, 542, 580, 584, 586, 591, 607—611, 614, 621, 622, 624, 625, 690, 695, 696
CD-ROM, 107, 172, 221, 359, 363, 386, 393, 697
CEN/ISSS, 230, 476, 483
Certificate 证书
 hierarchy 证书等级, 468, 471
 policy 证书政策, 457, 459—461, 464—467, 473
certification 认证
 service providers 认证服务提供商, 436—439, 443, 446, 449, 451, 454, 455, 463—464, 469, 471, 480—482
 services 认证服务, 309, 310, 437—440, 447—449, 455, 458, 463, 469, 470, 483
Certification Practice Statement 证书做法声明, 456, 457, 459—461, 463, 466
Certification Service Provider CSP 认证服务提供商, 436—439, 441—443, 445—451, 454, 456—472, 474—476, 478—482, 484, 485, 487, 490, 492
Charter of Fundamental Rights 《欧洲基本权利宪章》, 2, 3, 17, 34, 50, 64—66, 73, 131, 154, 155, 157—158, 235, 237, 269, 271, 272, 497

choice of law 法律选择,375,527,530,533,540,543,544,547,549,550,552,581,583,591,593

circumstance for the assessment of adequacy 评估是否足够的情形,115—116

class action 集团诉讼,108,426—427

closed user group 封闭用户群体,170,179,184,448,458

co-operation procedure 合作程序,124,137

co-regulation 共同监管,476,483

codes of conduct 行为守则,5,22,29,65,125—128,134,143,145,146,289,291,294,295,317,318,321,323,332,334,335,377,379,386

cold calling 猝不及防的电话,357,377

collection of data from the data subject 向数据主体收集数据,66,67

collective interest of consumers 消费者的整体利益,292,431,572,584,585

comitology 专家委员会程序,147—149,231,232,237

commercial 商业

  communication 商业通讯,166,173,226,227,286,288,289,294,295,299,300,303,307,312—318,334,421—423,568,671,675,677,680,681

  purpose 商业目的或用途,52,354,357,395,396,403,421,504,507,510,515,677,680,681

Commission 欧盟委员会

  decision 欧盟委员会裁决或决定,117—118,124,125,449,477,485—487,483—493,614,615,620,622,625,626,663,731

  report 欧盟委员会报告,15—16

committee 小组委员会,2,9,18,113,117,143,146—150,157,168,193,230—233,244,248,254,281,339,343,347,372,383,435,475—478,486,495,529,569,603,631,663,664,669,672,687,691,694,708,711,713—716,718,721,730

Common Foreign and Security Policy 共同外交及安全政策,14,272

common position of the Council 理事会共同立场文件,691

communication on paper 以纸质的方式予以通告,409

communications 通讯,7,155,157—243,246—249,252,254,259,263,265,266,269,277,285,286,288,290,293—295,299,300,303,307,312—318,321,324,326,328,329,333,334,349,357,369,371,374,386,396,410,405,408,410,421—424,438,446,472,486,568,607,615,617,680—681,697,708,713,721

company privilege 公司特权,40

compensation 损害赔偿,补偿,13,108,109,262,364,366,395,402,406,567,572,574,577,584,586,594,597,684

competent court 管辖法院, 384, 395, 401

competition 竞争
 rules 竞争规则, 515, 521, 599, 608, 616, 628, 629, 672

conclusion or performance of a contract concluded in the interest of the data subject 为了数据主体利益而达成合同的缔结或履行, 119, 120

conditional access techniques 条件存取技术, 671, 676

conditions 条件, 17, 34, 52, 57, 61, 68, 79, 93, 107, 119, 155, 162, 166, 192, 195, 197, 201, 206, 214, 275, 302, 319, 326, 329, 331, 373, 408, 415, 429, 453, 475, 534, 549, 622, 673, 674, 720

confidence of users 用户的信任或信心, 158, 311, 439

confidentiality 保密性或秘密, 7, 36, 80, 85—86, 156, 161, 169, 170, 181, 184, 194—199, 249, 255, 285, 436, 473, 474, 481, 484, 493, 501

conformity assessment 合规评估, 437, 447, 449, 487, 490, 492, 493, 692, 699

connection with the distance contract 远程合同相关, 369

consent 同意
 by deputy 代表作出同意, 41
 of the data subject 数据主体的同意, 23, 41—42, 55, 57, 59, 62, 66, 100, 203, 217, 471, 474

consequence of a lack of adequacy 并不足够的后果, 115

consumer 消费者
contacts 消费合同, 283, 292, 297, 367, 368, 375, 425, 429, 460, 467, 468, 527, 534—536, 540, 547—549, 556, 560
 information 向消费者提供的信息, 347, 354, 368, 379, 396, 407
 protection 消费者保护, 1, 5, 6, 128, 157, 168, 173, 206, 240, 283, 288, 292, 293, 297, 303, 313, 340, 344, 346—348, 355, 356, 358, 361—366, 373—377, 381—384, 389, 390, 392, 405, 424, 425, 459, 460, 467, 527, 534, 549, 550, 584, 634, 671, 698, 720—721, 727

contact points 联系方式或联络点, 187, 192, 337, 339, 398

content 内容
 of the notification 通知内容, 171, 190, 192
 service 内容服务, 179, 185, 328, 496, 507, 675

contract notes 合同注释, 69

contracts 合同, 89, 118, 222, 284, 289—294, 300—303, 307, 311, 319—321, 324, 343—388, 390—392, 410—416, 421, 429, 438, 455, 527, 533—537, 540—542, 545—552, 555, 562, 563, 609, 621

contractual 合同
 freedom 缔约自由, 440, 458
 terms and conditions 合同条款及条

件，395，405，407—410，413，415，424，429，432

controller 控制主体，22—28，30，32，33，37—41，46—48，50—59，66—76，78—82，85—93，95—99，105，108，109，118—122，130，150，159，205，215，472，473

convergence 融合，384，422，674，681，685，692

cooling-off period 冷静期，381，412—414，416，418，419

coordinated field 协同领域，287，299，300，304—307，675，678，679

copyright 版权，7，25，291，296，307，328—330，332，333，337，499，500，503，506，518，587，618，622，623，673—675，677—681

correction 更正，13，22，81，101，322，325—326

cost-oriented approach 成本导向方式，514—516

costs of returning the goods 退货费用，364

country 国家
 of final destination 最终目的国，112，115，116
 of origin 来源国，112，116，137，298，306—308，315，330，378，440，450—451，537，602，680

credit 贷款
 agreements 贷款协议，361，366，411—413，416

information service 信用信息服务，68，84

criminal data 犯罪数据，63—64

criteria 标准或原则，21，23，32，37，43，54—58，67，93，102，117，133，151，154，176，188，191，193，198，217，223，256，272，307，328，330，331，346，350，380，386，393，422，438，444，446，449，478，484，489，491，492，505，520，537，553，611，616—618，620，622，674，702，703，708，714

cross signing 交叉签名，456

cross-border 跨境，2，5—7，19，20，28，65，84，116，118，121，158，173，186，227，238，240，289，290，318，343，346，347，378，387，428，436，438，441，442，447，453，469，474，496，500，502，519，528，529，531，541，565—569，588，591，597，608，629，669，671，685，687

cross-subsidies 交叉补贴，496，508，516，520

D

damage 损失，28，82，108，109，122，156，169，171，192，193，262，292，454，455，459，464，567，571，572，576—586，590，592，594，595，597，599，604

data 数据
 authorities 数据保护监管机构，11，13—18，24，34，37，39，40，45，52，62，64，68，72，77，90—93，97，101，104，105，107，123，124，131，

134，135，137，139，148，185，189，191－193，198，259，274，280
concerning health 医疗数据，58，60
directive 《数据保护指令》，2－5，7，9，10，12，49，53，60，94，243，244，265，291，347，429，503，672，674，676－678，680－682，686，691，701，724，725，728
make public 公之于众的数据，62，107，136，137，143，146，147，153，154，263，264，458，521，522
not obtained from the data subject 非自数据主体获得的数据，70
officers 数据保护专员，95，539，576，577
official 数据保护负责人，27，92－93，95，97，99，103，105－107，134
principle 数据保护原则，20，43，95，122，123，131，136，151，155，184，195，259，279，505
processor 数据处理主体，48，85，86，88，89，97，125，183
protection 数据保护，1－4，9，280，295，298，377，423，439，471－475，504，505，509，512，568
quality 数据质量，3，11，22，50－54，61，114，122，136，151，255，256
retention 数据留存，58，95，97，144，236，243－246，255－257，269，277，296
revealing racial or ethnic origin 披露个人种族和族群身份的数据，58
security 数据安全，36，39，87，188，250，255－257，259，262，263，472，473
transfer to third countries 向第三国转移数据，16，28
database directive 《数据库指令》，506
deceased persons 死亡人员，34，595，
decision of the Commission 欧盟委员会的决定，16－17，124，477，492
declaration 宣言，2，146，244，265，274，275，278，363，366，371，374，411，448，459，460，462，492，534，549，604，615，682
decoders 解码器，set-top boxes 机顶盒，smart cards 智能卡，676
default 默认、未能或违反、缺陷、过错，88，107，198，199，217，265，276，367，455，510，581
defence 辩护
　of legal claims 对法律主张进行辩护，59，62，119，121
definition of bodies representing other categories of controllers 代表其他种类数据控制主体团体的额界定，127
deleted 删除，53，73，75，76，164，258，430，541
delivery cost 运输费用，310，312，353，355
digital 数字
　format 电子形式，513，517，518
　rights management systems 权利管

理体系,330,673,674

　　signatures 数字签名,435,444, 462,470

　　telecommunications 数码电信,4, 208,209,632,641

direct 直接

　　and indirect financial gain 直接和间接获取经济利益,671,673,680

　　effect 直接效力,54,156,267, 678,719

　　marketing 直接营销,75,81—83, 107,114,128,129,145,166,167, 173,209,219—226,317,423,505, 671,681,697

directory 号码簿,目录,165,218—221, 240,436,464,465,481

disclosure 披露,25,27,32,36,52, 69—73,75,78,80—82,86,90,96,97, 110,134,172,178,208,210,239,255, 256,466,472,505,509,573,585,626

disproportionate effort 不成比例的努力, 25,70,71,73,76,498,513

dispute settlement bodies 争议解决机构,428

dissuasive 威慑性,威慑力,威慑作用,7, 238,239,262,339,424,426,671,682

distance 远程

　　contract 远程合同,222,283,297, 298,302,303,311—315,321,324, 343—381,384—386,359—404, 406—408,410—413,416,421, 424—426,429,430,460,467,530,

535,540,543,544,548,549,555, 568,576

　　selling 远程销售,5,208,343, 349,357—359,361,363,364, 366,368,376—381,383,384, 388,389,391,402,421,426— 428,430,431,534,48,696

document 文件,1,2,6,131,137, 141,146,155,279,308,319,444,452, 466,467,496—498,505,507—514, 627,692,694,703,709,710

domain name 域名,163,201,299,303, 333,681

Draft Community code 共同体行为准则草案,126,129

draft national codes 成员国行为准则草案,125,128

durable 持久的

　　means 可持续保存手段,404,482

　　medium 可持续保留介质,357— 359,363,386,391,393,406—409, 411,413,415,416,424,432,660

duty 责任

of care 审慎义务 109,468

　　of performance 履约义务,367

　　of the controller to keep a written record 控制主体保存面记录的责任,72

DVD,219,221,386,393

E

e-mail 电子邮件,4,44,71,166,173,

180,183,185,192,194,196,199,209,
218,224,225,227,235,244,251—253,
265,266,311,314—317,323—325,
357,359,363,372,377,408,409,423,
444,452,453,472,701

EC Treaty 《欧盟条约》,10,11,15,29,
31—38,63,148,149,151,153,156,
231,245,268,270,308,309,352,369,
448,528,529,553,565—567,605,
607—630,675,679,682,684,686

ECHR 《欧洲人权公约》,2,33,34,50,
64,65,77,110,114,194,195,236,
244,250,269,277,278,333,334,509

Economic and Social Committee 经济与社会小组委员会,9,18,157,168,281,
339,343,347,371,383,435,495,528,
531,569,603,631,664,669,672,687,
715,730

economic impact 经济影响,523

editorial control 编辑控制,179,
328,701

educational and culture institutions 教育、文化机构,503

EESSI 《欧洲电子签名标准化动议》,
444,456,476,485—487

effectiveness 有效,8,24,82,162,242,
278,280,319,373,379,437,451,563,
614,628,669,671,679

effect utile 最佳法律效力,374,682

electronic 电子
 address 电子邮件地址,6,18,35,
  67,71,74,95,96,102,105,128,
  154,159,163,165,171,180,183,
  187,199—201,219,222,226,227,
  234,251—253,274,299,310,311,
  315,318,325,333,334,346,354—
  360,363,369,372,373,394,398,
  401,152,646,685
 commerce 电子商务,1,4—6,179,
  226,295,296,302,306,307,309,
  319,324,326,327,333,365,367,
  371,376,408,428,568,588,
  591,659
 contract 电子合同,289,290,
  294—296,319,320,453
 database 电子数据库,42,184,
  208,219—221,359
 form 电子形式,98,240,440,442,
  451,452,497,507,508,557
 government 电子政务,35,448
 institution 电子货币机构,307,
  531,631,633,658
 mail 电子邮件,26,161 163,166,
  167,173,175,176,178,179,182,
  183,194,201,209,221—228,286,
  288,290,299,300,307,309—311,
  315,321,324,340,363,386,393,
  423,428,445,681,697,716
 means 电子手段或电子方式,1,
  286,289,292,293,300,301,311,
  319,321,323—325,334,335,337,
  376,404,441,442,453,498,499,
  509—511,513,514,516,670,679,
  692,696,697

money 电子货币,5,307,531,631—667,701

papers 电子报纸,366

signature product 电子签名产品,436,443,445,446,449,450,455,469,477,478,485—487

signature 电子签名,1,5,289,309,435—487,489,491,700,733,734

employees 雇员,12,14,39,40,42,61,76,85,86,111,180,184,189,247,302,351,352,537,585,648

employment 雇佣或就业,55,59,61,72,85,131,133,138,154,169,275,281,431,509,536,537,552,581,632,698

encrypted services 加密服务,670,682

encryption 加密,7,87,88,161,189,435,462,470,483

enforceability 强制执行,48,156,277,373,410,412,413,453,467,528,707

enforcement 执行,5,6,8,16,44,45,77,80,82,83,108,110—112,114,116,137,141,144,455,157,159,166,168,172,173,177,195—198,216,217,226,235,237—240,244,245,247,250,257,259,262,263,269,270,276,278,298,303,328,329,331,333,384,401,472,528,532,565,570,579,608,614,627,630

entry into force 生效,29,30,150,151,231,241,42,266,271,273,—275,341,378,379,273—275,341,378,379,521,531,565,567,568,604,605,668,684,686

established service provider 拥有营业场所的服务提供商,299,301—302

establishment 建立,成立,设立机构,主张,营业场所,确立,1,3,13,19,21,29,46,59,119,121,131,151,179,185,223,268,269,281,282,286,292—295,299,301,387,437,440,446,448,450,489,495,496,501,559,599,600,635,639,647,657,671,688,690,694,699,718,724,728

ETSI 欧洲电信标准研究院,230,444,459—461,465,466,476,483,484,486,487,702,704,710,711,715

European 欧洲

    code of product 欧洲行为准则,83,129,145,152,322,323,335

    content industry 欧洲内容产业,523,524

    information market 欧洲心系市场,7,498,500,502,502,509,511,514,517—519,521,523

European Commission 欧盟委员会,5—7,9,43,95,113,115,124,125,132,141,147,148,153,183,209,213,225,230,264,265,273,308,309,324,405,406,415,421,432,433,441,442,453,470,474,476,477,483,487,491,502,504,507,509,517,521,524,608,615,627,630,695,703,717,723

European Community 欧洲共同体, 18, 21, 43, 113, 157, 175, 177, 223, 229, 281, 435, 450, 489, 495, 521, 531, 538, 563, 569, 575, 605, 631, 669, 678, 687, 704, 709

European Convention
on Human Rights 《欧洲人权公约》, 155, 234, 235, 333, 472
regarding the automatic processing of personal data 《欧洲个人数据自动处理公约》, 2, 9—12, 30, 35, 50, 114, 115, 131, 134, 150

European Court of Justice 欧洲法院, 14, 15, 42, 46, 113, 132, 145, 153, 156, 234—236, 245, 265, 270, 272, 301, 428, 450, 520, 522, 622, 704, 706, 707, 719

European Data Protection Supervisor 欧洲数据保护总监, 3, 14, 133, 134, 137, 139, 140, 142, 171, 174, 187, 268, 276, 505

European Economic Area 欧洲经济区, 16, 113, 140, 296

European Electronic Signature Standardization Initiative 欧洲电子签名标准化动议, 444, 476, 477, 480, 483, 485, 486

European Parliament 欧洲议会, 3, 4, 9—49, 117, 133, 137, 139, 143, 145, 147—149, 153, 155, 157, 174, 177, 190, 193, 228, 231—234, 242, 244, 246, 267—276, 281—488, 527—607, 664, 669—686

European Union 欧洲联盟,欧盟, 6, 7, 16, 18, 21, 29, 33, 42, 44, 48, 66, 73, 74, 76, 80, 89, 95, 104, 106, 113, 115, 117, 118, 121, 125, 131, 147, 157, 158, 175, 185, 230, 231, 233, 235, 236, 239, 240, 250, 260, 265, 267—280, 293, 318, 343, 383, 389, 426, 432, 435, 436, 456—458, 470—474, 476, 477, 487, 495, 497, 502, 525, 531, 538, 562, 569—575, 607—630, 687, 733

evidence 证据, 161, 190, 194, 196, 249, 256, 304, 324, 325, 328, 331, 438, 440, 444, 451, 452, 463—465, 481, 522, 524, 540, 576, 578, 591, 594, 599, 611, 613, 614, 616, 645, 646, 650, 656, 665

exceptions 例外情形,除外情形, 11, 14, 26, 37, 44, 60—63, 72, 84, 86, 94, 95, 99, 106, 120, 146, 172, 195—196, 199, 201, 215—217, 235, 248, 254, 263, 290, 307, 320, 323, 326, 345, 412, 474, 514, 535, 537, 553, 566, 573, 578, 596, 613, 619, 673, 728

exchange of data between public authorities 公共机关之间的数据交换, 37

exclusions 排除, 413—416, 530, 541, 550, 566, 568, 577—578, 619, 620

exclusive arrangements 排他性安排, 504, 521, 522, 524

exemption 豁免情形, 24, 25, 27, 51, 56, 59, 61, 64, 65, 73, 76—80, 89—93, 95, 106, 109, 113, 119—122, 136, 151, 154, 191, 192, 222, 225, 236, 290, 291, 340, 350—353, 365—366, 370, 467,

468,506,594,595,610,614—621,632,
636,643,651,655—658,662,663,689,
701,702,717,727,729
exercise 行使
  of freedom of expression 言论自由
权利的行使,15,58,64—66
  of official authority 行使职权,23,
24,54,57,59,63,64,76,106
  of the data subject's rights 数据主体
权利的行使,66
exercising legal claims 行使合法请求
权,62
existence of rights 权利的存在,68
explicit consent 明确同意,24,59,61,
62,166,316,396,471
express 明示,41—42,56,149,182,
261,411,413,587,644,647,713
extinguishment of the contract 终结合
同,417
extracts from existing documents 现有文
件摘要,489,513

F

fair processing 公平处理数据,51,66—
69,78,279
fairness 公平,51,709,74,279,317,
318,336,698
fast freeze-quick thaw "速冻—快速解
冻",236
fax 传真,83,96,107,221,35,356,
357,359,363,371,377,393,397,400,
401,422,559,697

feasibility 可行性,209,379,427,565
FEDMA,83,129,145
fees 费用,74,98,107,164,355,364,
366,394,399,403,515,
field of employment law 劳动法领域,59
files 文件,10,23,35,37,40,44,63,
78,94,97,100—102,106,246,498
filing system 存档系统,21,23,32,36,
37,42,43
financial 金融
  service 金融服务,350,386,387,
390—409,411—420,423,425,427,
429,430,548,701
  Services with a fluctuating price 具
有波动性价格的金融服务,413
fire brigades 消防队,216
first 首先
  disclosure to a third party 向第三方
进行首次披露,69,70
  orientation for assessing adequacy 评
估保护达到足够水平时的首要导向,
88,116
  pillar 第一支柱,33,60,63,217,
236,269,270
form 形式
  of consent 同意的形式,41,402
  of the provision of the information
提供信息的形式,68,69
formal requirement 形式要求,307,319,
397,408,554,555,598
formalities 手续,环节,27,91,99,101,
102,352,415,438,441

format 模式,格式,160, 173, 180, 187, 240, 359, 441, 444, 451, 461, 463, 498, 504, 513, 518, 627, 715

fraudulent use 欺诈使用, 369

free 自由

 flow of personal data 个人数据自由流动, 3, 15, 30, 31, 113, 116, 157, 472

 internal market 内部市场, 295, 449

 movement of such data 该等个人数据的自由流动, 9, 12, 18, 113, 169, 175, 267, 268, 272, 274, 471, 449, 604, 733

 provision of services 自由提供服务, 301, 302

freedom 自由

 of expression 表达自由, 1, 15, 58, 64, 65, 73, 95, 265, 282, 283, 291, 35, 603, 669, 688, 727

 of information 信息自由, 24, 65, 298, 504, 509

 of movement for goods, capital and persons 货物、资本及人员的自由流动, 675

 of services 服务自由, 679

freely given consent 自主作出的同意, 41

functional 功能性

 division of tasks 任务功能性分工, 87

 tasks 职务, 86

fundamental 基础

 principle of data processing 基础原则, 66

 rights 基本权利, 2, 3, 12, 17, 19, 20, 24, 25, 30, 31, 33, 34, 46, 50, 54, 64—66, 68, 73, 77, 79, 80, 82, 97, 19, 122, 125, 131, 136, 142, 143, 154, 155, 157—159, 169, 170, 172, 175, 176, 230, 234—236, 262, 267, 269, 271, 273, 278, 333, 472, 497, 688, 727

further processing for incompatible purposes 基于并不匹配的目的予以进一步处理, 44

G

general terms and conditions of business 一般商业条款及条件, 69

generally recognized standards 公认标准, 442, 446, 447, 449, 449, 477, 478, 485—487

genetic data 基因数据, 100, 101

geographic address 地理意义上的地址, 310, 311

Germany 德国, 11, 34, 49, 53, 57, 92, 94, 98, 100, 102, 104, 111, 132, 133, 139, 153, 247, 254, 266, 272, 295, 314, 350, 352, 354—359, 362—366, 372, 377, 381, 452, 456, 480, 521, 701, 704, 707, 727

good 良好

 faith 善意, 354, 364, 396, 429, 681

 level of compliance 良好合规情形,

114,122,123

 time 及时,238,345,353,357,359,393,397,406—408

grant authorization with reservation 给予保留授权,124

Greece 希腊,102,111,118,265,266,295,452,683

grounds for refusal 拒绝理由,511,512

guarantee funds 保证金,395,402

guarantees 保障,保证,担保,22,59,62,72,86,114,143,159,223,266,270,284,297,335—337,358,392,456,458,469,471,518

H

hand-writing signature 手写签名,438,440,451—453,464

hard sell 强硬销售,420

health data 医疗数据,60,62

health-care 医疗,59,63

hearing of data subjects and their representatives 听取数据主体或其代表的意见,129

helping lines 求助热线,164,210

historical 历史的

 statistical or scientific use 基于历史研究、数据统计或者科学研究目的予以使用,23,35,50,52,71,72

hyperlink 跳转链接,197,199,218,296,314,315,321,327,340,356,372

I

ICT Standard Board 欧洲信息通讯技术标准委员会,476,483

identifiability 身份可确定性,35,313

identifiable 可确定身份/性质的,22,32,34,35,37,177,181,192,226,244,247,260,288,311—316,356,490,492,509

identification number 身份编码,32,35,60,64,310

identity of the controller 控制主体的身份,51,66,67,69

ideological associations 意识形态组织,62

illegal circumvention of technical measures 非法规避技术措施,673

illicit devices 非法装置,7,670—673,677—685

image or sound recording 录像或音频录制品,34

implementation measures 实施措施,341,522

important public interest grounds 重大公共利益理由,119,121

incorporation by inference 援引并入,466,467

individual communication 个人通讯,286,290,300,323,324,326,356,371,372,421,422

individually negotiated contract 个别谈判达成的合同,407

industry alert 产业警示,69

information 信息

 security 信息安全,87,169,174,

187，193，468，474，475，483

services 信息服务，7，68，84，190，199，502，513，520，696

society 信息社会，1，3，21，45，153，154，158，162，167，168，179，185，194，197，199，228，281—294，296—310，312，314，317，318，326，328 — 332，335 — 338，340，398，458，472—474，483，496，530，538，574，669，673 — 678，687 — 690，693，695—700

to be provided 须提供的信息，67，182，290，310—312，320，354，358，397，406

Information and Communications Technology Standards Board 信息通讯技术标准委员会，486

informational self-determination 信息自决，272

infringement proceedings 侵犯欧盟法之诉，153，716，721，722

initial 初始

agreement 初始协议，388—390

capital 初始资本，634，645，649，651，652，657

initiative for drawing up codes of conduct 自主起草行为准则，127

injunction 禁令，284，291，292，297，307，328，329，337，373，387，426，247，431，578，584，595，644，646，647，682

instructions 指令，说明，38，39，85 — 88，118，121，125，132，133，187，205，

395，400，401，411，416

insurance contracts 保险合同，418，419，430，536，539，550，551，562，624

integration 整合，19，220，282，431，432，618，679，716

intellectual property right 知识产权，65，142，235，250，329，333，499 — 501，503—506，512，518，566，573，586，587，592，598，604，619，622，623，672，681

interests 利益

of another person 其他人利益，61

of the data subject 数据主体利益，53 — 55，57，58，61，71，77，119，121

intermediaries 中间服务商，285，291，294，295，326，391—393，397，398

internal market 内部市场，1，3，5，7，12，14，15，17，19—21，33，43，44，142，143，167，170，238，240，244，261，269，281 — 283，285，290，292 — 297，305 — 309，340，343，347，348，383，389，407，420，431，436，440，447，449，450，457，480，495，496，502，529，530，538，572k，574，601，609，621，629，631，638，670，671，677 — 679，687 — 689，695，708，709，724

interntional 国际，2，5，6，28，47，48，52，57，80，88，97，112，120，123，131，146，150，156，211，230，242，252，253，270，275，276，278，279，287，292，293，297—298，440 459，469—475，506，528，538，540，541，543，546，559，561—563，

索引　817

574—575，600—605，693，702

internet service provider　互联网服务提供商，111，200，206，243，259，265，327，334

itemized billing　明细账单，202，206—212，234

J

journalism　新闻报道，21，25，65，94

journalistic purposes　新闻报道目的，64，65，94，113

judicial remedy　司法救济，28，107，108，238，239

K

keep the data subject adequately informed　向数据主体持续告知足够信息，51，78

knowledge　知识，知情，34，67，68，70，73，79，131，134，154，162，173，196，208，227，256，290，291，328—333，338，342，481，491，493，495，499，519，646，672，681，691，700，715，718，727

L

labelling　标签说明，287，304，334，692，721

laid down by law　法律规定，70，72，267，269，282，347，594，671，690

language　语言，75，98，209，234，238，273，322，355，356，387，395，401，402，406，468，482，498，513，519，535，542，549

law enforcement agencies　执法机构，216，217，235，237

lawfulness　合法性，12，20，25，38，39，49—107，130，136，151，195，261，279

legal　合法

　　claims　合法请求权，59，62，119，121

　　effect　法律效力，83，84，273，275，289，319，320，412，417，437，438，444，451—453，470，475，555，558，598，599，704

　　obligations　法律义务，56—57，79，439

　　personality　法人资格，21，39，40，507

　　persons　法人，4，22，31，33，34，37，39，40，68，18，159，162，165，167，175，176，182，201，221，222，224，226，314，349，392，445，446，459，634，349，392，445，446，459，634，640，642—644，646—648，655，657，658，700，714，719

　　recognition　法律认可，435，437—441，446，469

　　security　法律保障，509，676

Legal Affairs and Citizen's Rights Committee　法律事务和公民权利小组委员会，9

legally binding　法律约束力，3，9，10，88，127，139，402，456，458，466，608

legitimate Interests　合法利益，23，26，

33,54,55,58,61,82,84,143,158,159,162,167,172,175—177,218,221,222,226,227,234,600,669

liability for directors 董事责任,111

license 许可,111,496,499,619,620

limitation of investments 投资限制,399

limited forms of investment 投资的有限形式,566

literary purpose 文学目的,65,109

Lithuania 立陶宛,265,255,341,453

location data 位置数据,160,164,170,177,178,180—182,184,205,212—217,234,243,245—247,249,256,258,263

M

main 主要

 business 主要业务,394,398

 characteristics 主要特色/特征,296,297,345,353,355,394,396,398,399,403

malicious calls 恶意呼叫,216

management of health-care services 管理医疗服务,59,63

manifest objection 明确拒绝,423,424

manual 人工

 files 手动归档,34,94

 processing 非自动处理,23,36,37,94

marketing 营销,81—83,87,163,166,173,197,199,203,204,214,221—225,287,297,351,365,367,371,378,383—433,490,582,622,671,681,693,694,699,704

means 手段

 of distance communication 远程通讯方式,344,345,348—359,371—372,385,386,389—394,397,400,402,407—410,421—423,426,427

 of redress 救济方式,498,511,512,514,517

medical 医疗

 products 医疗产品,377—378

 professions 医疗人员,62,468

treatment 医疗,62,63

Member States 成员国,2,4—7,9—17,19—34,40,44,46—50,53,54,57—61,63—74,76,81—86,89—100,104—119,141,121—133,137,140,143,147,148,150—161,164—169,171—174,176,177,194,195,202,206—209,212,215—222,225—231,233—245,248—250,254,255,257—269,271,272,274,275,277,282—285,287—299,302,304—313,315,317—324,326,327,329—341,343—348,354,356,357,361,363,367—381,384,385,387—390,396,397,404,405,408,410—417,419—429,431—433,436—442,444—452,454—457,465,469—471,473,476—480,487,489,491,492,495—504,506,507,509,510,512,514—525,527—532,535—538,540,542,545,549—553,555,557,561—563,565,

567—571，573—577，579，580，582，585，586，588，592，594，596，602—605，608—610，613，621，622，628，629，635—637，639—641，643—645，649—651，653—658，661，663—666，668，671—673，678—688，690，694，695，704—709，711—732，734

mere conduit　仅系通道，290，291，326—329，332

mimimum　最低

 criteria　标准，489—493，734

 duration　最短期间，353，355—356，395，400

  requirement for the protection to be considered adequate　被视为保护已经足够的最低要求，114

 standards　最低标准，256，376，496，502，

 term　最短期间，400

minors and human dignity　未成年人及人类尊严，283，297，334，335

misleading information　误导信息，356，402

mobile transactions　移动交易，480

monitor　监督，137，170，171，193，238，259，327，328，330，332—333，336，346，374，476，505，524，646，647

mutual　相互，互助，30，32，101，123，167，287，292，338，366，438，440，469，470，527，531，532，546，566，569，570，637，664，667，688，695，729

N

national body　国家机构，128，239，489

natural persons　自然人，12，13，19，21，30—35，37，38，42，46，47，51，143，153，154，157—159，162，164，165，177，180，203，213，218，221，222，224—227，243，245—247，271，286，289，299—302，314，315，317，348，349，391，392，437，443，445，454，459，464，472，475，509，539，544，547，556，559，599，600，655，715

nature of the data　数据性质，26，73，86，87，100，112，115，472

negligently　过失，454，455，457，463

negotiations　谈判，9，10，28，112，114，117，144，211，276，347，371，385，392，393，400，401，406，469，573，581，591

Netherlands　荷兰，11，49，68，70，71，92，93，100，101，126，128，129，153，255，265，26，295，316，341，453，456，507，541，557，585，611，612，614，616

non-discrimination　非歧视，277，306，307，458，504，519—522，628

non-discriminatory　非歧视

 and transparent price　非歧视及透明的价格，516

 conditions　非歧视条件，8，446，448，496，499，516，519—520

non-European data controllers　非欧洲数据控制主体，48

non-profit-seeking bodies　非营利组织，

59,62,94

non-sensitive data 非敏感数据,41,56,61,62

notice and take down 通知后清除,296,332,340

notification 通知,通报,13,16,22,27,40,47,51,69,71,73,78,89—125,134,151,171,172,174,187,190—193,257,261,299,308,332,333,339,395,401,411,416—420,433,478,479,486,530,615,616,645,688,690,702,707,710,716,717,720,723,729

O

object identifiers 对象标识符,460,480

objection and erasure 拒绝及销毁,13

obligation 义务

 of the controller 控制主体的义务,26,56—57,67,79,176

 to inform the supervisory authority 向监管机构通报的义务,72

 to notify 申报/通知/通报义务,27,45,76,89—95,116,187,190,191,201,479,705,725,726

obvious error 明显错误,420

OECD Privacy Guideline 《经合组织隐私权指引》,2,10,50,126

offences 违法/犯罪行为,59,60,63,76,100,106,110,136,195,23,235,243,244,249,256,261,287,305,655

official text of a legislative and administrative nature 具有法律及行政措施之性质的官方文本,497,523,524

online 在线

 activities 在线（业务）活动,301,304,700

 notification 在线申报,98

operations 操作,运作,（业务）经营,13,16,24,25,27—29,32,42,47,65,67,73,77,87,89—91,93,94,96—108,112,115,120,124,130,136—,137,140,151,152,154,172,179,269,272,273,290,329,330,335,338,343—345,383—385,386,388—390,392,394,399,330,335,338,343—345,383,385,386,388—390,392,394,399,410,412,440,461,476,477,479—481,484,487,498,513,514,536,539,559,561,562,574,599,601,603,628,629,634,645,652,653,655,657,666,700,702,707,709—711,714,722

opinion by the national body 国家机构发表的意见,128

opt-in regime 不选则无制度,226,422,423

opt-out 不选则有

 regime 不选则有制度,224,423

 registers 不选则有记录登记体系,167,222,288,315—317,423

organization representative for the sector concerned 代表有关领域相关组织,129

organized distance sales 有组织远程销售,344,348,349,389—392

original proposal of the European Commis-

sion 欧盟委员会原先的建议稿, 113
other 其他
　　business activities 其他业务活动,
　　634, 647, 652
　　categories 其他种类, 125, 127,
　　128, 441, 479, 640
out-of-court settlement 庭外争议解决,
291, 336, 428
overall service agreement 总体服务协
议, 389
override of the elimination of caller identification 拒绝隐藏呼出号码身份, 216

P

parliament 议会, 3, 4, 9, 14—18, 27,
29, 99, 103, 117, 133, 135, 137, 139,
141, 143, 145, 147—150, 153, 155, 157,
158, 167—169, 174, 177, 190 193, 228,
231—234, 236, 242, 244, 246, 254, 260,
263—265, 267—276, 281—285, 287—
289, 309, 316, 336, 339, 343, 347, 349,
350, 377—381, 383, 384, 387, 395, 404,
411, 415, 420, 430, 431, 435, 439, 442,
471, 479, 485, 489, 495, 497, 499, 500,
510, 523, 527—533, 535—541, 562,
563, 565, 566, 569, 574, 603, 631, 634,
637, 638, 640, 654, 663, 664, 666,
669—671, 674—676, 684, 685, 687,
690, 691, 715, 725, 730
particular enquiries 特别调查, 40
party autonomy 当事人自治, 440,
458, 573

password 密码, 97, 366, 676
pay services 支付服务, 676, 685
payment card 支付卡, 369, 453
per-call basis 基于本次呼叫, 207,
210, 211
per-line basis 基于线路, 164, 207,
209—211, 215, 216
performance of a contract 合同履行, 23,
30, 54, 83, 84, 119, 120, 386
performed contracts 已履行合同, 414
period of validity 有效期间, 398,
399, 481
personal 个人
　　data 个人数据, 2—4, 9—15, 17—
　　24, 26—38, 40, 42—51, 54—56,
　　58—70, 72, 79—83, 85, 86, 88—
　　90, 94, 104, 109—116, 118, 119,
　　121, 122, 124, 125, 128—134,
　　136—139, 142—148, 150, 152, 155,
　　157—159, 163—165, 167—176,
　　178, 182, 183, 185—187, 189—191,
　　193, 196, 198, 200, 201, 203—205,
　　208, 211, 213, 215, 218—220, 223,
　　228, 230, 231, 233, 235, 237, 238,
　　240, 247, 255, 259, 260, 263, 267—
　　272, 274—276, 279, 284, 285, 298,
　　333, 346, 387, 398, 421, 468, 471—
　　475, 499, 501, 505, 507, 509, 512,
　　581, 604
　　identification numbers 个人身份编
　　码, 32, 35, 64
　　or household activity 个人或家庭事

务，38，42，44

    use 个人使用，44，45，684

privacy 隐私，7，8，684，685

place of establishment 营业场所，286，301，671

police and judicial cooperation in criminal matters 刑事领域的警察和司法合作，14，33，63，268，270

policy requirements 政策要求，459，460，466，484

political opinions 政治观点，24，58，100

possession of the information 掌握信息，69

postal services 邮政服务，280，309

pre-contractual 缔约前

    information 缔约前信息，355，397，402，403，530

    negotiation 合同订立前谈判阶段，400，401，406，581

    period 合同订立之前的期间，393，401

pre-emption 优先，287，376

prevailing legitimate interests of the controller or of third parties 控制主体或第三方的优先合法权益，55，58

prices 价格，283，297，310，312，345，355，360，361，364，365，367—369，390，394，396，398—400，403，410，413，414，416，424，498，515，524，609—621，623—625，628

pricing conditions 定价条件，516

principle of commensurability 相匹配原则，679

principle 原则

    of data minimumization 数据最小化原则，53

    of fairness 公平原则，70，74

    of proportionality 比例原则，49，56，57，172，283，297，333，388，500，538，575，637，672

principles 原则，1—3，11，13，14，20—22，29，30，32，33，36，43，50—54，61，77—80，95，112—118，122，123，131，136，149，151，154—158，169，171，172，175，184，195，196，198，232，233，235，255，259，275，277—279，283，285，290，302，307，309—333，335，340，344，346，354，371，375，377，378，385，388，396，402，439，440，447—451，470，472，473，498，499，504，505，514—516，519，523，524，543，544，560，567，576，588，599，600，608，613，614，620，629，660，678—680，688，703，718，721，722，727

prior 事先

    authorization 事先授权，27，92，98，101，102，288，309—310，378，437，446，447

    checking 事先审核，47，92，93，97—104，126，134，135

    consent 事先同意，165，166，198，200，203，213，221，223—225，288，371—372，421—424

    definition of purpose 对目的的事先界定，51

information 信息事先告知, 101, 202, 224, 321, 352—357, 372, 374, 386, 390, 395, 397—400, 402—410, 413, 415, 419, 429, 432, 644, 646

checking of codes of conduct 对行为规则的事先审核, 126

request 事先要求, 345, 370, 417, 419, 420

privacy 隐私

by design 设计保障隐私, 36, 87—88, 184, 230, 279

options 隐私选项, 164, 209, 211, 212, 220

Privacy Guidelines 《隐私权指引》, 2, 10, 50, 126

privacy-enhancing 隐私保护增强

technologies 隐私保护增强技术, 16, 230

terminal equipment (隐私保保护增强终端设备), 229—230

private 私人

and family life 私人及家庭生活, 34, 267

key 私人密匙, 445, 456, 462, 463, 475

possession of illicit devices 私人持有非法装置, 672, 680, 681, 684, 685

proceedings 诉讼, 13, 29, 37, 110, 130, 135, 136, 141, 147, 149, 150, 153, 192, 216, 222, 227, 239, 265, 274, 287, 305, 308, 333, 336, 398, 402, 426, 427,

431, 438, 440, 451—453, 463, 482, 527, 565, 566, 613, 614, 714, 721, 722

process data 处理数据, 38, 39, 51, 52, 61, 62, 128, 201

processing 处理

legitimate 合法数据处理, 11, 54—58, 154

of personal data 个人数据处理, 2—4, 9—14, 18—24, 26, 29—32, 35—38, 42, 44, 46, 49—107, 113—115, 130—147, 150, 152, 157—159, 163, 164, 167—170, 174—176, 178, 182, 183, 185—187, 189, 190, 200, 203, 205, 213, 215, 231, 233, 237, 238, 267—269, 271, 272, 284, 285, 471, 475, 499, 501, 505, 604

processors 处理主体, 33, 36—40, 48, 54, 74, 76, 85—89, 97, 111, 125, 127, 164, 178, 183, 205, 206, 215, 472, 473

product liability 产品责任, 49, 53, 455, 567, 571, 581—583

professional 专业人员

activity 执业活动, 302, 304, 535, 540, 547, 549

organizations 专业团体, 126, 318, 346, 371, 373, 379, 426, 427

rules 执业准则, 112, 116, 289, 310, 312, 317, 318

secrecy 执业秘密, 24, 59, 63, 131, 133, 137—138, 195, 317, 318, 648, 658

profit element 盈利因素, 515

prohibition to process sensitive data 禁止处理敏感数据,61

property credits 财产信贷,414—415

proportional 符合比例原则,7,424—426,689

proportionality 比例原则,1,49,50,56—58,80,102,114,122,170,172,195,232,245,250,256,257,266,277,279,283,297,308,333,388,424,439,472,500,538,575,637,672

protection 保护

 of minors and human dignity 未成年人及人类尊严保护,283,297,334

 of persons 人员保护,143,402,695,708

provider 提供商或供应商,5,35,86,88,159—165,170,171,179,180,182,185—192,194,199—207,2009,210,212,214—216,218,220,222,224,226,237,249,251—253,286—292,298—302,305,306,309—313,315—317,321—333,335,337,386,391,392,406,437,440,442,443,445,447—451,454—466,468—471,474,475,479—482,484,485,490,492,544,559,589,600,602,616,625,633,636,641,653,654,670,674—678,693,694,696,700

provision of information proves impossible 证明不可能提供信息,71

provisions 条款,规定,1—4,6,7,9,10,12—16,20,21,24,26,28—49,51—54,56—61,64—66,73,89,94,103,108,110—113,121,125—130,134,150—156,158,159,165,167—170,172,173,175,187—190,222,227—231,233—244,250,255,258,261—268,282—284,287,290,292—309,339—341,344—348,371—373,375—378,384—389,404—406,412,417,424—427,429,431—433,436—439,449,455,476,500—512,522—525,529,532—538,542—544,550—554,558—563,573—575,591—593,596—605,631—633,635—641,655,657,658,662—668,670—675,679—681,693—696,699,702,705—707,712,714,718,720—722,728,731

pseudonyms 化名,471,475,480

public 公共

authority 公共权力机关,公共职权,18,22,32,33,37,39,40,52,56,58,64,68,92,100,101,130,204,244,250,258,259,274,279,287,289,294,298,305,319,320,332,333,470,476,483,507,570,629,630,636,639—641,643,648,658,694,702,704,705,717,729

bodies 公共机构,38,109,132,259,346,372,373,426,427,515,524

funds 公共财政,508,515

health 公共健康,24,275,283,284,289,294,297,305,698,718,720,725

interests 公共利益,23,24,26,28,53—55,57—59,61,63,77,78,82,119—121,216,287,306,373,505,521,

537，552，553，573，596，670
key cryptography 公共加密密钥，443，444
procurement 公共采购，438，497，508，694，729
register 公共登记体系，93，96，106，107，121，310，311，394，397，398，647
sector 公共领域，6－7，37，41，51，101，103，132，272，438，447，448，478，480，495－524
  security 公共安全，12，21，26，42，44，66，76，77，80，106，136，159，175，177，233－235，243，249，260，305，436，50－1，672，728
  service broadcasters 公共广播电视服务机构，501，503
  task 公共职责，496，499，501－503，506－508，515，519，520
Public Key Encryption 公共密钥加密，462，483
Public Key Infrastructure 公共密钥基础设施，445，459，462，466，468，471，480
publication of standards 发布，477
purpose of processing 处理目的，23，46，182，202－204

Q

qualified 合格，
  certificates 合格证书，438，422，443，446．－448，451，452，454－465，467－470，472，473，475，476，479－482，484，487
  electronic signatures 合格电子签名，442，452，453，455，463，467
Qualified Certificate Profile 合格证书档案，461，484

R

re-use of public sector information 公共领域信息再次使用，6，7，495－500，502，504－506，510，519，523，524，734
reasonable return on investment 合理投资回报，498，514－516
reasonable rely 合理依赖，464，468
rebuttable presumption 可证伪推定，463，468
receipt 收到，收货，99，275，289，323－326，345，359，360，362－264，511，512，546，562，603，642，643，647，658，660，723，724
recipient of a service 服务接受方，285，286，300，302，687，690，692，693，696，697
recipients or categories of recipients 接收方或接收方种类，66，68，69，72，74，75，89，91，92，95，97，105
recognition 承认，辨认，认可，6，32，38，102，123，167，195，216，270，271，298，299，303，304，318，334，384，401，435，437－441，446，452，462，469，470，528，531，532，565，566，569，570，579，637，664，667，688，712，713，729
record keeping 记录保存，461，648
rectification 更正，73，75－76，97，101，114，122，150，152，184

redeemability 可赎回性，636，640，658—662

redress 救济，114，115，122，123，337，339，372，387，395，397，402，406，407，426—428，498，511，512，514，517，543，636，660，662

register 登记，登记体系，15，27，28，51，59，64，83，90，93，96，97，101，104—107，117，119，121，134，149，150，167，222，246，288，289，310，311，315—317，341，373，394，397，398，423，455，464，465，509，635，647，655，657，665，707，710，720

regulated 受监管的

 professional activity 受监管执业行为，304

 professions 受监管职业，26，76，106，235，289，299，303，304，310，311，317，318，334

reliable 可靠的，39，170，195，290，483

religious or philosophical beliefs 宗教或哲学信仰，58，100

relying 依赖

 agreement 依赖方协议，460，465，467，472，

 parties 依赖方，456—458，460—446，468，482

 party 依赖方，456，457，459，460，464，465，467，468

repayment 退款，368

report from the Commission 欧盟委员会报告，68，122，149

representative 代表，3，14，29，42，46，48，61，66，67，69，89，95，96，105，126，128，129，138—140，147，148，168，193，231，346，354，372，394，397，398，426，427，476，490，492，573，650，651，656，703，713—716

representativeness 代表性，128，129

requirement 要求，要件，71，72，120，132—134，202—204，209，210，223，309—310，316，332，333，355，356，358，408，409，463，472—476，704—707

responsibility 负责，职责，责任，14，21，53—54，64，85，88，191，259，287，340，468，472，473，475，491，493，559，646，657，705，709，719

retention 留存，58，92，95，97，144，155，201—202，233，235—237，243—266，269，277，296，464

retrospective effect 回溯效力，117

revenues 收入，522

reverse searching 反向搜索，219—221

review 审查，审议，2，4，7，15—18，57，84，168，171，176，223，227，239，242，248，261，263—266，275，303，347，379，380，406，415，431—432，439，477，479—480，478，503—504，512，516，519—524，562—563，566，603—604，608，624，631，632，638，664，716

revocation 撤销，124，351，455，461，464，465，481

right 权利

 of termination 终止权，400—401

of the data subject　数据主体的权利, 23, 54, 67, 82, 90, 93, 276

　　of withdrawal　撤销权, 204, 213, 214, 345, 352, 353, 355, 357, 358, 360—368, 386, 395, 396, 400, 401, 403, 406, 410—420, 429, 431, 432

　　to a reflection time　一定时间予以考虑的权利, 411, 414

　　to object　拒绝权, 82—84, 108, 505

　　to withdraw　撤销权, 204, 213, 353, 361

right holder　权利人, 328, 329

risk assessment　风险评估, 462

risks　风险, 26, 27, 86—88, 98—103, 106, 120, 134, 158, 160, 161, 184, 188—192, 256, 257, 325, 327, 394, 398, 399, 406, 413, 452, 453, 462—465, 472, 473, 536, 550, 551, 571, 633, 634, 638, 645, 646, 648, 658, 689, 710

roaming　漫游, 212

rule　规范

　　of form　行使规范, 441

　　of procedure　程序规则, 146—150, 231, 476—478, 713, 715

S

safe harbor agreement　避风港协议, 474

sanctions　处罚, 7, 13, 16, 28, 59, 81, 90, 93, 100, 107—112, 173, 187, 193, 233, 237—239, 262, 263, 292, 307, 325, 327, 339, 354, 370, 424—427, 644, 646, 647, 671, 672, 678, 679, 681—685

scientific research　科学研究, 11, 24, 70, 76, 80, 81

scope　范围, 21, 23, 33, 35, 37, 39, 42—46, 76, 77, 80, 90—95, 97, 99, 100, 143—146, 175—177, 183—186, 397—392, 413—416, 502—504, 507—510, 639—643, 678—680

search　搜索

　　engine　搜索引擎, 146, 185, 296, 327, 696

　　functions　搜索功能, 105, 107, 165, 218, 219, 240

secure　安全

　　electronic signature products　安全电子签名产品, 485

　　signature creation devices　安全签名生成装置, 437, 446, 449, 482—485, 487, 489—492

Secure Signature Creation Devices　安全签名生成装置, 482

security measures　安全措施, 59, 60, 63, 86—89, 97, 105, 111, 112, 116, 188—190, 192, 193, 195, 259, 279, 468, 474, 699

self-regulation　自律, 116, 126, 129, 188, 474, 543

selling goods online　线上售货

　　with delivery offline　线上售货线下交货, 300

sensitive data　敏感数据, 3, 11, 16, 30, 36, 41, 55, 56, 60—63, 87, 95, 97, 100, 102, 105, 114, 134, 151, 152 service -provision scheme 服务提供体系,344,348,349,385,386,389—392

services of the information society 信息社会服务,197,290,296,298,305,306,308,678,681,683,731

short-term insurance policies 短期保险单,411,413—414

signatory 签名人,签字方,304,442,444—445,452,454,459,462,465—467,471,475,480,482,705

signature 签名

 applications 签名应用,441,447,449

 policy 签名政策,444,464

signature -creation data 签名生成数据,438,442,443,454,462—463,482

signature -verification data 签名验证数据,443,454,462,463,480,484

simplification 简化,27,89—92,94,95

SMEs 中小企业,314,498,512

soft opt-in 软性不选择无,224—225

software program 软件程序,316,677

sound 声音,良好

 and image data 音像数据,13,21,153—155

 and prudent operation 良好审慎的运行,634

Spain 西班牙,111,139,255,265,295,296,327,453,521,585,641,683

special categories of personal data 特殊种类的数据,58

specific risks 特定风险,27,98—103,134,188

specificity of financial services 金融服务的特殊性,389

standard 标准

 adopted by the Commission 欧盟委员会通过的标准,122,124

 business contracts 标准商业合同,407

 contractual clauses 标准合同条款,16,119,122,124,125

 licenses 标准许可,499,517,518

 terms 标准条款,368,533

standardization 标准化,51,169,188,228—230,346,444,446,448,456,476,477,480,483—487,653,693,694,698,702—705,708—713,715—717,730

standards 标准,4,6,7,169,188,228,229,300,377,446,447,449,459,460,476—478,4811,483—487,693—696,702—705,708—717,723,744,748

storage 存储,15,32,53,101,116,152,158,161,162,172,186,189,194—196,198,199,202,216,236,244,249,254—259,268,270,285,291,300,326,328—332,366,438,445,466,475,642,656,661,692,697

storing public sector information 存储公共领域信息,519

subcontracting of services 服务发包,205,215

subject of the (……之对象)

 authorization 授权对象,123—124

information 告知对象，116，202
subscribers 用户，83，95，158—167，171，173，175，176，179，180，182，186，187，189—192，199—206，208，210—213，215—228，234，237，240，241，249，253，257，456，458，459，463，464，466，468，475
subsidiarity 补充原则，1，12，170，232，245，282，339，388，439，457，500，538，575，629，637，645
substantial public interests 重大公共利益，61，63
substitute goods 替代商品，368
supervision 监管，监督，5，13，14，85，103，132，151，259，271，279，280，307，337，338，372—374，378，384，433，437，443，446，450，471，476，478，479，487，507，508，631，638—640，643，644，647，648，651，652，666，734
supervisory 监管
 authorities 监管机构，11，13，14，17，29，90，95—98，100—105，107，108，110—112，122，126，1128，130—132，134—140，168，237，239，268，338，398
supplier 供应商，394，395，398，426，427
support and help to data subject 对数据主体提供支持和帮助，114，123
suspension or withdrawal of authorisations initially granted 对原先给予的授权予以中止或撤销，124

Sweden 瑞典，65，92，94，100，111，118，11218，265，266，295，442，453
Synergy Guidelines 协同增效指引，502，503，524

T

tacit renewal 默示延期，387，421
tax 税，28，78，121，250，284，310，312，355，397，399，408，441，541，632，636，661，696，698，70，701，729
technical 技术
 intermediaries 技术中间服务商，391，393
 standards 技术标准，7，228—230，285，300，477，483，486，487，675，687，695，696，698，700，711，723，727，731，734，742，744
technology 技术，2，4，19，102，142，153，167，169，175，182，184，188，197，208，211，223，228—230，245，263，264，266，286，290，301，325，329，356，393，439，440，443，444，458，462，482，483，485—487，608，568，571，611，618—620，632，638，674，676，692，737，758，781
technology-neutral 技术中立，228，229，440
telephone communications 电话通话，354，356，357
television 电视，7，111，179，282，286，300，316，347，350，377，616，622，671，674，675，683，685，690，692，298，707，

索引　831

720，738，742，745，768

terminal equipment　终端设备，4，160，162，165－167，169，172，177，178，180－182，185，194，196－198，27－210，213，218，223，228－230，423，745，755

terminated merchant database　商人终结数据库，84，755

third country　第三国，3，22，28，56，57，112，113，115－125，267，273，292，456，458，469－471，474，479，536，579，647

threshold　门槛，最低标准，245，313，512，617，619，621，636，660

time　时间

  for informing the data subject　告知数据主体的时间，70－71

  limit of data storage　数据存储时限，53

of first recording　首次录制时，70

time-sharing contract　分时合同 376，413，416

total price　总价款，394，396，399，403

trade-union　工会

  aim　公会宗旨，59，62，94

  membership　工会会员身份，58，100

traffic data　通讯数据，4，35，144，160，161，163，165，169，177，178，180－183，194－196，199－206，212－217，234，236，246，247，249，265，266，511，754，756

transfer　转移

of data to third countries　向第三国转移数据，16，25，29，65，96，97，105

of the Air Passenger Name Record　转移乘客姓名记录，118

to third countries　向第三国转移，16，28

transitional measures　过渡措施 429－430

transmission of information　信息传输，209，286，300，330

transparency　透明度，透明性，3，5，7，29，51，58，78，80，104，114，122，123，136，142，146，147，184，198，229，266，279，288，33，311，312，321－322，386，402，404－406，433，493，504，516－517，562，630，702，708－712

transposed　转换，4，49，53，154，156，266，268，296，311，320，333，339，361，362，429，440，710，712，728

treatment of the Commission's decision　对欧盟委员会决定的处理方式，125

TRIPS agreement　《与贸易有关的知识产权协议》，500，501，506

trust　信任，信托，137，210，279，289，354，361，435－437，440，442，449，454，457，462，467，468，470，576，577

trustworthy systems　可靠系统，481，482，484，485，487，763

U

unauthorized disclosure or access　未获授权的披露或查看，86，178，183，188，472

unchanged reproduction　原封不动的复

制,391,393
undue 不当
  and properties 不当持有金额及资产,419—420
  delay 不当迟延,79,186,191,242,257,323,324,417,419,420,429,646
unfair term 不公平条款,275,283,297,356,367,368,425,429,455,460,467,468,743
United Kingdom 英国,11,90,98,99,265,295,296,335,453,529,538,567,575,58,641,702
United States' Bureau of Customs and Border Protection 美国海关及边境保护局,118
unlawful or illegal content 违法或不法信息,326
unsolicited 未经邀请
  communications 非请而至的通讯,144,166,167,173,183,209,221—228,234,242,421—424,754
  service 非请而至的服务,386,420—421,424
unstructured files 没有经过结构性处理的文件,23,37
US Department of Commerce's Safe Harbor Privacy Principles 美国商务部隐私避风港原则,118

V

value added service 增值服务,16,163—165,175,178,182,199,200,203—206,212—215,217,249,335,520
video surveillance 视频监控,21,36,62,75,102,142,155
visual or acoustic recordings 图像或声音记录,70
Voice over IP IP语音通话,43,208,209,252,253
voice telephony （语音）电话,163,166,179,195,203,206,207,109,218,240,241,396,403,697,746
voluntary accreditation scheme 自发认证体系,437,446,447,455,469,470,476,478,479,482,487,705

W

waiver 放弃,豁免,375,635,637,642,643,647,657,658
warranty 担保,467
webpages 网页,324,402
withdrawal period 撤销期,361—363,381,412,511,512
working day 工作日,360—363,381,410,417
World Trade Organization 世界贸易组织,471,473
World Wide Web 万维网,209,736
writing 书面,写作,41,56,61,67,87,120,357—359,363,482,508,704,730

图书在版编目(CIP)数据

简明欧洲信息技术法/(德)阿尔弗雷德·比勒斯巴赫等编;吴峻译.—北京:商务印书馆,2019
(威科法律译丛)
ISBN 978-7-100-16806-9

Ⅰ.①简… Ⅱ.①阿…②吴… Ⅲ.①信息法—法律—解释—欧洲 Ⅳ.①D950.28

中国版本图书馆 CIP 数据核字(2018)第 247689 号

权利保留,侵权必究。

威科法律译丛
简明欧洲信息技术法
第二版

〔德〕阿尔弗雷德·比勒斯巴赫
〔荷〕塞尔日·吉拉夫
〔荷〕科里恩·普林斯   编
〔比〕伊夫·普莱
吴　峻 译

商务印书馆出版
(北京王府井大街36号　邮政编码100710)
商务印书馆发行
北京冠中印刷厂印刷
ISBN 978-7-100-16806-9

2019 年 4 月第 1 版　　　开本 787×960　1/16
2019 年 4 月北京第 1 次印刷　印张 54¼
定价:190.00 元